한국전쟁의 기원

폭포의 굉음 1947~1950

2-I

한국전쟁의 기원

폭포의 굉음 1947~1950

2-I

브루스 커밍스 지음 김범 옮김

글항아리

일러두기
- 외국 인명·지명 등은 국립국어원 외래어 표기법을 따랐다. 따라서 원서의 표기와는 조금 다른 경우도 있다.
  보기: 양칭유楊靖宇 → 양징위
- 외국 지명·서명 등은 필요한 경우 처음에만 원어를 병기했다. 인명의 한자·영문 표기는 찾아보기에 모아 실었다.
- 한국에서 일반적으로 사용되지 않는 단위(마일, 에이커 등)는 널리 쓰이는 단위로 환산해 괄호 안에 표기했다.
- 본문의 각주는 모두 옮긴이가 단 것이다.
- 원서에서 이탤릭체로 강조한 것은 고딕체로 표시했다.

한국 국민의 화해와 재통일을 바라며

한국어판 서문

내가 이 책의 제목을 한국전쟁의 '기원'으로 정했을 때 그것은 한국인이 아닌 미국인을 위한 선택이었다. 1940년대 후반을 살았던 한국의 성인들은 이 책의 많은 내용이 기억 속에 살아 있을 것이고, 그들 가운데 많은 사람은 내전이 다가오는 모습을 볼 수 있었다. 반면 미국인에게 그 전쟁은 진주만을 섬뜩하게 떠올리게 하는 일요일 아침의 천둥 소리로 다가왔다. 이 전쟁이 어떻게 시작됐는지 그 기원을 놓고 트루먼 행정부가 공식적으로 발표한 뒤 스탈린이 김일성에게 공격을 지시했다는 사실이 전부라는 판단이 힘을 얻었다. 학자로 자처하는 이들을 포함한 많은 미국인은 아직도 이것을 공식 사관으로 받아들이고 있다. 한편 지식인들조차 1945년부터 1948년까지 3년 동안 미국이 남한에서 군정을 실시했고 그것은 한국 현대사가 형성되는 데 깊은 영향을 줬다는 사실을 모른다.

1981년 1권이 나온 직후 나는 하와이대학에서 열린 학회에 참석했는데, 뉴욕시립대학의 도널드 자고리아 교수는 1945년의 일부 사건이 1950년의 전쟁과 관련 있다는 내 생각을 비판했다. 기이하지만 이것은 연구를 시작했을 때 내 무의식에도 내재한 믿음이었다.

나는 1967년부터 1968년까지 서울에서 평화봉사단의 영어 교사로 일했다. 나는 어린 자녀 둘을 둔 다정한 한국인 가정에서 묵고 있었는데, 그들의 심성은 내 미국인 가족의 심성과는 꽤나 달랐다. 아버지는 교사였고 어머니는 개인 회사에서 행정 업무를 맡아 봤다. 나는 그들을 존경했고 아이들과 노는 것을 좋아했다. 나는 주한 미국 대사관, 미군, 국제개발처에서 재직하던 미국인들과도 여러 번 만났다. 몇몇은 냉전적 보수주의자였고 몇몇은 케네디적 진보주의자였지만, 그들은 모두 내가 "절약하며 검소하게" 살고 있다는 것을 잘 믿지 못했다(그들은 높은 담장이 둘러쳐진 거처에서 경호를 받으며 살았다). "김치 먹었습니까?" 그들은 나를 보면 이 질문부터 먼저 하곤 했다(미 대사관 직원들과 미군이나 군속들이 이용하던 일명 '아리랑 택시'를 잡지 못했을 때 '김치 택시'—그들은 그렇게 불렀다—를 타는 것이 그들과 김치의 유일한 관계였다). 그들은 내게 다른 질문도 많이 했고 그 가운데는 상당히 공격적인 것도 있었지만, 하나같이 자신이 돕고 방어하기 위해 몸담고 있는 한국 사회를 제대로 이해하지 못했다.

그들은 인종 차별을 상당히 노골적으로 드러내기도 했다. 물론 은근히 드러낼 때가 더 많았다. 한번은 내 부모님의 친구 가운데 국제개발처에서 파견된 분들이 한국 음식점에 데려다달라고 부탁한 적이 있다. 그분들은 꽤 진보적이었는데, 나는 그들을 서울에서 가장 좋다는 우래옥(지금은 세계적으로 널리 알려졌다)으로 모셨다. 우리는 한국 음식이 가득 차려진 탁자 앞에 앉았다. 가벼운 이야기를 나눈 뒤 음식을 먹기 시작했는데, 한 부인이 갑자기 일어나더니 집에 가야겠다고 했다. 이유는 말하지 않았다. 그분과 그분의 남편은 자리를 떠났고 나는 당황하는 종업원들을 지켜볼 수밖에 없었다. 그 뒤 다시 만났지만 그분들은 그렇게 무례한 행동을 한 까닭을 설명하지 않았다.

이것을 포함해 여러 경험을 하면서, 특히 미군기지 주변 기지촌의 분위기를 관찰하면서 나는 한국전쟁의 기원이 아니라 한·미 관계에 왜 그렇게 많은 식민적 의존성이 있는지 궁금해하면서 그 기원을 탐색하게 됐다. 그 결과 나는 컬럼비아대학에 제출한 박사논문에서 미군정의 첫해를 다루게 됐다. 그 와중에 1946년 3월 존 R. 하지 장군이 북한의 침공을 우려한 내용이 담긴 비밀문서를 읽었다. 그 뒤 1946년 10월 추수 봉기가 일어났다. 나는 5년

이 긴 시간이 아니라는 것을 조금씩 깨달았는데, 지금은 우습게 느껴지지만 20대 후반의 나 같은 사람에게는 새로운 발견이었다. 나는 이 전쟁이 그 5년 동안 독특한 기원을 갖게 됐고, 1930년대에 일본에 맞서 싸우거나 협력했던 젊은 지도자 세대들 사이에서는 그 기원이 더 오랜 기간에 걸쳐 형성됐다는 사실을 이해하게 됐다.

　평화봉사단에 근무하면서 외부 사건들, 특히 베트남전쟁의 영향을 받기도 했다. 나는 한국에 갔을 때 케네디적 진보주의자였고, 한국에서 한 경험과 컬럼비아대학에서 박사과정을 시작했을 때 조성된 격렬한 정치적 분위기에 의해 1969년 무렵 급진화됐다고 분명히 말할 수 있다. 나는 강의실에서도 많은 것을 배웠지만 대학에서 거의 날마다 일어나는 시위에서도 많은 것을 배웠다. 교수들을 만난 것은 특별한 전환점이었다. 컬럼비아대학에 들어오기 전에 나는 책을 낸 교수를 한 분도 만나지 못한 것 같다. 하지만 내가 컬럼비아대학에서 강의를 들은 교수들은 거의 다 책을 냈으며, 윌리엄 시어도어 드배리와 도크 바넷 같은 분들은 자기 분야에서 탁월한 학자였다. 나는 그들을 상당히 경외했다. 하지만 그들 대부분은 학교의 혼란으로 큰 위협과 동요를 겪었고 1년도 안 돼 나는 그들 가운데 아무도 존경하지 않게 됐다. 윌리엄 몰리 같은 교수들은 반전을 주장하는 교수와 학생들의 경력을 중단시키려고 모든 방법을 동원했다(내가 컬럼비아대학에서 열린 학회에서 논문의 한 장을 처음 발표했을 때 몰리는 자신의 친구 유진오와 함께 왔다. 유진오는 미국이 1945년 후반 남한 단독정부 수립을 계획하기 시작했다는 내 주장에 얼굴을 붉히며 맹렬히 비판했다. 김성수가 자신에게 그것은 사실이 아니라고 말했다고 유진오는 언급했다. 한국인은 극비문서를 볼 수 없었는데 김성수가 어떻게 그것을 알 수 있겠느냐고 나는 말할 수밖에 없었다). 내 지도교수인 프랭크 볼드윈을 포함한 소수의 교수는 아시아 학계에서 진보적 단체인 아시아연구자위원회Committee of Concerned Asian Scholars의 일원이었다. 그들은 그 학회에 가입하면 정교수가 될 기회가 거의 사라진다는 것을 알았기 때문에 그렇게 하는 데는 엄청난 용기가 필요했다.

　우리는 대부분의 진보단체와 마찬가지로 정해진 공간도 없이 옮겨가면서 주로 베트남전쟁과 아시아 정치를 논의하기 위해 만났다. 그런 경험으로 인해 나는 모든 것에 대한 비판적 사고에 눈을 떴다. 그런 과정을 거치면서 나 자신이 다른 사람이 됐다고 진심으로 믿는다. 1981년에 출판한 내 책을 1966년의 내가 읽었다면 이해하지 못했을 것이다. 내 연구는 결코 나 혼자 한 것이 아니었다. 내 생각은 오랫동안 전수된 지혜를 뒤집어엎은 한 세대의 학자들에게 큰 영향을 받으면서 형성됐다.

내 첫 책이 나오기 오래전 서울의 독재정권은 나를 발견했다. 어쩌면 내가 그들을 발견했다고 말해야 할지도 모른다. 1971년 가을 나는 고려대 아세아 문제연구소에서 1년 동안 연구할 예정이었다. 나는 그곳에 꼭 하루 있었는데, 박정희 정권이 위수령을 발령하여 고려대를 폐쇄한 날이었다. 정규군인으로 보이는 사람들이 탱크를 몰고 교문으로 진입했고 곧 고려대에 주둔했다. 그들은 정말 독한 최루탄을 사용했고 그것은 학교 전체에 퍼졌다. 나는 아세아문제연구소에 배정된 연구실을 나올 수밖에 없었고 이름 모를 한 여성 학자와 함께 서둘러 출구로 향했다. 우리는 최루가스를 피하려고 마침내 담장을 기어올라갔고 내려와보니 어느 주유소 지붕이었다. 누군가 사다리를 가져다줘서 내려온 우리는 서둘러 인사하고 헤어졌다. 나는 고려대로 되돌아가는 대신 서대문의 한국연구원에서 조용한 한 해를 보냈다.

그 기간에 아무도 나를 방해하지 않았지만 어느 날 일본에 있는 친구가 보낸 소포를 받았는데, 얼굴에 화상을 입은 서승의 사진이 들어 있었다. 그는 서울에 유학 왔다가 북한의 간첩으로 고발됐다. 자백을 얻어내려고 거꾸로 매단 뒤 불 속으로 조금씩 내려보내는 '칭기즈칸' 고문법이 그에게 자행됐다고 했다. 정부에서는 그가 자살을 시도하려고 스스로 불 속에 뛰어들었다고 주장했다. 이튿날 나는 내가 뭘 하면서 살고 있는지 질문하면서 서울을 이리저리 걸어다녔다. 내가 사는 미국 정부의 전폭적인 지지를 받은 이런 사람들이 운영하는 나라를 연구하는 데 내 삶을 바칠 수 있을까?

1972년 가을 내가 귀국한 직후 독재정권은 계엄령을 선포하고 박정희를 종신 대통령으로 만드는 새 헌법을 공포했다. 닉슨 대통령은 못 본 체하면서 박정희에게 전권을 위임했다. 나도 한국의 중앙정보부가 미국에서 위험한 행동을 하고 있다는 것을 한국의 친구들에게서 들었는데, 재미 동포를 협박하고 일부는 납치해 서울로 돌려보내기까지 한다는 것이었다. 1975년 나는 스워스모어대학에서 가르치고 있었는데 역겨운 사건들이 한데 뒤섞이는 것을 목격했다. 통일교는 미국 전역의 도시들에서 반공 노선을 지지했고, 한국 외교관들은 의회 의사당으로 100달러짜리 지폐 뭉치를 갖고 갔으며, 중앙정보부는 하버드대학부터 시작해 여러 대학의 한국학 연구 계획에 자금을 지원하기 시작했다. 내가 의회에서 한·미 관계를 증언할 때 낯선 한국 여성이 연락해 자신이 내 증언을 주선했으며 북한에 호의적인 말을 해서는 안 된다고 말했다. 내가 증언하는 동안 플로리다 출신의 한 하원의원은 술을 마셔 불콰해진 얼굴로 북한은 'tolitarian(그의 표현 그대로) 국가'●가 아니냐고 내게 계속 물었다(나중에 위원회의 위원장이 내게 사과했지만 그들은 다시 증언을 요청하지는 않았다).

이 가운데 일부만 코리아게이트 조사에서 밝혀졌는데, 전직 중앙정보부장과 그 밖의 전직 한국 정부의 관료·외교관들은 중앙정보부가 미국에서 벌인 광범위한 행동에 대해 위증하라는 협박을 받고 증언했다. 그들은 한국무역협회라는 단체를 만들어 미국의 여러 대학에 돈을 줬다. 많은 학자가 그 돈을 기꺼이 받아가면서 이 모든 일에 개의치 않아 했다. 어느 날 나는 하버드대학 한국학연구소장인 에드워드 와그너에게 주미 한국대사가 의회 의사당 주변에 100달러짜리 지폐를 뿌리고 있다고 말했다. "오, 그건 좀 우스꽝스럽군요." 그가 말했다. 달리 말해서 범인들이 맹세하고 증언했지만, 이 말을 꺼낸 것은 내 잘못이었다. 물론 그들은 워싱턴대학에도 자금을 주려고 했지만 제임스 팔레와 나는 강력히 반대했다. 나는 일부 학과의 교수들과 했던 회의를 아직도 기억하는데, 내가 중앙정보부에 대한 코리아게이트의 조사 결과를 논의하자 두세 사람은 웃음을 참을 수 없는 것 같았다.

이 무렵 나는 『뉴욕리뷰오브북스』에 김지하와 그의 저항시에 가해지는 탄압에 관한 글을 썼고 그를 기리는 시 낭송회에도 참가했다. 『동아일보』에

● "전체주의 국가totalitarian state"를 잘못 말한 것으로 보임.

서 해직된 기자들을 위한 탄원을 조직하는 일을 돕기도 했다. 1977년 지미 카터가 대통령이 됐을 무렵 나는 박정희의 독재에 지원을 중단할 것이라는 큰 기대를 품었다. 그는 주한 미군 철수를 추진했다. 그러나 1980년 전두환의 쿠데타와 5·18 민주화운동 진압을 지지하기 훨씬 전부터 완전히 쓸모없는 위선자라는 사실이 금세 분명해졌다. 그가 시애틀을 방문했을 때 제임스 팔레와 나는 그가 묵은 호텔 밖에서 대학원생 몇 사람과 함께 그를 비판하는 현수막을 들고 서 있었다. 그가 우리를 봤는지는 모르겠다.

나는 텔레비전 프로그램에서 통일교를 비판했는데, 어느 날 한 흑인 청년이 대학의 내 연구실로 들어와 전화번호부를 볼 수 있겠느냐고 물었다. 그는 그것을 잠시 정독했고 나는 무엇을 하느냐고 물었다. 그는 고맙다고 말하고는 떠났다. 며칠 뒤 나는 학생회관의 통일교 관련 전시 테이블 앞에서 그를 봤다. 다시 며칠 뒤 평일 오후에 우연히 집에 갔는데 그가 내 집 앞에 차를 대고 있었다. 나는 경찰에 전화를 걸었는데, 통일교도들이 미네소타에 있는 도널드 프레이저 하원의원의 집을 불태웠다고 들었기 때문이다. 프레이저는 코리아게이트 수사를 이끌던 주요 인물 가운데 한 사람이었다. 그 뒤 그 청년은 다시 나타나지 않았다.

1970년대 후반 나는 한국 정부의 관료들과 한 번도 접촉하지 않았고 그들에게서 방해받지도 않았다. 물론 나의 행동은 전부 그들의 주의를 끌었고, 살면서 정말 있을 것 같지 않은 경험을 한 가지 하게 됐다. 1979년 6월 나는 시애틀의 한국 영사관에 가서 비자를 신청했다. 한 젊은 여성이 내게 4년 만기 여권을 즉시 발급해줬다. 그 뒤 나는 도쿄로 갔고 서울행 비행기 표를 보여주자 일본인 직원은 매우 당황하면서 당신은 한국 입국이 금지됐다고 말했다. 나는 당시 일본에서 일하고 있던 예전의 지도교수이자 좋은 친구인 프랭크 볼드윈에게 전화를 걸었고, 그는 내일 같이 주일 한국대사관에 가서 비자를 발급해주지 않으면 기자회견을 하겠노라 위협하자고 말했다. 우리는 약속한 시간에 대사관에 도착했고 문화 담당관 사무실로 안내됐다. 그는 유창하게 영어를 구사했는데, 17년 동안 웨스트버지니아의 작은 대학에서 심리학을 가르쳤다고 했다. 우리는 족히 세 시간은 이야기를 나눴고 나는 그의 행동에 놀랐다. 그는 나와 완전히 긴장을 풀고 편안하게 이야기를 나눴지만 부하 직원이 사무실에 들어오자 자세를 고치더니 마치 어린 아이를 대하듯 그 직원에게 말했다.

마침내 그는 사흘 만기의 비자를 발급해줬다. 나는 필요한 책과 물건을 좀 사고 몇몇 친구를 만나고 싶다고 그에게 말했다. 김포공항에 도착했을 때 세관의 고위 공무원이 내게 인사를 하고 물었다. "책과 물건을 좀 사고 친구를 만나실 건가요?" 나는 그렇다고 말했고 세관을 통과하니 서울대 교수 한 분이 나를 맞으러 나와 있었다. 그는 나와 같은 해에 태어났고 전에 조금 알던 사이였다. 그는 "책과 물건을 사고 친구를 만나는 데" 나와 동행하기로 돼 있었다. 그는 오래된 한식집에서 잘 차린 저녁을 내게 대접했는데 황소의 두 다리 사이에 달린 것까지 나왔다(나도 먹었다). 그러고 나서 우리는 맥주집에 갔고 젊은 여성 두 명이 어디선가 나타나 잔을 채워줬다. 나는 서울의 많은 전통 숙소 가운데 가장 좋아하는 사직여관에서 묵었다.

이튿날 아침 5시에 일어나 여관을 나와 여기저기 돌아다닌 뒤 끝으로 인사동에 있는 멋진 고서점들을 둘러봤다. 나뿐 아니라 우리 한국인 사서를 위해 사야 할 책의 긴 목록이 있었기 때문이다. 그러고 나서 전라도 음식을 하는 식당에서 풀브라이트 계획 책임자를 만나 점심을 먹었다. 그는 정부 요원들이 나를 찾아 자신의 사무실에 왔었다고 말했다. 그들은 내가 평화봉사단에서 알고 지냈던 예전 한국어 교사도 방문했다. 서울대 교수도 나를 찾고 있었다. 풀브라이트 책임자는 내가 산 책들을 외교 행낭에 담아 보내겠다고 했다. 이튿날의 일은 잘 기억나지 않지만 나는 오후 늦게 김포공항으로 가서 귀국편 비행기를 탔다. 사서에게 줄 책들은 가지고 탔다. 그녀는 그 목록을 뛰어난 서체의 한문으로 적어줬다. 한 세관원은 내게 그 목록을 직접 썼느냐고 물었다. 도대체 무슨 생각이었는지 나는 그렇다고 답했다. 그들 가운데 몇 사람은 큰 존경을 표하면서 내게 허리를 굽혔다. 세관을 통과한 뒤 대기실에 있는데 그 서울대 교수가 땀을 흘리면서 달려와 어디 있었느냐고 물었다. 내가 탄 비행기가 활주로로 나왔을 때 그날 저녁 대통령 전용기를 타고 도착할 지미 카터를 영접하기 위해 직원들이 붉은 양탄자를 깔고 있는 모습이 보였다. 그 뒤 10월 김재규가 박정희 대통령을 살해했을 때 나는 주일 한국대사관의 그 문화 담당관이 김재규의 처남이라는 사실을 알게 됐다.

1970년대 후반 나는 워싱턴대학에 재직하면서 미국에서 가장 오래된 한국학 강좌 가운데 하나를 가르치는 한편『한국전쟁의 기원』1권을 쓰고 있었는데, 교수들은 아직도 카를 비트포겔의 극우적 견해를 따르고 있었다. 비트포겔은 1930년대 초반 독일 공산당의 이론가로 스탈린에게 숙청된 뒤완전히 전향해 시애틀로 왔다. 그는 떠났지만 그가 채용한 많은 사람―이를테면 정연한 이론을 갖춘 보수주의자인 도널드 트레드골드 같은―은 여전히 시애틀에 있었다. 내가 소속된 학과는 뛰어난 학자들이 모여 하는 일본학 연구가 중심을 이뤘지만 미국적 상황에서 보면 매우 보수적이었다. 거의매일 쟁점은 나의 정치적 견해―또는 그들이 그렇게 상정한 것―였다. 학과장은 동아시아학의 다른 주요 대학들이 나를 채용하지 않을 것이라고 말하곤 했다(1987년부터 나는 시카고대학 동아시아학과에 재직했는데 내 정치적 지향을 거론한 사람은 아무도 없었다). 내가 워싱턴대학에서 가르친 유일한 까닭은제임스 팔레 때문이었다. 그는 그 세대의 가장 뛰어난 한국학 연구자였으며내가 아는 최고의 학문적 정치가였다. 팔레는 프랭클린 D. 루스벨트를 지지하는 진보적 뉴딜주의자였고 내 세대의 급진적 정치학을 좀처럼 이해하지못했다. 그러나 그는 어떤 사람의 학문적 능력이 뛰어나다면 다른 것은 전혀문제 삼지 않았다. 나는 그에게서 학문적 견해와 그 이상의 것을 배웠다.

프린스턴대학 출판부에 원고를 제출했을 때 나는 '정년이 보장된 정교수'가 아니라 계약직 교원이었다. 내 동료 야마무라 고조는 뛰어난 일본 경제사학자였고 정치적으로는 철저한 보수론자였다. 그는 학문적 서열을 굳게 믿었고 최고의 학술 출판사에서 책을 내지 못하면 정교수에 임용돼서는 안된다고 말하곤 했다. 몇 달이 흘렀지만 프린스턴대학에서는 아무 소식도 오지 않았다. 마침내 그들이 보낸 얇은 봉투를 받았을 때 나는 거절 서신이리라 추측했다. 봉투를 뜯기 전에 맥주부터 한 병 마셨다. 편지의 내용은 세번째 검토자가 내 책을 읽고 있다는 것이었는데, 첫 번째 검토자는 내 책을좋게 봤고 두 번째 검토자는 혹평했기 때문이다. 마침내 세 번째 검토자가 출판에 찬성했고, 나는 야마무라 교수의 얼굴이 침울해지는 것을 볼 수 있었다. "이제 당신은 정교수에 임용될 겁니다." 그는 무뚝뚝하게 말했다. "힘내세요. 다가오는 선거에 기권하면 5달러를 드리죠." 내가 말했다.

상당히 자랑스럽게도 『한국전쟁의 기원』 두 책은 세 가지 상을 받았다. 1권은 미국 역사학회에서 19세기 이후 시대를 다룬 가장 우수한 저서에 수여하는 존 킹 페어뱅크 저작상을 받았다. 2권은 국제연구협회International Studies Association의 퀸시 라이트 저작상을 받았다. 그리고 1984년 전두환 독재정권은 1권을 금지도서 목록에 올렸는데, 두 권뿐인 외국인 저서 가운데 하나였다. 다른 한 책은 영국의 뛰어난 역사학자 크리스토퍼 힐이 쓴 것이었다. 나는 이것이 리처드 닉슨의 정적 목록에 오른 것만큼이나 영예라고 생각했다. 하지만 나는 당초 두 권을 계획한 것이 아니었다.

1940년대 후반의 한국 관련 자료들을 연구하면서 나는 두 권을 써야 한다고 생각하게 됐는데, 1947년은 미국 정책에서 분수령이 되는 해였기 때문이다. 냉전은 트루먼독트린이 발표되면서 본격화했을 뿐 아니라 딘 애치슨은 그 독트린을 한국을 방어하는 데까지 확장하려고 했다. 나는 이것을 1947년 1월에 작성된 다른 자료에 스테이플러로 첨부된 수기 메모에서 처음 봤는데, 거기서 조지 마셜 국무장관은 남한에 단독정부를 수립하고 그것을 일본 경제와 연결시키라고 애치슨에게 지시했다. 이것은 완전히 수정된 일본 정책의 일부였는데, 일본 인접 국가들의 산업을 복구하는 방침을 철회하고 일본의 군사력과 정치력을 박탈하되 경제적 거점으로 다시 복원하는 방향으로 선회한 것이었다(이것은 지금까지 유지되고 있다).

1977년 나는 미국 국립문서보관소에 있었는데, 한 직원이 큰 손수레 가득 골판지 상자를 싣고 가면서 내게 그 안에 든 것을 읽을 수 있느냐고 물었다. 그것은 '242 기록군Record Group'인 '노획 문서'였는데, 1950년 가을 미군이 북한을 점령했을 때 수집한 출판물과 극비 자료로 이뤄진 보물창고였다. 갑자기 내 연구 주제가 내 앞에 펼쳐졌다. 이를테면 1940년대에 발간된 『로동신문』은 북한 바깥에서 이용할 수 있는 복사본이 없었지만, 이 문서에는 그 공식 기관지가 거의 다 들어 있었다. 2년 넘게 이 자료들을 읽으면서 북한에 대한 내 이해는 극적으로 달라졌다.

1권에서는 기존의 미국 비밀문서와 1940년대 후반 남한에서 간행된 자료를 주로 이용했지만 이제 나는 어떤 기록 보존 담당자도 볼 수 없었던―그들은 그 언어를 읽을 수 없었기 때문이다―자료를 이용할 수 있게 되었다(CIA나 정부기관들이 오랫동안 이 문서들의 일부를 제거한 흔적이 분명했지만 대부분은 1951년에 손에 넣었다고 해도 다르지 않았을 내용이었다). 한국전쟁과 관련된 글을 쓴 미국 학자들이 대부분 한국어를 읽지 못한다는 것은 슬픈 사실이다. 그런 사람들 가운데 한 명인 윌리엄 스툭은 '242 기록군'에 흥미로운 것이 있느냐고 내게 뻔뻔스레 묻기까지 했다. 당신의 관심을 끌 만한 것은 아무것도 없다고 나는 말했다.

시간이 흐르면서 내 두 가지 신념은 내가 이 책들을 쓸 때보다 더 깊어졌다. 첫 번째 신념은 특히 군대와 경찰에서 일본에 협력한 거의 모든 한국인을 다시 고용하기로 한 미군정의 결정이 무엇보다 가장 압도적이고 우선적으로 중요하다는 것이다. 1945년 한국인 항일 유격대를 추격하던 일본군 대좌였던 김석원이 1949년 여름 동안 38도선의 지휘관이 되리라고 누가 상상할 수 있었겠는가? 반면 북한 지도부는 거의 모두 항일 유격대원 출신이었다. 또는 이것을 생각해보라. 일본군 장교이자 서로 좋은 친구 사이였던 두 사람이 1946년 조선국방경비사관학교 2기로 졸업했다. 그들은 박정희와 김재규다. 그 뒤 베트남에서 프랑스에 협력했던 장교들을 다시 채용하면서 되풀이한 이 근본적인 오판은 식민지에 반대한 투쟁을 거쳐 건국한 미국이 20세기 중반 무렵 그런 지향을 완전히 포기했음을 보여준다.

두 번째 신념은, 1945년에 등장한 인민위원회는 매우 중요했지만 한국전쟁 관련 문헌에서 거의 완전히 무시돼왔다는 것이다. 나는 오랫동안 좀더 깊이 인민위원회를 연구했다. 특히 제주도 인민위원회는 3년 동안 평화롭게 존속했지만 섬 인구의 적어도 10퍼센트가 끔찍하게 학살된 수치스러운 유혈 사태로 끝났고 그 학살은 미국인들과 앞서 일본에 협력한 한국인 장교들이 주도했다는 사실을 알게 되었다. 이런 상황을 감안하면 누구나 곧 북한이 한국인 대다수가 친일 매국노로 여기는 사람들을 적대시함으로써 자신들의 입지를 확보할 방법을 찾으리라는 것을 이해할 수 있으리라고 생각하게 됐다.

2권을 완성하고 몇 년 뒤 소련의 한국전쟁 관련 문서가 기밀 해제됐다. 내가 이 문서의 내용을 통찰하지 못했다는 비난이 상당히 빠르게 쏟아졌다. 그 문서들은 내가 생각했던 것보다 김일성이 전쟁을 일으키는 데 소련이 더 강력하게 개입했음을 보여줬다. '242 기록군'을 토대로 한 것이기는 했지만, 내가 북한의 독립성을 지나치게 강조한 것은 잘못이었다. 북한이 스탈린의 승인 없이 독자적으로 행동하기에 스탈린은 너무나 엄청난 인물이었다. 소련이 이 전쟁에 참전하려 하지 않았다는 내 주장은 옳았다. 내가 살펴본 정보 자료들에 따르면 개전 이후 소련 잠수함들은 한국 해역에서 신속히 퇴각했고, 조선인민군 군사 고문들은 철수하거나 귀국했다. 1950년 후반 북한이 가장 큰 위기에 빠져 있을 때 스탈린은 그들을 위해 어떤 행동도 하지 않았다. 중국이 참전한 부분적인 이유는 동북부의 자국 산업시설을 보호하고 이르면 1920년대부터 중국에서 공산주의 운동에 참여한 수만 명의 한국인에게 보답하는 데 있었다고 나는 주장했다. 중국 학자들이 새로이 발굴된 많은 문서를 바탕으로 한국전쟁과 관련된 뛰어난 저서를 여럿 냈지만 나는 이 문제에 대한 내 판단을 바꿀 이유를 찾지 못했다.

나는 '음모론자'라는 비난을 받기도 했다. 그런 사람들은 음모에 대한 많은 환상을 갖고 있지만, 도널드 트럼프에게서 보듯 그것을 입증할 사실은 거의 없다. 1950년 6월 마지막 주에 문서로 작성된 몇 가지 음모가 교차됐기 때문에 독자들은, 특히 2권을 읽으면서, 많은 음모가 진행되고 있었다고 생각할 것이다. 국립문서보관소에서 내가 본 것과 같은 자료를 분석한 저명한 역사학자들이 자신의 논저에서 그 자료들을 전혀 언급하지 않는 것을 보고―이를테면 장제스를 실각시키려는 미국의 쿠데타 계획―나는 그 증거들이 이런저런 문서보관소에서 묵혀지도록 내버려두는 것보다 증거가 있는 한 특정한 이야기를 따르기로 했다. 이 방법도 특정한 문서를 기밀 해제하지 않는 미국 당국 때문에 원활하게 진행되지는 않았다. 그러나 나는 모든 작가가 바라는 탐구심 있는 독자들에게 봉사하고자 최선을 다했다.

나는 1945년 이후 이 유서 깊은 나라를 경솔하고 분별없이 분단시킨 미국의 고위 지도자들(당시 존 J. 매클로이보다 높은 '고위' 인사는 없었다)이 촉발한 분열에 나 자신을 개입시키지 않으려고 늘 노력했다는 사실을 한국의 독자들에게 말하고 싶다. 제2차 세계대전 동안 생산된 미 국무부의 많은 문서에 따르면 미국은 항일 유격대 출신의 한국인들이 집권하는 것을 막기 위해 한국에 들어갔고, 이제 그들은 그런 항일 유격대의 후계자들이 핵무기와 대륙간탄도미사일을 가지고 평양에 앉아 있다고 말한다(이것보다 실패한 정책은 생각하기 어렵고 해결책도 좀처럼 보이지 않는다). 한국을 분단시킨 것이 내 조국이었기 때문에 나는 늘 책임감을 느꼈다. 내 개인적 견해가 어떻든 남한이나 북한 가운데 어느 한쪽을 편들 수 없다는 뜻이다. 결과와 상관없이 나는 면밀한 역사적 탐구가 두 한국이 누려야 할 화해로 가는 최선의 처방이자 방법이라 믿고 있고 늘 그렇게 생각했다. 진실은 당신을 자유롭게 할 수 있고 이 경우 진실은 주요 문서들에서 찾을 수 있는데, 거기서 역사의 배우들은 자신이 대중에게 한 말과 곧잘 정반대로 행동했다. 사람들은 한국전쟁에 대한 내 '견해'를 자주 묻고 나는 친절하게 대답하려고 노력한다. 그러나 나는 이 두 책에서 이전의 기밀문서에 대한 내 판단의 근거를 제시하는 데 최선의 노력을 기울였다. 언젠가 누가 말했던 것처럼, 우리 모두는 자신의 견해를 제시할 권리가 있지만 자신의 견해를 사실이라고 주장할 권리는 없다.

나는 정말 많은 것을 가르쳐준 한국인들에게 감사하면서 1권을 시작했다. 내가 한국어를 배워 읽을 수 없었다면 그들의 생각을 이해할 수 없었을 것이다. 이제 두 책 모두 한국어로 충실히 번역돼 한국에서 읽을 수 있게 돼 정말 기쁘다.

출판사와의 연락을 도와준 에릭양 에이전시의 최일인씨에게 감사드린다. 그는 매우 정중하고 대단히 유능했으며, 무엇보다 인내심이 많았다. 내가 그의 요청에 회신할 때까지 그는 매우 참을성 있게 기다려줬다. 그의 모든 수고에 진심으로 감사한다.

김범 박사가 이 두 책을 번역하는 데 5년을 쏟아부었다고 알고 있다. 그의 노고에 어떻게 감사해야 할지 모르겠다. 번역자들은 언어의 장벽을 넘어 전 세계의 인간을 하나로 연결하는 책을 만드는 드러나지 않는 영웅이다.

나는 그에게 큰 신세를 졌지만, 동시에 나의 긴 책—어떤 사람들은 너무 길다고 하는—이 마침내 정식 한국어판으로 나와 한국 독자들이 읽을 수 있게 돼 매우 자랑스럽다. 이 한국어판은 고 정경모 선생의 뛰어난 일본어판 그리고 곧 출간될 중국어판과 함께 나란히 자리할 것이다.

40년 전 1권이 출판된 책이 지금에야 공식적으로 번역된 것은 이상할 수도 있다. 그렇게 된 한 가지 이유는 이해하기 쉬운데, 1984년 전두환 독재 정권이 1권을 금지도서 목록에 올렸기 때문이다. 그러나 이 책의 번역이 늦어진 좀더 중요한 원인은 주제의 중심이 한국의 분단이고 그 분단이 오늘까지도 지속되고 있다는 데 있을 것이다. 마찬가지로 한국전쟁과 그것으로 이어진 1940년대 후반의 상황은 내가 이 연구를 시작했을 때보다 현재가 훨씬 더 논란이 되고 있다. 새로운 자료가 여전히 자주 발굴되고 있으며, 그것은 이 동족상잔의 내전을 다시 조명하고 학자들 사이에서 많은 논쟁을 불러오기 때문이다.

나는 고단한 작업을 끝낸 김범 박사가 이제 충분히 쉬기를 바란다. 나는 한국어를 읽을 수 있는 모든 독자에게 그의 번역을 강력히 추천한다.

2022년 6월
브루스 커밍스

차례

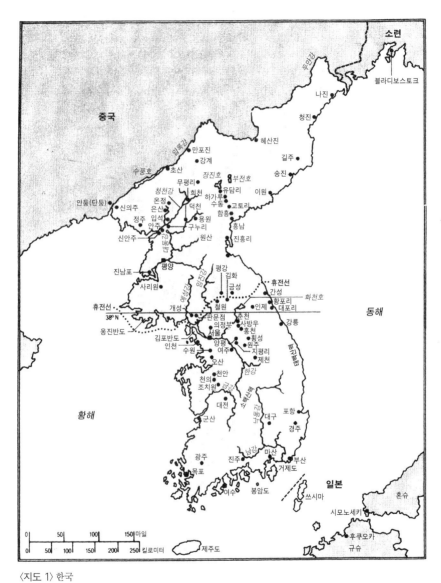

<지도 1> 한국

*전거: Jon Halliday and Bruce Cumings, *Korea: The Unknown War*, London: Penguin Books, 1988.

머리말

댄 치로, 톰 퍼거슨, 존 핼러데이, 해리 하루투니언, 짐 커스, 짐 팔레의 지적 자극과 우정에 감사한다. 그 밖에 이 책을 구상하는 데 도움을 준 사람은 정경모, 바턴 번스타인, 최장집, 로저 딩먼, 피터 카첸스타인, 케빈 마치오로, 개번 매코맥, 존 메릴, 조엘 믹달, 방선주, 엘리자베스 페리, 마이클 샬러, 엥글버트 셔킹, 로버트 스트롱, 윌리엄 스툭, 서대숙, 게일 터너, 와다 하루키, 이매뉴얼 월러스틴이다. 1988년 그레고리 헨더슨이 일찍 세상을 떠난 것은 이 분야에 회복할 수 없는 손실이었다. 나는 그가 내 책을 읽어주기를 진심으로 기대했다. 내 아버지는 장수하신 뒤 역시 1988년에 세상을 떠나셨지만 내게는 소중한 독자가 또 한 사람 사라진 것이다. 프린스턴대학 출판부의 샌디 대처와 마거릿 케이스는 이 책이 출판되는 데 다시 한번 가장 유익한 도움을 줬다. 정성껏 원고를 정리해준 레슬리 베넥과 지도를 훌륭하게 그려준 리처드 보스카리노에게 감사한다. 재키 커밍스는 언제나 큰 사랑과 우정을 줬지만, 이 작업이 내게 지나친 시간과 인내를 요구할 때 더욱 그랬다. 나는 함께 연구하고 대화하고 편집한 친구이자 아내인 우정은에게 가장 큰 도움을 받았다.

이 책과 관련한 연구는 1977년부터 시작해 1985년에 거의 마쳤다. 그 기간의 대부분을 헨리루스재단에서 연구비를 지원해준 덕분에 강의를 하지 않아도 됐으며 출장비와 마이크로필름 제작비도 후원해줬다. 국립인문과학기금National Endowment for the Humanities에서는 1983~1984년 휴가비를 지원해줬다. 사회과학연구협의회Social Science Research Council의 한국연구위원회 the Korean Studies Committee는 여름 기금을 두 차례 제공해 이 연구를 도왔으며, 워싱턴대 대학원과 같은 대학 잭슨국제학부 학장 케네스 B. 파일 박사도 각각 연구 기금과 여름 기금을 제공해줬다. 워싱턴대학 학장 조지 M. 베크만 박사는 런던의 공문서관公文書館 출장비를 후원해줬다. 이 연구에서 도움 받은 문서관과 도서관은 너무 많아 일일이 감사드릴 수 없다. 그러나 자기 임무를 넘어 도와준 존 손더스에게는 특별히 감사하고 싶다. 자료를 철저히 조사해준 조교 박문용, 데이비드 새터화이트, 마이클 로빈슨, 왕휘윤에게도 감사한다. 물론 이 책의 해석·주장·판단·사실·오류는 모두 내 책임이다. 손으로 직접 쓰거나 흘려 쓴 일부 문서는 서대숙이나 우정은과 검토했지만, 그 밖에는 이전과 마찬가지로 내가 한국어와 중국어로 번역했다. 따로 언급하지 않은 경우 날짜와 시간은 그 사건이 일어났다고 서술된 시간대를 따랐다. 독자는 한국이 워싱턴 D.C.보다 14시간 정도 빠르다는 것을 기억하시기 바란다.

오해를 피하기 위해 밝히자면, 내가 사용한 수많은 북한 문서는 존 손더스와 내가 미국 국립문서보관소에서 발견한 1977년 기밀 해제된 노획 문서다. 나는 이 연구에서 북한이나 남한의 도움을 전혀 받지 않았다. 오히려 그 반대다. 북한 노획 문서는 최고 기밀 문서부터 1940년대 북한에서 유통된 출판물까지 다양하다. 1977년까지 북한 학자들은 한국전쟁 이전부터 나온 당 기관지조차 제대로 갖추고 있지 않았다. 여기서 수집한 자료에는 그 기관지 외에도 지방 신문과 북한이 점령된 기간에 서울에서 발행된 『해방일보』가 거의 다 들어 있다. 앞으로 보듯 거기에는 전쟁의 시작을 포함한 폭넓은 쟁점과 관련해 지금까지는 이용할 수 없었던 자료들도 들어 있다. 그러나 중앙 정부와 당 또는 군사와 관련된 문서는 거의 없다(그것들은 기밀 지정 정보 관리 담당 부서에서 아직도 관리하고 있는지 모른다).

1982~1988년 나는 「한국: 알려지지 않은 전쟁Korea: The Unknown War」이라는 다큐멘터리의 제작을 돕기 위해 런던을 자주 방문했다. 그 작품의 제작을 발의하고 대본을 쓴 존 핼러데이는 여러 언어를 두루 읽을 수 있는 드문 재능을 가진 덕분에 한국전쟁과 관련된 유용한 자료·해석·정보와 단편적 소식을 모을 수 있었다. 나는 그와 나눈 수많은 대화에서 많은 것을 배웠고 그의 따뜻한 우정과 격려에서 많은 것을 얻었다. 템스 텔레비전이 다큐멘터리를 만드는 과정에서 참여한 여러 학술회의와 대담과 토론 덕분에 나는 전쟁과 관련된 지식을 더 풍부하게 쌓을 수 있었다. 나는 템스 텔레비전의 한 직원과 북한을 방문했는데, 전쟁이 파괴한 상황에 대해 지울 수 없는 인상을 받은 것은 물론, 스물다섯 차례의 대담을 진행했으며 여러 진귀한 영상 자료를 얻어 돌아왔다. 제작자 필립 화이트헤드와 공동 제작자 맥스 휘트비, 수 라켓, 질 서비스 그리고 학술회의에 참석한 장군 앤서니 패러호클리 경, 로즈메리 풋, 로런스 프리드먼, 존 기팅스, 김종휘, 피터 로, 캘럼 맥도널드, 로버트 올리버에게 특히 감사하고 싶다.

2권은 1권보다 일부 독자를 불편하고 당황스럽게 만들 여러 논쟁을 담고 있다. 나는 문서와 자료에서 찾은 어떤 내용들에서 충격을 받기도 했다. 이 책은 내가 전혀 몰랐던 어두운 골목으로 들어가 흐릿한 사건을 살펴봐야 했기 때문에 늦어졌다. 그러나 거기에는 방법과 기질의 문제도 있다. 나는 도서관에서 먼지를 뒤집어쓸 책을 쓰고 싶지 않았다. 20세기 중반 한국과 미국의 정치는 그러기에는 너무 흥미롭다. 좀더 진지하고 차분하게 접근하면 그만큼 무난하고 받아들일 만한 해석을 도출할 수 있겠지만, 그러려면 너무 많은 의문을 "역사"라는 휴지통 안에서 썩게 내버려두어야 한다. 그 대신 나는 바울의 「에페소서」에서 교훈을 얻었다(5장 11~13절).

너희는 열매 없는 어둠의 일에 참여하지 말고 도리어 책망하라. 그들이 은밀히 행하는 것들은 말하기도 부끄러운 것들이라. 그러나 책망을 받는 모든 것은 빛으로 말미암아 드러나나니 드러나는 것마다 빛이니라.

연구자의 유일한 관심은 자신이 보는 진실, 그것이 자신을 어디로 데려가더라도 그 진실을 추구하는 것이다. 이 책의 경우 우리 모두 동의할 수 있는 좋은 교훈은 다음과 같이 묻는다면 마음에 동요가 일어난다는 것이다. 이 임무에 필요한 것은 이성적 믿음인가, 탐정의 의심인가? 대담함이나 무모함인가? 발견의 기쁨인가, 아니면 마음속 깊은 어둠인가? 이런 측면은 아직도 포연이 나고 있는 잔인한 내전이나 오늘날까지도 젊은이들을 놀라게 만드는 날카롭고 시끄럽고 사납고 억제되지 않은 1950년대 미국 정치와 관련해 특히 그렇다. 본질적으로 연구자가 사용 가능한 도구로만 파헤칠 수 있는 논쟁적인 질문에 답한다면 우리의 지식은 좀더 빨리 진보할 것이다. 어쨌든 나는 다른 방법으로는 연구할 수 없다. 질문을 막는다면 연구를 지탱하는 희망과 호기심과 열정도 차단될 것이다.

이 책은 방법론과 이론적 고찰로 시작할 텐데, 참을성 없는 독자들은 건너뛰고 싶어질 것이다. 1부에서는 1940년대 후반 미국과 세계의 관계와 관련된 이론적 주장을 자세히 살펴볼 것이다. 거기서는 내가 보기에 많은 문헌에서 잊혔거나 오해받았다고 판단된 미국을 복원하려고 시도했다. 1권에서 다룬 시대는 한국에서 벌어진 사건이 전쟁의 기원을 배태한 논리를 지배했지만, 1947년 무게중심이 워싱턴으로 옮겨졌기 때문에 전체적인 상황에서 볼 때 미국 쪽을 자세히 다루는 것이 적절하다고 생각된다. 2부와 마찬가지지만 1부에서는 연대순으로 접근하기보다 1947~1950년을 한 덩어리로 다뤘다. 1부와 2부 모두 사실을 폭넓게 밝혀 중심 사건을 평가하는 데 공통된 기반을 만들려고 노력했다. 2부에서는 한국의 내부 상황을 다시 검토해 남북의 특성과 외국과의 관계를 평가했다. 3부는 중심 사건의 서곡이다. 서로 다른 관점에서 살펴본 각 장은 초여름 해안에 부딪히기 전 세력을 키우면서 앞으로 나아가는 파도와 같다. 그 장들은 1950년 6월 25일 직전의 몇 달, 몇 주, 며칠을 오가며 다뤘다. 18장(「누가 한국전쟁을 일으켰는가?」)은 한국전쟁과 관련된 전통적 논의에서는 출발에 해당되지만 내 연구에서는 결말이다. 그 뒤의 4부에서는 전쟁의 기원을 비춰주거나 그것이 내전이자 혁명전쟁이었다는 내 해석을 뒷받침할 여러 측면을 보여줬다.

이 책의 부제는 내 생각을 표현한 것이다. 따뜻하고 화창한 날 미국 군함이 처음 인천항에 들어간 지 5년이 조금 넘은 뒤 시베리아의 한파가 한국과 미국을 덮쳤을 때 두 나라는 깊디깊은 심연을 들여다보고 있었다. 한국에게 그 심연은 일제에서 해방된 뒤 참으로 대담하고 위험하게 자치를 시도한 것이었고, 미국에게는 세계의 패권을 무모하게 추구한 것이었다. 그 표현은 딘 애치슨에게서 따온 것인데, 그는 1950년 연방의회 출석을 준비하면서 유럽과 두 대양大洋이 미국 건국 이후 약탈적 세력으로부터 미국을 보호해준 방벽이었다고 생각했다. 이제 그것은 모두 끝났다. 영국 제국이 쇠퇴하고 자신이 세계의 주도권을 잡게 되자 미국은 "부모님이 돌아가시자 폭포의 굉음이 새롭게 들린" 사람의 처지에 처음으로 놓였다.[1] 한국전쟁의 기원과 관련된 내 연구는 여기서 끝나지만 전쟁은 오늘도 지속되고 있으며 탐구도 그럴 것이다.

1장

책을 시작하며 —
미국 외교정책의 방법과 이론에 대한 회고

(역사적 행동은) 기본적 조건, 물질성의 구조, 초기 상황, 외부와 내부 요소의 지속적 작용 그리고 그것과 관련된 힘의 균형에 완전히 지배된다.

_장폴 사르트르

과학과 신비:
"고도로 비선형인 불안정한 자유경계의 문제"

가장 접근하기 어려운 과학의 비밀 가운데 하나는 눈雪의 결정結晶이 수없이 다양하게 보이면서 숨 막힐 정도로 대칭성을 지녔다는 점이다. 땅에 떨어질 때 눈은 임의성과 결정론이 뒤섞인 미지의 명령을 따른다. 똑같은 것은 하나도 없지만 모두 조화로운 구조를 갖고 있다. 하나 위에 다른 하나가 쌓이면서 독특한 구성 요소는 전체를 부드러운 아름다움으로 변모시켜 지상을 균일한 광명으로 덮는다. 눈이 내린 것이다.

눈의 결정이 가진 신비를 파악하기가 아주 힘든 까닭은 그것이 자유롭게 떨어진다는 데 있다. "결정은 그것이 경험한 가변적 기상 조건의 역사를 모두 담고 있다." 그뿐만 아니라 그 과정에서 이런저런 간섭도 일어난다. 매 순간 온도·습도 또는 공기 안의 불순물처럼 수많은 사정이 개입해 "다양하게 만들어진 결정은" 바람에 날린다. 결정은 헤아릴 수 없는 "변수들" 가운데 한 경로를 택해 떠다닌다. 그러나 모든 결정은 육각형의 변치 않는 구조를 지닌다 ─ 과학자에게는 신비한 육각형이고 예술가에게는 아름답게 수놓은 천이다. 그로 인해 사람들은 "어떤 기술자가 눈의 결정의 중심에 앉아서 모두 똑같은 일을 하라고 명령하는 것"이 분명하다고 생각하게 된다. 자연은 가장 아름다운 것도 만들지만 가장 예측할 수 없는 것도 만든다.

그러나 과학자들이 첨단 컴퓨터를 사용해 "고도로 비선형非線形인 불안정한 자유경계自由境界의 문제", 달리 말하면 눈 결정의 문제를 탐구할 때까지만 그럴 것 같다. 과학자들은 지금은 정확히 알지 못하지만 어느 날엔가 결정의 "유형이 형성되는" 원인을 충분히 설명하고 예측할 수 있는 지식을 갖게 되면 발견의 원리를 이용해 그 문제를 해명할 것이다. 과학자들이 고성능 현미경으로 관찰해 발견한 첫 번째 사실은 눈의 결정이 그리 대칭적이지 않다는 것이다. 둘째는 그 구조가 육안으로 볼 때보다 좀더 균일하다는 것이다.

눈의 결정을 연구한 결과 수학적 모형이 도출됐고, 그 모형에 입각해 육각형 구조를 만들고 그것을 예측할 만한 힘을 분석할 수 있지만, 동시에 그것을 불안정하게 만드는 힘—결정론적 비인과성의 결과라고 부를 수 있는 "거시적 과정과 미시적 과정"—과 그것을 파괴하는 힘도 분석할 수 있게 됐다. 각 결과는 엄밀히 분석됐고, 그 공통된 구조와 형태의 다양성이 밝혀졌다. 과학은 진보했지만 "거시적 과정"은 아직 파악할 수 없는 상태로 남아 있거나 적어도 예측할 수 없다.[1] 비인과성과 결정론의 문제는 여전히 해결되지 않았고, 눈의 결정 또한 아직 과학과 예술의 연구 대상이라는 데 공감하는 독자도 있을 것이다.

전후 미국의 외교정책을 관찰하면 어떤 사람이 "중앙에 앉아 다른 사람들에게 모두 같은 일을 하도록 명령하고 있다"고 느낀 적이 있을지도 모른다. 이를테면 피그스만 사건●이나 통킹만 사건●● 또는 "콘트라Contra" 전쟁●●●, 또는 프레스턴 굿펠로 대령이나 올리버 노스 중령(그는 상관에게서 곧 "괴짜"

● 1961년 4월 14~19일 미국 케네디 대통령 재임기에 쿠바 남부 해안에 있는 피그스만을 침공했지만 쿠바군에게 패배한 사건.
●● 1964년 베트남 동쪽 통킹만에서 일어난 북베트남 경비정과 미군 구축함이 전투를 벌인 사건. 미국은 이 사건을 계기로 베트남전쟁에 본격적으로 개입하기 시작했다.
●●● '콘트라'는 '반혁명분자, Contrarevolucion'의 준말이다. 1979년 니카라과에서 산디니스타 민족해방전선FSLN의 혁명이 성공해 반미 성향의 좌파 정권이 수립됐다. 1980년대 미국은 이 정권에 대항하는 반혁명군(콘트라 반군)을 지원해 내전이 일어났다.

로 취급받았다) 등이 결정론적 비인과성을 산출하고 있는 것처럼 보인다. 그러나 일반적으로 정치는 이례적이더라도 어느 정도 예측할 수 있는, 즉 똑같지는 않지만 과거에 일어난 사실의 반복이기 때문에 학자들은 그 대체적인 내용을 추측하거나 정치적 규칙성을 파악할 수 있다. 루이 보나파르트는 나폴레옹과 다르다. 조카는 숙부보다 못하다. 희극은 비극을 재현하고 더 분명하게 보여주지만, 그 결말은 조금 달라지더라도 예측할 수 있다. 로널드 레이건은 드와이트 아이젠하워와 다르고 "보이지 않는 손"은 마비됐거나 없는 것으로 밝혀졌지만, 1960년대 이후 레이건보다 아이젠하워와 더 비슷한 대통령은 없다.

개별적 정치 사건은 구조적이기도 하고 임의적이기도 하며, 규칙적이기도 하고 예측할 수 없기도 하다. 그것은 자신이 경험한 역사를 요약하고 초월하기도 하며, 선택이라고 불리는 예측할 수 없는 간섭의 대상이 되기도 한다. 또한 특별한 분야에서 발생하고 각 사건은 서로 쌓여 정치적 무대를 형성하기도 한다. 그것은 상세히 분석되고 이해될 수 있지만 돌이켜볼 때만 그럴 수 있다. 여기서 이런 유추에만 그친다면, 우리는 정치적 사건을 예측하고 설명할 수 있는 과학이나 수학과는 아직 멀리 떨어져 있는 것이 분명하다.

그러나 정치는 인간과 관련된 것이기 때문에 할 말이 많이 남아 있다. 마르크스의 표현을 빌리면, 어떤 인간도 떨어지는 눈 결정의 복잡하고 가변적인 세공을 창조할 수 없으며 어떤 눈 결정도 자신의 모습이나 선택을 인식할 수 없다. 눈 결정은 그 비밀을 아무리 파헤치기 어렵더라도 물리적 법칙을 따른다. 인간은 인간의 법칙을 따르기 때문에 정치에는 늘 비밀스럽고 예측하기 어려운 측면이 반드시 존재한다. 눈의 결정은 보편 법칙의 한계 안에서 서로 반응한다. 사람은 사람과 법칙에 대해 작용하고 반작용하며, 행동하면서 새로운 법칙을 만든다. 황혼 무렵에 나는 미네르바의 부엉이라는 이야기가 암시하는 소급적 객관성과 이해理解조차 사람들에게 부정되는데, 저 역사가 아니라 이 역사라는 것을 사람들에게 가르치는 선견적先見的 주관성이 존재하지 않는다면 사람은 자신의 역사를 이해할 수 없기 때문이다. 현미경 유리 아래 고정시켜 검사할 수 있는 개별적 정치 사건은 존재하지 않지만,

있다고 해도 그것은 현미경과 이론이라는 유리를 이용해 들여다보는 인간의 열정과 관심 없이는 이해되지 않는다.[2] 그러므로 정치를 분석하는 사람은 모두 참가자이자 관찰자다.

사르트르는 주목할 만한 문장으로 이런 측면을 지적했다.

> 나는 도로를 고치는 보수공과 정원을 가꾸는 정원사를 창문에서 볼 수 있다. 그들 사이에는 꼭대기에 유리 파편이 박혀 있는 벽이 있어 정원사가 일하고 있는 부르주아의 소유지를 보호한다. 그 때문에 그들은 서로의 존재를 전혀 모른다. (⋯) 반면 나는 내 모습을 보이지 않으면서 그들을 볼 수 있으며, 이런 내 위치와 나한테 일하는 모습을 보이는 그들의 수동적 위치 때문에 나는 그들과의 관계 속으로 들어간다. 나는 호텔에서 "휴가를 보낸다". 그리고 지켜보는 사람이라는 무력감 때문에 내가 중산층 지식인임을 깨닫는다. (⋯) 그 결과 두 노동자와 나의 첫 관계는 부정적_{否定的}이다. 나는 그들이 소속된 계급이 아니고 그들의 거래를 모르며 (⋯) 그들의 걱정을 함께 걱정하지도 않는다. 그러나 이런 부정은 이중적 성격을 지닌다. (⋯) 그들의 목적을 목적으로 인식하지 않았다면 나는 그들의 목적을 내 목적과 대치시킬 수 없었을 것이다. 그들의 목적을 내 목적과 구별하기 위해 (⋯) 나는 모든 사람의 기회와 목표를 결정하는 일정한 사회의 구성원이라는 자신을 실현한다. (⋯) 이처럼 내 인식의 정서적 특질은 내 사회적·정치적 태도와 동시대의 사건 모두에 따라 결정되는 것이다.[3]

달리 말해 두 노동자는 특수한 벽으로 서로 격리돼 있지만, 자신의 일과 위치라는 형태로 특정한 역사·사회 구조·정치를 포괄하고 있다는 것이다. 장폴 사르트르는 그것이 중요하다고 지적하는 것이다.

다른 곳에서 사르트르는 역사에서 결정론과 임의성의 문제를 논의한 적이 있다. 좀더 정확히 말하면 인간은 자신의 역사를 만들지만 그런 상황을 자신이 선택할 수는 없다는 마르크스의 유명한 명제에 대한 것이다.[4] 이 말이 진실이라면 결정론을 거부해야 한다고 그는 말한다. 동시에 "모든 사람이 그저 자신의 성향을 따르고 그런 개인의 충돌이 거대한 규모의 결과를 낳는다고 상상하면 평균적 또는 통계적 결과는 발견할 수 있겠지만 역사의 발전은 파악하지 못할 것이다". 오히려 이런 충돌은 인간이 서로 협력하거나 반목하는 "변증법적 운동"이며, 눈송의 결정이 임의로 자유롭게 떨어지는 것(늘 아름답지는 않더라도)과 동일한 성질을 지니는 경우가 많다. 그러나 이런 활동은 "토대가 되는 여러 조건, 물질성의 구조, 초기 상황, 외부와 내부 요소의 지속적 작용 그리고 그것과 관련된 힘의 균형에 전적으로 지배되는" 심층적 구조로부터 영향을 받는다.

그 구조는 궁극적으로 희소성과 필요성이라는 구체적 조건이며, 인간의 변증법은 그런 구조 안에서 작동한다.

> 변증법적 운동은 신의 의지처럼 역사의 배후에서 드러나는 어떤 강력하고 유일한 힘이 아니다. 무엇보다 그것은 하나의 합력合力이다. 역사적 인간이 끔찍한 모순 속에서 그들의 역사를 살도록 강요하는 것은 변증법이 아니라 희소성과 필요성에 지배되는 인간이다. 인간은 역사학과 경제학이 설명하는 상황 안에서 서로 충돌하며 살아가지만 변증법적 합리성만이 그 원인을 해명할 수 있다.[5]

어떤 개인은 특정한 생산양식 안에서 그저 희소성이라는 조건에 따라 살지 않는다. 그는 서로 영향을 주고받는 환경에서 살며, 그의 구체적인 삶은 우리가 사회나 문화라고 부르는 다른 사람과의 상호 관계에서 형성된다. 이런 의미에서 역사를 파악하는 것은 "복잡성을 모두 고려해" 전체적 상황을 파악하는 것이며, 눈의 결정이 바람에 흔들리는 것과 매우 비슷하게, 어떤 한 분야에서 나타난 모든 영향력에 따라 "형성된" 인간과 그가 자신의 분야에 행사한 영향력과 그것이 축적되고 모여 나타난 결과를 파악한다는 뜻이다.

사르트르가 말한 대로 그 방법은 원칙적으로 "현실적 지식을 모두 이용해 이런저런 일이나 사회적 총체를 설명하는" 어떤 것이 돼야 한다. "일부 철학자가 그랬던 것처럼 우리는 아무것도 알지 못한다고 가정하지 말고 (불가능하더라도) 되도록 모든 것을 알고 있다고 가정해야 한다." "입수할 수 있는 모든 것"을 이용해 조사해야 하는 까닭은 그래야만 한 개인이 그 자신의 삶을 사는 방식을 이해할 수 있기 때문이다. 궁극적으로 그런 총체적 조사는 "실증주의에서 벗어난 특정한 구조·관계·의미를 드러내야" 한다. 인간이 세계에 늘 새로운 것을 도입하는 것처럼, 그렇게 함으로써 부분적으로든 전체적으로든 우리가 살고 있는 "실천적 분야"를 다시 조직하는 새로운 해석을 도출해야 한다.[6]

말하지는 않았지만, 사르트르는 사회가 개인에게 미치는 영향과 개인이 사회에 미치는 영향을 깊이 연구해 심리학 이론을 정교하게 구축한 쿠르트 레빈 같은 사람의 연구 방향과 방법을 직감했다. 그 원칙은 어떤 사건의 모습을 파악할 때 "입수할 수 있는 것을 모두" 모을 수 있도록 넓게 그물을 던지는 것이다. 한편 "전체 분야"에 좀더 깊이 접근하는 것은 "역사의 전체화"라고도 부른다. 그 사람이 자기 내면에 대해 알고 있는 것을 재현하는 방법이다. 사람의 내면은 일반화, 특히 현대 사회과학에 의해 일반화되면서 늘 불안한 모습으로 존재하는데, 일반화라는 것은 모든 사람이 직감하는 법칙에 어긋나기 때문이다. "모든 사람은 독특한 기적이고 (…) 자기만의 아름다움을 늘 간직하고 있으며 관찰할 가치가 있고 전혀 지루하지 않은 존재다." 곧 인간은 하나의 눈 결정이다. 계속해서 니체—철저히 "서구"인인—가 "동양과 서양이라는 것은 우리의 소심함을 조롱하기 위해 우리 앞에 분필로 그어진 선"이라고 말한 것은 매우 주목할 만하다.[7]

사람은 자신이 상호작용하는 영향력을 구성하는 모자이크 중 하나라는 사실을 알고 있다. 어리석게도 우리는 성공하면 그 이유를 하나만 지목하지만 실패하면 수많은 원인과 고려할 만한 사정을 든다. 우리가 적대하는 사람에게는 그 반대다. 여전히 이 모자이크는 우연의 산물이 아니라 당사자가 놓인 환경을 보여주고 좀더 큰 분야나 구조 안에 존재하며, 인간은 모자이크 같은 존재지만 좀더 큰 분야나 구조에 부과된 원칙은 인간과 관련해 정확한 예측을 할 수 있게 해주는 경우가 많다. 좀더 넓은 차원에서 나타나는 인간의 상호작용인 역사 또한 그런 모자이크와 외부적 한계, 불확정성과 규칙성을 갖고 있다.

다른 곳에서 니체는 지식이 발달하지 않은 초기 단계보다 인과관계를 좀 더 잘 설명할 수 있게 됐다고 쓴 바 있다. 그러나 이것은 원인과 결과라고 부르는 "수많은 계기의 연속"을 의미할 뿐 "어떤 것도 파악한 것은 아니다". 이를테면 화학 실험에서 질적 변화는 아직도 완전히 분석할 수는 없는 하나의 "기적"이다. 우리는 그것이 일어날 때를 예측할 수 있지만 그 까닭은 이해하지 못한다. 그 대신 우리는 그 과정에 어떤 이름을 붙인다. 이런 의미에 비추면 니체는 원인과 결과가 존재하지 않을 수도 있다고 생각하는 것이다. "실제로 우리가 마주치는 것은 하나의 연속체이며 거기서 몇 조각을 분리해낸다." 어떤 것이 갑자기 나타나면 우리는 그것을 "원인"이라고 부르지만 "이런 갑작스런 순간에는 우리가 느끼지 못하는 무수한 과정이 있다". 니체는 원인과 결과를 "임의적인 분할과 단절의 관점"이 아니라 "연속체이자 끊임없는 흐름"으로 봐야 한다고 주장한다.[8]

"전체사total history"를 서술하면서 겸손한 태도를 유지하는 것은 어려운 일이다. 하지만 에릭 울프는 그렇게 했다. 그는 자신들의 역사에 대해 발언하지 않은, 그렇기에 역사로 쓰인 일도 거의 없는 그런 사람들까지 포함된 인간 세계를 구성하는 "상호작용의 전 과정"을 연구했다. 페리 앤더슨도 진실은 과학처럼 진보하는 추상적 분야에서만 드러난다고 생각해서는 안 된다는 전제를 강력히 옹호함으로써 동일한 성취를 이뤘다. "역사적 설명에서 필연성과 우연성 사이에는 탐구의 방식을 구분하고 유형화할 정도의 명확한 구획선이 없다." 알 수 있는 것은 역사를 연구해 확립된 것이며 "어떤 한 사건의 작동 방식이나 전체 구조의 운동 법칙은 알 수 없는 것인지도 모른다".[9]

그렇다고 선택의 원리를 적용하지 않고 모든 것을 맹목적으로 포함한다는 뜻은 아니다. 그것은 관찰된 사실과 관찰자의 이론 사이를 끊임없이 오가는 변증법에 바탕해 사실로 돌아가고 이론으로 돌아가는 것이다. 모든 탐구에서 기대되는 바는, 사르트르가 다른 곳에서 쓴 대로, 사람이 자각하고 있는 자신의 상황과 그가 한 행동 사이에 "확고한 일체성"이 있다는 것을 인정해야 한다는 점이다. 그러나 탐구자는 "하부 구조적 조건"을 조사하기에 앞서 사람을 있는 그대로 봐야 하고 어느 것도 무시해서는 안 되며 어떤 결과가 나오든 열린 태도로 받아들이는 의식적 경험주의를 추구해야 한다.

> 왜냐하면 탐구자는 매우 이상하게 얽혀 있는 모든 것의 필연성과 목적성을 해명해야 하기 때문이다. (…) 그가 자신의 철학·견해·해석이나 전체화를 위한 이론적 근거를 쉽게 적용할수록 절대적 경험주의의 태도에 입각해 이런 대상에 다가갈 수밖에 없을 것이다. 그는 재발견하려는 것이 아니라 학습하려는 의도를 갖고 있기 때문에 그것이 발전하고 스스로 직접적 의미를 드러내도록 내버려둘 것이다.[10]

일단 그물을 넓게 던지면 사물의 핵심을 빈틈없이 포착해 드러낼 수 있다. 마르크스의 사상은 매우 복잡하지만, 모든 것의 근본을 파악하려는 욕망을 지니며, 곧 장기적으로 조사하고 탐구하면 숨어 있는 힘의 놀라운 단순성을 파악할 수 있다고 상정한다. 이를테면 상품의 본질이나 생산자, 곧 호모 파베르Homo Faber(도구를 사용하는 인간)로서 인간의 본질이 그렇다고 본다.[11] "황금 실(금본위제 — 옮긴이)이 끊어지는 소리는 세계 혁명의 신호였다"라는 칼 폴라니의 문장에는 이론과 구체적 역사와 은유를 혼합해 바라는 결과를 얻으려는 그의 성향뿐 아니라 1815년 빈 체제가 결국 1930년대에 해체된 이유에 대한 전체적인 이해가 집약돼 있다.[12] 이 세 사람(사르트르·마르크스·폴라니)의 저작에는 화려한 문학적 표현과 은유는 말할 것도 없고 객관적 탐구, 주관적 신념이나 이론, 인간의 직관이 설명하기 어려울 정도로 혼합돼 있다.[13]

사르트르는 이런 혼합을 간단한 관찰에서 묘사했다. 어린이를 포함한 모든 사람은 "어떤 임의의 한 점에서 한 원과 교차한 직선은 다른 한 점에서 그 원과 다시 교차할 수밖에 없다"는 사실을 직감적으로 이해한다는 것이다. 어린이에게는 실험을 거친 관찰이 필요할 테지만 기하학 이론이 필요하지는 않을 것이다. 그는 원 자체의 구조에서 그런 사실을 알 것이다. 한쪽에는 원을 그린 종이가 있고, 다른 한쪽에는 포괄하고 가둔다는 원의 이론이 있다. 직선도 있는데 그것은 곧게 뻗어나가 "장애물을 부순다". 둘 다 단순한 사물은 아니지만 서로 관계하는 운동과 서로 대립하는 논리를 지니고 있다. 자세한 조사나 기하학 지식이 없어도 사람은 이 논리를 이해할 수 있다. 그 논리는 "원의 형태"나 상호 관계에서 원의 "원다움circleness"에 내재해 있다.[14]

『브뤼메르 18일The Eighteenth Brumaire』 같은 매우 뛰어난 역사서에서 마르크스가 사용한 방법은 일어난 사실의 "세부와 전체"를 정확히 설명하고 전체에서 개별적 사례를, 개별적 사례에서 전체를 찾아내는 것이었다. 『정치경제학 비판 요강The Grundrisse』에서 마르크스는 처음에는 "실제적이고 구체적인 것"에서 시작해야 한다고 전제했지만, 뒤에서는 사회적 계급과 분리해 인간을 연구할 수 없으며, 민중을 구분하지 않고 시작하면 "전체적 개념이 혼돈에 빠질 것"이라고 말했다. 그러므로 "더욱 단순한 개념을 향해 분석적으로 나아가야 하며, 상상된 구체성에서 희박한 추상성으로 나아가야만 단순한 정의定義에 도달할 수 있다. 그러나 그런 뒤에는 거기서부터 뒤로 돌아 여정을 시작해 다시 마침내 민중에 도달할 때까지 나아가야 한다. 그렇게 하면 전체적 개념이 혼돈에 빠지지 않을 것이며, 다양한 정의와 관계를 지닌 풍부한 총체로서의 민중에 도달할 것이다".[15] 궁극적으로 그런 방법으로 얻는 것은 언어의 두 가지 의미에서의 포괄성, 곧 관련된 경험을 전체적으로 파악하는 포괄성과 새로운 이해의 획득이다.

방법과 관련해 내가 직접적인 주제에서 벗어나 세부적으로 파고드는 방식을 택한 의도는 내가 추구하려는 것, 곧 역사와 "학습"으로서의 역사 연구가 어떤 것인지 한번 수행해보려는 데 있다. 사르트르는 "내가 아는 것은 내가 모르는 것에 따라 변증법적으로 결정된다"고 말했는데, 나는 그 말을 탐구는 늘 열린 태도로 추구해야 하며 해답을 찾는 동시에 새로운 질문을 추구해야 한다는 뜻으로 받아들였다. 이 책은 이론과 수수께끼, 답변된 옛 질문과 제기된 채 남아 있는 새 질문이 얽혀 시작되고 진행되고 끝날 것이며, 이 책이 밝히지 못한 부분이 어떤 것인지에 따라 그 가치가 평가될 것이다.

한국전쟁은 하나의 결과였지만, 서구에서는 그 뒤에 일어난 사건을 초래한 "최초의 상황"으로 받아들였다. 그래서 1950년 6월 25일은 시작부터 잘못 이해된 결말이었다. 이것이 처음부터 내가 가진 생각이었으며, 나는 이런 단순한 발언을 함으로써 전쟁이 어떤 방식으로 전개됐고 누가 거기에 책임이 있으며, 그 원인과 영향은 무엇이었는가를 둘러싼 논쟁에 참여했다. 나는 정치적 발언을 제기했다. 분명하든 그렇지 않든, 현존하는 문헌도 모두 그렇다. 정치적 충돌과 강대국의 대립, 외교사나 전쟁사, 전쟁 억제론이나 정책 결정론의 문제로 한국전쟁을 다루는 것은 하나의 특정한 시각을 받아들이는 것이며 한쪽 면으로만 연구하는 것이다. 한국전쟁은 이런 측면을 모두 갖고 있었고 그것 이상의 사건이었다.

한국전쟁의 "첫 상황"은 1945년의 해방이었으며, 해방은 그 이전, 궁극적으로 자본주의 시장과 근대 세계 체제가 동아시아로 몰려든 시기에 움직인 세력이 만들어놓은 산물이었다고 생각한다. 그러나 한국전쟁은 1945년 8월 15일 이후에야 상상할 수 있었으며, 새로운 전쟁은 그후로도 줄곧 상상되고 있다. 그 까닭은 무엇인가?

1945년에 그어진 38도선은, 사르트르가 말한 직선처럼, 역사적으로 한국이라고 알려진 단일한 존재를 내재적 힘을 갖고 침범했다. 분단 이후 전쟁은 피할 수 있는 것은 아니었지만 예측할 수 있었다. 그러나 선과 원 앞에 선 어린이와 달리 우리는 일정한 주관성을 갖지 않고는 이것을 이해할 수 없다. 그런 주관성은 한국인의 상황이나 "하나였던 우리 민족이 둘로 나뉘면 (…) 우리나라는 역사의 흐름에 박힌 못처럼 될 것"[16]이라는 작가 백기완의 말에 담겨 있다. 민족의 분단은 그때부터 지금까지 악화되고 있으며, 새로운 전쟁을 부르고 있기도 하다.

우리는 이것을 "한국적인" 번역이라고 적절히 부를 수 있다고 생각한다. 남한과 북한 모두 그 전쟁의 역사가 1950년이 아니라 1945년에 시작된 것으로 보고 있다. 그러나 우리는 좀더 많은 사실을 알 필요가 있다. 나는 한국 국민도 주시하지 않을 수 없었다—그들은 1945년 어디(일본·만주·북한)에 있었고 왜 거기에 있었는가, 그리고 해외에 흩어졌던 식민지 민중이 고향으로 돌아왔을 때 어떤 일이 일어났는가. 이런 측면을 탐구하면서 나는 사회 이동, 곧 비코가 원래 사용한 의미의 인간의 이동이 있었고[17] 그것은 분단 이후 한국에—장소에 따라 정도의 차이는 있었지만—영향을 줬다는 사실을 알게 됐다. 우리는 전체적인 설명으로부터 눈을 돌려 곡물을 탈취한 농민을 주목한 뒤 다시 전체적인 설명으로 돌아왔다. 그 과정에서 사회적·정치적 갈등이 민족 분단에 작용한 측면을 종합적으로 연구했다. 그런 뒤에는 미국과 소련의 점령, 미국과 소련 사회의 잔류물인 상반된 정책 선택, 일련의 외교 전략 등을 살펴봤다.

1권에서는 지방, 민족과 국가, 지역, 세계라는 네 가지 수준의 분석을 통합하려고 시도했다. 남한의 일부 촌에서 농민이 경찰에게 돌을 던진 까닭을 밝히는 것은 미국의 패권을 추구하는 수단의 고전적 사례인 루스벨트의 신탁통치 정책을 해석하는 것만큼이나 중요하다고 생각한다. 한반도에 두 개의 국가 체제가 나타난 까닭을 이해하는 것은 일본이 각 지역에 수립한 제국帝國과 그 안에서 한국의 위치, 그리고 1945년 그것이 무너졌을 때 나타난 사건을 파악하는 것만큼이나 중요하다고 생각한다. 그러나 이 모든 것은 증거와 나의 추정과 가설 사이에서 끊임없는 대화를 거친 뒤에야 아주 천천히 드러났다.

이 2권은 한국과 관련된 이런 주제를 계속 다룰 것이다. 농민 문제는 유격대 문제가 되고, 사회 문제는 북한이 남한을 점령한 기간에 일어난 격변의 문제가 된다. 또한 한반도에 수립된 두 개의 국가 체제와 관련해 그들의 동맹국과 미국의 패권이 일본 제국주의를 대체하고 그 과정에서 일본의 산업이 되살아나는 데 우산이 돼준 과정을 검토할 것이다. 해방 직후 한국에서 나타난 상황을 분석한 나의 연구는 그 뒤에 나타난 사건의 많은 부분을 설명해줬다고 생각하며, 여기서 그 내용을 다시 서술할 필요는 없을 것이다. 그러나 한국과 관련된 변증법에서 미국의 입장은 다시 설명할 필요가 있다.

1945년은 미국에게도 기초가 마련되는 "첫 상황"이었지만 그렇게 인식되지 않았으며, 1947년이 냉전의 시작으로 받아들여졌다. 게다가 한국전쟁은 결코 미국에게 결말이 아니었다. 그 대신 한국전쟁은 내정 개입주의자의 대외 정책과 그것을 국내에 적용하기 위한 국가기구가 탄생하는 분명한 계기가 됐다.

1945년 한국의 첫 번째 상황은 사실상 봉쇄적 점령 정책을 촉진시켰다. 1947년 그것은 지배적 세계 정책이 됐으며, 한국 정책은 이제 잘못 설정된 것이 아니라 미숙한 것이라고 평가됐다. 봉쇄 정책은 사르트르가 말한 원에 비유할 수도 있다. 그 목적은 다른 방향으로 움직이는 물체의 운동량을 제한하고 가두는 것이다. 전후 시기 대부분에 걸쳐 봉쇄는 미국 제국주의가 적대 세력에 맞서는 전형적인 논리였다. 그러나 1947년부터 1950년까지 봉쇄의 원은 불안정했으며, 그 논리는 세계 전체보다는 팽창주의나 반격roll-back이라고 불린 국내의 다른 논리와 혼동됐다. 봉쇄의 원과 운동량이 교차하는 지점을 모든 각도에서 조사할 필요가 있는데, 이는 한국전쟁과 미국 정책의 전개에 깊이 영향을 줬으며, 전쟁 자체와 마찬가지로 오늘날까지도 잘못 이해된 상태로 남아 있기 때문이다.

1권의 목적은 한국의 모든 정치적 상황과 미국의 점령에 공감하거나 이를 비판하기도 하면서 엄정하게 검토하는 것이었다. 나는 2권에서도 그럴 것이다. 그러나 이번에는 그런 방법을 미국의 모든 정치적 상황에도 적용할 것이다. 기존 연구들은 미국 정치를 냉정하게 혹은 엄격하게(또는 적어도 공감하지 않고) 다뤘지만, 해리 S. 트루먼과 딘 애치슨이 대표한 중도적 경향은 중시하지 않은 경향이 있었다. 고립주의와 국제협력주의를 다른 정책으로 취급하는 것이 이를 보여주는 두 가지 좋은 사례다. 이해와 냉정한 판단을 결합한 분석은 모든 문제에 적용해야 한다고 생각한다.

2권과 특히 관련된 또 다른 사항은 구조적 논의와 실증적 논의, 또는 구조적 논의와 "명백한 증거에 입각한smoking gun 확증적" 논의라고도 부를 수 있는 바를 구분하는 것이다. 사르트르가 "원리적으로 모든 실증주의에서 벗어난 구조와 관계와 의미를 드러내려고" 추구한 것이 옳았다면, 그는 특히 미국 사회과학에서 지배적인 실증적 증거의 기준, 곧 실증적 증거와 실증주의의 재료를 무시한 것임을 알 수 있다. 프로이트는 인간에게 무의식이 있다는 것을 실증주의자가 만족할 수 있을 정도로 입증하지 못했지만, 자신을 과학자라고 생각했다. 자본에 관련된 마르크스의 총체적 논의는 실증적 증거보다는 자본이 움직이는 관계를 분석한 데 의존했다. 그 또한 자신이 하나의 과학을 창시했다고 믿었다.

　2권에서는 분석을 뒷받침하는 데 실증적 증거를 제출할 것이지만, 궁극적으로 논쟁은 이 증거와 이론·논리·가정·관계 그리고 그 분야를 조명하는 개념에 기초해야 한다. "확증"을 찾는 독자는 그것을 일부 찾겠지만 실망도 할 것이다―이를테면 "누가 한국전쟁을 일으켰는가"와 같은 정치적 성격을 띤 질문이나 한국과 동아시아와 관련된 애치슨 구상의 궁극적 의도 같은 문제에서 그럴 것이다. 이 책에는 조사에 몇 년이 걸린 사항이 여럿 있지만, 끈질긴 실증주의는 궁극적으로 일종의 그릇된 열정이라고 생각한다. 딘 러스크와 대담하는 동안 그는 내 질문에 대한 자신의 답변이 내가 본 자료와 일치하는지 물었다. 우리가 잠시 그 문제를 논의한 뒤 그는 문헌 자료가 유용하지만 매일 진행된 모든 종류의 논의보다는 훨씬 못하며 그런 논의 대부분은 후대에 가면 기록된 상태로 남아 있는 경우가 거의 없다고 충고했다. 그가 옳다면, 나는 그렇다고 생각하는데, 그 말은 문헌 기록을 바탕으로 한 조사의 한계를 보여주는 것이다. 그러나 그 기록을 신중하고도 충분하게 이용하고 문제의 기본 논리나 구조까지 파고들어 생각하려고 노력한다면, 연구의 진전을 바랄 수 있을 것이다.

미국 외교정책의 이론을 향해

실증적 증거를 모아도 문제를 해결하기보다 문제를 더할 때가 있다. 그럴 때는 이를 분류해 이해할 수 있는 이론이 필요하다. 미국 외교정책을 만든 세력을 그동안 계속 잘못 이해한 까닭은 그릇된 이론에 있다고 생각한다. 그 결과 매번 참사―압록강 진격, 피그스만 침공, 베트남전 패배, 이란 혁명, 또는 레이건 정권의 "이란게이트Irangate"―가 일어났지만, 그것은 그 자체의 원칙을 갖지 않은 독특하고 일시적인 일탈, 곧 미국의 외교 관계가 작동하는 원칙에서 벗어난 하나의 예외로만 간주됐다. 그러나 그 참사들에는 논리가 있었으며, 그 사건의 겉모습 아래를 들여다보면 논리를 예측할 수 있다. 달리 말하면, 그렇기 때문에 미국 외교정책을 분석할 이론이 필요하며, 그것을 증거에 비춰 끊임없이 검증해야 한다.

기존 이론들은 정책 결정, 관료 정치, 인식론, 억제 이론 또는 신뢰 개념 등을 강조하는 경향이 있다.[18] 이 책에서는 미국 내부의 정치적 갈등, 관료들 사이의 대립, 억제 이론, 주요 인물들의 인식과 세계관으로부터 어떻게 외교정책이 생겨났는지 많은 분량에 걸쳐 언급했지만, 그런 관점은 정책 결정에 영향을 준 세력의 범위나 미국 외교정책의 기본 방향을 설명하는 데 충분하지 않으며, 그런 기본 방향은 독자적 규범을 가진 독특한 세계 체제라는 구조에서 미국의 입장과 분리해서 이해할 수 없다. 단편적 설명을 내놓지 않으려면, 그 체제의 본질과 역학 안에 미국을 놓아야 한다. 이것이 1권에서 내가 추구한 바이며, 한국과 미국의 상호작용을 검토하기에 앞서 농업의 변화부터 인구 변동, 산업화, 일본 제국주의의 성질과 그 종결까지의 여러 측면을 설명한 까닭이다. 세계시장 체제는 여러 국가와 사회에, 비슷하지만 균등하지는 않은 부담을 부과했다. 그 체제는 경제 경쟁을 추진력으로 삼지만 그 안에 있는 국민국가는 서로 대립하며, 사회는 시장의 침투에 대해 서로 다르지만 늘 중요한 방식으로 저항한다.

오토 힌츠는 두 가지 현상이 국가의 구성을 좌우한다고 생각했다. "첫째는 사회 계급의 구조이고 둘째는 국가를 둘러싼 외부 질서, 곧 각 나라의 상호 관계와 전 세계에서 그 국가가 차지하는 위치다."[19] 이것은 매우 훌륭한 지적이며, 국내 사회를 경시하지 않으면서 세계·국가·사회 상황이라는 세 단계를 통합해 세계 체제론을 발전시킬 수 있는 출발점이다. 전체적인 분야로서 세계시장 체제, 그 체제 안에서 자신의 이익에 따라 문호를 개방하거나 폐쇄하는 국가, 더 넓은 분야에서 사회의 보호자로 기능하는 국가, 시장의 영향에 반응하는 사회와 국민, 이 모든 것에서 시점時點의 중요성(세계사의 어떤 시점에 그것이 일어났는가, 시장의 작용은 얼마나 빠르게 또는 느리게 침투했는가) 같은 여러 분석 수준을 조화시킨 방법은 바로 폴라니가 시도한 것이다.[20] 뒤에서 서술하겠지만, 이런 개념은 20세기 중반의 미국에 적용할 수 있다.

또 다른 세계 체제 이론가인 로버트 콕스는 패권국들이 늘 경제·사회적 혁명의 매개가 됐다는 사실을 설득력 있게 주장했다. 그는 영국·소련·미국을 보기로 들었다. 패권국은 이런저런 형태로 자신에게 저항하는 외국의 사회체제와 서로 영향을 주고받으면서도 그런 저항을 (자유주의적이며 사회주의적인) 내재적 혁명의 징후로 해석해 해외로 진출하려고 시도하는데, 늘 부분적이고 기형적이거나 실패한 결과를 얻는다고 그는 지적했다.[21] 아울러 혁명을 목표로 한 이런 추진력은 단일한 모습이 아니며, 혁명의 본질을 어떻게 규정할 것인가를 둘러싼 국내의 대립(이를테면 스탈린 대 트로츠키, 비어드 대 루스벨트)을 불러온다고 파악했다.

미국 외교정책을 완전히 파악하려면 이처럼 미국 안에 있는 그것의 근원과 국가기구에 어떤 영향을 줬는지를 살펴봐야 한다. 시어도어 화이트는 "베이징학Pekingology"은 바다 아래서 거대한 고래 두 마리가 싸우는 것을 보는 것과 같다고 말한 적이 있다. 고래들은 수면으로 올라와 물을 내뿜기도 하는데, 그것은 문제가 어떻게 진행되고 있는지 파악할 수 있는 유일한 증거다. 그러나 미국 정치도 "중국" 정치와 비슷한 경우가 많다. 일종의 "워싱턴학Washingtonlogy"이 필요하기 때문에 신문을 주의 깊게 읽고, 주요 인물의 부침에 주목하며 권력투쟁을 관찰한다. 그러나 이렇게 말하는 것은 미국적 사고의 성질과 크게 대립한다. 그것은 정치·역사·인간 행동에 대한 우리의 개념과 어긋나며, 음모론을 떠올리게 한다. 몰역사성ahistoricity이 아예 내부에 장착된 사람들은 역사를 거슬러 올라가 뒤지고, 매트를 들어올려 바닥을 보거나 지하에 존재하는 힘과 경향 같은 것을 찾아내는 데 익숙하지 않다. 이런 발굴의 열정은 급진적인 좌파나 우파들에게서나 볼 수 있다. 니체가 말한 "미로를 찾아들어가는 숙명"은 미국인의 스타일이 아니다.

프란츠 슈어만은 1974년에 쓴 책의 첫머리에서 제국은 자신의 "비밀스러운" 통치 방법을 자신이 다스리는 백성에게 알려주지 않는다는 타키투스의 '독재정치의 비밀Arcana Imperii'을 언급했다. 슈어만의 그 책에는 대부분 전거와 주석이 달려 있지 않지만, 깊은 연구와 관찰을 바탕으로 전후 미국의 외교정책을 분석한 가장 뛰어난 연구이자 새로운 이론이다. 슈어만은 세계 경제를 연구한 폴라니에게 큰 영향을 받아 비슷한 방법론으로 미국 제국주의와 세계 정치를 연구했다. 그러나 그의 분석이 진가를 발휘한 것은 전후의 사건을 설명한 부분이다. 실증적 차원에서 전후 시기를 알아갈수록 이 책의 가치는 더욱 커진다. 아는 것이 적고 전통적 개념에 사로잡힐수록 이 책은 이해하기 어려워진다. 『세계 권력의 논리The Logic of World Power』는 지금은 절판됐다.[22] 이 책은 거의 인용되지 않으며 인용되더라도 대부분 잘못 이해된 것이다. 이 책의 분석은 책의 비운을 예언했다. 이 책을 가장 잘 설명하는 표현은 책에서 분석한 제국이 그 국민에게는 신비로운 존재였다는 것이 아닐까 싶다. 그러나 우리는 그의 이론을 되살려 풍부하게 만들려고 노력할 것이다.

우선 평범한 관찰은 전후 미국 외교정책의 중요한 전환점이 민주당 행정부 때 일어났고 주요한 새 계획들을 산출한 뒤 공화당 행정부가 그것을 승인하고 추진했다는 것이다. 아울러 이런 전환은 대통령 선거와는 대체로 무관했던 것 같다. 이런 관찰은 1950년의 가장 중요한 전환점에도 적용할 수 있고, 1947년과 트루먼독트린에도, 그리고 민주당이 기본 정책 전환을 먼저 추진한 뒤 닉슨이 베트남전쟁의 종결과 달러 위기의 해결에 착수해 그것을 완결한 1968년, 그리고 카터 행정부에서 중대한 변화가 시작돼 레이건 외교정책의 대부분에 큰 영향을 준 1979년에도 적용할 수 있다.[23]

또 다른 간단한 관찰에서 알 수 있는 것은 그 경우마다 두 정당을 조화시킨 상징적 인물이 있었다는 것이다. 정치적으로 두 정파를 오가면서 사람들이 "합의"라고 말하는 것을 이룬 중재자다. 아서 반덴버그 상원의원은 이런 역할로 가장 잘 알려진 사람이지만, 존 포스터 덜레스는 1950년에 그런 역할을 수행한 인물로 민주당 정권의 안정을 도와 양당兩黨에서 최대한의 합의를 얻어냈으며 그 뒤 아이젠하워 행정부에서 국무장관이 됐다. 1968년에는, 헨리 키신저가 2인자로 바짝 뒤쫓았지만 클라크 클리퍼드가 가장 중요한 인물이었다. 클리퍼드는 강력하게 비판받던 로버트 맥너마라(군사 관계자와 좌파 학생들의 격렬한 비난을 받았다)의 후임이 돼서 존슨이 사임할 때까지 국무를 안정시켰다. 1979년에는 즈비그뉴 브레진스키가 가장 유력한 후보다. 카터 정권기 외교정책의 위기는 대통령에게 자신의 권한을 행사하고, 국무부에 있는 자신의 적대 세력(진 커크패트릭에 따르면, 그들은 "이성을 잃은" 사이러스 밴스와 그 지지자들이었다)을 제압하는 데 사용한 도구였다. 이는 또한 레이건 외교정책의 기초를 마련하는 데 쓰였다.[24]

지금까지의 논의를 정리하면 한 정권—대체로 민주당—에서 중대한 전환이 이뤄지고 다음 정권—대체로 공화당—에서 승인됐다는 것이다. 그리고 거기에는 이런 조정을 이루도록 도운 상징적 역할을 한 핵심 인물이 나타났다. 선거와 정당정치는 이것과 거의 무관한 것으로 보인다. 그러나 이런 유형이 나타난 원인은 좀더 살펴보아야 한다. 이런 중요한 전환이 일어난 까닭은 어떻게 설명할 것인가? 외교정책이 선거와 무관해 보이는 것은 어떻게 판단해야 하는가?

이해할 수 없는 점진주의와 미국의 달걀

미국이 지역 연구에 쏟는 열정을 따라올 나라는 거의 없다. 다른 나라에서 종종 미국에 "미국 연구" 전문가를 보내는데, 그럴 때 연구자들은 한결같이 미국의 선거와 전당대회, 곧 정치제도 자체가 기이하고 신비하며 이해할 수 없다고 한다. 이런 말은 공산국가에서 온 사람들에게 가장 많이 듣지만, 보통의 유럽인에게서도 들을 수 있다. 미국인들은 쟁점에 대한 주장이 거의 다르지 않은 후보들 사이의 치열한 경쟁(유럽인에게는 그렇게 보이는)에서 도대체 어떤 흥미를 느끼는 것인가? 모두 과거의 정책을 점진적으로 이어온 것인데 그렇게 시끄러운 까닭은 무엇인가? 답은 이론적인 개요에서 찾을 수 있다. 이해할 수 없는 점진주의는 근본적 의견 차이가 없는 한 나라 안에서 미세한 조정과 거래를 한 결과다. 미국은 모든 사회 가운데 가장 철저한 자본주의 사회이며, 그런 의미에서 유일하다. 게다가 그 부르주아적 자유는 대부분 "발견한" 자유다. 그리고 이 자유는 대단히 복잡한 역사를 가진 계급 구조에서 탈출한 이민자들이 발견한 것이다.

루이스 하츠가 주장한 대로[25] 미국에 봉건제도가 없다는 사실은 사회에 뿌리 내린 정치적 좌파와 사회주의가 없다는 사실을 예고했다. "자유를 기반으로 태어난" 나라는 자유롭지 못한 사회를 거의 이해하지 못하며 그 반대도 마찬가지다. 깊고 지속적이며 대부분 분석되지 않은 "합의"는 너무 뿌리 깊어 의식적인 반성의 대상이 아니기 때문에(곧 그것은 그람시가 말한 헤게모니론의 하나다) 미국인들은 자신이 이념을 가지지 않은 사람이라고 생각한다. 하츠 같은 주장은 미국에서 가끔씩 돌발적으로 일어나는 계급 투쟁과 계급 투쟁이 뚜렷한 일부 지역(섬이 많다)을 무시한다. 그러나 지난 세기 미국 좌파를 살펴보면 유럽계 농민과 이민자(이를테면 세계산업노동자조합 Industrial Workers of the World의 조합원), 죽어가는 종속적인 주변부(이를테면 무당파연맹Non-Partisan League •), 고통받는 소수자 집단의 상승 이동성(이를테면 1930년대 미국 공산당 내에서 유대인과 흑인), 검증된 법칙에서 벗어나 예외로 존재하는 고립된 지역들(이를테면 할런 카운티 ••) 또는 의분에 타오른 학생과 지식인들이 있다. 모든 경우에서 좌익 사상은 다음 세대의 등장과 인격적 "성숙", 개인과 집단의 유동성 그리고 경제 규모를 계속 확장할 수 있는 미국 생산력의 막대한 능력에 용해돼 사라졌다고 생각된다. 비교해보면 미국은 의심의 여지 없이 하츠가 말한 것과 일치한다.

치열한 계급 투쟁이 비교적 드물었기 때문에 점진적 정치가 나타난 것이다. 이것은 선진 자본주의 체제 안에서 국가와 시장의 혼합을 둘러싸고 변형하는 타원이나 달걀에 비유할 수 있다.[26]

이것을 가지고 외교정책과 관련해 어떤 것을 말할 수 있을까? 미국은 세계의 나머지 나라를 이해하지 못해 서로 날카롭게 충돌할 것이라고 하츠는 예측했다. 그는 미국이 세계와 서로 영향을 주고받음으로써 그들과 공생하고, 궁극적으로는 미국의 독특한 가치—하츠는 이에 대해 강하게 대립하는 두 가지 생각을 갖고 있었다—를 변화시킬 수 있는 "철학의 영감"과 상대적 감성을 발전시키기를 바랐다. 그러나 그것은 그저 바람일 뿐이었다. 문제는 미국의 목적이 자명하고 보편적이라고 믿는 사람들에게 그들이 미국의 역사

• 주 의회에서 농업 관련 입법에 더욱 노력하도록 압력을 행사할 목적으로 1915년 노스다코타주에서 창립돼 그 뒤 미시시피강 서쪽의 여러 주로 퍼져나간 농민 정치 조직.
•• Harlan County. 켄터키주 동남쪽에 있으며 탄광 노동자의 시위가 격렬하게 일어난 곳.

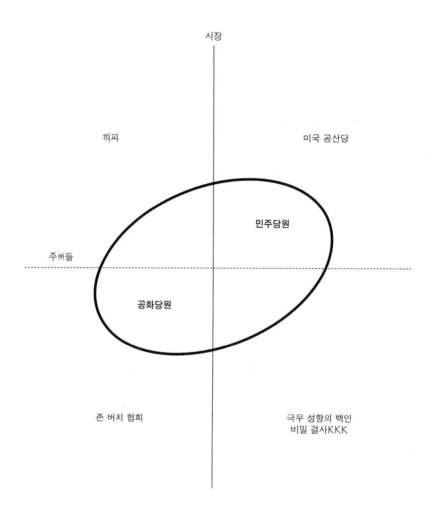

시장

히피   미국 공산당

                    민주당원

주州들

          공화당원

존 버치 협회   극우 성향의 백인
                            비밀 결사KKK

〈그림 1〉 미국 정치의 한계

와 특질에 속박돼 있다는 것을 납득시키는 데 있다. 베네딕트 앤더슨은 "자신이 인류 전체와 동일하다고 상상하는 국민(민족)은 없다"라고 썼는데, 국민(민족)이라는 상상의 공동체는 이런 의미로 정의된 것이다.[27] 그러나 그가 그렇게 말했을 때 미국은 그 규칙에서 예외인지도 모른다.

미국인은 어떤 사람이 공산주의자가 되는 까닭을 이해하지 못했기 때문에 공산주의와 벌인 투쟁이 독특한 모습을 띠게 됐다고 하츠는 생각했다. "그 국력을 산출한 환경이 미국을 볼셰비키 혁명에 저항하는 리더로 만들었다는 사실에는 역설 이상의 무엇이 있다. 마치 역사가 실제로 선명한 이데올로기 대립에 관심을 갖는 것과 비슷하다. 자유주의의 분열은 자주 목도되는 부르주아 전통의 강력한 표현이기 때문이다."[28]

외부 세계는 추상적이기도 하고 국내의 위기를 불러오는 사건의 원천이 되기도 한다. 실제로 그 사건들은 권력을 둘러싸고 국내에서 벌어지는 투쟁에 이용된다. 외부의 위기는 이해하기 어려운 지구 전체의 적과 전면적 대결이라는 모습으로 나타나지는 않았다. 이런 사실을 알지 못하면 트루먼 시대에 "타이완臺灣"에, 아이젠하워 시대에 진먼섬金門島과 마쭈섬馬祖島에, 케네디 시대에 쿠바에, 린든 존슨이 베트남에, 카터가 이란에 또는 레이건이 니카라과나 그레나다에 집착한 까닭을 설명하기가 매우 어렵다. 한 패권국이 그리 중요하지 않은 여러 주변부에 이처럼 계속 관심을 쏟고 집착하는 까닭은 무엇인가? 무엇보다 세계는 대체로 국내에는 존재하지 않는 거친 현실과 갈등의 원천이라고 말할 수 있다. 세계에서 일어나는 사건들은 위기를 유발하지는 않지만, 국내에서 분쟁을 일으키는 재료를 폭발시킨다. 그리고 폭발이 일어난 뒤 "외교정책의 전환"이라고 부를 수 있는 것은 국내에서 전개된 갈등의 결과이며, 세계의 다른 지역에서 일어난 사건은 기본적으로 추상적 형태로 남아 있다. 또한 외국에서 위기가 발생하면 한 나라 안의 권력 균형은 행정부 쪽으로 기울며, 행정부는 그 위기를 이용해 적을 제압할 수 있는 잠재적 힘을 갖게 된다.

이런 개념에 가장 적합한 보기는 전후 초기 "중국" 문제다. 실제로 그것은 누가 중국을 잃었는가가 아니라 권력 투쟁과 1930년대 초반까지 거슬러 올라가는 미국 정치·경제의 대안을 둘러싼 것으로, 다시 말해서 뉴딜과 미국 사회에서 국가의 역할을 둘러싼 투쟁이기도 했다. 그것의 맹렬한 지지자였던 조지프 매카시는 미국 안에서 숙청을 시도했다. 중국(과 한국)에서 일어난 사건들은 이 권력 투쟁의 표면적 원인이었지만, 사실 도화선은 국내 정치에 있었고, 그 도화선에는 바짝 말린 화약이 묻어 있었다.

그러나 이 논의에는 모순이 있는 것 같다. 한편으로는 계급 투쟁은 약하거나 존재하지 않는 가운데 미국인은 점진적인 문제를 둘러싸고 싸우고 있다. 다른 한편으로는 점진적인 문제가 아닌, 정치·경제의 대안적 개념이 경쟁하고 대립하고 있다. 이것은 얼핏 모순돼 보이지만 미국이라는 국가를 관찰하면 설명할 수 있다.

계급 투쟁의 목적과 그 결과로서의 국가

미국 사회는 1930년대 초반 중요한 전환을 겪었는데, 이때 불황을 거치면서 드러난 계급 투쟁은 정당제도는 물론 국가와 사회의 관계를 근본적으로 변화시켰다. 공화당은 이전과 마찬가지로 비즈니스(퍼거슨)와 "이익"(슈어만) 또는 자본 축적(울프 등)을 추구하는 정당으로 남았다. 반면 민주당은 비즈니스와 노동을 병행하고(퍼거슨) "이념을 중시하며"(슈어만) 정당화正當化를 추구하는 정당(울프)으로 변모했다.[29] 뉴딜 정책을 추진하는 관료 기구가 구성되면서 국가는 계급 투쟁의 목적이 됐으며, 소수자가 상승 이동을 추구하는 무대가 됐다. 노동자와 소수자의 요구는 정당과 정부 기관들을 거쳐 표출됐다. 국가는 지배계급의 대리 기관도 아니었으며, 오히려 서로 다른 계급과 집단, 특히 위로부터 지배권을 장악하려는 자본가와 아래로부터 지배권을 장악하려는 민중 사이의 이해관계가 충돌하는 무대이자 결과가 되었다. 동시에 뉴딜 국가는 신흥 자본가 집단, 곧 퍼거슨이 "패권 연합hegemonic bloc"이라고 부른 집단의 이해를 대변하고 결속하는 데 기여했다. 국가는 개별 경영자나 기업이 아니라 총괄적 구조를 가진 하나의 실체로 파악된 새로운 다국적 자본주의의 이익을 보장했다. 이 연합은 자신이 세계로 진출하는 것을 도와줄 국가를 필요로 했다. 그러나 국가 또한 미국 사회의 하부까지 영역을 넓혀 노동조합이나 시민의 권리 요구를 용인하지 않는 취약한 자본주의로부터 노동계급과 소수자의 이익을 수용하고 보호했다. 이것이 자본주의 국가(내부자와 외부자가 주장하는 이익을 모두 포용하지만, 제도로서 자본주의를 지키는 기능을 유지하는)의 "상대적 자율성"이 의미하는 것이다.[30]

이처럼 1930년대 이후 국가는 자본가계급 내부의 갈등(그것만은 아니지만)이 펼쳐지는 무대가 됐다. 자본가계급은 두 부류로 나뉘었는데, 하나는 발달한 기술을 보유하고 노동자와 협력하는 전국적·국제적 자본으로서 거대한 관료 기구 안으로 점차 편입되면서 세계시장을 목표로 이윤을 추구하는 주식회사였고, 다른 하나는 노동자의 요구에 영향을 받는(따라서 노동조합을 혐오하는) 쇠퇴하는 지역적·전국적 자본으로서 미국 국내시장을 장악하려는 소규모 기업이었는데, 대개 개인이 경영하는 곳이었다.[31]

기존에는 이런 두 경향이 외교정책에 반영된 결과, 세계를 책임진다는 국제협력주의 대 그런 책임을 회피하는 고립주의가 대립하게 됐다고 설명했지만, 슈어만은 두 경향을 제국주의/국제협력주의와 팽창주의/자국중심주의라고 타당하게 정의했다. 고립주의자는 유럽으로부터 고립되기를 바랐을 뿐이다. 그들은 시장과 광산과 값싼 노동력을 찾아 중앙아메리카와 아시아를 누볐다. 국제협력주의자는 제국주의자다. 아니, 고도의 제국주의자라고 말할 수 있다. 그들의 모범은 영국이었고, 그들의 목적은 세계의 광범한 지역(1940년대 초반 외교평의회the Council of Foreign Relations는 우리의 "광대한 지역 Grand Area"이라고 불렀다)을 이윤 추구와 계몽을 위해 조직하는 것이었다.[32]

이렇게 보면 미국의 정치는 참으로 비밀스럽다. 그것을 저녁 뉴스에서 모두 들을 수는 없다. 그러나 그런 대립은 1932년 이후 모든 정권의 모습을 만들어왔다. 여기서 우리는 흥미롭고 재미있지만 이해하기 어렵고 "미친" 것처럼 보이기도 하는 미국 정치의 한 모습을 발견한다. 이 두 마리 고래가 물을 내뿜는 모습은 두 노선을 둘러싼 중국에서의 대립만큼이나 기이하다. 자국중심주의적 경향의 전형적 인물인 H. L. 헌트는 엄청난 자금을 지원하는 수많은 기업을 동원해 록펠러 일가가 공산주의자이며 세계적 규모의 음모에 가담하고 있다고 주장했다. 그런 주장의 바탕에 깔린 확실한 사실은 국내의 석유기업과 국제적 석유기업, 텍사스 자본과 뉴욕 자본의 대립이었다. 또한 뉴딜의 정치·경제 정책을 설계한 존 메이너드 케인스와 국제협력주의적 외교정책을 입안한 섬너 웰스는 영국에서 거주했거나 영국으로 이주한 동성애자라고 주장했다. J. 에드거 후버(미국과 중남미에서 팽창주의를 추구한 대표적 인물)는 부하를 워싱턴의 공중화장실로 보내 웰스가 어떤 사람과 관계하는지 염탐하게 했고, 그 결과 우익이 말한 좌파 동성애자 집단이 관련된 국제적 음모가 정말 존재했다는 결정적 증거를 모으기도 했다.[33]

이런 정치 소동의 우스꽝스러움(과 잔인함)은 분석해야 할 중요한 사항을 모호하게 만든다. 그것은 모두 미국 정치의 달걀 안에서 발생했으며, 관련된 사람들에게는 세계사적 중요성을 갖는 분쟁이었지만, 달걀의 어떤 지점에 있는 사람이든 유럽인은 "원리를 중시한다"고 생각한 것에서는 견해가 일치했다. 그렇기 때문에 외국인은 점진주의를 둘러싼 격렬한 분쟁을 이해할 수 없다. 아울러 유럽과 동일한 술어를 사용해 싸우기 때문에 앨거 히스 같은 동부 명문가 출신의 연약한 자본가가 "공산주의자"로 불리고, 수수께끼 같으며 매력 없고 수줍음 많은 억만장자인 H. L. 헌트가 "파시스트"로 불린다. 그러나 이런 일은 사실 대부분의 미국인이 공산주의자나 파시스트를 본 적이 없기 때문에 일어나는 것이다.

미국의 현재 정치·경제 정책을 대체할 구상을 둘러싼 이런 갈등은 실제로 중요한 정부 기구 안에서 벌어진 결과, 어느 한쪽이 우세해진 적도 있고 (이를테면 상무부와 재무부의 대립) 내부에서 서로 모순된 파벌을 포괄한 적도 있다(이를테면 뉴딜 시기의 농무부, 1950년대 중앙정보국CIA을 들 수 있다. 실제로 중앙정보국은 여러 파벌로 분열됐는데, 자유주의적이며 학구적인 지식인 부류, 동아시아에서 활동한 비밀스럽고 과격한 카우보이 같은 부류, 연방수사국FBI과 연관돼 영국과 킴 필비●의 음모와 관련된 인물을 불신한 부류 등이었다). 전후 초기에 전개된 해군과 공군의 격렬하고 지루한 갈등도 두 세력의 서로 다른 세계관과

● 해럴드 에이드리언 러셀 킴 필비(1912~1988)는 영국 케임브리지대학 시절 공산당에 입당한 뒤 소련에 포섭돼 영국과 소련의 이중간첩으로 활동했다. 그는 1963년 정체가 밝혀지자 소련으로 망명했다.

동맹 세력을 반영한 것이었다.

또한 투쟁은 미국의 안정된 민주주의와는 무관한 것, 즉 쿠데타 루머를 불러왔다. 그 소문이 1930년대 중반 루스벨트를 표적으로 삼은 음모에서 처음 나왔다는 사실은 이 책의 주제와 관련해 흥미로운데, 거기에는 더글러스 맥아더가 관련됐다고 알려졌으며 1951년 4월 맥아더가 트루먼에게 해임됐을 때 다시 한번 나왔다.[34] 달리 말하면 그 소문은 국내의 가장 큰 위기와 불황, "트루먼-맥아더 논쟁"이라고 불린 전후 외교정책에 가장 큰 위기가 닥쳤을 때 널리 퍼졌다. 쿠바 미사일 위기가 전개되는 동안 로버트 케네디가 군사 쿠데타 발생을 우려한 것이나 또 다른 중요한 전환점인 워터게이트 사건이 일어났을 때 그것을 닉슨에 대한 쿠데타로 생각한 외국인(특히 중국인)이 많았다는 것도 들 수 있다.

지배자와 이해관계 세력

이런 방식으로 미국이라는 국가를 본다면 누가 대통령인가 하는 사실이 중요해진다. 그것은 선거 때문이 아니라 국내의 투쟁에서 이기는 데 필요한 조건이기 때문이다. 관료가 특정 기득권을 대표하는 것과 달리, 대통령은 국민을 대표하고 다른 누구도 갖지 못한 자율성과 집행권을 지닌다. 슈어만의 이론에 따르면 그 때문에 행정부는 슘페터가 말한 경제에서 기업가와 비슷한 존재가 된다. 대통령은 다양한 이해관계 세력을 자극하고(또는 스탈린처럼 그들을 파괴하고) 관례를 무너뜨려 새로운 생각을 도입하며 사회 전체에 퍼져 있는 새로운 흐름과 세력을 반영하고 이용한다. 물론 모든 대통령이 그렇지는 않으며, 실제로 몇 사람은 그렇게 하지 않았다.[35]

행정부―미국의 제도에서는 대통령과 각료가 있지만 각료 가운데 한 사람이 "집행권을 장악하는" 경우도 있다―는 특정 이해관계 세력과 복잡하고 자주 애매한 관계를 가진다는 측면에서 국가와 사회의 여느 구성 요소와는 다르다. 행정부의 수장은 국가의 의지를 체현하고, 사회가 널리 공유하고 있는 열망을 대변하며, 국민이라는 "가상의 공동체"를 상징하거나[36] 국경 바깥에서 일어나는 "이해관계"를 위해 행동하기도 한다. 특정 이해관계 세력이 최고 지도자를 지명하거나 선출할 수도 있지만, 그는 그들을 넘어 그들과 이해관계를 공유하지 않는 더 넓은 유권자에게 다가가야 한다. 최근 구조주의에 대한 저작들은 이런 견해를 발전시켜 국가의 자율성을 강조하는데, 거기서 국가는 단지 개인이나 계급의 이익을 추구하는 것이 아니라, 다양한 활동을 추진하기 위해 광범한 영역을 유지하는 데 관심을 갖고 있다. 국가는 그저 자본가의 손발이 아니라 자본가가 활동하는 무대를 보장한다. 대통령의 주요 역할은 모든 영역에서 자신의 영향력을 행사하는 데 있다.

막스 베버는 마르크스와 헤겔을 오래 연구하면서 국가는 지배의 형태이며 관료 조직은 통치의 합리적·법률적 기구라는 일반적 정의定義를 치밀하게 논의했다. 그러나 그는 국가와 관료 조직이 어떤 더 큰 이해관계와 대리인을 위해 봉사하는지, 국가와 시민사회의 관계는 어떤지 등은 거의 언급하지 않았다. 그러나 베버의 연구가 나온 뒤 관료들이 추구하는 합리성의 전범을 설정하기가 쉬워졌으며, 특정 관료가 특정 관료 조직의 이익을 추구하는 이유 또한 납득하기 쉬워졌다.

그 덕분에 "관료 정치"가 외교 관련 정책 결정을 어떻게 설명하는지 다양한 개념을 얻을 수 있다. 가장 잘 알려진 사례는 관료 기구의 조직과 과정에 대한 그레이엄 앨리슨의 견해인데, 그것은 쿠바 미사일 위기를 연구하는 데 사용됐다.[37] 앨리슨은 한 관료가 정부의 관료 기구에서 차지한 위치가 외교 정책을 결정할 때 그들이 어떤 입장에 설 것인지를 결정하며, 결정된 정책은 다양한 부서가 그 과정에 관여한 결과, 말하자면 모자이크 같은 모습을 갖게 된다는 가설을 제시했다. 해군의 이해관계는 육군이나 국무부의 이해관계와 다르며, 정책을 수립하는 과정에서 누구도 자신이 바라는 것을 모두 얻지는 못하지만 각자 일부는 얻는다는 것이다.

앨리슨은 자신의 이론을 치밀하게 사용해, 완전히 부정하지는 않더라도 "국익"(그는 "모형 1"이라고 불렀다)이라고 불리는 어떤 것이 합리적으로 인식될 수 있다는 생각을 비판했다. 외교정책 결정이 상충하는 이해관계의 한 모자이크에 지나지 않는다면, 국익이라고 부를 수 있는 것은 존재하지 않기 때문이다. 그러나 그런 모형은 외교정책에서 대통령의 역할을 설명하기 어려우며, 실제로 1962년 쿠바 위기에서 케네디가 내린 결정은 자신이 받은 조언을 모두 아우른 것이 아니라 좀더 포괄적인 방안을 제시한 것으로 생각된다. 국가는 그저 여러 기구를 모은 것이 아니다. 국가에는 전체를 돌볼 책임을 진, 수많은 이해관계의 모자이크를 모은 것과는 상당히 다른 결정을 내리는 책임자가 있다.

또한 대통령이 국가와 사회, 유권자와 갖는 관계는 여느 선출직 공무원과 다르다. 그는 전체에 대해 책임을 지는 유일한 사람이다. 그러나 그 책임자는 정부의 관료 기구를 뛰어넘어 사회를 움직이고, 이념과 애국심에 호소하며 개인적 특성—어떤 형태의 카리스마—을 이용해 자신의 정책에 대한 지지를 구축함으로써, 특정 사안이 자신의 생각대로 추진되도록 어떤 의미에서는 모든 것을 활용할 수도 있다는 것이 더욱 중요하다. 효과적으로 사용할 수 있는지 그렇지 않은지는 개인마다 다르지만, 대통령이라는 직책에는 카리스마가 잠재되어 있다. 스스로 카리스마를 지닌 인물(루스벨트, 마오쩌둥, 레이건)도 있고 직책을 이용해 카리스마를 "획득"하는 인물도 있다(드와이트 아이젠하워나 덩샤오핑이 그럴 것이다).

마르크스가 말한 대로 카리스마는 지도자와 대중의 관계가 복잡하다는 것을 보여준다. 즉 지도자로 인정된 경우(루스벨트)도 거부된 경우(닉슨)도 이해관계에 입각한 단순한 이론으로는 그 관계의 전모를 파악할 수 없다—왜냐하면 그것은 아들과 아버지(융이 말한 원형적 모습의 아버지)의 관계, 위장된 권위에 인간이 대응하는 수많은 방법, 또는 특정 지도자와 사회 전체 사이에서 공동체가 형성되는 방식(또는 형성되지 않는 이유)과 같은 설명하기 어려운 문제를 포함하고 있기 때문이다.

슈어만은 중국과 마오쩌둥을 연구해 지도자의 모형을 도출했다. 문화혁명 이전 마오쩌둥이 "지금 나는 오직 인민과 함께 있을 뿐"이라고 한 경고는 "이해관계자", 당과 정부 관료 조직 안의 새로운 계층의 특권에 대항하기 위해 대중을 동원할 것이라는 그의 결심을 상징적으로 보여준 것이다. 그러나 정부와 국민의 관계에 대한 슈어만의 설명은 마르크스의 초기 설명을 뛰어넘지 못했다. 그는 그저 "이념"과 "견해" 같은 표현으로 대체했을 뿐이며 행정부가 국민의 복리를 상징하게 된 까닭이나 정부에 대항하기 위해 시민사회를 이용한 방법은 설명하지 못했다.

또한 행정부는 국제 문제에도 대응해야 한다. 예를 들어 어떤 지역이 국익에 매우 중요하다거나, 멀리 떨어진 지역의 사건 때문에 국내에서 지지받지 못하는 결정을 내려야 하거나, 충분한 설명 없이 달러와 금의 태환兌換 제도를 유지하는 것은 더 이상 중요하지 않다는 성명을 발표하는 것이다. 미국 내 비판 세력은 곧잘 이런 문제를 빌미로 행정 수반이 자국보다 외국의 이익을 대변한다고 공격한다. 그러나 행정 수반은 외국의 이익에 봉사한다는 비난을 받지 않는 몇 안 되는 사람 가운데 하나다. 어떤 의미에서 전후 미국의 대통령은 세계("자유세계"라고 표현할 수 있는)의 행정 수반이었다. 그리고 미국 국민을 "분석 단위"로 받아들인 이들에게 그런 행정 수반은 국제적 구조물로 보였을 수도 있다. 따라서 행정 수반은 전체를 관리하고 편협한 이해관계를 초월하는, 국가의 내부와 외부 양쪽 모두에 있는 그런 존재다. 그리고 국가를 관계의 집합이라고 정의한다면, 미국의 대통령은 좀더 넓은 세계의 행정 수반을 의미할 수도 있다.

진정한 통치력을 가진 행정 수반은 국내 정책과 국제 정책이라는 두 전선에서 싸운다. 그런 대통령은 프랭클린 루스벨트와 닉슨 두 사람밖에 없다. 레이건은 국내 전선에서 싸우면서 여러 관료 조직을 공격했고, 교육부와 국립인문과학기금the National Endowment for the Humanities 같은 비교적 약한 기구에 맞서 이겼다. 그러나 그는 해외 전선에서는 거의 싸우지 않았다. (올리버 노스가 시도한 기괴한 침략 사건을 빼면) 해외 전선에서는 대담한 결단력과 새로운 동맹 세력, 그리고 전쟁이 필요했기 때문이다. 이런 의미에서 트루먼 시대가 가장 흥미로운데, 그것은 애치슨이라는 활동적인 국무장관이 해외 전선에서 싸웠기 때문이다(반면 트루먼은 국내 전선에서 수정된 뉴딜 정책을 계속 추진했다). 그러나 국내의 반대 세력에는 "앵글로색슨의 호수"(태평양)의 배타적 영주이자 일본을 비롯해 동아시아 전체를 지배하고자 했던 전형적인 영웅적 관료가 있었다. 그의 이름은 맥아더였다. 그와 그 지지자들은 전후 시기 자유주의자 또는 국제협력주의자의 패권에 가장 강력히 맞선 존재다.

국제협력주의/제국주의와 팽창주의/민족주의

국제협력주의나 제국주의를 정의하는 것은 어렵지 않다. 그것은 폴라니가 강조한 "자유주의적 원리"에 입각해 간접 통치와 시장 원리, 문호 개방에 토대를 두고 있으며, "상업계급의 지지에 의존하고 그 자유방임과 자유무역을 수단으로 널리 이용한다".[38] 보이지 않는 손은 1944년 브레턴우즈 체제가 성립된 뒤 전후의 규칙과 제도가 됐으며, 뉴딜 정책은 세계로 확산돼 규제받는 문호 개방 정책을 창출했다는 사실을 덧붙일 수 있지만, 나머지 측면은 폴라니의 생각이 타당하다.

폴라니는 자유주의적 교리를 인간과 자연뿐 아니라 "생산조직"을 보호하는 "사회 보호의 원칙"과 뚜렷이 구분했다. 여기서 국가는 바깥으로 향하는 힘을 세계시장으로 보내도록 촉진하고 조직하는 역할을 하는 것이 아니라, 국제사회의 경쟁에서 발생하는 역류逆流로부터 사회를 보호하는 기구다. 당사자가 충분히 자각하지 못하더라도 이것이 팽창주의/민족주의적 경향에서 나타나는 국가론이다. 국가는 외국의 영향으로부터 자신을 보호하거나 세계 대부분의 지역을 정복하는 것을 도와야 하지만 국내시장에 개입해서는 안 된다. 이처럼 미국의 팽창주의자들은 국내 문제에서는 작은 국가를 주장하지만, 보호관세를 요구하고 강력한 FBI(직장에서 노동자의 단결을 막는다)와 정보기관(군사 정보를 잘 이용해 국내외의 적을 정탐한다)과 해군(다른 나라의 내정에 개입한다) 같은 자유를 위협하는 기관을 지원한다. 여기서 "민족주의적 미국인"이라고 부를 수 있는 세력이 나타나는데, 그 명칭은 1945년부터 1980년까지 모순되게 보였지만 지금은 다시 우리와 함께 있다.

팽창주의는 해외 민족주의자들의 지향·동기·생각을 보여준다. 그것은 아메바처럼 움직여 인접한 영토에 들러붙어 독점하고, 경제적·국가적 경쟁을 제로섬게임으로 보는 경향으로부터 자라난다. 그런 지향에서 나타나는 경험주의적이며 점진적으로 증식하는 속성은 패권주의적 국제협력주의자와는 무관하며, 본질적으로 비논리적이고 모순된 행동을 낳는다. 이런 비논리성 문제는 뒤에서 살펴볼 테고, 여기서는 미국의 대표적인 민족주의자 존 웨인만 언급하겠다. 그는 카터 행정부 때 파나마 운하의 운영권을 파나마에 양도하기로 한 파나마 운하 조약에 찬성해 자신의 지지자들을 배신했다. 그가 그렇게 한 까닭은 무엇인가? 그는 오마르 토리호스 파나마 대통령과 개인적으로 친분이 있었기 때문이다.[39]

팽창주의자는 국경과 아시아 방향의 서쪽으로 그리고 중앙아메리카와 카리브해가 있는 남쪽으로 눈을 돌린다. 제국주의자는 유럽 방향의 동쪽이나 유럽에 대한 관심의 확장으로 "극동"으로 시각을 돌린다. 팽창주의자와 제국주의자는 멀리 떨어진 지역, 존 헤이의 표현에 따르면 "극서極西가 극동이 되는" 지역에서 만난다(그리고 이 책에서도 만날 것이다). 슈어만도 이런 견해를 제시했지만, 가장 뛰어난 설명은 리처드 드리넌의 『서쪽을 바라보며Facing West』에 담겨 있다. 그의 책은 지는 해를 따라가서 지금 아시아에서 떠오르는 태양을 바라보는 한 제국의 이야기를 썼다. "계속 나아가는 직선의 출발점과 종착점이 접근해 원에 가깝게 됐다."[40]

국제협력주의자와 민족주의자의 경향이 국내에서 표출되면 경제에서 국가가 하는 역할 같은 사안을 둘러싸고 내정 문제를 다루는 기관에서 논쟁이 일어나는데, 이는 그리 놀라운 일이 아니다. 그러나 외교정책을 둘러싼 대립은 이보다 격렬하지 않으며 좀더 추상적인 양상을 나타낸다. 미국이 세계 문제에 적극 개입한 것은 의외로 "늦은" 시점인 1940년대부터였는데, 이것은 외교정책이 미국 정부 안에서 상당한 자율성을 가진다는 의미였다. 영국을 모범으로 삼아 만들었지만 무능함을 자주 드러낸 국무부 외교국을 제외하면, 외교 문제를 다룬 관료 조직은 1941년부터 1950년대 초에 걸쳐 급조됐다.

국제 문제 개입이 비교적 늦었던 까닭은 영국 해군과 태평양·대서양이라는 두 대양에 대한 방위 때문이었다. 그리고 당시 국내시장이 매우 넓고 생산성이 뛰어났던 것도 원인이었다. 1950년에 미국 자본가들은 세계시장에 투자하는 데 그다지 관심을 보이지 않았다. 국제적 정유회사, 유럽에서 경쟁에 직면한 산업(이를테면 화학공업), 이런저런 무역회사 같은 일부 산업만 해외 시장에 눈을 돌렸다. 대부분의 미국인에게 미국의 사업은 국내 사업이었다. 그 결과 "외교정책"은 중동을 대상으로 한 정유회사, 중앙아메리카의 바나나회사, 동아시아의 무역회사 같은 특정 집단의 이해관계를 반영할 뿐이었다. 외교정책 전문가들은 대부분 동부 기득권층 출신으로 미국 사회에 넓은 기반을 갖지 못했으며 외국(곧 영국)에서 들어왔거나, 맥락은 다르지만 모리스 메이스너가 "국내의 외국인"이라고 부른 부류였다.[41] 이런 이유로 외교정책 입안자들은 대부분의 기간에 큰 자율성을 가졌지만, 위기 때 심각한 취약성을 드러냈다. 자율성과 취약성이라는 두 모습은 전후 초기 외교정책을 담당한 정부 기관이 권력투쟁과 내부 대립의 대상이 됐다는 의미였으며, 실제로도 그랬다.

미국 외교정책의 요소: 국제협력주의·봉쇄·반격

정치적 갈등은 세 집단의 갈등을 거쳐 해결되는 경우가 많다고 아리스토텔레스는 말했다. 중도파를 둘러싸고 두 "극단파"가 생겨나거나 두 "극단파"를 둘러싸고 중도파가 생겨난다는 것이다. 관료 정치에서 이런 대립을 보여주는 가장 진부한 형태는 A안과 C안을 받아들일 수 없는 극단적 방안으로 간주한 뒤 자연히 B안을 선택하는 것이다. 미국 대통령 가운데 리처드 닉슨은 이렇게 생각하는 방법에 가장 능숙했는데, 이런 삼단논법을 사용했다. "음, 오늘이라도 베트남에서 철수하기를 바라는 사람들도 있습니다. 그들을 폭격해 석기시대로 되돌리라고 말하는 사람들도 있습니다. 이제 나는 그 중간을 선택하겠습니다. 내일 우리는 캄보디아를 침공할 것입니다." 1949~1951년의 위기─그 뒤 전개된 외교정책은 이 혼란기에서 배태됐다─에서도 세 가지 방안이 충돌했다.

한 "극단파"는 실질적 세계주의globalism 또는 일원적 세계주의one-worldism를 표방하는 좌파적 국제협력주의다. 프랭클린 루스벨트는 헨리 월리스가 대표하는 이 노선을 선호했으며, 그 결과 반대파로부터 좌파적 국제협력주의를 상징하는 인물로 지목됐다. 또 다른 "극단파"는 반격rollback을 주장하는 세력으로, 공산주의를 말살하고 그 동맹 세력을 제거해 전 세계에서 미국의 단독주의를 실현한다는 이상을 궁극 목표로 삼았다. 두 세력 모두 자본주의적 관점에 섰다. 다른 목적도 있었지만, 월리스는 미국 중서부에서 산출되는 잉여 곡물을 수출할 세계시장을 확보하고자 했다. 반격은 적은 물자를 둘러싸고 미국의 국가자본이 외국과 세계 규모의 쟁탈전을 벌인다는 의미였다. 헨리 월리스는 1944년에 부통령이었다. 1948년 그는 미국의 일부 공산주의자와 교류했다는 혐의로 무참하게 조롱받고 세력을 잃었다. 1947년 제임스 버넘은 미국이 원자폭탄을 독점적으로 보유해 세계 제국으로 올라서야 한다고 주장하는 책을 펴냈다. 그런 논지는 미친 것까지는 아니더라도 이성을 잃은 것이라고 생각하는 사람이 많았다. 1950년대 초반 반격을 주장하는 버넘의 견해는 국방부를 포함한 여러 부서에 큰 영향을 줬다.

1940년대 후반과 1950년대 초반 이 세 세력의 갈등이 펼쳐지면서 미국 정치권에서는 합의된 중간 지점이 형성됐다. 그 결과, 대폭 오른쪽으로 이동해 월리스 세력을 배제하고 버넘 세력을 포함시켰다. 1950년 시점에서 수용할 수 있는 한도는 휴버트 험프리나 '민주적 행동을 지지하는 미국인Americans for Democratic Action' 같은 냉전 시대의 자유주의자부터(ADA를 경계로 그 왼쪽에 있는 부류는 배제됐다) 버넘과 윌리엄 F. 버클리까지였다. 이 두 사람은 1956년 『내셔널 리뷰The National Review』를 창간했다. 커티스 르메이는 포함되지만 섬너 웰스는 배제됐다. 핵무기라는 중요한 영역에서 에드워드 텔러는 포함됐지만 로버트 오펜하이머는 배제됐다.

그러나 이 시기에 반격 정책이 중간 지점에 있었다고 말하기는 어렵다. 그렇게 말한다면 그것은 영향력을 거의 잃은 과격한 사상이거나 이성을 잃은 사람의 발언이거나 1952년 이후 존 포스터 덜레스가 보인 극도의 흥분과 과장된 발언 가운데 하나로 생각된다. 1949~1951년에 전개된 위기에서 중간파의 반격 정책이 어떤 것이었는지를 이해한 사람은 고드프리 호지슨처럼 날카로운 관찰력을 가진 외국인밖에 없었다.[42]

그러나 일화에 근거한 이런 설명은 논점을 분명히 하는 데 충분치 않다. 국제협력주의와 팽창주의가 양대 흐름이었다면, 외교정책이 미국 정부 안에서 큰 자율성을 가졌다면, 국가가 계급 내 투쟁의 대상이었다면, 두 "극단파"가 중간 지점을 형성해 수용과 결정의 모체가 됐다면, 세 가지 경향은 어떻게 개념화할 수 있을까? 다음과 같이 그 개략을 서술할 수 있을 것이다.

국제협력주의/제국주의

이것은 루스벨트의 뉴딜 정책을 세계에 적용한 것이라고 요약할 수 있다. 세계시장 체제를 규제·관리하고, 문호 개방 정책 또는 "광대한 지역Grand Area" 정책에 규제를 가미한 것이며, 자유무역과 경제 성장에 반드시 필요한 개방성을 추진하고 장벽을 제거하며, 경제 침체와 다루기 힘든 나라들을 길들이는 데 필요한 규제를 두는 것이다. 이런 세계관의 핵심은 다음과 같다.

비유: 문호 개방

경제적 내용: 영토 획득을 목표로 하지 않는 제국주의, 규제받는 문호 개방 정책, 자유무역이 안정적으로 이뤄지는 세계 경제, 장벽(보호무역주의) 철폐, 전 세계라는 광대한 지역을 감독하는 패권국인 미국(1930년대에는 그런 조정 기능을 하는 최고 권력을 가진 감독 국가가 없었기 때문에 세계는 위험한 상태에 있었다), 세계로 확장하는 추동력으로 작용하는 첨단 기술과 경쟁력을 가진 산업의 연합.[43]

정치적 내용: 세계는 법률(유엔)의 지배를 받으며 네 개의 감독 국가(미국·소련·영국·중국)가 집단 안전보장 체제를 형성해 평화를 유지한다. 얄타협정은 그 실제 내용을 상징하는데, 서방은 소련과 서로 안전을 보장하고 다국적 협조 체제에 소련을 묶어두면서 반란 세력을 억제한다(소련을 포용해 봉쇄한다). 미국의 실질적 지배는 유엔과 그 밖의 장소에 있는 동맹국과 위성국이 보장한다.

전략적 내용: 미국은 전체를, 동맹국은 부분을 감독한다. 소련을 강대국으로 인정하고(지역적 강대국에 지나지 않지만) 안전 보장 협정에 끌어들여 세계의 경찰로 함께 활동한다. 영토와 군사기지를 독점적으로 지배하는 것보다 첨단 기술과 기동력을 갖춘 해군·공군을 보유하고 핵무기를 개발하는 것이 더 중요하다.

이념적 내용: 보편주의로 가장한 고전적인 윌슨의 이상주의를 퍼뜨리는, 루이스 하츠가 말한 볼록거울. 인권과 민주화. 모든 곳에 진보를 가져오고 국가 사이의 관계와 국내 정치, 사회 구조를 모두 자유롭게 만드는 (규제된) 보이지 않는 손의 역할을 하는 자유무역.

국가의 역할: 행정 수반은 국무부와 군부의 기득권을 희생시키면서 국내를 지배한다. 외교정책의 방향을 대통령이 결정한다. 혁신적이고 역동적인 지도자. 표적으로 삼은 해외의 권위주의적 국가를 자유롭게 만드는 것.

사회적 지지층: 동부의 은행가. 세계시장에서 경쟁할 수 있는 첨단 기술을 가진 기업. 친영적親英的 인물과 지역. 자유주의적 민주당원. 해군과 공군(예산에 따라). 지식인.

일부 독자는 그렇지 않겠지만, 이런 개략적 서술이 전체적으로 독자를 만족시키지 못하리라는 점을 나는 잘 알고 있다. 그러나 이런 설명은 미국 외교정책의 국제협력주의적 경향을 좀더 잘 이해하도록 도와주리라 생각한다. 국제협력주의는 1930년대 중반에는 우세했지만 1940년대에는 외교정책을 둘러싸고 다른 노선과 경쟁했으며, 1970년대 닉슨의 긴장 완화 정책détente, 미국·유럽·일본 3국위원회, 카터 행정부에서 되살아나기는 했지만 쇠락하는 경향을 보였다.

봉쇄

봉쇄는 기본적으로 국제협력주의와 민족주의가 차선의 세계로 타협한 것으로, 미국과 소련은 정치·경제적 장벽을 구축했으며, 소련을 국제사회에 끌어들이려는 루스벨트의 구상을 조롱하는 것이기도 했다. 그 구상 대신 등장한 것은 두 개의 연합인데, 아직 남아 있는 "광대한 지역" 가운데 (상당한) 부분에서 압도적으로 강력한 연합을 조직한 미국 그리고 사회주의적 정치 연합과 자본주의를 대체할 공동의 시장경제 체제를 만들려는 소련이었다. 미국은 국제협력주의자의 구상에서 약속한 것을 대부분 손에 넣었지만 전부를 얻은 것은 아니었다. 얻은 것은 자본주의 지역에서 자유무역과 개방된 체제, 세계경제의 동력으로서 일본과 서독의 신속한 부흥이었다. 그러나 방어벽은 세워야만 했고, 그것은 많은 비용이 드는 미국 지상군과 봉쇄의 교두보를 지키기 위해 조직을 확대한 관료 기구가 담당했다. 봉쇄는 국제협력주의와 반격을 추진한 적극적 민족주의 사이의 "B안"이었다. 그 결과 루스벨트의 지지자들은 손을 뗐고 국내 정치에서는 공화당의 국제협력주의자(반덴버그와 덜레스)와 연합했지만 1949~1951년 위기 이전에 이런 재편은 견고하게 자리 잡지 못했다. 봉쇄에 대한 개략적 설명은 다음과 같다.

비유: 방벽

경제적 내용: 지역 연합으로 이뤄진 차선의 세계이며, 개방된 체제를 사회주의권 외부에 형성하고, 선별된 사회주의 국가(유고슬라비아와 중국)를 자본주의적 세계경제에 다시 통합할 가능성이 있다. 봉쇄의 주변에 위치한 국가나 패배한 경쟁국을 경제적으로 원조해 광대한 지역의 경제와 안보를 강화한다. 1947~1960년, 달러가 지배한 사실상 미국의 단독주의 시대. 봉쇄의 방벽을 유지하기 위한 국방비 지출이 재정 적자를 유발하여 국내의 경제활동을 촉진했다(군사적 케인스주의).

정치적 내용: 미국의 도구로서의 유엔. 집단 안전보장은 미국 경찰의 활동을 촉진함. 소련과 관련해서는 얄타에서 내린 가정이 리가에서 내린 가정으로 대체됨.●[44] 태엽 자동차(케넌의 비유)처럼 소련이 팽창함에 따라 소련 연합의 모든 경계선을 따라 방벽을 설치하고, 그에 따라 이란·남한·타이완 등에서는 국가기구를 강화할 필요가 있음. 그리스·한국·베트남·과테말라에서는 반혁명.

● 소련을 국가로 승인하지 않는 기간에 케넌 같은 미국의 외교관은 리가(현재 라트비아의 수도)를 정보 수집의 거점으로 삼았다는 내용.

전략적 내용: 미국은 전체, 그렇지 못할 경우 대부분의 지역을 감독한다. 봉쇄 정책이 실시되고 있는 주변부와 가까운 지역과 기지를 배타적으로 관리한다. 방벽을 형성하는 지상군을 유지하는 데는 막대한 비용이 들며, 광범위한 제국을 관리하려면 엄청난 국방 예산과 수송비가 요구된다. 공산주의의 위협에 둘러싸인 동맹국은 독일·일본 등에 배치된 미군의 통제를 받는다. 미국이 지배하는 여러 동맹 체제가 급증한다. 육군이 팽창함에 따라 해군과 공군이 반발한다.

이념적 내용: 진보주의는 반공주의에 대한 공식 용어의 자리를 자유와 민주주의에 내준다. 반공주의에 입각해 국내와 국외에서 동맹이 결성되지만, 적대 세력을 자극하지 않기 위해 민족주의는 억제된다. 현실 정치를 이상주의적 수사로 정당화해 실천한다. 목적을 위해 수단을 희생한다.

국가의 역할: 처음에는 행정부가 우세하지만(봉쇄 정책을 입안할 때 애치슨이 장악하고 있었다) 국가 안보를 중시하는 나라가 출현하면서 관료 조직의 기득권에 복속된다. 국방비에서 재원을 공급받아 영원히 작동하는 기관 같은 슘페터주의적 정치·경제의 발전은 제국을 영구히 지속시킨다.[45] 국내에서는 치안 기구의 강화가 규제된다. 해외에서는 권위주의적 반공 국가와 동맹을 맺더라도 주기적인 인권운동으로 정통성을 확보한다(프랭클린 루스벨트가 구상한 자유화된 약소국보다는 방벽으로서의 국가라는 개념을 중시한다).

사회적 지지층: 처음에 불안했던 봉쇄 합의(1947)는 1952년 이후 민주당 중도파와 공화당 중도파의 안정된 연합으로 대체되며, 1950년 반격과 매카시즘이 실패하면서 그런 합의의 경계가 구획됐다. 은행가, 선진 산업 및 농업 관계자들은 원하는 것을 대부분 얻었지만, 소련 연합에 잠재적 관심을 갖고 있다. 국내의 사양 산업은 반항적이고 비판적이지만, 오랜 기간에 걸쳐 일본과 독일이 부흥하는 동안 대립은 약해진다.

봉쇄는 미국 내에서 격렬한 대립이 만들어낸 결과였다. 이런 역사적 타협으로 국외와 국내에서 동맹 관계를 구축했다. 1949~1951년의 위기 이후 닉슨이 베트남에서 철수하고 소련·중국과 긴장을 완화하며 1971년 신경제 정책을 발표할 때까지 미국의 패권주의가 유지된 긴 기간 동안 정세는 비교적 안정됐다. 그 동맹 관계는 누구도 완전히 만족시키지 못했지만 거의 모든 이해집단에게 그들이 바라던 일부를 준 결과 국제협력주의나 반격보다 오래 지속됐다. 반항적 우익이 있었다면 타이완·과테말라·쿠바·도미니카공화국 등과 거래해야 했을 것이다.

반격

반격rollback은 국제협력주의에 완전히 반대하고 봉쇄에 대체로 불만을 가진 세력이 선호한 전략이었다. 그것은 1950년대에 가장 강력한 발언권을 가졌지만 실행된(그리고 처참한 결과로 끝난) 유일한 사례는 압록강으로 진격한 것인데, 이는 현존하는 사회주의 체제를 전복시키려던 단 한 번의 철저한 시도였다. 그다음으로 중요한 것은 피그스만 침공인데 실패로 끝났다. 그러나 반격은 지금까지도 미국의 외교정책을 형성하는 강력한 힘으로 남아 있으며, 레이건 행정부 때 극적으로 다시 나타났는데 그때는 비밀공작이 다시 추진되면서 그레나다, 니카라과, 리비아, 수리남 사건에 적용됐다. 1986년 11월에 일어난 "이란게이트" 사건은 반격론자들이 일으킨 전형적 참사로 1950년에 겪은 큰 실패의 특징을 모두 지녔으며, 비극으로 시작해 희극으로 바뀌어간 레이건 시대의 특징을 뚜렷이 보여줬다. 반격 정책 지지자가 그랬던 것처럼 올리버 노스 중령은 국무부는 물론 CIA와 국방부 그리고 외교정책을 맡은 기관도 대부분 믿지 않았다.

반격은 이론도 실천도 대부분 결여되어 모순적 요소가 많기 때문에 세 가지 시각 가운데 개요를 만족스럽게 서술하기가 가장 어렵다. 반격의 이상은 공산주의(시장이나 기업가에 반항하는 사회를 숭배하는 공산주의)가 없는 세계인데, 그것은 다른 장소에서 불길한 타협을 가져왔다. 뉴딜 정책 지지자와 국제협력주의자들이 한때 사회주의에 관심을 보였던 것과 마찬가지로 1950년대 반격 정책 지지자와 1930년대 고립주의자들은 히틀러, 무솔리니, 프랑코 같은 파시스트에 관심을 보였다. 미국에서 반격론자의 중심부는 유전 지대와 남부의 선벨트Sun Belt 지대● 그리고 물론 공화당 우파였다. 반격 정책을 열정적으로 지지한 부류는 H. L. 헌트, 로버트 우드 같은 기업가, 커티스 르메이나 존 싱룝 같은 군인, 패트릭 매캐런 같은 정치인, 그리고 존 버치 협회John Birch Society ●● 같은 정치단체였다. 닉슨과 마찬가지로 덜레스도 이런 세력에 발언권을 부여했지만, 두 사람 다 타원형으로 이뤄진 미국 정치의 궤도를 타고 재임하는 동안 이 세 가지 경향 사이를 오락가락했던 기회주의자였다. 이 조류의 위대한 영웅은 더글러스 맥아더였지만, 그는 그 정책의 지지자들과 유기적 관계를 맺지 못한 채 홀로 활동했는데, 그것은 1951년 팽창주의가 실패한 부분적인 까닭이 됐다(그 실패의 주요 원인은 중국의 "인민지원군"이었다). 반격 정책에 대한 개략적인 설명은 다음과 같다.

비유: 적극적 행동

경제적 내용: 고전적이지만 윌슨주의에 입각하지 않으며 영토에 집착하지 않는 것이 아니라 영토 획득이 목적인 제국주의. 간접적이며 경제적인 수단보다는 산업의 집적과 직접 지배에 의지한 확장. 원료와 시장을 배타적으로 장악함(세계시장에서 경쟁할 능력이 없기 때문에). 부흥한 일본·독일과 경쟁하는 것에 반대함.

정치적 내용: 유엔과 집단 안전보장에 반대함. 합리적으로 행동하는 것이 아니라 악마처럼 행동하는 소련. 방벽은 목적(반격)을 달성하는 수단이지 그 자체가 목적이 아님. 얄타는 반역죄를, 리가는 유화 정책을 의미한다(리가에서는 세계적 규모의 공산주의 음모가 아니라 소련의 팽창주의를 강조했기 때문이다). 반혁명은 소련의 주변부에서 중심부로 이동해 추진한다. 필요한 모든 수단을 사용해 반공주의를 강화하고 모든 곳에서 반격을 지원한다(이승만·장

● 버지니아주에서 캘리포니아주 남부에 이르는 온난 지대.
●● 1958년 공산주의에 맞서기 위해 설립된 미국의 극우 단체.

제스·바티스타[•]·트루히요^{••} 등).

전략적 내용: 유럽이 아니라 아시아를 가장 중시한다. 구세계와 부도덕한 외교를 떠나 신세계와 도덕적 외교를 지향한다. 목적이 아니라 수단으로서 영토와 기지를 배타적으로 관리한다. 세금과 공산주의자를 증오한 결과 적을 섬멸할 수 있는 저렴하고 성능이 뛰어난 무기에 많은 관심을 갖게 돼 원자폭탄과 공군력 또는 "스타워즈" 같은 만능의 해결책을 사용하게 될 것이다. 동맹국은 미국의 지배를 받으며, 반항할 경우 요새국가인 미국의 이익을 위해 버린다.

이념적 내용: 억제할 수 없는 미국의 민족주의와 높은(특히 미국적인) 도덕적 기준을 지닌 광신적 애국심chauvinism, 격렬한 반공주의, 노조를 증오한다. 국경 확장과 인디언 전쟁을 모범으로 삼는다. 이상주의적 수사를 사용하지만 윌슨주의와는 달리 기업가적 미덕을 추구하고 새로운 투자 기업과 시장과 원자재를 끊임없이 찾는다. 시장의 상황에 따라 프리드리히 리스트나 애덤 스미스의 이론을 선택한다.

국가의 역할: 강한 군사 부문과 약한 경제체제. 영웅적 대통령과 피폐한 국무부. 강력한 FBI와 비밀공작의 수행 능력. 전쟁 자본주의가 필요하며, 그 과정에서 군사 부문을 강화한다(지방에 거주하는 지지자의 이익을 유도하기 위해 지역 개발 사업을 추진하는 경우가 많다). 국가 사이의 관계를 파악하는 개념은 신新중상주의지만, 국내시장에 국가가 개입하는 데는 반대한다.

• 풀헨시오 바티스타 이 살디바르(1901~1973). 쿠바의 군인으로 1933년 쿠데타를 일으켜 집권하고 1940~1944년 대통령으로 재임했다. 1952년 다시 쿠데타로 권력을 장악했지만 독재를 자행한 끝에 1958년 피델 카스트로에게 축출됐다. 그 뒤 도미니카공화국·포르투갈로 망명했다가 스페인에서 사망했다.
•• 라파엘 레오니다스 트루히요(1891~1961). 도미니카공화국의 군인으로 1930년 쿠데타를 일으키고 같은 해 대통령에 당선돼 재임했다. 1952년 동생 헥토르에게 정권을 물려줬으나 그 뒤에도 실질적 권력자로 계속 남았다. 1961년 5월 암살됐다.

사회적 지지층: 국내시장을 기반으로 한 쇠퇴하는 기업. 노동자의 요구에 영향을 받는 산업, 특히 섬유산업. 독립적인 석유회사. 공화당 우파, 특히 동부 세력의 지배와 록펠러 계열 그리고 금융을 관리·공급하는 동부의 은행들에 반발하는 서부와 선벨트 지역의 유권자. 자유주의적 신학이나 자유주의자를 증오하는 근본주의적 종교 단체. 영국을 싫어하거나 소련을 증오하는 인종 집단.

하츠의 용어에 따르면 국제협력주의는 미국의 시각에 따라 세계를 변화시키려는 자유주의적 충동을, 고립주의는 다루기 힘든 지역에서 철수하려는 자유주의적 충동을 반영한다. 1950년대의 변화된 상황에 1930년대의 고립주의적 흐름을 적용한 반격은 이런 두 가지 충동에 대한 반응인데, 공산주의의 위협은 사악하다는 인식에 따라 발생했지만, 세계의 나머지 나라들에 대한 전반적인 관심과 관계성이 부족했던 측면은 1930년대의 고립주의자들과 동일했다. 이처럼 반격론자들은 참으로 "혈기 넘치는" 미국인이었으며 미국이 세계 문제에 "늦게" 개입하면서 남겨진 지방 세력이었다. 이런 실제적 관계가 없었기 때문에 반격론자들은 다루기 힘든 세계와 마주쳤을 때나 1952년 이후 외교정책에서 지배적이었던 패권주의적 봉쇄와 자유주의의 관점에서 볼 때 자기방어적 철수를 지향하는 경향을 나타낸 것이었다. 반격 정책의 철저한 비현실성(북한의 얼어붙은 황무지가 그것을 증명한다)과 비겁한 방법으로 승리하기보다는 명예롭게 패배하는 것이 낫다(맥아더)는 생각은 전형적인 미국의 민족주의자들이 세계 전체에 대한 관심과 지식을 갖지 못했음을 보여준다.

지금까지 개략적으로 서술한 세 가지 사항은 미국 외교정책에서 차이를 설명하려는 것이지 다른 개념들, 특히 윌리스의 세계주의나 반격 정책에 입각한 민족주의를 진지하게 검토한 것은 아니며, 미국 외교와 관련해 종래의 개념을 살펴본 것도 아니다. 이것들은 베버적 이념이라고 불러도 큰 잘못은 없을 것이다. 이 세 가지 시각―특히 첫 번째와 세 번째―은 분명하게 파악하기 어려운 현실로부터 추출한 결과 근거가 부족한 측면도 있다. 그렇다고 해서 사람들이 가정에 기반해 행동한다는 가설이 쓸모없어지는 것은 아니다. 신화·이상형·시각·이념·이익은 마음과 현실 세계 안에서 서로 섞이면서 역사를 만들어간다.

아무튼 이 세 가지 정책은 동아시아와 한국에 대한 미국의 정책이 전개된 과정과 전후, 즉 1949~1951년의 운명을 결정한 위기를 설명하는 데 유용할 것이다. 국제협력주의·봉쇄·반격이라는 일반적 범주는 한·미 관계를 정리하는 새로운 방법을 제공한다. 최초의 공식적 한국 정책, 곧 1943년부터 1947년 초반까지 다국적 신탁통치를 추진한 것은 국제협력주의적 단계를 보여준다. 신탁통치는 한국인이 좋아하지 않았고, 일본 패망 이후 몇 주 또는 몇 달 동안 고심한 끝에 봉쇄 정책을 선택한 미 점령군도 마찬가지였기 때문에 제대로 기능하지 못했다. 봉쇄 정책은 1947년 봄 공식적으로 승인돼 유엔의 집단 안전보장이라는 국제협력주의의 의상을 걸쳤지만, 그리스와 튀르키예에서 나타난 것 같은 현실 정치로서 봉쇄라는 성질을 지녔다. 그 단계는 1949년 여름, 미군이 한국에서 철수할 때까지 지속됐지만, 미군이 떠나자마자 반격이라는 대안이 탁자 위에 놓였다. 반격 정책은 전후인 1950년 가을에야 실시됐지만 그 전조는 1949년에 나타났으며, 얼핏 보기에 기묘한 세력의 지원을 받아 태어났다. 반격 관련 초기 문서 가운데 하나는 1949년 늦여름 국무부(농지 개혁을 지지한 중국 전문가들이 점령한 악의 소굴이었던)에서 모습을 드러냈는데, 다름 아닌 존 페이턴 데이비스(그의 경력과 생활은 곧 조지프 매카시에 의해 파괴됐다)가 작성했다. 그러나 먼저 봉쇄부터 살펴보기로 하자.

1부

미국

2장

봉쇄와 국제협력주의

우리는 더 이상 한국인과 아제르바이잔인의 사정에 개의치 않고는 일광욕을 즐길 수 없게 됐다.

_헨리 루스

남한에 국한된 정부를 수립하고 그 경제를 일본과 연결시키는 정책을 입안하길 바란다.

_조지 마셜, 1947년 1월

1947년 초, 그 유명한 15주 동안 워싱턴에서는 세계 규모의 미국 정책이 재편됐다. 트루먼독트린과 마셜 플랜의 발표는 정부 관계자가 1년 전부터 알고 있던 사실―루스벨트의 국제협력주의가 끝나고 봉쇄 정책이 채택됐으며 냉전이 시작됐다는 것―을 공개한 것이었다. 3년 뒤인 1950년 봄에 나타난 또 다른 중요한 전환과 마찬가지로, 1947년의 변화는 미국의 세계 전략에서 중대한 구조적 변화를 상징하는 분석적 구성 요소들이 무엇인지 보여줬다. 세계 체제부터 지역 경제와 미국 관료 조직 안의 갈등과 인사 이동, 미국 행정부와 입법부의 관계, 정권 배후에서 형성된 정치적 연합, 끝으로 미국이라는 국가와 국민의 상호작용에 이르기까지 모든 곳에서 변화의 진동이 전해졌다.

1944년 브레턴우즈에서 선언된 패권적 지배 방식과 체제는 유럽을 부흥시키는 데 충분하지 않으며, 영국만의 힘으로는 그 문제에 대처할 수 없다는 사실이 뚜렷해졌다. 그런 방식이 상정한 다국적 협력 체제는 유럽 국가들이 피폐하고 영국이 허약한 상황에서는 기능하지 못했기 때문에 미국은 유럽의 산업 경제가 다시 세계경제를 성장시키는 동력이 되지 못할 경우 비용이 많이 드는 역할을 홀로 떠안을 수밖에 없었다. 이런 중요한 문제는 서유럽과 일본에까지 연관됐으며, 1947년 서독과 일본의 경제를 부흥·발전시켜 세계경제 성장의 동력으로 만드는 근본적인 변화를 가져왔지만, 두 나라가 이전에 가졌던 군사력과 정치력은 약화됐다.[1]

세계 체제의 관점에서 볼 때 미국은 세계경제의 활력을 회복시킬 수 있는 핵심적 경제·금융·기술력을 가진 유일한 대국이었다. 대체로 패권은 핵심 국가들 안에서 "상대적 우위"라는 의미를 함축했지만[2] 1947년이 되자 미국의 산업 체제는 건실한 반면 그 밖의 나라는 대부분 빈곤하다는 거대한 불균형을 고려할 때, 미국이 일정 기간 단일한 지배력을 행사해야 한다는 점이 분명해졌다. 게다가 중부 유럽에서는 소련과 미국의 갈등이 전개되면서 처리하기 곤란한 장벽이 세워졌고, 미국은 그 거대한 분단을 철의 장막이라고 불렀다. 세계경제에 사회주의 국가들을 끌어들이려는 루스벨트의 원래 계획은 두 가지 중요한 요인으로 인해 실패했다. 미국 정치에서 자유무역에 입각한 국제협력주의를 지지하는 세력은 적고 스탈린이 통치하는 소련이 상대적으로 허약하고 불안했기 때문이었다. 소련은 가장 거대한 자본주의 세력이 자국의 영역에 들어오는 것을 허용하는 위험보다는 신중상주의적 산업화(일국사회주의가 완성되면 그다음에는 사회주의 연합을 건설하는 방안)의 안정성을 선호했다. 그 뒤 마오쩌둥이 말한 대로, 동구권 내에 있는 위성국들을 통합해 가까운 지역부터 자국의 힘을 극대화한다는 소련의 계획은, 세계 규모의 경쟁과는 별개인 두 개의 시장과 두 개의 세계경제, 두 개의 대안이 있는 또 다른 세계 체제를 건설하는 것이었다.[3]

국민국가 제도의 수준에서 두 강대국 사이에 전개된 대립의 변증법은 모든 곳에서 민족주의적 해결을 강요했으며, 군사·정치·이념적 갈등의 전선戰線을 강화했다. 전후 양극의 첨예한 대립이 전개된 기간은 패권국의 통제와 동맹을 강화시키고 국내 모든 분야의 동원을 촉진했으며, 그 영향을 받은 정치제도의 정치적 통합과 억압을 조장한 것으로 여겨진다. 달리 말하면 통합을 강화한 두 개의 연합이 국제 정치와 국내 정치를 동시에 양극화한 것이다. 해빙과 화해의 기간에 동맹은 약화됐고, 동맹국들은 다른 세력과 교섭하기 시작했으며, 초강대국의 갈등에 따라 만들어진 국내의 정치적 연합은 약화되거나 무너졌다. 일반적으로 말해서 1950년대는 첫 번째 유형을, 1970년대는 두 번째 유형을 보여줬다.[4] 한국의 경우 1947년에 내려진 결정은 이전 18개월 동안 나타난 일국주의적—國主義的 행동을 승인하고 심화했으며, 그 결과 존 R. 하지 장군을 미숙한 냉전의 전사가 아니라 현인賢人처럼 보이게 만들었다. 남한의 정치적 갈등이 양극화되고 억압이 강화되면서 강력한 우익 정치가 처음으로 모습을 나타냈다. 북한에서는 소련의 통제가 더욱 뚜렷해졌으며, 지배 세력은 반대파를 숙청했다. 이웃한 중국이 교섭과 연합 정부 구상의 과정에서 유혈 내전으로 전환되면서 북한은 대규모 병력을 파견해 중국공산당과 협력해 싸움으로써 국제협력주의의 의무를 실천했다—대규모 병력이 처음으로 중국 국경을 넘은 것은 1947년 3월의 일이었다.[5]

그러나 봉쇄가 세계경제와 안보 문제 그리고 국제협력주의와 일국독점주의를 통합한 방법은 고위 정책 결정자들이 상호 의존을 지속적으로 강조한 데서 가장 잘 나타난다. 그들은 순수한 민족적 해법과 국가가 통제하는 경제에 반대했으며, 지역적 경제 통합을 추구했다. 그러려면 각 지역의 성장 동력을 부흥시킬 필요가 있었고, 그들은 그런 필요에 따라 독일과 일본이 다시 산업화되는 과정을 지원하게 됐다.

소련과 미국의 대립은 중요한 지역 경제를 지탱하던 시장 거래와 교역 방식을 해체시켰다. 유럽의 주요 전선을 가로질러 장벽이 놓였고 아시아에서 냉전이 확대되면서 서유럽과 일본의 경제는 식품과 원자재, 노동력을 산출하는 주변부와 준準주변부로부터 차단됐다. 동유럽의 자원(폴란드와 헝가리에서 생산되는 곡물, 폴란드에서 생산되는 육류와 감자, 루마니아와 슐레지엔●의 석유와 석탄)과 동아시아의 자원(한국의 쌀과 광물, 타이완의 설탕, 만주의 점결탄粘結炭, 중국 남부의 텅스텐)이 들어오지 않게 됐다. 아울러 유럽의 부흥이 늦어지고, 일본은 여전히 잠자고 있으며, 공산당이 이탈리아·프랑스·중국·한국에서 위협적인 세력으로 떠오르면서 1947년에 이런 구조적 문제는 새롭게 인

● 중부 유럽 오데르강 상류와 중류에 걸친 지역. 중세 이후 보헤미아(체코)와 폴란드가 번갈아 차지했다. 석탄·철 같은 광물이 풍부하다.

식됐고 행동을 요구했다.

1947년 초반 대부분 입안된 안전보장 계획은 같은 해 4월 트루먼이 지적한 이전의 결정을 승인하고 공표한 것인데, 사람들은 소련과의 적대관계가 갑자기 악화돼 트루먼독트린이 입안됐다고 생각했지만, 트루먼은 사실 갈등은 자신이 1945년 4월 몰로토프와 회담한 이후 계속 고조돼왔다고 말했다.[6] 정부와 워싱턴의 관료 조직은 1947년 초반 간섭을 강화하기로 결정했지만 거기에 충당할 국방비는 계속 부족했고, 그 결과 예산을 둘러싼 국무부와 육군성의 충돌 및 국방부에 소속된 군사 기관의 내부 논쟁이 격화됐다. 또한 이런 갈등은 한국 문제에 반영돼 미국의 한국 정책에 심각한 영향을 줬다. 국무부가 빈번하게 비판한 대로, 막대한 비용이 드는 점령 정책에 지쳐 있던 육군성은 한국에서 철수하는 계획을 진행시켰다.

인사 이동에 따라 전략이 변경됐다. 뛰어난 두 사람이 세계 정책을 입안하는 책임을 맡은 국무부를 장악하게 됐다. 조지 마셜(1947년 1월부터 국무장관으로 재임) 아래서 사실상 국무장관으로 자주 활동한 딘 애치슨과 정책기획실을 맡은 조지 케넌이었다. 물론 케넌은 봉쇄 정책의 설계자로 널리 알려져 있다. 애치슨은 클라크 클리퍼드, 윌리엄 클레이턴과 함께 대부분의 정책을 입안하고 트루먼독트린과 마셜 플랜의 핵심 기조를 마련했다.[7] 애치슨과 케넌 모두 숙고를 거쳐 봉쇄 정책을 구상했다. 두 사람 다 세계(와 관료 조직)가 그들을 이해하는 것보다 세계를 더 잘 이해하고 있었다.

실제적이며 상징적인 의미를 지닌 또 다른 인사 이동은 1947년 3월 3일 앨저 히스의 후임으로 딘 러스크를 특별정치국 책임자 자리에 임명한 것이었다. 1945년 8월 처음으로 38도선을 그은 두 사람 가운데 하나인 러스크는 봉쇄 정책을 대표하는 관료였다. 그 뒤 그는 유엔과 관련된 문제를 직접 관할했다.[8] 히스는 전형적인 국제협력주의자로, 유럽에서 유래한 독특한 표현을 미국의 정치적 은어로 잘못 써먹는 바람에 정적들에게 공산주의자로 몰렸다. 이 상황에서 인사 이동은 적절했다. 미국은 유엔이라는 국제협력주의적 장치를 이용해 한국에서 봉쇄 정책을 펼쳤고 러스크는 거의 언제나 거기에 관여했기 때문이다.

외교정책의 위기는 워싱턴의 정당과 정치인 사이의 정치적 대립을 격화시켰다. 이 균열은 1930년대 국제협력주의자와 고립주의자, 곧 뉴딜 정책 지지자와 후버 지지자 사이의 참호전으로 거슬러 올라간다. 정부는 새로운 정책에 나서 반덴버그 상원의원의 찬성을 얻는 큰 성과를 거뒀다. 반덴버그는 1947년 당시 두 정당의 조정자라고 평가할 만한 인물이었다. 그가 입장을 바꾸게 된 배후에는 정치·경제적 문제가 있었다. 그의 출신지인 미시간주는 발달한 자동차 산업 지대를 빼면 고립주의를 지지하는 중서부 유권자가 다수를 차지하는 전형적인 보수 지역이었다. 자동차 산업은 세계시장에서의 경쟁을 두려워하지 않았기 때문에 트루먼의 온건한 국제협력주의에서 이익을 누릴 수 있었지만, 옛 고립주의자들의 민족주의적 정책이 승리한다면 손해를 입을 수 있었다(1970년대 자동차 산업이 외국과의 경쟁에서 열세를 보이기 시작하면서 미시간주에서 선출된 의원들은 경제결정론자들을 부끄럽게 만들 정도로 잽싸게 보호주의로 전환했다).

봉쇄로 정책 방향이 전환되면서 예상대로 국내에서의 억압이 강화됐으며 새로운 이념적 흐름이 일어났다. 3월 트루먼은 대통령 지시로 충성위원회loyalty boards를 설치해 정부 관료들의 정치활동을 조사했다.[9] 1947년 결성된 '민주적 행동을 지지하는 미국인'은 높은 학력을 가진 민주당원을 정치적 지지층으로 포섭하려는 목표를 가지고 진보적 반공주의자의 모범을 자임했다. 그 핵심 문헌은 아서 슐레진저 2세가 쓴 『핵심Vital Center』인데, 이 책에서 저자는 미국의 자유주의자들을 좌익에서 분리시켜야 한다는 주장을 전면적으로 펼쳤다. 그 중심 내용은 세계에서 전개되는 현실 정치의 도덕성에 대한 라인홀드 니부어의 주장이었다. 그러나 그 뒤 이런 견해들이 우세해지면서 형성된 시각의 맹아가 담긴 저작이 나타났다. 제임스 버념은 『세계를 위한 투쟁The Struggle for the World』에서 "냉전"이라는 표현을 만들었지만, 앞으로 반격 정책이 추진될 것이라고 예견했다.[10]

또한 1947년 초반 15주 동안 미국 정부의 외교정책은 지나친 자율성을 갖고 있으며 미국 국민은 그런 중대한 변화에 대단히 무관심하다는 사실—국민은 스스로 변화를 일으키기보다는 변화에 따라 형성되는 존재라는 사실―이 뚜렷이 드러났다. 미국은 실제로 문제를 안고 있었다. 대영제국의 쇠퇴, 다루기 힘든 세계경제, 동맹 관계에 있는 산업국들의 침체 같은 문제들이다. 그리고 세계의 "광대한 지역" 가운데 적어도 한 곳이 자본주의에서 이탈해 소련의 세력권으로 들어간 것이다. 이 가운데 시끄럽고 아주 조잡한 형태로 해결한 것은 네 번째 문제였다. 정책 입안자들은 "국민에게 좀더 잘 먹히도록" 하기 위해 그 중요한 주제를 "공산주의 대 민주주의"로 단순화하는 노골적인 방법을 선택했다. 3월 7일의 회동에서 트루먼의 노련한 고문인 리히 해군 원수는 "미국 국민을 소집해 이것은 공산주의냐 아니면 자유기업 경제냐 하는 문제라고 말해야 한다"고 언급했다(이런 설명은 조잡하지만 의미는 서로 달랐다).[11] 3년 뒤 국가안보회의 문서National Security Council, NSC 68이 작성된 시기와 마찬가지로, 새로운 정책에 반대하는 의회와 관료 조직 내부 세력은 소련의 위협에 대한 과장된 공포에 겁을 먹었다. 이는 케넌과 애치슨 같은 인물의 개인적 견해를 훨씬 뛰어넘는 것이었으며 대안을 제시하는 목소리와 변화의 좀더 본질적인 원인을 밀어냈다. 국무장관으로 재임하는 동안 애치슨은 "지도자는 이해력·책임감·자제력이 필요하다. 우리가 공언하는 허풍에는 바보만 따라올 것"이라고 말한 적이 있는데, 이는 지도자의 행동과 발언, 그리고 애치슨이 생각한 대중을 명확히 보여주는 발언이다.[12]

다들 알고 있었지만 명백한 위기는 그리스와 튀르키예에 있었으며, 그곳에서 소련은 내전을 유발해 두 나라를 자기 진영으로 끌어들이려는 적극적 의도를 보여주었다. 영국이 더 이상 그리스 내전의 부담을 견딜 수 없자 미국이 개입해야 했다. 영국 대표단은 그리스 내전이나 튀르키예 안보에 더 이상 비용을 댈 수 없다고 보고하는 것으로 15주간의 활동을 시작했다.[13] 이런 지중해 위기의 배후에는 제국으로서의 영국의 몰락이 있었다. 미국이 완충·대체 역할을 하지 못한다면 대단히 심각한 사태에 빠질 판국이었다.

애치슨은 트루먼독트린 연설과 일반적인 논의에서 "중요 경제 요인을 조심스럽게 배제했다". 레이피버에 따르면 "그러나 경제적 이익은 중요했다". 그 대신 트루먼의 연설은 공산주의자의 팽창주의와 미국의 방어적 대응에 초점을 맞췄다. "나는 미국의 정책은 소수의 무장 세력이나 외부의 압력으로 지배하려는 시도에 맞서고 있는 자유국가의 국민을 지원하는 것이어야 한다고 믿습니다. (…) 우리의 지원은 주로 경제적·재정적 원조가 돼야 한다고 생각합니다." 이 연설을 하나의 독트린으로 발전시킨 것은 물론 케넌이었지만, 앰브로즈에 따르면 그것은 "미국 정책의 판단 기준"이며 "소련의 정책 변화와 책략에 따라 끊임없이 변화하는 일련의 지리적·정치적 문제에 노련하고 주의 깊게 대응할" 필요가 있었다.[14]

그러나 3월 초 트루먼은 베일러대학 연설에서 국가 통제경제의 확산을 막아야 한다고 공개적으로 언급하면서 공황이 발생하지 않도록 개방적 세계시장을 재건해야 한다고 말했다. 그 연설문은 애치슨과 윌리엄 클레이턴이 쓴 것이었다. 중동의 석유 또한 새 정책의 배경이었다.[15]

1970년대 말의 아프가니스탄이 페르시아만의 위기였던 것처럼, 그리스와 튀르키예는 1947년의 위기였다(즈비그뉴 브레진스키는 그리스·튀르키예를 봉쇄의 첫 번째 지역으로, 아프가니스탄을 세 번째 지역으로 불렀다). 1979년에는 정책 입안자와 논평자들이 페르시아만의 석유 자원 문제를 아프가니스탄과 태연하게 연관시켰지만, 1947년 동유럽으로부터 에너지 공급이 차단된 유럽 경제의 문제를 중동의 풍부한 석유 자원과 연결시킨 것은 좌우익의 과격한 평론가와 지나치게 솔직한 사업가들뿐이었다.[16]

윌리엄 도너번처럼 현실적인 인물들은 봉쇄와 석유 문제를 직결시켰다. 도너번은 소련의 정책 및 중동의 석유 문제와 관련해 찰스 프린스가 작성한 한 보고서에서 "석유를 둘러싼 정치는 힘의 정치가 됐다"고 주장한 부분과 소련은 석유가 산출되는 모든 지역에서 "패권"을 확립하려 한다고 확언한 대목을 강조했다. 기밀 서류를 열람할 수 있었던 프린스는 라브렌티 베리야가 소련의 원자폭탄 개발 계획에서 핵심적 역할을 하고 있다는 사실을 알았지만, "석유와 관련해서는 모든 나라가 서로 의존하고 있다"는 전제 아래 중동의 석유는 유럽과 동아시아의 산업 경제에 매우 중요한 공급원이라고 주장했다.[17]

1947년 3월 『배런Barron』 지는 논설에서 트루먼독트린이 전체적으로 국내외의 생산성을 향상시킬 것이라고 주장하면서 미국 외교정책의 세 흐름 사이의 변증법을 "세 가지 길"이라고 불렀다. 첫 번째 길은 적에게 양보해 우호적 관계를 유지하는 것으로 루스벨트의 정책과 현재 헨리 월리스의 정책이고(국제협력주의), 두 번째 길은 "우리의 방어막 안으로 후퇴하는 것"이며(고립주의와 반격의 혼합), 세 번째 길은 "우리가 지금 착수하는 것"이었다. 그 논설은 봉쇄 정책의 매력적 현실주의를 지적하면서 나머지 두 길은 "감상적이라는 공통점이 있으며 (…) 이상향을 찾고 있다"고 말했다. 그런 이상주의자들은 "우리가 그리스와 튀르키예에서 새로 제안한 사업에 힘입어 미국의 생산과 고용은 크게 증가할 것이며 그에 따라 최근 안정된 미국 경제의 수준이 유지될 것"이라는 사실을 고려하지 못했다는 것이었다. 이런 판단에 따라 그 논설은 "널리 존경받는 그의 전임자가 시도하지 못했던 노선을 시작했다는 측면에서 (…) 트루먼 대통령에게 아무리 감사해도 지나치지 않는다"라고 평가했다. 『커머셜 앤드 파이낸셜 크로니클The Commercial and Financial Chronicle』도 트루먼의 대외 정책을 지지했지만 미국은 국내 재정을 정상화하는 동시에 "뉴딜과 그와 관련된 모든 사업을 폐기해야 한다"고 말했다―이런 측면은 산업계가 트루먼의 외교정책을 선호했지만 그의 국내 정책은 불만스러워한다는 사실을 보여주는데, 이런 차이는 그 뒤 온건한 공화당원과 민주당원 사이의 주요한 차별성이 됐다.[18]

절충되고 통합된 봉쇄―국내에서는 의견의 불일치를 인정하고 해외에서는 간섭한다고 합의한―를 가장 잘 설명한 것은 1947년 6월 헨리 루스가 쓴 「미국의 기회」라는 논설이었다. 「미국의 세기」라는 그의 유명한 문건과 마찬가지로, 이 글은 다국적 기업이 주도하는 자본주의를 지지한 초창기 기사였다. 그는 미국인이 "자본주의와 민주주의의 전도사"가 돼야 한다고 주장하면서 현재 전형적인 다국적 기업의 "대표적 보기"로 미국의 국제적 석유회사를 들었다. 그는 아람코는 중동의 석유 자원을 개발했을 뿐 아니라 학교와 수도水道와 사막뿐인 곳에 도시까지 세웠다고 지적했다. 다음으로는 넬슨 록펠러를 거론하면서 라틴아메리카에서 광범한 활동을 펼쳐 "석유산업의 전통적 국제협력주의"를 잘 보여줬다고 평가했다. 넬슨은 미국 자본으로 라틴아메리카를 변화시키려는 "거대한 구상"에 불을 붙였다. 그때까지 미국 산업은 "세계에서 가장 큰 자유무역 지대"인 미국 국내시장을 개발하는 데 만족해왔다. 그러나 이제 대기업은 "자유로운 경쟁의 최전방에서 싸우는 군인"이 됐다. 그는 이런 "대기업"의 사례로 스탠더드오일, 제너럴모터스, 제너럴일렉트릭, ITT, 팬아메리칸항공사, 웨스팅하우스처럼 첨단 기술과 높은 경쟁력, 넓은 해외 시장을 가진 회사들을 들었다. 이 가운데 "최고 수준의" 미국 기업은 "이미 국제적"이라고도 말했다. 또한 싱어 소잉머신, 시어스로벅, 울워스처럼 이미 해외에 진출한 소규모 공업·유통회사들이 두 번째 집단을 이루고 있다고 언급했다. 그 결과 "우리는 더 이상 한국인과 아제르바이잔인의 사정에 개의치 않고는 일광욕을 즐길 수는 없게 됐다".[19]

『포춘Fortune』은 우익의 공격에 맞서 저개발 지역 발전 계획을 옹호하면서 "배후의 주요 힘은 뉴딜 같은 국가 통제 계획의 최종 형태"가 아니라 민간 자본이라고 말했다. 그가 말한 "국제협력주의를 지향하는 좋은" 기업이란 어떤 것인가? 스탠더드오일, 텍사코, 소칼, 셸, 걸프, 소코니, 유나이티드 프루트, 웨스팅하우스, 싱어, 팬암, 제너럴일렉트릭, IBM 그리고 "세계를 자신들의 식민지로 만들려는" 코카콜라였다.[20]

물론 헨리 루스가 고려한 주요 진출 지역은 아시아였다. 그의 주장은 다국적 기업을 전통적 팽창주의와 연결하는 미국 국내 상황에서 볼 때 특히 매력적이었는데, 고립주의를 주장하는 사람들이 이해할 수 있는 방식으로 국제협력주의와 민족주의, 유럽과 아시아를 연결한 것이었다. 루스는 공허한 수사修辭를 사용하고 중국 국민당을 끝까지 지지한 것으로 많은 비판을 받기도 했지만, 봉쇄와 반격과 국제협력주의의 경향이 충돌하면서 형성된 개입주의자의 타협을 누구보다 더 잘 상징했다.

찰스 비어드는 진주만에 대한 흥미로운 연구를 발표하면서 1947년 봄에 전개된 이 논의에 참여했는데, 여기에는 트루먼의 정책을 논평할 의도도 있었다. "미국 산업계에서 최근 나타난 국제협력주의는 자주 비판받듯이, 기업들이 특별한 경제적 이익을 완전히 초월해 세계 복지라는 순수하고 높은 이상으로 나아가려는 것이 아니다. '탐욕스럽고 어리석은' 국내 산업이 높은 관세율을 지지하고 (…) 해외시장을 상대하는 산업도 그것과 비슷하게 자신들의 입장에서 자금과 영향력과 정치력을 사용하고 있다"고 그는 말했다. 그는 트루먼이 "거대하고 공격적인 슬라브 제국과 인접한 가난하고 허약하며 불안한 나라들에(원문 그대로) 자금과 군사적 '도움'을 제공하는 무모한 계획을 시작했다"고 결론지었다. 결과적으로 "미국 국민의 국내 문제는 세계 관리라는 도박에 가까운 모험의 부속물이 됐다". 그는 "여러 세기에 걸쳐 존재한 광대한 제국의 잔해"처럼 미국이 "전쟁에서 참패"하지 않으려면 "힘의 한계를 신중하게 인식하고 계산해야 한다"고 조언했다. 그의 분석은 날카로웠고 예측은 정확했지만 미국의 개입주의가 탄생한 그 시기 그의 말에 귀 기울이는 사람은 아무도 없었다. 그 뒤 사반세기가 넘도록 미국은 30개국에 설치한 4000여 개의 군사기지에 해마다 평균 100만 명의 미군을 파견했다.[21]

정치가 애치슨

이 연구에서 딘 애치슨은 가장 중요한 인물이며, 지금까지 가장 많은 오해를 받은 인물이다. 그는 전후 국무장관 가운데 가장 우뚝한 인물이었다. 뛰어난 능력과 자신감을 가진 사람들이 그렇듯, 그는 자신을 알고 있는 대중과 친구, 적들 앞에서 다른 모습을 보여줬다. 그 결과 그의 인격과 정책은 오랫동안 끊임없이 잘못 해석돼왔다. 그러나 그 시대의 논쟁적이며 영향력 있는 인물인 조지 케넌과 달리 애치슨은 자신을 드러내고 자신의 진정한 뜻을 밝히거나 역사적 사건을 자세히 설명하는 데 그리 관심을 두지 않은 것 같다. 그는 자신의 적대 세력을 쉽게 경멸했고, 비전문가에게 애매한 태도를 보이는 데 거리낌이 없었다. 그는 대단히 흥미롭고 뛰어난 회고록을 남겼지만 자신의 관점으로 역사를 서술하는 능력은 전후 초기 몇 가지 중요한 사건에서는 명확하게 나타나지 않았다.

물질적 의미가 아닌 정신적 측면에서, 애치슨은 미국의 귀족이었다(그렇다고 그에게 돈이 부족한 것은 아니었다). 그의 아버지 에드워드 캠피언 애치슨은 코네티컷주 교회와 동부 주류 세력의 도덕관을 실천한 성공회 교회 주교였다.[22] 포스터 덜레스의 아버지도 성직자였다(장로교). 그러나 그와 아버지가 정신세계의 도덕적 사명을 중시한 것이나 덜레스가 정치에서 단호한 도덕관을 표방한 것과 달리, 애치슨은 칼뱅주의의 영향으로 현실적이고 실용적인 생각을 지녔으며 자신의 패기를 현실 세계에서 증명하려고 했다.

그가 남긴 방대한 문서와 서한으로 판단하면, 그는 아리스토텔레스가 말한 고매한 인격자에 가까웠던 것 같다. 그는 자신의 행동에 책임을 지고 목적의식이 분명했으며, 친구를 진심으로 사랑하고, 적에게는 엄격하지만 공정한 태도를 보였다.[23] 월가에서 그는 "냉철한 논리적 사고"를 하는 인물로 알려졌는데, 이는 그의 외교를 적절히 정의한 것이다. 그는 펠릭스 프랭크퍼터●와 A. 휘트니 그리즈월드―미국의 동아시아 외교사를 연구한 학자로 그 뒤 예일대학 총장을 역임했다―의 오랜 단짝이었다.

또한 그는 윈스럽 올드리치 진영, 곧 록펠러 진영의 일원으로 알려져 있다. 그는 여러 해 동안 스탠더드오일의 법률고문으로 일했다. 자신을 추종한 존 J. 매클로이와 마찬가지로, 그는 다국적 석유회사의 법률고문으로 재직한 경력을 주요 정치적 수완과 결합시켰다. 매클로이와 민주당, 또는 덜레스와 공화당의 관계처럼 애치슨에게는 정파보다 양당의 국제협력주의자 연합을 창설해 폭넓은 패권을 장악하는 것이 더 중요했다. 덜레스와 마찬가지로 애치슨도 성급하게 파시즘에 반대하지 않았다. 찰스 히검은 애치슨이 기업과 나치의 관계를 조사하려는 국무부의 시도에 반대한 수많은 사례를 제시했다.[24]

확고한 자부심을 지닌 애치슨은 자신의 세계관을 능숙하게 설명했다. 그는 자신이 "창조의 시점에 있으며" 미국을 중심으로 한 세계 체제를 발전시키려는 현실 정치의 신조를 누구보다 분명하게 설명했다. 그는 전체론의 다양한 미덕을 가장 즐겨 설교했다. 그는 문제를 모든 측면에서 포괄적으로 보아야 한다고 늘 강조했다. 국제적 은행가답게 그는 모든 측면에서 뛰어났다. 세계는 그가 마음대로 요리할 수 있는 "분석 단위"였다. 그는 오만했기에 대

● Felix Frankfurter(1882~1965). 루스벨트 대통령과 가까웠던 대법관.

안적 견해를 무시했고 무지한 대중의 희망과 두려움을 경멸했다. 칼 폴라니와 매우 비슷하게, 그는 1815년의 워털루 전투와 빈 회의 뒤에 찾아온 "국제 평화의 세기"를 서술하면서 자신의 회고록을 시작했다. "경제적으로 지구는 진정한 '하나의 세계'였다. 유럽의 대제국들은 자신의 식민지와 세력권을 이용해 권위와 질서와 계약 의무의 준수를 거의 모든 지역에 전파했다. 그리고 그들의 영장令狀이 통용되지 않는 곳에서는 그들의 군함과 포함砲艦이 항해했다." 물론 그는 "관세를 줄이는 호혜 통상 무역협정"을 강력히 지지했다. 애치슨은 코델 헐의 더듬거리는 연설을 조롱하면서도 그가 "100년 동안 이어진 미국의 정책을 뒤바꿨다"고 상찬하기도 했다. 또한 애치슨은 소수로 이뤄진 사교 모임의 창립 회원이었으며, 거기 소속된 외교관들은 헨리 스팀슨●의 노선을 의식적으로 따랐다.[25]

1947년의 문제가 그리스 내전이었다면 애치슨은 "상황을 전체적으로 봐야 한다"면서, 그리스가 함락되면 "서유럽 전체가 위협받을 것"이라고 조언했을 것이다.[26] 만일 1947년의 문제가 엄청나게 강력한 베트남 민족주의와 끔찍한 프랑스 식민주의라고 걱정하는 사람들이 있다면, 애치슨은 프랑스의 실패가 미국에 피해를 주지 않는 경우는 생각하기 어렵다고 말했을 것이다. 1950년의 문제가 한국의 내전이었다면, 애치슨은 그것이 한국에서 일어났지만 유럽이나 세계를 둘러싼 전쟁이라고 판단했을 것이다.

애치슨을 열렬히 지지하게 된 헨리 키신저가 외교정책을 결정하는 힘은 과정이나 관료 조직의 현장이 아니라 세계를 파악하고 해석할 수 있는 뛰어난 능력에 달려 있으며, 그런 능력을 지닌 사람은 어디에 중점을 두어야 할지 알 것이라고 말했을 때 그는 애치슨(과 자신)을 염두에 두었을 것이다. 애치슨도 그렇게 확신했으며, 그것이 트루먼 정권에서 중요했음은 분명하다. 전례 없는 "책임"을 부여받고 처음 등장한 미국 정부에서 가장 필요한 것은 전체론적 세계관을 지닌 인물이었고, 그래서 애치슨은 빠르게 승진했다.

애치슨은 해리 트루먼 외교의 대리자였으며, 슈어만의 용어로는 세계의

● Henry Stimson(1867~1950). 미국의 정치가로 1911~1913년 육군성 장관, 1929~1933년 국무장관 그리고 제2차 세계대전 기간인 1940~1945년 다시 육군성 장관을 역임했다.

장관이었다. 그는 1949년에야 국무장관이 됐지만, 그럼에도 트루먼독트린과 마셜 플랜의 핵심 인물이었다. 그를 브레턴우즈 체제 배후에 있는 "주요한 힘"이라고 인정하는 사람들도 있었다.[27] 앞으로 살펴보겠지만 애치슨은 1947년의 중요한 전환점부터 미국의 중대한 간섭이 일어난 1950년까지 한국 정책의 설계자이기도 했다.

애치슨은 몇몇 국방장관보다 더 오래 재임했으며, 그 가운데 두 명(포레스털과 존슨)은 애치슨의 노골적인 적대자였다. 그는 트루먼, 마셜 장군, 아서 반덴버그 등의 인격과 명망을 빌려 자신의 생각을 포장했으며, 영향력 있는 동부의 언론 매체에 자신의 견해를 이해시켰는데, 여기에 자주 이용한 방법은 『뉴욕타임스』의 제임스 레스턴 칼럼이었다. 애치슨은 자신이 모신 대통령에게 늘 충성했고, 서민적 미덕을 지닌 미국인의 전형으로 그를 평가했지만, 이러니저러니해도 그는 외교에 경험이 없던 해리 트루먼의 영원한 교사였다. 조언은 은퇴한 뒤에도 계속돼 트루먼이 회고록을 쓸 때 애치슨은 대통령 재임기에 실제로 어떤 일이 일어났는지 완곡하고 신중하게 상기시켜줬다. 프린스턴대학에서 열린 주목할 만한 연속 학술회의에서 애치슨은 니츠와 케넌 같은 동료를 지도했으며, 트루먼의 외교정책에 대한 사록史錄을 작성했다.

애치슨의 적대 세력은 그가 가면을 쓰고 있다고, 가면 뒤에는 멋진 콧수염을 기르고 영국식 발음을 하며, 중절모와 연미복, 스트라이프 무늬 바지에 실크 양말을 신은 친영파만 있을 뿐 미국인의 모습은 전혀 없다고 생각했다. 그가 친영파라면 국제협력주의자임이 분명했다. 그가 국제협력주의자라면 오만하고 나약한 것임이 분명했다. 그가 나약하다면, 가능성은 희박하지만 동성애자일 수도 있다. 위의 사항 모두에 해당된다면 그는 공산주의자임이 분명했다. 요컨대 대부분의 미국인은 영국을 싫어하던 매카시 상원의원이 묘사한 공산주의자의 모습이나 고립주의자들이 국무부 외교국에 갖고 있던 인상을 애치슨에게서 봤다. 그는 존 메이너드 케인스, 앨거 히스, 해리 덱스터 화이트와 친구라는 사실을 자랑스럽게 말했다. 히스와 함께 얄타회담에 앞서 루스벨트에게 상황을 보고하기도 했다.[28] 이것은 단순한 사건으로 보일 수도 있다. 그러나 이것은 모두 애치슨의 겉모습만 본 것이다. 그 "폭로"는 너무 안이한 동시에 표적을 빗나갔다.

그의 외모 뒤에는 도덕적 영역에서는 서양 문명을, 물질적 영역에서는 미국이라는 국가와 다국적 자본의 이익을 옹호하는 날카롭고 빈틈없는 인물이 숨어 있었다. 그가 도덕적 영역과 물질적 영역을 구분하지 못했다는 것은 매우 정확한 평가다. 애치슨은 서양과 그곳에서의 삶을 긍정적으로 평가했지만, 고대 중국의 황제들이 그랬던 것처럼, 그 이면에는 온갖 야만이 있는 것을 봤다. 가장 무서운 것은 소련 공산주의의 야만이었다. 너무 어리석어서 가장 짜증나고 비열한 것은 매카시 같은 부류의 "반反문명주의"였다. 그는 중동과 아프리카의 이슬람교도와 그곳 사람들이 미국과 무관할 때에는 그들을 야만스럽다고 조롱하면서도, 미국의 이익을 침해할 경우는 광신자로 취급했다. 그가 가장 이해할 수 없었던 것은 야만과 광신이 결합한 제3세계의 혁명적 민족주의인데, 그는 중국·한국·베트남에서 그것을 대수롭지 않게 생각하는 엄청난 실수를 저질렀다.[29]

애치슨에 대한 뛰어난 묘사에서 I. F. 스톤은 이런 복잡한 측면을 포착했다. 1952년 그는 "미국에서는 공직자가 역사와 인류에 품위 있는 동정적인 시각을 가진 것은 아닐까라고 추측하는 것보다 위험한 것은 없다"라고 썼는데, 애치슨은 바로 그런 시각을 갖고 있었다. 동시에 그는 전쟁이 다가오자 루스벨트가 주로 당파를 초월해 제휴하려는 의도를 가지고 자신을 공직에 임명했다고 술회했다.

냉전의 열기로 뒤틀린 미국의 시각에서 볼 때만 애치슨은 실제의 그가 아닌 다른 사람으로 보일 수 있었다. 거칠고 거만한 표현을 쓰자면 그는 "개명한 보수주의자"로 보였다. (…) 전전戰前 애치슨이 재무부 관료로 워싱턴에 처음 나타나자 뉴딜 정책 지지자들이 그를 "모건사Morgan에서 파견된 사람", 월가에서 보낸 트로이의 목마, 거대 은행들이 침투시킨 첩자라고 비난했다는 사실을 매카시즘이 휩쓸 때 누가 기억할 수 있겠는가?[30]

"거대한 초승달 지대": 애치슨 라인

1947년 애치슨은 봉쇄 정책의 논리를 입안해 그 뒤 3년 동안 유지했으며, 군부와 의회의 반대에도 불구하고 결국 미국이 한국전쟁에 개입하도록 만들었다. 즉 1945~1947년 미 점령군이 현실화한 사실상의 봉쇄가 애치슨의 구상에 영향을 줬으며 1947년 이후 남한을 트루먼독트린에 포함시키는 사실상의 약속이 실행됐다고 말할 수 있다.

남한 단독정부를 지지하는 구상은 이승만의 미국 방문과 비슷한 시기인 1947년 초 미 정부 고위층에까지 확산됐다. 1947년 1월 말 육군 장관 로버트 패터슨은 부처 합동 회의에서 한국에 "점점 더 불안을 느끼고 있다"고 말했다. 그는 그것이 "지금까지 우리가 점령한 지역의 문제들 가운데 가장 급박하고" 또한 "사태가 눈앞에서 파탄 나도록 내버려두느니 철수하는 것"이 낫다고 생각하는 사람들도 있었다고 말했다. 그는 모스크바협정을 폐기하고 "남한 정부를 세워야 한다"고 주장했다. 아이젠하워 장군은 긴 시간에 걸쳐 "한국에서 철수"하는 데 드는 비용은 "그곳에 주둔하는" 비용보다 훨씬 더 많을 것이기 때문에 "단독정부를 선호하는 쪽으로 기울고 있다"고 대답했다.[31]

그러나 한국에 봉쇄 정책을 밀어붙인 것은 애치슨과 국무부였다. 그런 사실은 애치슨이 개인적으로 승인한 1947년 3월 27일 부처 합동 보고서에 가장 잘 나타났다.[32] 보고서는 전면전이 일어나면 "한국은 군사적 부담이 될 것"이므로 미국은 "한국에 부대나 기지를 유지하는 데 전략적 이익이 거의 없을 것"이라는 말로 첫머리를 시작했다. 그러나 이어서 이렇게 말했다. "소련이나 소련이 지배하는 세력이 한국 전체를 장악하는 것은 극동에서 미국의 이익에 전략적 위협이 될 것이다." 특히 이것은 일본에 "매우 심각한 정치적·군사적 위협이 될 것이다".

보고서는 이렇게 첫머리를 시작한 뒤 한국 봉쇄안을 직설적으로 전개했다.

소련을 **봉쇄**한다는 우리의 확고한 정책에 틈이 생기거나 완화되지 않는 것이 중요하다. 한 지역에서 봉쇄가 약화될 경우 소련은 이를 모든 지역에서 정책을 완화한다는 신호로 해석할 것이 분명하기 때문이다. 우리가 한국에서 철수하거나 한국에 주둔한 소련군에게 물러나는 모습을 보여주면 우리에게 본질적으로 훨씬 더 중요한 독일이나 그 밖의 지역에서 소련의 태도를 강경하게 만들 가능성이 매우 크다. 반면 한국에서 "방침을 굳게 유지한다면" 소련과 협상할 다른 사안에서 우리의 입장을 실질적으로 강화할 수 있을 것이다(강조는 인용자).

이 중요한 문서의 시기와 맥락은 그리스와 튀르키예에 트루먼독트린을 적용하려는 계획과 직결돼 있었다. 실제로 로버트 패터슨은 3월 5일 애치슨에게 보낸 서한에서 그리스와 튀르키예는 "영국의 힘에 변화가 나타나면서 발생한 훨씬 더 큰 문제의 일부일 뿐"이라면서 그에 대한 조사의 필요성을 지적했다. 이처럼 "우리의 재정·기술·군사적 원조가 필요한 다른 지역의 상황을 조사하는 것이 중요하고 시급"했다.

한국에 관한 "공세적이고 적극적이며 장기적인 계획"을 제안한 정책 입안자들은 군사비를 제외하고 정치·문화·경제적 측면에만 앞으로 3년 동안 6억 달러가 넘는 비용이 들 것으로 추산했다(트루먼은 그리스와 튀르키예에는 4억 달러 정도만 필요할 것이라고 말했다). 그 보고서에 따르면 미군은 몇 가지 "안전장치"를 마련한 뒤에야 귀국할 수 있는데, 그것은 남·북한의 인구 비율에 따라 선출된 대의 기구代議機構, "유엔의 일정한 승인" "실효를 지닌 권리장전" 그리고 앞의 사항들과 동일하게 중요한 "세계은행의 재정 원조와 감독"이었다. 신탁통치안이 좌초되면서 한국 문제를 유엔으로 이관하자는 구상이 처음 제시된 것도 이때다.

1946년 초 국무부는 소련이 남·북한 인구 비율에 따른 해결 방안을 받아들이지 않을 것이라고 판단했다. 1945년에 미국과 소련이 2대 1이나 3대 1의 비율이 아니라 균등하게 한반도를 분할했기 때문이다. 또한 미 점령군이 지지하던 한국인 지도자들을 국무부가 탐탁해하지 않는다는 사실도 강조했다. 문서 작성자들은 부록에서 "김구와 이승만 세력"은 과격파로서 한국 국민을 "대표"하지 않으며, 김규식이 적합한 정치가의 모범으로 자유주의 원리를 이해하고 있다고 판단되는 유일한 지도자라고 규정했다. 이 문서에서는 그리 명확하게 나타나지 않지만 다른 여러 심의 기록에서는 자유주의적 국제협력주의자들이 하지와 육군 그리고 "군사적 사고방식"을 지닌 사람들이 남한에서 발생한 문제에 책임을 져야 한다고 비판하면서 그들을 미 점령군에서 축출하려고 관료 조직들이 고투하고 있다고 명시했다. 보고서에는 군정 "책임자"에 민간인을 임명하려는 계획이 있었지만, 존 무초 대사가 그 역할을 맡았기 때문에 실현되지 못했다.[33]

그 정치적 제안은 국무부가 세운 초기 계획의 개혁적 성향을 새로운 정책에 어느 정도 남겨놓으려 했는지 또렷이 보여줬다. 그러나 이제 봉쇄가 좀 더 중요한 목표가 되면서 개혁주의는 억제됐는데, 달리 말하면 이는 트루먼 독트린에 나타나는 국제협력주의의 잔영을 잘 보여준다. 세계은행의 감독이라는 중요한 지적은 그 계획에서 나올 필연적 결과와 연관돼 있었다. 여기서 필연적 결과란 미국이 파견한 "잘 훈련된 최고 수준의 관리자와 기술자"의 지도로 토지 개혁과 한국 산업의 부흥을 이루고 그것이 다시 일본에서 "역진 정책reverse course"의 추진력을 강화한다는 것이었다.

로이드 가드너는 영국이 "미국의 한국 정책이 대담하게 전환된 데에 놀랐다"고 지적했다. 영국 외무부의 M. E. 데닝은 즉시 이것이 모두 "대담한 행동"이라고 평가했다. 1947년 3월 26일의 메모에서 데닝은 "나는 그들이 그 계획을 충분히 생각해봤는지 의심하지 않을 수 없다. 그러나 한국을 원조한다는 것은 세계적인 규모의 지원을 해야 하는 도전임을 의미한다"고 지적했다. 또한 흥미로운 사실은 1947년 베빈 영국 외무장관이 몰로토프 소련 외무장관과의 회담에서 소련은 튀르키예와 오스트리아에 진출해서는 안 된다고 말한 것이다. 그 자리에서 그는 몰로토프에게 큰소리로 말했다. "한국을 갖고 싶습니까? 그럴 수는 없습니다."[34]

이 부처 합동 조사가 명백한 증거가 아니라면 1947년 3월 상원 외교위원회 비공개 회의에서 애치슨이 제기한 발언을 그에 관한 증거로 들 수 있을 텐데, 거기서 그는 한국이 "소련과 우리 사이에 경계선이 분명히 그어진 지역”이라는 취지의 발언으로 상원의원의 논의를 촉발시켰지만 그 논의는 “(영원히) 공개되지 않고” 역사 속에 묻혔다. 그러나 늘 그렇듯 명백한 증거보다 중요한 것은 그 뒤에 숨어 있는 논리다.

효과를 볼 수 있는 곳에만 약을 쓰듯, 케넌과 마찬가지로 애치슨도 제한된 봉쇄를 늘 선호했다(이를테면 중국 본토는 제외한다는 식으로). 상원의원들과 논의한 요점은 어떤 지역에서 봉쇄가 낫고 어떤 지역에서 그렇지 않은가 하는 문제였다. 애치슨은 말했다. “우리가 영향력을 행사할 수 있는 지역들이 다른 곳에도 있습니다. 그 하나가 한국이며, 그곳은 소련과 우리 사이에 경계선이 명확히 그어진 지역이라고 생각합니다.”[35] 그 핵심은 한반도가 전략적으로 중요하다는 것이 아니라, 거기 개입할 경우 미국의 위신과 신뢰가 높아질 것이라는 측면이었는데, 1950년 6월 25일 일요일 오후 애치슨이 숙고한 문제, 곧 위신은 “권력에 의해 드리워진 그림자”라는 생각과 정확히 같은 의미였다.[36] 애치슨은 포레스털·패터슨과 만난 자리에서 한국에 계속 주둔하는 것을 국방부가 달가워하지 않는 사실을 듣자마자 “철수할 경우” 미국의 위신이 “크게 손상될 것이기 때문에” 마셜과 자신은 철수에 찬성하지 않는다고 대답했다. 의회가 그리스와 튀르키예 원조를 승인하자 그는 한국 관련 법안도 요청했다.[37]

두 법안의 차이는 한국의 군사·전략적 중요성과 정치·전략적 중요성이라고 부를 수 있는 것 사이에 놓여 있었다.[38] 한국이 전쟁 지역으로 적합한 곳이든 아니든, 미국은 그곳에 주둔해 개입하고 있었기 때문에 좋은 의사醫師로 인정받지 않으면 다른 지역에서의 지위가 약화될 수 있었다. 이런 논리의 전제는 구체적이거나 군사적인 것이 아니라 심리적이며 정치적인 것이었기 때문에, 한국이 전략적으로 중요하지 않다는 군부의 주장(1950년 6월 백악관 영빈관에서 브래들리 장군이 제기한 주장을 포함해)에 다시 힘을 실어줄 가능성이 있었다.

그 뒤 3년 동안 애치슨은 군부와 의회의 반대에 맞서 한국을 봉쇄해야 한다는 논리를 견지하면서 대통령의 지지를 받았다. 애치슨은 한국전쟁이 시작된 뒤 의회의 비판에 대비하면서 자신의 부하에게 말했다. “한국(곧 한국 문제)은 확대될 것입니다(원문 그대로). 존 힐드링이 내게 보낸 편지를 바버라가 갖고 있는데 거기에는 1947년 반덴버그가 거부한 우리 계획에 대한 내용이 담겨 있습니다." 1950년 여름에 열린 국가안보회의NSC에서도 애치슨은 다음과 같은 설명서를 제출했다. "대통령은 우리가 폴리 씨, 해리먼 씨와 논의했는지 물었고 (…) 그래서 1947년 폴리 씨의 보고와 힐드링 씨의 제안에 따른 절차를 정리했으며, 한국과 관련해 우리가 제안하고 대통령이 승인한 사항을 보여주는 기록을 작성했습니다. 그 절차는 80차 의회에서 부결됐습니다."[39]

폴리와 관련된 내용이 잠깐 나오지만 이것은 결국 애치슨의 생각을 알려준다. 애치슨이 구상한 동아시아 봉쇄 정책의 기반은 세계 경제의 논리였으며, 일본에서 시작해 동남아시아를 거쳐 인도까지 아우르는 "거대한 초승달지대"라는 그의 비유로 표현됐다. 이 구상은 1947년이 동트면서 시작됐지만, 애치슨이 남한으로 봉쇄 정책을 확대하고 그 뒤 아시아의 "방어선"을 고안하며 한국전쟁에 개입하기로 결정한 중대한 배경이 되었다.

일본에서 산업이 부흥하면서 지역 경제가 성장해 대륙의 시장과 그 지역에서 산출된 원자재를 확보할 수 있게 되자 여러 부수적 효과가 나타났다. 사회주의의 국가 통제 경제의 위협을 받던 나라들을 연대시키고, 일본과 미국의 경제적 상호 의존을 강화했으며, 일본을 자립시키고 영국과 프랑스가 경제적으로 지배하던 아시아 지역에 일본과 미국이 발을 들여놓음으로써 유럽이 갖고 있던 식민지를 축소시킨 것이다. 이 효과들은 세 가지 요소가 중첩된 다원적 위계로 구성된 세계 체제의 개념과 모두 잘 부합했다. 미국이 세계 경제를 지배하는 중심이 되면 배타적으로 결속된 제국들이 해체되면서 일본과 독일은 지역의 중심 체제를 형성하며 주변부를 다시 통합하도록 도울 수 있다.[40] 세계시장에서 경쟁력을 가진 미국 산업은 일본과 독일이 자본·기술·국방·자원을 자신에게 계속 의존하고 있는 한 그들을 두려워할 필요가 없었다. 그러나 한국은 체제 안에서 상승하거나 하락할 가능성과 반체제 세력의 위협이 뚜렷이 느껴지는 불안한 반半 주변부 지역이었다. 루스벨트는 단일한 세계에 적용할 정책을 설계한 인물이었다고 할 수 있지만, 그 구상이 실패하자 애치슨 등은 배타적이고 자립적인 국가 통제 경제의 대규모 붕괴를 기다리지 않고 비공산주의의 "광대한 지역" 안 일부에 선제적으로 중심지를 만드는 두 번째 전략을 고안했다.

1권에서 본 대로 석유 기업가 에드윈 폴리는 1946년 늦봄 패전한 일본의 배상금과 관련된 조사단을 이끌고 한국과 만주의 산업 시설을 시찰했다. 그는 일본이 한반도를 크게 발전시켰으며, 자신이 보기에 그 과정에서 아무 일도 하지 않은 인민위원회의 손에 그런 산업과 근대적 설비가 넘어가도록 내버려두는 것은 치욕이라고 주장해 트루먼에게 깊은 인상을 줬다. 그는 "민주주의(자본주의)적 기초" 위에서 한국을 발전시키는 것을 대안으로 제시했다. 허버트 후버도 중요한 역할을 했다. 그는 1946년 5월 일본과 한국을 시찰한 뒤 배상 정책을 비판하고 1947년 초 독일과 일본의 중공업을 제한하는 데 반대했다. 1947년 5월 그는 패터슨에게 편지를 써 일본의 전범을 너그럽게 처리하고 "더 이상 산업을 억제하지 않아" 일본을 "공산주의가 아시아로 침투하는 것을 막는 방어벽"으로 삼아야 한다고 주장했다.[41]

그러나 15주 동안 주도적으로 움직인 인물은 애치슨, 케넌, 드레이퍼였다. 1월 말 마셜 국무장관은 애치슨에게 휘갈겨 쓴 서신을 보내 놀랍게도 "남한에 제한적 정부를 수립하고 그 경제를 일본의 경제와 연결(원문 그대로)시키는 정책을 세워달라"고 말했다. 예산 문제를 근거로 한국에서 철수하는 방안을 지지했던 미 육군성은 영향력을 가진 일본에게 그 부담을 대신 지우려고 했다. 드레이퍼는 "한국과 일본이 자연스럽게 무역권과 상업권을 이룬다면 일정 기간 일본의 영향력은 다시 확대될 수 있다"고 말했다.[42]

그들 모두는 유럽과 일본의 "달러 부족"과 부진한 경제 부흥을 해결할 수 있는 방안은 중공업 관련 규제를 완화하고 독일과 일본을 기존의 원자재 공급지·시장과 연결시키는 방법을 찾는 데 있다고 생각했다. 보든은 그러므로 독일과 일본이 "세력 균형의 열쇠"라고 서술했지만, 독일은 확대된 마셜 플랜의 "하나의 축"일 뿐인 반면 "일본의 부흥 계획은 미국이 아시아에서 추진하는 유일한 대규모 시도"라고 날카롭게 지적했다.[43] 독일은 분단돼 4개국의 분할 통치를 받았기 때문에 하나의 축으로만 존재 가치가 있었던 데 비해,

분단되지 않고 미국 단독의 지배를 받은 일본은 아시아 초승달 지대의 중심이 됐다. 중국이 무너진 뒤 일본의 배후 지역은 대부분 동남아시아를 의미하게 됐지만, 1947~1948년 한국·만주·중국 북부는 모두 일본과 다시 통합될 가능성을 가진 대상이었다. 미국은 그런 구상을 거의 공표한 적이 없지만 애치슨은 1947년 5월 8일 미시시피주 클리블랜드에서 한 연설에서 미국은 두 대륙이 의존할 수 있는 두 개의 거대한 작업장을 다시 만들 것이라고 밝혔다. 내부 세력도 외부에서 도왔다. 1947년 1월 에이버럴 해리먼,『뉴스위크』, 해리 컨●을 비롯한 수많은 "일본 로비 세력"은 미 점령군이 일본 재벌 해체를 중단해야 한다고 대대적으로 선전하기 시작했다.[44]

이처럼 한국을 봉쇄해야 한다는 논리는 두 가지 전제로부터 펼쳐졌다. 봉쇄는 미국의 위신을 높일 것이며, 남한을 일본 산업의 배후 지역이자 일본 방어의 앞마당으로 만들어 일본에서는 반대 경로로 나아간다는 것이었다. 1권에서 본 대로 1940년대 초반 대체로 "일본에 우호적 성향"을 지니고 있는 것으로 파악되던 국무부 관료들은 죄를 묻지 않는 점령 정책을 주장하면서 전후 일본의 안보를 한국의 안보와 연결시켰다. 일본에 우호적인 세력은 언제나 한국을 "작은 일본"이라고 희화화했으며, 중국 국민당 지지자와 반대자들은 이승만에 대한 호불호가 갈렸음에도 모두 그를 "작은 장제스"라고 봤다. 휴 보턴은 초기 계획과 1947년 문서를 입안하는 데 힘을 보탰지만, 앞서와 다른 점은 그와 몇몇 인물들이 해리먼, 후버, 조지프 그루 같은 중량급의 일본 우호 인사들에게 조언했다는 사실이다.[45]

부처 합동 보고서는 5월 초에 기본적으로 승인됐다. 5월 7일 각 부처 장관이 출석한 회의에서 애치슨은 아래와 같이 "결정"됐다고 말했다. 그리스-튀르키예 법안이 통과된 뒤 의회가 "되도록 빨리" 한국에 대한 1개년 계획을 승인해달라고 요구하고, 민간인 군정 책임자를 임명해 국무부가 점령 정책 중 비군사적 측면의 책임을 부여하며, "적절한 선거법이 통과된 뒤 남한에 과도정부를 수립한다"는 것이었다. 앞으로 보겠지만 이틀 뒤 남한을 침

● 『뉴스위크』 외신부장 겸 국제판 편집장.

공으로부터 방어하라는 지시를 담은 전문이 하지에게 전달됐다. 애치슨은 1948년 회계연도에만 2억 1500만 달러를 책정하는 계획을 제안했다. 포레스털과 패터슨은 1개년 계획에 찬성했지만, 패터슨은 군대를 철수해야 한다고 계속 주장했다(마셜은 그에게 반대했다).[46] 이처럼 적어도 1년 동안 육군성은 새 계획을 실시하는 데 동의했다.

군부와 의회는 이 계획에 즉각 반대했지만, 그 계획은 그 뒤 3년 동안 미국의 정책을 지배했다. 이 계획은 1948년 국무부가 육군성으로부터 한국 관련 책임을 인수해 그리스와 튀르키예를 넘는 세계 최대의 마셜 플랜 경제원조단과 군사고문단을 발족시킬 것이라고 밝혔다. 남한 단독 선거도 거론됐다. 의회가 좋아하든 그렇지 않든, 한국은 트루먼독트린의 세 가지 중심 가운데 하나가 될 것이었다 ― 적어도 애치슨의 머릿속에서는 그랬다.

그 계획은 공론화됐다. 루스가 편집한 1947년 6월호 『포춘』에는 "그리스와 튀르키예 이후에는 (…) 한국으로 간다"라는 문장으로 시작되는 한국 관련 특집 기사가 실렸다. 그 기사는 존 힐드링이 입안한 "5억4000만 달러의 새 계획"을 언급하면서 미국이 "소련을 생각하지 말고 자신의 영역에서 최선을 다한다면" "거의 분명히 그 나라에 주권을 줄 수 있을 것"이라고 썼다. 『포춘』은 한국 경제, 특히 "8개의 대규모 섬유 공장과 20개의 소규모 섬유 공장"을 부흥시켜야 한다고 적극 지지했다. 한국은 석유·전력·화학비료가 필요할 텐데, 미국은 그것을 잘 공급해줄 것이었다. 이제 한국은 "극동에서 미국의 정책과 의도를 시험하는 특별 무대"였다.[47]

한국에까지 봉쇄를 확대하려는 미국의 비밀 계획이 한국에도 보고됐다는 사실은 흥미롭다. 1948년 초 (남한의) 조선인민공화국과 연계된 좌익이 출판한 책은 꽤 놀랍게도 미국 정부의 계획을 정확히 지적했는데, 신문 기사를 면밀히 읽은 데 따른 것으로 생각된다. 그 책을 쓴 이춘식은 이승만이 오랫동안 워싱턴을 방문한 것과 남한 단독정부를 수립하려는 그의 욕망을 연결했다. 이춘식은 미국 신문들의 기사를 인용하면서 미국도 남한에 단독 정부와 군대 주둔을 밀어붙이려 한다고 판단했다. 그는 3월 21일과 25일 AP 통신의 기사를 근거로 애치슨·포레스털·패터슨·힐드링이 6억 달러 규모의

3개년 계획을 논의했으며, 그리스·튀르키예와 동일한 정책이 한국에도 제안됐지만 한국에 제공할 원조 총액은 좀더 요청되고 있다고 상당히 정확하게 말했다. 또한 그는 애치슨이 상원에서 증언하면서 한국을 트루먼독트린과 연결했다고 주장했다.[48]

의회가 6억 달러를 모두 지원하지는 않았지만, 국무부 관료들은 한국이 새 독트린에 포함된 것처럼 말하고 다녔다. 그 결과 이를테면 케넌은 1947년 6월 30일 케네스 러벳에게 보낸 각서에서 이렇게 썼다. "(국무부 정책기획실은) 우리 정부가 유럽에 제공할 예정인 대규모 경제 원조를 지속할 장소로 유럽을 제외하면 두 지역밖에 없다고 보고 있습니다. 그곳은 한국과 일본입니다." 이와 비슷하게 1947년 6월 21일 마셜에게 보낸 몇몇 서한에서 케넌은 이렇게 말했다. "유럽의 상황이 다른 지역의 선례는 아닙니다. 하버드 대학 연설(마셜 플랜 연설)에서 제시한 방안은 유럽에만 적용할 수 있습니다. 다른 지역의 문제들에는 다른 접근이 필요하지만, 주요한 예외는 한국과 일본입니다."[49]

그러나 국무부의 입장을 가장 잘 보여주는 증거는 몇 달 뒤 한 보고서에 반영된, 미군에 대한 그들의 인식이라고 생각된다. 한 보좌관은 "귀하께서 알고 싶어할 것으로 생각된다"면서 육군성 차관 드레이퍼에게 다음과 같은 글을 썼다.

공산주의자의 침략에 맞서 경계선을 그어야 하며 극동에서는 38도선이 그 선이라고 확신하는 사람들이 국무부에는 아직도 있습니다. 그들은 철수를 바라는 육군성의 생각을 "유화책"의 일종으로 여기면서 무엇보다 중요한 두 요소를 잊었다고 지적하고 있습니다. (1) 우리가 만주를 포기하면 한국을 잡을 필요가 없다, (2) 우리는 전투가 예상되는 지역을 충분히 장악할 만한 군대를 갖고 있지 않으므로 한국에서 전쟁이 일어나면 우리는 철수해야만 한다(강조는 원문).[50]

군부와 의회가 반대했지만, 1947년 미국은 한국이 공격받을 경우 어쨌든 그곳에서 싸울 참이었다. 트루먼독트린이 발표된 봄과 같은 시기에 남한을 방어하라는 지시가 내려졌다. 1947년 5월 9일 합동참모본부는 북한이 공격할 경우 "사용할 수 있는 모든 수단을 동원해 (…) 군정청의 내부 질서와 권위"를 유지하라고 하지에게 승인했다. 몇 달 뒤 하지는 그 지시의 정확한 의미를 보여줬다. 그는 극비 전문에서 5월 9일의 지시에 따라 "북위 38도선 이북에서 일어나는 실제적이거나 가상적인 군사적 또는 준군사적 공세에 맞서 미군과 한국군의 모든 병력을 본인의 재량에 따라 신속하고 적극적으로 사용할 것을 검토하고 있다"고 말했다.[51] 8월 27일 웨더마이어 장군은 하지와의 회담에서 북한이 침략할 경우 미국이 개입할 가능성이 있는지 물었다. "그렇습니다. 그럴 가능성이 있습니다"라고 하지는 말했다. "나는 석 달 전 (1947년 5월) 전문을 하나 받았는데 바로 그 질문에 정확히 대답한 것이었습니다." 하지는 자신이 맥아더와도 그 가능성을 논의했다고 말했다. 웨더마이어는 물었다. "소련군이 여전히 권력을 장악하고 있고 북한군이 38도선 이남으로 이동할 경우 (…) 맥아더 장군이 어떤 책임을 집니까? 그가 부대를 이곳으로 이동시킬 것에 대비한 계획이 있습니까?" 하지는 대답했다. "그렇습니다. 우리는 계획을 세웠습니다."[52]

의회는 아무것도 알지 못했고 현존하는 문서에도 나오지 않는 이런 관여는 적어도 1949년 7월 미군 전투부대가 마지막으로 한국을 떠날 때까지 지속됐다. 이를테면 1948년 12월 주한 미군 사령관이 지닌 임무는 다음과 같았다.

미국이 (한국에) 전술 부대를 남겨놓는 한 38도선 이남을 방어하는 최종적 책임은 계속 미국이 질 것이다. 그러므로 이 병력은 외부 적대 세력의 공격을 적절히 물리칠 수 있도록 (…) 대비해야 하며, 그런 행동은 시간이 없거나 사태가 급박해 미룰 수 없는 경우를 제외하고는 상부의 지시를 받아 실시한다.[53]

이런 관여는 미군이 한국에 계속 주둔한 것과 연관됐다고 생각되는데,

1948년 8월 딘 러스크는 이에 관한 또 다른 근거를 제시했다. 그는 유엔이 한국 문제를 심의하는 동안 미국은 "외부의 공격에서 한국을 보호할 책임을 지고 있다"면서 "이 기간 북측이 일으킬 수 있는 모든 공격은 한국인들이 아니라 우리를 겨냥한 공격이기 때문"이라고 언급했다.[54] 이런 관여가 1949년 7월에서 1950년 6월로 연장됐을 가능성은 뒤에서 살펴보겠다.

애치슨은 남한을 방어하는 데에 미군이 자동적으로 관여하려고 의도하지는 않았다. 그렇다고 해서 봉쇄가 그리스나 튀르키예에서 이뤄진 것과 동일하다는 의미는 아니었다. 핵심은 전투를 수행할 실력 및 의지를 가진 반공 세력과 미국의 신용과 위신을 결부시키는 일이었다. 미국이 군사고문단을 거쳐 원조하는 방식은 자신의 의도와 신뢰도를 가장 잘 증명할 수 있는 방법이었다. 한국에 그어진 애치슨 라인은 곧 봉쇄가 자립하는 나라만을 도와야 하며, 위험에 빠진 나라에 미국이 관여할 경우 그것을 그 나라 국민에게 널리 알리지 않거나, 필요하다면 통보하지 않아도 된다는 그의 확고한 신념과 일치했다. 그는 소련 주변에서는 너무 많은 나라가 위협받고 있기 때문에 미국이 그들 모두의 안전을 보장할 수는 없다고 생각했다. 만약 모두 관여하려면 미국(주저하는 의회를 포함해)과 위협받는 나라가 함께 효과적으로 행동해야 했다. 소련에 타전된 주요 외교정책만 공개하고 약소국 지도자들에게는 그들이 어떻게 행동해도 미국은 그들을 보호할 것이라고 확신시켜야 했다. 이는 자신의 목을 조르는 것과 같아서 그렇게 되면 미국은 자국의 일조차 결정할 수 없게 될 것이었다.

애치슨은 이런 문제들을 봉쇄선에 위치하지 않은 정부인 중국 국민정부 대표에게 간접적으로 전달하려고 시도했다. 주미 중국 대사 웰링턴 구顧維鈞는 3월 11일 애치슨, 존 카터 빈센트와 만나 중국을 새 정책에 포함되게 하려고 노력했다. 새 정책에 극동이 포함되는지 웰링턴 구가 묻자 빈센트는 일본의 맥아더와 한국의 하지가 "소련의 영향력 확대를 막으려는" 조처를 시작했다고 대답했다. 또한 봉쇄는 거기에 적합한 나라나 세력이 있는 곳에만 적용될 것이며, 그것은 국민정부 자신들에게 달린 일이라고 말했다. 중국이 "독자적으로" 공산주의자를 막고자 한다면 미국은 "중국에 압력을 넣지 않을 것이다."[55] 물론 애치슨은 국민정부가 성공할 거라고 기대하지 않았다. 1947년 3월 내각 회의에서 봉쇄 정책이 추진될 경우 미국은 중국에서 철수할 것인지 묻자 애치슨은 "문제의 근본은 (중국도) 동일하지만 실정은 다르다"고 대답했다.[56] 한국 "실정"에서는 봉쇄가 효과를 냈지만, 중국은 그렇지 않았다.

케넌의 공학 工學

애치슨이 봉쇄 정책의 설계자였다면 케넌은 기술자였다. 그는 이념을 명확히 설명하고 집적된 계획을 발전시켰으며 애치슨의 건축 구상을 실현했다. 케넌은 전체를 살펴볼 능력이 없었고 애치슨을 대신할 수도 없었다. 그에게는 애치슨이 갖고 있는 국가 운영 기술과 월가의 경험 그리고 근본적으로 세계에서 미국이 차지하고 있는 정치·경제적 위상의 패권을 파악할 능력이 없었기 때문이다. 그러나 그는 부품을 끼워넣고 애치슨의 세계 도시에서 건물들을 만드는 데 뛰어난 능력을 발휘했다.

봉쇄를 파악하는 케넌의 핵심 관점은 산업 구조를 인색하게 운영하는 것이었다. 애치슨과 마찬가지로 그도 어느 정도 기술결정론자였다. 애치슨은 세계시장에서 경쟁력을 가진 산업의 연합이 진격하는 광대한 지역을 구상한 반면, 케넌은 국내 산업이라는 현실 정치의 개념을 견지했다. 발전된 산업 기지는 전쟁을 수행하고 강대국의 지위를 유지하는 데 핵심이었다. 우리는 네 개를 가졌고 그들은 하나를 가졌으며, 그런 상태가 유지돼야 했다. 곧 봉쇄는 미국·영국·서유럽·일본은 지키되 산업화되지 않고 공격에 취약한 지역과 특히 미국에서 멀리 떨어져 있으면서 부패한 아시아의 국지전이나 혁명에는 신경 쓰지 않는다는 의미였다.[57] 1947년 트루먼독트린에서 민족주의적 경향이 억제된 핵심적 이유는 여기 있었다.

케넌은 자신의 결정론을 서양 문화에 대한 맹목적인 이해와 뒤섞었다. 그는 중국 황제가 갖고 있던 고전적 인상을 뒤집었다. 그에게 아시아는 서유럽 바깥으로 뻗어나간 고등 문명의 먼 변경이었다. 문명의 첫 물방울이 떨어진 곳은 동유럽이었고 그다음은 러시아인데, 그곳의 나쁜 요소는 대부분 "동양적인 것"이었으며, 중국과 그 동생인 한국에 도착해 문명이라는 항아리의 밑바닥을 긁어봐도 야만성밖에는 발견할 수 없었다. 일본은 아시아에서 예외였지만, 섬세한 문화 때문이 아니라 산업 기반을 가졌기 때문이었다.

이런 간단명료한 견해는 케넌의 마음에 굳게 자리 잡아 그의 정책 제안들을 시대착오에 기반한 기이한 통찰로 보이게 만들었다. 그 결과 중국 문제와 관련해서는 옳은 결론에 이르렀지만 그 논거는 틀렸다. 그는 미국이 내전에 개입하지 말아야 한다고 주장하면서, 중국은 자제력이 없는 나라인데 그런 나라를 어떻게 봉쇄할 수 있겠느냐는 논거를 제시했다. 중국은 "자신뿐 아니라 관련된 모든 나라를 부패시킬 놀라운 능력을 가진 나라"였다. "모든 정부를 도울 수 있지만 스스로 통치하는 방법을 모르는 나라는 도울 수 없다." 현재 미국 "제국주의"를 욕하는 중국인들이 미국의 귀환을 "고대하는" 때가 올 것이다. 그동안 서구는 거리를 두고 있어야 한다. 아는 사람은 거의 없었지만, 그가 베트남전쟁에 반대한 것도 동일한 발상이었다.[58]

이런 낡은 오리엔탈리즘은 미국의 힘에 한계가 있다는 날카로운 통찰과 나란히 존재했다. "중국에는 우리가 통제할 수 없는 거대하고 뿌리 깊은 토착 세력이 있다는 것을 알아야만 한다." 그렇다면 중국에는 통합된 산업 기반이 없다는 것이 진실이므로 전쟁을 본격적으로 수행할 능력이 없다고 그는 생각했다. 1949년 데이비드 넬슨 로가 공산주의자의 진출을 막기 위해 미국이 개입해야 한다고 주장하자 케넌은 대답했다. "중국은 큰 문제가 아닙니다. 중국은 그리 중요하지 않습니다. 중국은 결코 강력해지지 못할 것입니다."[59]

세계의 일부 지역은 소련의 지배를 받고 있는데, 케넌은 "그럴 만하다"고 언급한 적이 있다.[60] 아시아는 가장 그럴 만한 곳이었다. 케넌이 보기에 중국은 너무 제멋대로여서 이해할 수 없고 부패해 좋은 식민지로 삼기 어려운 존재였지만, 한국은 역사상 그리 활발하게 활동하지 않았다―그래서 좋은 식민지로 만들 가능성이 있었다. 게다가 그가 존경하는 시어도어 루스벨트와 그가 즐겨 인용한 학자인 타일러 데닛 모두 한국은 스스로 방어할 능력이 없다면서 일본의 지배를 정당화했다. 그가 우상으로 숭배한 사촌 조지 케넌은 일본이 한국을 문명화하는 것을 당연하다고 옹호하면서 한국을 풍자하는 인종주의적 글을 쓴 바 있다.[61] 그의 사촌이 살았던 시대에는 궁핍하고 타락한 옛 조선을 일본이 합병하는 것을 비판하는 진보 세력—시드니와 비트리스 웹을 포함해—이 거의 없었다.[62] 케넌과 관련해 놀라운 사실은 그가 그런 견해를 1940년대 후반까지 유지했으며, 그것을 정책의 기초로 삼으려고 했다는 것이다. 1949년 9월 그는 러스크와 제섭에게 말했다.

> 일본이 한국과 만주에 다시 영향력을 행사하고 그곳에서 활동하는 것에 우리가 현실주의적 입장에서 반대하지 말아야 하는 날이 올 것이며, 이는 우리의 예상보다 빠를 수도 있습니다. 사실 이것은 그 지역에서 소련의 영향에 맞서고 완화시킬 수 있는 유일한 현실적 전망입니다. (…) 그런 세력 균형을 이용하려는 개념은 미국의 외교정책에서 새로운 것이 아니며, 현재 국제 정세에 비춰 그 개념의 타당성을 너무 성급하게 다시 인정할 수는 없다고 [정책기획실 室은] 생각하고 있습니다.

계속해서 1950년 케넌은 루스벨트가 헨리 캐벗 로지 상원의원에게 보낸 편지에 각주를 달아 소련이 "일본과 맞닥뜨리도록 내버려두어 그들의 영향력이 상쇄되도록 하는 것"이 가장 좋으며 "일본이 한반도를 지배하는 것"이 "한국인이 실정失政을 자행하는 것이나 중국이 개입하는 것 또는 소련의 관료제가 도입되는 것"보다 낫다는 데닛의 판단을 첨부했다.[63]

우호적인 미국인들이 이런 상태였으니 한국에는 적이 따로 필요 없었다. 해방 4년 뒤 일본이 한국을 다시 지배해야 한다고 주장하면서 봉쇄를 주창한 인물이 나타났다. 제국주의자와 팽창주의자들에게 아시아 대륙은 텅 빈 것이나 마찬가지였다. 그들에게 아시아인들은 역사를 갖지 못했고, 향후에도 역사를 만들 능력이 없는 사람들이었다. 차이점이 있다면 제국주의자는 "개방된" 진공상태에 만족한 반면, 팽창주의자는 미국이 지배하기를 바랐다는 것이었다.

동아시아에서는 일본만이 케넌의 관심을 끌었다. 1947년 그는 혹평을 받고 새로운 전략을 수립해 "역진 정책" 또는 케넌의 복고주의라고 부를 수 있는 정책을 고안했다―그는 맥스 비숍과 일본 로비의 큰 도움을 받았다. 애치슨은 일본이 미국에 버금가는 산업국으로 부흥해 세계경제를 증진시키는 동력으로 자리 잡기를 바랐다면, 케넌은 일본을 그 지역에서 미국에 버금가는 강대국으로 회복시켜 패권국을 견제하되 이전에 장악했던 세력권을 자유롭게 지배하기를 바랐다. 애치슨과 그 밖의 국제협력주의자들은 태동하고 있는 아시아 대륙에서 한국을 포함한 여러 지역을 일본의 부흥과 연결시키는 문제를 세계경제의 관점으로 바라봤다. 케넌은 일본을 다시 소련의 대항 세력으로 만들어 20세기 초반과 같은 세력 균형을 확립하고 미국인의 피와 재산을 쓸데없이 유출하지 않기를 바랐다.

1947년 9월 케넌의 주도로 초안이 작성된 "역진"의 실행에 대한 문서는 두 진영으로 나뉜 세계와 관련해 설득력 있는 분석으로 첫머리를 시작했는데, 스탈린주의자인 즈다노프의 생각과 매우 비슷했다.

현재 세계정세의 특징은 제2차 세계대전의 결과로 미국과 소련이라는 두 중심에 힘이 집중돼 있다는 사실이다. 이 두 강대국은 갈등관계를 형성하고 있는데, 소련이 공세에 있으며 미국은 기본적으로 수세에 놓여 있다. 개별 국가를 끌어올 수 있는 제3의 중심은 현재 없으며, 그 결과 어떤 쪽으로도 기울지 않은 국가들은 소련의 공세에 굴복하거나, 방어를 위해 미국과 연합을 모색하는 정치적 분할이 이뤄지고 있다.

이 문서는 "미국에 우호적이고" 외교 문제에서 미국의 지도를 따르며 "1차적으로 소비재, 2차적으로 자본재를 생산하는 산업국으로 부흥해" 해외 무역을 활발히 전개하고 군사적으로는 "외부 공격에서 자신의 안전을 보장하기 위해 미국에 의존하는" 일본을 상정했다. 그 문서에 따르면 미국은 일본 공산당 같은 "꼭두각시傀儡 집단"이 안정을 위협할 경우 일본에 "개입할 도덕적 권리"를 지녔다. 문서는 다른 상상의 여지를 남기지 않고 계속 서술된다. "그 동안 일본의 산업과 상업을 주도한 사람들이 그 나라에서 가장 유능한 지도자들이고 가장 안정적인 부류이며 미국과 가장 끈끈한 자연적 유대를 맺고 있다는 사실을 인식한다면, 그들이 일본을 이끄는 당연한 지위를 얻는데 걸림돌들을 없애는 게 미국의 정책이 돼야 한다."[64]

이처럼 케넌은 전쟁 범죄자와 그들을 지원한 경제인의 처벌을 중지하고, 미·일 강화조약을 체결해 "즉시 발효하며" "배상액을 되도록 줄이고" 양극화된 세계 체제 안으로 일본을 끌어들여야 한다고 주장했다. 그 뒤에도 케넌은 일본에게 경제적 배후 지역이 필요하다는 주장을 굽히지 않았다. 1949년 10월 그는 미국의 정책이 "심각한 곤경"에 빠져 있다고 지적했다.

> 우리에게 닥친 커다란 난제는 일본이 남방을 향해 일종의 제국을 다시 수립하지 않는 경우 그들이 어떻게 살아나가야 할지에 대한 것입니다. 우리가 일본에게 지금까지 알았던 것보다 훨씬 더 큰 규모로 무역과 상업의 가능성을 열어준 것은 분명합니다. 이것은 엄청난 일입니다. 반면 어떤 사태가 일어나든 일본의 정세를 제어하는 수단으로 (…) 반드시 제해권과 제공권을 우리가 계속 완전히 장악해야 한다고 생각합니다. (…) 훨씬 더 긴급한 것은 해외의 공급원과 해군력·공군력을 통제해 그들이 다시 공격 성향을 띨 수 없게 함으로써 우리가 일본의 정세를 통제할 능력을 보유하는 것입니다.

듣는 이가 자신의 의도를 잘못 이해했을지도 모른다는 듯 그는 계속해서 다음과 같이 말했다.

> 우리 서방 세력이 지배권을 행사해 석유처럼 일본이 해외에서 수입해야 하는 물품을 통제할 수 있다면, 일본이 군사와 산업 부문에서 필요로 하는 것을 차단할 수도 있을 것입니다.[65]

이것은 일본 로비의 주요 인물인 해리 컨이 미·일 관계는 "원격조종"이 가장

좋다고 생각한 것을 구체적으로 표현한 발언이었다.[66]

1949년 4월 케넌은 "전쟁이나 비상사태가 일어났을 때 일본의 국내 치안 유지는 물론 방어에 사용할 수 있도록" 다시 "일본의 군사력을 제한적으로" 증강하는 방안을 모색했다.[67] 만약 한국의 한 애국자가 이 문서들(그중 하나는 곧바로 유출됐다)을 읽었다면 일본과 다시 전쟁이 일어나는 게 아니냐고 생각했을 수도 있을 것이다. 케넌이 성찰주의자임에도 불구하고 한국전쟁은 일본의 부흥을 위해 시작된 것이라는 견해를 끈질기게 유지한 까닭이 여기에 있다고 생각된다ㅡ이 가설은 뒤에서 살펴볼 것이다.

많은 미국인의 생각과 달리, 한국전쟁이 일어나기 바로 이틀 전 아시아에 대한 긴 담화에서 그는 미국이 아시아에 영향력을 행사할 능력이 없다고 말했다. "우리 국민은 이 문제에 대한 생각을 되도록 빨리 고쳐야 합니다."[68] 이것은 미국에서 유럽 우선론자와 아시아 우선론자 사이에 벌어지고 있는 대립을 케넌이 어떻게 생각했는지 또렷이 보여줬다. 학생들이 그렇듯 후자는 "교정될" 필요가 있었다. 그것은 자국의 정치 과정에 완전히 무지한 사람이 지닐 수 있는 견해였다.

케넌은 총명했지만 "아시아인"에 대한 편견을 버리지 못했다.[69] 그 결과 아시아에 대한 그의 견해에는 시대착오적인 자국 중심주의, 단순한 수준의 아시아적 전제정치론, 해당 지역의 외교사에 대한 편협한 이해, 산업 구조와 권력정치를 중시하는 자신의 전형적 신념이 뒤섞였다. 1950년 1월 12일 기자클럽에서 애치슨이 사용할 예정으로 작성한 연설 초고에 담긴 것은 이런 이상한 혼합물이었다. 그것은 미국이 따라야 할 합리적 정책을 안내한 것이라기보다는 동아시아의 역사와 기이함에 대한 담화였다. 그는 "인간의 본질"과 아시아 각국 정부의 "배외주의적排外主義的·이국적異國的·전제적" 특징(서로 모순되는 용어다) 그리고 세력 균형을 자세히 검토했다. "시어도어 루스벨트가 명확히 이해한 대로 아시아 북부의 군사적 균형은 소련과 일본에 달려 있습니다. 소련에 유리한 상황을 크게 바꾸지 않고, 패배한 일본을 그대로 놔둘 수는 없습니다."[70] 이것은 전형적인 케넌주의였지만, 그와 애치슨의 차이를 보여주기도 했다. 1940년대 후반 케넌은 기술자가 될 수 있었지만 건축가는 될 수 없었다. 이것은 그가 애치슨을 위해 쓴 마지막 초고였으며, 그 뒤 곧 니츠가 그를 대체했다.

전략의 정치: 한국을 둘러싼 국무부와 육군성의 갈등

1947년 초 새로운 정책과 부처 사이의 대립은 한국 정책의 방향을 결정했고, 그것은 전쟁이 발발할 때까지 유지됐다. 국무부는 한국의 정치·전략적 중요성을 역설한 반면 군부는 한국의 군사·전략적 가치는 없다고 주장했다. 전면전이 일어날 경우 그 지역은 무시될 것이며, 따라서 미군은 철수해야 한다는 것이었다. 린 이든이 설득력 있게 주장한 대로 미국 군부는 1940년대 국제협력주의자와 민족주의자 사이의 논쟁에 대체로 참여하지 않으면서 전쟁 수행 전략과 예산 계획, 관련 부처의 특권을 고려해 판단하고 있었다.[71] 한국 정책도 마찬가지였다.

국무부는 미국의 전략에서 한국이 차지하는 위상을 높이 평가했지만, 거기에는 미 점령군이 수립된 정책을 무시하고 서울의 골치 아프고 스스로 망치는 우익을 지원한 결과 정치적 상황을 망쳤다는 상당히 분명한 판단이 포함돼 있었다. 그러나 육군성과 군부는 긴축된 예산과 재원을 사용해야 하는 데 지쳐 있었고, 한국에서 벌어지고 있는 고도의 정치적인 투쟁에 미 점령군이 개입하고 있는데도 국무부는 그런 노력에 비판만 하고 있다고 생각했다. 미 점령군은 1년에 1억 달러 정도 썼다. 군부는 한국에서 "명예롭게 철수"하기를 바랐고,[72] 그 결과 미국에 대한 한국의 가치를, 전면전이 일어났을 경우를 상정한 제한적 수준으로 파악하는 방향으로 후퇴했다. 군부의 정책 입안자들은 그렇게 함으로써 국무부가 난관에 부딪히더라도 자신의 정책을 고수할 것인지 시험하려고 했다. 아무튼 군부는 제동을 걸고자 했다.

군부는 개입을 이행하는 데 쓸 수 있는 자금이나 군사력을 거의 고려하지 않은 채, 애치슨이 전 세계의 문제에 공개적·비공개적 방식으로 모두 관여하고 있다고 봤다. 이런 구도는 1950년 6월 백악관 영빈관 회의까지 지속됐으며 1960년대 베트남을 둘러싼 논쟁에도 깊은 구조적 영향을 미쳤다. 비교적 "자유주의적"인 민간 출신 고문들은 미국의 개입 범위를 확대시킨 반면 "보수파"로 분류할 수 있는 군부 인사들은 능장을 부렸다. 자신들이 개입을 이끌어야 하고 그렇게 할 군사력이 충분하지 않다면 모든 실패에 비판받을 것을 알았기 때문이다. 의견 차이는 본질로 인한 것이 아니라 부처의 특권과 예산 문제를 둘러싼 것이었다. 많은 군부 인사는 한국의 전략적 중요성을 인식하고 있었다. 이를테면 1947년 2월 육군성 정보 부문 책임자 S. J. 체임벌린은 "소련에게는 한국이 높은 전략적 가치"를 지니며 "시베리아의 연해주"와 특히 "일본 열도의 중심을 쉽게 공격할 수 있는 거리에" 소련 육군·공군이 배치돼 있는 블라디보스토크 기지를 보호하는 "완벽한 외부 방어선"이 된다고 주장했다.[73]

그러나 의회의 지원이나 충분한 자금을 받지 못한 군부의 정책 입안자들은 미국의 제한된 군사력을 전 세계에 배치하는 문제에 대한 현실적 판단과 어려운 선택을 맡아야 했다. 그 결과 그들은 한국에 새로 개입하는 데 반대하면서 그 문제를 국무부에 떠넘기기 위해 "침로를 돌릴 것"이라고 위협했다. 군부 인사 가운데는 한국보다 중국이 훨씬 중요하다고 생각하고, 국민당으로 가면 더 요긴할 자금을 헛되이 써버리지 않기를 바라는 사람도 있었다.

한국에 새로 개입하는 데 대한 군부의 반대는 4월 4일 가장 또렷하게 분출됐는데, 그날 패터슨은 미국은 "한국에서 조속히 떠나야" 하며 완전 철수를 목표로 행동해야 한다고 주장했다. 그는 미 점령군이 육군성의 예산을 많이 고갈시켰고, 의회는 한국에 6억 달러를 배정할 것으로 생각되지 않으며, 그렇게 배정된다면 다른 분야에서 필요한 자금을 줄여야 한다고 주장했다. 그는 철수 방안으로 미국이 남한에 분단 정부를 수립해 승인하거나 그 문제를 유엔으로 넘기는 것을 제시했다. 육군성이 보상받지 못하는 고투에 열심히 자금을 쏟아붓고 있다는 일반적 인식 외에도 패터슨이 중요하게 고려한 사항은 중국의 내전에 미국의 자원을 사용할 필요가 있다는 판단이었다. 국민정부에 거액을 지원할 가능성은 여전히 높았다.[74]

4월 초에 군부는 타협했다. 그때 패터슨은 의회가 자금을 제공하고 그것이 "한국에 군사적으로 개입하는 규모를 이른 시기에 크게 감축한다는 약속"이라면 국무부의 계획에 동의한다고 말했다.[75] 앞서 본 대로 5월에 그는 1개년 계획에 찬성했다. 그러나 9월 합동참모본부는 "군사적 측면에서 볼 때" 한국은 "미국에 전략적 이익이 거의 없으며" 한반도에 "현재의 부대와 기지를 유지해" 추구할 수 있는 전략적 목적도 없다고 결론지었다.[76] 그 뒤에도 합동참모본부는 극동에서 전면전이 일어날 것을 상정하면서 한국 관련 전략을 결정했다.

한국전쟁의 기원과 관련해 일반적으로 받아들여진 해석은 일부 중요한 차이, 특히 전쟁 수행 전략과 관련된 차이를 잘못 이해하고 있다. 그 차이는 이렇게 정리할 수 있다. 첫째, 국무부와 대통령은 그 뒤 국가안보회의에 참여해 미국의 정책을 마련했다. 정책을 만들 때면 많은 사항을 고려해야 하지만, 가장 중요한 것은 전쟁을 수행할 능력이 있는지 또는 주어진 상황에서 그것이 정책의 유효한 수단인지에 대한 군사적 판단이다. 둘째, 한국전쟁 이전은 물론 그 뒤에도 추진된 순수하게 군사적인 전략은 세계적 규모의 전쟁이 일어날 경우 미군을 한국에서 즉각 철수시켜 유럽에 다시 배치하는, 이른바 "스윙swing" 전략이었다. 셋째, 전면전을 상정한 전략을 정의하는 방식은 정책을 결정하는 방법으로는 참으로 어리석은 것이다. 다른 곳이 아니라 한국에서 전쟁이 일어난다면 어떻게 될 것인가? 1947~1950년대 한국 정책은 군부가 결정한 것도 아니었고, 다른 지역에서 소련과의 전쟁이 격화될 경우 한국에는 참전하지 않으려는 군부의 태도에 따라 결정되지도 않았다. 정책은 국무부 관료들과 애치슨 개인의 손에 달려 있었다.

한국 문제를 유엔으로 이관하는 것은 한국과 관련한 국무부와 군부의 교착상태를 최종적으로 해결하려는 수단이었지만, 본질적인 차이를 만들지 못했다. 1949년까지 한국에 대한 정부 고위 관료들의 기본적 논의는 한국은 전면전이 일어났을 경우 싸우기 좋은 장소가 아니라는 군부의 판단과 한국을 잃는다면 일본과 태평양 안보가 위협받을 것이며 미국의 위신과 신용에도 의문이 제기될 것이라는 국무부의 정치적 고려 간의 대립에서 계속 맴돌고 있었다. 군부가 우세하지는 않았지만, 국무부가 그들의 견해를 진지하게 검토한 적이 한 번 있었다. 미국이 포기하고 철수해야 한다는 군부의 주장을 조지 케넌이 잠시 지지한 때였다.

케넌은 한국이 냉전 상황에서 주둔하기에 좋은 지역이 아니라는 군부의 의견에 동의했지만, 그것은 군부가 고려하지 않은 이유들 때문이었다. 1947년 9월 그는 한국이 "우리에게 군사적으로 중요하게 고려되지" 않는다는 "인상"을 미군이 남겼다고 언급했다. 거의 같은 때 그는 "한국이 끝내 소련의 위성국이 될 것이라는 실질적 가능성"을 깨달았다면서 그것을 "목록의 맨 끝", 곧 일본과 중국 뒤에 놓자고 제안했다.[77]

케넌은 군부가 늘 세계전쟁의 관점에서 생각하는 경향을 싫어하면서도 그들의 전략적 판단은 중요하므로 심각하게 받아들여야 한다고 생각했다. 그러나 케넌은 부흥한 일본이 동북아시아에서 소련에 맞서 균형을 유지하는 역할을 다시 한번 하기를 바랐다. 물론 케넌에게는 이것이 더 중요했다. 9월 말 케넌은 "우리 정책은 손실을 줄이면서 되도록 품위 있고 신속하게 [한국을] 떠나는 것"이라고 제안했다.[78] 드문 사례지만 국무부와 군부는 품위 있는 철수라는 전혀 뜻밖의 선택에 합의하는 것처럼 보였다. 그러나 안타깝게도 이런 일치는 케넌이 애치슨의 마음을 읽는 데 늘 실패했음을 다시 한번 확실히 보여주는 사례일 뿐이었다. 한국 문제는 곧 유엔으로 이관됐으며, 봉쇄론은 살아남았다.

워싱턴의 이승만 로비:
"나는 이승만의 어리석은 행동 때문에 곤경에 빠졌습니다"

한국을 봉쇄하기로 한 결정은 이승만이 워싱턴에 있을 때 이뤄졌기 때문에, 그가 거기에 어떤 영향력을 행사했는지 자연스럽게 질문이 제기된다. 전통적으로 한국은 중국의 동생을 자처했는데, 이승만 세력에게는 미국 정치에 엄청난 영향력을 행사한 중국 로비China Lobby●를 모방해 중국 정치의 요점을 재현하려고 시도한 사례가 한 번 있었다. 그러나 "이승만 로비"는 박수 부대와 추종자들로만 구성됐으며, 한 사람을 제외하고는 미국에서 중요한 영향력을 행사하지 못했다. 그 구성원은 대부분 미미해 오늘날까지도 그 이름을 알 수 없다. 그렇다고 해서 그것이 아무 영향력도 행사하지 못한 하찮은 로비였다는 뜻은 아니다. 그 덕택에 서울에서는 군정 사령관의 집무실에 수시로 드나들 수 있었고, 1947년에는 워싱턴에서 한국 봉쇄 정책이 등장하는 데 막후 역할을 했다.

이 로비에서 가장 두드러진 인물들을 열거하는 것만으로도 그들이 무명이라는 사실을 알 수 있다. 그들은 존 W. 스태거스, 제이 제롬 윌리엄스, 로버트 T. 올리버, 해럴드 노블, 새뮤얼 돌베어, 헨리 드영, 벤 임(임병직林炳稷), 해럴드 레이디, 프레더릭 브라운 해리스 등이다. 굳은 신념을 가진 프레스턴 굿펠로 대령만이 미국에서 영향력을 가진 사람이었다고 말할 만하다. 이 가운데 몇 사람은 1920년대부터 이승만과 관계를 맺어왔다. 1941년 진주만 공습 이전 그들은 한국위원회를 설립해 한국보다는 이승만을 위해 워싱턴에서 로비활동을 펼쳤다.[79]

제이 윌리엄스는 허스트 계열의 신문 기자로 1919년 3·1운동이 전개되는 기간에 이승만을 도와 한국이 독립해야 할 필요성을 널리 전파하기 시작했다. 새뮤얼 돌베어는 유명한 광산 기술자로 1930년대 한국 북부에서 영국 계열 금광 사업에 참여했다. 1945년 이승만은 그를 "대한민국 임시정부"의 "광산 고문"으로 임명하고 자기를 대신해 국무부에 로비하도록 했다. 스태거스는 제2차 세계대전 이전부터 이승만의 변호사였으며, 해럴드 레이디는 그의 처남이었다. 헨리 드영과 임병직은 하와이 시절부터 이승만을 따른 한국계 미국인이었다. 프레더릭 브라운 해리스 목사는 워싱턴 D.C. 파운드리 교회의 목사였으며 상원의 목사이기도 했다―이 때문에 이승만은 그의 교회에 다닌 것으로 여겨지며, 1930년대 후반 서울 주재 미국 영사였고 그 뒤 국무부의 주요 관료가 된 U. 알렉시스 존슨도 그 교회를 다녔다.[80]

해리스는 자신이 발행하는 『파운드리 팩츠Foundry Facts』를 이용해 이승만

● 1940년 중국이 대일항쟁을 벌일 때 미국에서 결성돼 미국 의회에 중국의 이익을 지키도록 청원한 압력단체.

의 주장을 선전했지만, 그 격렬한 어조와 상당히 우스꽝스러운 태도는 이승만이 전개한 로비의 선전활동을 전형적으로 보여줬다. 이승만의 80회 생일 때 그는 이승만이 "하나님을 깊이 믿어 적을 위해서도 그리스도인의 사랑으로 기도하며 (…) 그에게 [하나님은] 모든 거짓을 넘어선 실체이고, 머릿속의 모든 생각을 넘어선 동력이며 심장의 모든 고동이자 몸의 모든 호흡"이라고 평가했다.[81]

이승만의 로비 방식은 그가 1949년 11월부터 1950년 6월까지 고용한 허스트 계열 신문사 특파원 레이 리처즈의 사례에서 볼 수 있다. 이승만은 그가 허스트에서 받는 월급 외에 달마다 850달러를 주면서 "문화조사기금Cultural Research Foundation"을 거쳐 기사를 투고하게 했다. 그 대가로 리처즈는 도쿄에 있는 자신의 직책을 이용해 일본에 거주하는 "순수한 우익이며 충성스러운 한국 시민"들에게 광고활동을 펼쳤다. 그는 자신의 기사를 이승만의 사무실로 보내 대금을 받은 뒤 허스트 계열 신문에 실었다.[82]

한국 로비Korea Lobby에서 두드러지며 영향력이 컸다고 분명히 말할 수 있는 유일한 사람은 굿펠로 대령이었다. 그의 이름은 1945년부터 1950년까지, 즉 1945년 그가 직접 계획한 이승만의 귀국부터 1945~1946년 남한 단독정부 구상과 사실상 1947년 초 봉쇄 결정까지 그리고 최종적으로는 1949년 38도선 주변의 전투와 1950년 전쟁의 발발까지, 미국의 한국 정책에 중요한 변화가 일어날 때마다 거의 반드시 등장한다. 굿펠로는 "한국 로비"에서 주의 깊게 살펴볼 필요가 있는 유일한 인물이다.

1947년 초반 이후 나타난 매우 흥미로운 일은 자신이 딘 애치슨과 개인적으로 친밀하다는 굿펠로의 주장이다. 날짜는 알 수 없지만 애치슨이 국무장관에 취임한 뒤 굿펠로는 이승만에게 보낸 전보에서 이렇게 언급했다. "애치슨은 도움이 될 것입니다. 저는 1번가부터 직장까지 그와 함께 걷곤 했으며 한국에 대해 그와 이야기할 기회가 많았습니다." 또한 그는 맥스 비숍을 "나의 좋은 친구"라고 불렀다.[83] 트루먼 도서관과 예일대학에 소장된 애치슨 문서 가운데 굿펠로를 언급한 것은 없으며, 로버트 올리버는 굿펠로가 자신이 고위 인사와 가깝다는 인상을 이승만에게 주려고 늘 노력한 약간의 허풍쟁이로 생각했다. 그러나 애치슨은 자신이 1947~1948년 허버트 후버와 긴밀히 대화했으며, 굿펠로는 후버와 잘 알았다고 말했다.[84] 아울러 굿펠로의 여러 첩보망을 고려하면 그에 대한 언급을 많이 찾기는 어려울 것으로 생각된다. 아무튼 그가 윌리엄 도너번 같은 유력한 인물과 접촉했다는 것은 분명하다.

로버트 올리버는 펜실베이니아주립대학 교수로 대중 연설 관련 책을 많이 쓴 인물이었다. 한국 로비에 소속된 대부분의 인물과 달리 그는 한국에 경제적 투기를 하지 않고 법을 준수했으며, 한국을 상대로 일하는 대리인이라고 법무부에 신고했다. 그는 로비 중인 다른 인물들의 투기활동과 관련해 질문을 받으면 자신은 모른다고 말하면서도 놀라지 않았다.[85] 이승만의 활동을 전체적으로 지원하고 때로 그를 대신해 로비활동을 한 미국인으로는 공화당 계열의 영향력 있는 신문 기자 로이 하워드, 허스트 계열 신문사 특파원 리처즈, 미시간주에 있는 존슨사 계열 신문의 조지 메인스 등이 있었다.

로비스트 가운데는 이곳에서는 금광을 찾고 저곳에서는 텅스텐 계약을 체결하려는 미국의 전형적인 팽창주의자도 있었다. 이승만은 한국의 채굴권을 그들의 충성과 맞바꿔 그들이 어떻게든 워싱턴에 영향력을 행사하게 하려고 했다. 존 스태거스를 비롯해 해럴드 레이디와 측근 몇 사람이 포함된 스태거스 그룹은 자신들이 이승만과 맺은 관계에서 이익을 얻을 수 있는 한두 가지 계획에 자주 연관됐다. 그 뒤 국무부의 한 관리는 그들이 "고위층과 이리저리 접촉하는 정치인"으로 "수익 높은 한국의 몇 가지 사업에 참여해 [이승만과의] 교우관계를 이용하는 데 가장 적극적"이었다고 평가했다.[86]

해럴드 레이디는 한국에서 돈을 버는 데 다른 사람들과 비슷한 관심을 가졌지만, 그 뒤 이승만의 비공식적 미국인 고문단의 일원으로 커다란 정치적 영향력을 행사하는 지위에 올랐다. 대사관에서는 대체로 싫어했지만(무초 대사는 레이디를 특히 싫어해 그를 한국에서 쫓아내려고 했다),[87] 레이디를 비롯한 몇몇 미국인은, 국가 안에 또 다른 국가를 만든 것은 아니었지만, 미국 대사관 안에 또 다른 미국 대사관을 만들었다. 그들은 오직 이승만에게만 책임을 지고 그에게서 보수도 받으면서 정부 각료보다 더 자주 최고위층에 접근할 수 있는 특별 대우를 받았다.

1947년에 이승만은 물론 아직 대통령이 아니었다. 하지만 이승만 로비의 주요 목표는 필요하다면 국무부의 수속을 밟거나, 이승만을 최고 권력자로 만드는 데 방해가 되지 않는다는 가정하에 유엔을 거쳐, 미국이 남한 단독 정부를 되도록 빨리 승인하는 것이었다. 이런 단독정부는 통일된 한국으로 가는 첫걸음이라고 존 스태거스는 생각했다. 1946년 말 그는 "이 정부(원문 그대로)를 승인한 뒤 남한의 한국인들에게 [공산주의자의] 문제를 처리하게 하자"고 말했다. 미국은 "소련을 신경 쓰지 말고" 남한 정부를 승인해야 했다. "그런 뒤 우리는 북한 상황을 처리할 것이다."[88]

이 계획의 중심에는 1946년 12월부터 1947년 3월까지 이어진 이승만의 미국 방문이 있었다. 이승만도 자신의 위상을 만들어내던 시점이었다. 이승만은 자신의 로비스트와 측근들이 지닌 작은 영향력을 최대한 활용해 고위 관료와 접촉했다. 이승만은 로버트 패터슨 육군 장관이 자신을 이미 "한국의 대통령"으로 생각하도록 만들기까지 했다.[89] 조지 메인스는 자신이 태어난 주의 상원의원 아서 반덴버그와의 친분을 이용해, 두 당을 오가며 활동하는 이 중요한 인물의 발언을 이승만이 들을 수 있도록 했다. 해리스 목사는 반덴버그에게 편지를 써서 이승만이 허버트 후버와 헨리 루스의 지지를 받았다고 말하면서 굿펠로를 "한국의 고위 책임자"로 추천했다. 올리버·굿펠로·윌리엄스·임영신任永信(루이스 임) 등은 미국 의회 주위를 돌아다니면서 활동했다.[90]

이승만이 만난 가장 중요한 인물은 존 힐드링 장군으로 여겨지는데, 애치슨은 한국에 봉쇄 정책을 적용하는 데 그가 적임자라고 생각했다. 맥아더의 친구인 힐드링은 "이승만을 남한 국민의 예정된 지도자로 기꺼이 받아들였다". 1년 전 "정무위원회"의 제안과 마찬가지로 기본 구상은 다국적 신탁통치를 남한 단독정부로 대체하는 것이었다. 힐드링은 모스크바협정에 강력히 반대하면서 미국에 도움이 되는 유일한 길은 "고통스럽고 위험할 수도 있지만 소련을 당사국으로 인정한 최근의 합의를 폐기하는 것"이라고 주장했다. 그는 이승만의 방미를 "위대한 십자군"이라고 평가하면서 이승만과 그의 로비스트들이 펼친 "끈질기고 참을성 있는 노력"은 "관료들을 한 사람씩 개종시켰다"고 올리버에게 말했다. 각 부처의 고위 관료들이 한국 문제를 함께 숙고하는 동안 1947년 3월 22일 이승만은 힐드링과의 비밀 회담을 인용하면서 "남한의 독립은 곧 사실로 확정될 것"이라는 발언이 담긴 성명을 발표했다.[91]

그 시점부터 이승만은 미국이 남한 단독정부를 지지한다는 보장을 비밀리에 받았다고 곧잘 주장했다. 올리버는 이승만이 힐드링의 말을 잘못 해석했다고 회고했지만[92] 힐드링이 한국에 분단선을 그으려고 하던 워싱턴의 고위 관료들에게 동조한 것은 분명하다. 그의 잘못은 말하기 좋아하는 이승만에게 그것을 너무 솔직하게 털어놓은 것이라고 생각된다. 그 뒤 하지는 그들과 "얽히지 말라고" 육군성 관료들에게 촉구했다. 하지는 이승만이 워싱턴에서 관료들과 가진 회동이 "한국에서 그의 위상을 높이는 데 크게 기여했다"고 생각했다.[93]

이승만이 없던 한국에서 하지는 이승만이 워싱턴에 간청했던 쿠데타를 시도하려 했다고 생각했다. 1월에 그는 김구 세력이 이승만의 적극적인 지지를 받아 쿠데타를 계획하고 있다는 내용의 편지를 굿펠로에게 썼다. "이승만은 이곳 상황을 모르거나 미국의 노력에 맞서는 악질적인 음모를 꾸민 혐의를 품고 있습니다. 나는 후자가 맞다고 생각합니다. 김구 세력은 이승만과 동일한 주장을 펼치는 방향으로 빠르게 움직이고 있습니다. (…) 나는 이승만의 어리석은 행동 때문에 곤경에 빠졌습니다."[94]

유엔이라는 타협

현재 남아 있는 문서 다수는 한국 문제를 유엔으로 이관하기로 한 미국의 결정은, 한국의 독립과 통일 그리고 연합국이 후원하는 다국적 해결 방안에 대한 미국의 바람이 소련의 비타협적 태도 및 한 나라가 주도함으로써 분단된 한국이라는 결과를 초래하는 소련의 해결 방안에 맞선 필연적 결과로 보고 있다―그것은 1947년 2차 미소공동위원회에서도 1년 전 1차 미소공동위원회 때와 마찬가지로 분명히 나타났다.[95] 사실 미국은 2차 미소공위가 결렬되기 훨씬 전에 자신의 한국 정책에 대한 유엔의 지지를 얻으려고 노력하면서 한국을 봉쇄하는 방안을 새로 채택하기로 결정했는데, 그것은 미국의 일방적 결정이었으며 본질적으로는 남한을 방위하는 방법을 둘러싸고 국무부와 군부가 대립한 결과였다. 국제협력주의는 봉쇄를 포기했지만―이것이 표준적 해석이다―미국의 정책은 봉쇄에 국제협력주의의 옷을 입혔다.

1권에서 본 대로 이르면 1946년 3월, 이름은 알 수 없지만 중요한 정책 입안자는 한국이라는 불 속에서 미국의 밤栗을 건지는 수단으로 유엔을 떠올렸다. 한국에 봉쇄를 밀어붙여야 한다고 주장한 부처 합동 보고서를 기초한 인물들은 재개된 미소공위를 활용해 소련과 다시 한번 직접 협상하는 것을 제안했지만, 그것이 결실을 맺을 것이라고 믿어서라기보다는 소련의 방해가 "명백히 드러나기" 전까지는 한국 문제를 유엔에 회부할 수 없다고 생각했기 때문이었다. 이처럼 늦은 시점에서도 보고서를 기초한 인물들은 여전히 "신탁통치 기간"이 필요하다고 생각했다. 그렇지 않으면 "한국에서 광범한 내전과 혼란이 일어날 것"이라고 판단했기 때문이다. 그러나 이제 신탁통치라는 국제협력주의적 장치는 유엔의 권위와 보호를 청원하는 의미가 됐다.[96]

유엔이 선거를 실시하고 "남한에 과도정부"를 수립하도록 돕는 방안에 대한 조사는 1947년 4월 초에 실시됐다. 딘 러스크는 5월 초에 결과 보고서를 국무장관에게 제출했다. 2차 미소공위가 열리기 몇 주 전 이 조사는 한국 전체에 과도정부를 수립하는 문제와 관련된 소련과의 협상은 실패했다고 단언했다. 조사는 "미국이 남한에만 과도정부를 수립하는 절차를 시작하고" 그런 목표로 나아가는 선거는 "국제사회의 도움을 받아 실시함으로써 '조작된 선거'나 '괴뢰정권'이라고 비난받을 가능성을 피해야 한다"고 제안했다. 또한 "'중립적' 국가의 대표나 국민에게서 선출된 비교적 소수"의 선거 감시위원회나 감시단을 유엔의 절차를 거쳐 구성할 것을 권고했다. "공정성이라는 바람직한 분위기"를 보장하려면 유엔은 그런 위원회의 구성원을 공식적으로 추천하지 말아야 하지만, 유엔의 미국 대표는 그 위원회의 "구성이 공정하게 되도록" 선발 과정에 "비공식적 영향력을 행사하려고 할 것이다". 미국은 필요하다면 그런 위원회에 드는 "모든 비용"을 감수할 용의가 있었다. 이 정책의 목적은 "미국의 정책에 되도록 넓은 지지 여론을 확보하려는" 것이었다.[97]

제안자들은 이 문서를 비공식적이며 예비적인 자료일 뿐이라고 설명했다. 그러나 문서는 유엔을 이용해 남한만을 대상으로 한 미국의 단독적 정책에 세계 여론을 끌어오려는 목적은 물론이고, 결국 1948년 5월 치러진 선거에 대한 기본 절차까지 담고 있었다. 미국은 소련이 1차 미소공위에서 비타협적이었다고 생각했으며, 1947년 초에는 세계 어느 지역에서도 소련과는 합의할 수 있다고 기대하지 않았지만, 사안을 유엔으로 넘기려는 움직임의 실질적 속셈은 다른 데 있었다. 사실 그것은 미국의 정책 내 근본적 대립—서울의 군정청과 워싱턴의 미국 정부, 미국 정부 부처 사이의 의견 차이—을 훌륭하게 통합한 것이었다. 유엔의 보호 아래 한국 정책을 맡김으로써 국무부는 비용을 들이지 않은 채 국제협력주의의 장점을 재주장하고, 다시 말해 모스크바와 실제로 협상하지 않으면서 다국 간 공동 정책과 합리성의 인상을 얻음으로써 서울을 현상유지할 수 있었다. 미국은 봉쇄를 시행하고 그것을 국제협력주의라고 부를 수 있었다.

미국 정부 안에서 애치슨은 한국에 6억 달러를 지원하려는 계획을 지지하지 않는 군부와 의회에 맞서는 방법으로 유엔의 권위를 끌어와 한국에서 미국의 신용을 유지하려는 자신의 구상을 이룰 수 있었다. 그 뒤 그는 그 문제를 유엔으로 넘긴 까닭은 군부가 한국에서 철수하려고 서둘렀기 때문이라며 "우리는 1949년 6월 29일까지 그 문제를 미뤘다"고 언급했다. 1947년 한여름에 육군성도 한국을 둘러싼 부처 사이의 분쟁을 해결하는 데 있어 유엔이 지닌 장점을 깨달았다. 그 문제가 유엔에 제출되면 "미국은 소련이 한반도 전체를 지배하는 것을 막는 동시에 방어가 급속히 어려워지는 지역에서 철수할 수 있다"고 생각한 것이다.[98] 군부는 새 정책에 계속 강력히 반대했지만, 유엔이라는 타협안은 한국 관련 대규모 계획에 의회가 자금 투입을 반대하는 상황에 따라 따를 수밖에 없게 됐다. 그 결과 문제를 유엔으로 이관한 것은 철수를 늦추는 수단이자 일종의 집단적 안전보장이라는 저렴한 비용으로 봉쇄를 추구하는 방법이 됐다.

이 정책을 최종 승인한 여러 기본 문서는 전통적 관료 조직의 "B안"이 그 뒤 2년 동안 미국의 정책을 지배했음을 보여준다. 완전히 철수해 손실을 없애거나(A안) 거대한 계획과 남한의 안전을 직접적이며 공개적으로 보장하는 방안 모두를 단호하게 추진하는(C안) 대신, 당시 한국에 주둔하고 있던 부대를 유지하는 중간적 방법과 좀더 온건한 정치·경제적 계획에 대체로 동의하는 타협안이 됐다. 이는 1949년 철수가 시작될 때까지 정책을 지배한 국가안보회의 문서NSC 8에서도 유지됐다.[99]

유엔에서 승인한다는 확약을 받은 것은 "소련 정부가 결과적으로 수립된 정부를 상대로, 이를테면 남한을 침략하는 등의 적극적 행동을 하지 않을 것이라는 의미였다. 소련이 그 정도까지 유엔을 무시하지는 않을 것이기 때문"이라고 존 앨리슨●은 영국에 말했다. 그러나 영국은 유엔에 이관한 조치가 봉쇄라는 전체적인 정책 안에서 미국의 군사력이 지닌 한계를 보완한 것이라는 사실을 파악하지 못했다. 영국 외무부의 F. S. 톰린슨은 웨더마이어 장군이 미국 군부는 한국에 대한 입장을 유지하기가 어렵다고 영국에 "극비로" 털어놓았음을 들은 뒤 이는 "유엔에 이관하기로 한 미국 정책이 (…) 정치적 윤리를 빼놓은 채 전략적 현실에 따라 근본적으로 좌우됐음을 보여주는" 것이라고 즉시 결론지었다. 그러나 그가 웨더마이어의 정보에서 미국이 본심을 숨기고 있다고 추론한 것은 잘못이었다. 그는 "그들이 자식 같은 한국을 필연적으로 공산화될 수밖에 없는 상황에 일부러 방치하고 있다"고 생각했다.[100]

그러나 유엔을 이용한 정책의 배후에 단독주의가 있다고 말한 톰린슨의 지적은 옳았다. 첫째, 그 정책은 결국 모스크바협정을 폐기했다. 물론 그 협정은 1946년 초에 사실상 폐기됐지만 1947년에도 모스크바에서 협상이 계

● John Allison. 국무부 극동국 동북아시아 과장.

속됐으며 미국은 겉으로는 계속 참여하고 있었다. 둘째, 국무부의 데이비드 마크가 그 뒤 언급한 대로, 미국은 모스크바협정뿐 아니라 4대국 신탁통치에 당연하게 여겨진 영국과 중국의 참여도—"그들에게 미리 동의를 받지 않은 채"—"기각했다"(미국은 모스크바협정을 체결하기 전에도 그들과 상의한 적이 없었다).[101] 셋째, 미국의 정책 입안자들은 모스크바협정이 남한에 정부를 수립하는 과정에서 준수하도록 규정한 절차를 일방적으로 종결했다. 이처럼 한국 문제를 유엔에 상정하기로 한 결정은 미국 정부의 정책을 승인한 것이며, 앞서 본 대로 결과적으로 그것은 해방으로 거슬러 올라간 때부터 전개된 미 점령군의 봉쇄 정책을 소급해 승인한 것이었다.

1947년 한국은 소외된 후진국으로 남겨지기는커녕 트루먼독트린의 전범이 되는 새로운 정책의 실제 사례가 됐다. 워런 코언이 지적한 대로 "트루먼독트린을 겨냥한 가장 격렬한 비판은 정부가 유엔을 이용하는 데 실패한 것에 집중됐다". 그리스 문제와 관련해 딘 러스크는 유엔에 의지하라고 애치슨에게 강력히 권고하면서 유엔이 "간접적 공격(곧 내전)을 예방하거나 중단시키는" 도구가 되기를 바랐다. 아서 반덴버그도 비슷하게 1947년 봄의 위기에서 유엔과 상의하고 이용하는 데 실패한 것은 "엄청난 실수"라고 봤다. 코언은 애치슨과 케넌이 "대체로 유엔을 업신여겼다"라고 썼는데, 그것은 사실이었다.[102] 그러나 애치슨이 유엔을 업신여긴 것은 부분적인 것뿐이었다. 그리스·튀르키예와 관련해 그는 유엔이 필요하지 않다고 생각했는데, 군부와 의견이 일치하고 의회도 자금을 제공했기 때문이다. 한국의 경우는 군부와 의회가 그런 기능을 하지 않았기에 유엔이 필요했다.

미국의 생각에 따라 유엔을 이용한 결과 도출될 정부 형태는 하지 장군의 솔직한 상상에서 볼 수 있다. 첫째, 그는 유엔이 통일된 정부가 아니라 남한에만 정부를 수립할 것이라고 정확하게 간파했다. 다음으로 그는 좌익이 선거를 거부할 것이며, 그로 인해 이승만과 그 지지 세력이 "새 의회에서 다수를 차지할 것"이라고 예측했다. 그런 뒤에는 "우리(소련은 말할 것도 없고) 지역에도 반동적 파시스트 정부라고 부를 만한 체제가 수립될 것이며 이는 불가능하지는 않지만 다루기 매우 어려울 것"이라고 판단했다. 그 결과 "전쟁의 결과로만 남북한의 통일이 가능할 것"이라고 그는 생각했다. 선거가 치러지기 반년 전에 하지가 말한 것은 모두 실현됐다.[103]

2차 미소공동위원회

워싱턴의 새 정책이 사실상 완료된 뒤 4월 8일 마셜은 소련에 편지를 보내 미소공위를 다시 열자고 요청했다. 2차 협상은 1946년 1차 협상을 되풀이 했을 뿐이었다. 소련은 모스크바협정을 지지하지 않는 정당과 대화하기를 거부하면서 사실상 남·북한의 좌익 정당과 단체를 협상에 참가시키라고 요구했다. 반면 미국은 모스크바협정에 반대하는 정당을 협상에 포함시키고 주요한 좌익 대중 조직(모두 모스크바협정을 지지했다)을 배제해야 한다고 주장했다. 소련은 자신들이 모스크바협정을 "이행하지 않는 방법"에 대해 우익과 협상해야 하는 까닭을 물었고, 미국은 이것을 언론의 자유 문제로 해석해야 한다면서 어떤 단체도 빠짐없이 협상에 참여시켜야 한다고 말했다. 1947년 9월 주한 미군 정보부는 2년에 걸친 공동위원회의 최종 결과는 "전혀 없다"고 판단했으며, 하지는 방한한 미국 의원단에게 자신은 미소공위가 끝나기를 "정말 고대하고 있는데" 그것은 소련이 파괴활동을 자행하는 요원을 서울에 계속 남겨둘 수 있는 구실을 주는 것 빼고는 아무것도 이루지 못했기 때문이라고 말했다. 9월 5일 회의에서 양쪽은 합의에 이를 수 없다고 인정하고 정기적 회담을 중단했다. 마침내 10월 22일 소련은 평양으로 돌아갔고 다시는 돌아오지 않았다.[104]

좌익과 우익의 전술과 역학관계 또한 1946년의 상황을 반복했다. 6월 하순 우익은 모스크바협정에 반대하는 대규모 시위를 조직했지만 거의 지지받지 못했다. 그러자 우익은 여러 분파로 갈라졌는데, 그 일부는 미소공위와 대화할 용의가 있었고 일부는 그렇지 않았다. 그러는 동안 우익 청년들은 트럭에 나눠 타고 거리를 질주하면서 소련을 비난하거나 차를 세운 뒤 소련 사무소에 돌을 던지기도 했다. 미국 정보기관에 따르면 그들은 대부분 북한에서 내려온 피란민이었다. 425개 정도의 "정당"이 미소공위에 등록했는데, 그 당원은 모두 6200만 명으로 남한 인구의 4배 정도였다. 그런데도 미국 대표는 모든 정당과 대화하지 않는 것은 언론의 자유를 부정하는 행위라고 주장했다. 한편 미국 내부 보고서에서는 우익 정당은 "기반이 불안한" 반면 좌익 정당은 "대부분 한국 사회의 기층까지 잘 조직돼 있다"고 파악했다. 좌익은 한국의 모든 계급에 적용할 수 있는 계획과 호소력을 가졌지만, 우익은 "하층계급의 꿈을 이뤄주겠다고 약속하지 않았기 때문에 그들의 호응을 얻는 데 완전히 실패했다". 김구는 이승만에게 거의 밀려났지만, 이승만이 계속 비타협적인 태도를 고수한 결과 좌익이 주도권을 잡게 됐다. "다른 어떤 사람들보다 [이승만은] 공산주의자 세력을 키워줬다. 그는 미소공위와 협력하자는 사람을 모두 공산주의자로 규정했으며" 이것은 민주주의민족전선을 "[남]한에서 가장 강력한 유일 단체"로 만드는 결과를 빚었다. 1947년 6월 하순 미국 정보기관은 "남한에서 좌익의 힘이 계속 커지고 있다"고 평가했다.[105]

미소공위가 결렬되기 직전 국무차관 로버트 러벳은 몰로토프에게 편지를 보내 한국 문제를 풀기 위한 4대국 회의를 제안했는데,[106] 미국 정부에서는 소련이 이를 수락하리라고 기대하지 않았다. 그것은 그 문제를 유엔으로 이관하는 마지막 전주곡이었을 뿐이었다. 미국은 소련의 회신에 대비하지 않았다. 9월 26일 소련은 한국에서 모든 외국군이 즉시 철수하자고 요구했다. 기록이 남아 있지 않아 소련이 어떤 생각을 품었는지 알기는 어렵다. 이르면 1946년 10월, 소련의 정치고문 게라심 발라사노프는 아서 번스에게 "소련 정부는 미군과 소련군 모두 한국에서 철수하기를 매우 바라고 있다"고 말했다. 미국 정부는 곧 발라사노프의 발언을 널리 논의했고, 힐드링은 미국도 전적으로 동의하며 "우리의 짐을 운반하겠다"고 제안했다. 1947년 7월 한국 전문가이자 소련 대표인 I. A. 샤브신은 미국 해군 장교에게 소련과 미국은 철수에 합의해 한국에서 손을 씻어야 한다고 말했는데, 소련만 철수한다면 북한은 "남한으로 쳐들어가 당신들을 죽일 것"이라고 언급했다고 한다.[107] 1권에서 논의한 대로 이런 발언은 소련의 세계 정책에서 한국의 우선순위는 낮았다는 증거들과, 강대국들이 약소국들의 운명을 결정해 약소국이 평화를 어지럽히지 못하게 하려는 전형적인 소련의 생각과 맞아떨어졌다.

미국은 한국 문제를 유엔으로 이관할 계획이라고 이미 밝혔기 때문에 소련은 대담한 방법으로 그것을 피하려고 시도할 수밖에 없었다. 소련은 미국 정부의 관료들이 서로 대립하는 것을 알고 있었으며, 자신들의 제안이 미국의 결정을 철수 쪽으로 돌릴 수도 있다고 생각했다. 돌이켜보면 이것은 한국에 두 체제가 공식적으로 수립되기 전 소련과 미국의 일부 관료가 주장한 정책을 채택할 수 있는 마지막 기회였다. 그러나 1945년 12월 미국 정부의 국제협력주의자와 소련은 한국 관련 합의를 도출한 반면 군부는 철수를 바랐고, 국제협력주의자들은 봉쇄의 옹호자로 변모했다. 아울러 미소공위에 참석한 시티코프는 소련의 제안을 공개적으로 설명하면서 해방 이후 발생한 남한 정치의 주요 쟁점을 강조했는데, 그것은 소련과 미국이 결코 합의에 이를 수 없는 문제들이었다. "한국인은 인민위원회·중앙인민위원회·인민공화국을 [외국군이 진주하기 전] 스스로 수립했으며 [시티코프 자신은] 이런 위원회들이 남한의 정치·경제·민생 문제에 참여하도록 허락하지 않는 미국의 조치를 비난한다."[108] 그 결과 합의는 이룰 수 없었지만, 소련은 미국의 허를 찔렀으며 미국이 한국 문제를 유엔의 안건으로 상정하기 직전 선전宣傳에서 승리를 거둘 수 있었다.[109]

유엔과 1948년 선거

10월 17일 미국은 한국 전역을 대표하는 의회를 구성할 선거를 감시하는 위원회를 설치하라고 유엔에 요청했다. 이 의회가 선출되면 새로운 정부가 수립될 것이며, 그런 뒤 그 정부는 외국군의 철수를 협상할 것이었다—이것은 즉각 철수를 요구한 소련에 대한 무언의 대답이었다. 딘 러스크는 유엔에서 한국 문제를 다루고 공화당의 탁월한 외교관 존 포스터 덜레스를 미국 대표로 임명하는 데 핵심적 역할을 했다.[110] 한국 문제는 경험이 풍부한 법률가인 덜레스에 의해 고상하고 모호한 분위기 속에서 다뤄졌지만, 한국의 현실은 사라졌다. 이 나라는 폴란드나 독일 문제와 마찬가지로 소련과 불화를 일으키는 또 다른 사안이 됐을 뿐이다.

물론 덜레스는 늘 합법과 도덕을 존중하는 인물이었지만 아시아와 관련해 그 합법성은 서구적 의미를 띠었고 도덕성은 간섭의 뜻을 지녔다. 1907년 젊은 덜레스는 헤이그 회의에 비서로 참석했는데, 거기서 한 한국인 애국자는 자기 나라의 독립을 안건으로 상정하지 못하게 되자 자결했다. 덜레스는 청일전쟁을 종식시키고 한국 문제의 우선권을 일본에게 준 시모노세키조약 협상에 참여한 자신의 할아버지 존 W. 포스터의 활동을 소중하게 기억했다(『크리스천 사이언스 모니터』는 그의 할아버지가 일본과 중국 대표단을 중재하면서 "그들이 조약을 체결하도록 주도했다"고 보도했다. 그러나 손자는 그 모습에서 미국의 공정함과 정의를 봤다).[111] 어두운 분위기를 띠었고 그다지 "매력적"이지는 않았지만[112] 미국에서 가장 영향력 있는 국제적 법률가 중 한 사람이었던 포스터 덜레스는, 적어도 대한민국을 건국한 일부 남한 인물들이 보기에는, 자신이 맡은 안건을 유엔에 상정해 잘 처리하는 수완을 보여줬다.

소련의 유엔 대표는 안드레이 비신스키였다 —그 또한 기획력이 뛰어났으며, 1930년대 후반에 자행된 공개재판에서 옛 볼셰비키에게 악의에 찬 비판을 받고 스탈린주의자로 돌아선 인물이었다. 그는 모스크바협정이 여전히 유효하며 한쪽이 일방적으로 폐기할 수 없다는 소련의 통상적 주장을 폈다(1947년 10월 그는 4대국 회의가 유엔보다 나은 자리가 될 것이라고 말했으며, 그것은 앞서 미국이 한국 문제와 관련해 4대국 회의를 제안한 것에 대한 흥미로운 설명이지만, 미국은 그의 방안을 추진하지 않았다). 중국 국민정부도 모스크바협정을 폐기해서는 안 된다고 생각했는데, 그 협정이 한국의 운명을 결정할 수 있는 역할을 중국에 부여한다고 판단했기 때문으로 보인다.[113]

유엔은 미국이 장악하고 있었기 때문에 미국에게는 좀더 유리한 무대였다. 미국은 4대국 회의에서 소련뿐 아니라 영국이나 중국 국민정부와의 관계에서도 어려움을 겪을 수 있었지만, 유엔에는 미국에 의존하는 나라가 많았기 때문에 다국적 공동 정책과 국제협력주의라는 인상을 이들에게 줄 수 있었다. 셜리 해저드는 이렇게 말했다.

유엔에서 미국이 지역뿐 아니라 전 세계에 거의 무한한 힘을 행사한 분야는 금융이었다. 미국인은 수적으로도 많았고, 유엔의 여러 이사회에서 늘 다수파를 지휘했다. 유엔이 뉴욕에 자리 잡았고 미국이 구상한 틀에 따라 만들어 졌다는 측면에서 심리적 영향도 있었다. 그리고 윤리적 측면도 있었다고 생각 되는데, 당시 미국은 안정과 번영과 자애로 가득 찬 민주주의적 활력의 중심 으로 여겨졌다.

1972년 윌리엄 풀브라이트 상원의원은 "대도시의 유력자가 자기 당의 기관 을 지배하는 것처럼 우리는 오랫동안 견고하고 쉽게 유엔을 지배해왔기 때 문에 유엔이 우리 의지를 실행하는 장소라는 생각에 익숙해졌다"라고 언급 했다.[114] 이르면 1947년 3월 유엔 직원들은 유엔의 업무 처리는 미국의 지 시를 따라야 한다는 "암묵적 합의"에 반감을 나타냈다. 1949년 트뤼그베 리 사무총장은 유엔에서 근무할 미국인을 미국 정보 요원이 심사하도록 국무 부와 비밀리에 합의했다. 미국 정부는 곧 유엔 직원 대부분의 채용과 승진 에 대한 결정을 비밀리에 관장했다.[115] 그러나 유엔은 세계 여러 지역에서 미 국 군사력의 보장을 받아 집단 안보를 수행하면서 그에 상응하는 도덕적 권 위를 수반하는 조직이었다.

유엔에 상정하기로 결정되자 남한의 "우익은 크게 환영했다". 이제 이승만 은 미국과 유엔 모두 자신의 계획을 후원할 것으로 기대했다. 그는 자신의 측근인 임병직과 임영신(루이스 임)을 유엔으로 파견했는데, 그들의 "공식 신 임장"은 오랫동안 없어져버린 조직으로 여겨지던 대표민주의원에서 발부됐 다. 당시 임영신은 군정청이 자신을 유엔 파견 공식 대표로 승인했다고 주장 했다.[116]

1947년 11월 13일 유엔은 유엔 한국임시위원단UNTCOK의 설립을 승인 했다. 위원단 대표를 보낸 나라는 중국 국민정부·캐나다·호주·필리핀·프랑스·인도·엘살바도르·시리아였는데, 인도와 시리아를 빼고는 모두 미국의 동맹국이었으며, 인도는 이미 상당한 금액의 원조를 미국에서 받고 있었다. 김일성은 대표들이 미국의 "주구走狗"가 될 것이라고 확언하고, 중국 대표들에 대해서는 현재 "바람 앞에 깜박이는 등불" 같은 정부의 구성원일 뿐이라고 혹평했다.[117] 아마 그랬긴 했겠지만, 그 불꽃은 유엔에서 여전히 밝게 타오르고 있었다.

유엔 사무차장보와 유엔 한국임시위원단 사무국장은 국민정부에서 외무부 부장관을 지낸 빅터 후(후스쩌胡世澤)였으며[118] 그 밖에 위원단 사무국 요원 7명 가운데 2명이 중국인이었다. 영국 외무부 당국자는 빅터 후가 "임시위원단의 막후에서 끊임없이 개입하고 있는데 그가 그것을 임무 수행이라고 확신하는 것은 주목할 만하다"면서 "빅터 후와 이승만, 국민당 대표 웰링턴 구가 "복잡한" 책략을 꾸미고 있다고 보고했다. 한국임시위원단의 호주 대표는 서울의 미군 사령부가 빅터 후를 "한국 지도자와의 연락책"으로 이용하고 있으며 그가 "이승만·김구·김규식과 [단독] 선거에 관한 은밀한 계획"을 공유하고 있다고 단언했다. 임시위원단의 중국 국민정부 대표는 류위안劉馭萬으로 1950년 6월까지 그 직위를 유지했고 서울 총영사를 역임했는데, 그는 1948년 국민정부가 임시위원단에서 진정한 "지도적 영향력"을 갖고 있다는 것을 자신의 한국 지인들에게 확신시키려고 노력했다. 그는 장제스의 후배로 우익 청년 조직의 지도자인 이범석과 함께 자주 한국인을 만났다.[119]

임시위원단 대표들은 새해 직후 서울에 도착했다. 피터 로는 그 상황을 적절히 서술했다.

> [한국임시위원단은] 거센 도전에 부딪혔다. 유엔에 가입한 국가의 상당수는 위원단의 존재에 반대했다. 남한의 지배적 정치 세력은 이 위원단을, 남한에 국가를 수립하는 데 국제사회에서 체면을 지키게 해주는 존재라고 여겼다. 북한은 위원단을 도울 생각이 전혀 없었고 미국은 위원단이 제 임무를 신속히 완수하고 곤란한 질문에는 대답하지 말아야 한다고 생각했다.[120]

대부분의 내부 문서는 다수의 한국 정치 세력이 임시위원단과 그것이 감시하는 선거를 지지하고 있다는 통설을 뒷받침하지 않는다. 영국 자료에 따르면, "극우 세력만 임시위원단을 환영하고" 온건한 우익과 중도 세력은 "불안해하고 있으며" 그 나머지는 모두 반대했다. 1947년 후반 CIA는 "우익 지도자들이 독재적 지배권에 너무 집착하기 때문에 만약 그들이 권력을 잡으면" 온건파는 "좌익 진영에 가담할" 수도 있다고 예측했다.[121] 선거 전에 온건파가 좌익에 가담한다는 것을 제외하면, 이는 사실로 드러났다. 1948년 1월 14일 조병옥은 유엔 한국임시위원단의 공식 환영 행사를 주관했다. 경무부장警務部長이었던 그가 1945년 10월 미군 환영 행사를 조직했다는 사실을 기억할 것이다. 조병옥은 연설에서 북한과 소련을 거칠게 비난하면서 필요하다면 남한에서만 선거를 치러야 한다고 주장했다. 빅터 후는 위원단 구성원이 그 행사에 반드시 참석하도록 했는데, 영국 대표는 그의 그런 행동을 보고 그가 조병옥과 협력하고 있다고 추측했다.

많은 대표는 자신의 임무에 불만을 가졌는데, 대부분 보상은 없이 힘들기만 하고 자율권이 거의 없었기 때문이다. 또한 그들은 한국에 불쾌감을 품었다. 호주의 잭슨 대표는 한 미국인에게 이렇게 말했다. "나는 이곳에 머무르고 싶지 않습니다. 한국도, 한국인도, 서울도, 이곳 음식도 싫습니다." 코스타리카 대표는 곧 "식사를 제대로 하지 못해 고국을 그리워하게 됐다". 시리아 대표는 유감스럽게도 알코올중독자여서 회의 내내 졸았다. 그에 대해서는 이승만의 측근인 유명한 모윤숙과 친밀하다는 소문이 돌았다. 1946년까지 미국의 식민지였던 필리핀의 대표 멜레시오 아란즈는 서울로 오던 길에 전 필리핀 사령관이었던 맥아더를 만났는데 그가 자신과 한국 문제에 같은 의견을 갖고 있다고 기자들에게 말했다. 그는 뚱뚱하고 허풍스럽고 오만한 인물로 어리석고 엉뚱한 발언을 하곤 했다. 코를 심하게 골아서 프랑스 대표는 그와 따로 떨어진 숙소를 요청하기도 했다.[122]

임시위원단의 구성은 상당히 편향돼 점령군 사령부의 지시를 받아 미국의 지시를 군소리 없이 따를 것으로 기대됐지만, 그들 대부분은 자신들이 한국에서 본 것을 좋아하지 않았다. 이를테면 그들은 국가선거위원회의 최초 구성원 15명이 한국민주당원이거나 김성수의 측근이라는 사실을 곧 발견했다. 새로 추천된 인물이 들어와도 그들은 늘 "보수파"나 "우익"으로 분류될 수 있었다. 미국 내부 문서에 따르면 위원회 구성원은 한 명을 빼고는 모두 우익이었다. 그 한 명이 강기덕이었다. 그는 3·1독립선언문에 서명한, 북한 출신의 "옛 좌익"이었다. 5월 선거가 공정하게 치러지는지 평가하기 위해 설립된 선거심사위원회는 5명으로 구성됐는데, 장면·김용무·김찬영을 포함해 모두 한민당원이었다. 뒤의 두 사람은 앞서 군정청이 법원 고위직에 임명한 인물이었다.[123]

국가선거위원회는 예정된 선거에 출마한 후보들의 적격성을 판단했다. 그 결과 김해에서 출마한 박재홍이라는 인물의 입후보 자격을 박탈했다. 1944년에 그가 일본인은 제외하고 "한국인만 강제 노역에 징발하는" 것은 부당하다고 지방 경찰에게 항의했다가 일제가 만든 "국가총동원법"을 위반했다는 죄목으로 18개월형을 선고받았는데 그 형기를 모두 마치지 않았다는 이유였다. 위원회는 그가 "정치범"이 아니므로 투옥된 사실이 있어 출마할 자격을 박탈하는 것은 타당하다고 판결했다.[124]

유엔 한국임시위원단이 서울에 도착했을 때 미국 국무부 대표 조지프 제이컵스는 미국이 임시위원단의 심의에 어떤 방식으로든 영향을 미치려는 의사가 없다고 언론에 말했다. 그러나 유엔 한국임시위원단은 시설·통신·교통을 미 점령군에게 완전히 의존했다. 미 점령군은 대표단을 보호하고 회유하는 데 온 힘을 기울였으며, 휘하의 모든 조직과 수단을 이용해 자유롭고 공정하게 "감시된" 선거를 선전·지지·후원했다. 앞서 미소공위와 마찬가지로 대표단은 서울에서 오랜 시간을 머무르면서 다양한 정치 세력의 증언을 들었다. 대표단이 지방을 순회할 때는 미국과 한국 관료들이 세심하게 안내했다. 그 밖의 "감시원들"은 임시위원단 감시단을 미행하면서 그들이 어떻게 행동하고 무엇을 봤으며 어떤 태도를 드러냈는지 미 점령군 사령부에 날마다 보고했다. 군정청 경무부는 한국인들이 임시위원단에 보내는 편지를 검열했다.[125]

미 군정청 핵심 관료로 임시위원단을 맡고 있던 존 웨컬링 준장은 대표들을 위협하기도 하고 로비를 하기도 했다. 임시위원단은 자유로운 분위기 아래서만 선거를 감시할 수 있다는 내용의 발언을 시리아 대표가 했다는 사실을 알게 되자 그는 그 대표에게 다가가 물었다. "[한국의 상황이] 자유롭지 않다는 말을 계속 들어왔습니까?" "귀하는 완전히 성실한 태도로 이 임무를 수행하고 있습니까, 아니면 선거 감시활동을 방해하려는 의도를 갖고 있습니까?" 시리아 대표인 야신 무기르는 자신이 그런 지시를 받지 않았으며 팔레스타인 문제와 관련해 미국의 태도에 불만을 품고 보복할 생각은 없다고 대답했다. 윌리엄 F. 딘 장군은 3월 5일 위원단에 참석했다가 경무부와 청년 단체에 대한 사항 그리고 자유로운 분위기가 조성될 수 있겠느냐는 날카로운 질문을 받자 격노하면서, 임시위원단이 미 점령군의 문제에 간섭한다고 비난했다―임시위원단의 임무가 당시 한국의 정치 상황을 살펴보는 것이었음을 생각하면 흥미로운 발언이다. 그러나 프랑스 대표 대리는 딘이 분노한 것은 "어리석었다"고 웨컬링에게 털어놓았다. "우리는 경찰 개혁을 주장하거나 (…) 경찰 관료의 해임을 전혀 요구하지 않을 것입니다. (…) 현재 모든 것은 미국에 매우 우호적입니다. 딘 장군은 그것을 깨달아야 하며, 그런 상황을 자의적으로 이용해서는 안 될 것입니다."126

또한 미 점령군은 임시위원단에 중요한 정보를 주지 않았다. 이를테면 웨컬링은 4월 말 현재 임시위원단의 선거 등록 통계에는 유권자의 95.9퍼센트가 등록돼 있다고 하지에게 보고했다. 그러나 이 수치는 이미 낡은 1946년의 인구 자료에 따른 것이었으며 실제로는 80퍼센트를 밑돌았다. 하지만 그는 이런 사실을 임시위원단에 알리는 것은 "현명하지 않다"고 여겼다.127

2월 초 호주·캐나다·인도 대표는 남한에서만 선거를 감시할 수 있으므로 자신들의 임무를 수행할 수 없다고 결론내렸다. 그들은 이런 판단을 잠정위원회에 보고하고 지시를 기다렸다(잠정위원회는 유엔 총회가 열리지 않을 때 개최됐다). 그런데도 2월 26일 잠정위원회는 남한에서만 선거를 실시하도록 승인했다.128

그 뒤 대표들은 남한의 정치 구조를 개혁하는 결의안을 논의하고 경무부를 다시 교육시킬 것과 우익 청년 단체를 선거 과정에서 배제할 것 등을 요구했다. 3월 10일 호주 대표 S. H. 잭슨은 사실상 임시위원단의 기능과 선거의 유효성을 부정하는 결의안을 썼다. 그는 그 문서에서 "현재 선거는 하나의 정당, 곧 한민당이 관리하고 있는 것으로 보이고" 남한과 북한 모두 선거를 치르기에는 적합하지 않은 상황이며, 유엔 총회를 남한 단독선거에 "책임을 지는 위치로 끌어들여서는 안 된다"고 말했다. 그는 임시위원단이 한국을 떠나 이런 사실을 유엔에 보고한 뒤 1948년에 상황을 다시 살펴보는 방안을 추천했다. 이튿날 패터슨도 그 결의안을 지지했다(다음은 요약). "확보할 수 있는 모든 증거로 볼 때 한국 국민 절대다수는 이 박사의 의지에도 불구하고 이런 단독적 절차에 반대하고 있습니다. (…) 인류의 희망을 간직한 기관인 유엔의 권위가 도덕과 기초적 원칙이 결여된 암초에 무너지지 않게 합시다." 물론 그 결의안은 채택되지 않았다.[129]

당시 임시위원단의 어떤 대표가 군정청의 정책을 비판했다면 그는 좌익이나 공산주의자로 간주됐을 것이다. 패터슨은 웨컬링에게 말했다. "한국 문제는 유엔이 관여할 사항이 아니며, [미국과 소련만이] 결정할 수 있는 상황입니다. 유엔은 여기서 할 일이 없습니다." 웨컬링은 패터슨의 이 발언이 "미국의 헨리 월리스와 남조선노동당의 핵심 요소를 모두 갖췄다"고 생각했다. 무력한 야신 무기르가 경찰과 청년 단체의 개혁을 요구하자 웨컬링은 그를 공산주의자로 의심했다. 프랑스 대표는 잭슨이 소련의 이익을 위해 일하고 있으며 그의 결의안은 아무런 의미도 없다고 웨컬링에게 말했다. 하지에게는 여전히 자신이 하고자 하는 일을 자유롭게 할 수 있는 재량이 있었다. 이런 생각의 일부는 워싱턴에 퍼졌고, 육군장관 케네스 로열은 호주와 캐나다 대표를 "가장 협조하지 않으며 뚜렷한 좌경적 성향을 지녔다"고 묘사했다.[130]

프랑스 대표 대리 올리비에 마네는 경험이 풍부한 인물로 좌익은 절대 아니었으며, 자신의 임무를 쾌활하지만 냉소적인 태도로 처리했다. 웨컬링은 그가 미국의 입장에 "대단히" 우호적이라고 생각했다. 3월 8일 마네는 그에게 확언했다. "우익은 강력한 반공 국가를 수립할 것입니다. 이것은 미국에 가장 좋으며, 장기적으로는 한국에 가장 좋을 것입니다. 한국에 자유주의적 생각을 심으면 그 몰락을 앞당길 뿐입니다." 그는 한국판 권리장전의 문제는 임시위원단의 심의를 받게 됐지만 "군정청이 처리하도록 맡기는 것이" 가장 좋다고 생각했다. 그러나 그는 미 점령군이 기본적 자유를 일정하게 증진시킴으로써 자신이 "[자유로운] 분위기가 존재한다는 것을 유엔 총회에 보여줄 수 있는 증거를" 가지고 총회가 열리는 파리로 돌아갈 수 있기를 바랐다. 마네는 임시위원단의 활동을 웨컬링에게 성실히 보고했고 부산을 방문한 뒤에는 오가는 과정에서 그에게 "반대파가 아무도 없었다"고 말했다. 대표단은 "아무 어려움도 겪지 않았으며 무기르조차 (…) 우리 편과 가까워졌다"고 마네는 말했다.[131]

임시위원단 감시단의 규모는 외국의 감시 아래 선거를 치른 이전의 사례들과 견주면 아주 작았다. 1936년 자르Saar●의 경우 2000여 명의 감시단이 참가했다. 피터 로가 지적한 대로 그와 달리 한국의 선거 감시단은 "매우 형식적인 성격"을 지녀야 했다.[132] 임시위원단 구성원들은 보호를 받으면서 지방을 신속히 순회해 선거 절차를 점검했다. 그들은 대부분 자신들이 본 사태를 탐탁해하지 않았다. 임시위원단 사무국장 보좌관 J. F. 엥거스는 인천을 방문해 선거 준비 상황을 살펴본 뒤 "몹시 좋지 않은 인상을 받았다"고 밝혔다. 그가 만난 후보 18명 가운데 16명은 우익이라고 스스로 밝혔다. 그가 이런 사실을 군정청 법률고문 에른스트 프렝켈에게 말하자 프렝켈은 그런 결과를 얻기 위해 시민들에게 "압력"을 행사한 사람이 있다는 증거를 갖고 있느냐고 그에게 물었다. 그 전에는 인천에 가본 적이 없던 엥거스는 당연히 그런 증거는 없다고 말했다(프렝켈은 자신이 본 내부 보고에 대해서는 말하지 않았는데, 엥거스가 그 자료를 봤더라면 그런 증거를 찾을 수 있었을지도 모른다).[133]

임시위원단 대표단을 전라도로 안내했던 한 미국인은 몇 년 뒤 면담에서 호주와 캐나다 대표를 "공산주의자"라고 불렀다. 그는 그들이 자신에게 몇 가지 날카로운 질문을 던졌지만 "일부러 잘못된 정보를 알려줬다"고 회고했다. 그는 비꼬는 태도 없이, 대표단이 "한국 국민이나 상황을 실제로 보고 듣고 배웠다"고 생각하지는 않았다고 말했다.[134]

● 독일 서남부의 주州로 1935년 독일 귀속을 결정하는 주민투표가 치러졌다.

다른 대표 몇 명과 대구·경주·부산을 돌아본 뒤 올리비에 마네는 함께 간 사람은 모두 "중립적 태도나 친미적 성향을 지니고 있었다"고 웨컬링에게 보고했다. 함께 간 기자에 따르면, 그가 경주에 도착하자 이승만을 추종하는 관료들이 그를 수행하면서 옛 신라의 수도를 안내하고 석굴암 근처의 유명한 숙소에—술자리를 차리고 기생도 불렀다—묵게 했다.

그렇게 환대받았지만 마네는 자신들이 만난 한국인은 "거짓말을 하고 무엇인가 감추려 애쓰는 것처럼 보였다"고 웨컬링에게 말했다. "그들은 당국이 바라는 대답을 하도록" 철저히 교육받은 것 같다고 그는 생각했다. 응답한 한국인들이 받은 압력은 테러나 배급 도장을 찍어주지 않는 것 등이 아니라 주로 "사회적"인 것이었다고 마네는 말했다. "선거인 명부에 등록하지 않으면 공산주의자로 간주되며 이 때문에 나중에 자신에게 무슨 일이 일어날 것이라고 모두들 생각했다."

마네는 웨컬링에게 한민당은 "조직을 가진 유일한 [정당이며] (…) 온건파나 좌익이 출마하더라도 결과는 달라지지 않을 것입니다. (…) 그래도 한민당이 이길 것입니다. (…) 김구를 지지하는 사람은 찾기 어려웠습니다. 김규식도 마찬가지였습니다"라고 말했다. 마네가 인정한 대로 대표들은 되도록 빨리 한국을 떠나고 싶어했기 때문에 이것은 모두 큰 의미가 없는 문제였다. 그래서 그는 웨컬링에게 말했다. "당신은 당신이 책임지고 있는 유엔에게 선거를 감시하게 하십시오. 당신은 그렇게 선출된 대표들에게 정부를 구성하게 할 수 있습니다." 그리고 그때부터 사안은 파리 유엔 총회로 넘겨질 것이었다.[135]

사안은 실제로 그렇게 진행됐다. 선거는 치러졌고, 유엔이 승인했으며, 애치슨은 트루먼독트린에 입각한 한국 봉쇄의 첫 경기에서 승리했다.

3장

반격과 민족주의

세계의 수많은 나라 — 아, 그것이 문제다.

_프랭클린 D. 루스벨트, 1936년

나는 당신의 일본과 한국, 중국의 한 도시, 마닐라, 방콕, 인도를 특히 보고 싶습니다. 유럽의 혼란은 보고 싶지 않습니다.

_로버트 R. 매코믹이 맥아더에게 보낸 편지, 1947년

"트루먼-맥아더 논쟁"은 전시의 지휘 계통과 군부에 대한 문민의 우위, 외교 정책을 둘러싼 민주당과 공화당의 수많은 이견과 관련된 것이었다고 생각된다. 이런 차이들은 유럽과 아시아 가운데 어느 쪽에 집중할 것인지, 한국에서 "승리할 수 있는 대안"은 있는지, 중국의 핵심 지역을 어떻게 처리할 것인지, 핵 시대에 "제한전"은 어떤 의미가 있는지 하는 문제들과 일정하게 관련돼 있었다. 널리 인정되는 공식 기록에서는 트루먼이 옳았고 맥아더가 틀렸다고 평가했다. 궁지에 몰린 대통령의 용감한 결단이 난제를 해결했으며, 그 결과 맥아더는 자연히 망각 속으로 사라졌다는 것이다.

그동안 워싱턴에서는 무지하고 야만적이기까지 한 심문관 조지프 매카시 상원의원이 공산주의자로 몰린 다수의 무고한 자유주의자와 응분의 대가를 치르던 소수의 스탈린주의자를 상대로 한 기괴한 촌극이 상연됐다. 다행히 "핵심적 중도"가 승리했다. 매카시는 낙담해 세상을 떠났으며 그의 "주의主義"는 끔찍하지만 일시적인 일화가 됐다. 그 뒤 상당 기간 갖가지 기인과 편집증 환자들이 정부 안의 공산주의자들과 월가의 음모를 큰소리로 비판했지만, 이 또한 결국 역사의 쓰레기통 속으로 사라졌다.

이런 해석이 허구가 아니라 사실이었고 이런 자유주의적 담론이 진실로

간주된다면 전후 초기의 미국을 결코 이해할 수 없다. 그러나 약간 과장됐다고 해도 이것은 지배적 해석이다. 원인은 미국 우익을 진지하게 다룰 능력이 없으며, 그들이 그렇게 생각하는 까닭을 헤아릴 능력이 없기 때문이다. 그들은 미친 게 분명하다는 것이다. 그러나 그들은 애플파이와 마찬가지로 미국적 특성을 지니고 있으며, 미국 정치의 모습을 보여준다. 현존하는 문헌은 상반된 견해로 가득하기 때문에 두 세력을 폭넓게 다시 구성해 실제에 가까운 득점표를 작성해야 한다.

외교정책을 둘러싼 트루먼-맥아더의 충돌과 국내의 매카시즘은 국가와 사회의 심연에서 싸우는 고래 두 마리가 수면으로 나와 내뿜는 물줄기였다. 그 두 세력은 개인·관료·이해관계자·정당을 놓고 서로 대립했으며, 정치·경제와 세계에서 미국이 행사하는 역할에서 대안적 개념을 만들어내면서 다퉜다. 이런 갈등은 19세기로 거슬러 올라간다. 그 흔적과 향수鄉愁는 1980년대까지 이어졌지만 절정은 1930~1950년에 이르는 20년이었다. 근본적으로 그 갈등은 자본가와 관료 조직의 서로 다른 이해관계에 뿌리를 두고 있었으며, 상반된 세계관과 정치적 연합을 만들어냈다.

이런 적대 관계는 외교정책에서 중국인이 두 노선이라고 불렀으며, 여기서는 국제협력주의와 반격이라고 부른 노선의 투쟁으로 표출됐다. "좌파"의 국제협력주의와 "우파"의 반격 노선은 날카로운 정치적 대립을 거치면서 미국 정치의 범주를 따라 좌우로 이동해 합의를 이룬 중간점을 형성했다. 이런 변증법은 전후 시기부터 현재까지 내려오면서 외교정책을 선택하는 변수를 만들었다. 트루먼과 애치슨은 봉쇄의 전형이었고, 맥아더는 반격의 전형이었다. 1947년에 이룬 성과는 트루먼독트린으로 구현된 타협이었다. 그러나 1949년 반격이라는 대안은 외교정책을 입안하는 관료 조직의 안팎에서 충분한 후원을 받아 봉쇄의 강력한 경쟁자로 떠올랐다. "트루먼-맥아더 논쟁"의 실체는 적어도 한국전쟁이 일어나기 1년 전에 나타났으며, 미국이라는 국가에 폭발을 일으킬 해외의 위기를 기다리고 있을 뿐이었다. 1950년 초 반격은 봉쇄 정책의 대안으로 뚜렷이 부상했으며 자유주의적 국제협력주의자들은 정책 결정의 중심에서 점차 배제됐다. 논쟁은 "화해인가 봉쇄인가?"에서 "봉쇄인가 반격인가?"로 바뀌었다. 합의를 이루는 중간점은 오른쪽으로 급격히 이동하면서 헨리 윌리스 같은 자유주의자는 배제되지 않았지만—그는 1947년에 배제됐다—중도파와 조지 케넌 같은 봉쇄 지지자는 (완전히 배제되지는 않았더라도) 밀려났으며, 커티스 르메이와 제임스 버넘 같은 반격론자들은 포섭됐다.

이런 해석은 좀더 입증될 필요가 있지만 증거는 풍부하며, 내가 보기에는 결정적이다. 그러나 설명하기 좀더 어려운 현상이 있다. 그것은 미국인이 자신들의 정치에 대해 표현하는 것과 그 상징 내용이 부합되지 않기 때문에 발생한다. 반격 전략은 단순히 "우파"라고 분류할 수 없는 관료들이 입안했다. 이를테면 존 페이턴 데이비스는 그 뒤 매카시의 무차별 공격으로 몰락했지만 극동에서 반격을 지지하는 최초의 주요 보고서 가운데 하나를 작성했다. 반격 세력을 대표한다고 볼 수 있는 더글러스 맥아더는 자신의 제안과 관련해 영국과 친밀한 국제협력주의자인 딘 애치슨보다 곧잘 더 소극적인 태도를 보였다. 대부분의 역사학자가 반격이라는 용어와 결부시키는 존 포스터 덜레스는 사실 소란스러운 주장을 펴는 반격론자들을 다른 방향으로 이끌고 억제하려 한 중도파였다.

이런 표현들이 적절하지 않은 까닭은 무엇인가? 첫째, 앞서 지적한 대로 미국인은 유럽 이외 지역의 정치에서 유럽의 정치 용어를 사용하기 때문이다. 만약 H. L. 헌트가 자기 석유회사의 이익이 록펠러 가문에 의해 침해되거나 자신의 신용이 뉴욕의 은행들에 의해 무너졌다면 그는 그들을 공산주의자라 부르고 그들은 그를 파시스트라고 불렀을 것이다. 헨리 윌리스가 중서부의 곡물을 소련에 팔려고 했다면 그는 공산주의자였을지도 모르지만, 리처드 닉슨이 그러려고 했다면 그는 정치가일 뿐이었다. 휴버트 험프리가 미국인 공산주의자들을 투옥시키려고 했다면 그는 자유주의자로 불렸을 테지만, 리처드 닉슨이 그러려고 했다면 파시스트로 간주됐을 것이다.

유럽에 견줘 미국은 경험의 범위가 상대적으로 좁았기 때문에 그릇된 정체성에 입각한 정치가 나타났으며, (유럽적 기준에서 보면) 그들은 기본 원칙에 모두 합의하고서도 서로 헐뜯었다. 합의가 이뤄진 기반은 매우 깊었고

(실제로든 상징적으로든) 사람들은 서로를 너무 잘 알고 있었기 때문에 자신의 지지자를 설득하거나 늘리려면 차이를 매우 과장하거나 기괴하게 희화화할 수밖에 없었다. 세계적 관점에서 보면 "우파"든 "좌파"든 미국 정치의 핵심에 참여한 사람들에게 붙은 표지는 자유주의자였으며, 철저하게 부르주아적인 민주주의에 입각한 정치를 지향했다.

둘째, 미국 정치에서 대부분의 기간에 존재한 것은 모두 모습을 달리한 반공주의다. 미국에는 오랜 세월 뿌리 내린 좌파가 없었기 때문에(그런 측면은 "신좌파"와 같은 용어가 보여준다) 대부분의 미국인은 사회주의나 공산주의의 개념을 제대로 이해하지 못했으며 그런 용어를 정의하라는 질문을 받으면 제대로 대답하지 못하거나 엉뚱한 이야기를 하곤 했다. 1950년대에는 특히 그랬다. 그 결과 미국에는 여러 모습의 반공주의가 나타났다. 루스벨트와 닉슨은 자유주의의 모범이나 시장경제의 교묘한 매력으로 공산주의자를 압도하려고 시도하면서 포위와 포획, 수용에 의한 봉쇄, 긴장 완화에 입각한 반공주의를 추구했다. 애치슨·러스크·닉슨은 방파제를 쌓고 먼지 속에서 경계선을 그어 국내의 자유주의 세력에게서 좌파들을 분리시킴으로써 봉쇄에 입각한 반공주의를 시도했다. 버넘·헌트·닉슨은 반격에 입각한 반공주의를 실시해 해외 공산주의와 국내 자유주의를 말살하려고 했다(닉슨은 이런 정책들에 모두 포함시킬 수 있다. 그는 기회주의자였고 세 가지 반공주의에는 근본적 차이가 없었기 때문이다).

이를테면 공산주의는 근절시켜야 한다는 반격 진영의 논리로 갈아타기를 시도하는 자유주의자의 모습을 목격한다고 생각해보라. 그러면 이 모든 게 명백해진다. 이런 변절은 공산주의가 도덕적으로 크게 잘못되었다거나 공산주의로 인해 대량 학살이 일어날 것이 우려돼서 발생하는 게 아니다. 반공주의가 전후 외교정책의 합의된 큰 방향이기 때문에 (그 반대는) 실현 불가능하거나 비현실적이라는 측면에서 이해해야 하는 현실적 행동이다. 그 결과 1950년대 미국에서는 예방적 핵전쟁을 주장하면서도 공군을 지휘하는 자리를 유지할 수 있었지만, 소련과 폭넓게 화해해야 한다고 주장하면서도 고위직을 차지할 수는 없었다. 북한을 공격해야 한다고 주장해 서울에 있는 미국인들의 굳건한 친구가 되거나, 인민공화국의 승인을 주장해 일찍 본국으로 송환될 수도 있었다.

그러나 이런 식으로 복잡한 이름표가 붙게 된 좀더 깊은 이유는 자본주의에 대한 폭넓은 합의 안에 정치·경제적 측면의 심각한 차이가 있었기 때문이다. 그것은 서로 다른 이해관계 안에서 시작돼 국가와 시장, 세계에서 미국의 적절한 역할과 관련된 서로 다른 개념을 만들어냈다. 이것은 "두 노선" 사이에 일어난 갈등의 본질이지만 그것을 적절히 표현할 만한 단어는 없다. 미국에서는 이에 대해 심각하게 논의할 때마다 중상모략의 대상이 될 위험을 무릅써야 했으며, 음모론을 펼친다는 고발을 당하곤 했다. 적어도 1970~1980년대 이전에는 그랬다. 오늘날의 미국은 쇠퇴의 위기에 있고 의회의 세력 판도가 자유무역에서 보호무역을 지지하는 쪽으로 순식간에 바뀌면서, 소수지만 일부나마 계급 이익과 세계경제에 대한 이론이 미국의 곤경을 설명하는 데 유효하다는 사실을 실감하고 있다.

반세기 전인 1930년대에도 이런 생각은 일반적이었다. 뉴딜로 알려진 국가와 시장의 새로운 개념이 떠오르면서, 실패한 후버주의를 대체했다. 앞 시대의 기득권들은 1940년대 후반까지의 경제정책 경쟁에서 패배했지만, 그 잔존 세력은 정치적 지위를 유지하면서 미국 안팎의 정치적 반대 세력을 공격해 1930년대에 내려진 정책적 판단들을 뒤집으려고 시도했다. 누가 중국을 버렸는가, 국무부 외교국에 있는 적색분자는 누구인가, 애치슨의 가는 세로줄 무늬 양복은 무슨 의미인가, 조지 마셜 장군은 공산주의자의 음모에 가담했는가 등 대중을 유혹하는 이런 허튼소리의 배후에는 모두 1930년대의 경쟁에서 패배한 세력이 다시 싸우려 하는 의도가 숨어 있었다. 그리고 그 세력이 선호하는 외교정책이 있었으니, 바로 동일한 정치·경제적 동전의 양면인 반격 또는 우익의 고립주의였다.

프란츠 슈어만이 제국의 비밀과 국가의 수수께끼라고 부른 것을 조사하지 않고서는 반격의 흐름이 고위급 외교정책과 한국전쟁 과정을 어떻게 형성했는지 이해할 수 없다. 그러나 우리는 슈어만이 간과한 숨겨진 이해관계와 정치·경제 개념도 조사해야 한다. 이 장에서는 애치슨이 "원시인the primitives"이라 부르고 리처드 호프스태터가 "편집증 환자"라고 부른, 그리고 피터 비렉●이 "수구적인 고립주의, 영국 혐오 세력, 독일을 숭배하는 급진적 포퓰리즘 미치광이들의 봉기"라고 불렀던 현상들을 이해하는 것으로 그 임무를 시작해보려고 한다.[1] 평범한 미국인들을 향해 자유주의자가 "그들은 미쳤다"고 진단했다면, 우리는 그 말에 주목해보지 않을 수 없다.

미국 민족주의의 재검토: 고립주의/반격의 정치·경제

머리말에서 간단히 살펴본 반격의 동향은 이 장에서 제시할 개념의 골격 또는 격자세공格子細工이라고 할 수 있다. 이 흐름을 옹호하는 사람들에게 미국 국경 밖의 세계는 대부분 알려져 있지 않았지만 그들은 특히 아시아를 탐냈다. 자신들의 수호성인 조 매카시처럼 그들은 대부분 "순진하고 고지식한"[2] 토착 미국인으로 하츠의 고전적 견해를 추종하고 보편주의를 신봉하는 소시민petite bourgeoise 계급이었다. 찰스 비어드의 표현에 따르면 이들은 "모든 사회의 부르주아화"—안락·편리·안전·여가, 의식주의 평균적 충족—라는 미국의 이상을 믿었다.[3]

저술한 지 130년도 더 넘은 「바스티아와 케리Bastiat and Carey」라는 글에서 마르크스는 북아메리카인에 대해 이렇게 주장했다.

그 국가에서 부르주아 사회는 봉건제도의 토대가 아니라 자체의 기반에서 발전했다. 이 사회는 몇 세기에 걸친 오랜 운동의 결과로 출현한 것이 아니라 새로운 운동의 출발점으로 등장했다. 거기서 국가는 이전의 모든 민족이 형성된 사례와 달리 처음부터 부르주아 사회와 그 생산에 종속됐으며 그 존재 자체는 중요하지 않았다. 끝으로 그 국가에서 부르주아 사회는 구세계의 생산력을 신세계의 거대한 자연 영역과 결합시켜 유례 없는 규모로 발전시켰으며

● 퓰리처상을 수상한 시인이자 역사학 교수로 신보수주의를 주창한 인물이다.

(…) 부르주아 사회의 모순은 끝내 사라지지 않았다.

헨리 C. 케리 같은 사상가(마르크스는 그를 유일하게 독창적인 미국인 경제학자라고 생각했다)는 국가에서 사회가 해방됨과 동시에 외국과의 경쟁에서 보호하는 형태로 국가가 사회에 개입하기를 바랐다. 케리는 자유무역과 보호무역을 모두 옹호했다. 국내시장에서는 자유방임주의를, 세계시장에서는 미국보다 일찍 산업화해 더 큰 경쟁력을 갖춘 영국에 맞서 보호무역을 주장했다. 그는 경제적 대립은 세계경제의 운영에 내재한 어떤 것이 아니며 "그것이 세계시장에 나타나는 여부는 영국과의 관계에 달려 있는 문제"라고 봤다. 그는 영국이 자연적 질서를 무너뜨렸다고 생각했다.[4]

그런 자연적 질서는 매우 모순된 것이었는데, 미국 자본가들은 국내시장 개발과 세계시장 진출을 독점하고자 했기 때문이다. 그러나 비교적 소규모 자본가들은 자연적 질서를 어떻게 할 것인가에 대해 노동자나 은행가들과 의견이 달랐는데, 특히 미국 외교정책의 전체적인 개념과 관련해서 그랬다. 그들이 선호한 외교정책을 정교하다거나 잘 조율된 것이라고 보기는 어렵다. 사실 그들은 외교정책이 전혀 없었다. 그들의 이해관계의 구조를 생각하면 정확히 예측할 수 있는 것이었다. 그들은 대부분 독립 자본가 출신으로 국내시장을 육성했으며 외국과 경쟁하거나 전쟁을 벌일 때만 외부 세계에 대해 생각했다. 외부로 팽창하는 데 큰 걸림돌은 영국 제국이었다. 애치슨을 포함한 국제협력주의자들은 영국을 자신들의 모범으로 생각한 반면, 반격론자들은 영국을 증오했다. 그들의 이상은 자족적 미국이었고, 그들의 경제 이론은 중상주의였다. 그다지 잘 알려져 있지는 않지만 그들은 미국을 "후발" 산업국이자 개발국으로 생각하고 세계의 대부분은 이미 영국의 손에 넘어갔다고 판단했다. 린 이든이 "사업가적 민족주의자business nationalists"라고 부른 이 집단은 미국 중서부의 옥수수 지대, 대평원 지역, 로키산맥과 그 주변의 산간지대 같은 국내시장의 일부 지역 경제에서 활동했다. 상원에 있는 그들의 지도자는 오하이오주에서 선출된 로버트 태프트다. 그는 자유를 "지방의 자립"이라고 생각했으며 국내시장을 기반으로 한 자족적 미국을 지지했

다.[5]

그런 생각을 보여주는 한 가지 사례는 새뮤얼 크로더가 쓴 『자족적 미국 America Self-Contained』이다.[6] 이 책은 1933년에 쓰였는데, 폴라니는 1933년을 황금 실(금본위제)이 끊어진 때라고 표현했다. 나는 1980년에 방대한 장서를 소장한 대학 도서관에서 그 책을 빌렸다. 1949년 이후 처음 대출하는 것이었다―한국전쟁이 일어날 무렵 크로더의 정치·경제 이론이 거의 퇴조했음을 상징적으로 보여준다. 크로더는 헨리 포드를 널리 홍보했는데, 자유주의적 시각에서 볼 때 그 자신도 매우 독특한 견해를 지닌 기업가였다.

크로더는 "오늘 우리 미국인들은 세계 어떤 나라에도 친구가 없다. 그러나 증오에 찬 적은 많다"라는 문장으로 책을 시작했다. 호프스태터가 편집증이라고 지적할 만한 철저한 중상주의자의 시각이었다. 크로더의 세계에서는 국민국가 외부에는 아무것도 없었다. 이것이 그의 분석 단위였다. 그는 미국이 좀더 철저히 혼자서 "자신의 운명을 만들어나가야" 하며 "세계경제라는 낡은 체제" 안에서 수많은 "비천한 국제 소매업"에 종사해서는 안 된다고 생각했다. 계속 그렇게 하다보면 미국인의 생활수준은 "[세계에서] 가장 낮은 수준으로 처박힐 뿐"이라고 봤다.

국제협력주의자는 "경제적 상호 의존" 같은 완곡한 표현과 애덤 스미스가 제시한 노동의 국제분업 개념 아래 감추려고 하지만, 세계경제 체제의 논리는 "계획경제에 입각한 세계적 규모의 초국가"를 지향할 수밖에 없다고 그는 말했다. 세계의 국가가 애덤 스미스가 말한 것과 같았다면 스미스의 조언은 대단히 정확했을 것이라고 크로더는 썼다. 그러나 세계는 국가라고 불리는 영토들로 나뉘었다. 크로더는 국제협력주의와 뉴딜 정책을 죽어가는 "옛 질서"와 친영적 외교정책 그리고 그릇된 방식―주로 부의 재분배를 목적으로 한―으로 경제에 개입하는 국가와 동일하게 봤다. 미국에는 뉴딜이 아닌 새로운 질서가 필요했다. 고립주의자가 유럽의 파시즘에 관심을 갖게 만든 것도 물론 이런 생각이었다.

미국의 민족주의자는 늘 애국자보다는 "촌스러운 시골뜨기" 역할을 맡도록 돼온 반면, 자유무역론자는 관세를 낮춰 외국인이 "세계 최대 시장에 입장료를 내지 않고 자유롭게 활동할 수 있게 했다". 국제협력주의자가 밟은 신성한 땅은 세계주의를 신봉하는 동부 여러 대학의 교수들이 마련했는데, 그들은 모두 친영파로 애덤 스미스를 천재라고 생각했다. 그러나 크로더는 국제협력주의자와 경제학자, 세계의 은행가들이 자신들의 이론에 존재하는 세계를 실제 사회로 가정하는 "기이한 치매 증세"를 보이고 있다고 생각했다. 세계시장과 자유무역은 정교한 허구이자 "삭막한 이상향"으로, 국익이 해외로 유출되는 것을 끝내 막지 못할 것이라는 폴라니의 생각을 크로더는 좀더 간단한 용어로 표현했을 뿐이다.[7]

크로더는 독일의 중상주의를 선호했다. 그는 프리드리히 리스트가 한때 펜실베이니아주에 살았고 제임스 매디슨과 앤드루 잭슨의 친구였다는 사실을 떠올리면서 리스트의 사상을 미국화하려고 했다. 리스트는 훌륭한 "국가적" 산업인 독일의 철도 부설을 도왔으며, 미국을 종속적 관계에 놓는다는 이유에서 미국 남부의 면화를 영국으로 수출하는 것을 중단해야 한다고 주장했다. 크로더는 미국의 경제학자 가운데 헨리 C. 케리만이 리스트와 견줄 만하다고 말했다.

김일성이 "주체"사상을 자세히 설명한 것처럼, 크로더는 리스트를 원용해 고관세高關稅 정책에는 "모든 사건과 가격 변동, 다른 나라에서 일어나는 정치·경제 상황의 모든 변화로부터 국내시장을 지킬 수 있는" 이점이 있다고 주장했다. 김일성과 마찬가지로 크로더 또한 미국이 바라는 것을 실행하고 행동의 독립을 유지하는 것을 "자유"라고 정의했다. 건국 초기 미국인은 수입을 파괴적인 것으로 보고 수출을 건설적인 것으로 보는 보수적 생각을 지녔다. "우리는 5센트짜리 물건은 수입할 필요가 없다." 그는 김일성처럼 가족의 비유를 쓰기도 했다. 국제협력주의자는 세계를 "하나의 행복한 대가족"으로 봤지만 사실 그것은 불화를 거듭하는 악몽이었다—국내에서 행복한 가정을 만들려면 "미국을 미국인의 손에 맡기는 것"이 나왔다.

그는 영국을 미국 정치·경제의 천적으로 생각했으며, 국내시장에서 영국에 해당되는 지역은 뉴잉글랜드라고 봤다. 그는 19세기 미국의 공황과 불황이 모두 영국 때문에 발생했다고 생각했다. 미국은 면화를 수출하면서 "오늘날 쿠바나 브라질처럼 1년에 한 작물만 기르는 단작지대單作地帶의 위치"에 놓였다. 영국이 세계에서 앞선 기술과 우월한 경제적 위상을 지니고 있다는 것은 후발국인 미국이 유리·주석을 비롯한 여러 산업에서 수입 대체●를 해야 하며 그 산업을 "침해받지" 않으려면 고관세를 적용해야 한다는 뜻이었다. 게다가 영국은 미국 산업이 경쟁력을 갖췄을 때조차 원료를 수입하도록 강요했다. 독일은 영국의 지배에서 곤란을 겪었기 때문에 화학 산업에 많은 노력을 기울였다 — 수입할 수 없는 합성 물질을 만들려고 한 것이다. 미국도 그랬다. "우리는 화학에 힘입어 외국의 모든 물질적 속박에서 자유로워졌다."

미국은 영국이 지배하고 있는 시장에 물건을 팔려고 시도할 수 없었으며, 그것은 영국이 지배하지 않는 지역을 찾아야 한다는 뜻이었다(그런 지역은 중남미와 동아시아가 될 가능성이 컸다). 자유무역론자와 국제협력주의자는 이런 측면을 이해하지 못했으며, 영국과의 협력에 자신들의 희망을 걸었다. 그들의 공상적 이론은 결국 불황 속에서 미국이 파멸하도록 이끌었다. "우아한 표현이기는 하지만, 은행가와 사회주의자가 한 시대의 죽음을 집전하는 장의사라는 말은 전혀 냉소적이지 않은, 사실 그대로를 진술한 것이다."

크로더는 조지 피크와 함께 쓴 다른 책에서 루스벨트와 그 밖의 뉴딜주의자들은 "세계를 개조하는 일을 통해 미국을 개조했다"고 훌륭하게 지적했는데, 사실에 상당히 근접한 발언으로 여겨진다. 피크와 크로더는 외국과의 교류가 "우리의 자립"을 약화시켰다고 말하면서 일본이 섬유산업에 진출하는 것을 우려하며, 루스벨트 때 체결된 상호 무역협정은 "지나친 국제협력주의"라고 지적했다. 그리고 뉴딜주의자들을 "광신자 같은 사회주의자와 국제주의자들의 기이한 집단"이라고 서술했다.

농무부의 국제협력주의자들은 "사회주의화된 농업"을 바랐고 국무부의 그런 인물들(코델 헐이 대표적이다)은 자유무역을 원했다. 이들은 그것이 세계 평화를 가져올 것이라는 망상을 품었다. 헨리 월리스는 "어떤 방향으로든 자유롭게 뻗을 수 있는 환상적인 두뇌를 가지고" 두 부서의 장관을 오갔다. 위

●　개발도상국 등이 종래 수입해온 상품 대신에 국내 제품으로 수요를 만족시키려고 하는 것.

의 두 저자는 앞으로 "미국의 선택"으로 중국식 요리 메뉴를 제시했다. A코스는 국제협력주의이고 B코스는 "미국을 위한 정책"으로 고관세, 자본 수출 규제, 파나마운하를 방어하는 강력한 해군 등을 의미했다.[8]

새 질서를 출현시킨 인물 가운데 사멸해가는 과거를 구체적으로 훌륭하게 묘사한 사람은 거의 없었다. [헨리 포드의 전기를 쓴] 크로더는 명확하게 설명하는 데 남다른 재능이 있었는데, 산업구조론과 관련해 특히 그랬다. 그는 노동 비용 문제에서만 허점을 드러냈을 뿐, 자신의 생각에 담긴 함의를 냉혹한 논리로 분석했다. 그리고 노동조합에 반대하기보다는 국내시장의 구매력을 높이려고 했다—그렇게 해서 포드사를 노동자의 손에 맡기려고 한 것이 분명했다. 만약 헨리 포드가 섬유산업에 몸담고 있었다면, 크로더는 아마 국가가 최소한으로 개입해야 하고, 노동조합을 규제해야 하며, 강력한 경찰 당국(후버의 FBI 같은) 등이 꼭 필요하다는 내용을 그의 이론에 추가했을 것이다. 이렇게 크로더 또한 20세기 중반 미국 우파들이 내세운, 대부분 명확하지 않은 추정들을 한눈에 보여줬을 것이다.

조금 덜 세련됐지만 자족적 미국에 대한 견해는 『내셔널 리퍼블릭National Republic』 지에서도 충분히 볼 수 있다. 1928년부터 1950년대 후반까지 나온 이 잡지는 국내 우선 노선을 강력하게 지지했다. 스스로를 "미국 근본주의" 잡지라고 규정하면서 표지 안쪽에 그 신념이 뜻하는 바를 설명했다. 미국의 국가적 건전성을 지키고 "외국인 선동자"를 추방하며 가정과 종교를 보호하고 재산권을 제한 없이 행사하며 "구세계의 정치나 경제적 지배로부터 미국이 완전히 독립해야 한다"고 주장했다. 1930년대에는 정부와 학계에 공산주의자가 있다고 주장하는 기사—"소련이 마수를 길게 뻗어 내부에 적"을 만들고 있다는 등의—를 자주 실어 매카시즘의 모든 요소를 구현했다. 이 잡지가 높이 평가한 영웅 가운데 한 사람은 더글러스 맥아더였다. 1950년대 『내셔널 리퍼블릭』은 매카시즘에 입각해 중국 관련 학계와 동아시아 사정에 정통한 국무부 외교국 직원을 폭넓고 자세하게 공격하는 기사들을 실었는데, 캐나다의 학자이자 외교관인 E. H. 노먼에 대한 긴 기사도 있었다. 그 광고주는 대부분 미국 내수 시장에 제품을 판매하는 소규모 기업이었다. 그

후원회에는 텍사스주와 오클라호마주의 소규모 석유회사 그리고 국내시장에서 활동하는 철강회사와 기계회사가 소속됐다.[9]

또 다른 보기는 『프로텍셔니스트The Protectionist』로 진주만 공습 직후 폐간됐다. 이 잡지는 1930년대 "일본과의 파멸적 경쟁"과 긴 불황이 막 시작된 섬유·제화를 비롯한 미국 산업의 "불공정한 투매"에 맞서 보호를 요구하는 수많은 기사를 실었다. 루스벨트를 "뉴딜의 황제"라고 격렬히 공격하고 "정부 안의 공산주의자들"을 비난했으며, 와그너법Wagner Act •을 "사회주의자와 공산주의자가 주장하는 계급 투쟁의 한 표현"이라고 규정했다. 거기에 실린 광고는 모두 외국의 위협을 받던 소규모 기업에서 후원했다.

뉴딜과 그 대외 정책에 품은 깊은 적대감은 미국에는 완전히 낯설고 "바나나 공화국Banana Republic" ••에서나 일어나는 사건인 쿠데타의 악몽까지 불러왔다. 1934년 자유연맹Liberty League과 연합한 우익은 더글러스 맥아더, 핸퍼드 맥나이더, 스메들리 버틀러의 도움으로 군부의 지원을 받아, 그들이 즐겨 쓰던 표현인 "프랭클린 스탈리노 루스벨트"를 축출하려 했다고 알려져 있다. 그런 음모가 실제로 있었는지 증명되지는 않았지만, 거기 연관된 이름들은 1950년의 정치에 곧 등장했다. 루이스 존슨은 미국 재향군인회American Legion 지도자 및 듀폰 가문과 함께 그 쿠데타에 관여했다고 하며, 더글러스 맥아더는 루스벨트를 대신할 인물로 자신도 모르게 선택됐다.[10] 실제로 보너스 군대 진압 사건the crushing of the Bonus Marchers •••(육군 장관 패트릭 헐리도 관여했다) 이후 극우 세력은 곤경에서 구해줄 구세주는 언제나 맥아더라고 생각했다. 악명 높은 반유대주의 신부神父 코플린은 진주만 사건 직후 맥아더를 미군 전체 최고사령관으로 임명해야 한다고 주장했다. 앞으

• 1935년 뉴딜 정책의 하나로 제정된 미국의 노동조합보호법. 정식 이름은 전국노동관계법National Labor Relations Act이며, 이 법을 제안한 당시 상원의원 R. F. 와그너의 이름을 따서 와그너 법이라고도 불린다. 이 법은 노동자의 단결권과 단체교섭권을 보호하기 위해 부당노동을 금지하고 교섭단위제를 설정해 미국의 노동운동을 크게 발전시켰다. 그러나 와그너법은 제2차 세계대전 뒤 노동자의 권리를 크게 제한하는 태프트-하틀리 법이 제정되면서 상당히 수정됐다.

•• 정치·경제적으로 뒤떨어진 중남미의 공화국을 말함.

••• 1932년 미국 대공황 때 제1차 세계대전 참전 군인들이 생활고를 못 이겨 워싱턴에서 연금(보너스)을 달라고 벌인 시위. 맥아더는 후버 대통령의 지시로 그 시위를 진압했다.

로 보겠지만, 1949년과 1950년 반격론자들은 아시아와 아시아 정책에서 맥아더를 일종의 고등판무관高等辨務官으로 임명해야 한다고 요구했다.[11]

고립주의자와 반격론자는 대부분 크로더나 『내셔널 리퍼블릭』 관련 인물들보다 논리의 일관성이 크게 떨어졌다. 여기서 문제 삼고 있는 것은 자신의 동기를 자세히 설명하는 자성적이고 사려 깊은 사람들이 아니다. 오히려 고립주의/반격의 흐름과 미국 민족주의의 근본적 개념을 구성한 것은 일방적 외교정책에 입각한 자족적 정치·경제다. 고립주의자는 하나의 외교정책을 추구했는데 그것은 자신들의 이익에 "개방된" 지역에서 팽창주의를 펼치는 것이었다. 그들은 루스벨트의 라틴아메리카 정책을 지지하는 경향이 있었지만, 대영제국의 건설은 언제나 막으려고 했다.[12]

개러스 스테드먼 존스는 중요한 논문에서 미국 제국주의가 해외에서 영토 획득에 집착하지 않은 것은 "'국내에서' 전례 없이 영토 획득을 추구했기 때문"이었다며, 그것은 "영토 획득과 점유의 거대한 과정"이었다고 지적했다.[13] 아울러, 서로 연결돼 있었다고 해도 명확히 구별할 수 있는 제국주의의 두 유형이 있었다. 특히 뉴잉글랜드는 해외 또는 적어도 특정 지역에 뿌리를 내리고 유럽을 중시하며 자유무역을 옹호하는 영국적 제국주의가 발원한 곳이었다. 그곳은 "문호 개방"의 원천이었다.

국경의 끝에 이른 뒤 팽창주의자의 주목을 끈 것은 국경 서쪽의 연장선상에 있는 아시아였다―리처드 드리넌의 말처럼 "그것을 직선으로 이으면 원에 가까워졌다". 존 헤이의 표현에 따르면, 미국 제국은 석양을 향해, "극서가 극동이 되는 그런 먼 지역"을 향해 돌진했다. 월터 레이퍼버도 팽창주의자들이 서쪽을 향해 나아가려는 동일한 현상을 발견해 프레더릭 잭슨 터너의 프런티어 이론, 1890년대의 제국주의, 우드로 윌슨이 말한 "태평양 끝"의 "새로운 국경"과 연결했다.[14] 그러나 차이는 팽창주의자가 태평양에서 미국이 일방적 패권을 행사하기를 바란 반면, 국제협력주의자는 영국과의 협력을 선호했다는 점이다.

이런 설명은 1930년대의 역사학자들에게 꽤 널리 받아들여졌다. 그러나 구체적 이해관계와 정치·경제의 사뭇 다른 개념이 반격론자와 우익을 움직인 요인이었다는 견해는 전후 초기의 정치적 대립에 대한 해설에 거의 영향을 주지 못했다. 그 대신 지배적 해석은 심리학적 설명이었다. 편집증 환자에 비유한 호프스태터의 해석이나 대니얼 벨의 견해가 그러하다. "급진적 우익"은 "근대성"에 맞서 후위를 방어하며 싸우지만, 자신들이 이해하지 못한 새로운 세계 앞에서 좌절하고 당황한다. "우익에 대항할 진정한 좌익이 존재하지 않기 때문에 자유주의자는 우익이 품는 불만의 심리적 표적이 된다"는 벨의 지적은 자유주의자에게는 죄가 없다는 것을 암묵적으로 전제하고 있다. 벨은 우익을 "자동차 판매업자, 부동산 투기업자, 석유 시굴업자"와 연결시키면서 그들의 불만에는 정치·경제적 이유가 있다고 암시하기도 했다. 앨런 웨스틴은 존 버치 협회 회원에 섬유산업, 양탄자 제조업, 소규모 철도업, 독립적 석유회사 출신이 많다고 지적했다.[15] 그러나 우익을 연구하는 사회학자와 정치학자들은 경제적 이해관계나 정치·경제의 개념을 조사하기보다는 정상에서 벗어난 시각을 심리학적으로 설명하는 데 역점을 두었다.

매우 좋은 사례는 『저널오브컨플릭트레졸루션Journal of Conflict Resolution』에 실린 버나드 펜스터월드의 연구다. 이 글 1부에서 그는 우리가 팽창주의라고 부르는 것, 즉 대체로 국경과 아시아를 향해 서진하면서 근처 영토나 이권을 어떤 나라가 차지하려는 움직임을 훌륭하게 분석했다. "유럽에 관심없는 태도와 다른 지역에서 추진한 팽창주의는 모두 [미국] 민족주의의 안팎을 이룬다." 펜스터월드는 국제협력주의가 "올바른 방향"이라고 생각했기 때문에 맥아더와 제임스 버넘을 "새로운 제국주의자"라고 비난했다. 그러나 논문 2부에서 그는 심리적 실험을 고안했다. 서쪽을 바라보고 아시아로 향한 사람들을 "W 스케일Scale"이라 하고, 동쪽을 바라보고 유럽으로 향한 부류를 "E 스케일"이라고 불렀다. 결과는 서방 지향자들은 편견이 심하고 자민족 중심적이며 반유대주의적이었던 반면, 동방 지향자들은 개화되었고 자유주의적이었다고 밝혀졌다. 펜스터월드는 "배변 훈련과 정치"라는 주장까지 늘어놓으면서 서방 지향자들은 인생의 초기에 배변이라는 기본 기능을 하찮게 여겼기 때문에 불운하게도 그런 방향을 선택한 것이라고 설명했다.[16]

시모어 마틴 립셋은 급진적 우익이 "신흥 부유층과 소규모 기업"에서 "재정 지원"을 받았다고 주장했다. 그는 "신흥 부유층은 대부분 극단적 이념을 지녔다"고 파악했다(이런 일반화는 1980년대 실리콘밸리에는 적용되지 않는다). 소규모 기업은 해외 경쟁에서 그리고 대기업을 상대로 어려움을 겪은 결과 현재 상황을 싫어하며 노동조합을 용인할 여유가 없다는 그의 분석은 사실에 가까웠다. 그는 급진적 우익의 기반이 전통적 고립주의자에게 있으며 "민족적 편견이나 반동, 조국과의 유대, 대중의 인기에 영합하는 외국인 혐오에 뿌리를 두었다"고 파악했다.[17] 이런 희화화가 어떻게 사회과학에서 용인됐는지 놀랍다.

고립주의에 어느 정도 공감하는 역사학자들은 좀더 나은 설명을 제시했다. 저스터스 도넥은 고립주의에 대해 널리 인정된 견해가 "복잡하고 격렬한 싸움의 승자"라는 평결이라고 정확히 지적하면서, 고립주의자 가운데는 특정 산업과 관련된 사람이 많았다고 파악했다. 이를테면 윌리엄 레그너리는 섬유산업과, 어니스트 위어는 국내 철강업과, 고립주의 단체인 미국 우선위원회America First Committee의 구성원이자 시어스 로벅사Sears, Roebuck & Co.의 부사장이었던 로버트 우드 대령은 중서부(와 남쪽으로 중남미까지 확대됐다 — 시어스는 1940년대 남부로 옮겨갔으며, 우드도 유나이티드 프루트사United Fruit Company의 임원이 됐다)의 중소기업가 및 농가와, 고립주의자에서 국제협력주의자로 변모한 아서 반덴버그는 변화하는 세계시장에서 미국 자동차 산업이 창출한 부와 관련됐다. 그러나 도넥의 해석 대부분은, 고립주의자를 그 지지 세력이 있는 중서부 농가와 연결시키거나, 아무 관련도 찾을 수 없는 다양한 세력을 확인한 것이었다. 웨인 콜의 기념비적 연구도 대체로 마찬가지였는데, 그와 도넥 모두 고립주의를 자족적인 정치·경제와 연관지었다.[18]

지금처럼 각박하고 상호 의존적인 시대에는 떠올리기 어렵지만, 1930년까지만 해도 중서부의 많은 지역은 아직 세계경제에 통합되지 않았으며 지방 시장은 물물교환의 원리에 따라 운영되고 있었다. 노스다코타 같은 주는 고전적 의미에서 종속적인 주변부의 곡창지대로 동부의 은행들에서 농장 운영자금을 융자받았다. 『시카고트리뷴』 같은 주요 언론 매체와 시어스 같은 주요 소비재 유통업체의 경영자는 고립주의자(로버트 C. 매코믹과 로버트 우드)로 수많은 농가와 소규모 사업체의 고객에게 뉴스와 의류와 정치를 팔았다. 그러므로 많은 연구가 주장한 대로 중서부의 농가와 중소사업가는 고립주의 그리고 그후에는 매카시즘과 반격론의 토대가 되었다.[19] 그러나 대부분 이것은 동부의 오만한 국제협력주의자와 융자를 거부한 은행가에 대한 증오, 해외 경쟁에 대한 공포, 매코믹과 허스트 계열 언론사가 계속 내보내는 상투적인 기사 때문에 발생한 결과였다―병리적 현상이나 유아기의 배변 습관이 잘못돼서가 아니었다.

반면 중서부보다 더욱 보수적이었던 남부는 매카시 세력이나 "누가 중국을 잃어버렸는가" 하는 소동에도 거의 가담하지 않았다. 주원인은 19세기 초부터 지켜온 국제협력주의적 자세에 있었다. 남부는 자유무역을 시행하는 제국에 면화를 팔았다. 딘 애치슨은 원래 산업구조론에 입각한 생각을 가진 인물로, 1960년 미국 섬유회사들이 좀더 싼 임금과 노동조합이 없는 지역을 찾아 남부로 이동한 결과 "자유무역 정책의 마지막 근거지를 무너뜨렸다"고 말했다.[20]

토머스 퍼거슨처럼 세계시장의 경쟁력과 노동 비용에 대한 민감도라는 지표를 근거로 여러 산업을 구분하려는 산업구조론을 받아들인다면, 고립주의자는 국내시장이나 미국이 통제하는 시장(주로 중앙아메리카)을 대상으로 제품을 생산하는 산업과, 노동이 전체 비용에서 큰 부분을 차지하는 산업 주위로 모일 가능성이 매우 크다. 국제협력주의자는 국제적 석유산업과 금융업, 통신, 항공기 제조업, 항공사, 자동차 산업처럼 세계시장에서 경쟁할 수 있는 1930~1940년대의 자본집약적 "첨단 기술" 산업 주변에 형성되는 경향이 있었다. 퍼거슨은 세계적 경쟁력을 가진 산업과 그 투자자의 "패권적 연합"이 어떻게 뉴딜 연합을 구성했고, 국가가 해외 사업을 강력히 후원하도록 권장했으며, 1932년부터 수십 년 동안 민주당이 지배할 수 있게 했는지 보여줬다.[21] 그러나 실제로 이 연합이 외부 세계로 진출한 것은 1940년대였다―처음에는 전쟁으로 인한 생산 증대와 영국의 몰락에 힘입어, 그다음에는 패권적 국정 운영과 경제적 수단을 이용해서였다.

1930년대 찰스 비어드는 미국사에서 "산업"과 "농업"이라는 두 논제를 대비시킨 바 있다. 전자는 우리가 살펴본 국제협력주의/제국주의고, 후자는 민족주의/팽창주의다. 전자는 미국의 산업이 불황을 피하려면 해외 시장으로 팽창하는 데 필요한 잉여생산물을 만들어내야 한다고 생각했다. 이 노선을 옹호한 부류는 자유무역론자였다. 그들은 외국 기업의 경쟁력을 높이는 결과를 불러오더라도 면화와 완성된 면제품을 만드는 기계를 모두 수출하려고 했다. 비어드는 1930년대 중반 미국 산업이 성숙하면서 "외향적 추진력"을 추구하는 연합(퍼거슨이 말한 "패권 연합")을 창출했다고 파악했다.

농업 중심적 관점은 영국과 자유무역에 입각한 제국주의를 거부하는 "국수주의와 반제국주의"였다. 이들은 국제적 이해관계보다 국내의 이해관계를 대표하긴 했지만, 해외로 뻗는 경향도 있어 "자율적인 농민과 식민자植民者가 개발할 수 있는, 아직 점령되지 않은(원문 그대로) 인접 지역을 합병하는 것을 선호했다". 팽창을 대행한 것은 기업이 아니라 개인이었다. 각 경향은 서로 다른 사고 체계를 형성했으며 "활발하게 움직이는 이해관계의 체계와 복잡하게 얽혀 있었다"고 비어드는 적절히 지적했다.[22] 바로 이것이 이 장에서 전개할 논의의 방식이다.

비어드가 묘사한 고립주의자의 한 유형은 "국내외 양쪽에서 소유욕이라는 무질서"를 선호하는 세력으로 반격론자와 비슷한 태도를 보였다.

> 그들은 미국 정부가 자본가들이 보호관세를 누리고 해외무역과 투자를 추진하며 강제적 수단이나 전쟁으로라도 해외에서 이익을 강취하는 데 방해가 될 수 있는 평화조약은 절대 체결하지 말아야 한다고 믿었다. 그들은 국내외 양쪽에서 소유욕이라는 무질서를 선호했으며, 통제가 아니라 보조하는 정부를 희망했다—여기서 보조란 이권을 획득하고 무역을 추진하고 자금을 만드는 데 있어서 그들의 개인적 이익이 심각하게 침해될 때마다 물리력과 폭력을 동원하는 것이었다.[23]

캐럴 퀴글리는 이런 식의 생각을 전쟁 직후의 거대한 정치적 투쟁과 연결시키면서 "단독주의와 신고립주의의 발흥 및 쇠락을 중심으로 전개됐다"고 파악했다. 신고립주의의 기본 전제는 미국의 전능함, 단독주의적 외교정책, 무한하고 이상적인 목표(공산주의의 말살 같은) 그리고 외부의 위협보다 내부의 반역을 더 큰 문제로 인식하는 태도였다고 그는 생각했다. 이 모든 것의 배후에는 철저하게 경제적 이익을 추구하려는 욕망이 숨겨져 있었다. 중요한 신고립주의자 가운데 "인간은 주관적 이해관계보다 객관적 진실을 중시한다고 생각한" 사람은 없었다. 그들은 자신들의 이익을 감소시킨다는 이유로 세금과 노동조합을 증오했다. 그런 논리는 막대한 국방 예산을 강력히 반대하는 것으로 뻗어나갔지만, 중도 보수파를 곤란하게 만드는 사안은 아니었다. 텍사스와 캘리포니아의 신흥 부유층은 석유와 가스 같은 "자연자원을 무자비하게 개발"했고 자기 지역을 벗어난 외부 세계에 대해서는 "믿을 수 없을 정도로 무지하면서 잘못 알고 있었다". 그들은 철저한 소시민 계급으로 반半귀족적인 동부의 지배층에 반대했다.[24] 이것은 모두 사실이었고, 고립주의자/반격론자를 편집증 환자로 보는 것보다 훨씬 더 설득력이 있게 여겨진다.

　로버트 우드 같은 이전의 고립주의자는 헌트, 클린트 머치슨, 휴 로이 컬런 같은 텍사스의 석유업자처럼 매카시와 맥아더의 든든한 후원자가 된 반면, 제너럴일렉트릭의 회장 필립 리드, 스튜드베이커사Studebaker●의 사장 폴 호프먼 그리고 국제시장에서 활동하고 있는 그 밖의 기업을 이끄는 인물들은 그러지 않았다.[25] "중국 로비"를 이끈 앨프리드 콜버그는 섬유업자였고 역시 섬유업자였던 윌리엄 레그너리도 1950년대에 많은 우익 서적을 펴냈다. H. L. 헌트와 피츠버그의 퓨Pew 가문은 모두 독자적인 국내 석유업자였으며 우익 세력에게 자금을 제공했다. 대부분 국내시장에서 활동한 철도와 철강업자들은 우익적 성향이 강했다. 미시간주에서 선출된 아서 반덴버그는 1930년대 후반 중립적 태도를 보였으며 전면적인 고립주의자가 아니었지만, 널리 알려진 대로 1947년에는 초당파 협력의 상징이 됐다. 이런 일은 그때 미시간주의 정치·경제가 자동차 산업과 농업 부문으로 분열됐기 때문에

● 독일계 스튜드베이커(독일명 슈타우덴베커Staudenbecker) 형제가 1852년에 설립한 미국의 마차·자동차 제조회사. 제1차 세계대전 때 크게 성장했지만 제2차 세계대전 이후 쇠락하다가 1956년에 매각되고 1966년에 공장이 폐쇄됐다.

발생했는데, 자동차 산업은 세계의 표준이었다. 반덴버그의 표현에 따르면, "국무부가 매우 관대하게 호의적으로 대우했지만" 농업 부문은 자유무역과 코델 헐이 이끄는 국무부에 반기를 들었다.[26]

화학업계 같은 일부 산업은 정치적 지지를 결정하지 못한 상태였다. 독일 화학업계를 모범으로 삼았지만 후발 주자인 터라 독일의 기술적 우위와 세계 화학 시장에서 독일이 차지하고 있는 압도적 위상에 맞닥뜨렸다. 이를테면 듀폰은 맥아더를 비롯한 우익의 강력한 후원자였다. 델라웨어주에 봉토를 가진 봉건적 산업 형태를 띠었고, 쑹쯔원宋子文이 거액을 투자한 회사로 화약을 비롯한 폭약을 조달하도록 정부와 계약을 맺어 1812년 이후 모든 전쟁에서 이익을 본 역사를 지녔다.[27] 자신이 몸담은 업계의 경향을 따르지 않은 사업가도 있었다. 철도업은 대체로 당연히 국내시장을 지향했으며 노동 비용에 민감하게 반응했다. 그러나 한 가문이 경영하는 철도회사는 오랫동안 국제협력주의자였다―그것은 해리먼가였는데, 그들은 해외에 철도를 부설해왔기 때문이다. 물론 경제적 이해관계에만 반응하는 사람은 없다. 뒤에서 좀더 자세히 살펴보겠지만 이 책에서 다루고 있는 주요 인물 가운데는―특히 광업자원에 이해관계를 가진 부류―그런 행동을 한 사람도 있다.

뉴딜이라는 기업자본주의와 국가자본주의는 새로운 정치·경제의 시작을 알렸으며, 개인주의는 19세기의 좋았던 기억을 떠올리게 하는 유물로 전락했다. 기업과 국가 모두 관료화하면서 조직에 소속된 인간, 곧 관료를 창출했는데 이는 무모한 개인주의자와는 전혀 다른 부류였다.[28] 국가와 다국적 기업의 새로운 협력적 통합은 미국인이 국가와 시민사회에 대해 믿어 의심치 않았던 사고방식을 조롱했다. 사업의 국제화는 스스로를 종속에 빠뜨리는 거미줄이 됐다. 루스벨트가 새로 만든 국내의 관료 제도와 "제대로 돌아가지 않는 공장"으로 불리던 친영적 국무부는 이런 추세를 전형적으로 보여줬다고 여겨진다. 이처럼 미국의 민족주의자들은 지난 수십 년 동안 일어난 거의 모든 일에 반발했으며, 좀더 단순했던 시대를 상기하며 전통적 미덕이 지배하는 장소를 끊임없이 찾았다.

그들에게 유럽(또는 적어도 북유럽)은 루스벨트의 미국이 저지른 모든 잘못을 상징했다. 뉴딜은 사회주의자이자 블룸즈버리그룹•에 소속된 지식인이며 동성애자로 애덤 스미스보다 훨씬 더 위협적인 영국의 경제학자 존 메이너드 케인스까지 수입했다. 뉴딜은 "사회주의"도 수입했다. 이것은 국가가 국내 문제에 강력히 개입하되 해외에서는 약하게, 다자간 외교 관계 속에서 신용할 수 없는 영국 제국주의자들과의 협력관계에 좌우되는 외교를 의미했다.

유럽은 인구와 국가가 너무 많고 나약했다. 유럽의 시장은 식민지 시장과 마찬가지로 포화 상태였다—그것은 관료 조직과 같았다. 그러나 중앙아메리카와 동아시아는 열려 있는 것처럼 보였다. 실제로 쿠바·니카라과·도미니카공화국 같은 나라는 해병대가 접근할 수 있는 한 미국이 바라는 거의 모든 것에 열려 있었다. 아시아에 대한 인상(인종이 다르며 그야말로 무지하다는)은 방대한 자원과 기회가 있는 지역이며 백인이 이끄는 대로 잘 따르는 순종적이고 굽신대는 사람들이 산다는 것이었다. 아시아는 남부만 영국의 지배를 받았을 뿐 야심을 펼치는 데 외부의 규제가 거의 없이 활짝 열려 있는 지역으로 여겨졌다. 물론 동아시아는 문호를 닫았고, 1940년대 혁명적 민족주의로 충만했지만, 반격론자들은 그것을 몰랐다(루스벨트가 신탁통치 정책을 펼때도 마찬가지였다). 그러나 그들이 동아시아를 오해했다는 것은 한국전쟁이 일어날 때까지 드러나지 않았으며, 그 결과 이런 추정은 미국 동부 기득권층이 지배하던 외교정책과 유럽에서 벗어나려던 팽창주의자에게 활기를 불어넣었다.

고립주의자의 물질적 기반인 자족적 세계관은 1940년대 호황을 거치면서 증발했으며, 미국은 전쟁의 피해를 거의 입지 않고 전 세계에 군림했다. 그러나 그 세계관은 의회 정치와 공화당과 이념적 영역에서 사라지지 않고 유지됐으며, 국제협력주의에 대항하려는 우익의 시도를 뒷받침했다. 1950년대에 우익 강경파는 1970년대 중국의 "사인방四人幫"••과 매우 비슷하게 활

• 1906~1930년 무렵 런던과 케임브리지를 중심으로 활동한 영국의 지식인·예술가 모임. 케인스, 버지니아 울프 등 이 모임의 중심 인물들이 런던 중심가인 영국박물관 근처 블룸즈버리에 살았기 때문에 그렇게 불렸다.
•• 1966~1976년 중국의 문화대혁명 기간에 권력을 휘두른 4명의 공산당 지도자. 마오쩌둥의 부인 장칭江靑, 야오원위안姚文元 정치국 위원, 왕훙원王洪文 부주석, 장춘차오張春橋 국무원 부총리를 가

동했다. 그들은 의미가 분명치 않은 이념 논쟁에 참여하고("린뱌오林彪 반대운동과 공자孔子 반대운동") 상부 구조(국가)의 지배권을 놓고 싸웠다. 특정(그리고 소멸해가는) 정치·경제 이념을 보존하려는 헛된 시도를 난폭하게 전개했고, 자신들이 물질적 영역에서 잃은 것을 이념적·정치적 영역에서 되찾으려 했다.

반격 세력의 선전가이자 아시아 우선주의자이며 맥아더를 강력히 지지한 존 플린은 1952년(1932년이 아니라는 것에 주목하라)에 낸 저서에서 뉴딜 세력이 관료 조직 내부에 사회주의자를 잠복시키고, "영국의 점진주의를 모범으로 삼은" 페이비언주의Fabianism●를 도입함으로써 미국적 방식으로 "기습 공격"을 감행했다고 썼다. 미국 내에서 뉴딜 세력의 목표는 국가가 경제를 주도하는 것이며, 영국에서 하버드대학을 거쳐 수입돼 "국가의 계획을 숭배"하는 태도로 나타났다. 해외에서 그들은 "세계를 구제한다는 미친 모험"을 추구했다―이런 "열렬한 혁명가들"은 "다른 나라들과 이해관계를 유지하며" "우리의 생활 방식을 파괴하는 데" 세계의 위기를 이용하고 있다고 플린은 주장했다. 플린은 철도업·광산업·철강업처럼 순수한 국내 산업의 중요성을 강조하며 이것들의 국유화를 막아야 한다고 주장했다.[29]

반격론자와 고립주의자는 주요 국제협력주의자와 그들이 표방한 제도를 으레 악의적으로 공격했다. 월가는 곧잘 표적이 됐다. H. L. 헌트는 "세계 정부"를 반대한 대표적인 사람으로, 그는 이것을 국제협력주의자와 공산주의자가 공유한 최종 목표로 봤다. 이 부분에서 그는 대부분의 고립주의자 및 반격론자와 조금 달랐는데, 그는 그들이 국민국가보다 더 큰 실체를 인식하지 못했다고 생각했으며 은행가, 국제적 시장을 지향하는 기업, 국경 없이 존재하거나 국가를 갖지 못한 민족(특히 유대인)은 자신들보다 상위에 존재하는 세계 규모의 권위를 지지하는 부류라고 여겼다.

리킨다. 마오쩌둥이 사망한 후 4인방이 체포되면서 문화대혁명은 끝났다.
● 1884년 영국에서 결성된 사회주의 단체인 페이비언협회Fabian Society의 이념. 점진적이고 민주적인 방법으로 사회주의를 실현하려는 사상이다. 지구전持久戰으로 한니발을 격파한 로마의 장군 파비우스Fabius의 이름을 땄다.

로버트 우드는 월가 및 "우리의 유대인 친구들"과 연결된 듀이를 혐오하고, 아이젠하워를 "별세한 프랭클린 루스벨트의 꼭두각시"로 봤으며, 해리 트루먼을 격렬히 증오했다. 맥아더를 강력하게 지지한 프레이저 헌트도 "국제협력주의자, 유럽 우선주의자, 공산주의 동조자, 유엔 숭배자"를 전형적인 공식에 따라 한 부류로 묶었다. 매카시와 매캐런 위원회의 공청회를 옹호한 소수의 중국학자 가운데 한 사람인 앤서니 쿠벡은 루스벨트의 국제협력주의와 세계주의 그리고 "세계 통일의 계획자로 자임한 세력"에 맞서 "국가의 독립"을 지지한다고 선언했다. 이 세력의 이론가들은 자신들이 증오한 세계주의를 첨단 기술 기업 및 수출 기업과 자주 연관시켰다. 이를테면 조지프 캠프는 스탠더드 오일과 제너럴 밀스의 사장이자 목면업계의 거물인 W. T. 홀리데이가 세계연방주의자 동맹United World Federalists을 지지한다고 주장했다. H. L. 헌트는 주요 석유 기업과 은행을 거론할 때마다 이런 감정을 반사적으로 폭발시키며, 오하이오주에 있는 스탠더드 오일의 이사회 회장이 "일종의 세계정부에 관심을 갖고 있다"고 말했다.[30]

맥아더의 첩보 책임자였던 찰스 A. 윌러비 장군은 같은 추정을 공유하면서 카네기 재단이 "세계 통일론을 맹신하고 독재적인 유엔을 만들려고 작정한 사람들"로 가득하다는 견해를 밝혔다. "이 나라를 월가가 지배하고 있다는 공산주의자의 말은 사실에서 그리 동떨어져 있지 않다"는 윌러비의 생각에 공감한 존 플린은 애치슨, 앨거 히스, 존 빈센트, 에이버럴 해리먼을 "세계 통일론자와 용공분자"로 보면서, 그들은 "세계연방을 만들어 장엄하고 역사적인 최고 자리에 앉으려던" 루스벨트의 "거대한 계획"을 지지했다고 봤다. 육군 정보부에 근무한 이반 이튼은 진주만 공습과 관련해 루스벨트를 비판하면서 아래의 인물과 기업을 월가의 "꼭두각시"로 지목했다. 그것은 루스벨트, 해리 홉킨스, 존 J. 매클로이("육군성의 감시견"), 해리먼("국무부의 감시견"), "진원지(원문 그대로)인 뉴욕의 체이스은행" 그리고 "그들의 신문인 『월스트리트저널』"이었다.[31]

주류적 위치에 있는 문헌들은 이런 견해를 가치 없는 음모론에 입각한 소수 과격파의 의견이라고 치부했으며, 그 결과 그런 사람들과 그런 생각이 미국 정치의 중심에 있다는 사실을 무시하게 됐다. 허버트 후버와 맥아더는 우드·헌트·윌러비·플린을 비롯한 고립주의자·반격론자들과 폭넓게 접촉해 왔다. 뉴딜주의자가 정부 안에서 공산주의는 아니더라도 용공적 영향력을 구축했다는 믿음은 거의 모든 주요 국가기구에 퍼졌으며, 국제협력주의자와 민족주의자를 대립시켰다. 정보기관은 그런 분열에 특히 쉽게 영향받았다. 해리먼처럼 거대한 부와 냉전적 기질을 가진 사람이 공산주의를 은밀히 지지했다고 상상하기 어렵다면, 오랫동안 CIA 방첩 책임자였던 제임스 앵글턴이 "공룡 계획Project DINOSAUR"을 개시해 해리먼이 정보 "공동체" 안에서 소련 첩보원으로 오래 활동해왔다는 사실을 밝혔음을 기억하는 것도 중요하다.[32]

거대 은행들은 자본주의적 세계 체제라고 부를 수 있는 '단일 세계주의 one-worldism' 이념의 보고였다. 폴라니는 로스차일드 가문을 국제협력주의적 세계관의 은유적 축소판이며 금본위제는 그들의 생명선이라고 간주했다. 금은 세계경제의 생명선이었기 때문이다. 퀴글리는 거대 은행 가문들이 국제적 성향을 지닌 국제협력주의자로 국가와 가까운 관계를 유지하면서 국가가 대부와 채무를 규제하는 것을 용인하고, 기계설비나 부동산보다 화폐·주식·채권처럼 자유롭게 유통되는 상품에 투자하는 경향이 있으며, 금본위제를 선호한다고 지적했다. 그런 상품에 투자하는 부류는 유통이 자유롭고 신속하게 되도록 고무하며, 국민국가처럼 교환에 걸림돌이 되는 것을 혐오하는 세계관을 지지했다. 퀴글리는 은행 가문의 이해관계에 얽힌 또 다른 특징도 언급했는데, 이런 견해는 우익과 좌익의 음모론을 촉발시켰다. 그 특징은 은행가들이 "거의 모두 비밀주의를 엄수하며 정치에 비밀스럽게 금융의 영향력을 미친다"는 것이었다.[33]

물론 국제협력주의자는 미국 외교정책의 주인으로 자처하면서 외교관은 아이비리그 출신, 국무장관과 재무장관은 월가 출신에서 뽑는 전통을 만들었다. 동부 기득권층은 "기득권층이 존재한다는 바로 그 생각을 비웃기를 가장 좋아한다"고 예리한 한 영국인이 언급했다. 그는 이어서 말했다. "귀족을 강력히 배척하고 대중을 지향하는 위대한 민주주의를 구현했다고 생각하는 유럽인에게는 상당히 놀라운 일이지만, 1898~1968년에 이르는 70년 동안 세계를 지배한 강대국으로서 미국의 외교정책은 주요한 몇 가문의 가업일 뿐이었다." 그는 1941년 이후 외교정책의 기반은 고립주의에 반대한다는 한 지점으로 완전히 통합됐다고 지적했다. 그는 상호 의존과 문화적 동질성을 지지하는 정책도 병행됐다고 덧붙였다.[34]

기득권층이 외교정책을 지배하면서도 그런 일은 없다고 끊임없이 부인하는 교묘한 상황의 조합은 고립주의자와 반격론자를 혼란스럽게 만들었다. 그들은 가장 가까이서 물어뜯을 양탄자를 찾았다. 이런 두 세력의 대립은 대부분 드러나 있지 않지만, 히스 사건 그리고 모든 미국인이 그 사건에 병적인 관심을 보인 까닭을 설명해준다. 섬세한 성격의 앨거 히스는 우익이 싫어하는 기득권층의 특징―좋은 교육, 귀족적 몸가짐, 세련된 생각, 지적인 오만함, 친영적 태도, 법률과 국제협력주의에 입각한 규칙을 만들어 세계에 적용하려는 노력, 수많은 월가 중진(딘 애치슨 같은)과의 관계, 좌익에 잠시 관심을 보인 것 등―을 모두 지니고 있었다.

옥스퍼드대 학장을 모방하는 하버드대 교수든, 로즈 장학금을 받은 대학 4학년생이든, 영국의 외교를 존경하는 애치슨이든, 문명과 그 주변에서 야만적 상태로 남아 있는 지역을 숙고하는 케넌이든, 구매력을 지닌 소비자를 찾는 내구재 수출업자든, 기득권층은 영국과 북유럽을 늘 자신의 모범으로 생각했다. 그들에게 아시아는 기껏해야 잠재적 시장이거나 종속국이었으며 최악의 경우는 갑자기 떠오른 적(일본)[35]이거나 가엾게 고름을 흘리는 상처(중국이나 인도)였다. 아무튼 아시아는 외교정책의 관심에서 늘 유럽보다 낮은 위치에 있었다.

그러나 고립주의자와 반격 세력은, 특히 영국이 지배하지 않은 지역과 관련해, 아시아는 야만적이되 순종적이고, 통제하기 어렵지만 이익을 낼 수 있으며, 유럽보다는 중요하지 않지만 그렇기 때문에 개방돼 있다고 봤다. 그들에게 동아시아는 인디언의 땅에서 서쪽으로 뻗어나간 지역이었다. 그런 인식은 대부분 공상이었지만, 아무것도 없는 백지상태라면 공상은 현실이 된다. 그러나 그들이 유럽 전체를 싫어했다고 말하는 것은 타당하지 않을 것이다.

정도만 달랐을 뿐 그들과 국제협력주의자들은 영국과 프랑스, 그 밖의 북유럽 국가들보다 중상주의적이며 권위주의적인 독일·이탈리아·스페인을 더 좋아했다. 아시아에서 팽창주의자의 상상력을 사로잡은 나라는 중국이었다. 국제협력주의자는 일본에 관심을 보였다. 일본은 명예를 중시하는 유럽형 국가에 가까웠고 깨끗하고 섬세하며 수준 높은 문화를 오랫동안 보유했으며, 무엇보다도 산업의 토대와 군사력을 갖추고 있었기 때문이다.

이 장의 첫머리에 놓은 인용문이 보여주듯 맥아더는 아시아 우선주의에 입각한 일방적 외교정책의 이점을 상징했다. 1947년 허버트 후버는 그에게 일본은 "미국의 행동이 다른 나라를 능가하는 [세계에서] 유일한 지역"이라고 썼는데,[36] 맥아더의 전제적 지위와 전후 동아시아에서 전개된 미국 정책의 특징인 단독주의를 잘 짚었다고 생각된다. 웨데마이어 장군은 맥아더에게 보낸 한 편지에서 팽창주의자의 세계관을 압축하면서 미국의 주요 목표 두 가지는 "자유경쟁에 입각한 국내의 자본주의 체제"와 "모든 국제기구와 협약에서 미국의 이익을 가장 먼저 추구하는 것"이라고 말했다.[37] 이런 인물들은 1930년대와 마찬가지로 1950년대에도 진정한 "미국 우선주의자"였다.

맥아더가 생각하기에 고립주의자는 트루먼과 애치슨이었다. 그들은 자신들의 세계를 유럽으로만 확장시켰고 "세계를 전체적으로 이해하지 못했으며 아시아의 거대한 힘을 이해하지 못했다". 물론 이것은 터무니없는 말이었다. 애치슨은 포괄적인 세계관을 지녔고 아시아를 유럽에 이어 두 번째나 세 번째에 두었다. 그들이 진정 달랐던 점은 미국 팽창주의의 방향이었다. 맥아더는 아시아를 새로운 국경으로 봤다. 그는 미국의 운명이 서쪽 아시아에 달려 있다고 거듭 표현했으며, 미국의 전통적 팽창주의에는 그를 지지할 요소가 많았다. 조지 워싱턴이 유럽의 외교정책 중 개입 부분에 대해서만 경고했다는 것 그리고 그가 서쪽으로 팽창하는 것은 "신세계"로 나아가는 것이며, 그것은 유럽의 여러 제국주의와는 다르다고 생각했다는 것을 기억할 것이다. 남북전쟁과 인디언 전쟁에 참전했던 맥아더의 아버지도 "이 뛰어난 아리안 인종이 태평양을 가로질러" 휩쓸고 있는 현상에 대해 말한 바 있다.[38]

맥아더의 부하 윌러비는 1856년 매슈 페리 제독이 "미국인은 아시아 동부 해안에 색슨족을 진출시킬 때까지 (…) 어떤 형태로든 우리의 지배권과 세력을 확대할 것"이라고 한 말을 자주 인용했다. 맥아더도 미국이 후견 역할을 하고 특히 자신은 그 보호자가 되는 것을 상정했다. 그는 자신이 "동양인의 심리"를 꿰뚫고 있다고 자부했다. 이는 아시아인이 순종적이고 예의 바르며 아이처럼 순진하고 단호한 지도력을 즉시 따른다는 19세기의 해석이 반영된 것이었다. 그는 영국이 아시아에 있는 것에 질색해 그들을 자신의 지휘 범위 밖으로 몰아내려고 했다. 친영적이라고 생각되는 미국 조직도 싫어했다. 거기에는 국무부는 물론 전략사무국OSS과 CIA도 포함됐는데, 그는 그것이 영국 정보기관을 본떠 창설된 것임을 정확히 알고 있었다.[39]

그러나 공화당 지도부는 유럽과 아시아 문제를 두고 뚜렷이 나뉘었다. 팽창주의자는 듀이, 덜레스, 아이젠하워, 넬슨 록펠러 같은 온건한 공화당원들이 유럽 우선주의자라는 점을 일종의 신념으로 받아들였는데, 이는 대체로 옳았다. 듀이는 "동부 해안의 국제협력주의에 푹 빠져 태프트 세력과 맥아더 세력이 유럽보다 아시아를 중시한다고 의심"했으며 덜레스도 마찬가지라고 말했다.[40] 이런 분열은 공화당과 민주당의 대립보다 심각해 보인 경우가 많았다. 실제로는 아마 더 심각했을 것이다.

팽창주의와 광물

만약 영토 확장이 영토를 집적해나가는 일방적 지배의 방식으로 이뤄지고, 기업가는 아무 간섭 없이 투자 활동을 전개하기를 바라고, 자본주의는 제로섬게임(솟구치는 파도는 모든 배를 들어올린다는 국제협력주의자들의 가설과는 반대로)으로 간주된다면, 광산이나 그 채굴권은 매우 적절한 상징이다. 주요 광물 매장 지역과 팽창주의의 관련성은 여기저기서 수없이 등장한다.

팽창주의자가 부를—주로 땅속에서 "발견된"—, 특히 금을 좋아했다면, 서쪽으로 눈을 돌린 미국의 팽창주의자는 은에 대단히 탐닉했다. 네바다주에서 선출돼 상원 외교위원회 위원장을 지낸 키 피트먼은 "경제 민족주의자이자 보호무역론자"였다. 그는 "미국 서부의 은 관련 이권에 뜨거운 열정"을 쏟았다. 그는 코델 헐을 증오했고, 웨인 콜의 표현에 따르면, "은에 사로잡혔다". 그는 1934년 호혜통상협정을 비판하는 데 중요한 역할을 맡았고 해외 광물 수입에 맞서 미국 광업의 이익을 보호했다. 1934년 코플린 신부는 그가 구상한 은 구매 계획을 지지했다. 서부 출신의 "은 상원의원"들도 대부분 마찬가지였다. 고립주의자인 이들은 루스벨트의 자유무역에 반대함과 동시에 미국 광물의 해외 수출 시장을 찾아나서기 시작했다.[41]

중국 분야에서 종교재판관처럼 권위를 휘두르던 네바다주의 패트릭 매캐런 상원의원 또한 은광업의 이권과 관련해 결코 예상을 벗어나지 않았다. 중국 문제에 대한 그의 관심은 국민당에 은화를 사용하게 하는 등의 몇 가지 계획을 실행해 중국에 광물을 팔려는 것이었다고 생각된다. 고전적 팽창주의자인 그는 군벌을 좋아하고 단일 세계론자를 증오했으며, 은 광업과 공군과 반격론자들의 커넥션을 만들었다. 그는 유엔을 대단히 싫어해 "간첩과 공산주의자의 피난처"라고 불렀고, 미국 이민자들(아일랜드인의 후손)을 경멸했다.

매캐런은 자기 지지자들의 이권에 봉사할 수밖에 없었다. 중국 전문가들을 공격한 것은 일시적인 일탈이었다. 그는 세 가지 주요 사업인 목양업·은광업·도박업에 전념했는데, 우연히도 네바다에서 가장 중요한 사업이 되었다. 그는 프랑코 총통에게 스페인령 바스크 지방의 양치기업자를 노동력이 부족한 미국 목축업계로 보내고 미국으로부터 은 차관을 받는 문제를 제안한 적이 있다. 젊을 때 목축업에 종사한 경험을 바탕으로 중국 전문가로 자처했지만, 성인이 된 뒤 그의 진정한 관심은 은이었다. 그는 처음 나선 선거에서 "은 업계"를 대변하면서 민주당으로 출마했다. 그는 은은 상품이 아니라 "통화 단위"라고 즐겨 말하곤 했다.[42]

중국도 비슷한 상황이었지만, 1949년 네바다주에서는 은의 공급 과잉이 일어난 반면 국민정부는 통화 안정을 위해 은을 절실히 필요로 했다. 1949년 시어도어 그린 상원의원은 "[중국과 관련해] 매캐런 상원의원의 주요 관심은 남아도는 은을 처분할 시장을 얻는 것"이며[43] 그것은 "은광업 연합"

이라 할 만한 서부 지역 의원 대부분이 지지하고 있다고 말했다. 중국을 바라볼 때 의원들의 눈은 은빛으로 반짝였다. 매캐런과 마찬가지로 아이다호주의 D. 워스 클라크는 중국 로비에 깊이 관여했고 국민정부에 비공식 군사고문단을 파견하는 데 개입했다. 그러나 가장 좋은 원형은 유타주의 엘버트토머스 상원의원일 것이다—많은 사람은 그를 은이 산출되는 주 출신 가운데 좀더 식견이 뛰어난 인물로 평가했다. 1949년 몇몇 상원 공청회에서 그는 면제품 수출을 처음으로 제기하면서 중국인이 입는 모든 셔츠를 1인치씩만 늘려도 미국 면직업이 융성할 것이라는, 말 그대로 오래된 이야기를 되풀이했다. 그러나 그는 "중국인은 소득이 생기면 작은 은구슬을 사서" 재액災厄을 막기 위해 면 셔츠에 달고 다닌다는 말도 했다. "마을이나 집이 파괴돼도 중국인은 늘 그 잿더미를 뒤져 은을 찾아내 (…) 재기를 기약한다."[44]

당시 중화민국은 타이완에서 "다시 나라를 세워" 1949년 여름 새 은화를 채택했다. 8월 국민정부는 미국에 원조 방법을 제안했는데, 기이할 정도로 토머스의 구상과 맞아떨어졌다. 총액 9000만 달러 중 4000만 달러가 통화용 은이고, 1200만 달러가 가공하지 않은 면綿이었다(나머지는 대부분 군사원조였다). 국민정부가 "통화 개혁"을 추진한 동력은 1949년 봄 매캐런이 발의한 중국 원조법이었다. 7월 말 미국 조폐국은 국민정부를 위해 은화 1500만개를 발행했다. 국민정부는 미국 의회가 "공화당 의원, 남부 출신 민주당 의원, 은광업 관련 주 출신 의원"으로 구성되는 것이 자신들에게 가장 유리하다고 생각했다.[45]

또 다른 보기는 윌리엄 폴리인데, 그는 CIA의 핵심 인물로 아시아의 경험을 중앙아메리카와 연결시켰다. 폴리는 1896년 쿠바 관련 사업을 하던 가문에서 태어나 중앙아메리카 관련 여러 사업에 투자해 막대한 부를 쌓았다. 중국에서 플라잉 타이거스Flying Tigers●를 창립했고 1930년대 쿠바에서 항공사를 운영했다. 그 무렵 폴리는 독재자 라파엘 트루히요를 만나 "광산과 석유 분야의 투기적 사업"에서 그의 고문이 됐다. 그는 곧 "눈부신" 결과를

● 미국 의용병으로 이뤄진 항공 부대.

냈고, 도미니카공화국에서 대규모 니켈 광산 채굴권을 소유하게 됐다. 그 뒤 폴리는 아바나에서 버스회사를 운영하고 과테말라의 아르벤스 정권을 전복시키는 것을 도왔으며, 피그스만 사건을 최초 계획하는 데 중요한 역할을 했다.[46]

윌러비 장군도 멕시코에서 광산 투기 사업에 손을 댔다. 공화당 우파가 오랫동안 소유한 페루의 악명 높은 세로 데 파스코 광산을 본보기로 삼았다. 멕시코에서는 금·텅스텐 등의 광물이 생산됐다. 그가 협력한 인물 가운데 피터 오크로티는 멕시코 정부 내의 "좌파"를 비난했다(그들의 영향력이 지나치게 커져서 정부를 전복시킬 거라고 그는 생각했다). 로베르토 피에로는 피에로 텅스텐을 경영했는데, 윌러비가 "멕시코의 린드버그"라고 부를 정도로 공군에 깊이 개입했다.[47]

1945년 이전 한국이 직접 경험한 미국 제국주의의 한 형태는 팽창주의의 변종이었다―1890년대 고종이 호러스 알렌에게 준 금광 채굴권은 1910년 허버트 후버에게 대부분 넘어갔다가 1939년까지 여러 미국인에게 양도됐다. 북한의 풍부한 금광들은 1939년 일본인에게 매각됐다. 한국 관련 세부 사항은 뒤에서 다시 다루겠다. 여기서는 모두 보수파이자 허버트 후버와 긴밀히 협력한 공화당의 몇몇 저명한 가문―오그던 밀스 가문, J. B. 해긴 가문, 윌리엄 랜돌프 허스트 가문 같은―이 20세기 초반 한국의 금광 소유권을 장악했다는 사실을 지적하는 것이 유용하겠다. 그들은 사우스다코타주의 홈스테이크 금광과 페루의 세로 데 파스코 동광의 주식도 소유했다. 허스트 가문은 필리핀에서도 사업을 벌였고, 그가 소유한 농장에는 수많은 중국인 노동자가 고용됐다.[48] 이승만의 주요 미국인 협력자인 M. 프레스턴 굿펠로는 허스트의 축소판으로 언론사 운영과 광업―주로 텅스텐과 금―을 겸했다.

광산업자의 이익 개념은 두 가지 의미에서 자국을 우선시하는 것이었다. 그들은 해외 수입에 방해받지 않고 미국 시장을 개발하고자 했지만, 해외 광물에 대한 미국의 이권을 민족주의적 관점에서 일방적으로 방어하려고 했다. 독립적인 석유회사들도 매우 비슷했다. 1946년 선오일의 조지프 퓨는 로버트 우드, 존 T. 플린, 로버트 매코믹, 머윈 K. 하트(그는 격렬한 반유대주의자였다)와 함께 미국 행동위원회American Action Committee라는 민족주의적 색채가 매우 강한 단체에 가입했다. 그러나 이 흐름의 전형적 인물은 H. L. 헌트였다. 그는 록펠러 가문을 증오하고 장군들과 친밀했으며 광물—석유와 금 그리고 결정적인 것은 은인데, 훗날 그의 자녀들은 세계 은 시장을 독점하려고 했다—이라는 실재하는 부만 믿었다. 노회한 로버트 우드는 헌트를 "맥아더 장군의 열광적 숭배자"라고 평가했고, 그와 협력해 1952년에 맥아더가 공화당 대통령 후보로 지명되도록 노력했다.[49]

반격론자와 공군력

반격의 흐름은 우익의 고립주의처럼 자족적인 정치·경제로 되돌아가, 외국과의 경쟁을 두려워하는 산업·기업과 연합한 단독주의적 가설에 기반을 두었다. 광물을 이용한 정치는 그것의 좋은 상징이었다. 그러나 동시에 반격론자와 20세기 중반의 첨단 기술인 공군력이 합세한 것도 거듭 발견된다. 일종의 기술적 물신숭배는 친미주의에 대한 위협, 특히 소련을 제거하는 데 반격론자들에게 만능의 효과를 가진 처방을 제공했다. 겉으로는 모순된 것처럼 보이지만 그것은 그들이 미국을 제외한 나머지 세계와 관계를 맺지 못했기 때문에 나타난 현상이었다. 그들은 국제협력주의자보다 논리적 일관성이 훨씬 떨어졌다. 애치슨은 세계 전체를 고려해야 했기 때문에 논리성을 띠어야만 했다. 반격론자들은 부분만 고려하면서 전형적인 "특정 이익"을 추구했다.

반격론자들은 미국 국경을 넘어선 세계에 대해 말할 수 없을 정도로 무지해서 결과와 상관없이, 미국이 세계에서 하고 싶은 것은 무엇이든 할 수 있는 절대적 자유를 지니고 있다는 환상을 품었다. 세계의 중심을 차지한 탁월한 기술력은 어떤 환상이든 품을 수 있게 해줬다. 커티스 르메이의 전략공군Strategic Air Command, SAC은 궁극적 파괴력을 가진 핵무기를 운반하는 수단을 독점하면서 1950년대 반격론자들의 만능 기구 역할을 했다—1980년대 스타워즈 계획은 동일한 환상의 흔적을 보여줬다. 해군이 국제협력주의를 상징하고 육군이 봉쇄를 상징했다면, 냉전의 경계를 뛰어넘어 밀어붙일 수 있는 군사력인 공군은 반격의 상징이 되었다.

공군력은 전후 고립주의/반격 흐름의 모순이자 변형을 상징하는 것으로 받아들일 수도 있다. 반격론자는 작은 국가를 오랫동안 선호해왔지만, 공군력과 방위산업에 정부 자금을 지원받으면서 국가의 개입, 곧 막대한 국방 예산이라는 한 가지 측면과 관련된 자신들의 태도를 바꾸게 됐다. 1950년 이후 우익은 시장의 "자연적" 작동에 국가가 이렇게 개입하는 것에 침묵을 지키면서, 로버트 태프트처럼 시대에 뒤떨어졌지만 더 일관되고 정직한 재정적 보수파의 견해와 단호히 결별했다.

로이드 가드너는 공군력과 정치의 상호작용을 처음 포착한 인물 가운데 한 사람으로 공군력은 문호 개방을 창공까지 확대했으며 다양한 이익집단(이를테면 유럽 우선주의와 아시아 우선주의 같은) 사이에 놓인 골에 다리를 놓았다고 주장했다.[50] 그것은 개입주의와 관련해 1950년에 이뤄진 타협을 상징하는 것이라고 생각할 수도 있다. 미국 정부는 팬아메리칸 항공사 같은 기업이 라틴아메리카와 동아시아로 진출하는 데 보조금을 지원했다. 이는 전후 항공우주산업에 국가가 이례적으로 개입하고 자금을 댄 초기 형태로, 그 자금의 대부분은 선벨트Sun Belt의 반격론 지지자들에게 갔다.

공군력과 국가의 개입으로 야기된 모순은 우익 인사들에게서 하나하나 다시 나타났다. 클레어 셔놀트는 순전한 반격론자로 항공 분야를 과감하게 개척해 명성을 쌓고 장제스와 협력관계를 구축했으며 공군력이 국공 내전의 결정적 해결책이라고 늘 말한 반면, 팬아메리칸 항공사의 후안 트립이나 하워드 휴스 같은 항공산업 경영자는 반격 세력의 구상에 부분적으로 찬성할 뿐 결코 전면적으로 동의하지는 않았다. 이유는 두 사람 다 미국 정부와 긴밀히 결탁한 데서 엄청난 이익을 봤기 때문이다.

맥아더의 측근 가운데 한 사람인 보너 펠러스 같은 인물은 셔놀트의 유형이다. 펠러스는 전략사무국에서 윌리엄 도너번이 이끈 "기획단"에 소속됐으며 이전에는 프랑코 치하의 스페인에서 대사관 육군무관으로 근무했다. 1943년 그는 맥아더의 참모로 합류했다. 공군력의 장점을 늘 옹호한 그는

1950년대 들어 반격 정책의 필요성을 자주 언급했고, CIA에는 "일군의 공산주의자이자 사회주의자"가 있다고 생각한다면서 존 페이턴 데이비스 같은 인물은 페루의 리마로 강제 추방된 기간에도 CIA에서 봉급을 받았다고 주장했다. 펠러스는 로버트 우드, 웨더마이어 장군, 밴 플리트, 프랭크 개닛 등과 함께 "미국을 위하여For America"라는 조직에 가담했다.[51]

광물과 공군력을 결합시킨 윌리엄 폴리는 펠러스보다 더 극렬한 반공주의 정치적 견해를 지녔지만, 전후 주류에 좀더 가까웠다. 폴리는 1930년대에 팬아메리칸 항공사가 극동에서 항로를 개설하고, 중앙아메리카에 취항하는 데 그리고 인도에 항공기 공장을 건설하는 데 도움을 줬다. 1940년대 후반에 그는 페루 대사를 거쳐 브라질 대사를 지냈고, 미국 정부 최고위직까지 순탄하게 올라갔다. 그는 CIA 국장 앨런 덜레스의 친구였다. 동아시아와 중앙아메리카에서 광물과 항공업 사업에 투자해 수익을 남겼으며 정보기관과 깊은 관계를 맺으면서 중앙 정부의 정치적 신임장을 지닌 핵심적 반격론자로 간주됐다.[52]

또 다른 좋은 보기는 플라잉 타이거즈의 공동 창립자 화이팅 윌로어다. 그는 셔놀트의 가까운 친구였고 1950년대 온두라스와 과테말라 대사를 지냈다. 그와 폴리는 1954년 아르벤스 정권을 전복시키는 데 깊이 관여했다. 공군력과 반격의 가장 대표적인 인물은 물론 커티스 르메이 장군으로, 그는 1960년대까지도 "중국을 핵공격해야 한다"고 계속 주장하는 등 대담한 반격론적 행동들에 대해 고상하게 발언했다.[53]

맥아더와 윌러비: 지방의 반격 사령부

반격 세력과 보너스 군대 사건으로 거슬러 올라가는 공화당 우익의 진정한 영웅은 더글러스 맥아더 장군이었다. 그와 그의 정보 책임자 윌러비 장군은 동아시아를 방문한 반격론자를 유인한 끈끈이였다. 앞으로 보겠지만 윌러비는 시대착오적인 파시스트였다. 맥아더의 생각은 더 복잡했고, 미국의 반격 정책 지지자들과의 관계도 단순하지 않았다.

맥아더는 18세기적 생각을 현대의 민족적·애국적 견해로 표현한 "시대와 맞지 않는" 인물이었다. 미국인들은 그에게서 "실제보다 과장됐다"는 인상을 늘 받았다.[54] 그는 언제나 승리하는 백마를 탄 정복자였다. 그는 과거나 현재 그리고 미래에도 무용武勇의 영광을 보여줄 상징이었고, 신비한 성배聖杯의 수호자였으며, 경솔하고 천박한 주장이 아니라 사려 깊은 방안을 제시하는 애국자였고, 내면을 철저히 억제해 "근대적" 인간, 나아가 자신으로부터 도피한 인물이었다. 멀리 떨어진 서부 국경(태평양)에 오래 있었기 때문인지, 아니면 다이이치생명第一生命 건물의 개인 집무실에서 오랜 기간 고립해 있었기 때문인지는 모르지만(그의 습관이다), 이렇게 자기 자신을 지움으로써 그에게는 가면과 신비로움이 자연스럽게 씌워졌다. 맥아더는 현대 자본주의 시장의 일상생활에 필요한 여러 조건에 맞서 스스로를 드러내지 않으려고 장막을 쳤지만, 그것은 다시 거두어져 약한 인간의 벌거벗은 모습을 드러내고야 말았다.

맥아더의 전기를 쓴 클레이턴 제임스는 그가 "자신은 '운명을 지배하는 인간'이라고 강하게 의식했지만" 스스로 지배하지 못한 복잡하고 모순된 특징으로 가득 찼다고 평가했다. 어차피 그것은 아무도 하지 못한 일이었다. 대부분의 사람은 그를 "지금까지 만나본 이들 가운데 가장 복잡한 인물"이라고 생각했다. 그를 "매력적이고 상냥하며 재치 있고 사려 깊다"고 생각한 사람들도 있었고 "그를 불쾌하고 거만하며 냉담하다고 본 사람들도 있었다". 연로한 애국자 로널드 레이건과 마찬가지로 맥아더는 하나님에 대해 자주 말했지만 교회에는 나가지 않았다.[55]

맥아더는 반격의 흐름이 나타나기 오래전부터 그것을 지지하는 아버지에게서 유럽인은 퇴폐와 음모를 일삼는다는 편견과 1893년 금융 위기를 불러온 자금력의 핵심은 영국이라는 증오심 가득한 얘기를 들으면서 자랐다. 이르면 1906년, 그는 "아시아 우선주의자"가 돼 "미국의 미래와 존재는 참으로 돌이킬 수 없을 정도로 아시아 및 그 주변의 섬과 얽혀 있다"고 말했다.[56] 한국전쟁이 일어나기 전 맥아더가 제안한 정책은 국무부의 정책 입안자들의 방침보다 온건한 경우가 많았다. 또한 그는 일본의 산업과 군사력을 재건하는 데 일본 로비의 중도파보다 호의적이지 않았다.

기록에 따르면 맥아더는 한국전쟁 이전에는 극동에서 반격 구상을 추진하는 데 상당히 소극적이었다. 1948년 초 그는 케넌과 회담하면서 중국 국민정부를 "본격적으로 원조하는 것"을 지지했으며 유럽보다 아시아를 전략적 우위에 두어 아시아에 민주주의와 기독교를 보급하고 "역사의 방향을 근본적으로 바꿔야 한다"고 미국 정부에 주장했다. 1949년 후반에도 그는 국민정부를 지원해야 한다고 계속 주장했는데, 사실상 셔놀트의 대륙 반격 계획을 지지한 것이다. 그는 중국공산당이 "과대평가됐다"고 지적하면서 "그들의 가장 약한 부분, 곧 하늘과 바다"에서 공격해야 한다고 주장했다. "미국은 셔놀트 장군 같은 '역전의 용사'에게 전투기 500대를" 맡겨야 한다고 그는 주장했다. 맥아더는 한국전쟁 직전 대일對日강화조약과 관련된 중요한 각서에서 "적극적인 지도력을 다시 발휘하고 무력적 주도권을 재확보하는 극적인 상황을 조성해" 아시아에서 소련의 행동을 억제해야 한다고 요구했다.[57] 그러나 여기서 구상한 "적극적인 행동"은 강화조약을 신속히 체결해야 한다는 뜻일 뿐이었다.

그러나 맥아더는 자신의 정체를 감춘 파시스트 및 반유대주의자의 가증스러운 집단과 친밀한 관계를 유지했다. 미국에 있는 그의 지지자는 대부분 반격적 성향을 띤 우파 고립주의자였다. 가까운 친구인 조지 밴혼 모즐리 장군은 1930년대 미국 노동계급의 조직자들을 "격리시켜" 배를 태워 소련으로 보내거나 섬의 수용소로 이송해야 한다고 생각했다. 그는 맥아더가 1944년 대통령 선거에 출마해 흑인·유대인·좌익, "하층" 이민자들이 미국을 "잡종화"하는 것을 막기를 바랐다―(자신의 예상대로 맥아더가 "체제 전복적 행동" 때문에 낙선한다면) "가장 극단적인 방법을 잠정적으로 써서라도 우리 공화국을 재건하라고" 맥아더에게 요구할지도 모른다. 달리 말해 그것은 군사 쿠데타였다. 상상의 여지를 남겨놓지 않으려는 듯 제2차 세계대전이 끝난 뒤 모즐리는 당시 히틀러에게 "동조하는 미국인은 거의 없었지만 지금은 한 가지 일―유대인을 제거한 것―만큼은 옳았다고 말하는 것을 어디

서나 들을 수 있다"고 말하기도 했다.[58]

모즐리는 의견이 다른 부류나 인종적 오염은 국가에서 추방하고 잘라내 처리할 수 있다고 생각했다. 그것은 맥아더의 세계관, 특히 미국에 있는 그의 지지층이 지닌 특징이었다. 미국 우선위원회의 전임 위원장인 로버트 우드는 1944년과 1948년 대통령 선거에서 맥아더의 가장 적극적인 지지자였다. 1952년 그는 돈키호테 같은 자신의 활동을 맥아더의 "광신적" 숭배자로 자주 일컬어지던 H. L. 헌트에게 넘겼다. 그 밖에 1944년과 1948년 맥아더의 출마를 후원한 유력한 우익 세력에는 허스트 계열과 개닛 계열 신문, 매코믹 대령, 퓨 가문 그리고 또 다른 중요한 공화당 계열 신문 경영자인 로이 하워드가 있었다.[59]

연합국 최고사령부 정보 책임자 찰스 A. 윌러비 장군은 여전히 맥아더보다 핵심적 반격론자와 더 친밀했다. 그는 특이하고 잘 알려지지 않은 인물이었지만, 맥아더는 그를 "내 사랑스러운 파시스트"라고 부르기를 좋아했다. 그것은 그의 특징을 잘 짚어낸 것이었다. 융커● 가계 출신인 윌러비는 T. 폰 체페 바이덴바흐 남작의 아들로 하이델베르크에서 태어났다. 18세 때 미국으로 왔고 이름을 윌러비로 바꿨다. 그는 1914년 게티즈버그대학을 졸업하고 1917~1918년 멕시코 혁명 기간 중 미국 원정군에서 복무하며 판초 비야를 추적했다. 태평양전쟁부터 1951년 한국 사령부를 떠날 때까지 그는 내내 맥아더의 정보 책임자로 근무했다. 나중에는 존 버치 협회나 '빌리 제임스 해지스 크루세이드' 같은 극우 단체와 긴밀하고 공개적인 관계를 유지했다. 이후 10년(1961~1971) 동안 그는 이 단체가 발행하는 『주간 크루세이더Weekly Crusader』에 '정보요람情報要覽'을 연재했다. 그는 "높은 담장 너머를 바라보는" 프로이센 장교처럼 행동했다. 태평양전쟁 동안 그는 "허영심이 강하고" 공식 발표는 매우 정확하지 않다는 평판을 받았다.[60] 윌러비는 미국에서 자신과 같은 부류를 다시 만들어내는 데 일생 대부분을 바쳤으며, 완전하지는 않지만 반격 지지자 가운데서 그런 부류를 발견했다.

● 19세기 중반 프로이센의 귀족을 통칭하는 말.

윌러비는 뿌리 깊은 인종주의자이자 반유대주의자로 소련 진영을 "황인종-범슬라브주의'의 역사적 연속"이라고 봤다. 그는 "동양과 열대지역의 우글거리는 수백만 명이 연발총을 손에 넣는다면, 키플링이 말한 백인은 몰락할 것"이라고 쓴 적이 있다. 그는 "백인은 값비싸고 귀하다"며 "무식한 중국인 노동자"들이 미군 병사들을 전멸시키는 아시아의 전쟁을 개탄했다. 『아메리칸 머큐리American Mercury』가 격렬한 반유대주의 논문으로 가득할 때 윌러비는 뉴욕에 있는 언론사를 "유대인의 아성"이라고 부르는 기사들을 기고했다.[61] '정보요람'에서 그는 1960년대 내내 명시되지는 않았지만 다양한 "대량 살상 무기"를 베트남인에게 사용해야 한다고 주장했다. 이런 기사의 논리적 타당성을 찾기는 어렵다. 윌러비는 인종차별적 고정관념으로 가득한 세계관을 지닌 대단히 혐오스런 인물이었다. 그는 어떤 일이라도 할 수 있는 사람이었다.

또한 그는 호프스태터가 편집증 환자에 비유한 정치와 꼭 들어맞는 우익이었다. 1952년 맥아더나 태프트 대신 아이젠하워가 공화당 대통령 후보로 지명될 것처럼 보이자, 윌러비는 이것이 "루스벨트-트루먼 방식의 흡혈귀 같은 지배를 영구화하려는 교묘한 음모"에 공화당이 가담한 증거라고 맥아더에게 말했다. 그는 차머스 존슨의 『반역 사건An Instance of Treason』을 읽은 뒤, 좌익 성향을 지니고 있다고 지적하기 어려운 존슨과 로버트 스칼라피노에 대해 오자키 호쓰미尾崎秀實●의 기록을 "호도"하려는 "보잘것없는 프랑켄슈타인"이라고 묘사했다. 윌러비는 오자키가 중국 혁명에 책임이 있다고 생각했다.[62] 그의 편집증은 기밀문서를 파괴해 그것이 고든 W. 프랭 같은 악인의 손에 들어가지 못하게 할 정도였다. 프랭은 한국전쟁 관련 기밀문서와도 중요한 관계를 가진 진주만 사건을 연구한 위대한 역사가였다.[63] ─앞으로 보겠지만 윌러비는 한국전쟁 자료에도 손을 댔다.

맥아더 외에 윌러비가 숭배한 영웅은 프란시스코 프랑코 장군이었다. 그

● 1901~1944. 『아사히신문』 상하이 특파원으로 재직하면서 일본의 기밀 정보를 스탈린에게 전달한 혐의로 처형됐다.

는 1923년 스페인령 모로코에서 "리프족●●에 대한 군사작전"을 전개하는 동안 프랑코를 만났다고 주장했다. 그는 프랑코가 "공산주의자의 제5열을 완전히 소탕한 것"을 칭송하고, 스페인 내전은 15년에 걸친 반공 전쟁의 서장이며 그 마지막 장이 한국전쟁이라고 봤다―그는 한국전쟁을 스페인 내전에 자주 빗대었다. 그는 일본 점령 기간에 프랑코의 군사작전을 다룬 개인 소장용 저서인 『바일렌 전투와 스페인의 교두보Bailen and the Spanish Bridgehead』를 세금으로 출간했는데, 제임스 포레스털이 출간을 권유했다고 주장했다. 일본 점령 기간에 그와 맥아더는 도쿄 주재 스페인 및 포르투갈 대사관과 긴밀한 관계를 유지했다.64

일본 점령 기간과 한국전쟁 동안 윌러비는 세균전을 자행한 전범인 이시이 시로石井四郎 장군을 비롯해 일본 군국주의자들과 비밀리에 계속 접촉했다. 1950~1960년대 그는 냉전 기간 동안 미국 정보기관에 고용돼 있던 라인하르트 겔렌을 비롯한 전직 나치 장교들과 가까운 관계였다고 주장했다.65

맥아더가 해임된 뒤 윌러비는 스페인을 자주 방문했고 미군 기지와 관련해 프랑코와의 협상에 관여했다고 주장했다. 그는 "국제위원회international comité"라는 일종의 우익 국제 조직을 만들어 텍사스의 헌트 형제로부터 자금을 지원받아 스페인과 포르투갈을 독일 우익 세력 및 빌리 제임스 해지스 크루세이드 등과 연결시켰다. 그는 헌트 오일의 대리인으로 포르투갈의 식민지인 모잠비크 연안의 석유 채굴권을 획득하고자 했다.66

파시스트와 편집증 환자로도 보일 수 있는 이런 인물이 맥아더에게 하찮은 인물로 여겨졌다고 생각할 수는 없다. 그는 참모장을 거치지 않고 맥아더에게 접근할 수 있는 유일한 고급 장교였다. 그와 그의 상관은 극비리에 정보 관련 사안을 논의했다. 윌러비는 맥아더와 "매우 가까운" 인물로 평가됐으며, 윌러비는 김일성의 언행을 기록한 서기만큼 맥아더를 헌신적으로 따랐다고 평가됐다. 1947년 그는 맥아더 원수에게 편지를 썼다.

●● 모로코 동북부 산지에 거주하는 베르베르족 가운데 한 부족. 1921~1926년 스페인·프랑스군에 맞서 독립 전쟁을 벌였으나 실패했다.

현재 귀하와 견줄 만한 인물은 없으며 (…) 궁극적으로 [사람들은] 사상이 아니라 위대한 지도자, 이를테면 말버러 공작(원문 그대로)●이나 나폴레옹, 로버트 E. 리 장군●● 같은 인물을 흠모합니다. 그들은 모두 유서 깊은 명문가 출신이라는 배경을 지니고 있습니다. (…) 신사는 위대한 군주를 섬깁니다. 그렇게 되면 저는 제 경력을 아름답게 마무리할 수 있을 것이고 (…) 세계를 살펴보건대 위대한 군주는 무대에서 자취를 감췄으며, 소련의 채찍에 내몰린 정체를 알 수 없는 폭도인 하찮은 부류에 맞서 힘들고 승산 없는 싸움을 벌이고 있습니다.

맥아더의 일흔 살 생일 때 윌러비는 "사람들이 자신에게 헌신을 다하도록 만드는 방법을 늘 알았던, 리더십의 정수이자 아버지 같은 자애를 베푼" 나폴레옹을 비롯한 인물들과 맥아더를 다시 연결시켰다.[67]

윌러비는 혐오감을 불러일으키는 인물이었다. 그는 자신이 융커라는 지배계급의 우월성을 지니고 있다는 것을 자랑스러워했는데, 니체는 융커와 관련해 "그런 독일인이 가까이 오기만 해도 소화가 잘 되지 않는다"고 말한 적이 있다.[68] 타고난 반동인 윌러비는 미국 자유주의의 바다에 홀로 떠 있는 섬과 같았으며, 반격 지지자 가운데서 자신과 같은 사람을 다시 만들어내려고 노력했다. 그는 상관을 제대로 섬기지 못했다. 한국 내전을 스페인 내전에 비유한 것은 적절했지만, 맥아더를 나폴레옹에 견주려면, 스페인에서 나폴레옹에게 일어난 일을 자신의 상관이 압록강으로 진군하기 전에 일깨워줬어야 했다.

● 존 처칠 말버러 1세 공작1st Duke of John Churchill Marlborough(1650~1722). 영국의 군인으로 1704년 프랑스와의 전쟁에서 총사령관으로 승리에 기여했다. 영국 총리를 지낸 윈스턴 처칠의 9대조다.
●● Robert E. Lee(1807~1870). 미국 남북전쟁 때 남부군 총사령관.

중국 로비, 매카시즘, 반격

1949년 어느 날 패트릭 헐리는 NBC 방송의 「미트 더 프레스Meet the Press」에 I. F. 스톤과 함께 출연했다. 중국에서 겪은 경험과 국무부의 중국 "백서" 발행과 관련해 어려운 질문을 받으면서 화가 난 헐리는 "스톤에게 손가락질을 하며 허공에 고함을 쳤다. '좋습니다. 당신은 예루살렘으로 돌아가고 나는 유전油田으로 돌아가겠소.'"[69] 외국인이 이런 언쟁을 조금이나마 이해하려면 적어도 한 시간은 교육을 받아야 할 것이다. 왜 예루살렘인가, 왜 유전인가, 왜 오클라호마의 석유업자가 전시에 중국 대사로 임명됐는가, 왜 그가 좌경화한 국무부의 일부 관료 가운데 처음으로 공개적으로 지목됐는가, 왜 민주사회에서 스톤이 거의 유일하게 원칙에 입각한 반론의 정신을 지니고 있었는가? 전후 초기 미국 정치는 수면 아래서 꿈틀대던 갈등과 음모가 이따금 표면으로 올라와 잡음을 내면서 이해하기 어려울 정도로 복잡해졌다. 이솝 우화 같은 정치적 언어가 자유주의나 다원주의의 용어로는 해석 불가능한 균열을 감췄다. 그것은 중국에서 나타난 두 노선 사이의 투쟁과 비슷했으며, 미국의 뒷마당에서 벌어지고 있던 전형적인 동양식 정치였다.

미국의 뒷마당에서 "중국식 정치"가 시행되고 있던 것은 분명했다. 이런 숨겨진 갈등의 중요한 요소 가운데 하나는 공화당 우익의 일상적 정치에 중국 국민당이 이상할 정도로 큰 영향력을 행사했다는 것이다. 그 관계는 찬찬히 들여다보면 문제투성이이며 1990년대까지도 그대로 이어져왔다고 생각된다. 중국 로비는 그 자체로는 대단한 세력은 아니었으며, 그것을 이끈 사람들도 영향력 있는 인물이 아니었고 그저 자신들의 이익을 추구했던 것이 분명했다. 국민당은 국공 내전에서 패배했고 미국 정부의 지원을 끌어낼 만한 방안도 없었던 것으로 보인다. 그들이 지향한 외교정책의 의도는 대륙을 수복한다는 단순한 것이었다. 그러나 이것은 1950년 이전에는 완전히 불가능한 것처럼 보였다.

중국이 일시적이지만 놀라운 영향력을 발휘한 까닭은 "신중국"으로 변모했기 때문이다. 대부분의 미국인에게 거의 알려지지 않은 불투명하고 이해하기 어려운 광대한 나라였던 중국이 "신중국"으로 변모한 것은 사람들의 관심을 결집시킬 수 있는 중대한 사안이었다. 중국은 미국인에게 아무런 의미도 없었기에 역설적으로 엄청난 의미를 지닐 수 있었다―그것은 우익과 팽창주의자가 어떤 글이라도 쓸 수 있는 빈 서판이었다. "중국" 문제는 1948년 선거 결과는 물론이고 뉴딜과 국제협력주의자의 승리를 뒤집을 수 있는 확고한 중심축이 됐다―그렇게 될 수 있었던 까닭은 그곳이 미지의 신비한 나라여서 논박할 수 있는 대상이 아니었기 때문이다(리처드 닉슨은 "중국" 문제를 이용해 자신의 경력을 송두리째 전환했다. 그는 처음에 "중국을 잃어버린 주범"을 찾는 정책을 주도하고 "베이핑北平"●과 민감하게 대립했지만 나중에는 "베이징北京"과 화해한 위대한 정치가로 변모했는데, 그런 정치적 부활에는 덩샤오핑의 도움이 컸다).

한 세기에 걸친 옛 중국의 혼란을 끝낸 거대한 자생적 혁명은 모스크바나 미국의 제5열이 만든 끔찍한 산물로 볼 수도 있다. 중국에 대해 아는 사람이 아무도 없었기 때문에 악취 나는 부패와 폐허 위에 군림하는 메스꺼운 독재로 변모한 실패한 민족주의 혁명은 허스트가 휘두르는 마법의 지팡이에 의해 기독교를 신봉하는 민주국가로 변모할 수 있었다. 근본적 대립은 미국이라는 국가와 사회에 있었지만, 뉴딜 이후 "중국"은 공화당 보수파와 우파가 가장 민감하게 반응하는 문제가 됐다(진주만 공습을 루스벨트의 책임으로 돌리려는 시도는 실패했다). 국민당과 그 추종 세력은 미국의 지원을 갈망하고 있었던 터라 기꺼이 순종했고, 그 결과 인간관계와 자금, 반역 행위의 연결망은 하룻밤 사이에 확대됐으며, 무너지기 직전의 망명 정부는 미국 정치에 이상하리만큼 큰 영향력을 행사하게 됐다.

유력한 공화당 인사(와 때로는 윌리엄 폴리 같은 민주당 인사)들은 중국 로비 활동을 후원했지만, 가장 두드러지게 움직인 것은 예상대로 어중간한 부류였다. 중국 로비의 리더로 알려진 사람은 앨프리드 콜버그로, 임금이 매우 낮은 "중국 여성을 다수" 고용해 아일랜드 아마포에 정교한 자수를 놓게 함

● 베이징의 옛 이름.

으로써 "콜커치프Kohlkerchiefs"라는 상표로 만들어 1년에 100만 달러의 이익을 올린 인물이었다. 그는 독특하지만 전형적인 팽창주의자로 소규모 섬유업을 관리하는 것이 주 수입원이었다. 그는 유대인인데도 불구하고, 반유대주의자를 자처하는 인물들과 어울렸다. 그는 중국 국민당에 고용된 로비스트 윌리엄 굿윈의 도움을 받았다. 굿윈은 진주만 사건 이전 미국 파시스트 세력과 연관돼 있었던 인물이다.[70]

콜버그는 1940년대 중반 국무부 안팎의 중국 전문가들에 대해 음모론을 뿌리기 시작하면서 태평양문제조사회IPR를 집중적으로 공격했다. 그러나 귀 기울이는 사람은 거의 없었다. 그가 존 포스터 덜레스에게 편지를 써 앨거 히스—덜레스는 그를 카네기재단 책임자로 뽑았다—와 관련해 알고 있는 것이 있으니 만나자고 요구했지만 덜레스는 거절했다. 그러나 중국 문제가 뜨거워지고 2년 뒤 덜레스는 더 이상 무시할 수 없어 그와 만났다.[71] 그 무렵 "중국"은 듀이가 트루먼에게 근소한 차이로 패배한 것을 만회할 수 있는 수단이 됐다고 여겨지며, 공화당의 주요 인물들은 중국 로비를 후원하기 시작했다.

1948년 선거 직전의 극비 전보 한 통은 중국 국민당이 듀이에게 관심을 기울인 까닭을 설명해준다. 그에 따르면 덜레스가 듀이의 국무장관이 될 것이며, 그를 비롯해 스타일스 브리지스와 월터 주드 같은 공화당원은 "선거 직후 특별조사단을 중국에 파견하도록 듀이를 설득하려고 했다."[72] 장제스는 미국의 원조를 간절히 바라고 있었다. 듀이가 트루먼에게 아슬아슬하게 패배한 것은 국민당을 공황상태로 빠뜨렸음이 분명했다.

곧 콜버그 등은 공화당 고위 인사들의 지지를 받았다. 이를테면 콜버그는 로이 하워드, 헨리 루스, 웨더마이어 장군, 월터 주드 같은 주요 공화당 인물과 함께 윌리엄 폴리가 조직한 중국과 극동 관련 개인적 "연구 모임"에 참여했다. 또한 콜버그는 독설가인 신문 경영자 윌리엄 러브, 여러 상하원 의원과 가까웠다. 스크립스하워드Scripps-Howard 계열 신문은 트루먼이 그 소유주를 "로이 장제스 하워드"라고 부를 정도로 장제스의 정책을 널리 홍보했다. 하워드는 후스胡適·우궈전吳國楨·장팅푸蔣廷黻 같은 주요 정치인뿐 아니라 쑹쯔원·쿵샹시孔祥熙·둥셴광董顯光 그리고 텅스텐 재벌 리궈친李國欽 같은 부유한 국민당 인사들과도 널리 교류했다. 그는 1950년 6월과 9월 도쿄에서 적어도 두 차례 쿵샹시가 윌러비를 만날 수 있도록 주선했다. 하워드는 이승만 진영과 연관 있는 소수의 중국 로비스트 가운데 한 사람이었다. 그가 접촉한 인물은 주로 임영신(루이스 임)이었다. 또 다른 주요 활동가이자 재정적 후원자는 피츠버그의 괴팍한 사업가이자 관棺 제조업자 프레더릭 매키였다.[73]

여러 자료에 따르면 중국 로비에 들어오는 자금의 상당 부분은, 중국 국민정부에서 제공되는 것을 제외하면, 당시 세계에서 가장 부유한 사람 중한 명인 쑹쯔원이 직접 보내는 것이었다. 웰링턴 구의 문서를 보면 국민당이 콜버그가 경영하는 『플레인 토크Plain Talk』와 『내셔널 리퍼블릭』에 직접 자금을 지원한 것을 알 수 있는데, 『내셔널 리퍼블릭』이 중국 전문가들에게 그처럼 예상 밖의 관심을 보인 까닭은 여기 있었다. 국민당 정부 관료들은 노먼 페이지라는 인물에게 홍보 활동비로 매달 2000달러를 지급했고, 레이리처즈 같은 허스트 계열 신문 기자에게 기사를 부탁했다. 웰링턴 구는 프리다 어틀리에게 자금을 지원해 그의 저서에서 국무부와 학계의 중국 전문가들을 비방하게 했다(로버트 우드와 H. L. 헌트도 어틀리에게 자금을 지원했다).[74] 미국 언론인 드루 피어슨은 "워싱턴의 다른 주요 사안보다 중국 로비를 위해 더 많은 돈이 쓰였다"며, 자신이 쿵샹시에 대해 호의적으로 서술했다면 루이스 존슨이 자신에게 1만 달러를 줬을 것이라고 확언했다.[75]

윌러비 장군은 콜버그와 중국 로비를 열심히 지원하면서 이리저리 떠돌아다니는 수많은 좌익에 대한 자신의 음모적 망상을 전달했다. 매카시가 심문을 시작하기 직전 윌러비는 콜버그에게 편지를 써 『플레인 토크』가 "1943년 이후 중국의 배신"에 "가차 없는 태도"를 유지했으며 히스와 중국 전문가들의 "비열한 음모"를 폭로한 것을 상찬했다.[76]

이런 혼돈의 수령 속으로 조지프 매카시 상원의원이 발을 내디뎠다. 그는 1950년 초 한 기자에게 "내 주위는 거짓말로 가득하지만 나는 그것을 어떻게 이용해야 하는지 알고 있다"고 말했다. 그런 거짓말의 대부분은 콜버그,

윌러비, J. 에드거 후버를 포함한 우익에게서 나왔다. 매카시는 국무부를 비롯한 여러 기관에 있는 207명 또는 55명 또는 한 줌의 자유주의자들을 향해 "4억 아시아인을 무신론의 노예제에 팔아버린 공산주의자와 동성애자"라고 맹렬히 비난했는데, 소련은 그런 매카시의 행동을 "정신병원의 아마추어 연극제"라고 불렀다. 한편 그는 자신의 애국적 행위 때문에 "아첨하는 가짜 자유주의자"들의 신랄한 공격에 시달려야 했다. "테일거너 조Tailgunner Joe"● 는 혐오스러운 인물이었지만, 반격 지지자를 결집시키는 방법을 알고 있었다.77

미국인들에게 공산주의자의 면모를 말해줘야 하는 매카시는 그럴듯한 사례를 제시했다.78 주로 동부 기득권층 명문 출신으로 국무부에 재직하는 저술가, 트위드 재킷을 즐겨 입는 교수, 숨어 있는 동성애자, 해외에 오래 체류한 중국 전문가들―국내에 있는 외국인, 곧 보수적인 미국 중서부 출신이 아니라고 여겨지는 사람은 모두 해당됐다(『프리먼The Freeman』지는 공산주의의 선전은 "아시아 출신 하층 노동자와 하버드대 교수들에게만 호소한다"고 쓴 적이 있다). 학력이 높은 사람은 거의 모두 혐의를 받았다. 이처럼 1950년대 자유주의자는 정체성을 오해받는 수난에 시달렸다.

매카시즘이 지나간 뒤 그것은 대중에게 영합한 한 인물의 일탈로 가볍게 해석됐다. 이런 해석은 1960년대 후반까지 사회과학에서 널리 받아들여졌다. 리처드 로버는 대부분의 우익에게 그런 병리가 있었다고 지적했다. "매카시는 1930~1940년대 파시스트와 반反 파시스트 운동에서 초기의 선동가를 추종한 얼간이들과 강박적 증오심에 사로잡힌 자들을 대부분 자신의 추종자로 끌어들였다." 피터 비렉은 좌익과 우익 모두 일탈했다며, 매카시는 "자기기만적인 우익의 허식 뒤에 있는 좌익적 본능"을 감춘 채 "잘 속아넘어가는 수많은 대중이라는 기반"을 이용했다고 지적했다. 아무도 솔직하게 말하지 않았지만, 그는 매카시즘이 다음과 같은 요소가 합쳐져서 만들어졌다고

● 「테일거너 조」는 NBC에서 1977년 방영한 매카시의 전기를 다룬 TV 드라마다. 제목을 "테일거너 조"라고 한 것은 매카시가 제2차 세계대전에서 폭격기 후방 사수로 싸웠다고 거짓말을 한 것에 대한 조롱이다. 한마디로 "허풍쟁이 조"라는 뜻이다.

생각했다.

두메산골과 빈민가, 서부의 소박한 개신교적 정신(좌익은 대중 영합주의적·진보적이며 우익은 무지함)과 동부의 남보스턴South Boston 정신을 민족주의와 결합했다. 비유하자면 후자는 아직 발굴되지 않은 지하 묘지로, 동부 상류사회의 두 영역(자유주의와 월가)에 있는 경박하고 건망증 심한 유력자들에게 오랫동안 불만을 품어왔다.[79]

여기에는 역겨운 선민의식과 잡다한 비유가 뒤섞여 있지만 진실도 담겨 있다. 첫째, 매카시즘은 비렉이 "우리의 옛 지배계급"이라고 부른 부류, 곧 "동부 출신으로 학력이 높고 유복하며, 월가의 애치슨이나 디트로이트의 산업가로 동부화東部化된 폴 호프먼처럼 국제협력주의자이며, 적어도 겉으로는 자유주의자인" 동부 기득권층을 겨냥한 공격이었다는 것이다. 이 계급은 "정부의 행정부와 사법부를 계속 효과적으로 장악해왔고 (…) 미국의 교육과 지적 생활을 대부분 지배했으며 (…) 어떤 것이 훌륭한 선택인지 결정하는 데 거의 절대적인 영향력을 지녔고 (…) 재단들을 지배하는 데서 견줄 만한 상대가 전혀 없었다". 그는 존 J. 매클로이를 이 지배층의 회장으로, 라인홀드 니부어를 "그 계급의 공식적 신학자"로 지명했고, 아서 슐레진저 2세를 궁정 역사가로 추가했다.[80] 동부 기득권층이 이것들을 모두 "장악"했다는 데 이의를 제기할 수도 있지만, 1950년 이전 수십 년 동안 그들이 외교정책을 지배했다는 것은 부인하기 어렵다.

우익 고립주의자와 반격 세력이 역사에 불만을 품은 것을 매카시가 이용한 사실은 분명했다. 그는 가톨릭을 믿는 독일계 미국인으로 농장 지대 선거구에서 선출됐고 자기 지지층이 영국인과 친영적 동부인에게 지닌 증오를 다양한 형태로 표현했다. 반면 애치슨은 영국식 발음과 잘 다듬은 콧수염, 중절모와 연미복을 즐겨 입으면서 세력을 규합했다. 매카시가 정부 내에 공산주의가 침투해 있다고 처음 상원에 출석해 고발한 그날, 인디애나주 출신의 호머 케이프하트 상원의원은 분노를 터뜨렸다. "우리는 앞으로 얼마나 더 많은 부담을 떠안아야 합니까? 클라우스 푹스,• 애치슨, 히스, 우리를 위협하는 외국의 수소폭탄, 국가의 중추를 갉아먹고 있는 뉴딜주의! 도대체 미국이 할 수 있는 최선이 이것입니까?"(강조는 인용자)[81]

이런 우스꽝스러운 연극에는 기괴한 성 정치도 따라다녔다. 매카시는 "공산주의자와 동성애자"를 동일시했지만, 보스턴 명문 출신 발음을 하거나 지식인의 풍모를 지녔거나 또는 세상 물정에 밝은 사람이면 동성애자는 아니더라도 여성적인 남자로 만들어버렸다. 중도파인 에버렛 더크슨은 국무부에서 "라벤더족"••으로 불렸으며, 실제로 그 시기에 정부 안의 동성애자는 대대적으로 추방되었다.[82]

J. 에드거 후버가 거느린 수사 요원G-men이 열성적인 국제협력주의자인 섬너 웰스 같은 인물을 공중화장실에서 체포했다거나, 진위는 분명치 않지만 케인스, 해리 덱스터 화이트, 로클린 커리가 동성애자라는 등 워싱턴에 떠돈 소문이 매카시에게 영향을 준 것은 분명했으며, 지금까지도 앨거 히스(나 그의 아들)와 휘터커 체임버스가 동성애 관계였다고 믿는 사람이 있을 정도다.

또 다른 두 개의 뿌리 깊은 구조는 이런 성 정치를 잔인한 소문 이상으로 확대시켰다. 첫째, 1951년까지 미국 정보기관에 침투했다가 적발된 영국 스파이 중 가이 버지스와 도널드 매클레인 같은 동성애자가 있었고, 그래서 CIA에는 동성애자가 많이 근무하고 있다고 추측했다. 둘째, 매카시 자신과 휘터커 체임버스가 동성애자라는 소문이 있었고, J. 에드거 후버와 찰스 톨슨의 관계도 비슷하게 추정됐다. 매카시의 젊은 부하 로이 콘과 데이비드 신도 비슷한 혐의를 받았다. 릴리언 헬먼은 그들 가운데 세 사람을 "보니와 보니와 클라이드"라고 불렀다.[83] 물론 이것은 모두 쓰레기 같은 가십 기사에 지나지 않는다. 또한 당시의 흥미로운 시대상과는 전혀 무관했다. 동성애자

• Klaus Fuchs(1911~1988). 독일 태생의 미국 이론물리학자. 미국 원자폭탄 개발에 참여한 그는 1940년대 초부터 소련과 접선해 원폭 설계도 등을 넘겼다. 그는 소련이 원폭 실험에 성공한 1949년 미 정보 당국에 붙잡혀 9년형을 살았다.
•• Lavender Lads. 동성애자를 뜻하는 표현.

는 다른 동성애자를 폭로해 자신의 성적 지향을 감췄고, 배반자는 다른 이들이 배반했다는 소문을 흘려 자신의 행동을 숨겼다.

매카시즘은 병리적 현상이 아니었다. 그것은 미국 정치였으며, 늘 존재하면서 언제나 낯설고 예측할 수 없는 모습으로 위기 때마다 떠오르는 경향―제1차 세계대전 뒤 적색공포, 제2차 세계대전 뒤 매카시즘, 베트남전쟁 뒤 제리 폴웰●과 제시 헬름스●●―의 일부였다. 그것은 공화당 보수파에 뿌리를 둔 주된 경향이었지만 공화당과 민주당 중도파의 비판적 지지를 받았다. 마이클 폴 로긴이 지적한 대로 "매카시즘은 대중의 반항이 아니었다. 그것은 미국 정치의 통상적 기능 안에서 번창했으며 그 범위를 과격하게 벗어난 것이 아니었다". 그것은 "다른 세력을 겨냥한 일부 정치 엘리트들의 공격이었으며 그렇게 하게 만든 원인 제공자는 공격 대상이 된 바로 그 엘리트들이었다".[84] 그것은 국가 내부에서 이뤄진 숙청이기도 했다.

미국의 국내 정치는 럭비와 비슷하다. 골라인을 향해 돌진하면서 유권자와 밀고 당기는 수많은 흥정 때문에 근육을 다쳐 자신의 뜻대로 움직이지 못한다. 외교정책은 발레나 쿼터백이 던진 긴 패스 또는 결정타를 지닌 권투 선수와 같다. 매카시는 아무것도 믿지 않은 허무주의자였다. 그는 상원의 규정을 파괴했고, 국내 정치의 복잡한 연결망도 찢었으며, 거의 누구도 이해하지 못하던 외교 문제를 안고 돌진했다. 그는 자신이 싫어하던 지루한 의회 정치에서 도망쳐 나와 분노한 대중에 의지해 트루먼-애치슨 정부를 이념적으로 공격함으로써 예외적으로 풍부했던 그들의 자율성을 제약했다.

매카시(그리고 뒤에는 매캐런 상원의원도)는 파괴분자로 의심된 인물에 대한, 대부분 극비로 분류된 자료를 J. 에드거 후버와 윌러비, 맥아더의 참모인 휘트니 그리고 심지어 CIA의 월터 베델 스미스에게서 제공받았다. 1953년 법무부는 래티모어와 존 데이비스 사건과 관련해 윌러비, 허스리何世禮,●●● 장

● Jerry Falwell(1933~2007). 미국의 보수적 종교 지도자로 1979년 낙태와 동성애 등에 반대하는 보수적 정치·종교 단체인 '모럴 머조리티Moral Majority'를 창설했다.
●● Jesse Helms(1922~2008). 미국 공화당의 강경파 의원.
●●● 당시 일본 주재 타이완 대사.

징궈蔣經國의 협력을 받았다─물론 장징궈는 장제스의 장남으로 국민당 비밀경찰을 오래 지휘했다. 아마 가장 충격적인 것은 이런 사건들 가운데 일부는 이제 거짓으로 판명됐다는 사실이다.[85] 1947년 윌러비는 매카시와 비슷한 조사를 독자적으로 시작했는데, 특히 "극좌적인" 태평양문제조사회에 소속된 학자들을 대상으로 삼았다. 첫 사례는 앤드루 그라즈단제브로 1944년 출간한 저서는 지금까지도 일본의 한국 지배에 대한 가장 뛰어난 영문 저서로 평가된다. 윌러비는 그를 미행하고 그의 우편물을 검열한 뒤 그가 "오랫동안 소련의 간첩"이었다고 결론지었다─증거는 오언 래티모어가 그의 추천서를 써준 것과, 맥아더나 윌러비와 달리 그는 일본인을 처벌하고자 했다는 것이었다.

윌러비는 애나 루이즈 스트롱과 애그니스 스메들리를, 그 수법은 알기 어렵지만 멀리서 조종해 마오쩌둥을 집권하게 만든 교활한 파괴분자라고 지목했다. 1950년 5월 하원의 반미활동 조사위원회the House Un-American Activities Committee● ─정말 "반미"적 인사를 색출하려고 했다면 윌러비를 조사했어야 했다─위원장에게 보낸 편지에서 윌러비는 "미국 공산 세력 수뇌들의 목표는 중국의 공산화"며 중국인은 미국 공산 세력의 동조자로 "외부적 요인, 곧 서방세계의 정복을 목표로 범슬라브주의에 입각한 공산주의자의 '성전聖戰'에 납득하기 어려울 정도로 열광한다"고 말했다. 윌러비는 유대인 출신임을 알려주는 이름과 출생지에 특히 관심을 기울였다.[86]

공화당을 지지하는 주요 언론 기업주도 매카시를 도왔다. 그는 허스트·스크립스하워드·매코믹·개닛 같은 공화당 거대 계열의 지지를 모두 얻었다. 허스트 계열 신문은 레이 리처즈에게 정부 안에 있는 공산주의자를 조사시켜서 매카시를 돕게 했다. 리처즈는 1945년 아메라시아 사건Amerasia case●●에서 조지 돈데로 의원과 함께 일했으며, 오언 래티모어를 자신의 특별한 표적

● 1940~50년대 '공산주의자 사냥'으로 유명한 단체였으며, 1969년 국내 치안위원회Internal Security Committee로 이름을 바꿨다.
●● 『아메라시아』 지의 편집인 조지프 밀턴 번스타인이 미국 정부의 기밀문서들을 입수해 소련군 첩보기관인 GRU에 정기적으로 제공한 사건.

으로 삼았다. 리처즈는 이승만의 친구이자 그의 로비스트였다.[87]

매카시즘은 1948년 대통령 선거의 패배를 만회하고 뉴딜 정책을 축소시키려는 공화당 주요 인사들의 일반적인 관심 외에 좀더 좁은 이해관계에도 부응했다. 토머스 C. 리브스가 지적한 대로 매카시가 처음 추진한 "반공적" 행동 가운데 하나는 1949년 9월 소련산 모피 수입에 할당량을 부과해 위스콘신주의 모피 산업을 보호하려는 시도였다. 심문을 시작하면서 그는 헌트, 휴 로이 컬런, 클린트 머치슨 같은 독립 계열 석유회사 사장들의 지지를 모았다. 그는 머치슨의 별장에서 자주 휴가를 보낸 탓에 "텍사스 출신 세 번째 상원의원"으로 불리기도 했다.[88] 앞으로 보겠지만, 그는 한국전쟁 직전 일어난 중국의 콩﹖ 관련 음모에서도 이익을 봤다고 알려졌다.

오언 래티모어 사건은 매카시즘과 중국 로비 그리고 그 로비와 한국의 관계에 대해 많은 것을 말해준다. 매카시는 한국전쟁 훨씬 더 전에 공격을 시작했고, 한국을 보는 래티모어의 시각은 매카시의 주요 관심사 가운데 하나였으며, 1950년 6월에는 매카시즘이 추진력―"중국"을 미국 정치의 쟁점으로 만드는 능력―을 잃어버렸다는 사실들은 대개 잊힌다. 매카시는 1950년 3월 13일 래티모어를 간접적으로 처음 공격한 뒤 3월 21일 "소련의 간첩 두목"을 적발했다고 말했고, 자신이 소속된 위원회에서 정보를 흘리자 마침내 래티모어를 지목했다. 매카시는 래티모어 외에 필립 제섭도 "래티모어의 위험하고 유능한 협력자"로 거론했지만, 궁극적 목표는 애치슨이었다. 매카시는 그를 "래티모어의 마음을 대변하는 목소리"라고 표현했다.[89] 애치슨은 그의 마지막 표적이었다. 그 까닭은 무엇인가? 앞으로 보겠지만, 부분적으로는 1950년 봄 트루먼을 제외하면, 애치슨은 임박한 공산 세력의 침략으로부터 살아남기 위해서 지원이 절실한 국민당과 그들을 지지하는 미국인 사이에서 버티고 있는 마지막 고위 관료였기 때문이다.

4월 초 매카시는 래티모어가 소련의 간첩임을 입증하는 서류가 있다고 주장하면서 그것을 언론에 공개하라고 그에게 촉구했다―그것은 1949년 8월에 작성된 래티모어의 보고서로, "미국은 남한의 복잡한 분규에서 되도록 빨리 벗어나야 한다"고 주장하는 내용이었다. 래티모어는 한국이 "작은 중국"이며 이승만은 제2의 장제스라고 봤다. 그는 미국이 장제스를 지원해 이길 수 없다면 어떻게 "중국이나 아시아 다른 곳에 산재한 '작은 장제스들' 을 지원해 이길 수 있겠는가"라고 판단했다. 그 주장은 설득력이 있었고, 반역 행위로 보기는 어려웠다. 그것은 1945년 이후 장제스에 반대하는 자유주의 세력이 공유한 주제였다. 뒤에서 살펴보겠지만 래티모어의 보고서는 1949년 여름, 관료 조직 안에서 반격의 흐름이 커지고 있는 것을 우회적으로 비판했다.

> 극동에서 공산주의와 전쟁을 피해야 할지 적극적으로 추구해야 할지 아직 분명히 말할 수 없다. 극동이 최상의 작전지역이 될지도 장담할 수 없다. 우리 에게는 아직 대안이 있다. 비교적 오래 평화를 유지하거나 급속히 전쟁에 돌입하는 것이다. 전쟁을 벌인다면 북한이나 베트남, 중국이 아니라 소련을 물리쳐야만 승리할 수 있다.[90]

이 문서는 동아시아 정책의 전면적 재평가의 일부로 래티모어 같은 외부 자문가의 견해를 정리한 것이었다. 이 문서에 따르면 래티모어는 극동에서 봉쇄와 반격 사이에서 전개되던 변증법을 알고 있었던 것으로 보인다.

1950년 5월 중순 매카시는 한국 정책과 관련된 "애치슨-래티모어 추축樞軸"(또는 "소련공산당 정치국 안에 있는 피리 부는 사나이")을 다시 공격하면서 래티모어의 한국 계획은 수백만 명을 "공산주의의 노예"로 만들 것이라고 주장했다. 그는 국민당의 주적인 애치슨을 직접 겨냥해 "아시아에서 우리를 배반한 최고책임자를 쫓아내야 한다"고 목소리를 높였다.[91]

한국에 대한 래티모어의 좀더 구체적인 견해는 1949년 가을 국무부가 전문가를 초청해 새로운 아시아 정책을 자문하면서 제시됐다. 코라 듀보이스와 존 K. 페어뱅크는 동아시아 대부분을 휩쓸고 있는 혁명은 그 지역 자체에서 발생한 것으로 1세기에 걸쳐 서구에서 받은 충격의 정점이라고 지적했다. 한편 필립 테일러, 윌리엄 콜그로브, 버나드 브로디 같은 보수적 학자는 아시아의 혁명 뒤에는 소련의 책략이 있다고 주장했다. 특히 테일러와 콜그로브는 일본이 동아시아에서 지위를 되찾기를 바랐으며, 테일러는 "우리는 이 문제에 정면으로 부딪혀야 한다. 일본을 옛 공영권共榮圈 안으로 복귀시키고 (…) 거기에 인도를 포함시켜야 한다"고 말했다. 그러나 학계는 자유주의 세력이 지배했고 관련 모임들에서는 중화인민공화국과 관계를 구축하기를 기대하는 쪽으로 의견이 모였다. 테일러 등은 분명히 소수파였다.

래티모어는 단순하고 명쾌한 논점들을 만들려고 했다. 미국은 아시아에 진보적 자유주의 세력이 있을 경우 그들과 연합해야 하지만, 중국 혁명처럼 변화가 이미 사실로 나타난 곳에는 개입해서는 안 된다는 것이었다. 그것은 어리석은 자멸 행위라고 그는 생각했다. 그의 견해는 합리적이었고 풍부한 정보에 기초한 것이었다. 1945년에 그들은 중도파였고 이는 1947년에도 용인됐지만, 1950년 워싱턴에 부는 새바람에 맞춰 적절히 변화하지 못했다. 요컨대 그것이 오언 래티모어의 실책이었다. 법률적 용어로 요점을 말해야 한다면, 그가 말한 것은 모두 미국 수정헌법 제1조에 따라 보호됐고, 그가 소련과 연계됐다는 증거는 전혀 없었다. 게다가 애치슨·케넌·러스크 등은 외부 전문가의 견해를 절실히 고대하고 있지도 않았다.

이 회의에서 래티모어가 한국에 대해 개진한 견해에는 앞을 미리 내다보는 통찰력이 있었다. "한국은 그리 중요한 지역으로 보이지 않아 간과되는 경향이 있지만, 표면적으로 나타나는 무게보다 더 큰 영향력을 행사할 수 있는 나라로 드러날 것입니다." 그는 이런 예언적 발언을 개진한 뒤 한국의 정치적 상황은 "더욱 불안해지고 있으며" "대단히 불쾌한 경찰국가"가 되고 있다고 정확히 말했다.

주요 권력은 일본에 협력했던 인물들에게 집중돼 있습니다. (…) 현재 남한 정권에서는 옛 일본의 통치와 유대를 완전히 다시 침투시키지 않고서는 일본과 긴밀한 경제 관계를 재개할 수 없다고 생각됩니다. (…) 현재의 남한 정권은 아시아에 있는 미래의 민주 세력의 희망을 좌절시키고 있습니다. (…) 한국은 앞으로 일어날 사태에 대한 끔찍한 경고입니다.

그러나 전쟁이 시작되자 래티모어는 미국의 개입을 지지한다고 밝혔다.[92]

래티모어와 관련된 매카시의 정보는 거짓말과 절반의 진실 그리고 콜버그가 몇 년 동안 퍼뜨렸지만 성공하지 못한 망상을 엄청나게 많이 쌓아올린 것에 지나지 않았다. 윌러비는 콜버그와 매카시에게 음모론을 계속 시끄럽게 주장했지만 래티모어와 관련해서는 구체적인 증거가 없었다—프랑스 경찰 자료와 1930년대 중국에 대한 일본 헌병대의 첩보 자료를 검토한 뒤에도 그랬다. 그 결과 그는 자신의 첩보원 가운데 한 사람을 타이완으로 보냈다. "잔디밭에 있는 미끄러운 뱀은 어디선가 나타나기 마련이다." 그러나 CIA 고위층에 따르면 윌러비는 래티모어(또는 국무부의 어떤 인물도)에 대한 중요한 정보를 전혀 캐내지 못했고 매카시에 대해서도 마찬가지였다. FBI는 윌러비와 콜버그 모두에게 정보 제공을 요구했으며, 그것을 매카시에게 전달하기도 했다. 중국 로비의 다른 구성원들도 매카시에게 협력했는데, 이를테면 루이스 존슨의 측근인 빅터 오켈리어는 1950년 4월 래티모어에 관련된 정보를 중국 국민당에 요구했다.[93]

래티모어를 겨냥한 매카시의 마녀사냥은 본질적으로 분명히 정치적이며 허위적이었지만, 몇 주 만에 자유주의적 언론기관들은 고전적 대응 방법을 사용해 매카시의 총구에서 벗어났다. 래티모어가 자신의 견해를 밝힐 권리는 지지하지만 그 견해 자체는 무책임하며 극단적이라고 비난한 것이다. 4월 중순 『뉴욕타임스』는 한국에 대한 래티모어의 태도가 "건전하지 않다"고 비판했다. 『뉴욕타임스』는 래티모어의 견해가 "상당히 충격적"이라고 지적하면서, 국무부는 "한국에서 철수하자는 래티모어의 조언을 단호히 거절했다"고 보도했다(이 무렵 한국의 중요성을 인식했음을 보여주는 좋은 사례다).[94]

자유주의 세력이 결집해 새로운 중도라는 안락한 거점으로 나아가는 이런 과정을 보면 미국 정치에 뿌리 내린 좌익이 없다는 결과를 목격할 수 있는데, 좌익 자유주의자를 정치적 포용이라는 신성한 영역 바깥으로 내던져 기반이 매우 위험하고 불안해지도록 방치한 것이다. 래티모어를 겨냥한 매카시의 공격은 허용할 수 있는 범위의 새로운 경계선을 정확히 설정했다. 좌익 자유주의적 중국 연구자 한 사람은 퇴출됐고, 프리다 어틀리가 영입

됐다.[95] "이 시대의 주요 역설 가운데 하나는 자유주의 세력이 미국의 좌익을 거부한 새로운 자유주의를 구축하고 적색공포라는 근본적 전제와 전술을 수용하는 데 예상외로 중요한 역할을 했다는 것"이라는 메리 매콜리프의 지적은 매우 타당하다.[96] 대외 정책에서 그 효과는 수용을 중시하는 국제협력주의자의 생각을 결박하고 마비시키며, 반격이라는 대안을 허용하도록 밀어붙였다는 것이다―이것은 한국전쟁이 시작되기 바로 몇 주 전의 일이었다.

"테일거너 조는 뛰어난 저격수였다. 그는 어깨너머로 우익을 기웃대며 부당하게 정체성을 의심받는 사건이 다시 일어나지 않을까 걱정하는 자유주의자들을 양산했다.[97] 자유주의 세력이 매카시즘을 증오한 진짜 이유는 이것이었다. 다시 말해 수천 명의 미국 좌익과 공산주의자가 부당하고 불법적으로 박해받았기 때문이 아니라, 무고한 자유주의자들이 그의 조준기 시야에 포함됐기 때문이다. 매카시즘은 지배층 내부의 대립이었으며, 그 쟁점은 대부분 1930년대로 거슬러 올라갔다. 조 매카시는 그 갈등의 맨 앞에 선 척후병으로 치고나갔다. 그 까닭은 그가 맨 앞에 서서 기존의 지배 세력이 바라는 길을 닦는 역할을 자임한 기회주의자이자 허무주의자이자 전형적인 극단주의자였기 때문이었다―그가 미국 정치에서 맡은 역할은 카다피가 아랍 정치에서 맡은 역할과 같았다. 고립주의와 반격 지지층에서 거대한 군중을 동원해 그들의 결집된 힘을 정부에 행사하려는 매카시 상원의원과 그의 협력자들의 시도에 대중은 포섭됐다.

그러나 지적할 사항이 또 하나 있다. 여기서 증명할 수는 없지만 지배층 내부의 대립에서 핵심 쟁점은 매카시의 주요 지지자들이 반역적 행위를 했을 가능성에 대한 것이다. 1930년대 그의 후원자들은 미국 우선위원회와 독일계 미국인협회에 가입한 부류를 포함해 대부분 독일을 지지했다. 그들은 진주만 공습 이후 대단히 불안한 상황에 놓였다. 그들은 세계대전이 끝난 뒤 그동안 한 행동을 조사받을지도 모른다며 두려워했다. 공격이 최선의 방어라는 사실은 진주만 사건 조사위원회를 설치한 동기와 뉴딜주의자를 공통의 표적으로 삼은 까닭을 일부 설명해준다. 특히 흥미로운 사실은 해리 덱스터 화이트와 로츨린 커리의 사례였다. 그들은 1940년대 초 전시에도 여전히 나치와 거래하는 미국 기업을 가장 강력히 비판했고 그 세력의 약점도 모두 알고 있었다. 이들은 1950년대 매카시 일파의 표적이 되었다.[98]

매카시즘은 1950년대 국민당과 중국 로비와 고위 관료들이 결탁해 저지른 부패와 음모—앞으로 보듯 외국 정부를 위해 최고 기밀을 훔치는 행위를 포함해—에서 관심이 멀어지게 만들었다. 좁은 범위의 이해관계 세력은 매카시즘을 매개로 20년 동안 미국과 타이완의 관계를 유지시키는 결과를 얻었고, 국민당에 대한 진실을 말한 거의 모든 정부 관료를 실직시켰으며, 수많은 팽창주의자의 주머니를 든든하게 만들었다. 의회와 법무부는 이것을 조사해야 했으며 지금도 그럴 필요가 있을지 모른다. 그러나 매카시의 흉폭하고 거친 공격은 모든 관심을 다른 방향으로 돌려버렸다.

제임스 버넘: 개입주의의 이론가

앨프리드 콜버그의 잘 알려지지 않은 『플레인 토크』라는 잡지는 그가 운영한 중국 로비의 무례하고 조잡한 견해를 주로 대변했다. 1948년 6월 아이작 돈 러빈은 미국의 전략 목표는 "모스크바의 제국주의자들이 불법적으로 모은 전리품을 토해내도록" 해야 하며 그 "기본 원리"는 행동이 돼야 한다고 주장하는 글을 실었다—그는 그런 전략을 "소련이 가장 강력한 곳이 아니라 가장 취약한 곳, 그 입구가 아니라 내륙지역에서, 대서양 일대가 아니라 태평양에서" 펼쳐야 한다고 주장했다. 미국은 중국 국민정부의 200개 사단에 무기를 공급해 "만주를 되찾아야" 하며, 그럴 경우 소련의 관심을 유럽에서 벗어나게 하면서 "그들이 극동에서 확보한 거대한 산업 거점 하나를" 빼앗는 이점이 있다고 제안했다. 1948년 10월 콜버그와 러빈은 아시아는 물론 동유럽의 "해방"에 대한 종합적 정책을 요구했다. 그러나 1948년 당시 그런 견해가 극단론을 추종하는 세력 이외에서 찬성을 얻었다고 말하기는 어렵다. 『플레인 토크』는 주로 중국 국민당원들이 지지했다. 동북아시아에서 반격을 추진해야 한다는 콜버그의 요구는 앨거 히스에 대한 그의 고발과 마찬가지로 아무도 귀 기울이지 않았다.[99]

1950년 『플레인 토크』의 운명은 바뀌었다. 이제 『프리먼』으로 이름을 바꿔 신보수주의(또는 그저 예전부터 지속돼온 보수주의)를 대변하는 잡지, 말하자면 그 시대의 『코멘터리Commentary』지였다. 콜버그가 히스와 래티모어, 태평양문제조사회 등을 공격하는 것을 경청하는 사람은 이제 워싱턴 전역에 있었다. 그리고 반격도 그랬다. 그러나 최선의 노력을 기울였는데도 콜버그는 반격 전략의 조지 케넌처럼 될 수 없었으며 그 시대의 노먼 포도레츠●일 뿐이었다. 그 호칭은 콜버그보다 훨씬 더 뛰어난 두뇌에게 부여됐다.

1947년 트루먼독트린이 발표되었을 때 제임스 버넘은 봉쇄론을 비판하고 그것의 반대 주장antithesis인 반격론의 등장을 예고하는 『세계를 둘러싼 투쟁The Struggle for the World』을 펴냈다. 1950년 버넘은 그 둘을 종합synthesis한 인물이 됐다. 그는 시카고의 부유한 가문 출신으로 그동안 트로츠키주의자였고, 프린스턴대학에서 우수한 성적을 거뒀으며, 1930년대 마르크스주의에 대한 뛰어난 저술로 널리 알려졌다. 그 뒤 그는 영향력 있는 저서인 『경영자의 혁명The Managerial Revolution』을 써서 현대적 관료주의를 높이 평가하고 마르크스 및 좌익과 결별했다. 계속해서 그는 봉쇄 정책에서 케넌과 동일한 권위를 차지한 반격론자가 됐다. 그는 반격론의 이론가이자 최면술사였다. 그는 반격론을 매우 잘 설명한 결과 가장 영향력 있고 분석적인 창도자唱道者가 됐다.

그러나 좀더 중요한 것은 버넘의 생각이 고립주의를 단호히 거부하고 안보 국가의 관료주의적 논거를 제공함으로써, 쇠퇴하던 고립주의자와 남부의 선벨트 지대, 국방 예산을 갈구하던 반격론자를 연결시켰다는 것이다. 또한 버넘은 정치적 중재자이자 기인奇人이었던 인물에게도 큰 영향력을 행사했다. 그 인물은 선천적으로 도덕관념이 없었고 국가 안보의 경영자로 현실 정치에 입각한 세계관을 상징한 리처드 닉슨이었다. 최근 닉슨이 펴낸 저서들

● Norman Podhoretz. 미국의 보수 월간지 『코멘터리』지의 편집자.

에는 40년의 세월이 무색할 만큼 기이할 정도로 버넘의 관심사 및 어조와 이론이 담겨 있다. 제임스 버넘은 배외주의적排外主義的 반격과 냉전 시대의 봉쇄 사이에서 역사에 남을 만한 타협을 이룬 총명한 설계자로 보아야 한다. 이 책에서는 그 혼합물을 개입주의라고 부르겠다.

버넘은 1947년 봄 "냉전"이라는 용어를 고안해 널리 평가받았지만 그저 트루먼독트린을 설명하는 수준에 머무르지 않았다. 그 무렵 그는 미국이 "모든 곳, 모든 대륙에 관여"하고 있으며 "다시는 철수해서는 안 된다"고 생각했다. 그러나 미국은 세계를 움직일 힘을 발휘할 수 있는 인적·물적 자원을 가졌음에도 불구하고 세계관은 대단히 편협하고 시대에 뒤떨어져 있었다. 그는 미국과 소련을 "변경에 위치한 반半 야만적인 두 초강대국"이며 현재 세계를 분할하고 있다고 날카롭게 분석했다. "두 권력 중심 가운데 하나는 서양 문명의 후손으로 그 문명의 경계선에 위치하고 있다. (…) 미국은 조잡하고 미숙하며 반 야만적이지만 서양 문명의 대표로 이 타협할 수 없는 대립에 참여하고 있다."

그는 미국의 대외 정책에서 세 가지 경향을 발견했다. 첫째는 국제협력주의적 견해로 유화적이지만 잘못된 경향이라고 그는 생각했다. 다음은 고립주의적 견해로, 미국의 국내시장과 영역 확장에 중심을 두었지만, 지금은 "자연적 퇴로를 찾을 수 없는 역사의 현실에서 가혹한 압력을 받아 왜곡되고 가치가 떨어졌다"고 설득력 있고 정확하게 지적했다. 고립주의는 호전적인 민족주의이자 순수한 단독주의였다("그것은 책임은 지지만 개입하는 것은 거부한다"). 세 번째 경향은 무엇인가? 그것은 봉쇄와 반격의 혼합으로 미국의 절대적 지배권에 내재한 현실을 전제로 했다. 미국은 세계정부나 민족주의의 후퇴와 자기만족이 아니라 "세계 제국"을 추구해야 한다는 것이었다.

그런 제국은 "적어도 부분적으로는 군사력과 군사적 위협을 이용해" 건설돼왔고 건설될 것이었다. 1947년 미국은 궁극적 무기인 원자폭탄을 독점한 상태였으므로 이런 독점을 이용해야 했다―그것은 "충분히 거대한 하나의 국가가 세계를 정치적으로 지배할 수 있게 만들 것"이었다. 세계 제국이라는 목표가 세워지고 원자폭탄은 제3차 세계대전에서 사용될 것이라고 그는 생각했다. 세계는 대립, 곧 두 초강대국 사이의 화해할 수 없는 대결이라는 회피 불가능한 조건 아래 있었다. 그러므로 "그런 제국을 창출하려면 국내외에서 공산주의를 분쇄해 무력하게 만들어야 했다"—이것은 미국이 원자폭탄을 독점한다는 가정 아래 이뤄질 수 있는 일이었다(아울러 강력한 FBI도 필요했다).

버넘은 트루먼독트린이 하나의 중요한 출발점이며 소련의 팽창주의를 억제하는 방어벽이 됐다고 생각했다. 그러나 그런 정책은 "세계 정치에 위기를 불러온 해결되지 않은 문제를 남겼다." "주도권을 잡는" "대담하고" "적극적인" 정책을 수립하는 대신, 제국을 추진하던 방향을 바꿔 "[소련의] 팽창력을 꺾어 후퇴"시키기로 한 것이다. 그 결과 그는 "방어적 정책"(봉쇄)을 "공격적 정책"(반격. 그는 이 용어를 쓰지는 않았다)으로 통합시켜 "동유럽·이란 북부·아프가니스탄·만주·북한·중국"에서 공산주의의 힘을 약화시킬 것을 제안했다. 책 끝부분에서 그는 궁극적인 목표를 솔직하게 지적했다. "그 정책의 목표는 소련의 패배가 아니라 해방이다."

『타임』과 『라이프』는 헨리 루스가 책의 내용에 동의한다는 기사를 보도했고, 『라이프』는 과장된 찬사로 작성된 그 책의 개요를 실었다. 아서 슐레진저 2세는 버넘이 훌륭한 국무장관감은 아니라고 생각했지만, "혼란스럽고 엉망스러운 유화파의 주장"보다는 그의 논의를 선호했다.[100] 1947년에도 버넘은 여전히 주류에서 밀려나 있었으며, 그의 영향력은 이를테면 봉쇄의 설계자인 조지 케넌과 견줘 아주 작았다.

1950년 상황은 역전돼 케넌의 영향력은 줄고 버넘의 영향력은 커졌다. 1950년 초 루스의 큰 찬사를 받으며 출간된 『다가오는 공산주의의 패배The Coming Defeat of Communism』에서 그는 반격을 강력하게 주장했다. 봉쇄는 "너무 방어적"이어서 "부분적이며 잠정적인 편법 이상"은 될 수 없었다. 미국은 세계의 모든 전선에서 "역동적인 적"과 맞닥뜨렸다. 이것의 유일한 해답은 "공세로 전환하는 것"이었다.

버넘과 그의 친구 윌리엄 F. 버클리 2세(1956년 그들은 『내셔널 리뷰』를 창간했다)는 정보를 공유했고 미국 내부의 변화를 잘 알고 있었던 것 같다.[101]

1949년 버넘은 "협력과 유화[국제협력주의로 간주될]는 (…) 공산주의자와 그 주변 인물 그리고 자기기만적인 부류를 빼고는 거의 모두에게서 폐기됐다"고 썼다. 그가 옳았다. 대체로 합의된 기준선을 오른쪽으로 빠르게 옮겨, 포용을 통해 소련을 억제한다는 루스벨트의 유화 정책을 폐기하고 새로운 통합synthesis으로 나아가는 길을 열었다. 버넘도 국가안보회의 문서 68과 관련된 토의 내용을 알고 있었으며 "재무장과 군사 개발 계획이 지금 추진되고 있다"고 말했다. 저항과 반격 전략을 논의하는 데서 아마 가장 중요한 것은 그가 알바니아로 첫 관심을 돌렸다는 것이었다. 이미 알바니아는 피그스만 사건과 비슷한 형태의 은밀한 반격 시도의 대상이 돼왔으며 쿠바의 경우와 비슷한 성과를 올렸지만, 그때(와 그 뒤에도)는 극비 사항이었다. 그는 공산주의에 맞서고 있는 장제스가 적절한 시점에 "국면이 전환되면 공세에 참여해" "공산 세력을 중국에서 몰아낼 것"이라면서 그를 지원해야 한다고 주장했다. 미국은 한국에서 "이미 싸우고 있으며 (…) 남한에 대한 조사는 시작됐다"고 그는 말했다.

버넘은 자유무역과 개혁적 노동조합에 찬성함으로써 우익 고립주의자들과 조심스럽게 거리를 두었다. 그러나 그의 진정한 영웅은 미국의 새로운 지배층으로 떠오른 "경영자들"로, 외교정책에서의 국가 안보 전문가를 가리켰다. 이것은 점차 확대되던 안보 부문 관료 조직에 있는 경영자 계급에게는 새로 확립된 그들의 지위와 제국을 위해 봉사한다는 이념에 논리적 근거를 부여하는 기쁜 소식이었다. 달리 말하면 그것은 전 세계적 규모의 개입주의였다. 악마 같은 소련의 위협 때문에 정당화됐을 뿐 아니라, 먼 외국까지 관여해 발생한 이익 그리고 국내의 관료 조직과 경제 관련 집단을 둘러싸고 발생한 광범한 이해관계로 인해서도 지지되었다.[102]

이 두 번째 책은 앞서 나온 책보다 훨씬 더 큰 영향을 줬다. 미국 정부 안팎의 인사들이 수동적 봉쇄에 점차 실망하면서 1950년 버넘의 주장은 환영받았다. 그의 시각은 1950년 초 국가 안보와 관련된 조직의 큰 호응을 얻었다. 1월 하순 국무부가 이름이 밝혀지지 않은 상원의원들과 나눈 극비 대화 기록을 보면 그들 가운데 일부는 전쟁을 감수할 준비가 돼 있었다. 그들은 자신의 지지자들이, 소련이 미국에 공개적으로 행동하지 않아도 침략 예방을 위한 선제공격을 "최대한 지지"한다고 말했다. 한 사람은 "지금 이 문제에 손을 대 너무 늦기 전에 끝내는 것이 좋다"고 말하기도 했다. 『라이프』는 수소폭탄을 개발할 것이라는 정부의 결정을 보도하면서 활짝 웃고 있는 존 J. 매클로이의 사진을 함께 실었다. 그는 "수소폭탄보다 더욱 강력한 산소폭탄이 있다면 만들겠다"고 말했다.[103]

외교정책 관련 월가의 위원회에 참여한 R. A. 윔서는 1950년 2월에 같은 위원회의 윌리엄 도너번 장군과 A. A. 벌, 조지프 L. 브로더릭 등에게 편지를 썼다. "버넘의 책이 우리 소위원회의 결성과 동시에 출간된 것은 바람직한 일입니다. 미국에 있는 우리가 생각을 바꿔야 한다고 저는 확신합니다." 평화는 독일과 일본에게 너무 가혹한 대가를 요구하고 있다고 윔서는 생각했다. 그는 독일을 통일시키고 "동쪽 경계선"을 재건하며 소련에 공격적 전략을 펼쳐야 한다고 주장했다. "기습에 이은 기습, 급습에 이은 급습, 공격에 이은 공격을 모든 지리·정치·경제·사회적 영역에서 추진해야 합니다. 방어와 봉쇄에 힘을 써버리면 공격에 사용할 힘이 없어집니다. 우리는 소련을 봉쇄할 뿐 아니라 밀어내야 합니다." 미국은 그저 "늘 그들의 다음 행동을 기다려왔으며" "제한적이지만" 도덕은 현실주의에 길을 양보해야 했다. 그 결과 위원들은—"아무리 극단적이라도 우리가 생각할 수 있는 모든 것을 포함해"—일련의 냉전 전략과 전술을 마련해야 했다.[104]

윌리엄 버클리는 정부 부서에서 어느 자리가 가장 탐나느냐는 질문을 받은 적이 있다. 그는 "복화술사腹話術師"라고 즉시 대답했다. 그것은 국가 안보 분야에서 버넘이 맡은 역할이었다. 그는 "냉전"으로 시작해서 "공세" "주도권을 잡다" "적극적 행동" "반격" 등 눈길을 끄는 단어나 구절을 잇따라 만들었다. 1949~1950년에 이뤄진 미국 전략의 전환을 떠오르게 만드는 이 용어들은 대부분 버넘이 만들거나 사용했다.

이 기간에 누가 공산주의자인지 판별할 능력이 없던 미국인들은 전향하거나 변절한 공산주의자들에게 의존할 수밖에 없었다. 그 공산주의자들은 개인의 쓰라린 경험을 높은 수준의 복화술로 발전시켜 하츠가 언급한 인간처럼 빈 종이에 글씨를 썼다. 그들 가운데 버넘이 가장 뛰어났다. 그는 명석한 두뇌와 필요한 야심을 가졌다. 그는 개입주의와 관련된 합의를 도출하고 정책 차원에서 봉쇄와 반격을 연결했으며, 막 출범한 안보 국가의 경영자를 정당화하는 이념을 입안했다. 1950년대의 분위기에서 이런 새로운 정통주의를 공격하려고 했던 사람들은 해리 엘머 반스 같은 괴팍하고 다루기 힘든 비평가들뿐이었다. 이론가로서 반스는 버넘이 "평화를 지속시키려면 끊임없이 전쟁을 수행해야 하며" "군사 부문의 관리와 통제를 중시해야 한다"고 생각했고, 새뮤얼 엘리엇 모리슨과 아서 슐레진저 2세 같은 궁정 역사학자가 그를 지지한다고 여겼다.[105]

뒤에서는 반격 정책이 어떻게 안보 국가의 관료 조직에 짧은 시간 안에 침투했는지 살펴볼 텐데, 조사에서 자주 누락되는 일부 인물과 장소, 그리고 사물을 먼저 검토할 필요가 있다.

4장

예정된 미로로 들어가는 운명:
첩보원과 투기꾼들

사람은 정신적 문제에서는 냉혹하다고 할 정도로 정직해야 한다. (…) 진실이 유용함을 줄지 치명적인 불행을 가져올지 관심을 두지 말아야 하며 물어서도 안 된다. (…) 그것은 오늘날 아무도 감히 묻지 않는 질문을 제기할 힘이고, 금지된 것으로 나아가는 용기이며, 예정된 미로로 들어가는 운명이다.

_니체

반격의 추진력과 한국전쟁의 시작은 대부분 은밀하게 전개된 첩보 정치와 비밀공작 그리고 지위를 노리는 탐욕, 여기에 결부된 과열된 투기라는 익숙한 현상을 떼어놓고는 설명할 수 없다. 이것은 본질적으로 우리가 추구하는 질문에서 가장 접근하기 어렵고 추론에 의지해야 하는 측면이다. 그럼에도 이것이 핵심이므로 숨겨진 역사의 유적을 발굴하는 데 최선을 다해야 한다. 리처드 로언은 "33세기 동안 첩보원과 투기꾼이 역사에 행사한 영향력은 역사가에게 준 영향력보다 더 컸다"고 쓴 바 있다.[1] 이 책은 그렇게 되지 않기를 바란다.

여기서는 어두운 정치에 등장하는 인물과 그들이 형성한 이해관계를 정리해 그 계보와 이권의 존재를 밝히는 정도의 작업만 수행할 것이다. 애치슨·맥아더·장제스·이승만의 관심을 끌었지만 전후 문헌에는 거의 나오지 않는 몇 사람을 재발견하려고 노력할 것이다. 뒤에 나오는 장들과 전쟁의 발발 자체의 기초가 된 몇 가지 거래와 사기·투기도 살펴볼 것이다.

연구자는 검증할 수 있는 문헌 기록, 다시 말해 역사 문헌에 정식으로 기록된 자료만 신뢰하도록 훈련받았기 때문에 이런 작업은 어렵다. 어떤 일이 일어났다면 후대를 위해 그 원인과 거기에 관련된 판단은 적절한 절차에 따라 이뤄지고 정직하게 기록돼야 한다는 생각이 뿌리 깊게 자리 잡고 있다. 그러나 정치적 영역에서 활동하는 인물들은 기록을 그만큼 존중하지 않으며, 정보활동에 종사하는 사람들은 대체로 기록을 전혀 존중하지 않으면서 사실(과 자신의 양심)을 절대 개봉될 리 없는 역사의 쓰레기통 속에 던져버린다. 삭제는 보존만큼이나 일반적인 일이다. 신성한 학문의 세계에서도 어떤 결정을 내린 까닭을 적어놓지 않는 경우가 때로 있지만, 학자들은 흔히 일어나는 이런 일상사를 그리 크게 의식하지 않는다. 그러므로 우리는 이용할 수 있는 자료에만 집중해야 하며 우리 자신의 추론으로 그것을 질식시켜서는 안 된다.

미국 정부에서 중요한 연결 고리에 해당되는 직책에 있던 어떤 사람이 했던 다음 발언을 살펴보자. "심층에 있는 기본 방침"(사건의 진정한 원인에 대한 지식)은 선택된 소수에게만 알려지며, 현대사로 간주되는 사건의 대부분은 "완전한 선전宣傳이자 세뇌에 가깝다". 백악관을 비롯한 여러 기관의 정치가와 정보기관 사이의 연락을 맡은 중요한 자리에 있던 플레처 프로티는 전후 역사의 대부분은 감춰져 있으며 "비밀 조직"은 조직의 규모보다 훨씬 더 큰 영향력을 여러 사건에 행사했다고 보았다. 그는 그 분야의 전문가라고 평가되는 인물이 음모의 작동 방식을 설명한 입문서를 소개했다(그 책 자체가 일종의 정보 공작일 수도 있다). 이와 비슷하게 또 다른 전직 정보원의 수기인 윌리엄 코슨의 『무지의 군대들The Armies of Ignorance』에서도 많은 것을 배울 수 있다. 그 책을 읽으면 M. 프레스턴 굿펠로 같은 인물에 주목해야 하는 까닭을 알 수 있다.[2]

다음 사실들을 생각해보자. 필비 음모 사건보다 서방에 더 심각한 타격을 줬다고 생각되는 소련 첩보원 조지 블레이크는 한국전쟁이 일어났을 때 영국 정보기관의 책임자로 서울에서 근무하고 있었다. 1950년 킴 필비와 도널드 매클레인은 워싱턴에서 극비 문서의 유통을 관장한 반면, 가이 버지스는 런던의 영국 외무부 내 극동 부서에서 근무하고 있었다. 다시 말해 CIA가 침투당한 것이었다. CIA는 후버의 FBI와도 충돌했으며, 내부적으로도 월가의 국제협력주의부터 카우보이 방식의 팽창주의까지 여러 경향으로 분열돼 있었다. 그 창설자인 윌리엄 도너번은 월가 사무실에서 냉전의 중앙 통제 본부를 개인적으로 운영했다. 맥아더는 CIA가 자신의 지휘 영역에는 개입하지 못하게 했으며, 윌러비는 서류가 CIA 안의 "공산주의자들"에게 넘어가지 않도록 파괴했다―음모론치고는 엉성하지만, 영국 정보원을 염두에 두면 이야기는 달라진다.

중국 로비는 CIA에 침투했고, 거꾸로도 마찬가지였다. 타이완과 관련해서 CIA는 장제스를 지지하는 반격론자들에게 자금을 제공했다. 쑹쯔원의 동생은 1950년 6월 25일 주말, 어느 정도 예측됐던 사건이 발발한 시점에 맞춰 콩 시장을 매점했다. 조 매카시가 거기서 이득을 봤다고 한다. 전략사무국의 전직 최고 간부인 굿펠로 같은 전형적 팽창주의자의 머릿속에서는 금과 텅스텐이 반공주의와 뒤섞였다. 월가의 투기 행위와 세계적 규모의 음모가 앨런 덜레스라는 인물로 구체화된 것도 마찬가지였다. 이처럼 첩보 정치라는 수수께끼에 싸인 분야는 실증적 차원에서 증명할 부분이 많이 남아 있다.

오늘날까지도 1950년 국내외에서 일어난 사건들을 이해하는 데 핵심적으로 중요한 여러 문제는 대체로 명확하지 않거나 기밀로 지정돼 있어 접근할 수 없다. 그러나 한국전쟁의 시작에 미국이 한 역할―또는 미국인이 한 역할이라고 불러야 할까?―에 대하여 새롭게 중요한 질문을 제기할 정도만큼은 알려져 있다. 이런 질문들을 조사하지 않는 것은 무책임한 태도일 것이다.

중앙 정보기관

1940년대에 출범한 "중앙 정보기관"의 목적은 광범한 지역에 산재한 정보 수집 기관이 모은 개별적 정보를 걸러 대통령과 그 보좌관에게 보고할 완성품으로 만드는 것이었다. 그러나 박식한 관찰자는 트루먼 시대의 정보활동에 대한 그런 교과서적 설명은 치아의 요정●을 믿는 것보다 나을 게 없다고

● 아기의 젖니를 베개 밑에 넣어두면 그것을 가져가고 선물을 대신 놓아준다는 요정.

생각할 것이다.

자세히 분석해보면, 앞서 논의한 대로 미국 정부의 외교 담당 기관들은 예외적 자율성을 누렸고 다른 정보기관들보다 훨씬 더 큰 발언권을 가졌다고 말할 수 있다. 그런 정보기관들은 안보 국가에서 급증하던 새로운 관료 조직으로 풍족한 예산을 배정받았으며 정치적으로 민감한 정보활동을 수행하는 중요하고 명예로운 임무를 맡았다. 그 기관들은 팽창주의자와 국제 협력주의자들이 거대한 권력을 행사하고 거의 감시도 받지 않으면서 정치적 갈등을 벌이는 무대였다. 우리의 가설은 미국 정부가 권력투쟁의 객체이자 주체였으며, 그 무대이자 잔재였다는 것이다. 그러므로 은밀한 국가기관의 권력투쟁은 더욱 격렬했고 감시나 외부 간섭도 거의 받지 않았다. 그 기관들이 새로 만들어졌다는 점도 공식적인 활동과 그렇지 않은 활동이 겹치는 어슴푸레한 지점에서 활동한다는 정보기관의 특별한 작동 방식을 강화했다. 기존 방식에 반발하는 정부 안팎의 비공식적 출연자들은 권력 장악에 단호히 나섰으며 1950년의 주요 사건들을 좌우하는 위치에 서게 됐다.

트루먼 시대의 정보기관에 대해서도 조사할 필요가 있다. 루스벨트와 달리 트루먼은 참모들이 요약한 정보를 즐겨 읽었고, "자신이 이용할 수 있게 면밀히 걸러져" 최종적으로 완성된 정보에 의존했기 때문이다.[3] 달리 말하면 정보 형성 과정을 이해하고 있는 행정부 수반이 그렇지 못한 사람에게 자리를 내어준 결과, 승인되지 않은 공작이 전개될 여지가 더 넓게 열린 것이었다.

전략사무국은 중앙 정보기관이라는 구상 자체가 중단됐을 때와 그 설립자인 윌리엄 도너번의 영향력이 퇴조했을 때 1~2년 정도를 빼고는 전후 미국 정보망의 모체였다. 그러나 1947년 냉전이 심화되면서 트루먼은 CIA의 전신인 중앙정보단Central Intelligence Group을 설립했으며 1948년 6월 정책조정국Office of Policy Coordination, OPC을 만들고 프랭크 위스너를 수장으로 임명해 비밀활동 기능을 추가했다. 1949년 정책조정국은 재량대로 쓸 수 있는 예산 470만 달러를 배정받았으며 1952년에는 840만 달러로 늘었다.

위스너는 "뉴욕의 부유한 법조인 가문 출신"으로 월가의 카터·레디어드·

밀번 법무법인 출신의 변호사였고, 제2차 세계대전 때는 발칸반도에서 도너 번과 함께 근무했다. 무엇보다 중요한 사실은 미국이 유럽에서 전개한 냉전 정책의 하나로 예전 히틀러의 겔렌 조직Gehlen Organization•을 재창설하는 데 참여해 앨런 덜레스와 함께 일했다는 것이다. 1947년 애치슨은 그를 국무부로 영입해 점령지역에서 어떤 내용인지는 정확히 알 수 없는 "정보활동 임무"를 맡겼다.

포스터 덜레스와 조지 케넌도 정책조정국과 긴밀히 협력했다. 충격적인 내용이 많은 뛰어난 저작에서 크리스토퍼 심프슨은 1948년 이탈리아 선거에서 정책조정국이 전개한 이탈리아 공산당 반대 운동은 대부분 덜레스 형제가 자신들의 월가 법무법인에서 지휘했으며, 그들과 조지 케넌은 모두 무서운 겔렌 조직을 활용하는 데 깊이 관여했음을 입증했다. 정책조정국의 극동 부문 책임자는 리처드 스틸웰 대령이었는데 정확한 내용은 알려져 있지 않지만, 그는 그 뒤 수십 년 동안 한국에 깊이 관여했다.[4]

위스너는 월가의 카우보이라고 부를 만한 사람으로 금융계의 국제협력주의와 유럽 우선주의에 공감했으며 비밀 임무를 선호하고 비밀공작의 효용을 믿었다. 달리 말하면 그는 도너번과 매우 비슷했다. 정책조정국의 수장으로서 그는 능력과 판단력이 부족한 로스코 힐렌쾨터가 이끌던 CIA의 지휘계통을 일상적으로(코슨은 "완전히"라고 말했다) 무시했다.[5]

월가의 중진 상당수가 국무부와 마찬가지로 CIA에서 고위직을 차지했다는 것은 우연으로 간주할 수도 있다. 그러나 소련이 그런 엉뚱한 생각에 빠지기를 기대할 수는 없었다. 소련은 마르크스주의의 속류 도구주의 국가론으로는 전후 초기, 특히 덜레스 형제가 국무부와 CIA를 양분했을 때의 워싱턴의 현실을 제대로 포착할 수 없다고 판단했기 때문이었다.[6] 그러나 CIA를 자유주의의 온상, 나아가 공산주의자나 소련 정보원의 은신처로 보는 경향이 있던 미국 우익은 이런 자본가들을 비난했다.

맥아더의 측근 보너 펠러스는 CIA에는 "마르크스주의자·사회주의자·공

• 제2차 세계대전 때 대소 첩보를 전문으로 다뤘던 독일 육군 중장 라인하르트 겔렌을 수장으로 삼아 1946년 미국이 만든 정보기관.

산주의자"들이 깊이 침투해 있다고 장황하게 설명하면서 불운한 존 페이턴 데이비스의 이름을 다시 한번 거론했다. 1950년대 초반 윌리엄 번디가 CIA에 들어오자 매카시는 히스의 변호 자금을 기부한 적이 있는 번디의 구체적 임무를 알려달라고 앨런 덜레스에게 요구했다. 번디의 경력을 샅샅이 조사했다고 덜레스가 대답하자 매카시는 그가 "옹호와 은폐 공작"을 하려 한다고 비난했다.[7]

CIA에 공산주의자는 없었지만, 자유주의자에게는 매카시즘에서 벗어날 수 있는 피난처로, 보수주의자에게는 급진주의의 온상으로, 급진주의자에게는 미국 제국주의의 정수로, 중국 로비에 종사하는 일부 인사에게는 적대 세력으로, 그 밖의 사람들에게는 협력자로 보일 수도 있는 일련의 경향이 존재했다. 이런 갈등의 밑바닥은 1944~1945년 중국과 그리스 내전에서 전략사무국 요원으로 활동했고 1950년 6월 이전에는 북한에서 정보 수집을 담당한 배경을 지닌 첩보원 제임스 켈리스의 사례에서 볼 수 있다.

켈리스는 CIA가 "핵심까지 썩었고" "공산주의자와 동성애자와 무능한 인물"이 잠복해 있으며, CIA의 작전은 "명백히 좌익적 색채"를 띠고 있다고 생각했다. 아울러 그는 1950년 이후 CIA는 "백악관의 간섭을 받지 않은 채 공화당원·스미스·잭슨·덜레스가 운영했다"고 생각했다. 그는 1954년 도너번 장군에게 보낸 편지에서 매카시 상원의원은 "그 조직[CIA]에 4~5건의 침투 공작을 성공시켰으며" 당시 CIA에서 근무하던 켈리스는 "방법은 다르지만 목표는 같았기 때문에(원문 그대로)" 매카시의 공작원에게 아무 조처도 하지 않았다고 썼다. 켈리스는 매카시의 공작원이 "우리가 얻을 수 없었던 매우 민감한 몇 가지 정보에 접근했다"고 말했다. 의심받아 해고된 CIA 직원의 경우 "매카시 상원의원의 위원회에서 출석 요구 소환장을 받았다"고 켈리스는 언급했다.

켈리스는 믿을 만한 협력자들과 내부 조직을 만들어 보고서를 작성한 뒤 CIA 고위 관료들을 거치지 않고 아이젠하워 대통령에게 직접 보고함으로써 좌익으로 추정되는 CIA 인사들을 축출하려고 시도했다. 켈리스에 따르면 이런 우회적 방법을 지시한 인물은 정보 문제에 늘 깊은 관심을 보였던 리처드 닉슨이었다. 닉슨이 아이젠하워와 앨런 덜레스에게 보고하면 그들은 특히 그 보고서가 매카시 상원의원의 손에도 들어갔는지 알아내기 위해 켈리스를 찾았다. 그 보고서는 닉슨과 아이젠하워에게만 전달됐지만 닉슨의 복사본은 매카시에게도 갔을 것이라고 켈리스는 말했다.[8]

이런 사례는 도너번 문서의 단편적 정보에서 나타난 것보다 훨씬 더 많은 사항을 분명히 말해준다. 여기서 우리는 1950년대 초 매카시 유형의 대립이 CIA를 포함해 기밀 정보를 다루는 모든 기관에 어느 정도 침투했는지 대강 파악할 수 있다. 또한 그것은 이 대립에서 사용된 어휘의 빈곤함을 다시 한 번 보여주는데, 다들 동일한 생각을 공유했지만 정적은 모두 적색분자나 공산주의자라고 불렀다. 매카시즘은 새롭지도 일탈적이지도 않았지만 미국 정치의 중심에 자리 잡았다. 앰브로즈에 따르면, CIA에서 가장 큰 권력을 가진 인물 가운데 한 사람이자 덜레스의 전임 부장인 월터 베델 스미스는 "직업 장교 가운데서도 가장 우경화됐으며" 자신은 넬슨 록펠러가 공산주의자였다고 생각한다고 아이젠하워에게 말한 적이 있다.[9] 방첩활동의 책임자였던 제임스 앵글턴은 스미스보다 오른쪽에 있었다고 여겨진다. 매카시즘이 CIA에 커다란 피해를 줬다는 사실을 코슨이 역설한 것은 옳았지만, 그것은 매카시즘이 그 시대의 중심을 차지했다는 사실을 강조했을 뿐이다.[10]

앨런 덜레스는 미국 정치의 기이한 분열을 교묘하게 이용했다. 그는 유럽에서는 겔렌 조직을 이용했지만 아시아에서는 맥아더와 대립했다. 그는 맥아더가 해임된 뒤에도 오랫동안 윌러비와 연락을 유지했으며, 동시에 "매카시 일파 때문에 지하로 쫓겨간 자유사상가와 자유주의자들에게 CIA가 일종의 피난처가 됐다"고 수많은 자유주의자에게 확신시켰다. 그는 중국 내륙을 습격하는 CIA와 중국 국민당의 연합 작전을 지휘했으며 중국 로비의 일부 활동에 자금을 지원한 것이 분명하지만, 중국 로비의 공격을 받은 자유주의자들에게도 도움을 줬다.

중국 로비와 관련해 쓸 만한 자료는 드물지만, 1950년대에 뛰어난 자유주의자들이 반드시 읽던 잡지라고 말해도 좋을 『리포터the Reporter』에 두 부분으로 나뉘어 실린 긴 기사는 몇 안 되는 좋은 자료 중 하나로 오랫동안 꼽혀왔다. 잡지는 윌러비 장군에 대한 중요한 폭로 기사도 게재했다. 그러나 CIA가 날조한 기사들도 내보냈다(그 가운데 하나는 북한군 창설을 도운 소련인 망명자가 썼다고 한다). 잡지의 열혈 편집장 맥스 아스콜리는 중국 로비에 대한 기사의 교정쇄를 앨런 덜레스(당시 CIA 부국장)에게 확인받았다. 이런 사실로 볼 때 실제로 새로운 정보가 많이 담긴 폭로 기사 일부는 CIA에서 알려준 것으로 추측된다.[11]

정보기관 내부의 갈등 가운데 가장 중요한 것은 CIA와 맥아더의 대립이었다고 생각된다. 양쪽 다 정보가 권력이라는 사실을 알았고 서로를 가장 위협적인 세력으로 봤다. 맥아더와 윌러비는 제2차 세계대전 동안 전략사무국의 활동을 "완전히 금지"시켰다.[12] 제1차 세계대전 당시 레인보 사단 Rainbow Division에서 맥아더는 여단을, 도너번은 연대를 지휘했는데, 여기서 두 사람의 대립이 시작됐다고 보는 견해가 많다. 맥아더의 정보 수집 활동은 늘 약간 부족한 부분이 있었으며, 윌러비는 필리핀 전역에 집결시킨 비행기들을 진주만이 공습받던 날 타이완으로 출동시켰지만 일본의 제로 전투기•에 참패했는데 이것은 윌러비의 첫 번째 "정보 실패"였다. 하지만 거기서 끝나지 않았다. 맥아더와 그의 G-2(정보부) 책임자는 자신들만 믿었으며, 정보에 직관적으로 접근해 적의 능력에 대한 확실한 정보를 적의 민족적·인종적 특징과 뒤섞었다. 코슨은 그것을 맥아더의 "정보 관련 무오류설"이라고 부르면서, 맥아더는 "독자적인 정보 조직을 만들어 그 결과를 해석하고 자신의 분석에 따라 행동했다"고 평가했다.[13]

CIA가 등장함으로써 맥아더와 후버가 각각 태평양 지역 및 라틴아메리카와 관련된 정보를 독점하고 있는 상황을 위협했다. 그러나 이런 상황은 그 관료 조직에 부여된 특권과 직원들의 헌신과 충성 때문에 나타난 것이 아니었다. 미국 우익의 영웅이자 헌병이었던 맥아더와 후버는 CIA를 동부 기득권층의 집행 기관으로 인식했다. 그 결과 맥아더와 윌러비는 "금지령"을 계속 유지했다. 1950년 6월 이전 CIA는 일본과 한국에서 활동했지만, 공작원은

• 0식 함상전투기零式艦上戰鬪機. Mitsubishi A6M Zero. 1940~1945년까지 사용된 일본 해군의 경량급 전투기로 미쓰비시 중공업에서 생산됐다.

월러비의 허가를 받아야 했거나, 목표로 삼은 적은 물론 맥아더의 G-2에게
도 들키지 않게 자신을 숨겨야 했다. 정보 취급을 위한 효율적인 연락 체계
는 거의 없었다.

1950년 3월 마지막 날 아주 사소한 협력이 이뤄졌다. 합동참모본부의 콜
린스 장군이 중국과 그 주변 지역에 대한 월러비의 보고서를 자신들과 공
유해달라고 맥아더에게 요청했고, 정책조정국 사무소를 일본에 개설하도록
승인해달라는 위스너의 요청도 전달됐다. 맥아더는 두 가지 모두 승인했고,
"특정한 사항"을 의뢰해오면 G-2로 하여금 "즉시 보고서를 제출하도록 하겠
다"고 확언했다.[14] 이런 교환은 해외 정보기관끼리 협력할 수 있었음을 보여
준다.

부산 방어선이 긴급한 상황에서도 맥아더—그리고 군사 정보기관 전체
라고 생각되는데—는 "계획과 작전 정보"를 CIA에 제공하지 않았다.[15] 그러
나 중국이 참전하는 큰 위기가 발생하면서 마침내 권력투쟁은 CIA의 깨끗
한 승리로 끝났다. 1951년 1월 중국군과 북한군이 서울 이남으로 진격하자
월터 베델 스미스는 도쿄로 가서 큰 소동을 일으켰다. 스미스는 비정한 인
물이었다. 그는 작은 체구에 냉혹한 눈을 지닌, "군대를 혹독하게 훈련시키
는 데 뛰어난 인물로 널리 알려졌다". 영화 「대부the Godfather」의 회의실 모임
장면과 비슷했을 것으로 생각되는 상황에서 스미스는 연합국 최고사령부로
전달되는 정보를 앞으로는 CIA도 손에 넣을 수 있도록 했고 월러비와 맥아
더를 크게 격하시켰다. 결국 맥아더는 1951년 4월 해임됐다.[16]

물론 중국의 참전은 월러비의 출세에 마침표를 찍은 "정보 실패"였으며,
이후로 그는 다시 회복하지 못했다. 중국이 참전한 직후 그는 "이적 행위"라
는 제목의 문서를 작성해 "패배주의적 사고방식을 만들어내는 매국적 바보
들"이라면서 "음험하고 정확하지 못한" 언론 보도를 비판했다. 월러비는 아
무도 예상치 못한 사태에 대해 CIA가 자신에게 책임을 지우는 정보를 전략
적으로 흘려 이런 배신적 언론 보도를 부채질했다고 생각했다. 그 뒤 그는
자신이 수집한 트렁크 32개 분량의 G-2 보고서를 트루먼이 "몰수했다"고
주장했다. 맥아더와 월러비가 사령부에서 생산한 문서를 파기하려고 했다는

전사戰史 편찬자들의 지적은 이 일을 가리키는 것으로 여겨진다.

아무튼 윌러비는 자신의 영역에서 CIA를 배제했고 정보는 원활하게 공유되지 않았으며, CIA의 자유주의자들은 윌러비를 파시스트라고 여기고 자유주의적 언론에 정보를 흘렸다. 윌러비는 CIA의 자유주의자들을 체제 전복 세력이라 생각하고 그들에 대한 보고서를 매카시와 앨런 덜레스에게 보냈다. 윌러비와 CIA 모두 중국의 참전을 예상하지 못했지만, CIA는 모든 책임을 윌러비에게 돌리는 역사적 평결을 내리는 데 성공했으며, 그는 남은 삶 내내 거기에 이를 갈았다. 그 뒤 윌러비가 '정보요람'에 쓴 글을 보면 편집증이 꽤 진행된 것을 알 수 있다. 자신에게 피해를 준 대상이 대단히 많다고 생각하는 극심한 증세였다.[17] 맥아더의 경우는 해임된 뒤 순탄한 길을 걸어 자신이 지휘하던 G-2와 CIA 사이에 있던 문제에 대한 보고서는 "모두 허튼소리"─"정말 헛소리입니다, 의원님"─라고 의회 의원에게 말할 정도였다.[18] 한국전쟁과 미국 정치의 모습을 결정한 격렬한 내부 갈등을 역사에 묻으려던 것은 훌륭한 시도였다.

또한 맥아더는 전쟁이 일어나기 전 한국에서 진행된 정보 수집에 자신은 전혀 관여하지 않았다고 상원 군사위원회와 외교위원회에 말했다─그러나 그것은 거짓말이었다. 한국은 맥아더와 CIA 사이에 전개된 갈등의 축소판이었다. 윌러비는 북한의 "정부·군사·산업기관"에 침투하는 임무를 지닌 한국 연락사무소Korea Liaison Office, KLO라는 기구를 계속 운영했다. 그것은 미군이 철수한 1949년 6월에 설치됐으며 레너드 J. 애벗이 책임자였다. 한국 연락사무소에서는 이듬해까지 하루 평균 3개의 보고서를 제출했다. 워싱턴에서는 한국 연락사무소를 "뻔뻔스럽고 초법적인 창작물"이라고 보는 사람들도 있었지만, 그 뒤 윌러비는 이렇게 주장했다. "나는 그 지역에 관심을 두지 않을 수 없었습니다. 나는 [한국에] 정보 공작원을 계속 배치해 대단한 성과를 냈습니다."[19]

동시에 CIA는 미 군정청과 주한 미국 군사고문단의 G-2 정규 기관과 협력했는데, 그 기관은 G-2 작전의 책임자 존 N. 로빈슨 장군과 CIA의 제임스 켈리스의 지휘를 받았다. 켈리스는 이런 공동 활동을 "북한의 소련군과 북한 공산군 그리고 북한 정권 및 만주·시베리아·연해주 정도까지는 침투할 능력을 지닌 효과적 장치"라고 서술했다.[20] 1950년 영국의 첩보활동과 그 이전 일본의 첩보활동처럼 미국은 동북아시아 대부분의 지역에 대한 정보를 수집하는 지점으로 남한을 이용했다.

도너번의 냉전 거점

CIA의 입구에 들어서는 방문객은 창설자의 초상화가 맞이한다고 한다. 초상화의 주인공은 CIA는 아니지만 전략사무국의 수장이었던 윌리엄 '와일드 빌Wild Bill' 도너번 장군이다. 전후에 월가로 쫓겨났지만, 1952년 타이 대사로 파견된 도너번은 봉쇄와 반격 세력이 워싱턴에서 주도권을 다투던 냉전 시기에 CIA에서 중요하지만 가장 인정받지 못한 역할을 했다. 도너번은 유럽을 애호했고 훌륭한 국제협력주의자였지만 전략상의 분열을 넘어 반격의 강력한 지지자가 됐다. 곧 헨리 루스처럼 그는 형식적 개입주의자로서 두 흐름을 융합했다.

　도너번은 1883년 버펄로●에서 태어난 아일랜드계 가톨릭 신자였다. 그는 컬럼비아대학에서 공부했고, 제1차 세계대전 때 레인보 사단의 1개 연대를 지휘했다. 윌러비처럼 그는 "실크 스타킹을 신은 소년들"이라는 별명을 가진 중대와 함께 멕시코 국경에서 판초 비야를 추적했다. 그 뒤 뉴욕 정계에서 공화당의 유력자가 되자 모든 사람은 그와 후버 대통령의 오랜 친분을 생각해 그가 법무장관이 될 것이라고 생각했다. 그러나 그렇게 되지 않았다. 1932년 루스벨트가 사임해 공석이 된 뉴욕 주지사에 출마했다가 역시 낙선했다. 그는 1920년대부터 모건사와 손잡고 월가의 유력 법률사무소인 도너번·레저·뉴턴 앤드 어바인Donovan·Leisure·Newton & Irvine을 열었으며, 1930년대 첨단 기술 기업의 연합을 구성한 주요 인물이었고, 독점 금지법에 맞서

● 미국 뉴욕주 이리호에 인접한 항구 도시.

신흥 다국적 석유회사들을 변호했으며, 국제 전신전화회사International Telephone and Telegraph, ITT 및 관련 독일 기업과 긴밀한 연관을 맺었다.[21]

1919년 도너번은 일본·한국·시베리아를 방문했다. 그는 콜차크*가 이끄는 백군白軍을 성원했으며 그 무렵 이런 말을 자주 했다. "체제를 전복하려는 전쟁에서 이길 수 있는 주도권을 잡는다면 우리는 [소련과의] 전쟁을 막을 수 있다." 덜레스와 케넌을 비롯한 냉전의 전사들과 매우 비슷하게 그는 소련에 대한 혐오를 일본에 대한 찬사와 결부시켰으며, 1919년에는 일본의 거대 재벌이 "자유주의를 따르며 친미적"이라고 평가했다.[22] 그 시기부터 지속적으로 도너번은 볼셰비즘을 깊이 증오하고 비밀공작을 옹호한 결과, 케이브 브라운이 지적한 대로, 자신이 "미국이 초강대국으로 등장하는 것을 이끈 핵심 인물"이라고 "굳게 믿었다".[23] 그는 미국 제일의 반공주의자였다.

국제적 사업과 세계 정치가 월가에서 밀접한 관계 속에 진행되면서 월가는 미국의 무관심이라는 바다에서 전 세계의 정보를 집적한 하나의 섬으로 떠올랐다. 1920년대부터 도너번은 "다른 나라의 정보에 매우 목말라했으며" 이국적 행동을 좋아했다. 케이브 브라운에 따르면 그는 "추적하기 어려운" "대단히 신비스러운" 여행을 하는 등 묘하고 은밀한 분위기를 풍겼다. 도너번은 부인에게도 자기 행동을 비밀에 부쳐 실제로는 유럽에 가기로 돼 있던 때도 하와이로 출발했다고 믿게 한 적도 있었다. 그는 1936년 아비시니아에서 1956년 헝가리까지 모든 분쟁 지역의 최전선에 나타났다. "도너번보다 규정하기 어렵고" 오른손이 한 일을 왼손이 모르게 하는 데 뛰어난 인물은 없었다고 브라운은 썼다.[24]

전후 초기 트루먼이 자신을 싫어했지만 도너번은 1947~1952년 미국 정보활동과 비밀공작에서 중요한 역할을 했으며, 특히 베델 스미스가 CIA 수장일 때 "그와 끊임없이 연락하고 자주 만났다". 그는 비밀공작과 게릴라전의 유용함을 확신했다. 전후 초기 스미스는 "도너번 일파는 늘 가까이 있었

---

* 알렉산드르 바실리예비치 콜차크Aleksandr Vasilyevich Kolchak(1874~1920). 제정 러시아의 반혁명파 제독. '백군'은 제정 러시아군으로 볼셰비키를 비롯한 혁명군(적군赤軍)에 반대했다.

으며 자신들에게는 그림자 전쟁●에 대한 풍부한 전문 지식이 있다고 주장했다"고 썼다.[25]

1949년 도너번은 "특수 작전"을 다음과 같이 규정했다.

그것은 공격이나 방어의 방법이다. 그 작전들은 직접 또는 간접적이거나 위장한 상태로 전개되기도 한다. 물리적 행동을 동반할 수도 있고 그렇지 않을 수도 있으며, 마음이나 몸에 영향을 주도록 고안됐다. 그런 작전을 완수하는 데는 여러 문제 가운데 다음의 사항이 필요하거나 도움이 될 것으로 생각된다. 적의 조직과 적이 지배하고 있는 기관을 매수해 통제하는 것이다. 선전·소문·뉴스 등을 날조하고 진위와 상관없이 널리 퍼뜨리는 것이다. 모든 종류의 저항·혁명·방해 행위를 촉진하거나 선동해 (…) 적과 그 지지자들에게 특별한 형태의 체제 전복 전쟁을 (…) 전면적으로 수행하는 것이다.[26]

도너번 관련 문서 또는 그 가운데 이용할 수 있는 문서는 전후 초기 그가 반공운동에 폭넓은 관심을 가졌음을 보여준다. 그는 월가에서의 자신의 직업과 아무 관계도 없는 모든 것에 관여한 듯 보인다. 1948년 그는 에브런 커크패트릭 및 록펠러 재단의 간부와 자주 만나 국가가 주도하는 지역 연구 사업을 시작하려고 했다. 그 사업은 나중에 포드 재단의 자금을 받아 폭넓은 활동을 펼쳤다. 그의 관심은 시애틀에까지 이르렀는데, 거기서 그는 공산당원 여부를 밝히기를 거부하다가 해직된 몇몇 교수에게 워싱턴대학 총장이 제기한 유명한 소송 준비를 도왔다.[27]

한국전쟁이 일어나기 전 도너번은 동아시아를 몇 번 방문했고 반격을 강력히 지지했다. 그의 유일한 목적은 표면적으로는 영국이 홍콩에서 억류한 민항공운공사의 항공기를 돌려보내려고 노력하던 셔놀트 장군을 법률적으로 변호하는 것이었다. 앞으로 보겠지만 사실 이것은 은밀히 진행되던 그의 로비활동을 감추는 방편일 뿐이었다. 그는 미국을 봉쇄에서 반격으로 전환

● shadow war. 선전포고를 통한 공식적 또는 직접적인 전쟁이 아니라 자국의 개입 사실을 숨긴 채 특정 국가의 주요 시설을 공격하거나 그 나라의 요인要人을 암살하는 것.

시키고자 1949~1950년 아시아를 7주 동안 방문했는데, 이는 다음 장에서 살펴볼 것이다.

애치슨을 비롯한 월가의 변호사와 은행가들은 전후 세계에서 미국이 맡을 역할을 구상했다.[28] 그러나 1949~1950년 미국의 전략을 개조하는 데 참여하지 못한 도너번의 역할과 거기에 참여한 덜레스 형제, 위스너, 폴 니츠 같은 월가 관계자의 역할에서 "고위" 정책과 비밀공작 사이의 구분은 중요하지 않았다. 어떤 경우는 아래에서 소개할 케넌과 애덤 말리크의 회담을 성사시켰다. 1951년 봄 케넌은 한국 관련 평화 협상을 시작하고자 롱아일랜드에 있는 유엔 주재 소련 대사관저로 말리크를 방문했다. 회담이 끝날 무렵 케넌은 월가에서 미국의 대외 정책을 움직인다는 소련의 생각은 환상이거나 "꿈"일 뿐이라고 지적하며 그런 근거 없는 발언을 어떻게 입증할 것인지 말리크에게 물었다. 말리크는 그것은 꿈이 아니라 "심각한 현실"이라고 대답했다.[29] 어느 쪽이 진실이든 도너번의 활동이 그렇게 보이도록 만들었다고 여겨진다.

동아시아의 비공식적 관계자들: 셔놀트, 폴리, 윌로어, 쿡 그리고 그 밖의 중요 인물

도너번이 워싱턴의 비공식적 정보활동의 제왕이라면, 동아시아에서는 셔놀트 장군과 그의 측근 화이팅 윌로어, 윌리엄 폴리, 찰스 쿡 제독이 그에 해당할 것이다. 표면적으로 그들은 1949~1950년 장제스 정권을 위해 비공인·비공식 군사적 지원을 하는 데 기여했지만, 그 이면에서는 트루먼 행정부의 전면적인 지원을 원했다. 그렇게 하면서 그들은 외교정책을 사유화하는 데 큰 진전을 이뤘다. 셔놀트·윌로어·쿡은 굿펠로 등이 이승만에게 그랬던 것처럼 장제스 정권과 밀착됐는데, 그들은 외국 정부에 봉사하는 것으로 자신들의 애국심을 드러냈고 체제 전복 활동을 국무부의 일반적 업무로 규정했다. 공식 절차를 밟지 않았지만 중요한 당국자의 지원을 받으면서 활동하던 그들은 새로 출현한 안보 국가 내부에서 전개되던 특이한 분열의 또 다른 측면을 보여줬다.

셔놀트가 진정 소중히 여긴 것은 공군력과 플라잉 타이거스, 나중의 민항공운공사民航空運公司, Civil Air Transport(CAT) 같은 특정 항공사였다—후자는 수익을 많이 냈으며 타이완이 공격받는다면 국민당과 함께 침몰할 운명이었다. 민항공운공사와 그 업무를 인수한 에어 아메리카는 미국이 동아시아에서 펼친 팽창주의의 터무니없이 거친 허세와 치명적인 무지를 보여줬다. 이를테면 민항공운공사의 조종사인 "괴짜 닐Weird Neil" 핸슨은 "키가 크고 호리호리하고 말이 적었으며" "먼지 날리는 카우보이 마을에서 말을 말뚝에 묶은 뒤 술집의 여닫이문을 발로 차서 여는 사람이 연상되는" 인물이었다. 존경받던 한 작가는 조종사들이 동양에서 겪는 "용감한 모험"을 좋아했다고 밝혔다. 그들이 보낸 흥겹고 즐거운 시간에는 랑군에서의 밤도 있었다. 그곳에서 그들은 "술에 취해 거리에서 버마 여인들의 치마를 찢었으며 텍사스풍 부츠를 신고 탑에 올라갔다가 체포되기도 했다".[30] 늦은 밤 서울·타이베이·마닐라의 거리를 걷는 사람은 누구나 언제든 그런 방종을 저지를 수 있었다. 이것은, 아시아는 미국인이 마음대로 행동해도 되는 무대라는 생각이 여지없이 드러난 추악한 치부였다.

서부극 배우 팻 버트럼 같은 조종사들보다 더 흥미로운 인물은 셔놀트의 핵심 측근이자 민항공운공사의 공동 소유자인 화이팅 윌로어였다. 윌로어는 윌리엄 폴리와 마찬가지로 미국 팽창주의 세력의 대외 정책이 가장 잘 구현된 지역인 중앙아메리카의 반공주의자와 장제스 지지자들 사이의 일반적인 관계를 전형적으로 보여줬다. 그는 CIA의 중요한 공작원이 되었고, 1953년에 베델 스미스가 온두라스 대사로 나가라고 요청하자 이듬해 그곳에서 폴리 등을 도와 과테말라의 아르벤스 정권을 무너뜨렸다. 그와 폴리는 피그스만 사건을 계획하는 데도 중요한 역할을 했다.[31]

민항공운공사는 1948~1949년 중국 국민당원이 대륙 남부를 거쳐 타이완으로 탈출하는 것을 도왔으며 1940년대 후반 "광범위한 정보·안보 체계"를 갖췄다. 거기서 수집된 정보는 칭다오青島에 있는 미 해병대 기지에 정기적으로 보내졌다.[32] 1949~1950년 셔놀트와 윌로어는 미국이 타이완을 지원하고 중국 대륙으로 진입해야 한다는 주장—장제스의 정책—을 지지한 대표적 인물이었다. 그것은 그들이 국민당과 맺은 밀접한 관계에서 예상할 수 있는 결과였으며 그 사이에는 돈도 오갔다고 한다.[33]

그렇다면 민항공운공사는 비공식적 관련자였나, 공식적 관련자였나? 국무부가 셔놀트에게 호의를 품지 않은 것은 확실하지만 CIA는 셔놀트에게 호의적이었다. 1948년 여름 위스너의 정책조정국은 "민항공운공사를 완벽한 위장 수단으로 보고 지배력을 강화해갔다". 늦어도 1949년 여름에는 워싱턴에서 쑹쯔원의 대리인으로 근무하던 토미 '더 코크' 코코런이 설립한 유령회사를 거쳐 CIA의 자금도 그리로 흘러들어갔다.[34]

윌리엄 폴리도 항공 분야에서 자신의 경력을 시작해 1930년대 중국과 중앙아메리카의 항공 노선을 연결하는 데 기여했으며, 셔놀트와 함께 플라잉타이거즈를 설립했다. 윌로어와 마찬가지로 그도 장제스를 지지했으며 중앙아메리카에서는 독재자들과 유착했다. 대부분의 사람과 달리 폴리는 워싱턴의 중도파와 자유주의자 가운데 유력한 친구들이 있었지만, 어떤 반격론자보다 자신의 예전 견해를 고수했다. 그는 조지 마셜, 로버트 러벳과 오랜 친구였다. CIA의 가장 중요한 중재자 가운데 한 사람인 버넌 월터스는 폴리의 제자였다. 폴리는 한국전쟁이 일어나기 전 트루먼의 집무실을 몇 차례 출입했으며, 1948년 트루먼은 그를 브라질 대사로 임명했다.

폴리는 1950년대 초반 자신이 CIA의 민감한 임무를 많이 수행했다고 말했다. 그는 1951년 위스너를 위해 CIA가 동아시아에서 전개한 작전을 평가하고, 제임스 두리틀과 함께 CIA의 작전을 조사했으며, 인도와 원자폭탄을 제조하는 데 필요한 원료 구입 협상을 했고, 끝으로 앨런 덜레스, 위스너, 윌로어 등과 함께 1954년 과테말라 침공을 계획했다. 나중에 아이젠하워는 그에게 서반구 담당 국무차관으로 일할 생각이 있는지 물었다(그를 반대하는 사람이 너무 많아 이뤄지지 못했다). 이어서 그는 다른 CIA 관계자들과 피그스만 사건 계획에 착수했다. 그가 리처드 닉슨의 오랜 친구였으며, 쿠바에 투자한 마피아 간부들과 연결돼 있다는 소문이 돌았다.[35]

1949년 후반 폴리는 미국의 타이완 정책 중단에 앞장섰으며 국민정부에 군사 원조와 고문을 보냈다. 그 뒤 찰스 쿡 제독이 회사를 이끌었다. 쿡은 1886년 아칸소에서 태어났으며 해군에서 탁월한 경력을 쌓았다. 그는 제2차 세계대전 동안 어니스트 W. 킹 제독의 수석참모를 지낸 뒤 해군 작전본부장 보좌를 거쳐 은퇴하기 전 서태평양 함대사령관을 지냈다. 그는 중미합동작전부Sino-American Cooperation League, SACO를 거쳐 중국과 관련된 해군 정보활동에도 관여했다. 중미합동작전부의 수장인 밀턴 '메리' 마일스 제독과 마찬가지로 쿡은 국민당 비밀경찰의 악명 높은 책임자인 다이리戴笠와 친했다. 실제로 다이리는 1946년 비행기 추락 사고로 사망하기 전까지 쿡과 지속적으로 만났다.[36]

도너번·폴리·셔놀트·윌로어·쿡의 활동은 뒤 장에서 다시 검토할 것이다. 그러기에 앞서 한국에서 그들과 같은 역할을 한 인물을 살펴보자.

굿펠로의 특수 임무

1935년 8월 한여름의 무더운 어느 오후 허버트 파이스는 코네티컷주 실버마인Silvermine이라는, 유래를 알 수 없는 '은광'이라는 이름의 마을에 자리한 호수의 시원한 물에 뛰어들었다. 그때 이웃에 살던 웰즐리여대 졸업생 플로런스 해슬러 굿펠로는 벌거벗은 파이스를 봤다. 그녀는 그 동네에 사는 상류층에 걸맞은 도덕적 수준을 지킨다며 파이스와 그의 세 친구가 알몸으로 수영한다고 고발했다.[37] 작은 승리였지만, 이것도 국제협력주의자와 팽창주의자의 충돌 가운데 하나였다.

실버마인의 플로런스 해슬러는 밀러드 프레스턴 굿펠로의 부인이다. 굿펠로는 동부 기득권층처럼 행동했지만 서부적 면모도 갖춘 데다 광업(은이 아니라 금이었지만)에 관여한 진정한 팽창주의자였다. 굿펠로는 1892년에 태어났고 1907년 『브루클린이글Brooklyn Eagle』지에서 근무하기 시작했다. 공화당 보수파 신문 발행인으로 이후 중국 국민당의 중요한 지지자가 된 프랭크 개닛에게서 1932년 『이글』을 인수했다. 그 신문의 정치 성향이 중도적이었다고 한다면, 굿펠로의 정치 성향은 개닛 그리고 뉴욕의 공화당 세력과 월가의 또 다른 중진인 윌리엄 도너번과 비슷했다.[38]

도너번과 마찬가지로 굿펠로의 경력도 아직까지 밝혀지지 않은 부분이 많다. 그러나 1940년대 그는 미국에서 정치적으로 가장 민감한 직위들을 맡았다. '와일드 빌' 도너번이 전략사무국을 설립했을 때 "특수 활동"을 조직하도록 그에게 의뢰할 만큼 굿펠로는 신뢰받는 인물이었다. 비밀공작과 게릴라전의 유용성을 확신하던 도너번은 "특수 활동Special Activities/굿펠로Good-fellow", 곧 SA/G라고 줄여 부르는 전략사무국 부서의 책임자로 굿펠로를 임명했다. 아울러 굿펠로는 비정규전을 실험해야 한다고 오랫동안 주장해온 인물이기도 했다. 그는 파괴·전복·게릴라 활동에 필요한 훈련 시설 부지를 워싱턴 일대에 선정했는데, 이는 나중에 CIA가 인수했다. 또한 굿펠로는 전략사무국 내부의 육군 정보 부문의 이익을 보호하는 데도 중요한 역할을 드러나지 않게 수행했다.[39]

굿펠로는 1942년 6월 도너번이 런던을 방문할 때 수행하도록 선발된 두 사람 가운데 한 명으로(다른 한 명은 데이비드 K. E. 브루스다) 연락망을 설치하고 영국 정보기관의 특수작전부Special Operations Executive, SOE와 협의해 세계를 영국과 미국의 책임 지역으로 나눴다─그것은 막중한 책임이 부여된 비밀 임무였다. 도너번은 세부 사항을 협상하는 회의에 참석하지 않고 굿펠로에게 그것을 맡겼으며 영국 쪽에서는 W. T. 케직과 이름을 알 수 없는 한 사람이 참석했다. 갈런드 윌리엄스 대령이 그 회의에 나왔다고 서술한 자료도 있다. 미국 정보활동의 역사를 다룬 뛰어난 저서에서 윌리엄 코슨이 지적한 대로 "대화하는 동안 참석자들은 말 그대로 세계를 훑어보고, 자신의 조직이 단독으로든 합동으로든 전복활동과 특수작전을 어떻게 수행할지에 따라 세계를 분할했다". 이 회의에서 협의된 '문안'의 중요성은 "아무리 강조해도 지나치지 않는다"고 코슨은 말했다.

도너번과 굿펠로는 많은 미국인이 영국에서 "비열한 공작"을 훈련받도록 주선하기도 했다. 그런 협상의 한 가지 결과는 중국·만주·한국을 미국 정보활동의 "영향 범위" 안에 계속 남겨둔 것이었다. 또 다른 결과는 굿펠로가 소련 정보기관과 당시 특수작전부에서 근무하던 킴 필비, 가이 버지스 같은 영국 주재 소련 정보원의 주의를 끌게 됐다는 것이다.[40] 1939년부터 버지스는 파괴·저항활동을 맡은 특수작전 부서Special Operations Department에서 재직해왔으며, 필비는 그것이 특수작전부로 개편될 때 참여했다. 진주만 사건 이후 "서방의 두 주요 정보기관 사이에 이상할 정도로 긴밀한 유대가 시작됐으며 필비는 그 첫 단계에 관여했다". 전략사무국 요원들은 첩보활동에 경험이 없었지만 기득권층으로서 친영국 교육을 받았다. 그들은 "영국을 너무 자신의 모범으로 생각해" 특수작전부와 전략사무국은 "하나의 기관으로 간주될 수 있을 정도였다".[41]

굿펠로는 전쟁 기간에 전략사무국에서 계속 근무하면서 도너번 아래에서 부副국장까지 승진했다. 그가 주로 담당한 지역은 극동으로 버마에 게릴라들을 침투시켰으며, 브래들리 F. 스미스에 따르면 거기서 전략사무국은 "점령된 중국 지역에서 (…) 기업 운영으로 위장해 (…) 폭넓은 정보 작전"을 전개했다. 굿펠로가 다이리, 밀턴 마일스 그리고 중국의 텅스텐 재벌 리궈친과 관계됐다는 몇 가지 증거가 있다.[42]

전후 초기 굿펠로는 워싱턴 DC의 폭스홀가에서 거주했다. 1947~1949년 중 얼마 동안 그는 아이다호주 포카텔로에서 살기도 했으며, 거기서는 『포카텔로 트리뷴Pocatello Tribune』을 소유했다. 미국의 여느 팽창주의자들과 마찬가지로 그는 아시아의 우익 정권과 중앙아메리카의 이해를 결부시켰다. 1957년 3월 그는, 어떤 공훈인지는 밝혀지지 않았지만, 도미니카공화국 지도자 라파엘 트루히요에게서 "자유" 훈장을 받았다. 그는 1940년대 후반부터 1970년대 전반까지 델라웨어주에 있는 해외재건회사Overseas Reconstruction Corporation를 운영했는데 그 회사에 대한 정보도 전혀 남아 있지 않다. 아마 CIA가 소유한 회사였을 것으로 생각된다. 그의 경력을 소개한 기록에서도 그가 J. 에드거 후버나 허버트 후버와 20년 동안 "위원"으로 재직했다고 언급했지만, 어떤 위원회였는지는 나와 있지 않다. 그가 존 J. 매클로이와 주고받은 편지에 따르면 두 사람은 절친한 사이였다. 1973년 81세로 세상을

떠났을 때도 굿펠로는 해외재건회사 사장으로 재직하고 있었다.[43]

굿펠로는 매달 워싱턴과 포카텔로를 오갔다. 1947년 후반 그는 "다음 전쟁이 일어난다면 동부보다 서부와 가까운 데서 일어날 것이기 때문에" 자신은 서부에 살고 있다고 허버트 후버에게 말했다.[44] 그러나 1949년 초 굿펠로는 도너번의 세계무역회사World Commerce Corporation에서 근무했는데, 그 목적은 이승만에게 가장 중요한 미국인 고문이 되려는 것이었다.[45] 그는 사업과 비밀활동을 결부시키는 도너번의 전형적인 행동을 답습했다. 1949년 가을부터 1950년대 중반까지 굿펠로는 한국과 미국 사이의 사업 거래에서 핵심 중재자가 되는 데 성공했다. 대단한 성공을 거둔 현대판 '호러스 알렌'이었다.

1949년 10월 굿펠로는 존 스태거스와 함께 한국에 "운송회사"를 설립하려고 이승만과 상의했고, 두 달 뒤 전후 남한을 방문하게 될 첫 미국 통상대표단을 조직했다. 1950년 2월 그는 조선은행 총재 최순주를 미국으로 초청하려고 했으며, 다음 달에는 한·미 "상호 통상"에 대한 자신의 계획을 최순주에게 밝혔다. 최순주는 곧 대한민국 재무장관이 됐다(1950년 4월). 1950년 4월 굿펠로는 통신 관련 협상의 하나로 RCA(Radio Corporation of America)의 기술자를 서울로 보내는 방안을 마련했다. 1950년 12월 폐허가 된 서울에서 그는 비서에게 "한국은 온갖 폐기물로 가득하니 (…) 그것을 살 의향이 있는 사람을 찾아보라"고 비서에게 지시했다. 1952년 그는 일본인과 한국인에게 제빵 기계를 팔려고 했다. 그들이 빵을 더 먹게 하려는 속셈이었다(이것은 나중에도 지속된 계획이었는데, 미국에 밀이 지나치게 남아돌았기 때문이다). 1953년 그와 그의 "기술 자문"인 전역한 해군 제독 워런 S. 파는 판유리 공장을 세우는 데 드는 비용을 가늠하려고 했다. 1954년 그는 전략사무국의 지인이 한국에 최초의 텅스텐 소결燒結 공장을 설립하는 것을 도왔다. 1956년과 1957년에는 원자력 발전 설비를 구입하도록 이승만을 설득하려고 했다.[46]

1950년 초에 파견된 통상대표단은 굿펠로가 전개한 작전의 좋은 보기였다. 굿펠로는 시애틀의 여러 기업가를 설득해 시애틀 시장의 인솔 아래 한국·타이완·필리핀을 시찰했다. 1950년 1월 이승만은 직접 그 대표단을 화려한 의식으로 영접했다. 미국 대사관 자료에서는 그 방문을 순전히 한국과 미국의 경제 교류 사안으로 다뤘다. 대사관의 대표단 명단에는 기업가와 시애틀의 공무원들만 포함돼 있다. 그러나 굿펠로는 중국에서 전략사무국과 중미합동작전부의 합동작전에 참가한 경험이 있는 정예요원인 헨리 F. 슈메이커를 대표단에 포함시켰으며, 시애틀 관련 사안은 대부분 역시 전략사무국 정예요원인 데이비드 R. 거드우드가 처리했다. 거드우드와 슈메이커 모두 한국에서 사업하는 데 관심을 갖고 있었다. 1950년 그들은 정보활동과 관련이 없었다고 여겨진다. 그러나 그들의 이름이 대사관 명단에는 없었고 대표단을 조직하는 데 굿펠로가 맡은 역할이 언급되지 않은 것은 흥미롭다.[47]

거드우드는 1930년 시애틀에 거드우드 수송회사를 세웠으며 전쟁 기간에 북아프리카와 이탈리아에서 전략사무국 요원으로 활동했다. 1950년 4월 존 스태거스는 "이 박사가 부여한 권한에 따라" 이 회사를 미국 서부 해안과 한국을 오가는 선박운송회사 두 곳 가운데 하나로 선발했다. 거드우드는 1950년 5월 일본·한국·타이완·필리핀을 시찰하면서 굿펠로의 소개장을 지닌 태평양 연안 비료회사Pacific Coast Fertilizer Company의 대표라고 자신을 밝혔다. 앞으로 보겠지만 굿펠로는 비슷한 때 타이완을 방문하면서 이 회사를 구실로 이용했다.[48] 슈메이커가 서울로 오자 굿펠로는 "이 사람은 서부 해안의 유력자들을 대표한다"는 편지를 써줬다. 슈메이커는 그 무렵 이승만을 만났고, 1950년 9월 굿펠로의 RCA 통신 계약에 관여했다.[49] 뒤에서 1949~1950년 굿펠로의 활동을 다시 살펴보겠지만, 그 시기에 그는 도너번과 마찬가지로 동아시아에서 몇 주를 보냈다.

미로 속의 두더지: 영국의 첩보원

CIA는 공산주의자는 숨겨주지 않았지만 첩보원은 숨겨줬다—하지만 그들은 미국의 첩보원이 아니었다. 1940년대 초부터 전략사무국과 CIA가 영국 첩보활동에서 대부분의 단서를 얻는 구조가 형성되면서 필비를 비롯한 영국 첩보원들이 그곳에 침투할 수 있었다. 미국의 대동맥에서 헤엄치는 친영파 기득권층이자 공산주의자와 동성애자라는 세균에 대한 우익의 공포를 부채질하기에는 이런 최고 특권 뒤에서 꾸며지는 음모만 한 게 없었다. 필비 세력은 풍자화에 묘사된 것처럼 반격론자의 편견을 조장하는 결과를 가져왔다. 그들은 영국인이고 사회주의자이자 동성애자였으며 모두 좋은 환경에서 자랐다―마치 배신을 선동하는 무리 같았다. 영국 첩보원들(특히 가이 버지스)은 현실에서는 상상하기 어려운 이야기인 루이스 캐럴의 책에서 걸어 나온 것 같은 이런 편견에 신빙성을 부여했다.

전후 소련 정보기관이 감행한 공격에 대한 감춰진 역사는 한국전쟁과 직접적인 관련이 있다. 킴 필비는 한국전쟁이 일어나기 전과 전개되는 기간에 미국의 정보를 마음대로 이용할 수 있었다. 가이 버지스는 런던에서 극동 담당 부서를 맡은 뒤 1950년 8월 워싱턴으로 옮겼다. 도널드 매클레인은 1950년 중반 꼭 알맞은 직책을 얻었다. 그리고 조지 블레이크는 전쟁이 터졌을 때 서울 주재 영국 대사관의 정보 책임자였다. 합동참모본부의 상급 정보관은 "1951년 5월 25일[버지스와 매클레인이 도피한 날] 이전 미국과 영국의 상층부만 알던 계획에 대한 정보가 거의 다 누설된 것으로 보인다"고 말했다.[50] 1947년 매클레인은 소련에 원자폭탄 관련 정보를 넘겨줘 그들의 핵개발 계획을 도왔지만 자신의 "가장 큰 반란"은 "한국전쟁이 전개되는 동안 트루먼이 맥아더 장군에게 내린 명령"을 스탈린에게 알려줬다는 것이라고 생각했다.[51] 필비는 처음에는 영국 정보기관 그리고 그 뒤인 1950년 봄에는 영·미 합동 조직을 거쳐 피그스만 유형의 반격 작전에 대한 정보를 알바니아에 전달했는데, 1950년 봄 반격론은 워싱턴에서 끓어오르고 있었다(위스너의 정책조정국은 소련 연합에서 알바니아를 "분리"시키려는 이런 시도의 배후였다).[52]

자신이 드 부르주아라는 성을 가진 위그노 이민자의 후손이라고 주장한 가이 버지스에게는 상층 부르주아 자녀의 방탕한 낭비적 성향이 있었다― 언제나 술에 빠져서 정신을 잃고 대담하게 동성애를 즐겼지만("나는 기차로는 절대 여행할 수 없다. 기관사를 유혹하고 싶은 생각에서 헤어나올 수 없기 때문"
이라고 파티에서 말하곤 했다) 이런 악명 높은 난행과 함께 날카롭고 세속적
인 재주도 보였는데, 거기서 엄청난 매력을 발견한 사람들도 있고 괴기한 혐
오감을 느낀 사람들도 있었다. 그러나 그가 반역 행위를 저지를 능력이 있
다고 믿는 사람은 없었기 때문에 그는 난행을 쉽게 은폐할 수 있었다. 잘 알
려지지 않은 사실이지만, 그는 특히 역사와 마르크스주의에 대한 책을 많이
읽었고 제인 오스틴과 조지 엘리엇의 열렬한 독자였다.[53]

전설적인 폭음과 이유 없는 결근, 엄청난 나태함에도 버지스는 업무에서
탁월한 분석 능력을 보여줬다. 외무부 문서 표지에 적힌 그의 "메모"는 대부
분 통찰력 있고 날카로웠다. 1950년 초 그는 중·소 동맹을 언급하면서 미국
정부가 정보를 고의로 왜곡해 국민에게 유포했다고 생각했으며, 자신과 영
국 전문가들은 베이징과 모스크바의 의견 차이―주로 만주 관련 소련의 계
획―를 그리 중요하게 여기지 않지만 미국이 그것을 과장하고 있다고 말했
다. 버지스는 맥아더가 이끄는 G-2를 경멸하면서 연합국 최고사령부는 소
련이 중국에 어떤 일을 언제 하라고 지시하는 "문서"(따옴표는 그가 붙인 것이
다)를 늘 발견한다고 말했다. "내가 알기에 그들은 아무도 보지 못하는 것을
보며 게다가 가장 흥미로운 내용들이라고 생각된다. 나는 (…) 우리에게도 그
문서들이 제공되기를 바란다."[54] P. W. 스칼릿은 애치슨의 프레스 클럽 연설
을 "헛소리"라고 했지만, 버지스는 그것에 대해 "희망적 관측이다. (…) 나는
구매자가 상정한 견해에 합치되도록 국민당이 만든 정보를 비싸게 사왔을
것이라고 확신한다"고 언급했다.[55] 앞으로 보겠지만 허위 정보는 국민당이
아니라 애치슨에게서 나온 것인데, 결국 그가 옳았다. 또한 1950년 6월이 다
가오면서 타이완의 정세에 대한 버지스의 면밀한 해석도 살펴볼 것이다.

버지스는 런던의 외무부에서 근무하다가 1950년 8월 동아시아 문제를
담당하는 2등 서기관이 돼 워싱턴의 영국 대사관으로 옮겼다. 한 친구는 그
에게 미국에서 신중하게 행동하라고 충고했다. "너무 적극적인 좌익은 되지
말게. 인종 문제에는 관여하지 마. 그리고 할 수 있다면 동성애 사건도 일으
키지 말고." 버지스는 대답했다. "헥터, 그러니까 폴 로브슨*에게는 수작을

걸지 말라는 말이군."[56]

1950년 가을, 버지스는 미국이 38도선을 넘을 것이라고 정확히 예측했다. 마이클 스트레이트는 버지스가 "북한으로 진격하려는 우리의 계획"을 알고 있었다고 썼으며, 1951년 3월에 그와 만났을 때 북진 관련 문서를 소련으로 유출했는지 물었다. 그 계획은 "모두 알고 있었다"고 버지스는 말했다. 맥아더는 중국이 허세를 부리고 있다고 생각했으며 "애치슨과 CIA는 맥아더의 의견에 동의했다."[57]

버지스가 옳았으며, 맥아더와 애치슨은 중국의 참전을 예측하는 데 실패했다. 그러나 스트레이트의 은밀한 배신행위에 버지스가 태평스럽게 대답했다는 사실은 정보기관에서 근무하는 사람이라면 누구나 알고 있었다. 엄중하게 보호되는 기밀에 접근할 수 있어야만 언론이나 워싱턴의 소문에 담겨 있는 수많은 기사와 풍문과 의견을 정리해 어느 것이 옳은지 판단할 수 있다. 필비·블레이크·버지스는 1950년 1~6월까지 그런 임무를 수행하는 자리에 있었다. 독자들은 뒤의 장들에서 이런 사실을 유념하기 바란다.

필비·버지스·매클레인은 3인조로 활동한 반면, 조지 블레이크는 그들을 충분히 알지 못했으며 혼자 행동하는 경향이 있어서 가장 수수께끼 같은 인물로 보였다. 그는 1948년 여름에 서울로 가서 만주·북한과 소련 극동 지역을 정찰하면서 1950년 영국 대사관이 북한군에게 점거될 때까지 그곳에 머무르다가 비비언 홀트 대사와 함께 북한에 체포됐다. 전쟁이 일어나기 전 서울에 있던 사람들은 그를 지식인이자 미식가이며 미국의 남한 정책을 철저히 경멸하는 인물로 잘 기억하고 있었다. 그가 당시 소련과 협력하고 있었다고 분석하는 사람들도 있으며, 북한 포로수용소에서 3년 동안 있으면서 전향했다고 보는 사람들도 있다. 정보 분야 전문가들은 필비를 포함한 다른 첩보원보다 그가 더 많은 피해를 끼쳤다고 생각한다. 그런 판단의 한 가지 논거는 베를린 터널이다. 그 터널은 동독과 소련의 전신을 도청하는 데 사용되었다. 블레이크는 그것에 대한 정보를 소련에 넘겨 레닌상Lenin Prize을 받

• Paul Robeson(1898~1976). 미국의 흑인 배우이자 가수. 나중에 인권 운동가로 활동했다.

왔다. 그것은 그때까지 필비가 받은 것보다 높은 상훈이었다.

여느 망명자들과는 달리 소련은 서방 인사들이 블레이크에게 접근하는 것을 허용하지 않았으며, 그는 지금까지도 모스크바에서 살고 있다. 블레이크가 서울에 있는 동안 어떤 일이 일어났는지 많은 것을 알기는 어려운데, 그를 직접 만날 수 없고 서울의 영국 대사관 문서는 불탔거나 노획됐기 때문이다. 그리고 블레이크는 MI6 ●의 책임자였기 때문에 그의 보고서는 영국 외무부 문서철에는 등록돼 있지 않고, 해당 문서철의 정보 관련 자료는 아직도 공개되지 않았다.

CIA의 고위 관료에 따르면 필비는 거의 모든 정보에 접근할 수 있었다. "제한이 없었다. 그는 알고 싶은 만큼 알 수 있었다." 그는 제임스 앵글턴과 매주 점심을 함께 먹었으며 "최고 정책과 관련해" 베델 스미스의 보고를 자주 받았다. 한때 알바니아 정권을 무너뜨리는 계획을 공동으로 지휘하기도 했다.[58] 블레이크는 한국전쟁이 일어나기 전 2년 동안 서울에 있었으며, 극동 관련 정보는 모두 런던의 버지스를 거쳐 그에게 들어왔다. 그러나 수많은 기밀을 취급하는 위치에 있는 사람들끼리도 음모의 진정한 의미에 대해서는 서로 의견이 달랐다.

필비의 가장 거대한 공격은 CIA의 방첩활동 책임자 앵글턴을 조종해 그 조직을 큰 혼란에 빠뜨린 것으로 생각되는데, 이 뛰어난 첩보원은 필비가 자신을 추적한 것이 아니라 자신이 필비를 추적한 것이라고 사람들에게 선전하면서 여생을 보냈으며 편집증은 더 심각해졌다. 그 결과 그는 간첩과 위장 망명자(에이버럴 해리먼이나 유명한 유리 노센코 같은)를 색출하느라 CIA를 엉망으로 만들어놓았다. 영국 첩보원들은 대립 세력의 연결 고리를 끊었다. 동부 명문 대학에서 교육받은 국제협력주의자이자 난초를 즐겨 키우던 앵글턴은 필비의 의도를 파악하는 데 실패했다. 중서부 출신으로 배가 나오고 땀을 많이 흘리던 FBI 수사관 윌리엄 하비가 필비의 정체를 폭로했다. 친영파 자유주의자들은 좌익을 적발하지 못했지만, 하비는 정보기관이 좌익의

● 영국의 해외 국가 안보 문제를 담당하는 정보국으로 공식 명칭은 the Secret Intelligence Service다.

온상이라는 사실을 모든 우익에게 입증했다.

서방의 기밀이 모스크바로 전달되는 유일한 경로는 통신망이었는가, 아니면 그곳에 정보와 거짓 정보 그리고 이중간첩이 복잡하게 오가는 변증법이 있었는가? 앵글턴과 그의 지지자들은 앵글턴과 가까웠던 이스라엘 정보기관이 일찍부터 필비·버지스·매클레인을 지목해 "그들에게 거짓 정보를 제공해 소련을 속이게 했다"고 주장한다. 1951년 봄, 음모를 적발한 것은 하비였으며 앵글턴은 필비에게 완전히 속았다고 보는 견해도 있다. 유용한 증거들은 두 번째 해석을 뒷받침하는 것으로 보인다.[59]

누가 누구를 경계하고 있었는지와 관계없이 국가안보회의 문서 68과 그 이전 문서를 읽은 사람은 모두 미국이 한국전쟁에 관여하리라는 사실을 예측할 수 있었을 것이다. 앵글턴과 CIA와 국무부 정보 부문의 고위 관료에게 접근할 수 있는 사람은 누구나 도너번·폴리·쿡·굿펠로의 활동에 가장 관심을 가졌을 것이다. 1950년 워싱턴의 내부 상황을 잘 알고 있는 사람이라면 누구나 애치슨의 프레스 클럽 연설을 미국의 솔직한 의도로 받아들이지 않았을 것이다. 그러나 만약 앵글턴이 허위 정보로 필비에게 미국은 남한을 방어하지 않을 것이라고 분명하게 말했다면 스탈린에게 영향을 줬을 가능성이 있으며, 미국의 의도에 대해 소련이 북한에 전달한 내용에도 영향을 줬을 수 있다.

확실히 말할 수 있는 것은 필비와 버지스 모두 미국 정보 기능, 특히 도너번이 선호한 "특수 활동"의 성립과 발전을 상세히 알고 있었다는 사실이다. 그리고 이제부터 살펴보겠지만, 버지스가 한국전쟁이 일어나기 몇 달 전 미국의 동아시아 정책에 이례적인 관심을 보이면서 쿡 제독처럼 타이완 등지에서 "비공식적으로" 활동하던 인물들의 행적을 주의 깊게 추적했다는 사실이다.

금광을 모두 점유하다: 황금·텅스텐·흑사黑砂·콩

1950년 한국은 미국 투기꾼들에게 제공할 수 있는 것이 많지 않아 보였다. 한반도는 분단된 상태였고 남한은 경제적으로 마비된 것처럼 보였다. 예지력 있는 국제협력주의자들만 남한을 일본 및 세계경제와 다시 연결시켜 얻을 수 있는 이익을 이해했다. 그러나 남한에는 광물이 있었고, 팽창주의자들은 광물을 다루는 방법을 알고 있었다. 그들은 상품 투기도 이해했다. 그리고 아무튼 금이든 흔한 콩이든 높은 사용가치가 있는 텅스텐과 모나자이트monazite●를 함유한 "흑사"든 이 네 가지 상품은 첩보원과 투기꾼이라는 독특한 집단의 주목을 끌었으며, 그 덕분에 우리는 팽창주의자의 지분과 이해관계를 알 수 있게 되었다. 금과 텅스텐과 모나자이트는 그 가치 때문에 그리고 동일한 지역에 매장돼 있는 경우가 많기 때문에 관심을 끌었다. 한편 "선물先物"로만 거래된 흔한 콩의 가려진 과거를 알 수 있는 뜻밖의 기회가 되었다.

프레스턴 굿펠로는 이 네 상품 가운데 세 가지에 관여했다. 일본 정치의 흑막黑幕 고다마 요시오兒玉譽士夫도 이 넷 가운데 세 가지와 관련돼 떠올랐다. 쑹쯔원은 적어도 두 가지에 관계됐는데 상당히 극적인 방식이었다. 미국 정부도 관계했는데, 전략 광물 관련 지역에서는 팽창주의가 국제협력주의로 대체됐다. 여기서 그 문제를 깊이 다루지 않겠지만 어느 정도는 살펴볼 것이다.

한국의 금은 아주 오랜 고대부터 외국인을 유혹했다. 중국은 자신들의 선조인 기자箕子가 조선을 세웠다고 주장하는데, 이 기자가 기원전 1122년에 중국으로부터 와서 한국의 금을 추출하는 데 최신 방법을 도입했다고 말한다. 9세기 아랍 여행가 이븐 코르다즈베흐는 "중국 끝, 칸쿠●● 반대편에 산이 많은 신라라는 나라가 있는데 (…) 금이 풍부하다"고 서술했다.[60]

『시애틀 포스트 인텔리젠서Seattle Post Intelligencer』를 창간한 리 S. J. 헌트

● 우라늄을 비롯한 희토류 광물을 가장 많이 함유하고 있는 광물의 하나로 높은 경제적 가치를 지닌다.

●● 현재 중국 저장성의 성도省都인 항저우 근처의 양저우揚州.

는 1894년 이처럼 신록과 호수로 둘러싸인 도시(시애틀)를 "서부의 피츠버그"로 변모시키려는 자신의 계획이 1893년에 일어난 공황 때문에 수포로 돌아 갔다는 사실을 깨달았다(덧붙이면 그 시민들에게는 궁극적으로 이로웠다). 그는 신문사를 존 D. 록펠러에게 팔고 급히 시애틀을 떠났다—그리고 약간 많은 악성 부채를 남겨놓았다. 그러나 그에게 우호적인 전기 작가가 쓴 대로 그는 모든 것을 잃지는 않았다. 그의 아버지는 금광을 찾아 캘리포니아로 몰려든 인파 속에 뛰어들었고, 리도 서쪽으로 계속 나아갔다.

> 그는 한국에 들어가기로 결심하고 금을 찾기 시작했다. 발길이 닿지 않은 땅을 지나고 산을 넘고 온갖 사나운 도적을 물리치고 (…) 중국과 일본에서 약탈을 일삼다가 한국으로 몰려든 험상궂은 수많은 모험가도 만났다. 이런 엄청난 위험을 모두 뚫고 리 헌트는 전진해 (…) 마침내 금을 발견했다. 그리고 자신이 겪은 경이로운 이야기를 가지고 런던으로 돌아와 재력 있는 자본가들을 만나 지원을 받음으로써 거대한 금광을 발굴했다. 그 금광은 지금까지 해마다 보물을 쏟아내며 운 좋은 소유자에게 큰 배당금을 주고 있다. 헌트는 친구들을 섬세하게 배려했고, 친절하게 대했으며, 주의 깊게 행동했고, 무엇보다 그들을 즐겁게 해주는 데서 기쁨을 느꼈다. 그 와중에도 틈틈이 서두르지 않고 조용히 미국인의 현대식 성배를 추적했다[모두 원문 그대로].[61]

1897년 헌트는 금맥을 찾았고 제임스 R. 모스와 함께 동양합동광업회사 Oriental Consolidated Mining Company, OCMC를 설립했다. 운산雲山 지역과 그곳의 엄청난 금광은 대부분 고종 가족의 소유였다. 1895년 모스는 가장 먼저 광업권을 획득해 다음 사반세기 동안 운산의 금을 채굴할 권리를 소유했다. 곧 헌트는 모스에게서 광업권을 사 뉴욕의 유력 공화당원인 J. 슬롯 파셋, 오그던 밀스 2세와 협력관계를 맺었다. 헌트와 파셋은 "극동 근대 광업의 아버지"로 알려졌다. 파셋은 남태평양 철도를 놓은 샌프란시스코의 크로커 가문과 혼인관계를 맺었으며, 크로커 가문을 이용해 자신의 한국 관련 사업에 10만 달러의 출자금을 모았다.

새로운 세기가 밝을 무렵 한국의 금은 수천만 달러의 수익을 올려 금광업계 외의 유력 팽창주의자들의 관심을 끌었다. 이렇게 하여 한국은 1945년 이전에 변종 팽창주의라는, 미국 제국주의의 한 형태를 직접 경험하게 된다(초기 투자 관련 사항은 프레드 하비 해링턴의 뛰어난 저서의 한 장인 「금광을 모두 점유하다」를 참조하라).62

허버트 후버는 광물 팽창주의의 기술자라고 부를 만했다. 스탠퍼드대학에서 공학 학위를 딴 뒤 1897~1899년 호주 내륙지역에서 금광을 찾고 영국의 대기업인 베윅 모린에 근무하면서 광물 재생 관련 새 기술을 개발해 많은 돈을 벌었다. 일본이 조선을 합병할 때 그는 한국의 금에 관심을 돌렸다. "일본인 은행가들은 자신들이 구상하고 있는 사업에 동참하겠느냐고 접근했다. 그것은 규모가 크고 매장량이 풍부한 한국의 동광과 금광이었다. 시베리아 횡단철도를 왕복하며 얻은 유일한 소득은 압록강의 장려한 경치를 본 일이었다. (…) 우리는 정크선을 타고 압록강을 거슬러 올라갔다." 여기서 후버는 자신이 운산금광을 방문했다는 사실을 빠뜨렸는데, 거기서 그는 술자리를 자주 열어 술값이 많이 나왔지만 내지 않았다. 그 뒤 후버는 우리가 아는 조지 케넌의 큰 사촌이자 한국인을 인종적으로 폄하한 조지 케넌과 시베리아의 금을 "예비 조사하는 소규모 기업 연합"을 결성했다. 그들은 품질 좋은 광석을 발견했지만 채굴할 수는 없었다. 볼셰비키 혁명이 끼어들었고, 후버는 1951년 다음과 같이 썼다. "내가 아는 한 재칼jackal[소련인]을 돕는 데 쓰이고 있는 [금광은] 지금껏 없다. 제1차 세계대전이 일어나지 않았다면 나는 인류 역사상 가장 많은 기술료를 받았을 것이다."63 이런 이야기는 논지에서 벗어나지만, 후버의 경력을 밝히고 후버가 보수적 공화당원들의 본보기가 됐다는 것을 보여주려는 의도일 뿐이다.

한반도는 가장 유용한 광물을 수출할 수 있는 곳으로 널리 알려졌다. 이븐 코르다즈베흐처럼 투자가들은 한국이라는 단어를 듣자 머리를 긁적이면서 "거기서 금을 캘 수 있을까?"라고 말했다. 한국이 분단될 때까지 좋은 금은 북한에서 났다. 1916년 무렵 금 900만 톤의 광석이 운산금광에서 채굴됐으며 전체 가격은 5600만 달러, 이윤은 1500만 달러였다. 1930년대 초 동양합동광업회사는 날마다 평균 600톤의 금광석을 분쇄했다. 좋은 투자처가 된 이 회사의 1900~1933년 배당금은 1200만 달러, 평균 이윤율은 연간 9퍼센트였다.

5만 명이 넘는 한국인이 금광회사에 생계를 직접 의존했다. 미국인들은 "소수의 뛰어난 한국인 광부를" 훈련시켰다. 한국인 금광 노동자들은 동양에서 가장 뛰어나다고 평가됐지만, 세계에서 가장 낮은 임금을 받았을 것이다. 하루에 60센錢으로 35멕시코 센타보 정도였다(놀랍게도 그 시기 그 광산에서는 멕시코 돈이 통용됐다).● 운산에는 전용 주거시설과 학교·병원·주조鑄造 공장·기계 공장·발전소가 있었다(발전 설비 가격만 100만 달러 정도 됐다). 회사 소유의 스쿠너선●●은 해안과 맞닿은 진남포鎭南浦에서 철도 지선支線까지 물자를 운반했다. 금은 말등에 실려 "사나운 비적 떼"로부터 잘 보호받으며 육로로 96킬로미터 정도 떨어진 만주의 철도망까지 운반됐다. "멕시코 원정군의 후위를 생각나게 하는 광경이었다. 호송단은 모두 뛰어난 사수인 서양인 5명과 말을 잘 타고 노련한 총잡이 출신의 일본인 특수경찰 5명으로, 이들은 가장 좋은 소총으로 무장하고 '베르됭●●● 요새도 함락시킬 만큼의' 탄약을 지녔다."[64]

몇몇 저명한 공화당 계열 가문이 20세기 초반 한국 금광의 소유권을 독점했다. 이들은 모두 보수적이며 허버트 후버와 협력관계를 맺고 있었다. 미국 서부 금광 개발로 부를 축적한 윌리엄 랜돌프 허스트 가문과 오그던 밀스 가문이 대표적인 사례였다. 그들은 "동양합동광업회사에 깊은 관심을 갖게 됐다". 오그던 밀스 2세는 1897년 동양합동광업회사의 경영진으로 합세했고, 그때부터 1939년 일본인이 그 회사를 매수할 때까지 밀스 가문과 파셋 가문과 허스트 가문은 세력을 유지했다. 위대한 사회학자 퍼디낸드 런드버그는 유명한 저서 『미국의 60대 명가America's Sixty Families』에 허스트 가문

● '센'은 일본의 화폐 단위로 100분의 1엔이고 '센타보'는 멕시코·필리핀·쿠바·브라질 등의 소액 화폐 단위로 100분의 1페소다.
●● 2~3개의 돛대가 달린 범선.
●●● 프랑스 동북부의 도시로 제1차 세계대전의 격전지.

과 밀스 가문을 포함시켰다. 팽창주의의 전형적 방식으로 축적한 그들의 부는 광업과 출판업에 집중됐다.[65]

밀스·파셋·허스트 가문의 이권은 한국의 동양합동광업회사, 네바다주의 홈스테이크 마인, 페루의 세로 드 파스코 동광, 필리핀 최대의 목재회사인 인설러 럼버Insular Lumber 네 회사의 경영진 회의와 맞물렸다. 이들 모두 미국 팽창주의 역사의 대표적 사례였다. 홈스테이크와 세로 드 파스코는 가혹한 노동 조건과 가차 없는 파업 파괴로 악명 높았다. 허스트 가문과 밀스 가문은 세계 산업노동자조합과 격렬한 투쟁을 거친 뒤에야 홈스테이크를 미국 최대의 금광회사로 만들 수 있었다. 또한 허스트 가문과 밀스 가문은 세로 드 파스코의 최대 주주였으며 J. P. 모건이 그 뒤를 이었다. 그 광산은 라틴아메리카 전체에 걸쳐 미국 제국주의의 상징이었다. 드루 피어슨은 맥아더의 핵심 보좌관 코트니 휘트니가 1940년대에 인설러 럼버에 출자했다는 정보를 밝혔다. 허스트와 제휴한 퍼스트 내셔널 시티 뱅크First National City Bank가 필리핀을 장악한 것처럼, 허스트도 필리핀에 주식을 보유했다.

런드버그의 책에는 밀스 가문이 광업에서 두드러진 성과를 냈다고 서술돼 있지만, 물론 그들은 리드 가문과 함께 출자해『뉴욕헤럴드트리뷴』도 소유했다. 이 신문은 J. P. 모건의 영향을 받고 있었다. 또한 런드버그는 자신의 책에서 굿펠로를『브루클린이글』의 발행인이라고 말했지만 주요 가문으로 다루지는 않았다. 윌리엄 도너번은 오그던 밀스와 미국 재향군인회 설립을 함께 도우면서 가까워졌다. 노동자에게 온정을 베풀지 않던 또 다른 우익 가문인 아돌프 쿠어스 가문도 한국의 금광을 소유했다. 북한의 당 기관지에서 논평된 소수의 미국 출판물 가운데 하나가 런드버그의『미국의 60대 명가』라는 사실은 흥미로운 사실이다.[66] 1939년까지 한국의 금광업은 공화당 우파가 완전히 소유한 자회사가 장악했다.

일본은 미국의 기술이 필요했기 때문에 미국 팽창주의자들이 한국 금광에서 이익을 얻도록 허용했다. 일본은 채굴과 관련해서는 "중립적 위치"를 유지했고, 광산과 관련해서는 제국주의 세력이 됐지만, 자신들이 갖지 못한 선진 기술이 필요했다고 포스터 베인은 지적했다. 다시 말해 일본은 광산 채굴에서는 아직도 "반半주변적 위치"에 있었다(1987년 북한이 일본에게 운산으로 돌아와 광산을 다시 일으켜달라고 부탁한 것과 같은 맥락이었다). 한국은 극동에서 금을 기계로 추출하는 방식이 확립되고 외국이 채굴권을 얻을 수 있던 유일한 나라였다고 한 전문가는 언급했다.[67] 만주국이 수립된 뒤 일본은 자국의 중개를 제외하고는 금 수출을 금지해 미국인이 소유한 광산의 가격을 확실히 통제하고 제국 안에서만 거래하도록 만들었다. 그러나 1930년대 금 가격이 오르면서 광산은 계속 이익을 냈다. 제2차 세계대전이 임박한 1939년 일본은 동양합동광업회사의 자산을 800만 달러에 샀는데, 그것은 1년 만에 갚을 수 있는 금액이었다 ─ 시세보다 낮은 가격에 강제로 매각됐음을 보여주는 증거로 생각된다.[68] 이처럼 일본은 전시체제에서 지나치게 싼 가격으로 매각을 부당하게 압박했으며, 그 결과 광산은 전쟁이 끝난 뒤 다시 미국이 소유하게 됐다.

소련도 금에 정치적 관심을 갖고 있었는데, 특히 후버가 말한 "재칼"의 우두머리인 이오시프 스탈린이 그랬다. 1927년 그는 캘리포니아의 금광 열풍에 관심을 보였으며 "그 주제와 관련해 입수할 수 있는 책을 모조리 읽기 시작했다."

> 스탈린은 브렛 하트의 저작을 잘 알고 있었다. (…) 그는 기술적 세부 사항까지는 들어가지 않으면서 미국 [서부] 지역은 무엇보다 금에 힘입어 개척됐다고 말했다. 금 채굴자의 자취를 따라 아연·납·구리 같은 다른 광업도 시작됐다. (…) "캘리포니아의 역사를 만든 이런 과정은 정말이지 소련의 변경지역에 적용해야 한다[고 스탈린은 말했다]."[69]

스탈린의 관심에는 다른 목적이 있었다. 1927년 그는 중국 혁명이 혼란에 빠지고 만주에서 일본 세력이 급속히 팽창하자, 광물자원이 매우 풍부하지만 방어가 허술한 소련 극동 지역으로 일본이 진출할 것을 우려했다. 소련이 침략을 병적으로 두려워한 것은 잘 알려진 사실이고, 거기에는 그럴 만한 역사적 까닭이 있다. 나폴레옹과 히틀러는 서쪽에서 [러시아를] 침략했다가 참패했다. 그러나 인구가 부족하고 광활한 동부는 후방의 침입에 노출돼 취약했다. 그곳은 일본과 미국이 공동으로 금을 채굴하는 지역과 일치했으며, 후버와 도너번 같은 뿌리 깊은 반공주의자들의 관심을 끌었다.

한국의 금 투기와 관련된 가장 어두운 측면은 세르게이 루빈스타인이라는 악당의 역할이었을 것이다. 그는 러시아의 마지막 황제에게 자금을 빌려줬으며 라스푸틴과 친밀했던 페트로그라드의 은행가 드미트리 루빈스타인의 아들이었다(이런 설명은 애초에 소설처럼 들릴 것이다). 그 가문은 혁명 뒤 러시아에서 도망쳤으며, 세르게이는 만주와 상하이에 지점이 있던 프랑코-아시아티크 은행Banque Franco-Asiatique을 통해 파리와 런던에서 광업과 그 밖의 사업에 투자해 큰 부를 쌓았다.

1936년 그는 장제스와 쑹쯔원을 만났으며, 그때 귀족원貴族院의 이노우에 교시로井上匡四郎 자작과 금광 채굴 합작회사를 세우려고 했다. 광산 가운데 일부는 한국에, 일부는 만주에 있었다. 그 뒤 루빈스타인은 푸이溥儀 황제 일가의 소유지를 흐르는 쑹화강 연안의 금 채굴권을 얻은 것으로 보인다.[70] 그는 거의 같은 때에 포르투갈 살라자르 정권이 내준 여권으로 뉴욕에 왔으며 자신의 이름을 세르게이 마누엘 루빈스타인 드 라벨로라고 고쳤다. 곧 그는 돈과 호화로운 밤의 유흥 그리고 신문에 길게 실린 재판 사건으로 악명을 떨쳤다. 재판 사건에서 그는 조선 주식회사Chosen Corporation로부터 590만 달러를 "부정하게 받았다"고 고소당했다. 그 돈은 한국의 금광을 일본인에게 판 데서 나온 것이었다. 1939년 그는 텍사스의 우량 석유회사 미드웨이빅토리아Midway-Victoria를 인수했는데 워싱턴 주재 중앙아메리카 대사들과 긴밀한 친분을 쌓았다고 알려졌다.

루빈스타인은 1933년 프랑스에서 간첩활동에 관여했는데 전쟁 중에 영국 정보기관과 관련됐음이 분명했다. 1940년대 후반 그는 전시의 잉여 항공기 임대 사기에도 연루됐다. 1949년에는 300만 달러의 주식 사기로 고소돼 투옥됐으며 국외로 추방될 위기에 직면했다. 1949년 4월 처음으로 금고형에서 풀려났으며 1950년대 초까지 국외 추방에서 성공적으로 벗어났다. 윌리엄 도너번은 그에 대한 정보를 꾸준히 모았다. 한국전쟁이 일어난 다음 날 그의 일기에는 "루빈스타인에게 전화하라"는 문장이 적혀 있다(세르게이가 아닐 가능성도 있다). 1955년 1월 누군가 예전 쥘 바흐의 저택이었던 5번가의 루빈스타인 자택에 침입해 그를 돼지처럼 묶어 교살했는데, 그는 나폴레옹처럼 분장하고 찍은 자기 사진 아래 검은색 잠옷 차림으로 버려졌다. 그 살인 사건은 여태 미제로 남아 있다.[71]

　동양합동광업회사와 관련된 인사들은, 일본인은 진주만 사건이 일어났음에도 모든 지불을 제때 이행했고, 미국인은 1945년 이후 운산금광의 금이 대부분 채굴됐다고 생각해 거기에 더 이상 관심을 두지 않았다고 말한다.[72] 그러나 1945년 이후에도 광산은 이용할 가치가 있었던 게 분명하다. 북한의 금 생산량은 상당했으며, 그 광산은 소련인이 직접 경영할 정도로 중요했다. 1940년대 후반 북한은 금을 대량 수출했고, 그 뒤 북한 정부는 시장 가격보다 낮게 금을 대량으로 사간다며 소련을 비난했다. 물론 텅스텐과 특정 방사능 물질이 금광 주변에서 발견되는 경향이 있다는 지질학적 사실도 덧붙일 만하다.[73]

　『한국전쟁의 기원』 1권을 쓸 때 나는 채굴권과 굿펠로가 그것을 되찾으려고 시도한 사실의 중요성을 알지 못했다. 1945년 리드 가문과 밀스 가문은 동양합동광업회사 경영진과 긴밀한 관계를 유지했으며 이 회사의 계열사(필리핀의 인설러 럼버 같은)가 관리하는 동아시아의 다른 특권도 보유하고 있었다. 후버 행정부에서 재무장관을 지낸 오그던 밀스는 동양합동광업회사의 이사였다. 리드 가문도 친척들을 통해 그리고 밀스 가문과 리드 가문의 대리인으로 일하던 월가의 주식 중개인 로이 G. 개서를 통해 동양합동광업회사 경영진에 대한 영향력을 유지했다. 굿펠로는 전쟁 전에 리드 가문과 알게 된 것으로 보이는데 그때 그는 『브루클린이글』을, 리드 가문은 『헤럴드트리뷴』을 소유하고 있었다.

　아무튼 1945년 10월 이승만이 귀국했을 때 오그던 밀스 리드는 서울에 나타나 이승만과 점심 식사를 했으며, 점령군 사령관 존 R. 하지 장군이 이승만을 한국 국민에게 소개한 환영 행사에 참석했다(리드는 이승만을 "하지 장군이 크게 기대하는 사람"으로 생각했다). 그런 뒤 리드는 충청으로 가서

10월 26일 장제스·쑹쯔원을 만났다. 리드 가문 문서에는 한국의 금광에 계속 관심을 가졌음을 보여주는 증거가 없지만, 다양한 방면에 투자하고 있던 이 부유한 가문이 한국의 금에 정말 더 이상 관심을 두지 않았는지는 의심스럽다.[74] 그러나 그 밖의 인물들은 계속 관심을 보였다. 주로 이승만과 그의 세력 그리고 뉴욕주 엘마이라의 사업가 집단으로 동양합동광업회사에 투자한 인설러 럼버 이사회에 참석한 부류였다.

1945년 10월 프레스턴 굿펠로는 이승만의 귀국을 종용하고 단독정부 수립을 도왔지만, 북한의 금광 채굴권을 다시 얻으려고 시도한 뒤인 1946년 5월 24일 한국을 떠나도록 강요받았다. 이승만은 자신이 동양합동광업회사에 금광 채굴권을 약속했다는 소식이 알려진 뒤인 1946년 3월 대표민주의원에 일시적으로 참여하지 말라는 종용을 받았다. 한국 언론들은 이승만이 굿펠로라는 "미국인 사업가"에게 운산광산 채굴권을 팔았다고 보도했다. 5월 27일 기자회견에서 이승만은 자신이 "한·미 경제기구"를 만들었으며 굿펠로가 거기 참여하고 있다고 말했다. 운산광산을 개발하려는 목적으로 설립된 기구다. 북한과 소련은 그때까지 굿펠로에 주의를 기울이지 않았지만 이 사건 후 그의 존재를 확실히 인식한 것으로 생각된다.[75]

머빈 R. 애릭이라는 인물은 서울 근처의 광산을 소유했으며 1930년대에 동양합동광업회사에 깊이 관여했다. 그는 필리핀에서 인설러 럼버와 일하기도 했다. 그는 1945~1946년에 18개월 동안 한국에 머물면서 육군 정보기관에서 근무했다. 미국인과 친밀한 한국인 가운데 적어도 저명한 인물 두 명이 한국의 금에 이해관계가 있었다. 조병옥과 허버트 김인데, 조병옥은 1937~1945년까지 금광을 운영했으며, 허버트 김은 1948년 정보활동과 관련해 도너번에게 조언했다.[76]

한국의 금이 관심을 끈 건 텅스텐과 모나자이트 같은 다른 물질이 함께 발견됐기 때문이다. 텅스텐은 1950년대 남한의 가장 중요한 수출품으로 1960년 전체 수출의 17퍼센트, 광물 수출의 42퍼센트를 차지했다. 1953년의 수출액은 3000만 달러 정도였다. 세계 기준에서 보면 보잘것없지만 광상鑛床 수준에서 보면 큰 액수였으며, 이승만 일파와 정치적 동지들은 텅스텐 계약을 둘러싸고 서로 경쟁을 벌였다. 1950년과 1951년 세계적으로 텅스텐 공급이 부족해지면서 미국 정부도 남한의 텅스텐에 관심을 갖게 됐다. 그들은 남한의 국내 공급분을 모두 매점하면서 일본 로비와 연관된 기업과 존 스태거스가 매점하려는 것을 저지하려 했다.

텅스텐은 1950년대에 두 가지 이유로 매우 중요한 전략적 광물이 됐다. 첫째, 철과 합금하면 인공 다이아몬드처럼 날카롭고 열에 매우 강해져 대對전차 탄과 특히 1940년대 중반부터 생산된 신형 고속 제트엔진과 베르너 폰 브라운이 개발한 미사일을 만드는 데 핵심 물질이 됐기 때문이다. 둘째, 연합국은 전쟁을 치르면서 필요한 물자의 90퍼센트를 텅스텐업계의 거물 리궈친이 이끄는 화창무역공사華昌貿易公司를 거쳐 중국 남부에서 공급받았다. 인민해방군이 중국 남부로 진군한 것이 세계 텅스텐 시장에 어떤 영향을 줄지는 충분히 예상됐다. 1950년 중국의 텅스텐은 대부분 소련에 공급됐다. 1949년 중국은 미국에 500만 파운드●를 수출했지만 1950년에는 겨우 35만 파운드●●를 수출했고 그 대부분은 통상 금지 조치가 내려진 6월 이전에 나간 것이었다. 1952년 말 텅스텐 가격은 세 배 올랐다.[77]

제2차 세계대전 동안 일본도 텅스텐을 전략적 전쟁 물자로 지정하고 1940년대 초반 한국 생산량을 늘렸다. 공급이 빠듯해지고 일본이 제트엔진과 원자폭탄 개발을 밀어붙이면서 1944~1945년 다름 아닌 고다마 요시오가 한국의 텅스텐 광산과 거기서 함께 발견된 모나자이트 "흑사黑砂"를 관리하게 됐다.[78] 리궈친은 장제스와 가까웠으며 중국에 이권을 가지고 있던 대부분의 주요 미국인과도 알고 지냈다. 그는 태평양문제조사회를 강력하게 지지했다. 굿펠로도 일본 배후에서 은밀히 전개하는 작전 수행에 도움을 얻고자 그에게 접근했다. 리궈친은 악명 높은 "청방青帮"●●●의 수령인 두웨성

● 약 2270톤.
●● 약 160톤.
●●● 20세기 초 중국 상하이를 중심으로 활동한 비밀결사. 아편 판매·도박·매춘 같은 범죄에 개입하거나 기업가들에게서 돈을 받고 노동조합이나 노동운동을 탄압했다. 정치 테러에도 동원됐는데, 대표적으로 4·12 사건에 개입한 것으로 알려져 있다. 4·12 사건은 1927년 4월 12일 중국 국민당이 상하이에서 공산주의자와 노동자 수천 명을 죽인 사건이다. 이 때문에 1차 국공합작이 결렬되고 2차 국공내전이 발발했다.

杜月笙을 그에게 추천했다.[79]

공산 세력이 중국 본토를 점령한 뒤 남한은 텅스텐을 공급하는 주요 대안 지역이 됐다. 상동上東광산은 세계에서 손꼽히는 광산이었다. 강원도 영월 근처의 험한 구릉에 위치한 그 광산은 세계에서 가장 풍부한 매장량을 보유한 곳 가운데 하나로 적어도 한 세기 동안 사용할 수 있다고 알려졌으며 "미국 기준으로 볼 때도 매우 풍부한" 광상을 보유했다. 그런데 이곳은 군정 기간에 황폐해졌으며 노동자들의 성향은 강경한 좌익이었다(한 보고서는 "일제 검거" 때문에 노동력을 유지하기 어렵다고 언급했다). 그보다 작은 광산이 대구 근처 달성에 있었다. 고바야시小林광업은 거기서 1939년까지는 금을, 그 뒤에는 텅스텐을 채굴했다. 1949년 7월 유격대가 그곳 지상에 있는 공장을 파괴했지만 1949년 상동광산의 미국인 기술자들은 새로운 방식을 도입해 생산량을 두 배로 늘렸다.[80]

1951년 4월 국무부는 "텅스텐 공급이 심각하게 부족하며 한국의 잠재적 생산량이 매우 중요하다"고 언급했다. 무초는 상동광산 한 곳에서만 미국의 텅스텐 1년 필요량의 4분의 1을 공급할 수 있다고 보고했다. 애치슨도 상동광산을 미국 차관으로 복구하면 1951년 가을에 완전히 채굴할 수 있다고 직접적으로 주장했다. 미국 정부가 팽창주의자처럼 행동하게 된 이유였다. 국무부의 윌러드 소프는 "우리는 텅스텐을 손에 넣어야 한다"면서 미군이 5년 동안 상동광산을 운영해야 한다고 주장했다—그 관계는 분명히 "일방적"이고 한국의 이익에는 "상당히 인색한" 것이었지만 "우리 뜻대로 된다면 상관없었다". 미국은 자신들이 지휘·감독하면서 한국인 노동자를 필요에 따라 통제하고, 어떤 형태의 수출에도 세금이나 의무나 추가 부담금이 없기를 바랐다. 1952년 초 미국 방위조달청은 제한적인 국내 소비분을 제외하고 대한민국의 텅스텐 광산의 모든 생산량을 장악했다. 그 무렵 상동광산에는 노동자 2300명이 있었으며 미군 1개 대대가 치안을 유지했다. 그 지역을 담당한 지휘관은 "유격대와 도둑" 그리고 기회가 있을 때마다 "비축 식량을 모두" 차지하려는 대한민국 병사들의 약탈 때문에 그런 식으로 치안을 확보하지 않고서는 그 광산을 운영할 수 없다고 말했다.[81]

군대의 보호를 받으면서 채굴할 미국 민간 기업은 여전히 필요했다. 그리고 그렇게 할 기업을 선택하는 인물은 이승만이었다. 높은 입찰가를 써낸 기업은 모두 이승만이나 그 세력과 일정한 개인적 관계가 있었다. 뉴욕의 베레 돌베어사Behre Dollbear는 낮은 입찰가를 냈지만 낙찰될 것으로 보였는데 그 사장인 새뮤얼 돌베어는 이승만의 "광산 고문"이었다. 그러나 당시 이승만의 수하에는 존 스태거스와 해럴드 레이디가 있었다. 대사관에서는 그들이 "한국의 광산 계약에 지대한 관심을 갖고 있으며" 현재는 이 텅스텐 입찰에 참여하려고 설립한 아이컬버거 광업회사Eichelberger Mining Company의 공동 경영자라고 지적했다. 그 회사의 사장은 일본 로비의 주요 인물인 로버트 아이컬버거 장군의 형 프랭크 아이컬버거였다. 리처드 버웰은 아이컬버거사의 금속공학자였으며, 이승만의 "기술 고문" 프랭크 크램프턴의 친구였다. 핑커턴 보고서에서는 크램프턴이 놀런드 상원의원과 일정한 "연줄"이 있는 "정신병 환자"이며 "중앙아메리카의 정치 단체"와 관련됐다고 서술했다. 또한 그는 한국의 주석을 탐내어 매장량이 그리 풍부하지 않은 한국의 주석을 "지나칠 정도로 요구했다".[82]

리궈친의 화창무역공사도 블랙록 광업Blackrock Mining이라는 자회사를 통해 관심을 보였다. 미국의 주요 텅스텐 기업은 대부분 입찰에 참가하지 않았는데, 결과가 예상됐기 때문으로 생각된다. 1952년 9월 이승만은 아이컬버거사와 계약했다. 125만 달러를 지급하는 것 외에 계약을 이행하지 않아도 책임을 면제해주고 소송도 제기하지 않는 등 여러 특혜를 준 게 분명한 불평등 계약이었다. 부흥 원조 업무를 맡은 한 유엔 직원은 그 계약으로 자신은 "아이컬버거 광업회사'에 매우 부정적인 인상을 갖게 됐다"고 말했다.[83]

무초와 국무부와 일반 조달국General Services Administration은 이 계약을 막았지만 이승만과 그 세력은 1953년에 들어와서도 아이컬버거사와 계약하려고 계속 노력했다. 그 무렵 텅스텐은 미국에 더 이상 중요한 것이 아니었고 그 때문에 이승만의 기만은 덜 비난받았다.[84] 1년 뒤 스태거스와 굿펠로는 세계 최대 텅스텐 소비 기업인 퍼스 스털링사Firth Sterling에 관심을 보였으며, 그들의 노력으로 사장인 케네스 만이 한국에 최초의 텅스텐 소결燒結 공장을 세우게 됐다. 굿펠로는 만과 서로 이름을 부를 정도로 가까운 사이로, 1954년 7월의 편지에서는 한국 텅스텐에 대한 퍼스사의 계획에 자신이 관여했음을 밝혔다(그에 앞서 그는 스태거스가 아이컬버거와 텅스텐 계약을 맺은 것을 이승만의 부인 프란체스카에게 편지로 알렸다). 그가 연루됐다는 정보는 윤곽만 드러났으나, 전략사무국이 굿펠로·만과 맺은 친분이 퍼스사가 이승만에게서 채굴권을 획득하는 데 기여했다고 생각된다.[85]

미국도 이 기간에 고다마 요시오의 알선으로 텅스텐을 구입해 중국 내륙에서 국민정부 해군 군함으로 몰래 반출한 텅스텐과 함께 주일 미군에 공급했다.[86] 고다마의 경험 또한 한국에서 유용했다고 여겨진다. 일본 로비의 유진 두만도 "1950년 말 CIA에게 고용된 것으로 보이며" 그의 임무 가운데 하나는 일본의 공급자에게서 텅스텐을 구입하는 것으로, 이는 280만 달러 규모의 계획이었다. 또한 고다마는 일본 주재 CIA 직원의 친구라는 소문이 오래전부터 돌았다.[87]

텅스텐이 금과 함께 발견되고 모나자이트라는 물질이 그 둘과 함께 발견된다는 것은 지질학적으로 흥미로운 일이다. 1944~1945년 일본이 전쟁을 수행하려고 애쓰는 동안 고다마가 이런 희소 물질의 조달을 맡은 것은 정치적으로 흥미로운 일이다. 모나자이트는 소량의 방사능 물질을 함유한 흑사로 구식이지만 강력한 원자폭탄을 만드는 데 사용되는 토륨을 만들 수 있다. 그 때문에 1944년 레슬리 그로브스 장군은 전 세계에 걸쳐 토륨 공급을 관리하는 극비 계획을 시행했다. 조너선 헬름라이시에 따르면 토륨을 비롯한 희소 광물이 소련으로 넘어가지 않도록 하려는 노력은 "미국 관료들의 가장 우선적인 과제였다". 미국은 폭탄에 사용하지는 않았지만 1950년대 초반 내내 토륨을 선점하는 데 관심을 기울였는데 소련에게 그것이 필요할 거라고 생각했기 때문이다. 브라질과 인도는 품질 좋은 모나자이트 모래의 주요 산지였으며 윌리엄 폴리는 그 두 나라의 공급을 매점하는 데 관여했다.[88]

한국은 핵분열 물질을 입수해 폭탄을 제조하려는 일본의 시도가 진행된 중심지였다. 전쟁의 마지막 몇 해 동안 연합국은 일본에 대대적인 폭격을 퍼부었기 때문에 전력 생산량은 일본 전체보다 북한이 더 많았다. 원자폭탄에는 엄청난 전력이 필요했으므로 일본은 한국으로 장소를 옮겨 원폭 계획을 추진했다. 흥남에 노구치 준野口遵이 세운 대규모 화학공장이 중심이 됐다. 1944년 일본은 한국에서 채굴한 모나자이트의 90퍼센트 이상을 그곳에서 가공하면서 폭탄을 만드는 데 충분한 토륨을 채취하려고 했다. 종전 무렵 일본은 가공할 모나자이트 1000톤을 따로 비축해두었다. 로버트 K. 윌콕스는 1945년 8월 일본이 한국의 한 섬에서 원폭 장비를 실제로 폭발시켰다고 주장하지만, 근거가 매우 부족하다. 그러나 이용할 수 있는 제한적인 증거는 고다마와 노구치사와 일본 군국주의자들이 한국의 모나자이트 원료로 토륨 폭탄을 만들려고 많은 노력을 기울였음을 보여준다.[89]

1945년 이후 노구치사 공장단지와 모나자이트 매장량의 대부분은 북한과 소련으로 흘러갔지만, 미국은 일본의 폭탄 개발 계획 관련 문서를 입수했다. 미국이 이 정보를 어떻게 이용했는지는 거의 알 수 없지만, 정보 관계자들은 소련의 원폭 계획이 부분적으로 일본의 노력 위에서 이뤄졌다는 사실을 확신한 것으로 보인다. 주한 미군사령부USAFIK G-2 보고서는 일본이 흥남 공업단지와 북한의 방사능 물질에 계속 관심을 가졌음을 보여준다. 이를테면 1947년 5월 한국인 정보원 2명이 청진과 나남 근처 광산에서 우라늄 광석의 표본을 채취해 가져오는 임무를 띠고 파견됐는데, 그 결과는 알려지지 않았다. 여러 G-2 보고서는 흥남단지에서 철저한 보안 아래 극비리에 수행한 활동에 대한 정보원의 보고를 인용했다.[90]

확증할 수는 없지만, 1950년 3월 미국 정보기관은 흥남단지에서 일본과 독일의 기술자들을 동원해 원자폭탄을 만드는 것으로 보인다는 정보를 인용했다(당시는 타이완의 모나자이트 광상에도 관심을 보였는데, 매장량은 풍부하지만 토륨을 채취할 만큼 품질이 좋지는 않았다). 미국은 8퍼센트 이상의 토륨을 함유한 모나자이트 광상을 찾고 있었는데, 북한 모나자이트의 함유율은 알지 못한 게 분명하다. 그러나 1950년 6월 초 연합국 최고사령부 정보부는 북한의 5~6개 광산에서 모나자이트가 회수돼 소련으로 수송됐다고 보고했다.[91]

영국과 미국이 남아프리카의 "비트바테르스란트 고원의 금광에서 낮은 품질의 우라늄을 대량으로 채굴하려는 목적"으로 "광범한 금속공학적 조사"를 실시했다는 자세한 정보를 도널드 매클레인이 입수했다. 그는 1947년 이후 이 정보를 소련에 계속 알려준 것으로 보인다.[92] 영국 첩보원도 모나자이트의 이동을 추적했던 것 같다.

전쟁이 시작되자 미국은 38도선을 넘을 것인가라는 어려운 선택에 맞닥뜨렸다. 7월 말 딘 러스크는 "소련이 북한에 있는 토륨에 관심을 갖고 있는 것은" 그들이 앞으로 한반도를 지배하려는 태도에 영향을 줄 것이며, 달리 말해 그들은 미국을 축출하고자 전쟁을 일으킬 것이라고 말했다. 반면 북진은 소련의 원폭 계획을 약화시킬 효과적 조치가 될 수 있었다. 8월 어느 시점에 합동참모본부는 "모나자이트 가공에 쓰이는" 흥남의 공장 시설을 "핵심 표적"으로 삼아 폭격하기로 결정했다. 8월 24일 미국 폭격기들이 그 시설 대부분을 파괴했다.[93] 소련이 이것을 묵인했다는 사실은 그들이 한국전쟁 동안 대단히 신중했음을 보여주는 한 증거였다.

미국은 북한을 점령하고 흥남의 공장 시설을 사찰한 뒤 일본이 1945년 공장의 모든 창문에 엄폐 시설을 설치해 보이지 않게 하고 대량의 납을 실어갔다는 사실을 알게 됐다. 그것이 "로켓연료"를 만드는 데 쓰였다고 주장한 정보 제공자도 있었다. 1946년 소련은 노동자는 물론 공장 설비를 모두 해체해 자국으로 가져갔다고 한다.[94]

그동안 모나자이트 채굴은 계속됐다. 철산 광업지구(신의주 남쪽의 작은 반도)에서는 1949년과 1950년 노동자 2만3000명이 24시간 내내 모나자이트를 채굴해 해마다 1만8000톤의 흑사 정광精鑛을 산출했는데 북한 전체에서 생산된 양의 절반 정도였다. 이것은 대충 제련된 뒤 철도로 소련에 보내졌고 그 대가로 전차戰車·기관총·트럭과 그 밖의 설비를 받았다.[95]

한국의 "흑사"에 대한 사항은 대부분 제대로 밝혀지지 않았지만 미국 정보기관이 북한에서 모나자이트를 채굴해 토륨으로 제련하는 데 집중했다는 사실 그리고 1945~1951년 앞서 말한 고다마와 폴리라는 두 악당이 이 사업과 관련해 다시 떠올랐다는 것은 분명하다. 모나자이트는 텅스텐과 함께 매장됐고 이 둘은 금과 함께 발견됐다. 이것은 분명 우연일 따름이지만

1950년 10월 한국전쟁에 개입한 중국군은 운산의 요새에서 함성을 지르며 나타났다.

콩의 가격 조작

미국에는 언론의 자유가 있고 외교정책의 기밀을 상당히 쉽게 해제함에도, 때로는 여기에 아무도 귀 기울이지 않거나 귀 기울인다 해도 그 내용을 기억하는 사람이 없는 이유가 궁금하다. 하츠가 본 미국의 주목할 만한 측면은 어떤 사건의 비밀이 실제로 방송 매체에서 다뤄지더라도 표면으로 떠올랐다가 바닷속으로 가라앉는 물체처럼 곧 망각하는 능력이다. 그 원인은 맥락이 결여됐기 때문이거나 시대의 사건에서 특징적 유형을 찾아내는 정치적 감각이 부족하기 때문이라고 하츠는 판단했다.

딘 애치슨에 따르면, 콩을 둘러싼 음모는 한국전쟁이 시작된 이후에 발생했다. 그때까지 아무도 생각해보지 못한 음모를 처음 본격적으로 파헤친 사람은 지칠 줄 모르는 연구자 I. F. 스톤이다. 1951년 맥아더가 증언한 공청회에서 한 상원의원은 1950년 6월 콩 시장을 매점하는 것과 관련된 어떤 사실을 들었는지 애치슨에게 물었다. 애치슨은 담담하게 대답했다. "일정량의 콩을 사서 운송하는 중국인들 때문에 매우 심각한 상황이 발생했으며, 가격에 어느 정도 통제가 실시된 것으로 기억합니다." 농무장관은 그 사태에 주목했으며, 명확히 밝히지는 않았지만 "시정 조치"를 취했다고 말했다. 그러나 애치슨은 누가 거기에 관여했는지 정확히 기억하지 못했고 중국 로비가 그것과 어떤 관련이 있었는지 견해를 명확히 밝히지 않았다. 의원들은 다음 질문으로 넘어갔고, 웨인 모스 상원의원과 브라이언 맥마흔 상원의원만 중국 로비 조사를 요구했다.[96]

『뉴욕타임스』는 중국인 51명―14명은 홍콩에 거주했고 나머지는 미국에서 살았다―이 홍콩의 기업을 거쳐 콩의 선물先物 가격을 1부셸(약 27킬로그램)당 2.32달러에서 3.45달러로 50퍼센트 올려, 300만 달러로 추정되는 이익을 거두었다고 보도했다. 농무부는 관련자들의 명단을 파악하고 있었지만 "법률상 공표가 금지됐다". 50만 부셸(약 1350만 킬로그램)을 매각한 사람은 장제스의 부유한 친척으로 밝혀졌고, 뉴욕에 사는 한 중국인 여성은 100만 부셸(약 2700만 킬로그램)을 보유하고 있었다. 이러한 매점은 "이 나라에서는 전혀 대비하지 않은 전쟁을 그들은 미리 알고 있었다는 당국자들의 의심을 불러일으켰다"고 『뉴욕타임스』는 지적했다. 일부 상원의원은 이런 사태에 "분개했다". 제2차 세계대전 기간에 미국이 "경질 금hard gold" 형태로 중국에 제공한 2억 달러가 미국에 사는 "부유한 중국인"의 계좌에서 발견됐다는 소문이 퍼졌다.[97] 수사·기소·재판이 법적으로 금지되지는 않았지만 실제로 실행되지는 않았다.

일본은 만주를 식민지로 삼은 기간에 그곳의 콩을 수출해 현금화할 수 있는 주요 곡물로 만들었다. 가오강高崗의 동북인민정부가 권력을 장악한 뒤에도 콩은 세계시장으로 흘러나갔다. 한국전쟁 이전 콩 수출액은 매년 4억 달러를 웃돌았다.[98] 극동의 위기로 만주산 콩의 수출이 어려워지자 국제가격이 올랐다. 도너번의 세계무역회사는 만주산 콩을 취급하고 있다고 알려졌으며, 극동의 무역 대리인은 일본 로비의 주요 인물인 조지프 그루였다. 1950년 5월 하순 미시간주 하원의원 프레드 크로퍼드는 세계무역회사가 460만 달러 상당의 만주산 콩을 760만 달러 상당의 면화와 교환하는 "환상적인 조건"으로 270만 달러를 벌었다고 비난했다. 또한 농무부가 이 거래에 아무 조치도 하지 않았다며 비판했다. 농무부 대변인은 크로퍼드가 세계무역회사의 이익을 과장했다고 되받았다. 이 사건과 콩 가격 조작 모두 국립문서보관소의 농무부 기록에는 남아 있지 않다.[99]

시장을 매점할 재력을 가진 재미 중국인은 물론 쑹쯔원이었다. 그는 자신의 캘리포니아 계좌에서 2억 달러를 금으로 바꿔 일부는 뱅크 오브 아메리카(자연스러운 일이지만, 그 은행은 중국 로비의 강력한 후원자가 됐다)에 예치하고 토미 코코런에게 관리를 맡겼다. 이 금액만으로도 그는 1950년 세계 최고의 부자 가운데 한 사람이 될 수 있었지만, 재산은 더 있었다. 딘 러스크는 애치슨에게 보낸 메모에서 쑹쯔원이 15억 달러를 관리하고 있다고 썼다.

그의 친척은 돈이 더 많았다. 무엇보다 그의 누이 가운데 두 명은 장제스·쿵샹시와 결혼했다. 게다가 쑹쯔원과 그의 동생 쑹쯔량宋子良은 중국 본토에서 반격 정책을 펼치려고 쑹쯔원이 고안한 이해하기 어려운 "계획"을 의원들과 논의하고, 정부 안의 용공 세력으로 지목된 인물들을 공격한 콜버그와 매카시에게 제부弟夫인 쿵샹시와 함께 자금을 지원하는 등 1950년 봄 미국에서 매우 활발하게 활동했다. 로버트 블럼은 그들 모두 당시 미국에 체류하던 장제스의 부인 쑹메이링宋美齡의 세력으로 분류했다.[100]

6월 10일 쑹쯔원은 장제스의 요청에 따라 타이완으로 돌아가지 않을 것이라고 발표했고, 신문들은 이것을 타이완 침략이 임박했다는 의미와 연결시켰다. 그 직후 장제스는 쑹쯔원, 쑹쯔량과 쿵샹시를 중화민국 중앙은행 이사회에서 제명했다. 그때 쿵샹시는 도쿄에서 윌러비를 방문하고 있었다. 쑹쯔원 휘하의 관세경비단Salt Revenue Guards 책임자이자 쑨리런孫立人 장군의 측근인 원잉싱溫應星은 5월 말 허둥지둥 뉴욕을 떠나 홍콩으로 갔다.[101]

아래 표가 보여주듯 그 몇 주 동안 콩의 선물가격은 크게 요동쳤다.

	5월 선물가격(부셸당 달러)	6월 선물가격(부셸당 달러)
5월 9일	3.16달러	3.14달러
5월 18일	2.92달러	2.92달러
5월 29일		3.21달러
6월 1일		3.27달러
6월 8일		3.15달러
6월 16일		2.93달러
6월 24일		2.92달러

6월 15일 상품거래감독국은 콩이 "매우 활발히" 거래되고 있다고 보고하면서 최근 선물 매입가는 총 12억 달러 또는 "수확량의 6배"라고 지적했다. 이것은 1949년보다 170퍼센트 늘어난 것으로 콩 무역이 활발하지 않은 기간의 수치였는데, 대부분의 농부가 수확한 콩을 이미 팔아버렸기 때문에 나타난 결과였다.[102] 사흘 뒤 관계 당국은 "급격한 변화"와 "심각한 가격 하락"을 발견했다. 한국전쟁이 일어난 날 AP통신은 그 주말 이전 마지막 거래에서 콩은 "동방東方"에서 "팔라는 압력이 계속됐다"고 보도했다. 금요일에 만주의

콩 50만 부셸(약 1350만 킬로그램)이 미국에 팔렸다는 확인되지 않은 소문도 돌았다. 그 이튿날 더 큰 규모의 매각이 이뤄졌는데, 전쟁 소식이 알려지기 전에 보도됐다. 물론 그 뒤 전쟁 소식과 함께 가격이 급등했는데, 6월 27일에 특히 뚜렷했다. "미국 외의 지역에서 이 상품을 공급할 가능성은 전쟁으로 인해 닫혔다." 전쟁이 일어나기 전 2주 동안 매각된 콩은 1949년의 같은 기간보다 3~4배 정도 많았다.[103]

가격을 강제로 낮추려고 대량의 콩을 시장에 매각한 이들도 있었지만, 다른 한편에서는 7월에 결제할 선물의 미결제 약정約定을 다른 선물보다 많이 보유했다. 이런 투기는 3월에 시작됐지만, 매각은 주말인 6월 24~25일을 특히 목표로 삼았다. 곧 동아시아에서 6월이나 7월의 위기를 예상한 것이 아니라 그 운명적인 일요일 이전의 주말이라는 특정한 시점에 대규모 매각을 실시하려고 날짜를 잡은 것이었다. 그 뒤 상품거래감독국은 6월 30일 중국인 53명이 7월의 콩 선물거래의 공개 계약 전체에서 거의 절반을 차지했다고 밝혔다—모두 "적극적으로 매수하려고 했는데" 가격이 오르리라고 예측해 투자했다는 의미였다.[104]

당시 I. F. 스톤은 쑹쯔원이 이 음모에 가담했다고 지목했으며, 최근 조용히 기밀이 해제돼 국무부 중국과中國課 경제관계철에 보관된 문서들에서도 쑹쯔량을 거명하고 있다—그는 당시 세계은행의 선임이사였고 레이턴 스튜어트 주중 미국 대사는 그를 "쑹 씨 가운데 가장 나쁜 인물"이라고 평가했다. 실제로 이런 사실들은 전쟁이 일어난 지 한 달도 안 돼 알려졌으며, "존 L. 쑹"이라는 이름은 "시카고 곡물 시장에서 상품 투기에 가담했다고 의심받은" 명단에서 발견됐다. 존 L. 쑹의 주소는 우연히도 쑹쯔량과 같았다.[105]

8월 초 국무부의 올리버 에드먼드 클럽은 "지난 몇 달 동안 콩은 중국 시장에서 투기에 힘입어 놀라울 정도로 가격이 폭등했다. 대부분 중국인 투기꾼 집단의 활동 때문인 것으로 보이며, 그 가운데는 쑹쯔원의 동생이자 세계은행의 중국 대표 선임이사인 쑹쯔량이 있다"고 파악했다.[106] 1985년 나는 클럽에게 편지를 보내 콩과 관련된 사항을 물었지만 그는 모른다고 대답했다. 그 사건이 일어나고 몇 달 뒤 그는 매카시의 공격을 받아 국무부에서 파면됐다.

몇 가지 자료에 따르면 조 매카시는 콩 매점에서 이익을 봤다. 드루 피어 슨은 일기에 "매카시는 중국 국민당원이 한국전쟁 이전 콩 시장을 매점할 때 콩을 매입했다"고 썼으며, 스톤은 매카시가 1950년 이후 "콩 투기에 성공 했다"고 말했다.[107] 전쟁이 일어난 지 1년 가까이 지난 1951년 5월 굿펠로 대령은 허버트 후버에게 콩가루 견본을 보냈다. 친구에게 보낼 물건으로 굿 펠로는 왜 이것을 선택했을까?[108]

콩을 둘러싼 이런 사기가 지닌 의미는 무엇인가? 그것은 누군가 북한의 임박한 침략을 미리 알고 있었다는 의미일 수 있다. 그러나 미국 정보기관 은 한국전쟁이 일어나지 않으리라고 판단했는데 중국인 51명은 그 발발을 예측할 수 있었다고 생각하려면 커다란 상상의 비약이 요구된다. 앞으로 보 듯 평양에 병력을 동원한 것은(반드시 침략 때문은 아니라도) 6월 15일 이전이 아니었다. 침략이 계획됐다고 해도 평양이 선택한 시간을 누가 알 수 있었겠 는가? 미래를 예측한 사람이 있었다는 가설은 두 가지 각본에서만 타당하 다. 하나는 북한이나 남한 정권의 개인 정보를 수집하는 기관이 그럴 수 있 었다는 것이고, 다른 하나는 타이완에서 위기가 발생하리라는 정보를 미리 파악하여 한국의 상황도 예측할 수 있었다는 것이다. 타이완의 위기는 공산 세력이 타이완을 침공하고 미국이 실제로 그에 반격하는 것을 의미하거나, 앞으로 보듯 한국전쟁이 일어난 그 주말에 장제스를 실각시키려고 시도된 쿠데타를 의미할 수도 있었다. 한국과 타이완의 각본 모두에서 미국의 개입 은 예상할 수 있었다(미국이 아무 반응도 보이지 않았다면, 만주산 콩 수출은 공 산 세력이 한국이나 타이완을 장악하거나 장제스나 이승만이 전쟁을 일으키는 상황 이 일어났다고 해도 지속됐을 것이다). 그러나 장제스를 겨냥한 쿠데타가 일어 났더라도, 그것이 미국의 타이완 방어가 시작됐다는 신호가 아니었다면, 만 주산 콩 수출은 중단되지 않았을 것이다. 결국 시기 선택을 가장 잘 알고 있 던 측은 상황을 장악하고 있어 타인의 예측에 의존할 필요가 없는 사람이 었을 것이다.

그렇다면 사전에 알았을 가능성을 염두에 두고 개연성이 높은 사건을 순서대로 나열하면 다음의 세 가지다. (1) 장제스에 대한 쿠데타. 그것과 함께 미국이 타이완 방어에 개입하고 중국 본토에 통상 금지 조치를 내린다. (2) 한국에서 전쟁이 일어나는 것. 이 또한 통상 금지로 이어진다. (3) 북한의 침략이 다가오고 있다는 증거. 그 시기와 미국의 대응도 알고 있었다. 도박사나 다름없는 투기꾼들은 이 세 각본 가운데 하나가 현실이 되리라는 데 패를 던졌을 것이다. 또는 사태를 감지한 몇 안 되는 사람은 이 세 각본 모두 가능성 있다고 예상했을 수도 있다.

결론

신중하고 회의적인 독자는 이제 앞으로 나와서 증거가 부족하다고 선언할 것이다. 첩보원과 투기꾼의 흥미롭고 은밀한 이런 행위가 한국전쟁의 기원에 영향을 미쳤다는 것을 명확히 입증하지는 못했다고 인정한다. 그러나 주요 인물의 연결관계가 존재한다는 것을 증명하고 묻힌 인물을 발굴하고 횡령 사건을 파헤쳐 이 책의 등장인물 및 한국전쟁의 기원과 관련된 좀더 나은 질문을 던지는 데 조금이라도 이바지하려고 계획한 당초 목표는 이뤘다고 생각한다. 앞으로 보겠지만 악역은 끊임없이 등장할 것이다.

5장

관료 기구에 침투한 반격

우리는 지금 수행하고 있는 전쟁에서 모든 수단을 동원해 싸워야 한다. 우리는 적의 방어에서 약한 부분을 주변과 중심 모두에서 찾아야 하며 사용할 수 있는 모든 수단을 동원해 타격해야 한다. 최선의 노력을 기울이지 않으면 안 된다. 우리는 할 수 있는 한 모든 곳에서 그들을 곤경에 빠뜨려야 한다.

_로버트 러벳, 1950년 3월

지금까지 이 책에서는 반격 지지자들, 그중에서도 정보활동과 범죄적 투기에 개입한 극단파를 다뤘다. 좀더 설명이 필요한 부분은 미국 정치의 주변부에 있던 반격 구상이 어떻게 1950년 국가 안보 분야의 핵심 인물 사이에서 봉쇄 전략과 맞설 정도로 핵심적인 주장이 됐는가 하는 것이다. 매카시즘은 새로운 국내 정치 환경에 적응하는 데 주요한 역할을 했다. 그러나 반격은 국무부의 명문대 출신 관료들이 선호하는 전략이 아니었다. 실제로 이 시기를 분석한 문헌들은 대부분 반격 정책을 받아들일 수 없는 범주로 계속 분류하고 있으며 한도를 벗어난 지나치게 극단적인 것으로 보고 있다.[1] 그러나 공교롭게도 한국전쟁과 관련해 봉쇄라는 첫 결정은 1949년 여름 그 모습을 이미 드러냈으며, 한국전쟁의 두 번째 선택지인 반격은 그 6개월 뒤 불쑥 솟아올랐다. 그리고 미국 국무부의 겁 많은 외교관들 사이에서 구상된 북진이 마침내 실행됐다. 그렇게 된 까닭은 무엇인가?

한국전쟁 6개월 전 해리 트루먼은 동아시아와 한국의 상황을 새로운 논리로 설명하는 국가안보회의 문서 48이라는 기밀문서에 서명했다. 1947년 애치슨과 군부 사이의 쟁점은 한국에서 공산주의를 봉쇄할 것인지(애치슨), 방침을 확정하고 철수할 것인지(군부)였지만, 1949년의 쟁점은 동아시아에서 공산주의를 봉쇄할 것인지, 기회가 된다면 반격 정책을 펼 것인지였다. 애치슨은 이번에도 한국에서는 봉쇄를 지지했지만 타이완에 대해서는 그렇지 않았다. 반격 지지자들은 처음에는 타이완 및 중국과 관련해 봉쇄를 고려했지만 곧 반격을 주장하게 됐다. 그러나 새로운 요소가 나타났다. 일본을 중심으로 삼는 반격을 전개해 일본 경제 부흥을 위해 좀더 넓은 내륙 지역을 확보해야 한다는 논거였다.

이유는 매우 달랐지만 반격 논리의 뒤에서는 제휴가 이뤄지고 있었다. 이 책의 용어를 사용하면, 중요한 차이점은 팽창주의적 반격(맥아더)이냐, 국제 협력주의적 반격(다양한 친일 세력)이냐였다. 중국의 주변 지역과 관련해 일본을 제외한 기본적 선택지는 셋이었다. 첫째는 철수(군부는 한국에서는 철수를 바랐지만 타이완에서는 그렇지 않았다), 둘째는 봉쇄(애치슨은 한국에 대해서는 봉쇄를 선호했지만 장제스가 장악한 타이완에 대해서는 그렇지 않았다), 마지막으로 미국이 보호하겠다는 견고한 보장(이승만과 장제스 및 그들의 지지자들이 바랐다)이다. 그런데 1949년 여름에 새로운 선택지가 추가됐다. 공산주의자들이 장악한 영역을 축소시키는 것, 곧 반격이었다. 이 논리는 공산주의를 "감시하고 축소시킨다"는 하나의 문장으로 요약될 수 있는데, 국가안보회의 문서 68과 국가안보회의 문서 48(국가안보회의 문서 68의 아시아 판이라고 부를 만하다)이라는 두 문서로 구체화됐다. 국가안보회의 문서 48과 국가안보회의 문서 68이 형성된 과정은 반격 논리가 관료 기구의 상층으로 어떻게 침투했으며, 그 뒤 그것이 어떻게 한국전쟁을 봉쇄 목표의 전쟁에서 반격 목표의 전쟁으로 바꿨는지 그 논거를 보여준다.

1948년은 미국 동아시아 정책의 맥락이 근본적으로 바뀐 해였다. 가장 중요한 사실은 국민당이 국공 내전에서 패배했다는 것이었다. 다음으로 중요한 것은 일본에서 역진 정책이 시작돼 미국이 강력하게 개입하고, 일본의 인접 지역과 예전의 적국 사이에서 과거에 경험한 공포가 고조됐다는 것이다. 케넌 같은 봉쇄 지지자들에게 이런 두 가지 변화는 모두 그 지역에 단호한 정책을 펴야 할 필요성을 보여주었다. 1948년 봄 체코슬로바키아와 베를린에서 일어난 위기는 미국에 충격을 줬으며, 미국은 소련이 주변 국가들을 상대로 자기의 무력을 과시하려는 전략을 갖고 있음을 알게 됐다. 미국은 유라시아 대륙이 단일화된 것으로 보이는 공산 세력의 통제 아래 놓일 가능성을 숙고하면서 대안적 전략을 생각하기 시작했다. 거기에는 방어에 치중하는 봉쇄의 수동적 모습과는 대조적으로 팽창주의가 명목상 더 역동적이라는 측면도 작용했다. 그러나 반격이라는 선택지는 1949년 6월이 지날 때까지는 고위층에게 진지한 대안이 되지 못했다. 그 무렵 다소 기이한 인물인 루이스 존슨이 제임스 포레스털을 대신해 국방장관이 됐다.

존슨은 1891년 버지니아주 로어노크라는 도시에서 태어나 버지니아대학에 다니며 권투와 레슬링을 했다. 1932년에 미국 재향군인회 회장이 되었는데, 앞서 본 대로 루스벨트를 퇴진시키려는 음모에 가담했다는 소문이 돌았다. 그후 1937~1940년 육군성 차관보로 재임하면서 공군을 증강해야 한다고 주장했지만 1940년 헨리 스팀슨에게 육군성 장관직을 빼앗기면서 사임했다. 그는 1949년 3월 국방장관이 됐고 1950년 9월까지 그 자리를 지켰다(트루먼은 1948년 대통령 선거에서 막대한 선거 자금을 모은 존슨에게 신세를 졌다).[2]

존슨은 자신의 발자취를 보여주는 문서를 많이 남기지 않았다. 버지니아대학에 보관된 그의 문서는 사실상 쓸모없다. 문서 분량으로 보면 그는 동아시아 정책보다 은퇴한 지배층의 거주지인 캘리포니아의 보헤미안 그로브Bohemian Grove에 해마다 거물들이 모이는 것에 더 큰 관심을 두었다.[3] 존슨은 역사가에게는 남긴 것이 적지만, 애치슨이나 전임자인 포레스털보다 (좋든 나쁘든) 훨씬 더 평범한 지도자였다. 데이비드 릴리엔솔은 존슨과 그 일파를 다음과 같이 신랄하게 묘사했다.

그의 "특징"은 (…) 대기실 주위를 서성거리고 (…) 너무 많이 먹으며 담배를 씹는, 전국의 법원 청사와 시청 주변에서 흔히 볼 수 있는 침울한 표정의 붉은 얼굴이라는 것이었다. (공공 계약이라는) 죽은 고기가 있는 곳에 모여드는, 그 고기 한 덩이를 어떻게 얻는지 안다고 생각하는 독수리 같았다.[4]

애치슨은 존슨이 1952년 대통령 후보로 지명되기 위해 공개적으로 선거운동을 벌인 바보 같은 야심가이며(존슨이 국방 지출을 삭감한 것도 그 때문이라고 애치슨은 생각했다) 정책을 치밀하게 분석하는 능력은커녕 상당히 어리석다면서 깊이 경멸했다. 로버트 도너번이 묘사한 대로 "대머리에 어깨가 벌어지고 권력과 능력과 신랄함과 책략과 오만함을 지닌 200파운드(약 90킬로그램)의 거구 루이스 존슨이 천둥처럼 국방부를 강타했다".[5] 존슨의 눈은 크고 둥글지만 상당히 완고해 보이며 반 인치짜리 드릴 칼날 같은 주름진 눈썹 아래서 찌르는 듯했다. 애치슨과는 정반대로 목소리가 크고 불쾌감을 주며 자신감에 찬 이런 인물은 그의 강력한 맞수가 되기에 충분했다.

존슨은 대부분의 민주당원과는 반대로 일본보다 중국을 중시하는 중국 우선주의자였다. 그는 국방장관에 취임한 직후 동아시아 정책을 전체적으로 검토하기 시작했으며, 타이완 문제를 미국의 동아시아 정책의 중심에 놓는 데 중추적 역할을 했다. 믿을 만한 기록에 따르면, 그는 국민당과 결탁해 반역이라고 규정될 수도 있는 활동에 관여하기도 했다. 그(또는 그의 측근)는 국가 안보 관련 극비 문서를 직접적(국민정부 주미 대사 웰링턴 구에게) 또는 간접적(장제스와 비공식 경로로 연락해) 방법으로 국민당에 흘렸다. 극비 심의 관련 내용을 이르면 이튿날 아침에 중국인들이 알고 있는 경우도 있었다. 존슨이 탐구심 강한 학자들에게 자신의 문서를 남겨주기보다 자신이 알고 있는 것을 무덤까지 가져가려 했던 한 가지 이유는 여기에 있지 않았나 생각된다.

그가 신뢰하는 보좌관 폴 그리피스는 웰링턴 구에게 최고 기밀 사안을 자주 알려줬다. 또한 그는 빅터 오켈리어와 레슬리 비플 같은 중개인을 통해 국민당에 정보를 전달했다. 그뿐만 아니라 존슨은 중화민국 대사관을 거치지 않고 비공식 경로로 타이베이와 업무를 추진했다.[6] 동시에 존슨은 장제스가 애국적인 미국인이고 애치슨은 외국에서 이주한 사람이라는 양(존슨은 분명히 그렇게 생각한 것 같다) 자신이 국무부에 비밀을 유지하고 있는 것을 스스로 자랑스럽게 생각했다. 그는 쑹쯔원 및 보수적인 국회의원들과 음모를 꾸미기도 했다.[7] 국방부의 "가장 높은 자리"에 있던 존슨과 그의 보좌관들이 "장제스의 대리인과 공모했다"고 워런 코언이 지적한 것은 옳지만, 사안을 축소해 평가한 것이다. 나중에 케넌은 국민당이 "이 나라에서 음모를 꾸몄으며, 그것은 우리의 명예만큼이나 자신들의 명예를 실추시켰다"고 말 했는데 이는 존슨의 행동을 지적한 것이 분명하다고 생각된다.[8]

존슨이 최고 정책을 입안하고 애치슨의 적대자로 떠오른 것은 두 가지 결과를 낳았다. 첫째, 동아시아에 봉쇄를 적용하려는 존슨의 구상은 1947년부터 애치슨이 한국에 대해 가지고 있던 견해와 일치했다. 문제는 존슨이 타이완에도 봉쇄를 적용하려 한다는 것이었다—아마 한국에도 그럴 생각이었겠지만 타이완이 먼저였을 것이다. 봉쇄가 장제스 정권에 관여하는 것을 의미한다면, 애치슨은 타이완이 아니라 한국에 봉쇄를 적용하려고 했다. 둘째, 존슨이 반격 세력과 유착되면서 정권 최고위층은 새로운 논리를 고려하기 시작했다. 동아시아의 봉쇄는 기존의 전통적 역사 서술이 제시한 1950년 여름이 아니라 1949년 여름에 최고 수뇌부의 승인을 얻었다고 말할수 있다. 나아가 봉쇄가 철수와 반격이라는 두 "극단적" 대안 가운데 안심되는 B안이 되면서 반격을 둘러싼 종합적 정책은 승인을 받았다.

존슨이 무척 좋아한 미식축구의 비유를 쓰면, 반격은 봉쇄를 반대하는 세력에 태클을 걸어 저지하는 것이라고 말할 수 있다. 그러나 거듭 지적할 사실은 반격에 두 종류가 있다는 것이다. 일본에 집중하는 자유주의적 반격과 타이완에 집중하는 보수적 반격이다. 존슨은 후자를 지지했으며 국방부와 그 밖의 부서의 일부 관료는 전자를 중시했다. 그러나 믿을 만한 기록에 따르면, 애치슨은 한국전쟁이 일어날 때까지 봉쇄를 고수했다. 존슨에게는 최선의 공격이 최선의 방어였다. 문제는 중국(국민당)과 일본 가운데 어느 쪽이 결승선을 넘느냐였다. 존슨은 국민당 편이 돼 그들의 쿼터백으로 뛰었고, 애치슨은 전체를 관리하면서도 일본 쪽을 돌봤다. 존슨은 팽창주의자였고 애치슨은 국제협력주의자였다.

1949년 6월 10일 존슨은 최근 아시아 상황은 국가안보회의를 새로 개최해 포괄적이고 유기적인 아시아 정책을 수립할 필요성을 제기한다는 서한을 썼다. 그 목적은 "우리의 안보에 대한 위협을 줄이기 위해 공산주의를 봉쇄하는 것"이었다. 그는 "행동 계획"을 요구했다. 합동참모본부의 한국전쟁 관련 극비 기록에서 이 서한이 국가안보회의 문서 48의 심의를 촉구해 "극동에 '봉쇄' 정책을 적용하는 종합적 효과"를 가져온 마지막 문서였다고 지적한 것은 타당하다.[9]

1949년 6월과 7월 애치슨·덜레스·케넌도 동아시아에서 공산 세력이 약진하는 것을 우려하기 시작했다. 덜레스는 애치슨에게 "중국 공산 세력을 저지하지 않으면 그들은 중국을 넘어서 나아갈 것이며, 미국은 특정 지역에서 특정 시기에 그들을 저지해야 한다"고 말했다. 덜레스는 애치슨도 "같은 생각"이라고 웰링턴 구에게 알렸다. 6월 초 국가안보회의에서 논의가 이뤄지는 동안 케넌은 소련이 "혁명 가능성이 있는 동방으로 관심을 돌릴 것이 분명하다"고 말했으며, 한 달 뒤 중국 본토에서 공산당이 승리한 것에 뒤이어 "동아시아에서의 우리 상황은 행동하지 않도록 더 이상 놔두지 않을 것이다. 그곳에서 우리의 군사·경제적 능력은 개입에 뒤따른 책무를 수행하는 데 합당하다"는 "개인적 의견"을 제시했다. 그러나 케넌은 미국의 군사력이 전 세계에 미칠 수 없다는 한계 때문에 타이완(그리고 암시적으로는 한국도)을 방어할 수 없다고 군부가 계속 생각한다면, 미국은 소련이 최종 지배권을 탈취하는 것을 받아들여야 한다고 말했다. 군부가 타이완에 개입하려 하면서도 그로 인한 책임은 떠맡지 않으려 한다고 시사한 것이다.[10]

케넌은 군부가 소규모 전쟁이 일어날 가능성이 많은 냉전의 현실에 맞춘 계획을 세우기보다는 늘 전면전을 구상한다고 자주 비판했다. 그러나 1년 뒤 한국에서 실제로 일어난 각본을 설명하고 "치안활동"이나 제한적 전쟁이라는 개념을 억지로 끼워넣은 육군성의 연구 보고에 대해 합동참모본부는 6월 말에 동의했다. 이것은 "미군이 남한에서 철수한 뒤 북한에서 전면적 침략이 일어날 가능성"에 대비한 최고 기밀의 각본이었다 — 철수는 정확히 사흘 뒤에 완료됐다.

예상되는 행동 방침에는 (a) 한국에서 미국 국민의 긴급 대피 (b) 그 문제를 유엔 안전보장이사회에 긴급 검토 사안으로 상정 (c) "법과 질서를 회복해 38도선의 불가침성을 복구하려는 목적으로 미국과 그 밖의 유엔 가맹국 군대를 편성해 군사 임무를 띤 부대를 한국에 투입해 유엔의 승인 아래 치안 활동을 시작하는 것"이었다(강조는 인용자). 이 보고서의 작성자는 (a)와 (b)를 정책으로 채택하되 (c)는 "군사적 측면에서 근거가 부족하며" "다른 방법이 모두 실패"했을 때에만 고려해야 한다고 제안했다. 보고서는 국가안보회의에 전달되지 않았지만, 군부가 한국은 방어하기에 적합한 곳이 아니라는 오랜 판단을 견지하고 있다는 점은 주목할 만하다―이제는 다른 방법이 모두 실패했을 때에만이라는 경고 신호가 붙어 있기는 했지만.[11]

한 달 뒤 CIA도 "아시아에서 미국의 목표는 공산주의를 봉쇄하는 것"이라고 언급하며 미국의 남한 원조를 지지했다. "만약 공산 세력이 남한을 지배하게 된다면 사람들은 미국의 뒷받침이 있다 해도 아시아에서 공산 세력의 성장을 저지하지 못하리라고 확신할 것이다."[12]

근본적으로 봉쇄론자였던 딘 러스크는 동아시아 정책을 논의하는 자리에서 점점 더 중요한 위치를 차지했으며, 1949년 한여름, 봉쇄를 지지하는 국무부의 논리적 기반을 확정했다. 그는 애치슨을 위해 쓴 문서에서 동아시아에 대한 "행동 계획"을 요구했다. 그 내용은 국내 정치에서 양당의 협력을 확립하고 공산화된 중국을 승인하지 않으며, 인도네시아와 관련해서는 "중국과 맞닿은 국경 지대를 차단해 공산주의가 동남아시아로 확산되는 것을 막고" "바오다이Bao Dai● 정권을 정치적으로 지원하며" 타이완 방어에 관여한다는 구상이었다. 그리고 한국과 관련해서는 전문가를 더 많이 파견하고 군사 원조를 늘리며 외교적 지원을 강화하고 "한·일 무역을 촉진하며" "북쪽에서 38도선을 넘어 습격하는 심각한 사태가 발생하면 안전보장이사회에 상정"할 것을 제안했다.

이틀 뒤 애치슨은 "아시아 대륙이나 동남아시아 지역에서 공산 세력의 지배가 더 이상 확대되도록 두지 않겠다는 것이 미국 정책의 기본 방침"이라고 회신했다. 이는 한국은 포함하되 타이완은 제외한다고 정확히 규정한 것이었다(두 나라에 대한 언급은 없었지만). 애치슨은 행동 계획의 수립을 요구하는 러스크를 지지하면서 미국이 "전체주의적 공산주의가 아시아에서 확산

● 베트남 응우옌 왕조의 마지막 황제(1913~1997. 재위 1926~1945).

되는 것을 막는다는 목적을 이루기 위해 능력이 닿는 한 어떤 기회도 무시하지 않을 것이라는 사실을 완전히 확실하게" 해야 한다고 말했다.[13]

국무부 자료들은 애치슨의 회신이 동아시아 정책을 전면적으로 검토하는 작업의 기본 원리라고 판단했는데, 그런 검토는 존슨이 한 달 전에 요구했던 것이다. 그 검토를 감독해달라는 애치슨의 요청을 존 포스터 덜레스가 거절하자 그 임무는 무임소 대사 필립 제섭에게 넘어갔다. 그는 애치슨의 가까운 친구로 국제법 교수이며 공인된 국제협력주의자였다. 외부인 두 사람이 그를 도왔다. 콜게이트대학 총장 에버렛 케이스와 록펠러재단 전직 이사장 레이먼드 포스딕이었다. 행정부의 중국 정책이 공격받는 가운데 제섭은 유명한 『중국백서China White Paper』를 집필하기 시작했으며, 애치슨과 러스크는 "초당파를 공격하기" 시작했다. 트루먼과 애치슨은 의회에 대응하는 전략을 세우는 데 상원 외교위원회 위원장 톰 코널리를 끌어들였다.[14]

여기서는 정확성이 중요하다. 이런 논의들이 전개되면서 남한군은 북한의 공격을 부추겼고, 앞으로 살펴보겠지만 워싱턴에서는 장제스 정권을 무너뜨리려는 계획이 은밀히 검토되기 시작했다. 즉 북한이 남한을 침략했다는 것만 빼고 1950년 6월에 일어난 사건 가운데 다수는 이렇게 그 모습을 미리 드러냈다. 또한 이 문서들은 1년 뒤 미국이 한국전쟁에 개입하는 것을 미리 알려준다. 실제로 애치슨이 1947년에 제시한 논리는, 봉쇄를 지지한 러스크가 강화했을 수는 있어도 바뀌지는 않았다. 이 문서들 가운데 어떤 것도 미국의 군사력을 직접 사용하라고 요구하지 않았다. 그 대신 유엔의 지휘 아래 집단적 행동을 가정했다. 그러나 그들은 트루먼독트린에 입각한 봉쇄 정책을 한국에 적용하는 것이 반드시 필요하다고 생각했다―그리스처럼 군사 고문단과 군사원조와 군사적 전문 지식을 제공하고, "자유민"을 지원하며 유엔을 거쳐 집단적 안보를 유지한다는 의미였다. 바로 애치슨이 타이완에 실시하지 않으려던 것이었다. 미국의 군사력 사용과 관련해 북한이 침략할 가능성에 대한 군부의 연구에 있던 내용, 그러니까 다른 수단이 모두 실패할 경우 유엔의 승인을 얻어 적용하려던 어떤 방법이 애치슨의 머릿속에도 있었을지 모른다.

미군은 1949년 6월 한국에서 철수함으로써 한국을 미확정 상태에 두었다. 앞서 맥아더는 미군이 주둔하는 한 남한을 방어하는 데 직접 개입하겠다고 밝혔지만, 이제 한국은 트루먼독트린에서 내세운 봉쇄의 간접적 형태인 그리스나 튀르키예 같은 지위에 놓였다. 미군을 동원해 언제 어디서나 공산주의를 봉쇄하겠다고 서약하지는 않을 것이며, 개입하더라도 선별한 장소와 군사적 개입에 많은 자원이 들지 않는 경우에 국한한다는 사실을 분명히 전제했다. 급격한 변화를 보여주지는 않았지만, 1949년의 이런 논의는 1947년 애치슨이 구상한 한국 봉쇄론을 따른 것이었다(그것은 1950년 6월에 내린 결정의 예고였다). 애치슨에게 한국을 봉쇄하는 것은 전혀 새로운 일이 아니었다.

국가안보회의 문서 48의 논의가 막바지에 이르면서 관련 인사들은 "대통령과 검토할 극동 및 아시아 정책의 개요"라는 문서를 제출했는데, 이는 봉쇄에 직접 관여할 것을 구체화한 것이었다. 그 내용은 다음과 같다. "공산주의의 봉쇄: 아시아에서 미국의 단기적 목표는 소련이 이미 권력을 장악한 나라들을 넘어 소련의 공산주의가 확산되는 것을 막는 것이 돼야 한다. (…) 이 목표는 원칙적으로 무력 외의 수단으로 달성해야 한다." 문서는 이렇게 이어진다. "미국은 아시아 국가들에 대한 어떤 직접적인 공격도 유엔기구를 거쳐서 해야 한다."[15] 이것은 1949년 후반 애치슨이 생각한 온건한 입장의 봉쇄였다.

최종 승인된 국가안보회의 문서 48 문안에서 미국은 대한민국이 "(1) 공산 세력의 영향과 지배가 확산되는 위협을 성공적으로 봉쇄하고 (…) (2) 민주주의를 기반으로 마침내 전국을 평화적으로 통일하는 중심이 될 때까지" 계속 강화해야 한다고 언급했다. 현지의 군대가 버틸 수 없다면 미군을 동원하겠다는 암시가 늘 깔려 있었지만, 미국 군사력 사용에 관련된 사항은 명확히 규정하지 않은 채 트루먼독트린에 입각한 봉쇄를 지속한 것이었다.

이것은 여전히 봉쇄일 뿐이었다. 1949년 7~12월까지 이어진 미국의 동아시아 정책의 광범한 재검토에서 매우 흥미로운 것은 검토가 시작되자마자 반격도 논의됐다는 사실이다. 처음에는 그러리라고 예상했던 인물들이 반격을 제안했고, 그 뒤에는 의외의 인물들이 주장했다.

애치슨의 정책 검토와 "행동 계획"은 루이스 존슨에 맞서려고 의도한 것이었다. 이때부터 한국전쟁이 일어날 때까지 애치슨은 아시아의 공산주의뿐 아니라 행정부의 강경파가 주도한 반격 공세를 봉쇄하려고 했다. 실제로 그는 국가안보회의 문서 48의 문안을 바꾸려고 직접 개입하면서 반격을 약화시키고 봉쇄를 강조했다. 무엇보다 애치슨은 기질적으로 강경파에 가까운 대통령을 우려했다.[16] 국가안보회의 문서 48과 국가안보회의 문서 68 모두 공산주의를 "감시"하거나 "위축"시키는 것 가운데 어느 것이 핵심인지 모호한 까닭은 이런 트루먼 행정부 안의 내분 때문이었다.

존슨이 국방부를 지휘하면서 보수적이고 중국과 연계된 반격 세력이 발언권을 얻었다―처음에는 전형적 반격론자인 클레어 셔놀트 장군의 터무니없는 계획을 정부 최고위층이 검토하는 형태였다. 1949년 늦은 봄 이 아시아의 뛰어난 인물(셔놀트의 중국식 이름은 천라드陳納德다)은 자신의 계획을 워싱턴 전역에 알렸다. 공산 세력의 남진을 막기 위해 공군력 및 군벌이 거느린 군대와 이슬람교의 충성심을 이용하려는 구상이었다. 그는 중국을 서북부의 닝샤寧夏부터 서남부의 윈난雲南을 잇는 선으로 양분하고 마오쩌둥을 봉쇄해 동남아시아를 지키려고 했다. 그는 그 계획에 필요한 자원으로 당시 유휴 상태이던 민항공운공사의 비행기, 군벌과 무슬림 지도자가 이끌던 의사擬似 전투 집단(그는 그 숫자와 위력을 크게 부풀렸다), 그리고 말할 필요도 없지만, 재기한 장제스가 이끄는 국민정부군을 생각했다.

이런 시도는 중국 본토에서 공산주의에 전면적 반격을 펼치려는 전조였을 뿐이지만, 국무부를 방문했을 때 셔놀트는 현재 자신은 "중국 전역"을 탈환하기 위한 "대규모 공세"를 고려하고 있지 않고, 중국 분할을 구상하고 있다며 조심스럽게 언급했다.[17] 이런 섣부르고 한심한 계획은 셔놀트가 중국 본토에서 일어나고 있는 사태의 추이를 전혀 모르고 있으며, 미국인의 의식 속 "중국"이라는 진공 부분에 어떤 것이라도 주입할 수 있다는 것을 드러낼 뿐이었다. 그러나 그 계획은 루스●의 잡지들로부터 지지를 받았고, 의회에

● 헨리 로빈슨 루스. 『타임』『포춘』『라이프』 등의 발행인으로, 미국 언론과 정치계에 큰 영향을 미쳤다.

서 몇 차례 공청회가 열려 국방부와 국무부 관계자들이 경청했으며, 나아가 대통령까지 관심을 나타냈다. 트루먼은 금세 그 계획에 마음을 빼앗긴 것처럼 보였고, 이 때문에 애치슨은 대통령을 올바른 방향으로 이끌려면 무엇이 문제인지 알게 됐다. 그러나 그때 지도적 위치에 있던 중국인 장군 두 사람이 메카로 떠났고, 그것으로 이 사안은 끝났다.[18]

국방부가 "중국에서 아직 공산 세력의 지배가 미치지 않는 곳을 공산 세력에게 넘기지 않는다는 목적을 이루고자 실행할 만한 군사적 수단을 적극적으로 연구하고 있다"는 것을 고려하면, 셔놀트의 계획을 단정적으로 거부해서는 안 된다고 존슨은 생각했다. 그런 뒤 그는 국가안보회의 문서 48의 다양한 초고를 언급했으며, 그 문서가 최종적으로 결정되면 "정부는 그런 수단을 적극 검토할 수 있을 것"이라고 말했다.[19]

그러나 반격은 국가안보회의 문서 48을 도출하는 부처 간 논의를 거치면서 현실적 대안으로 선택할 수 있는 정책으로 떠올랐다─그것은 셔놀트의 계획보다 실제적 형태의 반격이며, 실행할 수 있는 수단과 잠재적 기회에 맞춘 것이었다. 1949년 8월 16일 국가안보회의 문서 48 문서철의 첫 문서 가운데 하나로 "미국에 대한 아시아의 전략적 중요성 조사"라는 제목의 문서(극비였지만 서명이 없으며 어떤 부서가 작성했는지 기록되지 않았다)는 그 문서가 최종 승인될 때까지 지속된 기본 주제를 논의하면서 시작했다. 문서는 공세적 태도를 보여야 할 필요성을 반복적으로 상세히 서술했으며, "반격"이라는 용어를 사용하고 미국 방어선에 타이완을 포함시켜야 한다고 주장했다.[20]

그 직후 존 데이비스는 미국이 "어떤 부담을 지든 더 이상 [소련과의] 충돌 위험을 피하는 정책을 무한정 따를" 수는 없다는 내용의 편지를 케넌에게 썼다. 그는 이제 주도권이 공산주의자의 "무모한 손"에 있지만 미국은 비밀공작과 "징벌적 행동을 동원한 강압" "공군력을 선택적으로 사용한 강압"(만주에 대한 제한적 폭격을 포함한) 등으로 상황을 역전시킬 수 있다고 생각했다. 공군력은 시대에 뒤떨어진 함포艦砲 외교와 의화단義和團 사건 때의 소규모 원정군보다 더 나은 수단이라고 그는 생각했다. 그는 흥미로운 의견을 덧붙였는데, 미국은 "공산 세력이 이 문서가 보여준 방법에 따라 우리의 보복을 정당화하는 행동을 하지 않는 한, 제한된 규모로라도 그런 방향의 [개입]에 착수할 수 없다"는 것이었다(강조는 인용자).[21]

8월 하순 국무부의 검토위원회(제섭·포스딕·케이스)는 문안을 작성했는데, 그것은 그 뒤 국가안보회의 문서 48을 구성했으며 봉쇄와 반격의 결합을 상징했다. 서명署名이 적히지 않은 동아시아 정책 관련 한 문서는 미국의 전체적 목표는 "자유롭고 독립적인 정부"를 수립하는 것이지만 "현재 추진해야 하는 정책은 [아시아] 지역에서 소련 공산주의의 위협을 견제하고 반격하는 것"이라고 규정했다. 공산 세력이 주도권을 잡았으며, 미국은 이를 되찾아야 한다는 것이었다.

그러나 이것은 자유주의적 반격이자 케네디가 추진한 냉전적 개입주의였다. 미국은 아시아의 민족주의적 열망을 지원하고 "사회·경제적 불이익"을 바로잡는 것을 도우며 "문호 개방'이라는 전통적 정책을 다시 확인하는 데 동참하도록 그 지역의 국가들을 설득하고" 단독주의적 접근이 아니라 다국적 접근을 추구해야 했다. 중국과 관련해 미국은 "중국과 소련 사이를 벌어지게 만들" 모든 기회를 찾아야 했으며(이것은 타이완을 지원하지 않을 수 있는 좋은 구실이었다) 인도차이나에서는 미국의 지배를 "관대하게 해석하도록" 프랑스에 "지속적으로 압력을 넣어야" 했다.[22] 1947년 국제협력주의의 옷을 입은 봉쇄를 소개할 때와 매우 비슷하게 국무부의 자유주의 세력은 반격의 개념에 국제협력주의적 경향을 덧붙임으로써, 대두하고 있는 반격 요구를 수용하려고 했다. 그러나 "감시와 반격"이라는 문구가 문제였다.

10월 14일의 초안에서는 "조정된[여기에 삽입된 단어 6개는 아직도 기밀로 지정돼 있다] 냉전의 공세를 실행해 주도권을 확보하고 유지하는 냉전 전술의 큰 이점을" 미국이 인식해야 한다고 언급했다. 그 뒤의 초안에서는 아시아에는 "토착 세력"이 있으며, "냉전을 적극 추구해 실질적으로 전개시키면 그 지역에서 소련의 지배와 영향력에 대해 전쟁 이외의 수단으로 반격을 개시할 수 있다"고 주장했다(강조는 인용자). 그러나 애치슨이 수정한 뒤 이 문구는 최종안에 포함되면서, 아시아의 토착 세력은 "그 지역에서 미국이 소련의 지배와 영향력을 봉쇄하는 데 도움을 줄" 수 있다고 변형됐다(강조는 인용자).
달리 말하면 일종의 반격만 생각한 원안에 봉쇄를 덧붙여야만 했던 것이다.

초기 문안의 또 다른 부분에서는 아시아 상황에 대한 미국의 지배는 "공
산 세력이 지배하고 있는 지역이 줄어야만 (…) 충분히 확립될 것"이라고 언
급했다. 좀더 일반적으로 말하면 그 문건은 전형적인 반격 용어를 사용해
"아시아에서 적극적 행동을 전개하기 위한 발판"[23]이 될 수 있는 "역동적인
계획"이 필요하다고 주장했다.

그 계획의 핵심 인물인 맥스 비숍은 10월 21일 러스크에게 "공산주의를
봉쇄하려는 우리의 전체 계획에 맞춰" 국민당에 군사원조를 제공해야 한다
는 보고서를 썼다. 그러나 그는 아직도 중국의 지도자가 "중국 남부에 거점
을 유지할" 수 있으며 그곳은 "그 나라를 공산주의에서 건지려는 미래의 시
도에 사용할 집결지"가 될 수 있다고 판단했다. 그러고 나서 그는 "중국에서
전개할 특수작전 계획", 좀더 구체적으로는 "비밀 작전"을 제안했다.[24]

국가안보회의 문서 48의 최종안에서 중요한 문구는 아시아에서 공산 세
력을 "봉쇄하고 실행 가능한 모든 지역에서 위축시키는 것"이 됐다. 달리 말
하면 그것은 반격에 대한 관심과 공산 세력 지배 지역의 축소에 대한 관심
을 변형시켜 실행 가능성이라는 영역(반격이 시행될 수 있을 것으로 생각되는
영역)으로 옮기고 봉쇄를 요점으로 다시 도입한 것이다.

국가안보회의 문서 48의 다양한 초안은 중국 혁명의 승리와 소련의 원폭
실험 이후 스며든 위기의 분위기를 보여줬다. 미국은 소련 주변 지역 전체,
특히 아시아 지역에 만연한 팽창주의의 압력을 감지했으며, 모든 곳에서 그
에 맞서는 압력을 행사할 필요가 있다고 판단했다. 10월 26일의 초안에서는
"주도권의 이점을 잃지 않으려면 미국은 스스로 선택해야 할 시점이 왔을
때 언제라도 압력을 행사할 수 있어야 한다"고 단언했다. 최종안에서 이 문
구는 애치슨이 추구한 개입, 곧 미국이 "너무 폭넓게 손을 뻗치는 것"을 경
고하는 것으로 바뀌었다.

또한 10월 26일의 초안에는 애치슨적 교묘함과 적절한 한도에 대한 배려
가 밑에서부터 얼마나 무너지고 있는가를 보여주는 중요하고 야심적인 발언

이 예기치 않게 담겨 있다. 그 초안의 결론은 태평양 지역의 연합, 곧 비공산 국가의 지역 협정(1949년 여름 내내 이승만과 장제스가 요구한 것과 비슷한)이 필요하다고 주장했으며 "미국은 타이완과 평후제도澎湖諸島의 영유권을 획득해 그것을 태평양 연합의 신탁통치로 이관해야 한다"고 말했다. 이 초안은 전쟁이 일어날 경우 미군이 일본과 타이완을 이용할 수 있도록 규정했다. 이 규정은 가령 일본에 대해 "그 영토와 인력과 산업·교통 시설"을 사용할 수 있다는 뜻이었다.

1949년 10월 25일의 초안은 봉쇄뿐 아니라 미국의 세력을 보여주려는 목적으로도 도서 지역의 군사기지를 미군이 사용할 수 있도록 명확히 규정했다. 그 초안은 일본과 타이완이 포함된 "섬의 연쇄連鎖"와 관련해 "우리의 첫 번째 방어선이자 첫 번째 공격선이며, 우리는 여기서부터 우리가 개발할 수 있는 모든 수단을 사용하되 대규모 미군을 동원하지 않고 공산 세력이 지배하고 있는 지역을 축소시키려 시도할 것"이라고 언급했다.[25]

이 초안은 그저 우발적으로 만들어진 계획일 뿐이며, 국무부나 국가안보회의에 있던 누구도 공격을 목표로 한 "적극적 행동"을 이 시기에 실제로 고려하지는 않았다고 많은 독자는 생각할지 모른다. 실제로 국무부의 자유주의자들은 그만두고 미국의 정책 입안자들이 1949년 가을 아시아에서 반격을 고려하고 있었다는 생각은 이 문서들이 기밀 해제되기 전에는 어느 때라도 무모하고 과격한 정책으로 간주돼왔다. 그러나 의심할 수 없는 증거가 존재한다.

이런 국가안보회의 문서 48의 생각이 새롭고 진지하게 보였으며 기존의 전제에서 분명히 벗어난 것이라는 사실은 당시 정부 내부의 비판에서 나타난다. 반대자 가운데 동아시아(타이완을 제외하고)에 봉쇄를 적용하자는 사람은 없었다. 그러나 반격을 새로 강조한 것은 즉각적인 비판을 불러왔다. 10월 24일 S. C. 브라운은 국가안보회의 문서 48이 "논리적인 부조리를 인상적으로 모아놓았다"라고 썼다. 우선 그는 소련의 영향력을 "축소시킨다"는 것은 "소련의 세력을 '봉쇄한다'는 개념과는 상당히 다르다"고 지적했다. 이것은 "공산주의에 '반격'을 펼치려는 가능성을 언급한 것이 분명하다"고 그는 말했다. 반격을 펼칠 지역으로 만주와 상하이·난징南京·베이징·톈진天津(내가 본 어떤 초안에서도 언급되지는 않았지만 이곳들은 중국의 주요 공업지대이기 때문에 기밀 지정의 검열에 따라 삭제됐을 가능성이 크다) 외에는 언급되지 않았다고 그는 지적하면서 "'축소'의 개념은 내가 본 현재 미국의 소련 정책에 대한 표현을 모두 넘어섰으며, 일정한 종류의 군사행동을 분명히 함축하고 있다"고 말했다. 그가 보기에 그 초안의 기본 목적은 "아시아에서 공산주의(곧 소련의 세력)를 물리치는 것"이었다. 그 초안의 작성자들은 반격을 추진하는 데 군사력을 사용해서는 안 된다고 말했지만, 브라운은 그런 목표는 "군사행동으로만" 이룰 수 있다고 정확히 지적했다.[26]

당시 존 앨리슨도 초기 국가안보회의 문서 48의 초안에 여러 번 이의를 제기하면서 "임박한 위험과 긴급사태라는 인식"이 초안에 반영돼 있다고 비판했다. 마이클 샬러에 따르면, 실제로 애치슨은 앨리슨을 위원회의 위원장으로 임명해 "대통령이 국가안보회의 문서 48에 호감을 표하기 전에 그것을 무력화시키려고 했다". 그러나 앨리슨은 반격에 대한 문구에 이의를 제기하지 않았다. 10월에 작성된 모든 초안은 국가안보회의 문서 48을 "아시아에서 적극적인 행동을 전개하기 위한 발판"이라고 표현했다. 앨리슨은 "타이완의 영유권을 확보"하고 중국을 봉쇄하는 것은 장제스의 술책에 빠지는 것이라며 반대했다.[27]

애치슨은 그다운 방식으로 이중 경기를 펼쳤다. 그는 국가안보회의 문서 48의 어조를 누그러뜨리기 위해 국제협력주의자적 면모를 나타내는 동시에 중국에 유격대를 보내고 국민정부를 원조하는 비밀 계획을 묵인했다. 그의 목표는 전개 과정을 통제하고, 봉쇄와 반격에 열린 선택을 유지하는 것이었다. 결국 그 문서 자체는 국무부와 국방부의 반년에 걸친 갈등의 최종 결과물이었으며, 로르샤흐 검사●처럼 경합하고 있는 관점의 상대적 비중을 기록한 것이었다.

● 1921년 스위스의 정신의학자인 헤르만 로르샤흐Hermann Rorschach(1884~1922)가 개발한 진단법. 10장의 종이 위에 잉크 방울을 떨어뜨린 뒤 반으로 접어 생기는 얼룩을 보여줬을 때 나타내는 반응을 보고 그 사람의 성격이나 심리 등을 파악하는 방법이다.

봉쇄와 반격: 일본과의 관계

한국 봉쇄는 일본의 안보와 연결돼 있으며, 안보 문제는 "거대한 초승달 지대"의 핵심인 일본의 경제적 부흥과 밀접한 관계가 있다고 앞서 말했다. 이제 쇠퇴하고 몰락한 국제협력주의자들에게도 일본 경제의 필요성은 일본과 연결된 반격 전략을 암시했다. 이런 노선을 따라 다양한 계획이 1948년의 끝머리에 분출됐는데, 그때는 내전에서 국민당의 패배가 분명해진 시점이었다.

CIA는 중국의 "몰락"과 일본의 부흥을 감안해 새로운 평가를 발표했다. 1948년 중반 "일본의 전략적 중요성"이라는 견해가 담긴 보고서는 소련이 중국 북부와 만주 그리고 "한국 전체"에 지배력을 확장하는 것은 "극동 전역에서 미국의 위세를 헤아릴 수 없이 상실하는" 결과를 가져올 것이며, 일본 경제를 다시 일으키려면 배후지가 필요하다고 주장했다. 전후 일본 발전의 핵심 요소는 경제 부흥이었다. 과거와 마찬가지로 일본이 공업을 기반으로 경제를 정상적으로 움직이려면 현재 직간접적으로 또는 잠재적으로 소련의 지배를 받고 있는 동북아시아 지역—특히 중국 북부·만주·한국—에 접근해야 했다. 동남아시아는 일본이 상실한 옛 식민지를 보충해줄 수 있었지만, 그 지역에서 일본은 유럽과 경쟁하고 현지의 반식민적 민족주의와 맞닥뜨릴 수밖에 없었다. 게다가 일본은 수출을 해야 하는데, 그러려면 동남아시아가 산업이 발달하지 않은 상태로 남아 있어야 한다고 보고서는 지적했다.

그 결과 CIA는 "지리적 인접성과 경제 발전의 특징 때문에 동북아시아와 일본 경제의 상호 보완적 성격은 [더욱] 높아졌다"고 주장하고, 시장과 원자재를 핵심 요소로 지적하면서 만주의 철광석과 북한의 합금철合金鐵을 보기로 들었다. 그 지역을 통합하면 "극동에서 가장 큰 산업 잠재력이 될 것"이라고 판단했다. 그러나 일본이 오랫동안 "동북아시아에서 배제되면" "일본이 본래 유지하던 무역 형태가 급격히 왜곡될 것이며, 미국이 상당한 액수의 무역 적자를 계속 보충해줄 용의가 있어야만 경제적 안정성을 유지할 수 있을 것"이라고 지적했다. 아울러 보고서는 미국이 목재·펄프·점결탄粘結炭 같은 "각종 기본 원자재"를 일본에 공급해야 한다고 제안했다. 그러지 않으면 일본은 "경제를 다시 정상화하는 유일한 수단으로 소련과 연합할 것"이라고 예측했다.[28]

미군의 한국 철수에 대한 CIA의 또 다른 중요한 연구는 안보와 경제를 연관시키면서 소련이 남한을 지배할 경우 "정치적·심리적 중요성"을 가장 절실히 느낄 나라는 일본이며, "소련은 일본·타이완·류큐琉球를 공습하는 공군·공수부대·해병대의 발진기지를 남한에 건설할 수 있을 것"이라고 지적했다. 경제적 측면에서 한국 경제는 미국에 의존하는 상태에서 벗어나 "일본·타이완·필리핀 제도의 경제와 통합해 모든 나라의 경제적 안정을 돕는" 자산으로 바뀌어야 한다고 판단했다.[29]

한국 경제의 운명을 일본과 다시 결합시키려는 미국의 욕구는 곧 뚜렷해졌고 진행 중이었으며, 앞으로 보겠지만 참전의 이유가 됐다고 여겨진다. 미국의 정책 입안자들은 북한의 산업·광업 자원도 잘 알고 있었으며, 그것은 1950년 가을 보수파와 자유주의자가 반격을 중심으로 연합할 수 있었던 한 가지 요인이 됐다. 그러나 한국 경제나 자원에 직접 초점을 맞춘 세력은 팽창주의자로, 이들은 구체적이고 지엽적인 이해관계를 가진 부류였다. 그들과 달리 국제협력주의자는 재건된 일본을 위해 원자재·노동력·시장을 공급할 배후지(나 주변)를 확보한다는 좀더 광범한 문제에 치중했으며, 거기서 한국은 그저 이차적이거나 보완적 역할을 할 뿐이었다. 동남아시아와 동북아시아 모두에서 일본과 연계해 공산주의에 반격할 것을 제안한 부류는 이런 광범한 문제에 관심을 가진 세력이었다.

곧잘 국무부 "친일 인사"의 한 명으로 간주되던 맥스 비숍은 봉쇄 이후의 새로운 논리를 처음 파악한 인물 가운데 한 사람이었다. 1948년 12월 국무부 동북아과장이던 그는 동아시아의 상황이 변하고 있으므로 한국정책의 시행과 관련된 국가안보회의 문서 8을 주의 깊게 검토해야 한다고 주장했다. "공산 세력이 한반도 전체를 지배하는 것이 사실로 굳어지면 일본 열도는 3면이 이어진 활 모양의 공산 세력 영토에 포위될 것이므로 (…) 우리는 일본을 미국의 영향권 안으로 포함하는 데 점점 더 큰 어려움에 맞닥뜨릴 것이다." 남한이 무너지면 미국은 "대륙에서 마지막 우방을 잃는 것이다". 한국의 이런 문제에 대처하는 데 실패하면 "태평양에서 미국의 안보는 끝내 무너질 것이다". 이것은 한국이 일본의 심장을 찌르는 비수라는 히데요시와 메이지 지도부의 오래된 전략 논리였다.

비숍은 트루먼독트린의 어조를 빌려 "소련의 영향권 안에 있지 않은 동북아시아 지역에서 경제적으로 생존 가능한 기반 위에 독립된 국민을 육성하면 공산 세력의 팽창을 성공적으로 막을 수 있을 것"이라고 제안했다. 그는 케넌의 논리를 다르게 표현해 동북아시아는 "세계에서 네댓 가지 중요한 힘의 중심지 가운데 하나"를 이루고 있다고 지적했다. 그리고 이런 판단을 바탕으로 그는 봉쇄에 의문을 제기했다. "동북아시아에서 공산주의 세력의 팽창을 막는 노력이 미국의 안보상 이익이 되는 수준에 이르렀는가?" 그러나 그는 반격에도 의문을 제기했다. "공산주의의 권력 체계는 이미 미국에 거칠고 노골적인 적의를 드러내고 있는데, 현재 차지하고 있는 광범위한 지역에서 그들을 밀어내야 하지 않겠는가?"[30]

같은 시기에 이런 생각의 가장 충격적인 사례가 나타났다. 그것은 자유주의적 경향의 경제협력국Economic Cooperation Administration, ECA에서 익명의 인물이 쓴 문서였다. 그 문서는 중국 북부와 만주(당시 중국공산당의 강력한 지배 아래 있었다)를 "미국의 사활을 좌우할 중요성을 지닌" 대륙의 한 지역으로 규정했다. "그 지역이 중국을 지배하는 열쇠라는 사실을" 일본이 "증명했으며" 미국은 같은 관점에서 그것을 바라봐야 했다. 그 지역에는 대부분의 중공업과 "활용할 수 있는 천연자원"이 있었다. 그 지역은 중국 석탄의 90퍼센트 가까이를 생산했으며 식량, 특히 콩도 수출했다. 중국의 자원을 이용할 수 없을 경우 일본의 철광업에 필요한 석탄 원료를 공급할 가장 가까운 지역은 웨스트버지니아였다. 따라서 "이 지역의 자원이 없다면 일본이 독자적으로 생존할 경제를 건설하는 것은 말 그대로 전혀 가망이 없다". 소련이 이 지역을 장악한다면 "일본과 한국과 중국의 나머지 부분은 소련의 조건을 따르는 경우를 빼고는 군사적·산업적으로 무력해질 수밖에 없다".

이런 판단에 따라 작성자는 미국의 새롭고 "제한적인" 정책을 권고했다. "우리의 우선적인 관심사는 만주와 중국 북부를 공산 세력의 지배에서 해방시키는 것이어야 한다." 여기에는 그리스의 사례처럼 "만주와 중국 북부를 탈환해 유지할 수 있는 중국군"을 훈련시키고 장비를 제공하는 것을 포함해 "미국이 광범위하게 원조하겠다는 약속"이 필요하다. 일단 그 지역이 확보되면 미국은 자본을 투입할 수 있다(앞서 일본이 그 지역에서 "산업을 계속 경영했기" 때문에 비용은 그리 많이 들지 않을 것이다). 그런 뒤에는 토지·세제·신용거래의 철저한 개혁을 실시한다. 이것이 자유주의적 반격이고 "제한적" 반격이며 일본과 연계된 반격이었다. "중국 북부·만주와 한국·일본의 전략적·경제적 관계는 대단히 명백하다." 애치슨의 반응은 알려지지 않았지만, 첨부된 메모에는 그 문서가 "여러 방면에서 승인을 받아 귀하가 흥미롭게 읽을 것"이라고 적혀 있었다.[31]

같은 달 존 데이비스는 또 다른 반격 계획을 제출했다. 그 계획에서는 "홋카이도부터 수마트라까지" 연안의 섬들을 거점으로 확보해야 하며 봉쇄를 넘어 한국·중국·동남아시아에서 공산주의를 "위축시키려면 정치투쟁이라는 과격한 수단"은 물론 "정치투쟁의 수단으로 우리와 일본의 경제를 활용할 장치"를 마련해야 한다고 주장했다.[32]

이 문서들은 거기 쓰인 행동 계획보다 그것들을 도출한 가설이 더 중요하다. 그 가설들은 국가안보회의 문서 48을 실행할 가능성의 범위가 넓어진다면 미국 정부 안팎에서 복잡하게 의견이 엇갈리는 흐름들을 통합해 북한을 거쳐 만주로 나아가는 잠재력을 지닌 논리다. 또한 중국 로비스트에게 대륙에 장제스 정권을 다시 수립할 수 있게 하고, 국제협력주의자에게는 일본이 대륙에 다시 진출하게 만들 수 있을 것이다. 그러나 1948~1949년 시점에서 더 중요한 것은 일본을 연결시킨 반격보다 "거대한 초승달 지대"의 계획이 꽃을 피웠다는 사실이다.

넓어진 초승달 지대

지금까지 동아시아 안보와 관련된 국가안보회의 문서 48의 논의에서 봉쇄와 반격 사이에 전개된 변증법을 살펴봤다. 그러나 여러 측면에서 이 초안들의 가장 흥미롭고 중요한 부분은 권력과 부에 대한 기본 경제 개념이었는데, 그것은 앞서 살펴본 1947년의 계획보다 아시아의 "광대한 지역", 곧 좀더 넓은 세계 체제 안에서 중심과 반半주변과 주변이라는 지역적 위계를 더 명확하게 구체화했다. 일본을 산업의 중심으로 재건하는 것이 가장 중요했고, 남한·타이완·동남아시아(특히 인도차이나를 포함해)를 세계시장 체제 안에 계속 두는 것이 그다음이었다. 그렇다면 그 뒤에는 조건이 허락된다면 그 안에 또 어떤 것을 들여올까 하는 것이 문제였다.

애치슨의 지원을 받은 조지 케넌과 윌리엄 드레이퍼는 일본 산업의 재건을 추진한 중심 인물이었다. 드레이퍼 아래서 경제고문으로 일한 랠프 리드도 중요한 참여자로서 일본을 수출 지향적 성장으로 이끈 1949년의 긴축정책의 아버지인 조지프 도지와 긴밀히 협력했다. 1949년 2월 리드와 트레이시 부어히스는 자신들이 "극동판 마셜 플랜"이라 부른 계획을 입안해 일본을 "공산주의에 대항할 수 있는 아시아 국가들의 고리"에 연결시켰다.[33] 거의 같은 때에 트루먼은 "중국과의 무역"이라는 국가안보회의 문서 41을 승인했다. 중국에서 얻는 미국의 경제적 이익은 높지 않지만, 일본 경제는 "중국 북부와 만주에 수출해서 얻는 이익의 이용 여부에 어느 정도 의존하고 있다"고 그 문서는 분석했다. 그런 이익이 없어지면 미국은 일본을 "무제한 지원해야 하는 상황"에 직면할 것이었다. 따라서 일본은 "그동안 자연스럽게 유지해온 동북아시아 대륙과의 무역 관계"를 다시 구축해야 하며, 그것을 위해 미국은 중국을 고립시키거나 봉쇄하지 말고, 대신 소련과 공산주의 중국 사이에 쐐기를 박은 뒤 중국을 미국과 일본에 의존하게 만들어야 했다. 그 문서는 반격은 언급하지 않으면서 적극적 행동에 나서기보다는 시장의 유혹을 선호했다. 그 뒤 애치슨은 1950년대 초 중화인민공화국과 소련을 분열시키려고 하면서 이 논리를 하나씩 따랐다.[34]

대부분의 다른 계획과 마찬가지로, 아시아의 여러 지역을 일본의 지역권에 포함하는 계획의 골격은 1949년 여름에 드러났다. 7월 중순에 나온 한 CIA 문서는 권력과 부에 대한 논의를 전개하면서 미국은 "동아시아로부터 사활이 걸린 경제적 요구는 없지만" "동남아시아로 접근하는 경로를 유지하는 데는 중요한 이해관계가 있다. 그것은 미국 자체의 편익과 그 지역이 서유럽 및 일본에 대해 가지는 큰 경제적 중요성 때문"이라고 말했다. 그리고 중국과의 무역도 일본과 서유럽을 도울 수 있으므로 중국을 소련에서 떼어놓는 것이 중요하다고 말했다. 또한 "일본과 동남아시아의 정치적·군사적 안전을 보장하는 적극적 행동"을 제안하면서 그 수단은 주로 정치와 경제적인 것이어야 하지만 "동아시아의 반공 국가들에 대한 군사적 지원 가능성"도 언급했다.[35]

미국의 정책 입안자들은 사양산업에 대해서는 걱정하지 않았다. 그들의 구상은 미국의 생산 설비와 기술수출을 촉진하는 상호 의존적인 세계라는, 애덤 스미스적 국제협력주의에 입각한 신념이었다. 이 새로운 정책 전체의 핵심적인 아이디어는 8월 31일 국가안보회의 문서 48의 초안에서 처음 나타났다. "아시아, 경제 부문"이라는 제목의 이 문서 역시 서명도 없고 작성한 부서도 밝혀져 있지 않았다.[36] 이 문서는 미국의 경제 정책을 "여러 원리와 대조해 평가해야" 한다는 발언으로 시작했다. 그 원리란 무엇인가? 첫째, "현대 세계의 경제활동은 팽창하도록 맞춰져 있다는 것"이다. 그러려면 "기술과 자본을 수출하고 전 세계에 걸쳐 자유무역 정책을 추진하는 데 우호적인 환경을 확립"해야 했다.

두 번째 원리는 "상호 교환과 상호 이익"이다. 세 번째 원리는 "비교 우위를 실제로 반영한 생산과 무역"이다. 네 번째 원리는 "전면적 공업화"에 반대하는 것이다―즉 아시아 국가들이 "특수 자원" 등을 소유한 것은 사실이지만 "그들 가운데 아무도 전면적 공업화의 기반을 이루는 데 충분한 자원을 갖지 못했다". 인도와 중국 그리고 일본만 "그런 상황에 근접했을 뿐이다". 그리고 고립주의와 주체사상을 금지하는 것이었다. "각국의 전면적 공업화는 비교 우위를 지닌 분야에서 생산을 희생하는 큰 대가를 치러야만 이룰 수 있다."

다섯 번째 원리는 동남아시아(남아메리카와 아프리카의 일부도) 같은 세계의 특정 지역은 "전략 물품과 그 밖의 기초 원자재의 자연적 공급원"이며, "매우 환영받는 큰 고객"인 미국이 "목적을 이루도록 특별한 기회"를 준다는 것이다. 여섯 번째 원리는 "소련의 통제나 그 지배 아래 있는 나라들과 무역할 때에는 위의 원리들이 적용되지 않는다"는 것이다. 그 대신 미국은 그런 나라들에 "경제적 압력을 행사할" 수단을 찾아야 했다(이것이 소련의 동맹국들에 금수 조치를 내린 기원이다).

계속해서 문서는 일본이 소비하는 석탄의 80퍼센트를 중국 북부와 동북부 그리고 한국 북부에서 수입하고 있다며, 일본 경제가 생존할 수 있으려면 "해외무역 확대"를 즉시 시행해야 한다고 했다. 또한 일본은 철강 생산(국내 수요를 충당하기 위한 400만 톤 정도 수준까지만)과 해상 화물 수송(아시아 국가만을 대상으로)을 재개하고, 아시아에서 시장을 찾아야 한다고 지적했다. 아울러 포괄적인 세계 수준의 공업화에는 일본 역시 적합하지 않다고 판단했다.

이어서 작성된 초안들은 다음과 같은 생각을 구체화했다. 10월 14일의 초안은 이렇게 서술했다.

> 서구 세계의 경제활동은 확장과 맞물려 있다. 역사적으로 볼 때 후진 지역의 발전은 그 지역 자체의 후생에 기여했을 뿐 아니라, 선진국에는 시장과 잉여 생산 시설을 유용하게 활용할 기회를 제공했다.

초안은 세 나라의 서열 구조의 장점도 자세히 서술했다.

> 면화·밀·석탄 그리고 가능하다면 전문화된 산업기계 같은 상품을 미국에서 일본으로 수출한다. 저렴한 농업용·수송용 기계와 섬유, 해상 화물 수송 같은 품목을 일본에서 동남아시아로 수출한다. 그리고 주석·망간·고무·경질(硬質)섬유 그리고 가능하다면 납과 아연을 동남아시아에서 미국으로 수출한다.

문서는 민족주의자의 반대를 예상하고, 19세기 로스차일드 가문처럼 위엄 있는 모습으로 다음과 같이 언급했다.

> 국제무역의 복잡성에 비춰보면, 국가적 자존심과 야망 같은 일시적인 문제가 국제 협력의 필요 정도나 경제 확장을 촉진할 수 있는 우호적 환경과 조건의 발전을 저해하거나 막을 수 있음을 유념해야 한다.[37]

이것은 모든 자유무역주의자에게 활력을 줄 수 있었다. 또한 새뮤얼 크로더나 김일성이 권총에 손을 대도록 만든 생각이기도 했다. 이례적으로 노골적인 표현을 쓰긴 했지만, 이것은 세계를 움직이는 동력에 대한 전후 미국의 이론, 즉 국제협력주의자의 신조를 깊이 반영했다.

10월 26일의 초안에서는 일본이 "필요한 식량과 원자재(주로 면화)를 아시아 지역에서 좀더 많이 수입할" 수 있어야 자급 가능하다며 "일본의 시장은 아시아가 돼야 한다"고 언급했다. 가장 적합한 후보 지역은 동남아시아였고, 남한과 타이완은 "제한된" 도움을 줄 뿐이었다. 그 초안은 미국·일본·동남아시아에서 "만드는 다양한 상품의 생산비에 확실한 이점"이 있으며, 이는 "이 세 지역에서 전개되는 삼각무역(원문 그대로)의 호혜적 성격을 보여준다"고 지적했다.

달리 말하면 이것은 비교 우위와 생산 주기 이론이며 미국의 핵심 중공업, 허용할 수 있는 한계까지 재건된 일본의 경공업과 중공업 그리고 주변부의 원자재와 시장이라는 세 요소의 위계를 상세히 표현한 것이다. 이 부분은 최종 초안에서 제외되었다. 문장이 조악하거나 내용이 적절치 않기 때문이 아니라, 당시 미국 정치가 패전 직후의 일본 산업 기반에 얼마나 의지하고 있었는가, 제한된 규모지만 옛 제국 시대 일본이 가지고 있던 주변국과의 관계 부활을 얼마나 모색했는지 말하는 것은 부적절하다는 단순한 이유에서였다. 이전의 초안에는 "패전하기 전 일본은 아시아의 강력한 반공 세력이었다"라는 구절이 있었는데, 최종 초안에 싣기에는 너무 노골적이었지만 핵심 전제를 반영한 것이었다. 일본은 제국이 아니었지만 "광대한 지역"이라

고 부를 수 있는 "강력한 교역권"이었다.[38]

동남아시아는 일본과 서유럽 경제 모두에 중심축이 될 것으로 기대됐는데, 두 지역에 원자재의 중요한 공급원과 시장이 있다면 동북아시아의 공업과 유럽의 부흥을 함께 추진할 수 있었다. 동남아시아는 그때까지 유럽 제국주의 열강에게 독점적으로 지배돼왔던 반면, 일본은 미국의 단독 지배를 받는 지역 안에 있었다. 그러므로 일본이 이 지역에 다시 편입된다면 미국에 이익이 되는 동시에 경합하던 유럽 제국주의 열강을 끌어내리는 한편, 미국은 그동안 출입이 금지된 시장으로—CIA는 "형편에 맞춰"라고 적절히 표현했다—들어갈 수 있게 된다. 프랑스와 네덜란드는 기뻐했고 독일은 관여하지 않았지만, 영국은 일본을 부흥시키는 것이나 동남아시아와 연결시키는 것 모두에 반대했다.

영국이 반대한 핵심 이유는 자국의 섬유산업이 쇠퇴하고 있었기 때문이다. 영국은 미국의 정책과 일본의 "투매"와 "가격 담합" 그리고 영국 상품이 자국으로 들어오지 못하게 막은 관세법을 강하게 비판했다. 섬유업자들은 "일본의 새로운 이론가들은 연합국 국민이 일본에서 활동하는 것에 전전戰前의 이론가들보다 더 격렬하게 반대하면서" 특히 영국의 은행을 억압하고 있다고 말했다. 본질적으로 그것은 구세계 제국주의와 신세계 제국주의의 대립에 관한 문제였다.[39] 물론 애치슨 같은 자유무역론자는 미국 섬유산업의 쇠퇴에 신경 쓰지 않았는데, 주원인은 섬유업자들이 그의 정책을 맹렬히 비판하는 우익에게 자금을 지원했기 때문이다.[40] 아무튼 일본의 섬유산업은 거대한 미국 시장에 거의 영향을 주지 못했다.

국가안보회의 문서 48의 최종안은 동아시아에 대한 미국의 전략적·경제적 정책의 좀더 대담하고 야심찬 측면을 일부 삭제했지만, 봉쇄와 반격의 결합을 반영하는 핵심 구절과 광대한 지역에 대한 강조는 그대로 두었다. 그지역에서 일본은 삼각형의 위계 구조에서 맨 꼭대기에 있으며 산업 경제는 재건됐지만 섬유산업처럼 쇠퇴하는 분야를 빼고는 미국과 직접 경쟁하지는 않았다. 물론 국가안보회의 문서 48에 감춰진 수많은 가설을 충분히 이해하면 한국과 베트남에서 일어난 전쟁을 미국·일본·서유럽이라는 주요 공업국의 주변부를 획득하려는 투쟁으로 해석할 수 있다.

역설적인 사실은 일본이 동남아시아에서 시장이나 밀접한 중심-주변 관계를 실제로 발전시킨 적이 없다는 것이다. 한국전쟁은 일본 경제의 성장에 결정적인 계기가 됐고, 이후 일본은 미국을 비롯한 서구 시장에 침투하는 데 성공했다. 그러나 아시아의 배후지라는 논리는 한국전쟁 내내 존속했다. 아이젠하워 행정부가 "일본이 잃은 식민 제국을 재건하는" 문제로 계속 골치 아파했다는 것도 주목할 만하다.[41]

일본 로비와 미국의 정책

영향력이 큰 중국 로비가 미국 정부에 반격 정책을 추진하도록 압력을 행사했다는 것은 널리 알려진 사실이다. 일본 로비도 같은 시기에 활동했는데 중국 로비보다 눈에 띄진 않았지만 좀더 효과적이었다는 것이 최근에야 분명해졌다. 그런 활동이 밝혀진 것은 하워드 숀버거와 존 로버츠의 선구적 작업 덕분이었다.[42] 중국 로비와 마찬가지로 일본 로비도 미국 안팎 모두에서 활동했다.

숀버거와 로버츠는 대일 미국협의회American Council on Japan, ACJ를 일본 로비의 조직적 도구로 파악하면서 국무부의 "옛 일본통"과 트루먼 행정부의 일부 고위 관료 그리고 일본과의 무역이나 투자를 바라던 수많은 미국 사업가들이 여기에 모였다고 봤다. "일본통"에는 조지프 그루 전 주일 대사, 맥스 비숍(로버츠는 그를 "대일 미국협의회의 핵심 인물"이라고 서술했다), 유진 두만, 조지프 발랜틴, 존 앨리슨 등이 포함됐다. 고위 관료는 제임스 포레스털, 윌리엄 드레이퍼, 로버트 패터슨, 케네스 C. 로열, 로버트 러벳, 로버트 아이컬버거 장군 그리고 존 포스터 덜레스였다. 로버츠는 조지 마셜을 "일본 로비의 옹호자"라고까지 불렀다.

제너럴 일렉트릭, 웨스팅하우스, 레이놀즈 알루미늄Reynolds Aluminum, 스탠더드 오일, 소코니배큠Socony-Vacuum 같은 미국 기업과 체이스Chase, 퍼스

트 내셔널 시티First National City, 케미컬 뱅크Chemical Banks 같은 월가의 여러
은행과 투자회사 등은 대부분 세계시장에서 경쟁하던 기업이었기에 일본의
부흥을 두려워할 게 없었다. 섬유업처럼 미국의 사양산업을 대표하는 업종
은 초기의 징벌적 점령 정책에 영향을 준 반면, 대부분의 "첨단 기술" 기업
은 역진 정책을 지지했다.[43] 후자는 일본에서 시장이 형성될 것으로 기대하
고, 일본과의 경쟁을 두려워하지 않았으며, 다루기 쉽고 값싼 일본의 노동력
을 이용하기를 바랐다(그 결과 대일 미국협의회는 일본 노동조합의 위상을 강화
하는 데는 반대하는 경향을 띠었다).

대일 미국협의회에는 『뉴스위크』의 해리 컨이 참가했다. 그는 1945~1954년
외신부장으로 일했고 대일 미국협의회에서 주도적으로 활동했다. 컨은 부정
하지만, 그가 미국 정보기관에 협력했음을 보여주는 정황 증거도 있다.[44] 숀
버거는 그가 에이버럴 해리먼의 후원을 받은 것은 의심의 여지가 없다며,
"『뉴스위크』의 창업주이고 대주주이자 전직 이사"인 해리먼은 컨과 자주 만
나 일본 문제를 의논하고 일본의 경제적 부흥을 지지했다고 말했다.

정부 관료가 대일 미국협의회의 공적·사적 압력과 영합한 사례도 몇 가
지 있었다. 그루는 J. P. 모건의 사촌인데, 모건은 은행과 제너럴 일렉트릭을
매개로 일본에 큰 관심을 보였다. 드레이퍼는 월가의 투자은행인 딜런 리드
사Dillon Read의 부사장으로 일본 로비활동에 깊이 관여했다. 러벳은 브라운
브라더스·해리먼 증권의 중역이었다. 러벳은 해리먼의 어릴 적 친구였으며,
그의 아버지는 E. H. 해리먼의 오른팔이었다.[45]

허버트 후버도 일본 로비의 강력한 후원자였으며 대일 미국협의회에 소
속된 컨을 비롯한 그 밖의 인물들과 자주 접촉했다. 1945년에 후버는 한국
을 계속 일본의 식민지로 두어야 한다고 주장한 유일한 인물이었다. 그의 가
까운 친구로 후버 행정부에서 국무차관을 지낸 W. R. 캐슬도 일본 로비의
지지자였다. 두 사람은 한국의 금광에 투자한 오그던 밀스와 가까웠다. 후버
에게 일본 군국주의의 전파는 반소 이념보다 중요하지 않았다. 그는 1945년
이후 줄곧 처벌 없는 점령 정책을 주장했다. 역시 일본 로비에서 활발하게
활동한 윌리엄 V. 프랫 제독은 1947년 6월, 태평양전쟁은 "우리가 개입할 필

요가 없던" 전쟁이었다는 내용의 편지를 그에게 썼다. 후버는 그 편지의 여백에 "그렇다"고 휘갈겨 썼다.[46]

일본 로비의 전체적 목표는 미국이 일본을 점령한 초기에 집중하던 "민주화와 무장해제"를 끝내고, 일본의 산업 경제를 재건하는 것이었다. 이를 위해 그들은 일본 군국주의와 관련된 전시의 재계 지도자들의 처벌과 주요 재벌 기업 해체를 반대했다. 클레이턴 제임스에 따르면, 역진 정책을 지지한 가장 중요한 인물인 케넌과 드레이퍼는 "[해리] 컨 세력의 조언을 자주 들었다".[47]

일본 로비는 일본 경제의 부흥을 넘어 아시아 대륙과 다시 연결되는 것을 꾀했다. 1948년 어느 시점에 컨이 작성해 개인적으로 회람한 문서에서는 "하이난섬海南島의 철광석(1945년 이전 일본이 개발했다)과 말레이반도의 보크사이트(알루미늄의 원광으로 식민지 시대 타이완의 알루미늄 산업에 사용됐다)"를 포함해 "그 밖의 태평양 지역의 원자재를 개발하는 것이 시급하다"고 말했다. 또한 그는 "남한에서는 그동안 광산과 기타 천연자원을 중시하지 않았지만 현재 경제협력국에서 조사하고 있다"고 언급했다. 1948년 컨은 아이컬버거 장군에게 말했다. "우리는 소련이 만주와 중국 북부에 접근하지 못하도록 막아온 유일한 힘을 파괴했습니다. 그 힘은 일본군입니다."[48]

비숍·드레이퍼·로열 같은 관료가 분명한 친일 입장을 가진 부류와 연결됐다는, 손버거와 로버츠의 판단은 의심의 여지 없이 옳았다. 전전戰前 비숍은 도쿄의 미국 대사관에서 근무했으며 일본의 경제 부흥 계획을 수립하는 데 주요 역할을 했다. 그는 로열과 드레이퍼를 수행해 자주 일본에 갔다. 앞서 본 대로 그는 국가안보회의 문서 48을 입안하는 데 핵심 역할을 맡았다.[49] 그 뒤 드레이퍼는 대동아공영권의 배후에는 개발이 낙후된 지역의 식량과 원자재를 일본의 기계·섬유·공업 제품과 교환하려는 구상이 있었다고 썼다. "이런 경제적 목표는 전체적으로 건전했으며, 평화롭고 공정하게 추구한다면 그 지역 전체의 1인당 자산을 늘리고 생활수준을 높일 수 있었지만 (…) [일본은] 무력으로 공영권을 획득해 폭력으로 경제생활을 지배[하려고 했다]."[50]

일본 로비는 중국 로비와 이해관계가 달랐고 타이완 문제를 강력히 밀어붙인 경우는 드물었지만, 두 집단의 몇몇 인물은 정치적으로 친밀했다. 1947년 루스의 『포춘』은 한국의 경제 발전이 필요하다고 주장하면서 일본의 산업, 특히 수출산업을 부흥시켜야 한다고 보도했다. 콜버그의 『플레인 토크』와 이를 계승한 『프리맨』은 친일 성향을 띠었으며, 한국전쟁 기간에 실린 한 기사에서는 "한국 국민은 사실상 독립할 능력이 없으므로" 한반도를 다시 일본에 넘겨줘야 한다고 냉정하게 주장했다. 나아가 일본이 한국에 "실효적 지배권을 행사하게 되면" "일본이 자립하는 데" 큰 도움이 될 것이라고 했다. 또한 콜버그와 그 밖의 중국 로비 관계자들은 조지프 그루, 유진 두만, 에버렛 드럼라이트 같은 국무부 보수파를 "쫓아내야 한다"는 좌파의 주장에 주의해야 한다고 자주 촉구했다. 해리 컨은 장제스를 무너뜨린 용공 세력이 국무부에 침투했다고 생각했고, 몇 안 되는 아시아 연구자 가운데 한 사람이자, 매카시가 심문할 때 래티모어에게 불리한 증언을 한 윌리엄 맥거번은 일본의 부흥과 숙청 종료를 강력히 지지했다. 그러나 래티모어는 "엄격한 독점 금지 방안과 대규모 공업 이전移轉"을 신속히 추진해야 한다고 폴리 배상 조사단에 요구했다. 미국 정책의 변화를 기대하던 두 아시아 로비가 그를 미워한 이유는 여기에 있다.[51]

국가안보회의 문서 68의 봉쇄와 반격

국가안보회의 문서 48과 관련된 논의가 진행되면서 미국의 정책은 "국가안보회의 문서 68 시기"라고 부를 만한 국면으로 진입했는데, 그 시기는 1949년 8월 말 소련의 원자폭탄 실험부터 한국전쟁의 발발까지 걸쳐 있다. 국가안보회의 문서 68은 그 시대, 아마 전후 전체 시기에서 가장 중요한 냉전 사료일 것이다.[52] 그것에 관한 논평을 잠깐만 훑어보면, 국가안보회의 문서 48과 마찬가지로, 봉쇄와 반격을 결합시키는 것이 전략의 새 요소였음을 알 수 있다.

이 책의 분석에 따르면 새로운 전략은 전 세계적 정치·경제의 변동과 국내의 정치적 연합에서 나타난 결과이며 관료 기구의 변화를 반영하는 것이어야 했다. 중대한 전 세계적 변화는 소련의 원자폭탄, 중국 공산혁명의 승리, 일본과 독일의 산업부흥 그리고 1950년 2월 체결된 중·소 동맹이었다. 국내의 새로운 연합은 개입주의라고 부를 수 있는 것으로서 봉쇄와 반격의 각 흐름과 지지자를 혼합하려는 변화였다.

관료 기구의 개편은 핵심 인물의 교체를 의미했다. 가장 중요한 것은 조지 케넌의 후임으로 폴 니츠를 임명한 것과 트루먼 행정부에 초당파적 조정자인 덜레스가 들어간 것 그리고 의회에서 아서 반덴버그를 대신한 인물을 물색한 결과, 가장 가능성 있는 후보로 H. 알렉산더 스미스를 찾은 것이었다. 그러나 새로운 흐름을 가장 잘 상징한 인물로 떠오른 사람을 꼽는다면 그것은 다시 윌리엄 도너번이 될 것이다.

국가안보회의 문서 68 단계에 접어들면서 케넌의 운명은 애치슨과 함께 기울었으며, 1950년 초반에 폴 니츠가 그를 대체했다. 애치슨은 니츠를 총애했으며[53] 이런 제휴는 니츠를 이후 40년 동안 미국 외교정책의 중심인물로 만든 출발점이 됐다. 니츠는 애치슨과 긴밀히 협력하면서 국가안보회의 문서 68의 대부분을 작성했다. 1950년 2월 초 니츠는 소련이 원자폭탄과 중국 공산혁명에 힘입어 "큰 자신감을 갖고 고무됐다"고 봤다. 그는 소련이 이제 "자기 주변부의 약한 지역 모두 또는 대부분에 공격적 행동"을 펼칠 준비가 됐다고 판단했다. 1950년 초 미국 관료들은 공산세계가 기세를 타고 있다고 생각했다.

그러나 그런 평가는 미국의 전략적 사고를 소련에 투영한 것이기도 했다. 국무부 동유럽국장 찰스 요스트는 2월 중순 "현재 소련 세력권의 주변부를 둘러싸고 있는 경계선을 확고히 지킬" 필요가 있다면서 미국은 "그 주변부의 우리 편에 있는 수많은 '약한 지역'"에 경제·군사적 지원을 계속 제공해야 한다고 주장했다. 2주 뒤 열린 극비 회의에서 하버드대학 총장 제임스 코넌트(상당히 높은 수준의 기밀 정보를 취급할 수 있는 허가를 받았음이 분명하다)는 "전쟁을 일으키지 말고 현재의 경계선을 20년 동안 봉쇄해야 한다"고 주장했다. 그러나 니츠는 "우리는 해방을 바라는 폴란드 등의 희망을 이용해야 한다. 순수하게 방어 목적만으로는 그들에 대한 지원이 효과 없을 수도 있다"고 대답했다.[54]

3월 중순 "현재 우리가 수행하고 있는 전쟁"에 대해 현명한 로버트 러벳은 이렇게 언급했다.

> 우리는 모든 수단을 동원해 싸워야 한다. 주변과 중심 모두에서 적의 진영에 있는 약점을 다 찾아내야 하며 손에 넣을 수 있는 모든 수단을 이용해 타격해야 한다. 온 힘을 쏟지 않는 것은 용납되지 않는다. 우리는 가능한 모든 곳에서 그들을 괴롭혀야 한다. 적의 경계지역과 적진 안에는 (…) 우리가 어느 정도 지휘하면 (…) 기꺼이 싸우려는 유격대와 반체제 인사가 많이 있다.

러벳은 국가안보회의 문서 68에서 예상한 막대한 방위비 지출에 신경 쓰지 않았다. 미국 경제는 "우리가 제안하는 유의 군비 증강에서 이익을 얻을 것"이라고 생각했기 때문이다.[55]

군사적 케인스주의의 이런 징후는 새로운 계획에 또 다른 목표가 있음을 암시한다. 수출 시장이 지속적인 침체를 맞고 있다는 우려가 표면화될 때 방위비를 지출해 미국과 동맹국의 경제를 부양한다는 것이다. 미국 경제는 1949년 전후 첫 불황을 겪은 뒤 견고해졌지만, 지도층은 새 자금이 대규모로 유입되지 않고는 세계 전역의 동맹국과 시장을 유지할 수 없다며 우려했다. 거액의 방위 예산은 안보상 만일의 사태에 대응하고 미국과 세계경제를 활성화함으로써 불가능한 일을 시도할 수 있었다.[56] 또한 국가안보회의 문서 68이 요구하는 더 커진 책임을 감당하려면 미국은 국가 안보에 대한 풍부한 전문 지식이 필요했으며, 안보 담당 관료 기구도 그만큼 확장할 필요가 있었다.

4월 말 모스크바의 미국 대사관에서 수행한 정보 분석은 미국이 이미 소련과 "전면전"에 돌입했다고 평가했으며, 봉쇄는 "여론의 찬성을 얻거나 전쟁 자체에서 승리하기에는 너무 방어적이고 정태적인 개념"이라고 주장했다.

"적의 가장 심각한 약점을 찾아내 무너뜨리도록 고안된 계획에 따라 모든 수단—경제·정치·군사—을 사용해야 한다"는 것이었다. 요컨대 현재 소련 은 세계적 규모의 전쟁을 바라지 않으며 따라서 "군사력의 신중한 사용은 가까운 미래에 소련의 어떤 형태의 침공을 막는 데 유효할 것이다. (…) 그런 행동은 주저하거나 양해를 얻지 말고 시행해야 하는데 (…) 심층적 의미에서 이미 여러 해 동안 전쟁 상태이기 때문이다".

어떤 종류의 행동인가? "소련의 침공을 감시하기 위해서뿐만 아니라 후퇴 를 강요하기 위해서도 모든 기회를 찾아야 한다." "적절하게 계획된 역공을 그 지점[소련이 약한 곳]에서 시작한다면, 소련군이 스탈린그라드 전투 이후 독일군에 반격을 전개한 것처럼, 그들에게 반격할 기회가 될 수 있다." 소련 은 곧 중국에서 진퇴양난에 빠질 것이므로 "극적인 반전을 가져올" 기회가 있을지도 모른다는 것이었다.[57]

국가안보회의 문서 68에서는, 공산 세력의 주변부는 이곳을 막으면 저곳 이 터지기 때문에 전 세계적 규모로 봉쇄를 추진해야 한다고 주장했다. 소 련의 악행은 세계 규모의 전쟁을 일으킬 수도 있었지만 "제한적 목표"만 추 진할 가능성도 있었다. 어떤 경우라도 미국은 "무력을 행사해" 그런 행동에 대응해야 했다. 봉쇄는 더 이상 수동적인 전략도, 외부적 상황이 일어날 때 만 반응하는 전략도 아니었다.

"봉쇄" 정책과 관련해 전쟁을 제외한 모든 수단을 동원해 추구해야 하는 목 표는 다음과 같다. (1) 소련의 영향력이 더 이상 확대되는 일을 막는 것, (2) 소련의 자찬自讚이 거짓임을 드러내는 것, (3) 크렘린의 통제와 영향력을 위축 시키는 것 그리고 (4) 전체적으로 적어도 자신의 행동을 수정하는 수준까지 크렘린을 유도해 소련 체제의 내부에 붕괴의 씨앗을 싹트게 하는 것이다.

이 삼단논법은 소련의 세력권을 봉쇄해 축소시킨다는 국가안보회의 문서 48의 구상과 동일했다. 계속해서 이 문서는 크렘린의 질주를 "감시하고 반격 하며", 세계를 지배하려는 그들의 구상 또한 "감시하고 반격할뿐더러", "크렘

린의 권력과 영향력을 줄이는 적극적 조처"를 취해야 한다고 언급했다.[58]

대중매체에 흘린 정보도 이런 논의를 반영하고 있다. 『뉴욕타임스』 1면 기사는 동유럽 해방을 "주요 주제로" 삼아 "몇 주 전"부터 펼친 정책적 노력을 보도했다. 그것은 "동유럽 공산국가들의 여러 민족을 소련의 위성정권에서 분리시키기 위해 고안된 (…) 반공 군사활동 준비를 지원하는 정치 공작"에 따라 "위성국"의 민족들을 포섭하는 작전이었다. 『배런』 지는 딜런 리드 사의 전직 부사장이었던 폴 니츠가 새로운 외교정책 활동을 "이끈 지휘관"이었다고 보도하면서, "자유무역과 후진 지역 개발에 대한 전면적인 논의가 없다면 팍스 아메리카나Pax Americana를 지속시킬 수 없다"고 주장했다.[59]

국가안보회의 문서 48과 마찬가지로 관료 기구 내부에서는 이 새 정책에 강력히 반대했다. 가장 설득력 있고 통찰력 있는 견해는 예산국의 윌리엄 샤우브가 내놓았다. 그는 국가안보회의 문서 68의 "자유"와 "노예"의 구분이 경제적·사회적 궁핍에 시달리고 있는 민족들에게 공산주의가 호응을 받을 가능성을 간과했다고 생각했다. 반공주의자로 자처하는 모든 사람을 지원한다면 미국은 "우리 전통과 이상을 기이하게 여기는 민족과 협력관계를 맺게 될 것"이었다. 샤우브는 그 문서에 미국의 민족주의가 분출하는 중이라고 지적하면서 "순수한 민족주의의 급증은 당분간 소련의 군사적 위협을 줄이거나 없앨 수 있지만, 시간이 흐르면 불안정한 독재자를 확산시키고 그에게 자금을 공급함으로써 우리 체제를 침식시켜 결국 냉전에서 패배하게 될 것"이라고 예측했다. 또한 샤우브는 미국이 징집 가능 인구를 뺀 모든 측면에서 소련보다 월등히 강력하다고 생각했기 때문에 군비 증강에 의문을 제기했다. 다른 사람들도 샤우브에게 동의했다.

이를테면 월러드 소프는 1949년 소련의 "총투자"는 165억 달러였지만 미국은 340억 달러였다고 지적했다. 그는 소련의 국방비는 90억 달러인데 미국은 160억 달러라고 추산했다. 두 진영의 군사력과 공업력을 비교한 CIA의 주요 보고서 가운데 하나는 대포·전차·징집 가능 인구를 제외한 모든 면에서 서방이 앞선다고 추산했다. 징집 가능 인구에서도 두 진영의 병력은 250만 명 정도로 비슷했으며, 소련 진영의 추산치에는 장비를 제대로 갖추지 못한 마오쩌둥의 농민군 1000만 명이 포함됐다. 국민총생산GNP에서 서방은 4410억 달러였고 소련 진영은 1190억 달러였으며, 석유 생산은 서방이 10배 이상, 기계 생산은 2배 이상 많았다. 서방은 철강·석탄·알루미늄 생산에서 압도적으로 우세했다. 후속 연구는 이런 추산이 대부분 소련 진영의 역량을 터무니없이 부풀렸음을 보여주었다.[60]

애치슨과 니츠는 이런 차이를 부인하지 않았다. 그 대신 그들은 소련이 격차를 빠르게 좁혀가고 있으며 미국의 취약점이 곧 드러날 것이라고 주장했다. 1953년 또는 1954년에 애치슨은 "군사력이 균형을 이룸에 따라 소련은 적대적 수단을 사용하거나 그런 수단을 이용하겠노라고 위협할 수도 있다"고 판단했다.[61]

국가안보회의 문서 68은, 애치슨이 대체로 대중을 그렇게 봤던 것처럼, 소련을 감정에 치우쳐 바라봤으며 반격 세력이 선호한 악마 같은 이미지를 소련에 부여했다. 그 문서에서는 소련 국민을 새로운 용어로 표현했다. 즉 "전체주의의 국민"이라는 것이었다. 이것은 그저 그 문서에서 상정한 막대한 방위비 지출을 승인하도록 관료와 의원들을 협박하려고 고안된 것이라는 주장도 있었다. 그럴 수도 있지만 그 이미지는 새로운 것이 아니었다. 2년 전 조지 케넌의 정책기획실은 중요한 문서를 하나 만들어냈는데, 그 문서는 공산주의자를 "[자기] 종의 자연스러운 돌연변이"로 발생한 변종으로서 "선천적인 오열분자五列分子"로 이어진다고 묘사했다. 소련의 정치과정은 "기이하고 이해하기 어려우며" "극단적인 소수의 음모가들"이 운영한다고 봤다. 세계는 소련 안팎의 공산주의자가 자신들의 세계관을 완전히 바꿀 때까지는 평화로워질 수 없었다.[62] 이런 식의 병적인 오리엔탈리즘과 인간성을 무시한 서술은 국가안보회의 문서 68이 악마 같은 이미지를 이용하는 데 개의치 않았음을 보여준다.

결론

이 장은 공산주의에 반격하려는 계획이 극우 세력의 독점적 영역은 아니었다는 가정에서 서술됐다. 그보다는 1947년 봉쇄가 성립되고부터 1950년 가을 반격이 붕괴될 때까지 중도파 지도자들은 봉쇄를 자신들의 출발점으로 간주했지만, 방어 전략이 자신들이 인식한 공산주의의 위협에 대항하는 데 충분한가에 대해서는 견해가 엇갈렸다. 그들은 동아시아에서 반격을 시행할 수 있는지, 만약 그렇다면 그것이 일본이나 중국 국민당에 이로울지 여부에 대해서도 의견이 달랐다.

국가안보회의 문서 48과 68은 애치슨적 관점을 대표했는가, 아니면 애치슨의 대안—소극적 봉쇄 대신 주도권을 잡는 적극적 행동—을 발굴하려는 것이었는가? 애치슨은 국가안보회의 문서 68의 전체적 윤곽을 만들었으며, 반대 의견이 있었고 해리 트루먼의 서명이 없었는데도—그는 그렇게 생각했다—1950년 4월 최종 승인을 받았다.[63] 그러므로 그는 봉쇄와 반격을 결합시키는 방향으로 나아가는 것을 지지했다고 결론 내릴 수 있다. 그는 반공주의자이자 개입주의자였고, 다원주의와 국제협력주의의 외피를 둘렀지만 1947년 이후 그의 견해는 미국의 목표를 일방적으로 주장하는 것이었다. 그의 큰 관심사는 언제나 미국의 번영, 더 나아가 전 세계를 보살피는 세계경제의 번영이었다. 문제는 어떻게 해야 가장 많은 사람에게 봉사하도록 권력을 사용할 수 있는가였다. 중도파 반격론자와 그의 차이점은 주로 전술적 차이였다. 앞 시대의 저명한 미국인들과 마찬가지로 그는 적이 주도권을 쥐도록 하는 것이 낫다고 생각했다. 미국은 공격자 역할을 하는 데 서툴다는 것을 그는 알고 있었다.

이 시기 동안 위기감이 미국의 주요 인물들을 사로잡으면서 조지 케넌 같은 냉철하고 신중한 반공주의자들은 권력의 중심에서 그림자의 가장자리로 옮겨갔다. 1945년의 이상적 희망은 몇 년이라는 짧은 시간 안에 종말론의 공포에 밀려났다. 이 장을 마무리하면서 한국전쟁 1년 전 정책기획실에서 나눈 다음의 대화를 소개함으로써 그런 측면을 묘사하려고 한다. 코카콜라의 회장 로버트 우드러프는 미국이 자신이 지키는 명분을 수정할 필요가 있을지도 모른다고 생각했다. "세계사를 보면 가장 힘센 나라들은 늘 세계를 분할했고, 그것의 옳고 그름을 사람들에게 묻지 않았습니다. 그러는 과정에서 여기에 적합한 새로운 이름을 붙이는 것이 좋지 않았을까요? 선의의 제국주의라는 이름은 어떻습니까?" 월터 베델 스미스는 미국이 "어떤 종류의 군사적 주도권"을 "확립할" 수 있는가에 관심을 기울였다. 그러나 그는 우드러프의 질문은 너무 이르며, 미국은 우선 "소련과 전쟁을 치를 것인가, 말 것인가?"하는 문제에 대답해야 한다고 생각했다. 그러자 우드러프는 목소리를 높여 좀더 중요한 질문을 던졌다. "우리가 그것을 유도할까요, 아니면 그들이 그럴까요?"[64]

2부

한국

6장

남한의 체제

세계라는 평화로운 정원이 자본주의의 차가운 바람 때문에 어떻게 황폐해졌는지 그리고 공산주의의 태풍 때문에 어떻게 파괴됐는지 상상해보라. (…) 우리 3000만 민족은 하나의 원리 아래 뭉치자. 우리는 여러 이민족이 섞인 민족이 아니라 단일 민족이다. (…) 지금 우리 민족의 지상명령과 신성한 의무는 일어나 외세가 세운 38선의 장벽을 우리 손으로 무너뜨려 분단된 영토를 통일하고 갈라진 민족을 하나로 뭉치게 하는 것이다.

_안호상

남한의 정치체제는 해방 후 첫 몇 달 사이에 출범했으며 1960년대까지 실질적으로 변화하지 않았다. 미군정의 지원 아래 한국인은 일제가 식민 국가를 점령하고 그 하부까지 광범위하게 침투시킨 식민 기구를 그대로 이용했으며, 그에 따라 일본에 협력했다는 오점을 지닌 전통적인 지주 지배층의 권력과 특권을 그대로 유지했다. 이런 부활과 그에 따른 반응을 감당한, 믿을 수 있고 효율적인 하나의 조직은 경찰이었다. 정당으로 발전할 가능성을 지닌 또 하나의 단체는 한민당이었는데, 대중적 지지 기반을 조직했기 때문이 아니라 지배층을 규합하고 국가의 요직을 차지했기 때문이다. 이 체제에 실제로 반대한 것은 대부분 좌익이었다. 1945~1946년 조선인민공화국과 인민위원회, 1947년 남조선노동당과 여러 대중 조직, 특히 전평全評이 있었다. 그리고 가장 중요한 것은 1945~1950년에 전개된 대중의 저항인데, 이는 조직화되지 않은 농민운동과 조직화된 노조활동을 결합시켰으며 최종적으로는 1948~1950년의 무장투쟁으로 이어졌다.

당시 남한의 근본적 갈등은 강력하고 실효성 있는 통치력을 장악한 지배층—식민지 기간에 사회에서 매우 자발적이었다—과 자신들이 기대고 있는 세력에 대한 지배력이 전자보다 확고하지 않은 좌익 및 공산주의 지도자들 사이의 대립이었다. 후자의 지지 기반은 다루기 어렵고 고통받는 대중이었다. 일본 제국주의에 의해 또 그것의 붕괴로 인해 삶의 기반이 심각하게 무너진 이들은 보수 세력의 권력 행사에 강력히 저항했다.

물론 이것은 모두 1권의 주요 주제였으므로 여기서 다시 자세히 설명할 필요는 없다. 우리가 살펴본 1946년의 체제가 이후 몇 년 동안 갑자기 바뀐 것 같지는 않다. 대신 기본 구조가 확고히 자리 잡았다고 여겨진다. 그렇더라도 당시의 현실을 기록한 1947년과 1948년 미국의 내부 보고서를 검토하는 것은 흥미롭다. 이를테면 앨버트 브라운 소장은 남한 체제를 다음과 같이 묘사했다.

> 지금 남한에서 가장 강력한 집단은 우익 세력이다. 그들의 힘은 그들이 한국의 부wealth 대부분을 지배하고 있다는 사실에서 연유한다. 그들은 경찰은 물론 군정 사령부와 현장 모두에서 전략적 지위를 차지하고 있다. 실질적으로 그들은 한국의 통치 정책을 결정하는 권력을 지니고 있다.[1]

CIA의 분석은 좀더 직설적이었다. 남한 정치는 "우익과 좌익 인민위원회 잔존 세력의 대립 아래 놓였으며" 후자는 미국의 승인을 집요하게 요구하고 있었다―CIA가 그들을 승인하더라도 물론 미국은 결코 승인하지 않을 것이었다. "1945년 8월 한국 전역에서 인민위원회 설립의 형태로 나타난 풀뿌리 독립운동"은 일본에 저항한 것을 자신들의 통치 권리의 근거로 삼은 "공산주의자들"이 이끌었다고 미국은 판단했다.

CIA는 "한국인 가운데 자본주의를 명확히 지지하는 사람"이 없다며 탄식했는데, 이런 정보의 폭로는 미국(주로 동아시아 연구 분야)에는 소수의 그릇된 유교주의자가 있을 뿐이라는 한국 주재 CIA의 결론과 견줘질 만큼 엉뚱했다. CIA는 기업가적 자본주의자 대신 반半 봉건적 지주층이 모든 것을 지배하려 한다(다시 말해 자본주의를 촉진하기보다는 저해한다)고 덧붙였다.

> 우익 지도층은 (…) 소수지만 그 나라의 재산과 교육을 사실상 독점하고 있

다. 그들은 일본인의 귀속 자산[곧 식민 자본]을 균등하게 분배하면 일부에게 집중된 한국인의 재산을 몰수하는 선례가 될 것을 우려해 좌익과 근본적으로 대립하고 있다. 이 계급은 일제 치하에서 최소한의 "협력"을 하지 않고는 특혜적 지위를 얻고 유지할 수 없었기에 정부에 들어갈 만한 후보를 찾는 데 어려움을 겪었고, 그 때문에 이승만·김구처럼 해외에서 활동한 정치가를 지지할 수밖에 없었다. 이런 정치가들은 친일의 오명은 없지만 기본적으로 독재적 지배를 지향하는 선동가였다.

이처럼 "극우 세력은 소요를 잔인하고 가혹하게 진압"해온 경찰 기구를 주로 이용해 "미국의 지배 영역에서 공식적 정치 구조를 지배하고 있다". CIA는 이어서 말했다.

경찰이 자신의 필요에 따라 우익과 연합한 것은 경찰이 좌익의 활동을 완전히 진압하려는 목적으로 우익 청년단체와 협력한 데서 잘 나타났다. 이런 협력관계가 형성되면서 좌익은 지하조직의 형태로 활동할 수밖에 없었는데, 그들은 의회에서 우익과 경쟁하기를 몹시 바랐지만 그럴 가능성은 사실상 사라졌기 때문이다.

남조선노동당과 그 밖의 좌익 대중조직에 가입하는 것은 미군정 치하에서 겉으로는 합법적이었지만 "경찰은 대체로 공산주의자를 체포해 투옥했으며, 사소한 도발을 일으켜도 때로는 사살하는 것이 마땅한 반항자와 반역자로 간주했다". 남한 관료 조직의 구조는 "사실상 옛 일본의 기구였다". E. H. 노먼이 전전 일본에서 암흑적 반동 세력의 거점이라고 부른 내무부는 남한에서 "사실상 국민 생활의 모든 국면을 고도로 통제했다". 이승만 다음으로 강력한 권력을 행사하고 있다고 여겨진 경무부장 조병옥의 중요한 후원을 받은 한국민주당은 "경찰과 지방 행정조직의 각층에 기반을 구축했다"(조병옥이 "좌익에 대해 경찰력을 가혹하게 행사하기 때문에" 그를 싫어한 미국인도 있었지만 대부분 그를 유능하고 지식을 겸비한 관료로 봤다).

당시 의회를 대신한 기구였던 남조선과도입법의원南朝鮮過渡立法議院과 관련해서는 "이승만이 세운 방침"에 따라 마치 점령군이 존재하지 않는 듯 "미국과 소련 점령군 양쪽 모두를 공개적으로 반대하면서 한국[전체]의 의회"로 활동한다고 판단했다. 그 밖의 여러 비슷한 보고서와 마찬가지로 CIA는 미국이 1945년 9월 도착한 이래 사태 진전에 아무 잘못도 없는 방관자처럼 보이고 있다고 분석했다.[2]

앨버트 웨더마이어 장군은 1947년 후반 한국을 시찰하면서 상당히 비슷한 증언을 제출했다. 그는 한국민주당이 "과도정부 행정 관료의 대다수를 실제로 차지하거나 암묵적 지원을 받고 있다"고 썼다. 한민당은 "지주층"의 정당으로 서남부 "최대 지주 가운데 한 명"인 김성수와 장덕수가 이끌었다. 장덕수는 일제에 "적극 협력"한 경력 때문에 공개적으로 활동하는 데 약간 제약이 있긴 했지만 김성수의 떼놓을 수 없는 동료이자 한민당의 "대표적 지식인"이었다. 그러나 정당으로서 한민당은 문제가 많았다. 웨더마이어는 한국인들과 대화하면서 "한민당은 주요 도시를 제외하고는 지방에 조직이 없었다"고 지적하면서, 공산주의자는 아니지만 친일 협력자를 싫어하기 때문에 좌익을 지지하는 사람이 많다고 밝혔다. 저명한 학자 정인보는 공산주의자가 대중의 호응을 받는 것은 북한의 음모 때문이 아니라 그들이 항일 애국 활동을 했다는 기억이 남아 있기 때문이라고 웨더마이어에게 말했다. "우리나라에서 공산주의는 민족주의의 거름을 먹고 자라왔다." 나아가 정인보는 수십 년 동안 "우리와 인접한 소련만이 일본에 대한 우리의 증오를 공유했다"고 정확히 관찰했다.

반공주의 작가 강용흘은 웨더마이어에게 보낸 편지에서 "한국은 세계 최악의 경찰국가 가운데 하나"라고 썼다. 한국에서 일어나는 대립은 "배부른 소수의 지주와 굶주리고 토지 없는 사람들 사이의 투쟁입니다. 그 소수는 오늘날 [한민당을] 지배하고 있으며 민중은 이런 오래된 부정을 바로잡으려고 합니다"라고 썼다. 이승만은 유엔의 승인을 얻은 뒤 "북한에서 소련을 축출"하려 할 것이라고 강용흘은 예측했다. 그 밖의 몇몇 저명한 한국인은 교착상태에 빠진 한국 정치는 필연적으로 내전으로 이어질 것이라고 웨더마이어에게 말했다.

경찰의 미국인 고문 데이비드 페이는 "국가경찰이라는 정의定義는 경찰국가라는 의미와 동일하다"고 웨더마이어에게 말했다. 경찰은 대부분 미국의 영향력에서 벗어나 있다고 그는 생각했다. 그가 맡은 도의 한 신임 한국인 경찰서장은 몇 주 전 부임했지만 "경찰 운영에 대한 어떤 문제도 미군정과 논의하거나 보고하지 않았다". 사법부 고위 관료가 웨더마이어에게 보고한 한 통계에 따르면, 전시인 1944년 한국 전체의 범죄 사건은 5만2455건인데 비해 1946년 남한 사법부에 넘겨진 범죄 사건은 6만3777건이었다. 남한의 감옥에는 1945년 6월 1만6587명의 수감자가 있었지만 1947년 7월에는 1만7363명이 수감돼 있었다. 사법적 절차를 거친 사안은 물론 대부분 정치 사건이었다.[3]

오랫동안 한국을 관찰해온 예일대학의 인류학자 코닐리어스 오스굿은 1947년 한국의 상황을 육군성 차관 윌리엄 드레이퍼에게 이해시키려고 여러 비슷한 사례를 들었다. 그는 좌익과 공산주의자를 감싸고 있는 애국의 분위기와 미군정이 표명한 목적과 소련이 북한에서 추진하고 있는 토지 제도·노동 조건의 개혁 사이의 유사성 그리고 "반감을 사고 있는 집단이 (…) 조선왕조의 정치가들과 동일한 계급적 사욕에서 미군정을 이용하고 있는" 방법을 설명했다—그들은 "일제에 복종하면서 더 교활해졌다". 대부분의 한국인, 특히 농촌 거주자는 거의 미국인을 만나보지 못했으며 지방의 유력인사 정도만 만났을 뿐이다(일제 치하의 유력 인사와 동일한 인물인 경우가 많았다). 통일은 한국인이 가장 관심을 갖는 문제였고, 그들은 분단 정책을 결코 지지하지 않았다고 그는 지적했다. 미국이 추진할 수 있는 유일한 노선은 일제에 봉사한 경찰을 즉시 축출하고 토지개혁을 실시하며 "강력한 지지를 받는 '중도' 정치로 나아가는 것"이라고 오스굿은 주장했다.[4]

비교적 객관적인 외국인 관찰자들은 남한 체제에 곧잘 혐오감을 드러냈다. 1949년 호주인의 긴급보고서에는 이승만 정권의 권위가 "경찰국가 기구에 의존하고 있다"고 지적했다. 정권의 관료를 제외하고는 아무도 그것이 "대중적 지지 기반을 확대하고 있다"고 생각하지 않았다. 농촌 선교사들은 경찰의 억압적 활동을 보고했고, 교원들은 "대학 내에서 형사와 스파이가 활동하고 있다고 말했다". 보고서에는 경찰이 일본 헌병대와 비슷하다고 적혀 있었다. 영국인 관찰자들은 선거 몇 달 전인 1948년 2월 남한의 거의 모든 경찰서에 이승만 사진이 붙어 있다고 지적했다. 대부분의 경찰이 일제에 협력했기 때문에 민중의 보복으로부터 보호받기 위해 이승만이 필요했다. 또한 이승만 세력도 "경찰만이 선거의 방향을 결정하고 이승만을 계속 권력에 머무르도록 할 수 있기 때문에" 경찰을 필요로 했다.[5]

남한 체제의 본질에 대한 증거는 더 제시할 수 있지만, 명백한 사실을 지루하게 보여줄 필요는 없을 것이다. 더 흥미로운 것은 미국이 보인 태도의 여러 층위라고 생각되는데, 그 층위는 그 체제를 냉소적으로 지지하는 것부터 시작해 달갑잖은 자식을 냉정하게 거부하는 아버지 같은 태도와 미국이 허용하는 정치적 범위를 결코 넘어서지 않는 개혁의 요구—그레이엄 그린의 『조용한 미국인Quiet American』에 나오는 내용처럼 거의 존재하지 않는 중도파를 강화하는—에까지 걸쳐 있었다. 미국 사회에서 방법론을 중시하는 중도파가 지닌 위상은 한국에서는 비현실적이고 허약해 보였으며 친공산적이라는 비난을 받았다. 짖지 않는 개처럼 조용히 있는 것은 미국이 한국 사회의 철저한 혁신을 지지한다는 표시가 되기도 했다. 냉정한 사실은 미국의 고위 정책이 어떤 종류의 위험한 혁명적 체제보다 남한의 경찰국가를 훨씬 더 선호했다는 것이다. 달리 말하면 이승만 정권의 탄압은 한국과 미국의 합작품이었다.[6]

미국 당국자들은 앞에서는 남한 정권을 칭찬하고 뒤에서는 비판했지만, 현실을 잘못 이해하고 있었다. 남한은 경찰국가였고, 경찰은 소수의 지주계급을 대변하는 기구였다. 하지만 실제로는 그 이상이었으며, 그렇지 않았다면 1950년 6월까지 살아남지 못했을 것이다. 지주계급에는 어리석은 반동 세력도 있었고 활기찬 자본가도 있었다. 한국 자본주의는 확실한 지지자를 확보하지 못했을진 몰라도 인상적인 전문가들을 두었으며, 그 가운데 가장 강력한 세력은 김성수 일파였다. 그들은 전망을 가진 기업가가 아니라서 중요한 기회를 찾고 있었다. 그동안 그런 기회는 식민지 정부였고, 그들은 이

정부와 긴밀히 협력한 결과 한국 최초의 재벌이 됐다.[7]

한국인과 마찬가지로 미국인들은 이런 식의 자본주의를 존중하거나 합법적으로 여기지 않았으며, 국가에 순종하는 기업에서는 장점을 찾을 수 없었다. 그러나 그것은 한국 경제의 활력의 원천이었고, 일본 제국주의가 옮겨놓은 이런 국가 주도의 자본주의는 인도네시아의 네덜란드나 앙골라의 포르투갈처럼 정체된 자본주의와는 달랐다. 국가 주도의 자본주의는 1960년대 경제성장의 토대를 놓았다. 그러나 그것은 미국의 스탠더드 오일 트러스트와 마찬가지로 자본주의의 교과서적 설명과는 맞지 않았다.

한국 우익의 경제적 역량을 낮게 평가하는 게 잘못인 것과 마찬가지로 그들의 정치적 역량을 오해하는 것도 잘못이다. 제임스 팔레가 보여준 대로 양반(귀족)과 지주계급은 자신들의 지위를 유지한다는 장기적 목적에서 최소한의 변화와 수정을 도모했지만 외부의 도전에 맞닥뜨리면 대단히 약하고 무너지기 쉬웠다는 것이 몇 세기 전부터 계속된 한국 정치의 흥미로운 특징이다. 조선왕조는 500년 동안 존속했으며, 근대 세계 체제의 맹공을 받고서야 무너졌다. 그러나 당시 조선은 오랜 지속 기간에 비해 너무 빠르고 갑작스럽게 전복됐다. 1392년의 조선인이 1865년의 변화를 목격했을 때 받는 충격은 1865년의 조선인이 1940년의 상황을 목격하고 받는 충격보다 적었을 것이다. 비교의 관점에서 살펴보면, 한국은 내부의 강력함과 외부의 허약함, 내재적 안정과 외인적外因的 변화가 동시에 나타난 주목할 만한 사례다.

동일한 양상은 전후 시기를 특징지었다. 1950년 남한 체제는 특히 경제발전의 기미가 나타나면서 관찰자들에게 상대적으로 안정돼 있다는 인상을 줬다. 그러나 급소를 정확히 겨냥한 1950년의 군사 공격으로 그 정권은 하룻밤 사이에 무너졌다. 1970년대 후반 여러 전문가는 한국의 뛰어난 경제적 성공과 정치적 안정을 높이 평가하면서 제2의 일본이라고 비유하기도 했다. 그러나 암살자의 총탄이 광주를 비롯한 여러 지역의 민중 봉기와 맞물리면서 남한 체제는 일시적으로 붕괴했다. 이런 정치 형태를 좀더 잘 알수록 외형에는 무게를 두지 않게 된다. 강한 외면은 약한 내면을 감추고 있다―카드로 만든 엉성한 집을 권력의 견고한 피라미드로 가장하고 있는 것이다.

그러나 카드로 만든 집은 강력한 접착제로 붙이면 지탱할 수 있다. 접착제 역할을 하는 요소는 대부분 권력의 상층부에 있다. 그것은 정통성을 주장하는 서울의 중앙정부와 그곳의 주요 관료들이다. 붕괴가 시작되는 것은 이것이 잘려나갈 때뿐이었다. 한국의 상부 구조—국가·문화·이념—는 놀라울 정도로 완강했다. 역동적인 사회·경제적 힘의 도전을 받지 않는다면 강력한 지속력을 지녔다. 그 고인 물과 같은 체제는 상명하달이라는 전통적 이념의 지배력, 좋은 생각에서 좋은 것들이 생겨난다는 철학, 사상은 체제의 정점에서 나타난다는 고정관념에 기초하고 있다. 기성 체제를 옹호하는 세력이 바라는 정치는 궁극적으로 잘 운영되는 가족이라는 모범에서 연유한 위계질서와 윤리에 토대를 두고 있으며, 민족과 국가와 가정이 같은 것을 의미하는 동질적 인간 집단이 그런 정치에 타당하며 적합하다고 생각한다. 한국의 모든 통치자는 자신이 지배하는 영역의 모든 사람에게 올바른 생각을 심어주고, 균일한 사고방식을 강요해 하나의 정신 상태에 이르게 함으로써, 논리와 주장에 영향받지 않게 만드는 것을 목표로 삼았다. 이것이 안정적 통치의 본질이자 이상으로 받아들여졌다. 외교정책은 은둔의 왕국이라는 형태를 띠었는데, 붕괴를 촉발하거나 이교異敎를 발전시킬 만한 외부 충격을 제어하고 물리치려는 배타주의였다. 그러나 한국인은 똑같이 생각하고 행동한다는 패러다임은 전혀 현실에 맞지 않는다. 더욱이 전후 남한에서는 개인 중심의 욕망 쟁탈전이 사회 전체를 원자화한다고 몇몇 관찰자가 잘못된 주장을 하게 할 만큼, 이 패러다임은 현실과 너무 동떨어져 있다. 그러나 그런 현상은 20세기 다른 대부분의 사회보다 한국에서 좀더 뚜렷이 나타났다.

이것은 "문화론"이 아니다. 한국 정치 문화의 유형은 대단히 지속적이지만, 독특한 동질성과 오랜 기간의 쇄국 그리고 몇 세기에 걸친 생산양식의 상대적 안정성에서 대부분 발원했다. 이것은 여러 용매溶媒, 어쩌면 20세기 사회주의라는 용매까지 변질시킬 수 있을지도 모른다. 그러나 그것은 근대의 궁극적 용매인 산업자본주의를 변질시킬 순 없었다. 널리 지적되듯, 결국 옛 조선을 변형시키기 시작한—완성한 것은 아니지만—것은 세계시장 체제가 한국의 영토에 침입한 것이었다. 이후 남한은 강력하고 완전히 새로운 경제적 동력과 사회적 구조가 가져온 끊임없는 변화를 거치면서 한반도에서 가장 역동적이고 혁명적인 지역이 됐다. 그 체제는 생긴 지 얼마 되지 않았기 때문에 매우 강력했고, 자본주의의 물질적·사회적 구조는 아직 새롭고 활기찬 동시에 약했다. 이런 역학은 앞으로 문화적 구조를 침식하고 궁극적으로 변형시킬 것이다.

이상의 서술은 자유주의와 대립되는 유기적 정치를 개략적으로 설명한 것이다. 인간이 자신을 가족·집단·사회에 의탁하거나 정신 상태를 공유해 위로받거나 만족을 느끼는 것을 상상하지 못하는 서양의 개인주의자에게 한국인의 단일한 이상, 특히 북한에서 김일성을 신격화하는 것은 역겨울 수도 있다. 초기 서양인 방문자들이 조선왕조를 보고 생각했던 것처럼 그것은 병적인 것으로 보이는 게 당연하다. 자신의 가설을 성찰해보지 않은 자유주의자들에게는, 그들의 자유주의 역시 하나의 정신 상태이며 그들 자신도 그것을 성찰할 수 없기 때문에, 이런 담론은 모두 낯설 것이다.[8] 그러나 한국 정치의 유형을 이해하고자 한다면 다른 문화를 해명하는 것이 중요하며 자국 중심주의를 방치하는 것은 아무 도움이 되지 않는다.

이런 주장의 가장 좋은 증거는 1940년대 후반 남한이 제시한 증언일 것이다. 대중을 조직하는 데 성공한 정치 지도자들은 북한과 동일한 힘의 근원에 의지했다. 그것은 내부에서 단결하고 외부의 침입에 저항하자는 호소였고, 다른 모든 것에 맞서 한국의 본질을 주장하는 것이었다. 혁명이라는 관념을 빼면, 그들의 이상은 김일성의 이념과 비슷했다—그것은 자신의 지도력 아래 온 나라를 뭉치게 하는 방법이었다. 여기서 말하는 것은 한국민주당 지도자들이 아니다. 그들은 생산수단과 국가를 지배하고 있었으므로 침묵을 지키고 뒤로 물러나 있는 것이 이로웠다. 여기서 이야기하는 것은 주로 이범석 같은 우익 대중조직의 지도자인데, 그는 한민당에 협력했을 가능성이 있지만 그들에 대해 어느 정도 자율성을 지녔다.

지금까지 남한 정치의 연속성을 분석해봤다. 그러나 1947년 이후 그 체제를 강화하는 중요한 변화가 일어났다. 우익의 대중 정치가 발달한 것이다. 그것은 수많은 청년 단체, 노동계급에서 새로 일어난 조합주의적 조직 그리고 파시스트라고 할 수 있을 만큼 반反자유주의적인 일련의 정치 이념을 기반으로 발전했으며, 소수의 중도파 정치가의 미지근한 친미적 자유주의보다 훨씬 더 강력했다. 1947년 후반 존 R. 하지 장군은 한국을 방문한 하원의원 몇 사람에게 자신이 한국에서 맞닥뜨린 난제를 솔직하게 털어놓았다.

> 공산주의와 싸우려 할 때마다 파시즘이 우세해질 것을 늘 우려하고 있습니다. 우리가 마주친 정치 상황은 매우 어렵습니다. 히틀러는 공산주의와 싸우기 위해 독일을 강력하게 만들었지만 나치즘으로 빠지고 말았습니다. 스페인도 마찬가지입니다. 반면 공산주의자—다시 말해 공산주의—가 강화되면 민주주의는 무너지고 나라는 공산화되고 맙니다. 그렇다면 어떻게 해야 좋겠습니까? 이런 혼란 속에서 도대체 어떻게 정치적으로 중도파가 될 수 있단 말입니까? 논의해보고 싶습니다. 저는 해답을 모르겠습니다. 알려주십시오.[9]

로크의 철학을 따르는 미국인은 자신이 좋아하는 것("정치적 중도")과 싫어하는 것("공산주의와 파시즘")을 알지만, 그 세 경향이 어디서 생겨났는지는 알지 못한다. 역사를 고려하지 않는 건망증은 자기성찰을 선천적으로 혐오하는 성향과 결부된다. 따라서 루이스 하츠가 꾸준히 탐구한 상대성의 통찰이나 철학은 얻을 수 없다. 전형적인 미국인인 하지는 미국이라는 파편화된 환경에서 유럽적 정치 용어의 영향을 받았기 때문에 자유주의에서 벗어난 정치를 좌익과 우익의 대립이라는 병리적 현상, 즉 정상적 궤도를 벗어난 두 진영과 친숙한 하나의 진영인 중도라는 관점에서 이해했다. 이런 개념적 문제에 집착해 한국을 보면 이승만은 히틀러가, 김구는 알 카포네가, 김규식은 헨리 월리스가, 김일성은 작은 스탈린이 된다. 그리고 하지가 추구한 선善, 즉 찾기 어려운 중도파는 지평선 아래로 사라지는데, 이것은 그가 한국이 가야 할 길은 무엇인지, 어떤 것이 중도인지 생각해본 적이 없기 때문이다. 김일성과 이범석은 김규식보다 한국의 중도에 훨씬 더 가까웠기 때문에 대중의 지지를 얻었던 것이다. 이승만은 히틀러보다는 고종과 비슷했기 때문에 한국의 보수적 정치를 다루는 방법을 알았던 것이다.

자유주의적 미국인에게 이승만 체제는 나치즘처럼 보였지만, 비교할 만한 유럽의 용어를 사용해 분류하면 그것은 프랑코의 스페인이나 살라자르●의 포르투갈과 더 비슷했다(가톨릭교회라는 매개체는 고려하지 않는다). 즉 이승만 체제는 산만한 권위주의였고, 완전한 통치를 바랐지만 그러지 못했으며, 나치의 악마 같은 힘은 없었다. 후안 린츠가 이베리아반도에서 유래했다고 지적한 파시즘의 특징은 이승만의 한국에 잘 들어맞는다. 이것은 어느 쪽에 찬성하는가보다 어느 쪽에 반대하는가를 더 잘 아는 부정否定의 이념이라는 특징을 갖고 있으며, 좌익에 대한 극심한 두려움에서 생겨났다. 반反노동자·반反자본가라는 성격을 부분적으로 가진 반反자유주의이며, 자본주의를 거의 존중하지 않았다. 계급 분열을 극복하기 위해 고안된 이익의 집약과 대변代辯을 위한 협동 체제였으며, 준準군사조직과 활동가들에게 의존했다. 민족과 국가의 권위를 찬양하고, 이론과 정치 운영 방법에서 의지意志를 중시했으며, 보수파가 대체로 경멸한 풀뿌리 조직에 관심을 보였다. 그동안 피해를 입은 피지배층에게 사회적 상승과 권력 획득의 기회를 개방하고 야당의 존재 기반을 박탈하는 단일한 대중정당이 존재했다. 린츠는 2차 집단이 약한 나라에서는 "비교적 폭넓은 참정권"을 도입한 결과 일종의 파시즘이 생겨나며, 그런 나라들의 특징은 "귀족과 특히 자본가 지주에게 경제적으로 의존하는 대규모 농촌 인구가 있고, 사회의 문맹률이 높으며, 중앙집권화된 나폴레옹 유형의 관료 국가가 지방 정부를 중앙 정부와 지방행정 책임자의 결정에 의존하도록 만드는 것"이라고 추론했다.[10]

남한에는 단일한 대중정당이 없었고, 지주는 린츠가 사용한 의미에 따르면 귀족이자 자본가였지만, 실상 귀족과 자본가의 중간적 존재였으며 변화하는 과정에 있었다. 그러나 린츠가 지적한 다른 특징의 대부분은 1947년 이후의 남한과 합치된다. 또한 남한에는 1920년대 이탈리아의 파시스트 행동대 조직 스콰드리스모squadrismo와 1930년대 프랑코 치하의 스페인에서

● Antonio de Oliveira Salazar(1889~1970). 포르투갈의 총리(1932~1968)로 오래 재임하면서 독재정치를 했다.

나타난 농촌 파시즘을 연상시키는 모습이 있었다. 한국전쟁이라는 격변을 겪은 뒤 점차 안정을 되찾으면서 대한민국은 내전 이후의 스페인과 더 비슷해졌다. 그것은 정치체제의 중대한 위기를 해결한 뒤에 나타난 산만한 권위주의였다—더 이상 시가전이 필요 없고 적극적인 지지 대신 묵인에 만족하는 우익의 일상적 정치였다.

그러나 여전히 유럽의 범주로 한국의 현실을 다 포착할 수는 없다. 남한의 "파시즘"은 북한의 "공산주의"와 매우 비슷했으며 중국의 검증을 거친 서구의 이념을 비서구적 맥락에 적용한 것이었다. 이승만과 이범석은 장제스의 경험을 자신들의 우익 정치의 가장 가까운 모범으로 삼았고, 이승만은 국민당 체제와 장제스가 신구 이념을 혼합한 것을 본받아 막연히 이해한 유럽 파시스트 정치 방식을 동양의 전통과 유교에 여과濾過시켰다. 그 결과 나타난 것은 한국화한 파시즘이 아닌 파시즘화한 한국 정치였다. 지금부터 신흥 청년 단체, 조합을 결성한 노동 그리고 바닥부터 끓어오른 사상으로 만들어진 우익의 요리를 시식해보자.

청년 단체의 대두

1946년 가을 봉기는 남한 체제를 충격적으로 공격해 특권층과 권력자들의 마음에 두려움을 불러일으켰다. 봉기가 가라앉자 우익은 가두 정치를 조직하고 맞불을 놓을 대중조직을 꾸리는 노력을 다양하게 전개하기 시작했다. 남한의 청년 단체는 자연적으로 발생했지만 강력한 정치조직이었으며, 당파적이고 정치적으로 무능하다는 한국 정치에 대한 고정관념과는 어긋났다. 우수한 학생은 물론 실업자들과 남한 사회의 주변에서 떠돌던 부류도 참여했지만, 그 조직의 대부분은 북한에서 피란 온 젊은이였다. 도시에서 청년 단체들은 경찰을 보조하고 파업을 분쇄하거나 야당의 시위를 무너뜨리는 사복 요원으로 활동했다(이것은 지금도 한국 정치의 일반적 특징이다). 농촌에서는 마을의 사회적 양상에 따라 청년 단체들이 유명한 가문을 보호하거나 소수의 부유한 농민 편을 들거나, 마을 전체를 규합해 이웃한 좌익 마을을 공격하거나 유격대나 도적에 맞서 자기 마을을 지켰다.

조금이라도 중요한 위치에 있던 거의 모든 정당에 "청년" 조직이 있었고, 연령은 대략 18~35세였다. 좌익에는 1945년 후반에 결성된 조선청년총동맹이라는 청년 대중조직이 있었다. 우익에서 가장 중요한 단체는 조선민족청년단(족청族靑)·서북청년회·대동大同청년단·광복청년회 그리고 이승만의 대한독촉청년총연맹이었다. 대부분 가을 봉기 이후 결성됐다. 이 가운데 이범석이 이끈 조선민족청년단은 하지가 자금을 지원한 미군정의 공식 기관이었다.[11]

청년 단체를 위에서 조종한 것은 이승만·이범석·조병옥·장택상 같은 가장 유력한 우익 인사들이었다. 조병옥과 장택상이 이끈 경찰은 우익 청년들을 널리 후원하고 그들의 도움을 받았으며, 그들을 보조적 무장 조직으로 활용했다. 청년 단체 사무실은 경찰서 근처에 있는 경우가 많았다(경찰서 안에 있기도 했다). 청년 단체에서 나온 사람들은 경찰서와 군대 등으로 흘러들어갔다. 수도경찰청장 장택상은 적어도 청년 단체 두 곳의 책임자로 있었으며, 이르면 1946년 11월부터 경찰과 청년 단체의 합동작전을 추진했다고 알려져 있다. 1947년 9월 11일의 발언에서 보이듯 청년 단체를 운영할 때 장택상의 역할은 풍자극처럼 보이는 경우가 적지 않았다(G-2는 "적절치 않은" 발언이라고 판단했다). 장택상은 폭력 행위는 정치적인 견해와 상관없이 "단호하게 조처"하겠다고 선언했으며, "지난 두 달 동안 경찰은 몇몇 청년 단체와 정당의 폭력활동을 용인했지만, 동시에 그들의 행동이 불법임을 설명하고, 그들이 자신들의 지난 잘못을 뉘우치기를 바랐다"고 발언했다. 미군정은 "사실상 모든 우익 조직은 본부와 지부를 귀속 재산", 곧 군정청이 관리하는 건물 안에 두고 있다고 기록했다.[12]

1947년 11월 G-2는 수도경찰청에서 각 시·도로 보내는 서신을 입수했는데, 경찰이 서울·대구·대전·광주의 대동청년 단원 200명을 훈련시키고 있다는 내용이었다. 대한민국이 수립된 뒤 경찰과 청년 단체 사이의 관계는 더 이상 감출 필요가 없었다. 이를테면 1948년 12월 수도경찰은 서북청년회원

600명을 훈련시킨 뒤 "경찰복을 입히고 정규 경찰 신분으로" 소요 지역에 파견했다. 1948년 중반 군부는 그보다 많은 청년 단원을 간부로 채용했다. 테러에서 안전한 사람은 아무도 없었다. 1947년 9월 부산지방검찰청 검사보로 미 군정청에서 근무한 정수박은 우익 청년 단원 4명을 폭력 혐의로 기소했다. 정수박은 곧 암살됐지만 이 사건의 살인죄로 재판에 회부된 사람은 아무도 없었다.[13]

당국의 지원을 받은 조선민족청년단은 문제를 일으키는 정치인을 다룰 때 중국으로부터 받은 영향에 일본의 수법을 혼합했다. 이범석은 중국 국민당과 관련된 부분을 제외하고는 열렬한 민족주의자였다. 1899년 경기도에서 태어난 그는 제1차 세계대전 때 중국으로 건너가, 1920년대 초 한·중 국경 지대에서 유격대로 일본과 싸웠다. 1933년 그는 독일을 방문해 군사 관련 지식을 습득했고 이후 독일인·이탈리아인 고문과 함께 국민당에서 활동했다. 1937년 국민혁명군 제51군 참모부에 소속됐으며 1938년에는 항저우杭州에 있는 국민당 중앙훈련단에서 중대장으로 근무했다. 그는 장제스 대원수를 추종하고 숭배하는 인물로 한국에 널리 알려졌다.[14]

장제스와 그의 무도無道한 비밀경찰 책임자 다이리戴笠는 1930년대에 "남의사藍衣社, Blue Shirts Society"라는 청년 단체를 조직했다. 이 단체는 파시스트적 준군사 조직으로, 상징 색으로 청색을 택했다. 황색·흑색·녹색은 다른 단체가 이미 채택했기 때문일 것이다. 이범석은 그 단체와 협력했다. 1947년 독일인과 이탈리아인은 그를 청년운동의 "선구자"라고 평가했고, 국민당은 그에게 청년 단체를 활용한 좋은 경험이 있다고 평가했다. 그는 처음부터 자신의 청년 단체를 "남의사"라고 불렀다. 조선민족청년단이 "독특한 청색 제복"을 입었다고 한 미국인이 자세히 기록한 내용도 있다.[15]

상하이의 미국 당국자는 이범석이 전시에 "다이리를 위해 일했다"고 보고했으며 "상하이와 그 밖의 동부 도시에 사는 모든 한국인을 무차별적으로 박해한" 청년 단체에 관여했다고 판단했다. 다이리는 전략사무국의 중국 책임자인 밀턴 "메리" 마일스 제독의 친구였다. 1945년 8월 상하이의 전략사무국 요원 10명은 짧은 기간 이범석을 서울로 보냈다가 다시 상하이로 불러들였는데, 이유는 명확히 밝혀지지 않았다.[16] 전략사무국이 이범석을 어떻게 생각했든 간에, 1950년 무렵 CIA는 그를 "상상력이 거의 없고 평범한 지성을 지녔으며", 강렬한 개성과 "큰 정치적 야망, 열정적인 민족주의 시각"을 가진 인물이라고 평가했다. 그는 장제스에게서 깊은 영향을 받아 "중국의 전통적 군벌처럼" 생각하고 행동했다. CIA는 그의 미래가 그리 밝지 않다고 생각했는데, 그가 영어를 못한다는 것도 그런 판단의 부분적 근거였다.[17] 그러나 미국인이 가장 싫어한 것은 이범석의 민족주의였다고 생각되는데, 그것은 그를 믿을 수 없다는 의미였기 때문이다.

이범석은 국가와 체제가 가장 중요하다는 "민족지상民族至上, 국가지상國家至上"이라는 중국식 구호를 사용하면서 알려지기 시작했다. 그는 중국에서 그 구호를 들었는데, 원래는 독일에서 온 것으로 생각된다. 히틀러가 그랬듯 그의 마음속에서 국민과 인종은 동일한 의미였다. 차이는 한국에서 인종과 국민은 거의 다르지 않았고, 민족은 둘 모두를 함축하는 경우가 많았다는 것이었다. 그가 1947년에 쓴 책은 그 시대착오적이며 "시대에 뒤떨어진" 점 때문에 흥미롭다. 홀로코스트가 자행된 지 2년이 넘긴 했지만 인종·국민·혈통을 운위하는 것은 아직 지나친 일이었다. 그는 책에서 유대인이 여러 세기에 걸쳐 그 정체성을 지켜왔다고 상찬하기도 했고 "유대인을 배척한 것은 [독일의] 통합에 상당히 효과적이었다"고 쓰기도 했다. 그는 전형적인 조합주의적 방식으로 계급 투쟁, 상층과 하층의 차별은 잊어버리고 한 가족으로 단결하라고 한국인에게 호소했다.

그러나 실제로 그 책은 한국인이 된다는 것은 어떤 의미인지를 서술하고 있다. "한국인이 된다"는 것의 본질적 의미는 시민과 국민이 된다는 것이라고 그는 주장했다. 그는 "주체"라는 단어까지 사용했는데, 한국적인 것이 관련된 경우는 항상 주체적이어야 하고 한국을 늘 가장 중시해야 한다는 뜻이었다. 이것은 한국 민족주의의 기반인데, 고대부터 외부의 위협에 시달린 동질적 집단에게서 예상할 수 있는 의식意識이다. 약탈자로 둘러싸인 나라를 보전할 방법을 생각할 필요가 거의 없었던 미국인은 그런 시각을 잔인하고 자신만 생각하며 대단히 저항적이고 불쾌한 데다 이성을 부정하는 것으로 여겼다. 그러나 그런 견해는 한국에서 많은 지지를 받았으며, 이에 관한 한 좌익과 우익의 의견은 일치했다.[18]

이것이 일종의 파시즘이라면, 이런 주장을 한국의 우익보다 더 많이 수용하는 국가 지도층은 없을 것이다. 파시즘은 아니라고 해도 이런 주장은 자유주의적 사상보다 훨씬 더 많은 동의를 얻었다. 파시스트의 정치 원칙은 일치를 중시하는 것인데, 대부분의 한국인은 분열 때문에 식민지라는 재앙이 닥쳤다고 생각했다. 그리고 파시즘이 경제 분야에서 지향한 자립은 한국의 전통적인 사실이자 이상이었다. 파시즘은 강력한 지도자를 선호했는데, 한국인만큼 지도자를 칭송하고 존경하는 국민은 없는 것 같다(그런 찬사가 대부분 빈말이라고 해도). 파시즘은 민족과 국민을 융합하는데, 한국은 다른 나라들보다 그 두 가지가 거의 완전히 일치한다. 1960년대 서울에서는 『나의 투쟁』한국어판이 여기저기 가판대에 전시됐으며, 중학생들은 20세기 지도자 가운데 가장 존경하는 인물로 곧잘 히틀러를 꼽았다. 이것을 비난할 수도 있지만, 이범석 등은 자유주의자가 할 수 없었던 방식으로 한국인에게 호소했다는 점만큼은 분명하다. 다만 그는 김일성만큼 격렬하게 말하지 않았다. 김일성은 한국이 바라던 것과 상당히 비슷한 발상을 떠올렸고 그 결과 자신의 주체사상을 만들었지만, 가족 같은 형태로 국가를 통합해 계급적 차이를 없애려 한다는 그의 공허한 주장은 사실상 모든 한국인을 동등하게 만들려는 광범한 평등주의적 개혁을 추구한 행위였다.

군정청이 조선민족청년단을 지원한 까닭은 우익보다 언제나 잘 조직된 것처럼 보인 좌익의 위협과 1946년 가을 청년 단체가 급증한 데 있었다. 1년 전 하지는 기존 정책을 어기고 한국군을 창설하기 시작했는데, 그 부분적 이유는 사설 군사 단체의 확산 때문이었다. 청년 단체도 비슷해서 각 단체는 특정 유력자와 동일시됐다. 이에 하지는 다시 국무부의 권고를 어기고 족청을 설립한 것이었다. 하지는 족청이 국방경비대와 함께 남한의 군대를 창설하는 데 추가적 기반이 되기를 바랐다. 또한 그는 족청이 보이스카우트나 경찰 보조 조직 같은 건전한 단체가 되기를 바랐을 것이다. 족청은 1948년 무렵 남한에서 이범석이 이승만 다음가는 강력한 지도자가 되는 수단이 됐다.

처음에 하지는 1946년 10월 9일 조선민족청년단을 발족하는 데 미군정 예산에서 500만 원(약 33만 달러)을 지출하도록 허가했으며, 각 군各郡의 "상류층과 (…) 사업가·상인·전문직 종사자·부농·교사" 등이 추가로 자금을 지원했다. 중국에서 전략사무국 요원으로 활동한 경력을 지닌 어니스트 보스 대령이 미국인 최고 고문으로 부임해 이범석과 함께 족청의 급속한 성장을 주도한 결과 1947년 3월 무렵 족청 단원은 3만 명에 이르렀다. 군정 당국자는 족청의 "우익적 경향"을 지적했지만, 하지는 청년운동이 "견고한 기반 위에" 확립되도록 족청에 모든 공식 지원을 제공했다.[19]

1947년 9월 무렵 족청 단원은 20만 명으로 늘었다. 수원 훈련소를 졸업한 소위부터 대령까지의 사관士官 1명당 175명의 단원이 배속됐다. 그 무렵 군정청은 2000만 원 가까운 금액을 족청에 지원했고, 다양한 육군 장비도 기부했다. 정확히 이때 G-2는 족청이 전라남도의 정치 관련 폭력 사태에 개입했다고 보고했다. 1948년 5월 수원 훈련소를 방문한 미국인 기자는 단원이 80만 명이라고 들었다고 했지만 과장된 숫자인 듯하며, 군정청은 규정된 보조금을 넘어 "수천 달러" 상당의 트럭·침대·막사와 그 밖의 장비를 족청에 기부했다고 지적했다.[20]

족청의 공식 보고서에 따르면 1948년 중반 각 도와 지방의 훈련소는 63개였으며 수원에서 파견된 사관은 2주의 훈련 과정을 거쳤다. 단원은 도시들, 특히 서울의 "대규모 유동 인구"에서 모집했고, 신입 단원을 심사할 때는 "특별히 경계할" 필요가 있었다. 족청은 군대로 확대될 예정이었지만 그런 계획을 위장하기 위해 "해상부"와 "항공부"를 두었다. 1948년 초반 해상부에는 "급진적 좌익 성향"을 띤 사람들이 잠입했을 수도 있다는 우려 때문에 "재심사를 거듭 실시했다". 지방 조직은 면 단위에서는 10명을 1개조로 하고 10개조를 모아 군 단위에서 100명으로 구성된 조직을 이뤘는데, 중국의 보갑제保甲制를 본뜬 방법으로 여겨지며 공산주의자의 세포조직에 대항하려던 것으로 생각된다. 지방 조직은 미군정 민간정보국이 제공한 자료를 가지고 매주 토론회를 열었다. 기업가들은 공장 노동조합의 "파괴적 영향을 약화시키는 데" 족청을 이용했고, 족청 단원은 급진적(좌익) 청년 단체에 "잠입해 이를 무력화"하기도 했다.

족청의 또 다른 임무는 "문제 지역에 잠입하는 것"이었는데, 그 임무에는 "전향한" 좌익이 자주 이용됐다. 이를테면 광주 근처의 급진적인 곳으로 유명한 화순 탄광에는 족청 단원 1500명이 대기하고 있었다. 그들은 (과장이지만) "그 작업장에서 공산주의자를 모두 축출했다"고 주장했다. 그들은 삼척 탄광에서도 비슷한 일을 하려고 했다. 족청은 교육활동도 전개해 1947년 전반 6개월 동안 약 1만3080개의 학습반을 조직했다. 그 활동의 초점은 "공산주의와 그 위협에 대한 모든 사실을" 교육하는 것이었다. 단원들은 정치 활동 외에도 추수를 돕고 도로와 다리를 수리하며 집 없는 피란민을 지원하기도 했다. 미국인 고문 어니스트 보스는 "모든 급진주의에 대항하려는 족청의 지속적 노력은" "강력하지만 조용한 영향을 주어 한국에서 법과 질서를 유지하는 데 유익했다"고 평가했다.[21]

서북청년회

조선민족청년단이 자유주의에는 불쾌하지만 한국 민족주의의 어떤 표준을 상징했다면, 서북청년회는 그저 불쾌하기만 한 존재였다. 단원 대부분의 출신지인 북한 지역에서 이름을 따온 이 단체는 비열하지만 고전적이며 순수하고 단순한 반동적 테러의 전형이었다. 단원은 대부분 북한 혁명으로 토지를 빼앗기고 피란한 난민 가족에서 채용됐는데, 지향하는 바가 완전히 부정적이었던 것은 한국인들을 부끄럽게 했다. 다음 장에서 보겠지만 그 단체는 제주도에서 수천 명을 학살한 주력이었으며, 그런 폭력은 남한의 다른 지역에서도 그다지 규제받지 않았다.

족청과 마찬가지로 서청도 가을 봉기 직후부터 활동을 시작해 1946년 11월 30일에 출범했다. 미군 정보부의 특별 보고서는 "극우 정치인을 지원하는 테러리스트 집단"이라고 이 단체를 규정했다. 서청은 지역적 연고를 기반으로 한 북부 출신자의 몇 가지 단체를 규합해 조직됐다. 처음에 "그 단원

〈사진 1〉 서북청년회의 시위, 1948년 5월 31일

은 모두 북한에서 온 피란민이었으며, 소련과 한국의 공산주의자에게 실제로든 가상으로든 불만을 품고 있었다". 좌익에게 "보복하려는 적대감"에서 그들과 견줄 만한 단체는 없었다. 미군 정보부의 또 다른 자료는 서청을 "우익청년 단체 가운데 가장 극렬하다"고 서술했다. 서청은 "구타와 폭력 그리고 사소한 소요"의 횟수에서 "으뜸"이었다. 서청은 "영향력 있는" 후원자와 경찰의 "암묵적인" 지원을 받았다. 그러나 실제로 그 후원은 그다지 암묵적이지 않았다. 창설 1주년 기념식에서 연단에 초대받은 귀빈에는 이승만·김구, 그리고 경찰 쪽 최고 인사인 조병옥과 장택상이 있었다.[22]

지도자 문봉제는 북한에서 내려온 피란민으로 이승만의 심복이었다. 정치적 암살의 책임 같은 문제에 대한 자료로 그의 발언을 이용하는 학자도 있는데, 그것은 독일 연방의회 의사당에 불을 지른 사람이 누구인지 괴링에게 묻는 것과 비슷하다. 다른 지도자로는 선우기성·임일·김성주·장용필 등이 있었다. 처음에 서청은 주로 38도선 이남에 배치됐는데, 거기서 "그들은 여행자들을 검문하고 북한 공산주의자로 보이는 젊은이를 체포함으로써 경찰을 도왔다". 서청은 북한에서도 지하조직을 운영했으며, 1947년 4월 남한의 모든 주요 도시에 지부를 두었다. 서청은 이승만의 정치단체와 사무실을 곧잘 함께 썼다. 활동 자금은 부유한 피란민에게서 그리고 단원들을 파업 분쇄자로 이용한 사업가들에게서 나왔다. 서청은 "특별 습격단"을 동원해 좌익 정당의 사무실과 신문사를 공격했으며, 거기서 발견된 사람이면 누구나 상습적으로 구타했다. 서청은 비난을 담은 전단지, 만화책 등 정기간행물도 발행해 북한·소련·좌익을 맹렬히 공격했다. 북한까지 퍼진 이런 전단지는 미국인이 공산주의 선전의 특징이라고 여긴 해로운 모략과 격렬한 비난을 담았다. 이를테면 장기가 적출된 아기와 신체가 훼손된 노인의 삽화를 싣기도 했다.[23]

1947년 봄 2차 미소공동위원회가 재개되면서 서북청년회와 그 밖의 청년 단체는 폭력활동에 박차를 가했고, 미군정은 거기에 대응할 수밖에 없었다. G-2 보고서는 서청 등을 1000명의 강력한 "습격대"를 보유한 "우익 폭력 단체"로 묘사했다. 4월 초 미군정은 대한민주청년동맹이라는 단체의 활동을 금지했다. 그 단원들은 "경찰서에 보고해 지시를 받았다". 대한민주청년 동맹은 활동 금지 명령을 무시했고, 결국 미군 방첩대CIC 요원들이 4월 21일 그 본부를 습격해 좌익 10명에 대한 고문을 지휘하고 있던 지도자 김두한을 체포했다. 좌익 10명 가운데 1명은 이미 사망했고, 다른 1명은 일주일 뒤 사망했으며, 나머지 8명은 심각한 부상을 입었다(1명은 거세됐다). 습격 다음 날 그 단체의 한 지부는 다시 금지령을 무시하고 전주에서 회합을 열었다. 지방경찰은 새 완장과 새 이름을 주면서 단원들을 경찰 보조원으로 임명했다. 김두한의 재판에서 재판장 이필빈은 미군 방첩대 요원이 사진을 찍고 부검을 감독했음에도 그들을 증인으로 부르지 않았다. 법원은 김두한의 진술만 들은 뒤 그에게 160일의 노역 또는 2만 원의 벌금형을 선고했다. 말할 필요도 없이 김두한을 지원해준 인물이 벌금을 내준 덕분에 풀려났다.[24]

1947년 무렵 좌익의 주요 청년 단체는 조선민주청년동맹이었다. 미군 방첩대는 이들이 단원 82만6940명과 지부 1만7671개를 보유한 것으로 추산했다. 보수적 한국인과 많은 미국인이 보기에 이 단체는 우익 단체와 마찬가지로 나쁘고 폭력적인 조직이었다. 조선민주청년동맹은 우익 단체들과 자주 격렬히 충돌했고 단원이 개입한 살인 사건도 여러 번 일어났다. 이 단체는 남로당의 핵심적 무장단체로 여겨졌다. 남로당의 입장을 지지한 것은 분명했다. 그러나 미국 정보기관의 문서에는 이 단체가 조직한 폭력 사태가 일어났다는 증거가 거의 없다. 경찰의 후견이나 한국인 고위 관료의 지원을 받지 못한 것은 분명했다. 그런데도 공평함과 공정함을 보여주려는 의도에서 러치 장군은 1947년 5월 초 이 단체의 활동을 금지했다.[25]

군정의 강력한 탄압 뒤 우익은 모든 단체를 규합해 새로운 청년 단체를 조직하려고 했다. 이런 노력의 결과 대동청년단이 결성됐다. 지도자인 이청천은 장제스의 또 다른 동맹자로 1947년 4월 이승만이 장제스를 만난 뒤 충칭에서 함께 귀국했다. 이청천은 이범석과 마찬가지로 1920년대 만주 국경 지대에서 일본과 싸웠으며, 그 뒤 중국 국민혁명군의 장교가 됐다. 그는 임시정부의 "광복군"을 이끌었는데, 관련 내용은 1권에서 다뤘다.

1947년 8월 초 이청천은 19개 청년 단체를 자신의 지휘 아래 통일시키는 데 성공했다고 발표했고, 9월 말 대동청년단이 출범했다. 이승만과 김구 그리고 그 밖에 중국과 연결된 지도자들이 출범식에 참석했다. 이청천은 이승만의 남한 단독선거 계획을 지지한다고 발표했다. 그러나 서북청년회나 조선민족청년단 가운데 충성하는 대상을 바꾼 단원은 거의 없었다. 이범석은 이청천의 강력한 경쟁자가 됐다. 미군 정보기관은 이승만을 서북청년회의 배후 실력자로 생각했는데, 이승만은 서청을 이청천의 단체와 병합하려고 하지 않은 게 분명하지만 또 다른 준군사 조직을 만드는 데는 찬성했다. CIA는 이청천이 "극단적인 민족주의자로 구성된 비밀 조직"을 지휘하고 있다고 말했다. 미군 정보기관은 이청천의 "유일한 동기"는 북한과 맞서는 데 충분한 [남]한국군 창설을 추진하는 것이라고 판단했다.[26] 뒷장에서 보겠지만 이것은 사실로 여겨진다. 대동청년단의 출범과 같은 시기에 이청천은 하지에게 긴 서한을 보내 한국과 만주에서 공산주의에 맞서 전면전을 시작하려는 계획을 제시했다.

가장 강력한 청년 단체들을 이끈 사람들—이범석·문봉제·이청천—은 모두 이승만 정권에서 중요한 인물이 됐다. 그 조직은 개인이 권력을 얻는 데 훌륭한 수단이었다. 이를테면 1948년 3월 이승만의 정치단체에 있는 상임위원 5명에는 문봉제·이범석·이청천이 포함돼 있었다. 이범석은 대한민국에서 초대 국방장관이 됐고 후에 국무총리에 올랐다. 문봉제는 1952년 경찰치안국장이었다. 하지가 족청을 지원한 것처럼 그 뒤 미국 대사관의 에버렛 드럼라이트는 그런 준군사 조직을 사용하려는 이승만의 생각을 지지했다. 1949년 초 그는 이렇게 썼다.

공산주의자의 위협에 맞서는 유일한 해답은 적합하지 않은 부류를 제거한 비공산주 청년들이며, 이런 단체를 좌익과 마찬가지로 엄격하게 조직하고 단호하게 행동하도록 하는 것이다. 이것은 강력한 정부 관료의 통제 아래 기본 군사 수단을 가지고 게릴라활동이나 파괴 공작을 진압하는 훈련을 받은 잘 통일된 청년운동을 의미했다.[27]

한국전쟁 동안 우익 청년 단체는 포로수용소의 공산주의자들에 맞서는 주요한 조직적 세력이었고, 그런 측면은 미국 사회과학자들의 관심을 끌었다. 그 시기에 이뤄진 신중한 연구는 한국 청년 단체의 성격을 볼 수 있는 창문이다. 수용소 안에서 우익과 좌익 청년 단체는 모두 "작은 경찰국가처럼" 조직됐다. "두 조직 모두 거대한 권력을 지닌 한 사람의 지휘 아래 빠르고 효과적으로 행동했다. 두 조직 모두 포로 집단의 다양한 생활을 통제할 수 있었다." 그러나 좌익 조직은 "기능을 나눠 혼란과 중복을 최소화하도록 합리적으로 조직하는 데 더 뛰어난 능력을 보인" 반면, "우익 조직은 지도자들의 심각한 부패와 부당한 사익 추구로 많은 혼란을 일으켰다". 두 집단 모두 포로들을 구타하고 학대했지만, 남한 측 수용소―유엔의 통제 아래 있었다고 짐작된다―는 공산 포로들에게 가혹 행위와 고문을 광범위하게 자행했다. "일반적으로 말해서 가혹 행위는 남한 측 반공포로 수용소에서 가장 뚜렷하게 나타났다"고 그 연구는 지적했다. 공산주의자의 폭력은 "반공 지도자들의 복수심에 불타는 가혹 행위와 대조적으로 일정한 목적이 있는 데다매우 적었으며"(반공 지도자는) 대부분" 전전 사회에서 "높은 명망과 권위를 지닌 가문 출신이었다".[28]

청년 단체의 많은 인원이 한국군에 입대했다. 1948년 5월 선거 뒤 미군정 국방경비대에 입대하는 인원이 급증했다. 노동절에 시작된 모집활동에 따라 매주 2만 명이 입대했다. 그 대열은 이후 족청·서청·대동청년 단원이 참가하면서 커졌다. 8월 15일에는 군인 수만 명이 국방경비대 계급장을 달고 자신들을 대한민국 국군이라고 선언하면서 관람석 앞을 행진했다. 하지의 국방경비대는 1945년 11월 기존 정책에 반발해 창설됐고 그가 바란 대로 한국군의 모체가 됐다. 군대 창설의 이런 비정통적 방식은 청년 단체 지도자들이 군대 안에 자신들의 강력한 추종 세력을 갖고 있다는 의미였으며, 이는 이청천과 이범석 그리고 여러 지휘관 사이의 끊임없는 개인적 충돌로이어졌다.[29]

조합주의로 조직된 노동

1권에서 다룬 주제지만, 1945~1947년 한국의 노동자들은 토착 좌익 조직인 전평이 완전히 장악했다. 1947년 전평은 사실상 해체되고 대한노동총연맹으로 대체되었다. 이 단체는 정권이 통제하는 조직이었으며 기업과 국가의 이익을 위해 상명하달식으로 노동자의 협조를 얻었다. 노총은 오늘날에도 남한의 주요한 노동조합으로 남아 있다.

1946년 중반 한국 노동자를 신중하게 분석한 연구는 전평이 "노동조합의 유일한 연합체"였으며 "제대로 된 노동조합 가운데 거기에 가입하지 않은 것은 없었다"고 평가했다. 전평은 해방 직후 한국의 공장 대부분에 결성됐던 노동자 위원회에서 발전한 것이었으며, 이 보고서에 따르면, 공산주의자들이 지배하지 않았다. 전평은 "좌익"이었지만 "당의 노선"을 따르지는 않았고 정치적 주장은 공장과 지역마다 달랐다. 1946년 중반 조직되기 시작한 노총은 "일반적인 노동조합 기능은 전혀 하지 않은 채 노동조합주의의 겉모습 아래" 활동했다. 노총의 핵심 인물은 전직 교사인 전진한이었는데, 미 군정청의 정보에 따르면 1947년 이승만에게 50만 원, 김구에게 25만 원을 받아 자기 조직에 사용했다. 이승만과 김구에게서 자금을 받은 것 외에도, 노총은 "고용주에게서 자금을 받았고 그들의 통제를 받았다"고 평가됐다.[30]

1946년 가을 봉기를 촉발시킨 전면적 파업에 대한 탄압은 전평에 심각한 타격을 입혔고 많은 공장이 노총의 지배 아래 들어가게 됐다. 1947년 3월 22일 좌익 노동조합은 24시간 파업을 결행했고 참여한 노동자 가운데 2718명이 체포됐으며, 전평 조직원은 노총 소속 인물로 대부분 교체됐다. 1947년 4월 아서 번스는 당시 전평 세력을 8만 명, 노총 세력을 9만 명으로 추산했다. 노총은 "우익 정당이 조직했고" 대체로 "경영자가 지배했으며" "어용조합으로 활동했다"고 그는 언급했다. 경찰은 "노총의 이해관계가 걸린 곳은 어디든 간섭하지 않는 정책"으로 그들을 지원한 반면, 전평은 "경찰의 엄중한 감시"를 받았으며 "파업 참가자는 모두 체포·검거됐다"고 번스는 말했다. 미군 G-2가 지적한 대로 1946년 10월과 1947년 3월의 파업은 "우익 노

동조합이 파업 분쇄자로 활동하고 중요한 공장과 공익 시설에서 거대한 권력을 장악할 기회가 됐다".[31]

이 기간에 휴 딘은 전평 조직책 몇 사람을 면담했다. 그들은 대부분 1920년대 이후 노동운동에 참여한 인물이었다. 이를테면 한철은 1920년대에 광부였다가 그 뒤 노동운동 조직책이 됐다. 일제는 노동자를 선동했다는 죄목으로 그를 세 번 체포했고, 그는 식민 치하의 감옥에서 총 14년을 복역했다. "체격이 장대하며 얼굴이 크고 검은" 이인동은 "거친 노동자의 말투로" 딘과 대화했다. 그의 머리는 "몸과 약간 뒤틀려 있었는데 일제에게 고문당한 결과였다". 딘은 또 다른 노동운동 조직책인 박봉우와도 면담하려고 했지만, 그는 테러로 치아가 모두 부러져 말을 잘 못 했다. 전평 조직책 문은정은 1946년 8월부터 1947년 4월까지 투옥돼 두 달간 고문을 받았다. "거꾸로 매달아 물을 먹이고 때리고 재와 인분을 섞어 얼굴에 마구 문질렀다." 그는 석방됐을 때 보지도 듣지도 못했지만, 미국인 의사의 치료로 시각과 청각을 일부 회복했다. 이 조직책들은 1945년부터 1947년 6월까지 조합원 1만 5000명이 체포됐다고 딘에게 말했다.[32]

미군 사령부는 경찰·파업 분쇄자·우익 청년 단체가 협력해 전평에 행사한 광범한 체포와 폭력을 그대로 내버려두었다. 1947년 여름 경성전기주식회사에서 일련의 조업 중단이 일어났는데, 파업 파괴자들은 "정신 상태를 바로잡자"라는 구호가 쓰인 곤봉으로 노동자들을 구타했고 그 결과 8월 13일 이 거대 공기업에서 노총을 노동자의 유일한 합법적 교섭 대표로 삼는다는 협정을 이끌어냈지만, 미국 G-2는 다음과 같이 말했다.

전평 조합원은 일반적으로 경성전기주식회사와 남한 과도정부에 충성하지 않는다. 그들은 파괴적 활동 때문에 요직에 등용되지 못하고 있다. (…) (노총 조직책이) 경찰의 지원을 받는 것은 이상한 일이 아니다. 전평의 보잘것없는 지지자들이 경성전기에 침투하는 것을 막으려고 경찰이 강압적 수단을 사용하는 것은 정당하지는 않지만 이해할 수 있다.

얼마 뒤 하지는 노총이 "좌익을 소탕하기" 전까지 경성전기주식회사는 전력 생산 지연 행위와 소규모 쟁의로 골치를 앓아왔다고 말했다. 미군정 관계자는 "함께 일하기에 더 나은 단체가 없기 때문에" 노총을 지원하는 것이 합당하다고 생각했다.[33]

1949년 CIA는 노총이 남한의 "모든 주요 산업"의 노동조합을 통제하고 있다고 판단했다. 한국전쟁 직전에 미국 대사관은 대한민국이 "근대적 사회노동법"이나 "노동기본법"을 제정하지 않았다고 지적했다. 노총 지도자들에게는 그런 일을 추진할 "능력도 깊은 관심도 없었다"고 판단됐다. 1951년까지도 전진한이 계속 노총을 운영했으며, CIA는 그를 "이승만의 가까운 친구"라고 파악했다. 1952년 미국은 한국 노동자가 "개탄스러울 정도로" 취약한 처지에 있다는 이유로 한국에 "정통적 노동조합"을 발달시키려고 했다. 그러나 이승만 정권과 한국인 기업가들은 "자유로운 사회에서 노동조합의 역할"을 소개한 미국 정보청U.S Information Agency이 제작한 영화를 의심스러운 눈으로 봤다.[34] 노동자를 대표하는 노동조합의 조직적 파괴를 미 점령군이 주도한 지 몇 년 만에 다른 미국인이 나타나 노동조합의 부재를 비판한 것은 참으로 이상한 일이며 구조적 기억상실증의 징후로 생각됐다.

오랫동안 미국 자유인권협회American Civil Liberation Union, ACLU 회장을 지낸 로저 볼드윈은 1947년 5월 한국을 방문했다. "이 나라는 말 그대로 경찰기관과 개인적 테러가 지배하고 있다"고 그는 친구에게 썼다. "전체적인 인상은 사람들이 구타당하고 실의에 빠져 있다는 것"이라고 썼다. 노동운동과 파업을 조직했다는 죄목으로 1000명이 수감된 감옥을 방문한 그는 한국인이 "외국인을 모두 몰아내고 자신들의 나라를 세우기를 바라지만" 미국인이 철수하면 내전이 일어날 것이라고 생각했다. 그러나 볼드윈은 미군 G-2 책임자가 보여준 지방에 대한 정보 보고를 살펴본 뒤 "아직 선전포고를 하지 않은 전쟁 상태"가 이미 한국에 존재한다고 결론지었다. 그는 1945년 조선인민공화국 지도자였던 여운형과 회담했는데, 여운형은 정부가 "매국노"와 "미국인에게 아첨하는 인물로 가득하다"고 말했다. "현재의 혼란"을 초래한 핵심 원인은 식민지 시대의 경찰을 미국이 다시 등용한 것이라고 여운형은

생각했다.[35]

몇 주 뒤 조용하고 무더운 어느 날 오후, 여운형은 『독립신문』 편집국장 고경흠과 차를 타고 옛 창경원 부근으로 가서 경제협력국의 에드거 존슨을 만나기로 했다. 나중에 존슨은 다음과 같이 회고했다.

1947년 7월 19일 오후 나는 통역과 함께 매우 초조하게 기다렸던 것을 기억한다. 나는 여운형이 4시쯤 올 것이라는 통보를 받았다. 4시가 되고 4시 반, 그리고 과격하게 모는 차가 우리 집 언덕으로 올라오는 진흙길로 갑자기 접어들었다. (…) 한 남자가 뛰어내리더니 비틀거리면서 언덕을 달려 올라왔다. 그는 숨을 헐떡이며 내게 여운형이 내 집에서 반 마일(약 800미터)도 안 되는 곳에서 암살됐다고 말했다.[36]

운전기사가 혜화동 로터리를 지나가려고 속도를 늦췄을 때 암살자가 차의 발판에 올라 여운형의 머리에 45구경 자동권총을 세 발 발사해 즉사시켰다. G-2 수사관은 "파출소에서 돌을 던지면 닿을 만한 거리 안에 있는" 그 장소를 정확히 찾아냈지만, 경찰은 "암살자를 체포하려는 노력을 전혀 기울이지 않았다"고 말했다.[37]

범인은 19세의 한지근으로 소규모 우익 테러 단체에 소속돼 있었다. 성질 급한 1930년대 일본인처럼 그는 이런 행동이 자신을 민족적 영웅으로 만들어줄 것이라고 생각했다. 체포됐을 때 그는 경찰에게 평양의 박남석이라는 남자의 지시로 행동했다고 말했다. 한지근은 김일성을 암살하려는 계획을 세운 뒤[38] 여운형을 암살하기 한 달 전 평양에서 내려와, 1945년 송진우 암살로 종신형을 복역하고 있던 한현우의 집에서 거처했다. 같은 집에 살던 사람은 다름 아닌 김두한이었는데, 미군 방첩대 요원들은 바로 몇 주 전 좌익을 고문했다는 죄목으로 그를 검거했다. 한지근은 어떤 정당에도 소속되지 않았다고 밝혔지만, 그와 그의 단체는 김구에게 "충성했다고 인정했다". 점령군의 하지 장군과 사정에 정통한 그 밖의 미국인은 김구가 암살에 관여했다고 판단했다. 레너드 버치는 김구가 우선 이승만의 허가를 받았다고 믿었다.[39] 그러나 또 다른 가능성을 보여주는 증거가 있었는데, 하지와 버치는 인정하기를 주저했다. 그것은 경찰이 그 사건을 꾸몄을 가능성이었다.

주한 미군사령부의 역사가에 따르면 1947년 여름 여운형은 "남한에서 가장 자주 암살 대상이 된 인물"로 해방 이후 그의 목숨을 노린 시도는 9회였으며 1946년에는 폭력배 몇 명이 그를 폭행하려고 했다. 1946년 10월 좌익은 그를 이틀 동안 감금했고, 그 뒤 그는 "정신적 충격"을 치료하기 위해 입원했다. 암살되기 전 몇 달 동안 여운형은 가는 곳마다 경찰이 따라붙으며 정기적으로 자택을 조사하는 것에 항의했다. 그러나 여운형은 그 경찰들이 자신을 공격에서 보호해주지 않자 무기를 휴대하고 경호원이 무장할 수 있도록 허락해달라고 미군정에 요청했다.[40]

1947년 3월 버치는 여운형의 고향 집을 방문했다가 경찰이 가택 수사 중에 무기를 발견하고 여운형의 경호원을 체포했다는 사실을 알게 됐다. 여운형은 암살이 두려워 은신했다. 도 경찰의 미국인 고문 스톤 대령은 경호원 체포를 옹호하면서 자신은 여운형이 암살의 표적인지 아닌지에 대한 "근거 없는 예측"을 믿지 않는다고 말했다. 2주 뒤 여운형의 집은 폭탄 테러로 파괴됐다.[41]

같은 시기 미국 G-2 보고서는 우익 단체의 암살 계획에 대한 많은 소문을 기록했는데, 미소공위 미국 대표 단장 앨버트 브라운 소장도 표적에 포함되어 있었다. 5월 말 G-2 보고서는 경찰 내부에 수도경찰청장 장택상이 이끄는 "흑호단黑虎團"이라는 단체가 있다고 지적했다. "믿을 만한 보고에 따르면" 그 단체는 5월 13일이나 그 무렵 서북청년회 지도자들과 만나 여운형·김규식·원세훈을 "표적으로 삼은 테러활동"을 계획했다. 여운형이 암살되기 한 주 전 미군 정보부는 당시 남조선과도입법의원에 제출된 친일 반민족행위처벌법으로 경찰 간부들이 "심각하게 동요하고 있다"고 파악했다. 미군 정보부가 "옛 친일파"라고 부른 "경찰 간부 몇 사람"은 "모든 경찰에게 직접 행동하도록 강요하려고 했다". 입법의원의 의원들은 자신들의 안전을 걱정한 반면 여운형과 김규식은 미군정에 경호원을 다시 요청했지만 받아들여지지 않았다.[42]

미국인이 교섭하려던 정치인 가운데 여운형은 일제 치하에서 경찰로 복무해 증오의 대상이 된 인물들이 해방 뒤에도 계속 경찰에 남아 있는 것을 가장 강경하게 비판한 인물이었다. 나중에 CIA가 인정한 대로, 그는 이승만과 권력을 놓고 경쟁할 수 있는 유일한 비공산주의자 남한 지도자였다. 그의 딸 여연구는 장택상이 암살을 지시했다고 내게 말했다.[43] 경찰이 암살을 계획했거나 그것이 일어날 수 있도록 모른 체했거나 둘 중 하나로 생각된다. 이를테면 암살범이 김두한과 함께 한 달 동안 송진우의 저격범 집에서 살 수 있었고 경찰에게 발각되지 않았다는 것은 놀라운 사실이다. 여운형이 여러 차례 경호를 요청했지만 미군 사령부가 그것을 그렇게까지 경시하고, 그를 적대한 경찰과 우익을 그렇게까지 너그럽게 처리한 것은 더 주목할 만하다.

1945년 여운형은 해방된 한국에 기여할 수 있는 유능하고 적합한 지도자였다. 강인한 성품에 사람을 휘어잡는 열정적 웅변가인 그는 한국 민중 대부분의 열망을 대변했으며, 일본의 지배 때부터 나타났던 한국 사회의 독특한 계급 구조를 체현했다. 광범한 농민층과도 친밀했지만 주위에 자본가도 몇 사람 있었다. 그는 열렬한 민족주의자였고 식민지 기간에 굳건히 저항했으며 하지 장군과 일정한 거리를 두어 그의 적대감을 샀다. 또한 여운형은 김일성과 약간의 동지적 우정도 쌓았는데, 그것은 한국이 내전을 치르지 않고도 통일될 수 있었던 어떤 방법이 있었음을 여전히 암시한다.[44] 그러나 1947년 무렵 민족의 분단은 견고해졌고, 분단된 국가가 나타났다. 돌이켜 생각해보면 그처럼 관대한 인품을 지닌 사람이 깊어지는 대립 속에서 살아남을 수 있었을까를 상상하기란 어렵다.

영국의 최종 평가는 여운형이 "승리자라는 목표를 확실히 하기 위해 모든 말을 한꺼번에 타려고 한다"[45]는 것이었는데, 한국이 영국이나 미국의 소유였다면 그 평가에는 어느 정도 진실이 있을 수도 있었다. 그러나 마니교와 비슷한 전후 한국 정치의 이원론적 세계에서 차이를 연결하고 정당들을 통합하려던 인물은 참으로 드물었다. 여운형은 1940년대부터 남한과 북한 모두에서 존경받은 유일한 정치가였다. 바로 이것이 그를 웅변하는 추도사다.

1948년 해방 3주년 기념일에 건국동맹의 옛 동지들은 여운형의 추도식을

거행하려고 했다. 이승만은 그들 가운데 96명을 체포했다.[46]

1947년 말 한민당의 중진 장덕수도 암살됐는데, 2년 전 송진우 암살이 재현된 것이었다. 두 사건 다 암살범은 김구와 관련 있었고 동기도 같았다. 미 점령군은 그 부하들을 구속하는 것 외에는 아무 조치도 취하지 않았다. 암살범 가운데 한 명인 배희범은 장덕수가 제2차 세계대전 동안 일본 조선주차군朝鮮駐箚軍 사령부 고문이었고, 많은 청년을 전시에 복무하도록 동원했으며 정치범의 "재교육" 기관을 운영했다고 말했다. 1945년 이후 그는 "남한에 단독정부를 세우려고 계획했다". 이 모든 것은 사실로 드러났지만, 하지는 자신의 가장 가까운 조언자가 암살된 것을 달갑게 여기지 않았다. 그는 김구와 이승만이 장덕수·여운형 암살의 배후라고 생각하게 됐다. 그는 김구를 체포하고 이승만은 어떤 형태로든 추방하는 것을 몇 주 동안 심각하게 고려했지만, 결국 하지는 김구에게 재판에서 증언만 하게 했고 예상대로 김구는 개입을 부인했다. 영국의 한 외교관은 "이처럼 연로한 권력자들(김구와 이승만)을 실각시키는 것이 한국에는 좋았을 것"이라고 생각했다.[47]

남한 체제의 이념

물론 남한에서 권력을 장악한 인물은 이범석을 비롯한 급진적 민족주의자가 아니라 이승만이었다. 따라서 남한의 이념을 검토하는 것은 그에게서부터 시작하는 것이 타당하다. 일부 미국인의 자료를 읽으면, 이승만은 40년 동안 미국에서 생활하면서 기독교적 민주주의자가 됐으며 윌슨식 이상주의를 신봉하게 됐다고 생각할 수도 있다. 정말로 좀더 주목할 것은 그 40년 동안 민주적 권리, 공정한 경쟁 또는 소수자에 대한 관용 같은 미국의 이상을 흡수했다는 흔적을 보여주는 증거가 사실상 전혀 없다는 것이다. 그러나 서로 맞선 북한의 김일성과 그 밖의 한국의 국가원수와 마찬가지로 이승만은 사상을 중시했다. 자신의 전통적 유교 사상을 토대로 그는 잘 운영되는 정치체제는 올바른 사상에서 나온다고 판단했을 것이다. 그리고 무엇이 올바른 사상인지 아는 것은 올바른 행동을 결정하는 것보다 훨씬 더 어렵고 중요하다고 생각했을 것이다. 그는 "행동하는 것은 쉽지만 생각하는 것은 어렵다"는 장제스의 말에 동의하고 그와 대비되는 마오쩌둥의 격언—"생각하는 것은 쉽지만 행동하는 것은 어렵다"—은 조잡하다고 생각했을 것이다.

이런 전제에 따라 그의 정권 그리고 이후 줄곧 남한 정치 운영에서 나타난 특징은 이론에서는 단호한 자유주의였지만 행동에서는 위선이었다. 통치의 첫 번째 원리는 올바른 사상의 기초를 세우는 것이었고, 그 사상이 정치적 현실과 자주 괴리된 것은 그리 중요하지 않았다. 이승만 정권의 통치 원칙은 이론과 실천에서 한국 유교와 서구 파시즘, 민주주의적 구호□號, 중국 국민당의 허세와 불운 그리고 일본의 효과적 통치 방법을 혼합한 것이었다. 유교와 중국 국민당의 영향은 체감할 수 있을 만큼 뚜렷했으며 자랑스러워할 만한 어떤 것이었다. 전근대 한국의 위인들은 자신들의 정치적 모범을 늘 중국에서 가져왔다. 일본의 영향은 언급되지 않았지만, 그것이 관료 제도의 운영에 깊이 뿌리 내린 것을 감안하면 매우 중요했다.

이승만의 취임 연설은 고령의 한국인들에게서 눈물을 자아내는 자신의 능력을 잘 보여줬는데, 그는 한국의 독립을 보니 "만감이 가슴에 차오른다"고 표현했다. 그는 정부를 조직하는 데는 "뛰어난 인물"을 찾는 것이 관건이라고 생각했다.

어떤 분들은 인격이 너무 커서 작은 자리에 채울 수 없는 이도 있고, 혹은 작아서 큰 자리에 채울 수 없는 이도 있으나 참으로 큰 사람은 큰 자리에도 채울 수 있고 작은 자리도 채울 수 있을 뿐 아니라 작은 자리 차지하기를 부끄러워하지 않습니다. 이렇게 참 큰 인물들이 있어 무슨 책임을 맡기든지 대소와 고하를 구별치 않고 작은 데서 성공해서 차차 큰 자리에 오르기를 도모하는 분들이 많아야 우리의 목적이 속히 도달될 것입니다. 이런 인격들이 함께 책임을 분담하고 일해나가면 우리 정부 일이 좋은 시계 속처럼 잘 돌아가는 중에서 이적을 많이 나타낼 것이요 세계의 신망과 동정이 날로 증진될 것입니다.

대통령은 "한 정당이나 한 정파가 권력을 독점하면" 정부가 위태로워질 것이라고 청중에게 말한 뒤 국민의 의무를 언급했다.

> 의로운 자를 옹호하고 불의한 자를 물리쳐서 의가 서고 사(私)가 물러가야 할 것입니다. 전에는 일꾼이 소인을 가까이하고 현인을 멀리하면 나라가 위태하다 하였으나 지금은 백성이 주장이므로 민중이 의로운 사람과 불의한 사람을 명백히 구별해야 할 것입니다.

새 헌법과 새 정부는 "새 국민"보다 중요하지 않으며 "부패한 국민으로는 신성한 국가를 이룰 수 없다"고 그는 말했다. 그러므로 "새로운 정신과 새로운 행동으로 구습을 버리고" "더욱 분투용진奮鬪勇進해서 날로 새로운 백성을 이룸으로써 새로운 국가를 만년 반석 위에 세우기로 결심하자"고 호소했다.[48]●

약간 미온적이고 공허한 이 연설은 이승만이 특히 좋아한 "일민주의—民主義"라는 원칙으로 곧 변모했다. 말할 필요도 없이 이것은 쑨원孫文의 "삼민주의"를 본뜬 것이었지만, 역사학자 게이브리얼 콜코는 그것을 게티즈버그 연설을 모호하게 다른 말로 표현한 것이라고 평가한 바 있다. "일민"은 물론 한국 국민이다. 이범석과 마찬가지로 이승만도 국민과 민족을 같은 의미로 사용했으며, 자신이 "국민(민족이라고 해도 좋다)의 의견"을 체현했다고 여겼다. "우리 민족은 한 민족이며" "우리 국토와 정신과 경제적 계급도 늘 하나였다"고 그는 생각했다. 이 짧은 말에는 계급 차별 철폐, 파벌주의 타파, 남녀평등, 한국의 국가적 통일이라는 일민주의의 네 가지 "하위 원칙"이 담겨 있다. 국가는 유기적 통일체이자 육체를 가진 인간과 비슷한 정치적 통일체여야 했다.[49]

이승만의 이론가들은 이런 유기체 이론을 가족까지 포함하는 것으로 확대시켰다. 일민주의에 따르면 "국가는 확대된 가정이며 국민은 확대된 가족

● 이 인용문은 이승만의 취임사를 직접 가져왔다. 한국어 맞춤법이 맞지 않는 부분도 있고, 원서의 영역과는 표현과 끊어 읽기 등이 약간 다른 부분도 있다.

이다. (…) 국민은 한 가족이라는 정신 안에서 함께 살아야 한다". 아버지와 아들, 형제끼리는 싸우지 말아야 하는데, 한국인은 어째서 서로 싸우는가? 아버지가 아들을 착취해서는 안 되는데, 어째서 유산계급은 가난한 사람을 착취하는가? 또는 "좀더 단순히 말해서 부모와 자녀가 서로 반목하는 가정은 온전하다고 말할 수 없다". 이것이 유교의 대용품이라면 오스트리아 여성과 결혼해 아이를 낳지 않은 이승만에게서 그것이 발원했다는 사실은 약간 기이하기도 하다. 이승만 정권의 국무총리에 따르면, 그럼에도 일민주의는 이승만의 문제는 아니더라도 한국의 문제에 대한 해답이었다. 실제로 한국인은

> 철학에 기반을 두고 목표로 나아가는 데 시급히 필요한 가장 합리적이고 우수한 이론을 바라고 있었다. (…) 일민주의의 이론은 시대의 요구에 부응하는 것처럼 인정됐다. 지식인은 이 이론이 모든 국민을 이끄는 데 가장 적합하다고 인정할 것이다. (…) 이승만 대통령은 일민주의의 철학적 근거를 면밀히 검토해 세계의 현대 사상과 우리나라의 역사적 배경에 적합하도록 개선했다. 그 결과 그 이론은 하나의 결점도 없게 됐다.[50]

이외에도 수많은 사례를 제시할 수 있지만, 독자들은 일민주의의 내용을 완전히 이해하지는 못할 것이다. 그러나 일민주의를 주체에 대한 북한의 장황한 설명이나 문선명 목사의 매우 조야한 "통일 원리"와 비교한다면, 그 사상은 그 기원보다 중요하지 않다는 것을 이해하기 시작할 것이다. 그 기원을 탐구하면 그 사상을 이해할 수 있다. 그리고 그 사상이 아무리 모호하더라도 거듭 읽으면, 다른 대안을 인정하지 않고 아무 의심 없이 충성을 바치는 정신 상태가 될 것이다. 달리 말하면 이것은 한국 정치의 오랜 관행이다.

이승만의 협력자들은 난데없이 나타나 이 사상을 널리 알렸고 거기에 스며든 학문적 연구를 높이 평가했지만, 그 이념을 처음 만들어냈다고 추정된 지식인, 곧 최고 지도자에 대한 극찬보다 더하지는 않았다. 이를테면 초기 한민당원이자 부유한 지주로 1946년 가을 봉기 때 호화로운 저택이 파괴

된 이활은 일민주의 보급회 회장이 됐다. 가장 친이승만적인 신문의 편집국장 양우정은 일민주의와 이승만의 장점을 칭송하는 여러 논설과 책을 썼는데, 양우정은 그를 한국의 "메시아"와 "모세"로 비유했다. 1950년 초에는 중·고등학교 교장 수백 명이 이 이념을 교육받았고, 이후 그들은 날마다 "도덕 교육" 시간에 이것을 학생들에게 전파했다.[51] 그러나 이 이념의 지지자 가운데 그것을 만든 이승만 정권의 첫 문교부 장관보다 더 흥미롭고 비범한 사람은 없었다.

교육자 안호상

안호상은 철학자에 가까운 인물로 1920년대 후반 독일 예나대학에서 유럽 사상을 공부했다. 그는 신비주의적 모습도 지녀 한국 민족의 기원과 관련된 단군신화나 신라의 화랑정신 같은 고대 한국의 신화를 자주 언급해 한국 민족의 독창성에 대한 자신의 생각을 널리 알렸으며, 신라의 삼국통일(668년)을 모범으로 삼아 북한을 무력으로 정복해야 한다고 주장했다. 그는 한국인의 정수精髓, 곧 한국인답다는 의미의 주관적 인식을 표현하는 데 '주체'라는 단어를 자주 사용했다. 많은 미국인은 그를 한국의 나치라고 확신했다. 리처드 로빈슨은 그가 히틀러의 유겐트Jugend를 모방해 자신의 청년 조직을 만들었다고 말했다. 그레고리 헨더슨은 그가 나치 시대에 독일에서 공부했다고 오해했으며, 우익 정치를 크게 선호한 드럼라이트조차 안호상의 민족론이 "지배 민족Herrenvolk"• 개념과 비슷하다고 지적했다. 그러나 그의 시각은 김치만큼이나 한국적이었다. 대체로 그는 소박한 파시스트였고, 사용할 수 있는 과거의 사례를 찾아내 공산주의 이론의 역학과 어느 정도 경쟁 가능한 강령을 수립하려는, 전통적이며 절충적인 지배층의 시도를 보여준 좋은 예시였다.[52]

• 나치가 독일 민족을 가리킨 표현.

연설과 책에서 안호상은 일민주의를 다뤘는데, 대체로 다음과 같았다.

역사적으로 일민주의의 철학은 이미 단군 시대에 발원했으며 그 뒤 신라시대에 발전했다. 신라시대에는 화랑주의가 온 나라에 퍼졌다. 그러나 애국주의는 의무라는 생각보다 위대하다. 우리의 영광스런 대통령은 그 철학을 체현했으며, 조국과 국민의 이익을 위해 자신의 모든 것을 희생해야 한다는 그 교의敎義는 국조 단군 이후 우리나라의 전통이 돼왔다. 그러므로 우리나라가 동방예의지국이라고 불리는 사실은 깊은 역사적 토대에 근거한 것이다.

그렇다면 우리는 죽음보다 정의를 더 가치 있게 생각해야 하는가 하는 질문이 제기된다. 왜 우리는 자본주의와 공산주의에 반대하는가? 두 교의 모두정의를 결여하고 있기 때문이다. (…) 공산주의의 교의는 옛 봉건주의에서 발원한 자본주의와 다름없다. 그러나 우리의 철학인 일민주의는 공공의 이익을 우선하는 정신을 심원한 원리로 삼고 있다. 정의와 공공의 이익을 우선하는정신이 그것의 궁극적 목표다. (…) 철학적 관점에서도 과학적 관점에서도 이것은 체계적이며 조화로운 진리다. 일민주의가 다른 어떤 이론들보다 위대한진리의 이론이라고 내가 동의하는 까닭은 여기 있다.[53]

안호상은 1949년 12월 대한청년단을 대상으로 한 연설에서 자신의 생각을 좀더 분명히 밝혔다. 그는 "민주주의는 이해하기가 매우 어렵다"면서 "가장우수한 원리는 일민주의라고 생각한다"고 주장했다. 그는 대한청년단에게 "정기正氣를 잃은 공산주의자들을 강력한 철권으로 타도해 일민주의의 깃발아래 굴복시켜 평양 모란봉에서 창립 2주년 기념식을 열자"고 호소했다.[54] 문교부에서 그가 편 정책은 대단히 명확했는데, 자신의 생각을 심어주는 데가장 적합한 장소라고 생각한 영역, 즉 한국의 학교 제도를 전체주의적 방식으로 통제하고자 입안됐다.

1948년 가을, 장관에 취임하자마자 안호상은 이단적 교사를 대대적으로숙청하고 학교 조직 안의 교사와 학생의 사상을 다양한 방법으로 조사해교정했다. 일본이 수립한 체제를 해체하라고 미군정이 제안하자, 그는 이를테면 지방의 교육위원회 선거를 치를 경우 "바람직하지 않은 공산주의적 학교 관계자가 양산될 것"이라고 주장하면서 거부했다.[55] 그 결과 문교부에서는 교사 임명부터 교과서 내용까지 모든 것에서 식민지 시대의 중앙 통제적 형태가 유지됐다. 남학생은 계속 일본식 군복 같은 검은 교복을 입고 등교했으며, 머리를 짧게 깎고 아침에 교련 수업을 받는 1930년대의 군국주의적 관행이 유지됐다. 1970년대에 들어와서도 남한의 학교들은 내용까지는 아니더라도 형태 면에서 식민지 시대의 작은 박물관이었다(식민지 체제에서도 교사로 일했던 그 교사들은 학생들에게 자주 반일적 태도를 주입했다).

안호상은 1949년 3월 "학도호국단學徒護國團"을 창설해 학교 조직 내에 청년 단체의 개념을 도입했는데, 이는 대부분 좌익적 성향을 띤 학생 조직을 정부가 통제하려는 목적에서 만든 제도였다. 그는 스스로 "단장"에 취임했다. 모든 남자 중학생은 자동으로 단원이 됐으며, 정기적 사상 심사와 필수 군사훈련을 받았다. 단원은 대규모 관제 정치 시위에 동원되는 일이 흔했다. 다른 학생 조직은 모두 불법으로 규정됐다. 무초는 적어도 국무부에는 그것이 미국 학교의 ROTC와 비슷한 조직이라고 설명했지만, 발족한 지 몇 주 만에 주한 미국 대사관에서는 안호상이 교육제도 전체의 "사상을 순화"하는 데 이것을 이용하고 있다고 판단했다. "전국에서 좌익 교원이 계속 체포됐다."[56]

아울러 안호상을 비롯한 대한민국의 관료들은 철저한 검열제도를 이용해 남한 언론 매체 대부분에 뚜렷했던 좌익적 경향을 종식시켰다. 번역된 정치 문헌을 미군정에서 조사한 결과 1945~1946년에 나온 출판물은 대부분 좌익 성향의 자료였다. 미군정이 "공산주의적 출판물"이라고 규정한 것은 1947년에도 "비교적 강력"했지만 그런 추세는 이승만이 권력을 장악하면서 사실상 끝났다. 1948년 통과된 이승만 정권의 언론법은 "정부의 정책에 반대하고" 대한민국에 "유해하며" 북한에 "동조"하거나 민심을 "선동"하는 발언을 불법으로 규정했다. CIA는 이승만 정권이 정보를 통제하려는 분명한 의지가 있지만 "그 유통을 완전히 통제할" 만큼 조직화되지는 않았다고 지적했다. 1948~1950년의 언론계는 박정희 정권 말기보다 좀더 자유로웠다고

생각되지만, 미군 점령기보다는 자유롭지 못했다.[57]

한국전쟁 직전 안호상은 학도호국단 1주년 기념식을 거행했다. 유엔 한국위원회UNCOK 대표 아서 재미슨과 미국 대사관의 제임스 L. 스튜어트가 기념식에 참석했다. 안호상은 일민주의를 "동서고금의 모든 이론을 발전시켜 총합한 통일 이론"에서 발원한 "인류의 횃불"이라고 소개하고, 이승만을 "우리 민족의 위대한 지도자"라고 표현했으며, 학생들에게는 "잃어버린 영토— 북한—를 회복"할 것을 맹세하자고 역설했다. "학생 제군은 민족의 전사로서 용감하게 싸워야 한다"고 그는 말했다.

세계라는 평화로운 정원이 자본주의의 냉풍과 공산주의의 태풍으로 얼마나 황폐해지고 파괴됐는지 생각해보십시오. (…) 하나의 원리 아래 우리 3000만 민족은 뭉쳐야 합니다. 우리는 이민족으로 구성된 것이 아니라 하나의 민족입니다. (…) 외세가 만든 38도선을 우리 손으로 분쇄하고 분단된 영토를 통일하고 갈라진 민족을 하나로 뭉치게 하는 것이 현재 우리 국민의 지상명령이며 민족의 신성한 의무입니다.

그 집회에서는 "미국의 위대한 지도자" 해리 트루먼에게 보내는 성명을 채택했다. 대한민국을 "아시아 민주주의의 성채"로, 학도호국단을 "그 성채의 선봉"으로 묘사했다. 하긴 그것이 일종의 성채—겁먹고 가련한 한국 지배층의 가장 본질적 충동을 공유한 미국 특사와 유엔 대표단의 성채—이기는 했다. 1950년 5월 안호상은 교육의 성채를 떠나 대한청년단장이 됐다. 유교적 파시스트라고 부를 만한 한국인이 있다면 바로 안호상이었다.[58]

1940년대 한국이나 안호상·이범석 또는 이승만을 알았던 미국인과 이야기한다면 그들이 토착적 파시즘의 이런 혼성체와 그 실행자들을 약간 우스꽝스럽게 생각함을 느낄 것이다. 당혹스러운 것은 사실이지만, 이런 가식적이고 과장된 허풍쟁이를 너무 심각하게 받아들여서는 안 된다.[59] 실제로 한국의 파시즘은 조직화가 부족했고 잦은 실수를 저질렀다. 더 중요한 사실은 무분별하게 목적 없이 폭력을 행사했다는 것이다. 그리고 이런 집단을 웃으며 바라보는 미국인의 마음 저편에는 깊은 냉소주의뿐 아니라, 한국인은 옳은 행동을 할 수 없다는—경찰국가도 제대로 운영할 수 없다는—경멸이 있었다. 이런 태도는 경찰국가를 운영하는 방법을 알고 있던 사람들, 즉 일제 치하에서 거대한 관료 제도를 운영한 경험을 무시한 것이었다.

청년 단체가 불법적 탄압의 주요 수단이었다면, 관료 조직은 실효적 탄압을 수행하는 기구였다. 조병옥과 장택상 등이 대표한 계급적 이해관계에 따른 강력한 지휘 아래 내무부, 경찰, 사법·재판 기관, 교육기관, 군부의 관료들은 자신들의 임무를 신속히 처리했다. 식민지에서 독립한 다른 국가들과 비교하면 한국은 관료 제도의 경험이 풍부했고, 1950년 무렵 다른 개발도상국들보다 훨씬 앞서 있었다. 숙련되고 정직하며 겸손한 많은 공무원이 매우 낮은 임금으로 공무에 종사하고 있었다. 그들의 성실함과 국가를 통치하는 사람들 사이의 대조는 참으로 놀랍다. 전쟁이 없었다면 한국의 경제는 기술적 경쟁력을 갖추고 계획경제를 역동적으로 추진한 1960년대 중반 이후 차지하게 된 위치에 훨씬 더 빨리 도달했을 것이다. 그러나 정치적 영역에서 잘 조직되고 일관되며 효율적인 구조를 갖춘 이런 관료 제도는 곧잘 방종에 빠진 이승만 정권에게 강력한 버팀목이 됐다. CIA가 파악한 대로 이것은 한국 체제의 강점이었다.[60]

미군 점령기 동안 경찰·사법·군부·교육의 영역에서 나타난 관료 제도의 역할은 이미 살펴봤다. 그것은 모두 우익의 정치적 목적 달성을 촉진하는 기능을 했으며, 그런 측면은 오직 이승만 집권기에 심화되었다. 그러나 미국인들은 사상을 통제하고 교정하는 명백히 전체주의적 방법을 완화하려고 했으며, 한국의 보수 세력은 그것을 미군정의 큰 실책이라고 지적하곤 했다. 미국인의 철학에서는 인간의 결점을 전제로 정치제도를 만들어야 한다고 가정한다.『연방주의론The Federalist Papers』●에는 "사람은 천사가 아니므로" 그들의 야망과 이해관계는 권력의 분리와 균형에 입각해 제한하고 일정한 범위에 가둬야 한다는 유명한 말이 있다. 한국인의 철학에서 좋은 정치제

● 미국의 제4대 대통령 제임스 매디슨James Madison(1751~1836, 재임 1809~1817)의 저서. 뛰어난 정치학자였던 그가 대통령 퇴임 후 지은 이 책은 미국 정치학의 고전으로 평가된다.

도는 훌륭한 사람을 전제로 삼아야 하며 훌륭한 사람은 올바른 사상에 힘입어 만들어진다고 가정한다. 그 결과 이승만 집권기 동안 관료 제도는 이단적 사상을 심사·감시·교정하는 데 활용됐으며, 이승만의 정통주의적 방식을 고려하지 않더라도 그것은 매우 광범한 통제와 전향을 시도했다는 뜻이다.

미국인들은 그런 방법에서 중국이 "세뇌"한 낌새를 느꼈지만, 그것은 일본인에게서 배운 것이었다. 이승만은 1949년 보도연맹保導聯盟을 창설해 공산주의자로 분류된 사람들을 전향·재교육시키려고 했다. 회개한 전향자로 인정받아 이 조직에 가입하려면 범죄를 완전히 인정하고(공산주의자라는 혐의가 잘못 씌워졌다고 해도), 자백서를 제출하고, 신념을 철회하고, 관련자와 자신이 과거에 한 모든 활동의 정보를 내야 했다. 보도연맹은 일주일에 3000명, 한 도에서 1만 명을 전향시키고 있다고 주장하곤 했다. 책임자인 박우천은 미국 대사관 직원에게 전향 과정을 설명했다.

전향이 진심인지 확인하기 위해 보도연맹에 출두한 사람은 완성한 자백서를 제출해야 한다. (…) 가장 중요한 것은 같은 세포에서 활동한 사람들의 이름을 밝혀야 한다는 것이다. (…) 그 뒤 1년 동안 자백서를 계속 검토하는데, 제출한 명단을 주로 확인한다. 그 기간에 자백이 거짓이거나 완전치 않다고 밝혀지면 그 사람은 그런 행위와 좌익과의 관계 때문에 최대한 엄벌된다.

재판 절차는 정치적 의도를 숨기려 하지 않고 드러내며 시작됐다. 이를테면 이승만이 1949년 몇몇 국회의원에게 용공 혐의를 주장하자, 한 판사는 그들 중 한 명에게 이렇게 질문했다. "피고의 경력과 개인적 신념과 이념은 무엇입니까?" 한국전쟁 동안 미군은 공산 세력의 정치적 자백을 입증한다고 생각한 "적군 문서"를 노획했지만, 그것은 예전 좌익에게 한국에 충성할 것을 강제로 요구한 서약이었다. 그 문서에는 충성의 선서, 회개의 맹세 그리고 "과오의 시정"과 앞으로 공산주의와 싸우겠다는 충성의 약속이 가득했다. 사람들을 뉘우치게 하고 정치적으로 전향시키려는 이런 노력이 맹렬히 전개됐

지만, 1949년에 많은 사람이 자신의 신념 때문에 사살됐다는 사실도 기억해야 한다.[61]

앞서 본 대로 국가의 학교 제도는 안호상의 감독 아래 생각과 마음을 감시하는 주요 수단이었다. 반공은 정치교육의 주제였다. 암송과 암기, 훈련과 행진을 정기적으로 실시하고, 정치적 선전을 적은 현수막과 구호를 학교 곳곳에 걸어 학생들에게 철저히 주입했다. 외국인이 보기에 그런 학교는 공산국가의 학교와 비슷했다. 나는 1968년 서울의 한 중학교에서 가르친 적이 있는데, 교문에는 공산주의를 박살 내고 간첩을 잡자는 선전 구호를 담은 현수막이 몇 달 동안 걸려 있었고 많은 책에는 박정희 대통령이 친필로 쓴 "멸공"이라는 단어가 인쇄돼 있었다. 영어 수업에서는 "민족을 전멸시키려는 붉은 악마를 타도하자"는 등의 문장을 배웠다. 학생들이 쓴 글에는 악의 화신인 공산주의자에 대한 어둡고 막연한 공포가 드러났다. 아이들은 자다가 "공산당"이 나오는 꿈을 꾸고 비명을 지르면서 깨어나기도 했다. 자유주의나 사회민주주의적 경향을 조금이라도 보이면 즉시 공산주의자라는 딱지가 붙을 위험이 있었으며, 일단 그런 딱지가 붙으면 그 학생은 제도적으로 추방됐다. 정치적 이단의 전력을 지닌 집안을 뜻하는 "나쁜 집안" 출신 학생은 외국 유학이 금지되거나, 여권을 받으려면 밤늦게까지 라디오 방송국에서 북한을 향해 선전활동을 펼쳐야 했다. 고등학교와 대학에서는 정보원이 마음대로 돌아다녔고, 조심성 없는 발언 때문에 당국에 고발되는 사람도 있었다.

이런 체제에서 자란 한국인에게 이것은 모두 자연스럽지만, 미국인은 그런 것을 알지 못하거나 말하지 않으려는 것 같다. 남한의 경찰이 "무능하다"는 인상을 불식시킨 것은 국가가 정치와 사상을 통제한 결과다. 물론 그 나라는 전체주의 국가가 아니었으며, 특히 젊은이들은 자신만을 정통으로 여기는 정권의 태도에 용감하게 저항했다. 그러나 내 경험에 비춰보면, 한국에서 정치적 생각에 대한 속박은 다른 나라보다 매우 강하다. 북한의 속박이 더 강하다고 해서 한국의 체제가 정당화되는 것은 아니다. 남한과 북한의 한국인은 창조적이고 풍부한 지성을 지녔지만, 1945년 이후 반도를 집어삼킨 갈등으로 황폐해지고 왜곡됐다. 그리고 한국의 절반을 계속 관리·보호하고 있는 미국은 2세기 동안 다른 나라가 자국에 그런 방식으로 관여하는 것을 거부해왔고, 반대 의견을 억누르는 온갖 수단을 한국인에게 가르친 일본 군국주의자와 싸운 나라였다.

1950년대에 미국은 자국이 보유한 전 세계 홍보망의 다양한 힘을 이용해, 한국은 자유세계의 민주 국가이며, 유감스럽게도 후퇴하거나 기준에 도달하지 못하는 모습도 나타났지만, 민주주의로 나아가는 국가라고 늘 묘사했다. 보고서에서 한국 정권을 강력하게 비판하고 자유주의적 성향이 가장 짙은 부류인 국무부 외교국의 간부들도 이 정권이 1961년 군사 쿠데타와 1972년 유신 체제로 타격을 받기는 했지만, 자유민주주의로 전진하는 출발선에 있다고 믿었다. 한국의 체제는 언제나 권위주의적이었다. 이는 식민지 시기의 유산이자 미국이 국가의 탄생에 관여한 데 따른 후유증이었다. 그러나 1970년대와 1980년대의 어떤 것도 이승만 정권의 공포정치에 견줄 만한 것은 없다.

정치범에 대한 미군정 내부 자료는 1945년 8월에는 1만7000명, 점령하인 1947년 12월에는 2만1458명이 남한에서 투옥된 상태였다고 추산했다. 윌리엄 랭던 영사는 "정치적 범죄로 투옥된 사람은 없다"고 새빨간 거짓말을 했다. 2년 뒤 이승만 체제에서는 3만 명이 공산주의자 혐의를 받아 투옥됐으며, 공산주의자로 의심받은 사람에 대한 재판은 전체 재판의 80퍼센트를 차지했다. "보도保導 수용소"는 과밀 상태가 된 감옥에 수용할 수 없는 죄수를 유치했다. 1949년 11월에는 "전향" 선전이 실시됐고 12월에는 "근절 주간"이 시행됐는데, 그 기간에 하루에 1000명 가까운 사람이 검거됐다. 미국 대사관의 한 정무 담당관은 이렇게 요약했다.

공산주의의 진압은 갈수록 성공하고 있다. 정부는 여러 방법으로 힘을 동원했다. 치안부대는 필요하다고 생각하는 모든 수단을 동원해 공산당 조직과 유격대의 저항을 격멸했다. (…) 대한청년단과 학도호국단은 애국심을 주입하고 군사교련을 실시했다. 어느 곳에서나 정보원이 행동과 대화를 감시했다. 모든 조직에는 공산주의자의 행동을 감시하는 사람이 있었다.[62]

한국 경찰의 수뇌부는 정치범을 다루는 유일한 방법이 고문이라고 미국인 들에게 비공식적으로 말했다. "공산주의자는 고문하지 않으면 자백하지 않을 것"이라고 내무차관은 말했다. 서울 일대에서 "불온한 공산주의자 집단을 매우 효과적으로 소탕했다"며 내부 문서에서 무초의 상찬을 받은 내무장관 김효석은 12월 중순 신문에서, 공산주의자를 취조하는 과정에서 경찰이 고문하는 것은 "어쩔 수 없는 일"이지만 "선량한 시민을 고문하는 것은 엄금하고 있다"고 말했다. 영국 자료에는 경찰 등록부에 "통상적으로 기록되어 있는 제목"은 "고문에 따른 사망"이라고 보고되어 있다. 이런 기록들은 "우리는 초토화 정책이 아니라 공산주의 초토화 정책을 실시하고 있다"는 1982년 리오스 몬트 과테말라 대통령의 발언을 연상시킨다.[63]

"선량한 시민"이 아닌 "공산주의자"로 체포돼 대부분 사망한 사람들의 명단을 기록해 자료로 보존하고 추모하고 싶을 수도 있다. 그러나 몇 사람의 이름만으로 만족할 수밖에 없다. 서울대학 문리대학장 조윤제는 1949년 12월 9일 공산주의자로 체포됐다. 김진홍과 7명의 판사는 1949년 12월 28일 공산주의자로 체포됐다. 장현두 교수는 1949년 12월 고문으로 사망했다. 정치인 고휘두는 1949년 10월 전기 고문으로 사망했다. 한 불운한 경찰은 다른 사람으로 오인받아 고문으로 사망했다.[64]

1950년 초 이승만의 측근인 앤절라라는 여성은 대통령의 공식 편지지를 사용해, 선량한 시민은 대부분 경찰을 두려워하며 살아가고, 투옥된 정치범 가운데 80퍼센트는 무고하며 수백 명이 구타로 사망했다고 썼다. 그녀는 대통령이 이것을 모두 승인했다고 믿지는 않았으며, 경찰청장을 옹호한 이승만 대통령의 부인을 비난했다.[65]

한국의 자유주의와 이승만의 적대 세력

이승만 정권에 대항하는 세력이 있었다면 바로 한국민주당이었다. 1940년대에 대두한 지도자들은 때로 당명을 바꿨지만 한민당은 결성된 때부터 일제강점기에 오염되지 않은 젊은 지도자들(김대중 같은)이 성장한 1970년대 초반까지 이런 미지근한 반대 세력의 중심을 이뤘다. 대한민국에 대한 문헌에서 한민당은 기본적 자유와 인권 그리고 이승만의 독재적 행정권에 맞서 의회의 특권을 옹호한 세력으로 묘사되곤 한다. 많은 미국인은 조병옥과 장택상을 1950년대의 훌륭하고 언변이 뛰어난 자유주의자이자 서울의 찻집에 드나들던 이승만 "반대파"의 중진으로 기억한다.

그러나 제1공화국의 형식적인 민주주의는 겉모습일 뿐이었고, 그 뒤에서는 전통적 정치가 정치 지도층을 움직였다. 한민당의 구성원은 대부분 부유한 지주와 지방 유력자 그리고 옛 양반 출신이었으며, 자원의 분배와 부의 관리를 둘러싸고 중앙 권력과 싸웠다. 이승만 대통령의 권력과 한민당 사이의 긴장은 조선왕조에서 국가와 사회의 갈등에 대한 제임스 팔레의 분석과 꼭 닮았다. 이승만은 국왕 역할을 하고 의회는 지주의 이해관계가 결집된 기관이었다. 전형적인 한국 보수층의 한 흐름이었고 새 병에 담긴 묵은 술이었다. 토지와의 관계를 끊고 산업에 투자한 한민당 세력에게 이런 긴장은 중요하지 않았다. 이미 소유한 재산을 분배하고 수입품을 국산품으로 대체하는 초기 산업 계획을 추진해 토착 산업을 육성하려는 보호 장벽을 구축하는 측면에서, 국가 관료는 한민당의 협력자였기 때문이다. 그러나 부를 얻으려면 아직도 예전처럼 국가의 보장이나 관료와의 연결이 필요했다. 한민당에 있던 자본가들은 대부분 김성수처럼 지주 권력이라는 전통적 특권과 지위를 산업적 투자라는 더 큰 보상과 결부시키는 데 관심을 두었다.

제1공화국 시기 이승만과 한민당의 관계는 1945년의 것과 동일했다. 즉 소란스러운 정략결혼이었다. 1948년 가을 CIA가 지적한 대로, 한민당 지도자들은 "이승만을 감히 타도하려고 하진 않았지만 이승만의 정치적 명망이 필요한 뒤부터 그와 불편한 제휴를 유지해야만 했다". 또한 한민당 지도자들은 대부분 일본에 협력한 전력이 있었고, 이승만은 그들을 보호하는 역할을 했다는 것도 언급했다. "동시에 (이승만은) 그들의 돈과 능력이 필요했기 때문에 그들의 요구를 무시할 수 없었다."[66]

헌법에 규정된 입법부의 독립에 대한 이승만의 태도는 모순적이었다. 그는 국회를 구성한 정당과 개인이라는 좁은 범위 안에서는 상당히 소란스러운 토론과 질의를 용인했다. 국회에서 정부 고위 관료와 열띤 언쟁을 자주 벌였다는 사실을 감안하면, CIA가 국회를 한국 "민주 정신의 중심"으로 본 것은 또한 국회가 행정권을 사실상 전혀 견제하지 않았기 때문에 "나폴레옹식 독재 정치Bonapartism"에 걸림돌이 되지 않았고 따라서 "민주적인 서구 입법부와 비슷하지" 않다고 본 것도 옳았다.[67] 입법부는 눈사태가 일어나기 쉬운 산비탈에 세워진 북적이는 스키 오두막처럼 국가 제도의 상층부를 차지하고 있었다.

이승만은 국회의원을 투옥하는 데 주저하지 않았으며, 물론 한국전쟁 동안은 국회를 폐쇄했다. 1949년 후반 국회의원 13명이 국가보안법에 따라 체포됐는데, 군정청 법무부와 경제협력국에서 재직한 에른스트 프렝켈은 기소된 국회의원들이 "국가 안정을 교란하려는" 목적을 지닌 단체에 가입하는 것을 불법으로 규정한 법 조항에 저촉돼 체포됐다고 서술했다. 1949년 11월 17일부터 1950년 2월 4일까지 치러진 재판에서 판사는 피고측이 지명한 증인 소환을 거부했는데 "그 증인들은 피의자를 보호하려는 목적에서 거짓 증언을 할 우려가 있다"는 이유에서였다. 검찰은 고문으로 얻은 자백을 증거로 제출했다. 재판장의 편견은 "몇 번이고" 명백하게 드러났다고 프렝켈은 말했다. 재판이 마무리돼가면서 판사는 음모론에 대해 놀랄 만한 묘안을 새로 만들어냈다. 피고가 "옳은" 일을 했더라도 남조선노동당의 지시로 이뤄진 것이라면 처벌할 수 있는 범죄라는 것이었다. 무엇보다 피고는 이승만에 대한 비판적 견해를 유엔 한국위원회에 전달하고 미군 철수를 요구했으며 "남한군이 북한을 침략하는 데" 반대했다.[68]

한민당은 그 무렵 민주국민당으로 이름을 바꿨고, 실권을 장악한 국가 관료 조직의 상부에, 미군 점령기와 마찬가지로 계속 침투했다. 1949년 초 도지사·시장·군수의 명단은 1945년과 1946년 지방 관리의 명단과 놀랄 만한 연속성을 보여주는데, 출신 지역에는 배속되지 않게 한 조선시대의 상피제相避制를 무시하고 동일한 사람이 지역을 바꿔 옮겨다녔으며, 그 속도는 중국보다 한국이 더 빨랐다. 이런 유형이 1945년에 확립됐다는 사실을 감안하면

이승만 정권의 관료 조직에서 한민당이 우위를 차지한 것은 놀랍지 않다.[69]

여기서 기억해야 할 사실은 1946년 중반에 잠깐 군정청은 좌우합작위원회와 비슷한 형태로 온건 좌파와 온건 우파 사이의 대화를 후원했다는 것이다. 그런 노력은 1946년 가을 사회불안의 와중에서 중단됐고, 미국은 극단 세력을 "중도" 안에 포섭하려는 합작 정책을 다시는 시도하지 않았다. 1947년 7월 좌익 지도자 여운형이 암살됐고, 1948년 초 온건 우파를 대표하던 김규식은 평양에서 열린 남북협상회의를 지지하면서 하지와 함께 자신의 정치적 자산을 써버렸다.

그럼에도 여전히 많은 미국인 관료들은 미국이 이승만과 극우 세력을 후원하는 것이 잘못됐다고 생각했다. 이런 상황과 관련된 그들의 논리는 매우 간단했는데, 한국·베트남·과테말라·도미니카·쿠바 그리고 현재는 니카라과와 엘살바도르에서 미국이 겪은 경험을 포괄하는 것이었다. 그 논리를 가장 잘 표현한 것은 존 F. 케네디의 발언이다. 그는 "우리는 트루히요를 싫어하고 도미니카공화국의 온건파를 좋아하지만, 우리가 공산주의자를 타도할 수 없다는 확신이 들 때까지는 트루히요를 축출하지 않을 것"이라고 말했다. 중도파가 견고한 사회적 기반을 갖고 있지 않는 한 중도파를 추구하는 것을 동일한 일이 끝없이 반복되거나 실패가 예정된 것이라고 비난하는 일은 치명적인 약점이다. 부르주아 없는 부르주아 민주주의는 잘못된 정책이지만, 그것을 추구하는 것은 애플파이만큼이나 미국적인데, 그래야만 개입이 정당화되기 때문이다.

만일 미국이 해방된 한국에 대국적大局的이고 통찰력 있는 정책을 적용했다고 상상한다면 여운형과 조선인민공화국에 권력을 이양했을 것이다. 여운형은 지도력이 있었고 폭넓은 사회 세력을 대표했으며, 정치적으로 중도파였고 애국자인 데다 서구 자유주의에 공감해 미국인들의 발언을 경청할 수 있었다. 그가 어떤 형태의 합작에서 공산주의자보다 우위에 섰다면 한국은 사회민주주의로 나아가거나 미국과 중립 또는 협력관계를 형성했을 것으로 생각된다. 공산주의자가 그보다 우위에 섰다면(이럴 가능성이 좀더 컸다) 미국은 군대를 철수하고 개입에서 손을 씻었을 것이다. 그랬다면 김일성이 이끄는 사회주의적 민족주의, 국가사회주의, 민족지상주의 체제가 나타났을 것이며, 그것은 친미적 체제는 아니지만 시간이 흐른 뒤에는 소련의 팽창주의에 맞서는 방벽이 됐을지도 모른다. 어느 쪽이든 수백만 명의 살상과 수십 년에 걸친 대립을 피할 수 있었을 것이다. 물론 그 대신 미국은 남한에서 좋은 의사가 되려고 했지만, 모습이 이상하거나 발육이 부진한 아이를 낳았다. 적어도 철저하게 냉소적이지는 않은 미국인들은 큰 실패를 겪은 뒤 그때마다 자유주의적 대안이나 중도적 대안을 모색하려고 했다.

1947년 시점에서 김규식은 이승만에 반대하는 미국인들이 보기에 이런 역할을 기대할 수 있는 유망한 인물이었다. 북한과 접촉하려고 한 결과 믿을 수 없는 인물로 판명되기 전 미군 G-2는 그를 이렇게 평가했다. "영웅적 면모는 적지만 대단히 건전하며 이승만이나 김구보다 분명히 더 협조적이다. (…) 극우에게 끊임없이 비방받고 있으며 미국이 추진하고 있는 합작 시도에서 자신을 '희생양'이라고 부르는 김규식은 미 점령군에 협조하고 있는 가장 중요한 한국인이다."[70] 김규식은 온화하고 경험이 풍부하며 박식한 데다 학구적인 인물로 1920년대 초반부터 독립운동에 기여해왔다. 그는 열렬한 민족주의자는 아니었으며 미국의 요구에 대해 원칙에 따른 독립성을 지킬 능력이 있는 인물이었다. 그러나 이승만과 김구 또는 여운형과 달리 그는 강력한 추종자 집단을 갖지 못했고 광범한 사회 세력을 대표하지도 못했다. 1948년 초 CIA는 김규식과 소수의 온건파가 "현재 한국에서 유일한 민주주의적 세력을 대표한다"고 제대로 보면서도 "그들은 응집력 있는 집단이 아니라 비교적 적은 지지자에 결속력이 느슨한 파편적 집단"이라고 지적했다.[71] 김규식의 능숙한 수완과 뛰어난 영어 실력은 미국인이 그를 선호하게 만든 요소였지만, 그를 평균적 한국인과 구분하게 만든 요인이기도 했다. 그는 나이가 많았고 한국을 휩쓸고 있던 강력한 흐름과 접촉하지 않았다. 평양으로 갔을 때 그는 최고인민회의 상임위원장 김두봉에게 자신의 영향력을 행사할 수 있다고 실제로 생각했다. 김두봉이 조선기독교학교에 다닐 때 자신의 학생이었기 때문이다.[72]

그가 한국의 현실에 관여할수록 그에게 호감을 가진 미국인의 숫자는 줄었다. 그는 북한에서 만난 인물에게서 강한 인상을 받았다. 그에게 감명을 준 인물은 김두봉이 아니었다. 그는 김두봉에 대해 "너무 마음이 좁고 교조적"이라고 생각했다. 김규식은 김일성이 소련에게 "잘못 인도되고 있다"고 미국인들에게 말하면서도 그에게서 "희망의 빛"을 봤으며 "뛰어난 유격대 지도자"로 젊은 한국인들에게 인기가 있다고 생각했다. 그는 하지에게 김일성의 강력한 민족주의를 이해시키려고 노력했다. 북한의 산업화 노력도 그에게 깊은 인상을 남겼다. 아무튼 그는 자신의 원칙 때문에 분단된 남한 정권을 지지하지 않았고, 이후 미국의 정책은 그를 진지하게 고려하지 않았다. 그는 한국전쟁 기간에, 아마도 자발적으로 북한으로 넘어갔으며 세상을 떠나기 전 마지막 몇 년 동안 정치에는 깊이 관여하지 않았지만 영예롭게 살았다.[73]

또 다른 친미적 온건파는 여러 달 동안 남조선과도정부 민정관民政官으로 재직하다가 사직한 안재홍이었다. 한 기자가 정확히 묘사한 대로 그는 "지루하고 소심하며" 거의 "토끼처럼" 조심성 있는 인물이었지만, 새 정부는 "극우세력이 세웠으며" 그들은 "수많은 테러 행위를 저질러" "사람들에게 억지로 투표하게 만들었기" 때문에 자신은 새 정부에서 일하지 않을 것이라고 프랑스 통신사AFP에 말했다. 안재홍도 한국전쟁이 끝난 뒤 북한에서 삶을 마쳤다.[74]

미국인들에게 잘 알려졌던 온건파와 자유주의자들은 한국 민중에게는 거의 알려지지 않았고, 한국 대중에게 그들의 서양 지식과 교양은 낯설기만 했다. 폭넓은 지지자를 얻으려고 움직이던 좌익 지도자들은 1947년 이후 공개적으로 활동할 수 없었기 때문에 정치적 분포에 대한 미국의 인식은 서울에 있는 정치인(그들은 모두 서로 알고 있었다)의 분포에 지나지 않았다. 1950년 초 서울에서 발행된 한 신문에 오랫동안 연재된 해방 이후의 정치 관련 기사는, 1945년 이후 아무 일도 일어나지 않았다는 듯, 서울의 정치인들의 복잡한 정당정치만 다뤘는데, 대중은 정당정치에 전혀 관심을 기울이지 않았고 "그들의 수많은 성명과 소동에도 거의 귀 기울이지 않았다"고 서술했다. 1950년 CIA는 대한민국의 "정치적 경쟁"은 "보수적 지도자들 사이에서 벌어지는 권력투쟁"이며 관련자들의 견해를 분열시키는 사안은 드물다고 정확하게 분석했다. 국민 전체에게 "그 정권과 그들이 펼치는 정책은 적극적인 지지를 거의 받지 못했다."[75]

　많은 온건파가 미국이 후견한 남한보다 북한을 선택했다는 것은 북한에 대한 미국인들의 전형적 인상에 비춰 받아들이기 어려운 사실이다. 여운형의 가족 대부분은 그곳에서 삶을 마쳤으며, 딸 하나는 현재 그 정권에서 높은 자리에 있다. 앞으로 보겠지만 많은 온건한 국회의원은 서울이 함락된 뒤 북한에 협력했다. 1948년 홍명희는 평양에 남아 그 정권에 참여하는 것을 선택했다. 그는 남한에서 중요한 인물이었으며, 김규식과 협력하기는 했지만 정치적으로 여운형과 김규식의 중간 정도에 위치한 비공산주의자였다. CIA의 신상 조사 기록에서는 그를 전통적 학자로 서술했고, 남한에 있던 정보원들은 대부분 "신중하고 청렴한 인물"로 평가했다. 그의 아버지는 향반鄕班이라 할 수 있는 "하층 양반"이었으며 일본에 병탄되자 자살했다. 그는 1920년대 동아일보사에서 간부로 근무했고, 1930년대 초반 전라남도에서 반일활동을 했다는 죄목으로 투옥됐으며, 그 뒤에는 고려시대의 전설적 농민 의적을 다룬 여러 권짜리 소설을 펴냈다.• CIA는 1950년에 그의 맏딸이 김일성의 두 번째 부인이 됐다고 잘못 알았다. 그의 자손은 지금도 북한에서 저명한 인사다.[76]

　믿기 어렵다는 의견이 지금도 있지만, 이승만을 대신할 온건한 인물을 찾으면서 하지는 연로한 서재필(필립 제이슨)을 한국으로 돌아오게 해 대통령에 출마시키려고 실제로 시도했다. 서재필은 1884년 갑신정변을 일으키고 1890년대 독립협회에서 활동한 뒤 미국에서 반세기를 보냈다. 그는 의과대학에 진학했고 철저히 미국화됐으며 제2차 세계대전 동안 지역징병위원회에서 의무관으로 근무했다. 1947년 7월 인천에 도착한 그는 거기 모인 기자들에게 한국인은 비누 하나도 만들 줄 모르는데 어떻게 독립된 정부를 가질 것을 기대할 수 있겠느냐고 말해 처음부터 약간 어려움을 겪었다. 서재필은 하지의 고문으로 활동했고, 하지는 그를 1948년 선거에서 이승만에 맞

• 이 소설 『임꺽정』은 고려시대가 아니라 조선시대를 다룬 작품이다.

설 후보로 나서게 하려고 했다. 그러나 그는 이미 암을 앓고 있었고 미국으로 돌아간 직후 세상을 떠났다.[77]

이승만이 권력을 장악하면서 미국 온건파는 한민당 지도자 장면을 선호하게 됐다. 장면은 지주 가문 출신으로 고등교육을 받았고 영어를 유창하게 구사했으며 독실한 가톨릭 신자였고(한국인 지도자 가운데는 드물었다), 한국전쟁이 일어났을 때 주미대사였다. 대부분의 미국 자료에서는 그를 지적이고 유능하고 합리적이고 유순하며 다른 여러 한국인의 특징인 강력한 민족주의를 지니지 않았다고 평가했다. 앞으로 보겠지만, 그는 한국전쟁이 일어나기 직전 이승만 정권이 거의 와해되고 있다는 사실을 미국 고위 관료들에게 일깨웠다. 1951년 1월 무초는 장면에게 빨리 귀국해 전시 내각 수반을 맡아 "프린스턴 졸업생(무초가 이승만을 지칭한 표현)을 지도"하도록 설득하라고 딘 러스크에게 요구했다. 마침내 장면은 1960~1961년 허약한 과도정부를 이끌게 됐지만 주한 미국 대사관과 CIA 한국 본부장의 조언 없이는 어떤 중요한 행동도 하지 못한 것으로 여겨진다. 그는 품위 있는 사람이었고, 진실하지만 유약한 민주주의자였다. 그러나 그가 미국과 맺은 관계는 사대事大의 고전적 사례를 보여줬다.[78]

법학자이자 한민당원인 유진오는 미국이 선호한 또 다른 인물이었다. 몇몇 사람이 한국의 지도적 자유주의자로 평가한 그는 1948년 헌법의 대부분을 작성했다—그 헌법은 민주주의적 모습을 갖췄지만, 오른손으로 준 것을 왼손으로 뺏은 것과 같이 이승만이 트럭을 몰고 지나갈 수 있는 큰 구멍을 남겼다(이것도 이승만이 헌법을 존중하기로 했을 때의 일일 뿐이며, 그는 헌법을 거의 존중하지 않았다). 두 사람 다 유명한 친일 협력자는 아니었지만, 장면과 마찬가지로 유진오도 식민 체제와 어느 정도 부적절한 관계를 맺었다. R. H. 토니는 중국 국민당의 법학자들이 능력과 학식을 갖춘 전문가였음을 감안하면 그들이 국민당이 지배하는 현실에 조금밖에 관여하지 않은 것은 놀랍다고 쓴 적이 있는데, 유진오는 그런 국민당의 법학자들을 떠올리게 했다. 그러나 유진오는 극도의 반자유주의자이기도 했는데, 이것은 미국인들이 서울에서 찾을 수 있는 선택지가 매우 적었음을 보여준다. 그는 "북한과 남한의 정치적 전향 교육"과 관련해 미국의 사회과학자들에게 조언하면서, 열성적인 공산주의자는 "고문과 엄벌로만" 전향시킬 수 있다고 말했다. 공산주의는 종교적 신앙과 같아서 "이런 두 가지 방법을 빼고는 그들을 개조할 방법이 없다"고 그는 생각했다.[79]

이승만의 지도력

이승만의 국정 운영 기술과 성격에 대해서는 주의 깊게 연구하고 숙고해야 한다. 그는 남한에서 중요한 인물이고 내전을 확대시키는 데 원인을 제공했으며, 대부분의 사람은 은퇴할 나이에 거대한 적에 맞서 워싱턴 D.C.의 고독한 망명생활에서 돌아와 15년에 걸친 정치적 성공을 거둔 인물이기 때문이다. 현재 남아 있는 문헌은 그리 도움이 되지 않는다. 분량도 적고 대부분 기이한 성인전을 쓸 수 있는 정권 내부 사람이나 이승만에게 고용된 사람 또는 로르샤흐 검사(앞서 언급됐던 성격 실험)처럼 막연한 망상을 한국과 이승만에게 투영한 미국의 아시아 우선주의자가 썼기 때문이다. 정권 내부의 인사들은 언제나 이승만을 국부國父이자 용감한 독립투사라고 생각했다. 그의 홍보 담당자는 독특한 변론을 정교하게 조직하고 신화를 장황하게 설명했다. 헨리 루스 같은 아시아 우선주의자는 잡지의 표지에 이승만의 잘생긴 얼굴을 실었다. 그것은 미국인이 보기에 민주주의자이자 기독교 신자의 얼굴이었다.

나중에 이승만과 실제로 이야기를 나눠보고 그가 노쇠했음을 실감한 사람도 있었다. 이승만은 미국인과 가진 개인적 모임에서 "입에 거품을 물고" 화를 낸 적도 있었다.[80] 그는 미국 의회에 나타나 핵전쟁을 옹호하면서 중국 로비에 소속된 의원들까지 당황하게 만들기도 했다. 이승만을 비판하는 미국인은 많았지만 그들은 다른 사람들처럼 그에 대해 거의 알지 못했다. 또한 이승만을 장제스의 축소판으로 봤지만, 동시에 자신들이 생각하는 것 이상으로 이승만 신화를 받아들였는데, 이는 근거로 삼을 만한 자료가 없었기 때문이다. 그는 윌슨주의의 수호신이었던가, 치매 증상을 보인 노인이었던가. 아니면 한국의 국부였던가, 제2의 장제스였던가. 또는 무초의 표현대로 "프린스턴 졸업생"이었던가, 하지의 말대로 "늙은이old bastard"였던가?[81]

가장 근접한 대답은 이승만이 위의 보기 가운데 어디에도 해당되지 않는다는 것이다. 이승만은 1945년 이전에는 한국에 김구·김일성·김원봉이나 김규식보다 더 잘 알려지지 않았다. 그는 한국의 독립을 널리 선전한 사람이었지만 40여 년 동안 일본으로부터 안전하게 멀리 떨어져 있었다. 그가 늘 주장한 대로, 그가 우드로 윌슨을 알았다면 그것은 1911년 대학 교정에서 윌슨에게 큰소리로 외쳤기 때문일 것이다. 미국인들이 그가 기독교 기도문을 외우고 있다고 생각했을 때 사실 그는 서예를 연습하곤 했다. 그의 흥분한 말투와 고령은 자신의 목적을 숨기거나 미국인과 흥정하기 위한 유용한 책략이었다. 그가 제2의 장제스였다는 것은 적절하지 않은 비교였다. 장제스는 이승만보다 정치적·군사적 경험이 훨씬 더 많았고 수십 년 동안 수억 명을 통치했으며, 일본에 어느 정도 저항한 비교적 독립된 정권을 가졌고, 적어도 1927~1941년에는 미국의 영향을 그다지 받지 않았다. 이승만은 추종자 집단을 운영한 정도의 정치적 경험밖에 없었고 1945년 이전에는 통치의 경험이 없었으며, 식민지 시대의 관리로 구성된 정권을 이끌었고 공식적으로나 비공식적으로나 미국이라는 존재에게 큰 영향을 받았다. 그럼에도 이승만은 강력하고 유능한 지도자였다. 기록에서 보이는 그는 마치 줄을 당겨 조종하는 인형 같았다. 그러나 그 줄은 힘줄과 비슷했고 그는 그것을 당길 수도 있었다.

우리는 경험이 풍부한 미국인들이 자유세계의 오래된 동맹자를 참으로 어떻게 생각하고 있었는지 보여주는 확실한 사실 몇 가지로부터 논의를 시작하려 한다. 이승만은 잘생기고 온화하며 매력적인 신사라는 인상을 조금씩 심어갔다. 그는 듣기 좋은 수사를 사용하고 상대의 경계심을 풀고 민주주의의 상징을 사용하는 방법을 빠르고 완벽하게 습득했으며, 그것은 미국인의 마음을 움직였다. 미국인들이 이승만에 대해 품은 첫인상에서 깨어나는 데는 상당한 경험이 필요했다. 하지는 그를 가장 잘 알았으며, 1948년 두 사람의 관계는 중국의 사례와 어느 정도 비슷해졌다. 하지가 이승만을 생각한 것은 "신랄한 조Vinegar Joe"라고 불린 스틸웰이 장제스를 생각한 것과 비슷했다. 하지가 추상적으로 생각한 정치는 이승만이 구상한 정치와 비슷했는데, 하지는 공산주의처럼 보이는 것은 무엇이든 근본적으로 혐오하는 전형적인 미국인의 생각을 지녔다.[82] 그러나 그는 정직하고 가식 없는 직업 군인이었다. 웅장한 옛 조선총독부 관저를 점령했지만 보좌관 몇 사람만 거느리고 그곳에 거주하며 열심히 일하고 검소하게 생활하는 것으로 널리 알려졌다. 그 이전에는 아니었지만 그는 한국에 도착한 지 1년도 안 돼 이승만을 깊이 혐오하고 불신하게 됐다. 그럼에도 하지가 이승만을 지지한 것은 철저한 실용적 반공주의의 기준에 따른 선택이었고, 다른 대안이 없기 때문이었다.

하지는 이승만의 부정한 정치자금과 미국인 지지자와의 관계, 테러와 암살에 그가 개입한 정황에 대한 풍부한 정보를 갖고 있었다. 레너드 버치에 따르면 하지는 이승만을 체포해 투옥하려고 여러 번 결심했지만 늘 마지막 순간에 그만두었다. 그는 지프차를 보내 굉음을 울리며 서울을 가로질러 이승만을 체포하고 투옥시키려고 보낸 적이 한 번 있었지만, 군용 무선으로 명령을 철회했다. 그는 이승만과 감정적이고도 격렬한 회의를 장시간 했다. 거기서 이 두 완고한 인물은 서로 증오하는 감정을 숨김없이 드러냈다. 하지는 이렇게 쓴 적이 있다. "이승만은 자신이 미국 정부와 협상하는 것이 아니라 나와 협상하고 있다는 것을 생각하면 분노를 참지 못했다(그의 부인이 그것을 조장하고 사주했다)." 이승만이 권력을 장악했을 무렵 하지는 이승만과 프란체스카(특히 후자)가 "나에 대한 뿌리 깊은 원한을 그대로 갖고 있었다"고 언급했다. 1948년 5월 선거가 끝난 뒤 그는 자신을 되도록 빨리 면직해달라고 맥아더에게 요청하면서, 자신은 곧 "환영받지 못하는 사람"이 될 것이라고 했다. 그리고 이승만이 "미국과 하와이와 중국에서 철새 정치인들을 자기 조직으로 데려왔을 때"는 한국에 있고 싶지 않다고 말했다. 하지는 환송식도 치르지 않고 "현지의 정치적 술수"에 관여하지 않은 채 빨리 떠나고 싶어 했다.

〈사진 2〉 1947년 12월 8일 장덕수의 장례식에서 추도사를 읽는 윤치영. 앞줄 오른쪽에 이승만과 프란체스카가 있고 이승만의 왼쪽 어깨 뒤쪽에 있는 사람은 김성수다.

하지가 보기에 한국의 "카포네 갱Capone Gang"의 우두머리였던 이승만과 프란체스카는 그가 공산주의자였다는 믿기 어려운 소문을 사람들에게 퍼뜨리는 것으로 맞섰다. 이승만 부부는 올리버 등에게 보낸 편지들에서 이런 이야기를 되풀이했으며, 하지가 이승만의 노총보다 전평을 지지하고 있다는 주장까지 제기했다("우리의 우익 노동조합은 완전히 곁가지로 취급되고 있습니다"). 스틸웰과 달리 아시아의 정치에 경험이 없었던 하지는 이승만을 징계하는 방법으로 미국의 지지를 철회하려고 생각하지 않았다. 그는 워싱턴이 자신을 지지하지 않을 것이라고 생각했다는 측면에서 스틸웰보다 더 현실적이었다.[83]

CIA는 이승만이 집권한 직후 이렇게 평가했다.

이승만은 전 생애를 한국의 독립이라는 대의에 바쳤지만, 궁극적 목적은 자신이 그 나라를 통치하는 것이었다. 그는 이런 목적을 추구하면서 자신의 출세에 이용할 수 있는 요소는 무엇이든 거리끼지 않고 사용했지만, 중요한 예외가 있다. 공산주의자와 연결되는 것은 늘 거부했다는 것이다. (…) 그는 자신의 허영심을 위해 미국과 한국의 공리주의적 기업의 감언에 쉽게 넘어갔다. 그의 지성은 천박하고 행동은 자주 비이성적이며 유치하기까지 하다. 그러나 최종 분석에서 이승만은 대단히 기민한 정치가라는 사실을 스스로 증명했다.

이 "인물" 연구의 결론은 예언적이었다. "득의에 찬 이승만의 자아는 새로운 한국 정부와 미국의 이익에 끔찍하거나 적어도 매우 당황스러운 행동을 할 (…) 위험이 존재한다."

1950년 무렵 CIA는 이승만을 다음과 같이 평가했다. 그는 "노쇠"했고 소수의 고문에게 큰 영향을 받으며 "단호하고 강력한 의지와 고집"과 "큰 설득력"을 가졌고, 소련에게는 "철저하고 타협하지 않는" 두려움과 증오를 품었으며, "내각과 요직에 대일 협력자"를 수용했다. 그는 합법적 야당이라는 개념을 전혀 이해하지 못하거나 용인하지 않으면서 "엄중한 검열과 경찰 폭력 같은 전체주의적 수단 그리고 청년 단체와 무장한 '애국적' 단체 같은 정부 외의 기구를 사용해 비공산주의 대항 세력과 정당을 위협하고 파괴하기를 망설이지 않는" 인물이다.[84]

캐나다·호주·영국 같은 미국의 가까운 동맹국 대표 기관들의 평가는 더 신랄했다. 영국 영사 커모드는 이승만을 위험한 파시스트나 정신이상자로 규정한 신랄한 보고서를 작성했다. 이승만이 로버트 올리버 등에게 보낸 편지에서는 편집증의 징후가 보이는데, 자신에게 반대하는 사람은 누구나 공산주의자로 규정하고 있다는 것이었다 ─그렇게 지목된 인물에는 박흥식을 소공자小公子처럼 보이게 만든 자본가인 쑹쯔원도 들어 있었다. 이승만은 조용하고 아버지 같은 거동과 날카롭고 신경질적인 반응을 번갈아 보여가며 자신의 정부 각료들을 위협했다.

그러나 한 사람이 동시에 어떻게 노쇠하고 위험하고 편집증이 있으며 완고하고 강고한 의지와 큰 설득력을 지니는 데다 "대단히 기민"할 수 있는가? 로버트 올리버 등은 1950년대 후반 이승만이 85세에 가까웠지만, 늘 그의 특징인 고요한 평정과 변덕스러운 감정 폭발이라는 상반된 모습을 유지했다고 기억한다.[85] 1950년 CIA가 그를 엄청나게 완고한 사람으로 생각했다면, 1920년대에 그를 알았던 한국인들도 마찬가지 생각이었다. 이승만은 수십 년의 망명생활 내내 한 줌의 추종자밖에 없었으며 넉넉지 않은 후원금으로 생활했다. 자신의 힘밖에는 기댈 수 없는 상황에 던져져 늘 1인 정당으로 활동한 야심가는 남다른 의지력과 격렬한 투지 그리고 날카로운 가식과 연기력을 쌓음으로써 생존하고 지배할 것이다. 게다가 이승만은 가족도 친척도 혈연관계도 없는 한국인이었다. 매우 강력한 가족관계 전통이 있는 사회에서 홀로 살아간다는 것은 그 자체로 용기와 결단력을 보여주는 행동이다. 더욱이 이승만은 삶의 대부분을 이국에서 홀로 보낸 인물이었다. 오스트리아 여성과 결혼해 아들 한 명을 입양했다. 이것이 그의 가족이었다. 그는 일단 외로움에 완전히 적응하자 자유로운 새가 됐고, 혈연의 관계망에 걸린 사람들을 조종할 수 있게 됐으며, 갈등과 기득권을 위에서 관리할 수 있게 됐다(그 정권의 만연한 부패 속에서도 이승만과 그의 부인이 자신들을 위해 아무것도 남겨놓지 않았다는 것은 주목할 만하다).

그러나 이런 특징들은 그와 한국 사이의 이질성을 확대시켰다. 식민지 시기 동안 자신의 나라를 떠나지 않은 많은 한국인들은 대통령이 낯설고 예스런 한국어를 구사하고 가계家系도 분명치 않으며 친족도 많지 않고 외국인 부인을 맞은 것에 큰 충격을 받았으며, 특히 마지막 사항은 격렬한 분노를 불러일으켰다.[86] 미국인들에게는 완전히 한국인이고, 한국인들에게는 완전히 외국인인 이승만은 매우 낯선 혼성체였다. 그러나 그의 성격은 책임을 질 지위에 있는 지긋한 나이의 한국인에게는 좋게 보였던 것 같다. 같은 사람에게서, 때로는 같은 날에, 이루 말할 수 없는 매력과 충격적인 조잡함을 연이어 목격하는 것은 꽤나 일반적이다. 완벽한 자기통제와 위엄이라는 냉정한 유교적 태도가 한순간 분노에 따른 광기나 어리석은 무의미한 행동에 굴복하고 마는 것이다. 이런 태도는 전통에 힘입어서만 정당화될 수 있는 가부장제를 유지하는 데 곧잘 활용된다.

이승만은 이런 가부장제적 특질에 마키아벨리즘을 더했는데, 그것은 그의 두 번째 본능으로, 그의 지성이 아니라 그의 뼛속에서부터 나온 것이었다. 이승만의 지성이 천박하다고 한 CIA의 평가는 옳았다. 적어도 입수할 수 있는 그의 저서와 편지를 보면 사려 깊은 마음의 편린은 거의 보이지 않으며 계산적인 야망의 증거만 넘쳐난다. 이승만은 거듭거듭 분노를 폭발시키면서, 자신을 추종하는 강건한 청년들과 거리에서 죽을 준비가 돼 있다거나 자신의 뜻대로 되지 않는다면 어떤 대혼란을 야기시키겠다고 선언함으로써 미국인 관료들을 위협했다. 그는 대니얼 엘즈버그가 "광인 이론madman theory"이라고 부른 비합리성의 합리성의 특징을 체현했다—적대 세력에게 자신은 무엇이든 할 수 있고, 협박 효과가 있는 한계치까지 행동하거나 그 선을 넘을 수 있다고, 그들을 저지하거나 단념하게 만들 수 있다고 생각하게 하는 것이다. 리처드 닉슨은 이런 전술을 이승만에게서 처음 배웠다고 털어놓았는데, 그는 이승만을 만난 뒤 "공산주의자와 다르지 않은 책략적 사고라고 부를 수 있는 것"을 이승만이 지니고 있음을 발견했다.[87]

이승만은 거친 위협을 이용해 자신의 뜻을 관철시키기를 좋아한 상습적인 도박사였으며(이승만은 포커에서 2가 나온 원페어로도 이길 수 있었다고 올리버는 말했다[88]) 늘 조심스럽게 다뤄야 하는 니트로글리세린이 담긴 폭발하기 쉬운 병과 같았다. 미국인들은 온갖 수단을 써서 그를 속박하려 했고, 자신의 아랫사람을 마음대로 조종하는 인형으로 만들 수 있는 그의 행동을 원천적으로 통제하려고 애썼지만 그는 굴복하지 않았다. 그 이유는 그가 사회 구조 전체를 자신의 개인 자산으로 끌어내리려 했기 때문이다(또는 그렇게 하려는 것처럼 보였다). 그에게는 미국인이 절실히 필요했지만 미국인에게 그는 적당한 선에서 필요했고, 그도 그것을 알고 있었다―이승만의 뒤에 있는 것은 끝을 알 수 없는 나락이기 때문이었다. 적어도 초보적 수준의 영어를 이해하고 미국 정치를 아는 괴팍스러운 혼성체 대신, 연로한 서재필이나 무능한 장면, 위험한 김구나 김일성이 있었고 그들은 진정한 한국인이었다. 하지만 미국인들은 그들에 대해 잘못 평가하고 있었다.

이승만의 정치적 수법은 정부와 관료 기구 안에 있는 한국인에게도 사용됐지만 그리 효과적이지 않았다. 몇 세기 동안 전제 정치와 외국의 오랜 위협에서 살아남은 민족에게는 이승만처럼 기민하고 마키아벨리적이며 괴팍스러운 지도자가 매우 많았다. 이승만은 형식적으로 정부를 지배했으며 모든 것을 자신의 관리 아래 집중시키려고 했다. 관료들은 대부분 그의 앞에서 움츠렸고, 주요 결정부터 여권 발급과 같은 일상 업무에 이르기까지 그의 허가를 받지 않고는 하기를 꺼렸으며, 이승만 자신이나 그의 측근이 그런 업무들을 감시했다. 이승만은 중앙과 지방의 공무원을 대부분 직접 임명했고, 고도로 중앙집권화되고 정실에 기반한 엽관제도를 조종했으며, CIA가 말한 대로 총리를 자기 비서처럼 다뤘다.[89] 그렇다고 해서 모든 사람이 이승만의 명령에 따라 행동했다는 뜻은 아니다. 상명하달식 통제의 겉모습 뒤에는 권력투쟁에 따라 빈번히 분열되는 체제가 감춰져 있었으며, 이승만의 목표는 철저한 통제를 펴는 것이었지만 실제로는 그러지 못했다. 그는 실제의 적과 가상의 적으로부터 자신의 행동을 숨겼으며, 그 적들도 그에게 똑같이 했다.

이승만과 미국인

이승만에게 중요하고 결정적인 영향을 준 것은 정부 내의 개인적 내각이었다. 그들은 대부분 미국인이거나 미국에서 여러 해를 보낸 한국인으로 오랫동안 측근이었던 "사설 고문단"이었다. 이승만은 집권하자 자신이 활동했던 "한국 로비"에서 몇 사람을 내실로 불러들였고, 그중 몇 명은 무초 대사보다 더 큰 영향력을 지니게 됐다. 어떤 문헌에서도 이런 현상이 내포하는 중요성을 제대로 이해하고 다루지 않았다. 이것은 가령 김일성이 40년 동안 소련에서 산 뒤 유럽인 부인과 소련인과 한국계 소련인을 측근으로 데리고 돌아온 것과 마찬가지였다. 블라디미르 김이나 이반 리 같은 이름을 지닌 그들은 대부분 한국어를 제대로 하지 못했음에도, 이런 사람들을 내부에 배치해 자신과 소련 대사관 사이를 중개하게 했고, 내각에 배치해 오랜 시간을 함께 보냈다고 가정한다면, 그것이 바로 이승만의 상황이었다. 이승만 정권의 사령탑은 일종의 외국으로부터 이식한 조직이었다는 것 그리고 그에 못지않게 중요한 것은 비공식적 존재인 이 미국인들이 이승만에게서 보수를 받았고, 미국 대사관에서는 이들을 싫어했다는 사실이다.

이 고독한 대통령에게 영향력을 행사하는 데 성공한 집단이 있었다면 그것은 사설 고문단이라고 CIA는 생각했다. 그들은 프란체스카 리를 오스트리아인 황태후처럼 중요하고 영리한 인물로 보고 그녀의 영향력을 너무 높이 평가한 경향이 있다. 이승만은 사람들, 특히 사적 영역에서 부인이 행사하는 힘을 잘 알고 있는 한국인들에게 그녀가 만만찮은 존재라고 생각하게 만드는 것이 편리하다는 점을 깨달았다. 그녀는 "한국인이 아닌 사람이 이승만을 만날 필요가 있는지 엄격히 따졌으며" 이승만을 대신해 많은 사무를 처리했다고 무초는 말했다. 그러나 로버트 올리버는 이승만이 그녀의 견해에 크게 주의를 기울이지 않았으며 그녀가 한국 정치를 형편없이 오해한다고 생각했다. 올리버는 이승만의 연설문을 많이 썼고, 또 다른 오랜 측근인 해럴드 노블도 마찬가지였다. 올리버는 대부분의 각료나 미국 대사관보다 훨씬 더 쉽게 이승만의 집무실을 드나들었다.[90]

해럴드 노블은 한국에서 오랫동안 선교활동을 한 가문 출신이었다. 그의 아버지는 1890년대에 배재학당에서 이승만을 가르쳤다. 노블은 군 정보부에서 근무했으며 이승만과 하지·무초의 교섭을 자주 중재했고, 1950년 9월 서울을 탈환했을 때 이승만이 유엔군 사령부에서 한 연설의 초고를 썼다. 올리버와 노블이 서로 반목했고, 올리버가 이승만의 내부 집단에서 가장 중요한 프레스턴 굿펠로와 불화한 것은 이승만이 사람들의 대항의식을 부채질한 방식을 보여준다.

이승만에게 큰 영향을 준 또 다른 미국인은 해럴드 레이디였다. 『시카고데일리뉴스』에서는 그를 "남한 정부에서 가장 영향력 있는 인물의 하나"로 묘사했다. 그는 1949~1950년 대한민국과 일본의 중요한 무역 협상에서 책임자로 일했다. 경제협력국은 1950년 3월 "레이디 씨의 영향력은 한국 정부각료의 조언보다 이승만 대통령에게 훨씬 더 크게 미치며, 그는 늘 (미국) 대표단의 입장을 지지하고 있다"고 보고했다(이는 그 자체로 흥미로운 관찰이다). 레이디는 미국 대사관 관료들이 어려운 협상을 하려고 이승만의 집무실을 방문할 때마다 종종 그 자리에 있었다.[91]

이승만 집권기 동안 그 밖에도 몇몇 미국인 고문이 드나들었지만 위에서 언급한 사람들보다는 대부분 덜 중요했다. 이를테면 찰스 W. 듀잉은 1949년 공보처 상담관으로 이승만을 위해 근무했다. 존 래셔는 "청년 조직 담당" 고문이었다. 제이 제롬 윌리엄스는 이승만의 고문으로 워싱턴과 서울에서 일하면서 외교 행낭으로 정보를 교환했다. 몇몇 미국인은 이승만이 지방 연설을 갈 때 늘 수행했다. 1949년 4월 그가 자신이 제창한 "일민주의"를 보급하려고 지방을 순회할 때는 윌리엄스·올리버·프란체스카가 수행했다.[92]

대통령의 측근에는 미국에서 오랜 기간을 보낸 한국인과 한국계 미국인도 있었다. 이승만의 집권은 대한인국민회大韓人國民會의 오랜 지지자들의 꿈이 실현된 것이었다. 임병직(벤 임)은 그들 가운데 가장 유명한 인물로 1940년대 초 아지노모토味の素*를 팔러 하와이로 이주했고 1948~1951년

---

* '맛의 본질' 또는 '맛의 근본'이라는 뜻으로 일본의 아지노모토 주식회사에서 만든 화학 조미료.

이승만 정부에서 외무장관을 역임했다. 그는 1893년 충청남도 부여의 부유한 지주 가문에서 태어났다. 그의 아버지는 군수를 지냈다. 그는 오랫동안 이승만의 비서와 고문으로 일했으며 10대 때 YMCA에서 이승만과 처음 함께 활동했다. 그는 이승만을 따라 미국으로 가서 매사추세츠주의 마운트 허먼 소년학교에서 공부하고 오하이오주립대학에서 1년 동안 공부했다. 1919년 이승만은 임병직을 실재하지 않는 대한임시정부군 "대좌大佐"로 임명했다. 그는 1942년 이승만이 한국에서 지하활동을 조직하려고 굿펠로와 윌리엄 도너번을 만났을 때 동석했다. CIA의 신상 조사 기록에서는 그를 이승만의 "분신"이라고 지칭하면서, 많은 미국인이 좋아했지만, 때로는 "제어되지 않는 감정적 폭발"을 일으킨다고 썼다. 그는 미국에서 오랫동안 인종차별을 느꼈다며 미국인들에게 괴로움을 토로하기도 했다. 일부 한국인 단체는 그를 외부자이자 외국인으로 간주하기도 했다.[93]

강력한 권력을 휘두른 내무부 장관 윤치영은 와세다대학과 컬럼비아대학에서 공부한 한민당원으로, 이승만이 하와이에 있을 때 "가까운 동료이자 예전의 개인 비서"였으며, 제2차 세계대전 동안 "일본의 후원을 받아 전쟁에 협력한 기업활동에 적극적으로 참여했다"고 CIA는 파악했다. 윤치영의 친척인 윤치왕 준장은 한국군의 군의총감軍醫總監이었으며, 그의 딸은 이승만의 또 다른 측근인 "몬태나" 장과 결혼했는데 그에 관한 사항은 뒤에서 좀더 자세히 서술하겠다. 이승만의 친구로 상공부 장관이 된 임영신(루이스 임)은 위탁된 일본의 기업과 공장을 이승만의 지지자들에게 불하하는 데 중심 역할을 했으며, 부패 혐의로 물러난 첫 각료였다.[94]

이 범주에 들어가는 또 다른 사람은 헨리 드영으로, 그는 이승만의 공식 서한 대부분을 썼는데, 이승만은 그의 한국어 실력을 "충분하지 않다"고 평가했다. 장기영은 미국 시민권자로 역시 미국에서 이승만의 가까운 동료였고, 임영신이 상공부 장관에서 물러나자 미국 시민권을 포기하고 후임으로 발탁됐다. 그리고 이승만의 언론 담당 비서 클래런스 이(이철원)는 마운트허먼 소년학교를 졸업한 뒤 컬럼비아대학으로 진학했다. 그는 1938~1943년 아메리칸 캐시 리지스터사의 평양 지점장으로 근무했다.[95]

이승만과 경무대景武臺의 측근들이 정부의 복잡한 사무를 처리하는 데 경험이 부족했다는 것은 그들이 미국 대사관과 다수의 미국 군사·경제고문들의 도움 및 전문 지식에 의존했다는 뜻이다. 이것은 물론 그들이 서로 잘 지냈다는 의미는 아니다. 한국에 주재한 미국 관료들은 이승만의 폭발하기 쉬운 성격을 고려해 군과 경찰 부대의 작전 지휘권 장악 같은 이례적인 통제를 새 정부에 가하려고 했다. 이것은 미국이 일본에서 구축한 것과 같은 방어와 자원에 대한 최대한의 지배는 아니었다(지금은 한국도 그렇기는 하지만). 미국은 이승만을 신뢰할 수 없었기 때문에 철저한 감독과 침략 수단의 직접적 사용 금지, 원조 자금 지출과 통화 거래 통제, 정책 문서의 입안, 이승만과 그 정부에 관한 지속적인 정보 수집(미국은 점령이 끝난 뒤에도 미군 방첩대, G-2, CIA의 작전을 일부 유지했다)을 했고, 한국전쟁이 발발한 뒤에는 미국 연방준비제도American Federal Reserve에 한국의 모든 외화와 금 보유고를 이송할 것을 검토했으며, 이승만을 사임시키겠다는 암시와 위협과 실제 계획을 거듭 추진했다.

이것은 쉽게 범주화하기 어려운 특이한 관계였다. 미국의 거인들은 『걸리버 여행기』에 나오는 소인 같은 한국인들에게 그물을 던지려고 했지만 그들이 도망갈까봐 여전히 걱정했다. 그것은 손을 떠는 지배자와 중풍에 걸린 도박사 사이의 대결처럼 오늘은 어떤 일이 일어나고 내일은 무슨 일이 생길지 알 수 없는 대단히 흥미로운 변증법이었다. 이승만은 공식적인 그물망 바깥까지 손을 뻗어 자신이 고용한 미국인들이나 맥아더 또는 장제스 또는 공화당 의원들 또는 미국 정보기관 내의 협력자 또는 매우 경험이 풍부한 옛 일본의 식민주의자들에게 다가갈 수 있었다. 이것은 일방통행로가 아니었다. 이승만은 줄에 매여 있는 사냥개처럼 보였지만, 거의 질식할 것 같은 한계까지 가죽끈을 끊임없이 끌고 나갔다.

주관적·개인적인 차원에서 객관적인 차원으로 눈을 돌리면 이승만과 그의 정권이 미국의 지원 없이는 존속할 수 없었다는 데는 의문의 여지가 없다. 이 정권은 전후 아시아의 그 어떤 나라보다 미국이 창조한 산물이었으며, 장제스의 국민정부보다 훨씬 더 그랬다. 게다가 이승만은 군과 경찰의 작전통제권 같은 한국 주권의 일부를 양보하고(북한은 그러지 않았다) 한국전쟁 이전 미국과 중국 국민정부에게 해군과 공군 기지를 제공하려고 했다. 고종과 마찬가지로 그도 한국의 기초 자원의 이권을 미국인들에게 제공했다.[96] 미국의 공식적 관점에서 타당하게 상황을 파악한 CIA는 "대한민국 정부의 정책은 미국에 의존하는 조건에 따라 만들어진다"고 말했다.[97] 대부분의 시간 동안 그 관계는 미국이 상황을 지배했다기보다는 미국이 형태를 만들고 회유하는 것이었다. 그러나 무초가 잘 알고 있던 중앙아메리카의 상황처럼 제국주의적 지배는 확고해졌다.

"이승만은 진정으로 아무도—자신의 부인까지도—믿지 않는다"고 무초는 추측했다. 그러나 이승만이 부인을 믿지 않을 이유는 있었던 것으로 보이는데, 그녀가 이승만의 행동을 무초에게 알려주곤 했기 때문이다. "그녀는 자신이 생각하기에 내가 알아야 한다고 생각한 일을 귀띔해주려고 꽤 자주 전화를 걸었다." 가톨릭 신자인 프란체스카는 교황 대리인 패트릭 번 신부를 거쳐 무초에게 정보를 전해주기도 했다. 그녀는 한국에 있는 "백인 오스트리아인"으로서 외로움과 두려움을 느꼈기 때문이라고 무초는 그 까닭을 설명했지만, 그런 행동에 함축된 의미는 깨닫지 못했다.[98] 만약 베스 트루먼●이 주미 영국 대사나 캔터베리 대주교에게 전화를 걸어 연로한 해리가 버럭 화를 내려 한다고 알려주곤 했다면, 그도 프란체스카의 행동이 내포한 의미를 이해했을 것이다. 이것은 이승만의 모든 행동을 감시하려는 자신들의 욕망을 지극히 자연스러운 것으로 취급하는 미국인들의 습성을 보여주는 또 다른 삽화일 뿐이다. 결국 한국에서 인형극을 연 쪽은 소련인들이었다.

겉으로 보기에 한국과 미국의 관계는 비굴할 정도로 종속적일 때가 많았다. 한국 관료들은 유력한 미국인들에게 부끄러움을 모른 채 아첨했다. 공식 회합에서는 "위대한 지도자" 해리 트루먼에게 보내는 성명을 채택하곤 했는데, 한국의 "정치·경제 등 여러 분야의 발전은 전적으로 각하와 미국 국민에게 힘입고 있다"는 등의 내용이었다.[99] 북한에서는 마찬가지로 스탈린

● 베스는 '엘리자베스'의 애칭으로 트루먼 대통령의 부인을 말함.

과 소련인에게 같은 태도로 허리를 숙였다. 이것은 한국인들에게는 그저 공손한 행동일 뿐이다. 한국인들이 실제로 어떻게 생각했는지는 거의 알 수 없다. 그러나 많은 미국인처럼, 이승만과 그 세력이 한 사람의 미국인에게 전적인 경외심을 품었던 것에는 의문의 여지가 없다. 그는 미 육군 원수 더글러스 맥아더였다. 맥아더의 찬란한 경력과 위엄 있고 가부장적인 태도는 한국인에게 깊은 인상을 줬다. 일본 제국을 패배시킨 그는 정복자의 역할에 어울리는 인물이었다. 무초는 이승만이 "맥아더에게 진정한 경외심을 품었다"고 언급했고, 좀더 흥미롭게는 "맥아더와 장제스와 이승만의 유사성 및 그들의 관계는 매우 흥미로웠고 나를 당황스럽게 했다"고 말했다. "나는 그들이 모두 같은 부류라고 생각한다. 한마디로 자아도취병 환자들이라고도 할 수 있다."[100]

이승만이 맥아더와 맺은 관계를 파악하는 데 사용할 수 있는 증거는 충분하지 않다. 그는 1945~1950년 맥아더와 여러 차례 만났지만 기록은 전혀 남아 있지 않다. 맥아더의 활동을 자료로 입증하는 데 따르는 여러 큰 구멍 가운데 하나다. 맥아더는 1945년 10월 한국으로 돌아오는 이승만을 만났는데, 그가 도쿄에서 서울로 오는 데 자신의 전용기인 바탄호를 제공했다. 그때 하지는 도쿄에 있었다. 그 회담의 내용은 전혀 알려지지 않았다. 맥아더는 1946년 12월 이승만을 다시 만났는데, 그때 이승만은 도쿄를 거쳐 워싱턴으로 가고 있었다. 맥아더는 1945년부터 1950년 6월까지 일본 바깥으로 두 번밖에 나가지 않았는데, 그 가운데 한 번은 1948년 8월 대한민국 정부 수립 축하 기념식에서 연설하기 위해서였다. 그는 이승만에게 팔을 두르고 그와 주변 사람들에게 북한이 공격해온다면 "나는 캘리포니아를 지키는 것처럼 한국을 방어할 것"이라고 말했다. 그런데 동시에 그때부터 그는 자신은 한국 방어를 책임지고 싶지 않다며 워싱턴에 강력히 항의했다. 그의 모순된 성격을 감안하면, 어떤 발언이 그의 진심인지 알기 어렵다. 그러나 이승만은 1948년 10월 도쿄에서 그를 다시 만났고, 그때도 맥아더는 바탄호를 보내 이승만을 데려왔다. 미군이 주둔하는 한 한국을 방어한다는 미국의 비밀 계획을 공개적으로 누설이라도 하려는 양, 그가 미국을 방어하듯 한국을 방어하겠다고 기자들에게 발표하고 이승만에게 인정한 것은 의심의 여지가 없다.

귀국하기 직전 이승만은 기자들에게 맥아더의 약속을 알렸다. 맥아더가 매우 신뢰한 통역관으로 자주 이야기를 나눈 주일 영국 정부 대표 앨버리 개스코인은 맥아더가 그 성명을 발표했음을 이승만에게 인정했지만, 태평양 지역 사령관의 지위로서 그랬던 것이며 이승만은 거기서 배제됐으므로 그 구상은 "어느 정도" 왜곡됐다고 말했다. 이승만과 맥아더의 가장 중요한 회담은 1950년 2월에 있었는데, 북한에서는 그때 북침 계획이 수립됐다고 늘 주장해왔다. 이 문제는 뒤에서 살펴볼 것이다.[101]

대일 협력의 문제

일본에 협력한 한국인을 본격적으로 축출한 조치가 군정 기간에 없었다는 것은 물론 식민화된 지배층 권력이 남한 사회의 모든 계층에 침투했다는 뜻이었다. 이승만은 특히 경찰과 군대에서 친일 세력을 강화하고 보호했는데, 일본을 철저히 비판함으로써 이를 위장하려고 했다. 식민 지배가 끝난 뒤에도 한국에 식민지 관료 기구가 존속된 것은 놀라운 일이 아니다. 그것은 대부분의 식민지에서 나타나는 전형적인 현상이다. 그러나 1권에서 논의한 대로, 일본과 한국의 경험에서 상대적으로 독특하고 심각한 본질은 친일파 문제를 전후 초기의 모든 쟁점 가운데 어쩌면 가장 중요한 쟁점으로 만들었다. 더욱이 식민지 공권력에는 미국이 일본을 점령했을 때 범죄를 저질러 파면되고 기소된 한국인들도 있었다. 그러므로 이것은 쓸데없는 쟁점이 아니라 다시 독립국이 된다는 것이 한국에 어떤 의미를 지니는가 하는 문제의 핵심을 이루는 것이었다.

경찰 간부들은 완전히 친일파로 구성됐으며, 새로 조직된 군대도 그리 나을 것은 없었다. 국방경비대의 "분견대分遣隊"는 1948년 "여단"으로, 1949년 5월 "사단"으로 이름이 바뀌었지만, 미국 자료들에 따르면 "실제 조직"에서는 거의 변화가 없었다. 반면 국방경비대는 군정 기간에 지방에서 일어난 심각한 혼란에 전술적으로 개입하는 데 주로 동원됐고, "국가 안보가 관련된 민사 사건의 권한"을 사람들의 증오의 대상이었던 헌병대에 부여한 일본 형법 147~149조를 적용하면서, 이승만 정권 아래서 그 정치적 권력은 더욱 커졌다. 국방경비대는 처음에 6개 여단으로 출발했고, 대부분 일본군에서 장교로 복무한 인물들이 지휘했다. 그런 인물은 (1948년 12월 기준으로) 1여단장 김석원·김백일·원용덕·채원계·이준식 등이었다. 미국인들에게 "패티 채"로 알려진 거구의 채병덕이 총사령관이었다.[102] 이승만은 세 가지 기준으로 장교들을 평가했다. 그것은 자신에 대한 맹종적인 충성, 일본인에게 특히 높은 평가를 받은 것, 북한 출신이라는 것이었다. 이 세 조건은 서로 상승효과를 내면서 이승만을 자신들의 보호자로 만들었고, 남한에서 진정한 지지자를 보유한 이범석 같은 지도자가 쿠데타를 시도하는 것을 저지하는 데 일조했다.[103]

1948년 8월 이승만의 내각 명단이 발표되자마자 친일파가 많다는 비판이 국회로부터 날아오기 시작했다. 법제처장 유진오는 전시에 내선일체內鮮一體를 주장하고 한국어 사용 금지를 지지했다는 비판을 받았다. 상공부 차관은 조선총독의 비서였으며 한국인 애국자 등에 대한 정보를 누설했다고 지적됐다. 관료 기구에 배속된 인물들의 본질을 감안하면 죄상의 목록은 매우 길어질 것이었다. 그러나 국회도 그런 사람들로 가득 찼다. 며칠 뒤 유진오가 다시 비판받자 그런 공격을 한 의원에게 "당신도 친일파였으니 입을 닫으라"는 목소리가 나왔다. 그 결과, 상상할 수 있듯, 멍한 침묵이 의회를 뒤덮었다.[104]

"친일파" 관련 소요가 매일 이어지면서 8월 하순 일제 치하에서 근무한 고위 검사 몇 사람과 경찰서장 20여 명이 사표를 냈다. 그러나 며칠 뒤 이범석은 그 경찰서장들에게 계속 근무하되 식민지 시대의 경력은 철저히 "반성"하라고 지시했다—그리고 공공장소에서 술을 마시고 식당에서 거저 식사하는 것도 그만두라고 지시했다.[105] 국회가 "반민족행위처벌법"을 통과시키고 조사와 체포를 권고할 수 있는 위원회를 설치했으며, 1949년 초 특별히 악질적인 비밀경찰 몇 사람(이진하·김병기·이태우 등)이 투옥됐지만, 이승만은 미국 대사관의 정보에 따라 그들에 대한 기소를 방해했다. 1949년 6월 경찰은 친일 경찰 몇 명이 더 체포된 이틀 뒤 반민특위 사무실을 습격해 특위 수위들을 폭행하고 투옥했다. 영국 정보부에서는 이승만이 그 습격을 명령했다고 주장했다.106

1949년 9월이 됐을 때 "민족 반역자"로 기소된 241명 가운데 1명만 감옥에 남아 있었고 116명은 보석으로 풀려났으며 124명은 불구속 상태에서 재판을 받고 있었다. 같은 달, 일본군 장교를 지낸 원용덕 장군은 체포된 유격대 9명에 대한 군사재판을 주도했고, 그들은 모두 사형을 선고받았다. 11월 무초는 "열정적으로 시작된" 민족 반역자 재판은 "가장 악명 높은 친일파 대부분이 처벌받지 않은 채 사실상 종결됐다"고 보고했다. 또한 그는 한국 정부가 이제 일본과 "긴밀한 경제 관계의 필요성을 분명하게 인식하고 있는 것 같지만" 오래 이어지고 있는 반일 여론 때문에 조심스럽게 움직이고 있다고 지적했다. 1951년 2월 한국전쟁이 격화되면서 국회는 1948년의 반민족행위처벌법을 완전히 폐지했다. CIA는 "한국의 친일파는 이제 사면됐다"고 언급했다. 그 문제가 종결됨으로써, 1945년 12월 이승만에게 자금을 제공하기 시작했던 부유한 친일파들은 혐의를 벗었다.107

노골적인 친일 자본가로 한국 최고의 부자로 널리 알려진 박흥식도 재판에 회부됐다. 그는 여러 죄목 가운데, 탈출한 일본인에게서 추가로 2000만 엔의 보상금을 받은 것과 관련해 1945년에 부과된 1000만 엔의 벌금을 납부하지 않은 것으로 드러났다―보상금은 그가 소유한 수원의 비행기 부품 공장을 전시 군수물자 생산에 제공한 것 등에 대한 대가였다. 그러나 1949년 4월 수치심을 모르는 이 교활한 기업가는 100만 원의 보석금을 내놓고 다시는 형무소 내부를 보지 않았다. 그는 1945년부터 이승만에게 자금을 제공했으며, 군정의 몇몇 미군 장교와 가까웠다.

일제에 협력했던 유력한 은행가들도 자리를 보전했다. 웨더마이어 장군이 조선은행과 조흥은행의 고위 간부인 구용서·장봉호와 만난 뒤 말한 것처럼, 그들은 "한국 금융계를 대표하는 인물로 모두 일본 금융 제도에 어쩔 수 없이 깊이 관련됐다. 그들은 대부분 한국의 상업이 궁극적으로는 다시 일본과 제휴하는 방향으로 가야 한다고 믿고 있었다". 조흥은행장은 장봉호의 친구인 김한규였는데, 조선총독부 중추원 참의參議를 지낸 인물이었다.[108] 이렇게 해서 경제 분야에서도 친일 세력은 다시 사업을 할 준비를 갖췄고, 이것은 미국의 지역적 전략을 보완하는 데 필요한 사항이었다.

7장

남한 체제에 대한 저항

민중은 대체로 지도자들보다 중요했다. 깊이 탐구할수록 최선의 것은 표면 아래 어둑한 깊은 곳에 묻혀 있다는 것을 확신하게 됐다. 대중의 생각을 멋지고 힘차게 대변한 연설가를 그 연극의 유일한 주역으로 보는 것은 큰 잘못이라는 사실을 나는 깨달았다. 그들은 자신들이 다른 사람들에게 준 자극보다 다른 사람들에게서 더 많은 자극을 받았다. 주연은 민중이다.

_미슐레●

제2차 세계대전 직후 국가기구가 무너지면서 모든 곳에서 정치적 공간이 생겨났다. 좌익은 중앙에서 주변부까지, 서울에서 가장 작은 향촌까지 모든 행정 단위에서 자신들의 조직을 만드는 데 성공했다. 대부분 자발적으로 파도처럼 바깥으로 아래로 뻗어나갔다. 그러나 시간이 흐르면서 하향식 관료주의화는 자발적이고 활발한 정치활동의 폭을 축소시켰다. 치안 유지 기관은 기능을 회복하자 곧장 서울 인민위원회를 폐지하면서 우선 중앙에서 권력을 공고히 한 뒤 곧이어 국가기구의 하부에 있는 좌익을 척결하기 시작했다. 그 결과 좌우 대립은 1945년에는 국가 단위에서, 1946년에는 지방 도와 군 단위에서, 1947년에는 면과 리 단위에서 일어났다.

1946년 가을 봉기는 남한에서 좌익이 전개한 마지막 전국적·자발적 정치투쟁이었다. 봉기는 경상도와 전라도 전역으로 퍼져나가면서 해방 이후 발생한 사건을 둘러싸고 일어난 수많은 고통─무엇보다 인민위원회의 붕괴─을 중단시켰다. 좌절감에 기반한 봉기는 앞을 내다보지 못하고 1945년의 무너진 희망으로 되돌아갔다. 봉기는 철저히 탄압되었고, 참가한 대중은 도피

● 프랑스의 역사학자 쥘 미슐레Jules Michelet(1798~1874).

할 곳을 찾았지만 아무 데도 발견할 수 없었다. 그 결과 1946년 좌익은 참패했고 우익은 활력을 되찾았다. 농민을 동원하는 것은 더 어려워졌다. 한편, 경찰에서 근무한 식민지 시대 고용자들은 미군정이 자신들에게 의지하고 있다는 사실을 깨달았다.

1947년: 의미 없는 1년

이 사건들은 한국 정치를 분열시켰고, 그 결과 전라남도의 반란과 1948년 초부터 한국전쟁까지 강도強度를 달리하며 지속된 유격대 활동으로 이어졌다. 그러나 그것은 1년 동안 산발적으로 저항한 뒤의 일이었다. 1946년의 실패의 패러디가 1년 동안 연출됐다. 미국 정책에 중요했던 그 1년은 한국에는 불필요한 시간이었을 뿐이다. 게다가 1948년 좌익이 대중 선동을 재개한 지역은 북한의 공산주의 거점에서 멀리 떨어진 서남부 지역으로, 산과 바다로 가로막히고 서울 중심부와는 차단돼 원조와 보강이 어려웠다.

1946년 말의 탄압은 한국 정치를 급진화했고, 그 결과 남한 최초의 실질적 공산주의 정당인 남조선노동당이 우세해졌다. 그러나 좌익 지도자들은 무장투쟁보다는 정치조직 강화와 파업 등에 계속 초점을 맞췄다. 그들이 도시의 거리를 행진하거나 이를 시도한 경험은 1970~1980년대 한국 학생운동 세력의 그것과 비슷했다. 그들의 집회는 대부분 경찰의 방해나 대량 검거로 사전에 제압됐다. 그러나 지방에서는 항쟁이 촌락 단위까지 내려갔다. 지방의 좌익들은 우익 청년들과 소규모 충돌을 벌였는데, 전통적 가문과 지역의 대립 관계를 재현하는 경우가 많았다.

1946년 11월 23~24일 585명 정도가 노동당 결성을 위해 모였는데, 인민위원회 지도자의 마지막 전국 집회가 있은 지 거의 1년 뒤였다. 허헌과 박헌영이 집회의 의장을 맡았다. 좌익 정당 대부분이 대표를 보냈지만 공산주의자들이 집회를 이끌었다. 공산당 내부 문건에 따르면 당을 결성하기로 한 결정은, 남한의 정치 노선을 이끌 "좀더 광범한 대중 정당"이 필요하며 "투쟁은 새로운 단계에 이르렀다"는 상투적인 문구로 표현되었던 10월 봉기의 "교훈"으로 거슬러 올라간다.[1] 북한이 1946년 8월 북조선노동당을 창당했다고 주장하는 시기였다. 중요한 점은 남로당 창당은 남한의 정치를 급진화해 중심부에서 좌익을 조직하고 편성하려는 뚜렷한 시도였다는 것이다.

1947년의 정확한 당원 수를 파악할 수는 없지만 CIA는 1948년 1만 명 정도의 간부가 남로당 당원증을 지녔으며 관련된 "활동가"로 60만 명이 더 있었다고 추정했다. CIA에서는 인구(200만 명)의 10퍼센트 정도가 남로당 비밀 조직에 소속됐다고 판단했다. 이런 추정은 여순반란이 일어난 뒤 나왔는데, 당시 공산주의자의 능력은 "낮은 수준"으로 생각됐다.[2] 이승만 체제가 집권한 뒤 남로당이 크게 성장했다고 생각되지는 않지만, 이렇게 당이 건설된 뒤 18개월 동안 당원 수는 상당히 증가했다.

남로당은 늘 남한에서 자생적 활동을 펼쳐왔지만, 조선민주주의인민공화국 정부가 수립된 뒤보다는 1947년에 북한이나 소련의 영향에서 좀더 독립적이었다. 미 군정청 정보부G-2는 1946년에 많으면 300명의 공작원이 함흥에서 남파를 위해 훈련받고 있다는 정보와 북한이나 소련이 남한 공산주의자들을 조종하고 있다는 일일 보고와 소문을 입수했다. 그러나 1947년 중반 G-2는 아직도 그런 정보가 대부분 사실인지 확인하지 못했다. 이를테면 중요한 통신수단으로 생각되던 무선 연락과 관련해 북한과 불법적으로 교신한 사례를 한 건도 적발하지 못했다. 북한이나 소련이 남로당에 자금을 지원하고 있다는 모호하고 신뢰하기 어려운 증거만 있었다. G-2 자료로는 북한 정권이 남로당의 활동을 지휘하고 있다고 믿을 수 없었지만, 두 세력이 공동의 목표를 추구하고 있다고 판단했다.[3]

그러나 1948년 말 CIA는 남로당이 "북한에 파견된 소련 공작원에게 직접 지휘받고" 있으며, 중국공산당 공작원은 "상업·정보활동 임무를 띠고 남한에 출몰하고 있다"고 결론지었다.[4] 남한 지하조직으로부터 노획한 문서들은 이 판단의 두 번째 부분을 뒷받침하는 것으로 보인다. 한국어로 번역된 마오쩌둥 사상이 담긴 문서를 포함해 입수한 자료에서 중국공산당의 영향을 보여주는 것은 몇 개 있다. 그러나 내가 알기에 소련이 남로당을 지휘했다는

〈사진 3〉 1947년 4월 서울 도심에서 좌익의 시위를 막는 미군정 경찰과 국방경비대.

사실을 보여주는 자료는 없다.

정보기관의 자료들은 적어도 1948년 중반 남로당이 북한의 지휘 아래 들어갔다는 결론을 뒷받침한다. 북한으로부터 노획한 명령문에서는 이승만 정부의 "모든 중요 기관"에 당원을 침투시키고 산에 은신한 유격대에 음식과 그 밖의 물자를 비밀리에 공급하며, 흥미롭게도 "한국의 국방경비대에 잠입해 대립과 혼란을 일으킬 수 있는 정치적 공격을 시작"하라고 명령했다. 1949년 후반의 노획 자료들은 남한 공산주의자들이 대부분의 사안에서 김일성의 노선을 받아들였음을 보여준다. 그것으로 남한의 공산주의 지도자 박헌영의 몰락과 북한의 지배력의 정도를 알 수 있다.[5]

그러나 한국전쟁이 일어난 시기까지 남한 공산주의자들이 그저 김일성의 피조물이었다고 말할 수는 없다. 박헌영을 포함한 남한의 공산주의자들은 1947년 시점에서 주도권을 잡고 있었고, 그 뒤 박헌영 지지자와 김일성 지지자 사이에 격렬한 내분이 일어났다. 앞으로 보겠지만, 유격대의 투쟁 역사는 북한의 지시나 실질적 원조가 있었음을 보여주지 않는다.

남로당이 소련과 맺은 관계는 좀더 복잡하다. 박헌영은 무력 지원을 받지 못한 전통적 세력이자 정통 마르크스-레닌주의자였다. 그는 외국의 당을 지도하는 데 적합하다고 스탈린이 생각한 공산주의자 유형과 일치했는데, 그것은 모스크바에 대한 충성심과 의존이 좀더 확실하기 때문이었다. 북한에 대한 중요한 첩보 연구는 박헌영이 특히 소련계 한국인들의 존경을 받았다고 밝혔다. 그리고 스탈린이 사망해 무대에서 사라진 뒤에야 박헌영을 숙청할 수 있었음을 시사했다.[6] 반면 박헌영은 자신은 그런 역할을 받아들이지 않았으며, 한국을 소련의 공화국으로 만들려고 한 스탈린 추종자라는 부당한 비난을 자주 받았다고 항변했다. 남로당 내부 자료에서는 북한과 사실상 한국 내 좌익 전체에서 나타난 것과 동일한 민족주의와 공산주의의 혼합을 볼 수 있다.[7]

이후의 전개와는 상관없이, 남로당은 1946년 후반 출범했을 때 자신들은 남한 좌익의 연장선 위에 있으며, 인민위원회를 수립하려는 투쟁의 산물이자 가을 봉기의 계승이라고 분명히 했다. 또한 자신들의 정통성은 해방 이후 발전한 좌익에 대한 민중의 자발적인 지지에 있다고 자처했다. 여운형 같은 온건 좌파는 남로당원은 아니었지만 그들을 여전히 지지하고 있었다.[8] 말할 필요도 없이 경찰은 그들을 지속적으로 무자비하게 다뤘다.

1947년은 도시 지역에서 남로당이 주도권을 장악하고 경찰이 선제공격에 나선 한 해였다. 1947년 3월 22일 좌익 전체가 연합해 대규모 파업을 전개해 노동 조건과 노조 탄압에 항의하겠다고 발표했다. 경찰은 최대한의 경찰력을 동원해 파업을 막았고, 나아가 3000명에 가까운 사람을—대부분 파업 이전에—검거했다. 여운형과 허헌을 제외한 "사실상 모든 좌익 지도자"가 체포됐다.[9]

해방 기념일은 축제의 시간에서 대량 체포의 소란으로 변질됐다. 좌익이 1947년 8월 대중 시위를 벌이겠다고 발표하자 경찰은 그것을 저지하기 위해 8월 첫 주 동안 수천 명을 체포했다. 영장이 발부된 사람들 중에는 남로당·민주주의민족전선(민전)·전평·전국농민조합총연맹(전농)의 최고 간부들도 있었다. 미군정은 체포가 예방조치임을 인정하면서도 그것을 대체로 지원했다. 존 R. 하지 중장은 공식 행사를 제외하고는 해방 기념일의 모든 축제를 금지했는데, 공식 행사는 좌익의 계획에 대응하는 조치로 특별히 마련된 것이었다. 군정 자료에 따르면 체포는 "정치 정세에 큰 영향을 줬으며" 1947년 말까지 좌익을 "비교적 침체된 상태"로 몰아넣었다.[10]

장택상은 사전 구속을 조직적으로 전개했다. 2차 미소공동위원회의 협의가 재개되는 것을 막으려고 그렇게 한 것으로 보인다. 소련 대표 테렌티 시티코프는 탄압을 격렬히 비난했으며 하지가 배신했다고 규탄했다. 하지는 소련이 남한에서 파괴활동을 지휘하고 있다고 맞섰다.[11] 중도적 신문인 『서울타임스』는 다음과 같은 사설을 내보냈다.

경찰은 다수의 좌익 지도자를 체포하려고 노력하고 있지만 (…) 청년 단체에 소속된 몇 개의 폭력 집단은 자신들이 좌익이라고 간주한 기자·정치인·학생을 지속적으로 공격할 뿐 아니라 수많은 인쇄소도 파괴했다. (…) 남한의 모든 사람은 테러리스트를 두려워하며 살고 있다.

8월 14일 대전에서는 우익들이 좌익 6명을 물고문하고 천장에 매달려고까지 했지만 처벌은 없었다.[12]

기자 휴 딘은 8월 중순 비교적 평온한 전라북도 도청 소재지 전주에 있었다. 그 지역 미국인 관리는 남한은 겉은 희고 속은 붉은 아시아 품종의 수박 같다고 그에게 말했다. 전주는 "흰 부분"이 지배하고 있었다. 그곳의 경찰서장 송편섭은 부안 출신의 "부유한 지주"이자 한국민주당원이었다. 세인트루이스 출신으로 오랫동안 경찰로 근무한 군정 96중대의 로버트 퍼거슨은 송편섭에게 "늘 중도 노선을 지키라"고 충고했다. 하지만 다른 미국인 장교들은 한민당이 그 지방을 장악했다고 말했다.

퍼거슨에 따르면 1947년에는 경찰 수가 식민지 시대보다 두 배 정도 많았다. 그는 경찰들이 사용하는 방법이 혐오스럽다고 생각했다. 경찰은 "피의자에게 방독면을 씌운 뒤 호흡관을 막는" 고문을 즐겨 사용했다고 그는 말했다. 이것을 그는 어떻게 설명했는가? "동양인은 백인이 혐오하는 잔인성에 익숙해져 있었다." 사람들은 퍼거슨을 미군정에서 책임을 맡은 장교가 아니라 휴 딘처럼 한국의 한복판에 침입한 인물로 생각했을 것이다. 해방 기념일에 전주 경찰은 파괴 세력으로 보인 150명을 체포했고, 미군 전투기들은 군중을 위협하며 비행했다.[13]

8월 말 민전 지도자 허헌은 하지에게 "민주 진영의 모든 단체가 폭력으로 점거되고 폐쇄됐다"는 내용의 개인적인 서신을 보냈다. 그는 암살 위협에서 자신을 보호하고 "인권을 수호해달라"고 하지에게 요청했다. 그러나 사태는 악화되기만 했다. 국무부 정치고문 조지프 제이컵스에 따르면 10월 민전과 전평 본부는 "아수라장이었다." "불 난 곳도 있었고 문·창문·가구는 부서졌다. (…) 반면 우익 정당과 청년 단체들은 설비가 잘 갖춰진 사무실에서 한국 정부(원문 그대로)의 공식적 재정 지원을 넉넉하게 받으면서 근무했다."[14]

촌락에서 전개된 투쟁

1946년 가을 봉기가 일어난 뒤 정부는 군郡 중심부에 대한 통제를 강화했고, 그후 군 인민위원회는 권력을 장악하기 어려워졌다. 그 시점에 한국의 행정 기능은 대부분 정지됐다. 옛 체제에서 군 단위는 중앙 권력과 지방 권력의 균형을 잡아주는 중심축이었고, 그 아래 단위까지 권력이 침투하기는 어려웠다. 군수는 말단 향촌의 농민에게는 먼 존재였으며, 몇 년에 한 번씩 자신의 권위를 과시하는 중앙의 권력자였다. 중국보다 임지 변경이 잦은 한국에서는 몇 달에 한 번씩 나라 전체의 군수를 교대시켰으며 중앙에 대한 충성을 중시한 반면 지방의 반응은 그다지 염두에 두지 않았다.

그러나 이처럼 중심이 상층부에 경도된 체제는 하부를 통치하는 데 필요한 감시와 착취 능력도 중앙에 요구했다. 농업을 중시한 관료 제도는 주변부가 취약했다. 향촌은 중앙 권력과 격리돼 있었다. 향촌 정치는 그 지역 유력자들이 비공식적으로 행사하는 권력을 뜻했다. 교통수단이 발달하지 않아서 군 중심지부터 향촌까지 이동은 군과 도청 소재지를 오가는 것보다 더 오랜 시간이 걸렸다. 중국의 경우, 도시에서는 혁명에 실패했지만 중앙 권력의 지배를 받지 않는 농촌 지역에서는 명령을 잘 따르지 않는 농민들을 동원하는 방법을 습득해 혁명에 성공했다. 전통적인 정치 조직과 국민정부는 인민 착취에 가까운 일을 해온 토착 지방 조직을 임시방편으로 끌어 모아 이에 맞서야 했기 때문에 역부족이었다.

일본은 훈련받은 관료가 근무하는 근대적 기구—가장 중요한 것은 전국적 경찰망이었다—를 군 단위 이하까지 밀어붙임으로써 한국의 옛 체제가 지닌 지방의 문제점을 개선했다. 그들은 이런 기구를 지주의 영향력이라는 전통적 방법과 결합해 지방을 평온하게 유지하려고 시도했다. 미국은 이미 가동되고 있던 이 체제를 유지했지만, 혁명적 소요가 폭발해 정치 질서를 잡고 위협을 종식시키려면 군 단위 이하까지 일정한 조치가 필요해졌다. 물론 좌익도 이 점을 이해했다. 따라서 그들은 자연히 식민지 시기에 건설된 고도로 억압적인 국가 체제를 감안해 관료 조직의 영향이 미치지 않는 감시

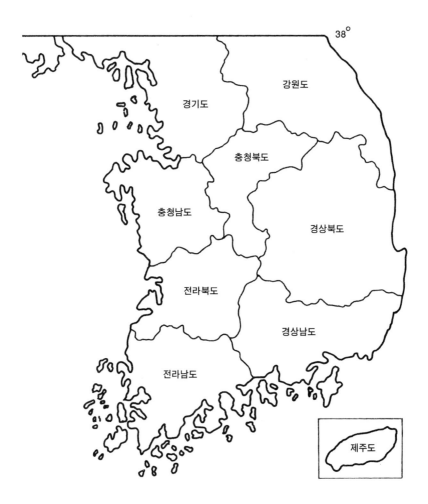

38°

강원도

경기도

충청북도

충청남도

경상북도

전라북도

경상남도

전라남도

제주도

〈지도 2〉 남한의 도道

받지 않는 공간을 찾아 이동할 수밖에 없었다. 1946년 가을의 유혈 사태 이후 그 공간이란 많은 인구가 살고 있는 대부분 고립된 수많은 촌락을 의미했다.

식민 지배가 끝난 뒤 동원이 대거 이뤄지던 상황에서 경찰은 촌락에 경찰력을 상주시킬 필요성을 느꼈지만 그럴 수 있는 여건이 안 됐다. 그래서 이승만은 비정규적 청년 단체들을 이용해 좌익에 대항했다. 1947년은 제2차 세계대전 이후 한국사에서 그리 중요하지 않은 한 해였다. 대부분의 계급 투쟁이 물리적으로 멀리 떨어진 행정력도 미치지 못한 향촌들에서 이어졌고, 그 사건들은 대부분 문서 기록에서 누락됐기 때문으로 생각된다. 지방에서 전개된 정치적 갈등과 마찬가지로 1947년 향촌에서 일어난 투쟁도 계절을 따라갔다. 봄에 시작해 여름에 세력의 정점에 이르렀으며 늦가을에 끝났다.

처음에는 1947년에도 1946년처럼 도시의 항쟁이 농촌 지역으로 확대된 형태가 지속될 것으로 생각됐다. 1919년에 일어난 3·1운동 기념일에 부산에서 경찰이 8000명의 군중에게 발포해 5명을 죽였다. 3월 셋째 주에는 전면 파업을 시도했지만 주요 도시에서 수천 명이 체포되는 결과로 이어졌다.[15] 그러나 1946년과는 달리 이런 사건에서 예상된 당연한 결과가 지방에서는 전개되지 않았다.

그 대신 1947년의 특징은 5월 하순에 처음 나타났는데, 청주 근처의 "완전히 좌경화된 촌락"에서 "계몽" 활동 임무를 띠고 온 서북청년회원 7명을 내쫓은 것이다. 그 뒤 6개월 동안 경찰과 정보기관의 보고는 향촌 투쟁에 대한 내용으로 채워졌다. AP 통신의 로이 로버츠는 미 군정청 G-2가 한국 경찰에서 하루 평균 5건의 보고를 받고 있으며 그 내용은 "촌락 내부의 투쟁, 촌락 사이의 투쟁, 우익에 대한 폭행, 좌익에 대한 폭행, 곡식 창고 방화, 촌락 관료에 대한 공격, 경찰에 대한 공격, 정치 집회에 대한 투석 등"과 관련된 것이라고 보도했다.[16]

좌익은 부산부터 서쪽 일대의 군들에서 특히 강력한 힘을 보였다. 6월 초 이 지역에서 1000여 명의 군중이 참여한 몇 개의 사건이 보고됐다. 경찰은 사천에서 일어난 사건에 미군 야전부대의 투입까지 요청했다. 이유는 명확하지 않지만 미군은 그 소요에 개입하지 않았다. 대부분은 우익 청년 단원과의 대립으로 인한 사건이었다. 좌익은 그 지역에서 대단히 강력했던 인민위원회에 권력을 돌려주라고 요구했다.[17]

실제로 조사한 자료에 바탕한 보고는 여기서 다루기에 너무 많지만 그 취지의 일부는 파악할 수 있다. 서북청년회가 어떻게 행동했는지 보여주는 사례가 하나 있다.

> 곤봉과 단검 2개, 권총 3정으로 무장한 서북청년회의 우익 테러리스트 37명이 (…) 진전면鎭田面 주민 몇 사람을 공격하고 구타해 (…) 한 사람은 심하게 다치고 젊은이 3명은 부상당했다. 합가리合佳里에서는 한 단체가 이장 집을 공격해 감자 3관貫을 훔쳤다. 그들은 조선민주청년동맹 본부의 간판을 내리고 마을의 종鐘을 부수기도 했다. 좌익은 경찰이 그 사태를 묵인했다고 비난했다.[18]

7월 중순 경상남도에서는 좌익 청년 300명이 장승포의 광복청년회 사무소를 습격했다. 거제도에서는 서북청년회원들이 좌익 몇 사람의 어구漁具를 부쉈으며, 좌익 100명이 반격했다. 7월 15일 경상북도 영덕 근처의 한 촌락에서는 좌익 300여 명이 경찰과 곡물 징수에 반대하는 시위를 벌였다. "해산하라는 명령을 세 차례 내보냈지만 흥분한 군중은 일본도와 죽창·곤봉·삽으로 경찰을 공격했다. 경찰은 군중에게 32회 발포했고 폭도 3명이 즉사했다……" 이틀 뒤 경찰도 광주 동북쪽에 위치한 신안동新安洞에 모인 좌익 1000명에게 발포해 1명을 죽였다. 이틀 뒤 신안동 농민 100명은 파출소를 습격해 앞서 시위에서 체포된 사람들을 구출하려고 했다.[19]

7월 24일 좌익 및 우익 청년 400명은 좌익 세력이 강한 강릉 일대에서 충돌했다. 7월 27일 하동에서 경찰은 토지개혁을 요구하는 좌익의 연설을 들으려고 모인 300명에게 발포해 2명이 죽었고, 대전 동남쪽에 있는 옥천에서는 농민 5000명이 곤봉과 창을 들고 경찰서로 행진하자, 경찰이 발포해

4명을 죽였다. 마산 근처 촌락에서는 농민들이 곡물 징수 장부를 탈취했고, 군산 부근의 농민 700여 명은 곡물 징수를 담당하는 군청 관리와 경찰을 폭행했다. 목포 부근의 한 섬에서는 농민 300명이 곡물 징수 계획을 강요하던 경찰과 면 관리를 구타했다.[20]

8월 초 미군 방첩대 공작원들은 전국 여러 곳의 서북청년회 사무소에서 고문받고 있던 다수의 좌익을 구출하는 데 성공했다. 대전 서쪽의 한 마을에서는 우익 200명이 좌익 마을을 포위하고 여러 가옥을 수색하고 집주인들을 구타했다. 그 가운데 8명은 거의 죽을 뻔했다고 보고됐다. 8월 5일 농민 1000여 명이 전라도와 인접한 경상남도 안의安義에 모였다. 그들은 우익 조직원 100명의 불법 침입에 반대하는 시위를 벌였다. 경찰은 이번에도 그들에게 발포해 4명이 다쳤다. 광주 바로 서남쪽의 마을에서는 곡물을 징수하던 면 관리와 경찰을 주민들이 구타했다. 며칠 뒤에는 1000명의 "성난" 농민이 창·곤봉·농기구를 지니고 경상남도 대산大山의 파출소를 습격했다. 경찰은 그들에게 발포해 10명을 죽였다.[21]

8월 9일 대전 근처의 또 다른 작은 마을에서는 주민을 재교육하려던 서북청년회원 29명을 구금하는 사건이 일어났다. 경찰은 거기에 개입해 농민 3명을 죽인 뒤 보고서에서 "테러리스트"라고 표현된 서북청년회원들을 마을 밖으로 호송했다. 8월 15일 경상남도와 전라남도 전역의 마을에서 충돌이 일어났다고 보고됐다. 그런 사건 가운데 하나인데, 경상남도 고성固城 근처에서는 무려 4000명의 농민조합원이 모여 지역 경찰을 습격했다. 이 소요에서 농민 2명이 죽었다. 거제도에서 농민은 곡물 징수에 반대하는 시위를 벌였고, 제주도에서는 경찰과 좌익 사이의 격렬한 충돌이 보고됐다.[22]

이런 소요 가운데 8월 19일 마산 근처의 작은 마을에서 일어난 사건은 비교적 상세하게 보고됐는데, 이런 사건들의 전형적인 모습을 보여준다. 1000여 명의 농민이 곡물 징수 계획에 관련된 관리의 말을 들으려고 모였다가

분노해 연설자에게 돌을 던지기 시작했다. 현장에 있던 경찰은 군중에게 발

포하라는 지시를 받았고 기회를 틈타 공무원들은 논을 가로질러 도망갔다. 경찰은 퇴각하다가 파출소에 들러 총과 탄약을 추가로 확보했다. 군중은 파출소를 습격해 서류를 탈취하고 파출소를 완전히 파괴했다. 그런 뒤 그들은 두 집단으로 갈라져 하나는 도로에 차단물을 세우고 다른 하나는 전화선을 끊었다.

곧 경찰 증원 병력이 마산과 통영에서 도착했다. 그들은 군중에게 발포해 해산시켰고 이때 농민 4명이 죽었다.[23]

9월 촌락에서는 좌익과 우익 청년 단원의 충돌이 매우 많이 일어났는데, 우익 청년 단원 중에는 서북청년회가 가장 많았다. 그들이 좌익 성향의 마을에 들어가 그 지도자를 색출해 구타하면 농민이 침입자에게 반격하는 것이 전형적인 과정이었다.

때로 이 사건들은 단순한 강탈처럼 보이기도 했다. 8월 4일 이승만의 대한독촉청년총연맹원이 전주 근처의 삼기리三岐里라는 마을로 가서 가호마다 500원을 내라고 요구했다. 마을 사람들이 거부하자 청년 단원들은 몇 집을 약탈하고 여성들을 구타했다. "이제 그 마을에서는 집집마다 문 앞에 [청년 단체의] 표식을 걸었다. (…) 명목상으로는 모두 단원이었다."[24]

1947년 여름에 작성된 경찰과 정보기관의 보고서는 향촌의 혼란 상태를 기록한 끝없는 일지 같다. 향촌에서는 작은 투쟁이 수없이 일어났고 그것은 그 시기 한국을 찢어놓은 분열의 축도였다. 농민이 고통을 겪은 원인은 이전과 같았다. 그들은 지주와 소작제 그리고 토지제도의 배후에서 정치적 영향력을 행사하는 공식 기반인 관료와 곡물 수취자와 경찰을 증오했다. 보고서에서 거듭 언급했지만, 여름에 특히 문제가 된 것은 여름 곡물을 가혹한 방법으로 수취하는 것과 비정규군과 예비군을 조직해 향촌을 지배하려는 우익의 정치적 시도였다. 이 시기 기록에서 우익은 수십 명을 넘는 경우가 매우 드물지만 좌익은 대체로 수백 명이나 수천 명이다. 그러나 공식 기록에서는 우익이 사건을 일으켰다고 서술한 것이 많다.[25] 그 까닭은 무엇인가?

그 대답은 우익이, 주로 이승만과 경찰 내부의 그 지지자를 뜻하는데, 청년 단원—대부분 준군사적 정치활동가로 북한 출신이 다수인—을 좌익에 강력히 동조한다고 알려진 지역으로 보내 주민을 재교육시키려고 했다는 것이다. 이것은 1946년 여름에 시작된 일반적 정책이었지만, 1947년 우익이 다수의 청년 단체를 이용해 처음으로 강력한 조직을 결성하는 데 성공하면서 순조로운 궤도에 올랐다. 자경단白警團이라는 이름으로 불린 그 단체들은 사실상 경찰의 대리인으로, 대중의 지지를 얻기 위해 거리와 마을에서 좌익과 경쟁했다. 그들은 좌익 조직과 견줄 만큼 많은 인원을 갖추지 못했지만, 공산주의에 깊은 불만을 지니고 북한에서 내려온 난민 가호가 유입되면서 크게 팽창했다. 그것은 무솔리니가 서서히 두각을 나타내던 1920년대 이탈리아 농촌 지역의 파시스트 행동대 스콰드리스모와 비슷한 측면이 많았다. 최근의 연구는 전통적인 지도층이나 공산주의 지도층을 파시스트로 근본적으로 바꾸려는 파시스트 운동의 중요성을 보여줬다.[26]

이 단체는 향촌에 혼란을 일으키고 많은 사망자를 발생시켰지만, 이후 남한 정치의 표준적 특징이 된 초기의 성공으로 주목해야 한다. 우익은 사복 경찰, 불량 청년, 폭력배 등을 이용해 강력한 정치적 동원을 전개했다. 이런 세력은 효과적인 정치 수단이 됐으며, 한국 정치에는 늘 나약함과 파벌주의가 있다는 생각이 거짓임을 증명했다. 처음으로 우익은 대중의 동조를 획득하는 데서 좌익과 경쟁했다.

이런 비정규병은 지하의 인민위원회와 노동당 세포에 맞선 향촌의 대항 세력을 의미했다. 초기에 청년들은 대부분 외부에서 왔으며 단순히 약탈 행위만 한 것으로 보이지만, 한국전쟁 무렵 대부분의 향촌에는 소총으로 무장한 우익의 방어 경계선이 있었다. 인원은 그 지역에서 모집했고 상당히 잘 조직됐으며, 경찰의 지원을 받는 한 상황을 통제할 수 있었다. 한 미국 조사단은 향촌의 전투원이자 보초병에 대해 "정부가 지휘하는 강제적인 청년 조직의 일원으로 전체주의 국가에서 매우 일반적인 것"으로 파악했지만, 그보다는 E. J. 홉스봄이 이탈리아에서, 엘리자베스 페리가 중국에서 발견한 농촌 지역의 방위적·약탈적 분쟁에서 등장하는 부류와 좀더 비슷할 것이다.[27]

그러나 그해 여름이라는 시점에 혼란이 일어난 원인은 곡물 징수 정책,

즉 토지제도에 대한 농민의 불만이 극도에 이른 데 있었다. 7월 말 여름, 할당된 곡식 수확량 가운데 12퍼센트만 걷혔다—신한공사가 계속 소유한 땅에 농사를 지은 농민은 예외였다. 신한공사는 복종하지 않으면 소작인을 쫓아내겠다고 위협했기 때문이다. 대지주는 무거운 곡물 수취 할당량을 피할 수 있었다. 현지 공무원들이 "유력한 부농에게 합당한 할당량을 배정하기를 꺼렸기 때문"이라고 식량행정처는 보고했다. 물론 그 결과 그만큼 소농에게 좀더 많은 분량을 징수해야 했다. "사실상 쌀 [할당량] 전체를 소농에게 걷는 경우도 있었다." 불만의 또 다른 원인은 배급 제도의 사유화였다. 국가의 배급소를 운영할 때 현지 공무원들은 자신들이 선호하는 인물을 임명했는데, "정치적 고려"가 대체로 가장 중요하게 작용했다. 그 결과, 배급 명부의 상당수가 "유령" 인구였고 인구와 배급 곡물 분량에서 심각한 지역적 불균형이 나타났으며, 많은 농민이 조금밖에 배급받지 못하거나 아예 배급받지 못했다. 미곡 징수 상황이 좋지 않은 지역은 배급량도 그에 따라 줄었고, 소작농은 더욱 고통에 시달렸다.[28]

향촌 단위에는 강력한 관료 조직이 없어서 조직화가 더 쉽다고 좌익은 판단했다.[29] 경찰이 자주 출동하지 않았고, 나타나더라도 산으로 달아날 수 있었다. 그러나 고립된 향촌의 안전한 피란처는 혁명운동과는 무관했다. 1947년 여름, 많은 좌익은 서로 연합하기보다는 향촌으로 피신했다. 향촌에 고립된 것은 그들을 보호한 방법이자 실패의 원인이기도 했는데, 향촌 바깥으로 나아가려는 시도가 효과적인 탄압에 부딪혔기 때문이다. 1946년 대규모 소요가 파도처럼 넘실대며 퍼져나가면서, 한 마을이나 지역은 당구공이 서로 부딪치듯 다른 마을로 조금씩 밀고 들어갔지만, 1년 뒤 대부분의 조직자는 움직이지 않는 당구공처럼 멈춰 있었다. 잡다한 농민의 집합을 자루에 담긴 감자로 묘사한 마르크스의 유명한 비유는 꼭 들어맞았다. 아무튼 고립된 향촌에서는 정치 운동을 계속 전개할 수 있는 이해관계를 공유한 공동체가 생겨날 수 없었다.

한국 향촌의 복잡한 특징은 전통적인 지도력과 공산주의의 지도력을 융합시키는 경우가 많았다. 한국 농민은 자기 일에서도 정치에서도 가장家長이었다. 개인이 아니라 가족이 가장 작은 단위였다. 연장자가 좌경화하면 가족이나 가문 전체가 따라갔다. 한 가문이 지배하고 있는 마을이 많았다. 유력한 가족이 토지 소유의 재분배를 바라면 마을의 나머지 가족은 대체로 따랐으며, 이렇게 하여 당국에서 공산화된 마을이라고 부르는 일이 생겨났다. 그 결과 경찰은 일종의 연좌제를 시행했고 가족 안에 좌익이 한 명만 있어도 모든 친척이 감시받게 됐다. 아무리 역겹더라도 그 방법은 효과적이었다 (그것은 오늘날까지도 한국에서 기능하는 표준적 방법이다).

또한 한국에는 두 가문이 거주하면서 한 가문이 우위를 차지하고 다른 가문은 몇 세기에 걸쳐 불이익을 겪어온 마을이 많았다. 우위를 차지한 가문은 "우익"이 되는 경향이 많았고, 그 결과 불이익을 받은 가문이 그동안 우위를 차지한 가문의 지배를 무너뜨리고 권력을 차지할 기회를 가지게 되었다―이것은 대개 "좌익"의 겉모습을 띠었다. 그러므로 그런 마을에서 "좌익"이 되는 것은 불이익을 받은 가문에 소속돼 있다는 사실을 보여주는 증거일 뿐이었다. 정세의 이런 변화는 해방 이후 그리고 1950년 북한이 점령한 기간에 일어났다. 자세한 연구 사례를 보면, 어떤 마을의 남로당 지도자는 지배 가문에 소속되지 않은 유일한 가족 출신이었다. 그 가족은 이전의 노비와 천민으로 이뤄진 "세습적 하인"이었다.[30] 1947년 두 가문이 존재하는 마을에서 전통적 가문의 지배는 견고했거나 회복되고 있었다. 그 결과 이곳에는 "좌익" 마을이, 저곳에는 "우익" 마을이 점점이 흩어져 존재하는 양상이 나타났다―CIA가 지적한 대로 때로는 바로 옆집이 그렇기도 했다.[31] 그리고 "계급 투쟁"은 이웃 마을끼리 투석전을 벌인 전통적 형태를 띤 경우도 많았는데, 햇필드가와 매코이가의 피비린내 나는 싸움● 대신 김씨와 박씨의 싸움이 된 것이다.

향촌의 투쟁은 앞서 인민위원회가 강력했던 지역에서 좌익이 세력을 유지하고 있음을 반영하는 것이었다. 1947년 9월 미군 방첩대의 조사는 "지하 조직으로 변모한 인민위원회가 남한 일부 지역에 존속하고 있으며" 전라도

● 미국 남북전쟁 이후 웨스트버지니아주와 켄터키주의 경계 지역을 장악한 두 가문의 분쟁.

와 경상도, 동해안 북부 연안지역(삼척·강릉·주문진 등)에서는 특히 강력하다고 밝혔다.[32] 1947년의 가장 폭력적이고 오래 지속된 투쟁은 부산 동부에서 일어났다. 그 뒤에는 전라남도가 가장 격렬한 투쟁을 벌인 지역이었다. 7월 전라남도로 파견된 조사단은 그곳이 "남한에서 가장 좌익 세력이 강한 지역일 것"이라고 평가했다. 방문한 마을 가운데 15~20퍼센트가 "미국인에게 드러내놓고 적대감을 보였다. 좌익의 활동은 곳곳에서 뚜렷했다"고 밝혔다.[33]

1947년에 경상북도는 혼란이 조금 덜하기는 했지만, G-2는 "불만이 끓고 있는 상황"이자 "극좌적 성향"이며 그 도 관리들은 "반대파"라고 판단했다. "좌익은 매우 잘 조직된 형태로 존속하고 있지만" 1946년 가을 봉기 이후 전개된 "숙청" 때문에 지도력을 잃은 상태였다. 좌익의 민주여성동맹은 우익 여성 단체와는 반대로 계속 상당히 활발하게 활동하고 있었다―"우익 여성들은 적극적인 정치 참여를 주저하는 것으로 보인다". (반면 "그런 억제가 좌익 여성을 단념시키지는 않았다.") 경찰은 서북청년회와 광복청년회를 이용해 "좌익의 광범한 조직을 철저히 탄압"해 좌익의 우세한 세력에 대항했다.[34]

반면 해방 직후 혼란이 지나간 뒤 8월 하순, 미국은 인민위원회가 강력하지 않았던 전라북도에서 전주부터 군산 사이의 60개 촌락을 광범하게 조사한 결과 "우익 단체가 그 지역의 정치활동을 완전히 지배하고 있으며" 우익 청년 단체들은 "실제적 힘을 지닌 유일한 조직"이라고 결론지었다. 우익 청년 단체는 몇 개가 있었지만 서로 경쟁하지 않았다. 한 단체가 "한 지역을 완전히 지배했다." 인접 지역에서는 다른 우익 단체가 지배했다. 물론 "청년 단체와 경찰과 지역 관리 사이의 관계는 대단히 가까웠다."[35]

제주도의 반란

1972년 6월 온화하고 청명한 날씨가 계속되는 동안 나는 낡은 비행기를 타고 광주에서 제주도로 갔다. 광주를 떠날 때였다. 비행기가 한반도 위를 나는 중이고 북한에서 멀리 떨어져 있었음에도 승무원은 "안전상의 이유"로 모두 창문을 닫으라고 요청했다. 곧 작은 활주로에 착륙했고 척박한 땅에서 새싹이 자라나고 있었다. 나는 뜨거운 햇빛이 일렁이는, 파스텔을 칠한 듯한 작고 한가한 제주시를 걸어서 돌아다니다가 작은 버스를 타고 섬을 가로질러 화산이었던 한라산 자락에 있는 남쪽의 서귀포 항으로 갔다. 화산작용으로 섬에서 흔히 볼 수 있는 현무암이 마치 흑요석의 힘과 비밀을 가진 듯 아름답지만 불길한 예감을 드리우고 있었다. 한라산 정상에는 거대한 붉은 글씨로 "승공勝共"이라고 써 있었다. 섬 내륙에는 한국 어디서나 볼 수 있는 밀집한 마을이 없었다.

나는 몇 시간에 걸쳐 거의 모든 마을을 들르면서 섬을 한 바퀴 도는 지역 버스를 탔다. 사람들은 대부분 바람이 끊임없이 몰아치는 바다 근처에 전통 가옥을 짓고 살았다. 흑요석을 정성껏 세운 담장밖에 없었지만 무질서하다는 느낌은 없었다. 그런 풍경은 일본에서는 볼 수 없었다. 길가에는 피부가 거무스름한 여성들이 푸른 무명옷을 입고 터덜터덜 걸어갔다. 얼굴은 뜨거운 태양에 그을렸고 등은 무거운 짐 때문에 굽었다. 호기심에 찬 어린아이들이 내 팔을 자기 머리카락에 비벼보거나 내 녹갈색 눈을 자세히 들여다보면서 자신들이 보이는지 물었다. 나는 딱딱한 사탕을 물었다가 꺼내 보였다.

풍광을 빼면 제주도에는 볼 것이 많지 않았다. 정부에서는 신혼부부 숙소, 부자들이 이용하는 카지노, 미국과 일본의 사업가를 대상으로 한 윤락 업소를 만드는 등 그 섬을 관광객의 "천국"으로 탈바꿈시키는 데 바빴다. 참으로 내가 관심을 가졌던 제주도는 수많은 죽은 사람과 함께, 일본으로 도망친 수만 명과 함께, 살아남은 노인들의 증오에 찬 시선과 침묵과 함께 오래전에 사라졌다.

1950년 이전 해방된 한국에서 제주도만큼 정치적 대립에 시달린 곳은 없었다. 한국전쟁 기간 중에는 그보다 평온한 곳도 없었다. 그때는 그런 평온을 누릴 만한 곳이 그 섬을 빼고는 아무 데도 없었다. 제주도는 자신의 전쟁, 곧 인민위원회를 둘러싼 전쟁을 좀더 먼저 겪었다. 그것은 앞으로 닥칠 충돌의 조짐이었으며 내전적·혁명적 특징을 가장 잘 보여줬다. 제주도는 전후 한국의 정치를 보여주는 확대경이자 현미경인데, 강한 바람이 몰아치는

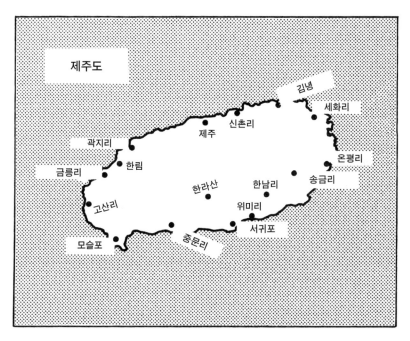

제주도

김녕
세화리
신촌리
제주
곽지리
온평리
금릉리
한림
한남리
송금리
한라산
고산리
위미리
모슬포
중문리
서귀포

〈지도 3〉 제주도

음침하면서도 참으로 아름다운 이 섬에서 일어난 농민전쟁만큼 그토록 쟁점이 선명하고 국제적 영향력과 그토록 무관한 곳은 없었기 때문이다.

1948년 초까지 제주도의 실질적인 정치적 지도력은 1945년 8월에 처음 수립된 강력한 인민위원회에 있었다. 미 점령군은 인민위원회에 여러 방법으로 대처하기보다 제주도를 무시하는 방식을 선택했다. 미군은 내륙에서는 공식적인 지도자를 임명했지만 제주도에서는 도민島民이 자체적으로 운영하게 했다. 그 결과 좌익 세력이 확고히 자리 잡았다. 그들은 북한과는 긴밀한 관계가 없었으며 내륙의 남로당과도 거의 무관했다. 1948년 초 이승만과 미국인 지지자들이 남한 단독정부를 세우는 방향으로 움직이자 제주도민은 강력한 유격대 반란으로 맞섰고, 섬은 곧 분열됐다.

이승만은 집권한 뒤 관료들을 침묵시키고 반란의 원인은 외부의 공산주의 선동가들에게 있다고 비난했지만, 군정청에 있는 한국인들은 내란의 기원이 제주도 인민위원회의 존속과 그 결과 발생한 경찰의 폭력에 있다고 봤다. 1948년 6월 미 군정청에 소속된 판사 양원일이 수행한 공식 조사에서는 "해방 뒤 조직된 제주도 인민위원회는 (…) 사실상 정부로서 권력을 행사했다"고 밝혔다. 또한 그는 "경찰이 민중을 잔인하게 다뤘기 때문에 그들의 마음을 얻지 못했다"고 지적했다. 서울지방검찰청의 원택연은 "좌익의 선동"이 아니라 관료의 무능 때문에 소요가 시작됐다고 말했다. 반란이 일어났을 때 제주도에 주둔하고 있던 국방경비대 연대장 김익렬 중령은 "경찰부대에 모든 책임이 있다"고 말했다.

1947년 10월 하지는 미국 하원의원 일원에게 제주도는 "코민테른의 영향을 크게 받지 않은 인민위원회가 평화적으로 통치하고 있는 진정한 공동체적 지역"이었다고 말했다. 그 직후 미 군정청 조사는 그 섬 "주민의 3분의 2 정도"가 "온건 좌익"으로 보인다고 평가했다. 전직 도지사였으며 좌익 조직의 대표인 박경훈은 "공산주의자가 아니며 매우 친미적[이었다]". 민중은 철저한 분리독립주의자였으며 본토 사람들을 좋아하지 않았다. 그들의 바람은 간섭하지 않고 내버려두는 것이었다.

그러나 그 조사는 최근 몇 달 동안 제주도가 관권의 폭력에 시달리고 있다고 결론지었다. 미군 방첩대의 정보에 따르면, 당시 도지사 유해진은 "극우 인사"로 광복청년회·대동청년단과 연결된 본토 출신이었다. 그는 "대립하고 있는 정당을 독재적인 방식으로 가차 없이" 다뤘다. 그는 이승만의 대한독립 촉성국민회의나 김성수의 한민당을 지지하지 않는 사람은 "당연히 좌익"이 라고 생각했다. 1947년 몇 달 동안 그는 "자신이 명확히 승인한 정당을 제외 한 어떤 정당의 집회도" 저지하려고 했다.

유 지사는 제주도의 경찰 부대를 본토와 북한 출신으로 채웠고, 그들은 "극우 정당의 테러리스트"와 함께 행동했다. 1947년 후반 365명 정도가 제 주읍 형무소에 수감됐다. 한 미국인 조사원이 목격한 바에 따르면 35명이 가로 3미터, 세로 3.6미터의 감방에서 북적댔다. "식량 배급"도 면사무소를 거점으로 활동하는 "정치인"으로 유해진이 관리하는 사람의 손에 맡겨졌다. 1947년 허가받지 않은 곡물 징수는 정식 징수보다 5배 많았다.

1948년 2월 미군정 당국자가 유 지사를 면담했을 때 그는 "대부분" 좌익 이었던 제주도민을 다시 교육하기 위해 "극우 세력"을 이용했다고 인정했다. 그는 제주도 정치에는 "중도 노선이 없"다며, 좌익이든 우익이든 어느 한쪽 을 지원했다는 말로 자신의 행동을 정당화했다. 경찰은 모든 정치 집회를 통 제했고 "극좌"들이 회합하는 것을 허락하지 않았다고 그는 말했다. 그 조사 보고서를 쓴 사람은 유 지사의 해임을 요구했지만 3월 하순 윌리엄 F. 딘 장 군은 그렇게 하지 않기로 결정했다.[36]

1948년 3월 1일 본토의 단독선거에 반대하는 시위가 일어난 뒤 경찰은 청년 2500명을 체포했다. 도민島民들은 곧 강에서 그들 가운데 한 사람의 시 체를 끌어냈다. 그는 고문으로 사망했다. 이 사건이 이후 반란의 시작이 된 4월 3일의 첫 봉기를 불러왔다고 김익렬 중령은 생각했다. 국방경비대원이 제주도 유격대와 싸우는 대신 여순반란을 일으킨 것을 설명하는 데 그의 보고서는 큰 도움을 준다는 사실을 덧붙여야 한다.[37]

도민을 가장 분노하게 만든 사건은 좌익을 재교육하기 위해 서북청년회 를 보낸 것이라고 생각된다. 1947년 후반 미군 방첩대는 제주도에서 "광범한 테러"를 벌이고 있는 서청에 대해 "경고"했다. 그들은 미국의 지휘 아래 제주도 유격대 진압 활동에 경찰·국방경비대와 함께 참여하고 있었다. 1948년 6월 한국의 한 신문은 이런 내용의 특별 취재를 보도했다.

한국 서북 지방 출신 젊은이들로 구성된 청년 조직이 온 뒤 [섬] 주민과 본토 출신 사이에 긴장감이 고조되고 있다. (…) 주민은 공산주의자의 영향을 받은 것으로 보인다. 그러나 3만 명이 넘는 사람이 총과 칼로 무장해 저항하며 봉기한 사실을 어떻게 이해해야 하는가? 이유가 없다면 봉기도 없었을 것이다.

서북청년회는 "경찰보다 치안권을 더 많이 행사했으며 그들의 잔인한 행동은 주민의 깊은 분노를 불러왔다"는 평가를 받았다.[38]

4·3 봉기는 대부분 북부 해안을 따라 일어났으며 경찰서 11곳이 습격받은 것을 포함해 도로와 다리가 파괴되고 전화선이 절단되는 등 여러 사건이 일어났다. 시위대는 단독선거를 비난하고 북한과 통일할 것을 요구했다. 반란 세력 3명, 경찰 4명, 우익 12명이 죽었다. 반란 소식이 본토로 퍼지자 목포항 근처 언덕에서 봉화가 피어올랐고, 시위대가 나타나 "조선인민공화국" 만세를 외쳤다.

4월 말 경찰과 "우익"(대부분 청년 단체 구성원)을 공격하는 과정에서 50명이 넘는 사망자가 발생했다. 그 결과 국방경비대 부대들은 이제 "유격대"로 불린 집단에 대해 경찰과 합류해 조직적인 작전을 수행했다. 창이 관통되거나 거꾸로 매달리거나 목이 잘린 경찰들의 시체가 발견됐다. 5월 본토에서 선거가 진행되면서 반란은 섬 서부 해안으로 번졌고 5월 15일까지 경찰과 우익 35명 정도가 죽었다. 이튿날 경찰은 민간인을 검거하기 시작해, 유격대를 도왔을 것이라 여겨진 촌락 두 곳에서 169명을 투옥했다. 제주도에서는 선거가 치러질 수 없었다. 5월 말 시점에서 폭력이 미치지 않은 곳은 동부 해안뿐이었다. 국방경비대 부대들은 동쪽에서 서쪽으로 산악 지대를 소탕했다.[39]

한 달 뒤 미국 로스웰 H. 브라운 대령은 4000명이 넘는 제주도민을 심문한 결과, 2개 연대의 유격 부대를 보유한 "인민 민주군"이 4월에 결성된 것으로 판단된다고 보고했다. 그 병력은 간부와 병사를 더해 4000명으로 추산되며 10분의 1 이하만 무기를 소지한 것으로 파악됐다. 나머지는 칼·창·농기구를 소지했다. 달리 말하면 그것은 서둘러 소집된 농민군이었다. 또한 취조관들은 남로당이 본토에서 잠입시킨 "훈련받은 선전원과 조직책은 6명 이하이며" 북한에서 침투시킨 사람은 없다는 사실을 확인했다. 그들은 섬에 500~700명 정도의 동조자를 확보하고 거의 모든 도시와 촌락에 세포를 형성했다. 6만~7만 명의 도민이 당에 가입했다고 브라운은 단언했는데, 그런 숫자는 인민위원회와 대중조직에 오래전부터 가입해온 인원을 가리킬 가능성이 크다고 생각된다. "그들은 대부분 무지하고 교육받지 못한 농부와 어부인데 전쟁과 전후의 곤경으로 생활에 큰 피해를 입었다."[40]

그 뒤 북한에서는 그 반란은 이덕구·김달삼·강규찬이 이끌었으며, 그들은 노동당의 지시를 따랐다고 주장했다. 이것은 사실일 수도 있고, 나중에 북한이 그 사건을 자기들의 공적으로 돌리려고 한 것일 수도 있다. 아무튼 그 어떤 외부의 지도도 그 섬 안의 혁명적인 상황만큼 중요하지 않았다. 이덕구는 반란군의 진정한 지도자였다. 그는 1924년 제주도 신촌리新村里의 가난한 어민·농민 집에서 태어났다. 그는 형·누이와 마찬가지로 어릴 때 오사카로 가서 노동을 했고, 해방 직후 신촌리로 돌아와 조천면朝天面에서 노동당의 활동가가 됐다. 이처럼 그는 이 책에서 묘사한 한국인 급진 활동가의 전형이었다. 그는 1947년에 체포돼 석 달 동안 고문당했고, 이후 유격대를 조직하기 시작했다.[41]

일반적으로 유격대는 인민군으로 알려졌으며 병력은 3000~4000명으로 추산됐다. 그러나 그들은 중앙의 지휘를 받지 않았고 80~100명 정도의 기동부대로 움직였으며 다른 반란군과 서로 무관한 경우가 많았다. 물론 이것은 진압하기 어려웠던 요인 가운데 하나였다. 남녀 80명으로 구성된 한 부대에 대한 설명에 따르면, 그들은 한라산 기슭의 야영지에 삼각형 초가지붕을 이은 팔각형 오두막을 지어 살았고 방어용 감시초소가 하나 있었다. 아침 6시에 일어나 1시간 동안 체력 훈련을 하고 수수밥으로 아침을 먹은 뒤 정치 교화가 이어졌다. 미군 방첩대 요원은 북한에서 보낸 인력이나 장비가

있다는 증거를 발견하지 못했다.[42]

일본인은 제주도에 동굴·지하도·방어 참호를 벌집처럼 빽빽하게 만들어 놓았는데, 실현되지는 않았지만 동북아시아를 놓고 미국과 결전을 벌일 때 제주도가 중요한 보루가 될 것이라고 생각해 건설한 것이었다. 소형 화기도 은닉해놓았는데, 유격대는 그것을 사용했다. 반란군은 바로 이 진지에 은신하면서 해안도로와 저지대 마을들을 내려다보는 산 위에서 공격했다. 제주도는 숲이 무성하지는 않았지만 풀이 높이 자라 유격대가 숨기 쉬웠다. 산간도로는 자주 폐쇄되어 차단하기 쉬웠다. 험준한 협곡은 부대의 이동을 어렵게 만들었다. 식량은 유격대에 동조하는 도민에게서 제공받았는데 복잡한 공급 체계여서 근절하기 어려운 것으로 밝혀졌다. 6월 초순 섬 내륙 지역의 마을은 대부분 유격대에게 장악됐다. 섬 전체의 도로와 다리는 파괴됐다.[43]

1권에서 본 대로 제주도는 소작률이 비교적 낮았다. 농민은 대부분 자기 토지를 소유했으며, 토양이 특별히 비옥하지는 않았지만 안정된 생산력을 지닌 지역이었다. 그 섬에서 "봉건주의"는 결코 발달할 리가 없다고 한국인들은 말했다. 소득분배는 비교적 공평했다. 농민은 고구마와 수수, 쌀을 약간 재배했다. 여성들은 해초와 조개를 채취했으며 어업의 규모는 상당했다. 일본은 이를테면 전라남도보다 제주도를 훨씬 수월하게 통치했다. 그러나 제2차 세계대전 동안 엄청나게 많은 비율의 인구가 노동과 전쟁 수행을 목적으로 일본에 보내졌다. 그리고 여성이 남성보다 훨씬 많았던 제주도에서 가장 혐오스럽고 특별한 목적의 동원이 진행되었다. 바로 일본군 "위안부"로 강제 동원하는 것이었다. 제주도와 일본 사이의 인구 이동은 1930년대와 1940년대에 매우 많았다(1948년 제주도 인구는 25만 명 정도였다).[44]

경찰은 폭력 발생의 책임을 인정하지 않고 북한에서 온 선동자들이 소요를 일으켰다고 비난했다. "학식 있고 부유한 사람들은" 본토로 이주하고 제주도에는 "무지한 사람만" 남는 관습 때문에 그들이 주민을 선동할 수 있었다는 것이었다. 지역 주민은 모두 서로 밀접하게 연관돼 있고 소요를 처리하는 데 "강력하고 단호하게" 행동하지 않았기 때문에 본토 출신을 관료로 임명해야 한다고 경찰은 말했다. 한 경찰 간부는 "애국적 청년 조직"의 사기를

고취하고 "집단 마을"을 조직해, 농촌 주민을 유격대로부터 격리시켜야 한다고 제안했다.[45]

브라운 대령은 보고서에서 선임과 후임 관계에 있던 국방경비대 연대장 두 사람이 경찰과 협력하기를 거부하고 반란군 지도부와 협상했으며 "적극적 행동이 필요한 지역에서 지연전술"을 채택했다고 밝혔다. 반란은 이미 "모든 행정 기능을 완전히 무너뜨렸다". 도민들은 폭력에 대한 극심한 공포에 빠졌음에도 취조관에게 굴복하지 않았다. "많은 가정이 대부분 혈연관계로 이어졌기 때문에 (…) 정보를 얻기 대단히 어려웠다."

1948년 5월 22일 브라운 대령은 반란군을 "분쇄"하기 위해 다음의 수단을 도입했다.

경찰은 모든 해안 지역 촌락을 [유격대로부터] 보호하고 무기를 지니고 있는 반란군을 체포하며 무고한 시민의 학살과 폭행을 중단한다.

국방경비대는 도 내륙지역 (…) 인민민주군의 모든 인원을 토벌하는 구체적인 임무를 맡는다.

또한 그는 체포한 모든 사람에게 광범위하고 지속적인 심문을 하고, 유격대에게 물자를 공급하려는 시도를 차단하라고 명령했다. 계속해서 그는 도민에게 "공산주의의 해악을 확실히 증명하는 증거를 제시하고" "미국의 방식이 확실한 희망을 준다는 것을 보여주는" 장기 계획을 구상했다. 5월 28일부터 7월 말까지 3000명 이상의 도민이 체포됐다. 반란을 진압하는 데 미국이 적극적으로 개입했음을 보여주는 다른 증거가 있다. 이를테면 반란 진압군을 날마다 교육하고 죄수를 심문하며, 유격대를 찾아내는 데 미국 정찰기를 사용하는 것 등이다. 한 신문에서는 4월 하순 적어도 한 사건에서 제주도의 소요에 미군 부대가 개입했다고 보도했다. 그리고 6월에 한국인 기자단은 일본군 장교와 병사들이 비밀리에 제주도로 돌아와 반란 진압을 돕고 있다고 비난했다.[46]

우기의 나쁜 날씨와 통행할 수 없는 도로 상황 때문에 7~8월 국방경비대는 섬의 주변부에서만 활동할 수밖에 없었고, 반란군도 거의 작전을 펼 수 없었다. 8월 초순 김용주 대령은 11연대 병사 3000명을 데리고 본토로 돌아갔다. 그는 기자들에게 "거의 모든 촌락"이 비었고, 주민은 유격대의 보호를 받으면서 내륙 지역이나 해안으로 도망갔다고 말했다. "이른바 '산사람'은 낮에는 농부였다가 밤에는 반란군이 되는 사람들"이라고 제주도 국방경비대 연대장은 말했다. "경찰은 정체를 알기 어려운 이런 사람들에게 분노해 마을 전체에 무차별적인 토벌을 실시한 경우도 있었다." 국방경비대가 그런 전술을 채택하기를 거부하자 경찰은 그들을 공산주의자라고 불렀다.[47]

8월 하순 소요가 다시 시작됐고 9월 중순 많은 경찰이 죽었다. 경찰과 우익의 집과 조직에 대한 공격은 10월 여순반란 동안 급증했다. 1948년 말 경찰은 102회의 전투가 발생해 양쪽에서 5000명이 넘는 전투원이 참가했고 6000명에 가까운 도민이 체포됐으며 반란군 사망자는 모두 422명이라고 집계했다. 그러나 미국은 "전적으로 믿을 만한 비공식 정보"에 따르면 1948년 12월 사망자는 5000명이 넘는다고 판단했다. 그 시점에서 유격대의 "중심 세력"은 무너진 것으로 보인다. 이범석은 성공의 요인이, 해안 지역 마을 거주 인구를 재편하고, 광범위한 지역의 나무와 초원을 불태우고, 연대책임을 지우는 이른바 보갑제保甲制—개인의 범죄 책임을 촌락 전체에 지우는—를 채택한 것이라고 판단했다. 국방경비대 제9연대는 산간지대 몇 거점을 장악해 해안으로 마을 주민들을 이주시켰는데, 이런 전술은 유격대의 보급을 차단해 그들을 산간 요새에서 나오도록 압박했다. 군함은 섬을 완전히 차단해 본토에서 유격대에 물품을 보급할 수 없게 만들었다.[48] 1948년 후반 주한 미군 군사고문단Korean Military Advisory Group, KMAG의 문서에 따르면 진압 명령에 따라 "상당수의 마을이 불탔다". 국방경비대의 3개 대대가 새로 보충됐는데 "주로 서북청년회 출신"이었다. 도민들은 이제 유격대에 대한 정보를 제공할 수밖에 없었다. 그렇게 하지 않으면 자신들의 집이 불탈 것이기 때문이었다.[49]

진압에 성공했다는 선언은 너무 이른 것으로 밝혀졌다. 늘 그렇듯 겨울의 소강 상태에 이어 미국인들이 "이전보다 악화된" 상황이라고 보고한 1949년

3월과 4월 가장 높은 수위의 반란이 이어졌다. 3월에 유격대는 "섬 중심부 전역을 마음대로 돌아다녔고" "공산주의자가 아닌 사람들"에게 안전한 곳은 "해안의 일부 지역"밖에 없었다. 제주도 마을의 70퍼센트 이상이 불탔으며 이재민 수만 명이 해안가에 몰렸다. 4월이 되자 상황은 더욱 나빠졌다. "이달 초 제주도는 섬 중앙의 산 정상에서 지휘하는 반란 세력이 사실상 장악했으며 (…) 훈련받은 150~600명 정도의 핵심 전투원을 포함해 반란에 동조하는 사람은 1만5000명 정도로 추산되는데 이들이 섬 대부분을 통치했다. 인구 3분의 1이 제주읍에 몰려들었고 6만5000명은 집과 음식 없이 살고 있다."[50] 이 무렵 섬의 가옥 2만 호가 파괴됐고 인구 3분의 1(약 10만 명)이 해안선을 따라 형성된 보호촌에 집중됐다. 농민들은 해안가 마을 근처에서만 농사를 짓도록 허용되었다. 내륙의 "만성적인 불안"과 그들이 반란군을 도울지도 모른다는 우려 때문이었다.[51]

1949년 3월 한국군 4개 대대가 대대적인 토벌 작전을 시작해 반란군을 산간지대로 다시 몰아넣는 데 성공했다. 3~4월 유격대 400명 정도가 죽었고 2000명이 넘게 체포됐다. 귀순 작전으로 5404명이 더 투항했다. 4월 말 에버렛 드럼라이트는 "총력을 기울인 유격대 토벌 작전은 (…) 4월 말에 실질적으로 끝나 질서가 회복됐으며, 반란군과 동조자들은 죽거나 체포되거나 전향했다"고 보고했다. 무초는 "임무가 끝나간다"고 워싱턴에 보고했다. 곧 특별선거를 치를 수 있었고, 마침내 제주도에서 국회로 의원을 보낼 수 있었다. 그 자리에 출마하려고 온 사람은 다름 아닌 장택상이었다.[52]

1949년 8월 반란은 사실상 끝났음이 명백해졌다. 반란군 지도자 이덕구는 마침내 살해됐다. 1949년 6월부터 늦가을까지 유격대 사건은 거의 일어나지 않았고, 개별적인 충돌이 몇 번 있었을 뿐이다. 미 대사관의 조사에 따르면 1950년 6월 전쟁이 시작되기 직전 섬은 평온했고 소수의 유격대밖에 남지 않았다. 그것은 정치의 묘지에 남은 평화였다.

도민들은 제주도에서 일어난 최악의 폭력을 견뎌냈다. 미국 자료에서는 1만5000~2만 명의 도민이 죽었다고 추산했지만, 한국의 공식 수치는 2만 7719명이었다. 북한에서는 3만 명이 넘는 도민이 탄압으로 "학살"됐다고 주장했다. 그러나 제주도지사는 6만 명이 죽었고 적어도 4만 명이 일본으로 도 망쳤다는 사건을 미국 정보기관에 전했다. 공식적 발표에 따르면 가옥 3만 9285채가 파괴됐지만 도지사는 "구릉지대의 가옥은 대부분" 사라졌다고 봤 다. 400개 마을 가운데 170개만 남았다. 달리 말하면 도민 5~6명 가운데 1명이 목숨을 잃고 절반 이상의 마을이 파괴된 것이었다.[53]

주한 미군 군사고문단의 자료에 따르면 1949년의 6개월 동안 유격대 2421명이 살해됐으며 4630명이 체포됐다. 그러나 소총은 230정만 회수됐 는데, 이것은 그 수치에 농민이 많이 포함됐음을 보여준다.[54] 제주도민들에 게 물어본다면 그들은 대부분 끔찍한 잔혹 행위에 대해 할 말이 있을 것이 다. 그 섬에서 몇 안 되는 부유한 가정 출신으로 지금은 미국에서 살고 있 는 한 한국인은 1949년에 자신이 목격한 사건을 내게 말해줬는데, 30~40명 의 유격대 용의자가 한데 묶여 거룻배에 실려 앞바다로 끌려나가 빠뜨려졌 다는 것이었다. 그는 이것이 드문 사례가 아니라고 생각했다. 메릴은 잔혹 행 위 2건을 기록했다. 어린이를 포함한 남녀 97명이 제주읍 근처의 오라리吾羅 里에서 학살된 것과 도두리道頭里에서 우익 청년들이 촌락 사람 76명을 죽창 으로 학살한 것을 미국인 고문이 우연히 목격한 것이었다.[55]

이제 서북청년회는 제주도를 관리하면서 이전과 마찬가지로 도민에게 "매 우 독단적이고 잔인하게 행동했다". "경찰서장이 그 조직의 일원이라는 사실 은 사태를 악화시켰다." 1949년 말 서북청년회원 300명이 제주도 경찰에 들 어갔으며, 이 중 200명은 사업이나 그 지역의 행정에 관여하기 시작했다. 그 들은 "대부분 부자가 됐으며 사업에서 특별한 우대를 받았다." 군사령관과 부지사도 북한 출신이었다. 서청은 신문사들을 장악해 "자신들이 바라는 기 사만 내도록" 했다. "통치 체제가 세 번(일본·미국·한국 정부) 바뀌었어도" "그 섬의 자산가들"은 여전히 영향력 있는 세력이었다. "쇠약해진" 300여 명의 유격대가 제주읍 감옥에 갇혀 있었고, 다른 200명 정도가 아직도 체포되지 않은 것으로 여겨졌지만 활동하지 못하는 상태였다. 농민과 어민들은 들이 나 바다로 일하러 갈 때 날마다 경찰의 허가증을 받아야 했다.[56]

1950년 여름 부산 주위에서 전투가 벌어지는 동안 미국의 조사 보고서는 경찰이 제주도민의 라디오를 모두 회수하는 바람에 그들은 본토에 북한 군이 전진할 것이라는 정보를 알지 못했다고 서술했다. 북한이 제주도를 침공했을 때 주요 통신수단이 됐을 전화망은 전적으로 경찰의 손에 있었다. 제주도에는 아직도 "파괴활동의 잠재력"이 존재했다. "5만 명 정도의 친인척들이 반란에서 공산주의 동조자로 몰려 살해됐기" 때문이었다. 모두 2만 7000명의 도민이 국가가 관리한 좌익 전향자 조직인 국민보도연맹에 등록됐다. 한국전쟁이 시작된 뒤 보고된 유격대 사건은 3건뿐이었다. 1954년 제주도를 관찰한 기록에는 이렇게 적혀 있다. "마을에는 돌담 위 망루에 보초가 있다. 어떤 마을은 담 바깥에 구덩이를 넓게 파고 가시나무를 채워 넣어 반란군이 접근하지 못하게 했다."[57]

여순반란•

제주도의 반란이 진행되면서 훨씬 큰 관심을 끈, 실제로 국제적으로 보도된 한 사건이 일어났다. 그것은 항구도시 여수에서 일어난 반란으로 전라남도와 경상남도의 여러 군으로 곧 확산됐으며, 한동안 막 태어난 공화국의 기반을 위협하는 것으로 보였다. 반란의 직접적 원인은 10월 19일 대한민국 국군 제14연대와 제6연대 군인들이 제주도 반란 진압 임무 출동을 거부한 것이었다. 국방경비대를 기반으로 한 국군 내부에는 경찰과는 달리 이질적인 정치적 성향을 띤 세력이 포함되어 있다는 좀더 심층적인 문제를 반영한 것으로, 그 세력에는 1945년 조선인민공화국 군대를 창설하려고 했던 시기까지 기원을 거슬러 올라가는 좌익 세력이 포함돼 있었다. 반란이 일어나기 1주 전 그 연대의 연대장과 휘하의 대대장 한 사람이 "파괴활동" 혐의로 체포됐는데 이것이 그 사건의 발단으로 생각된다.[58]

　10월 19일 밤, 지창수라는 이름의 상사上士는 공모자 6명과 함께 14연대

•　원서에는 '여수반란The Yosu Rebellion'이라고 되어 있지만 번역에서는 좀더 많이 통용되는 '여순반란'이라는 표현을 사용했다.

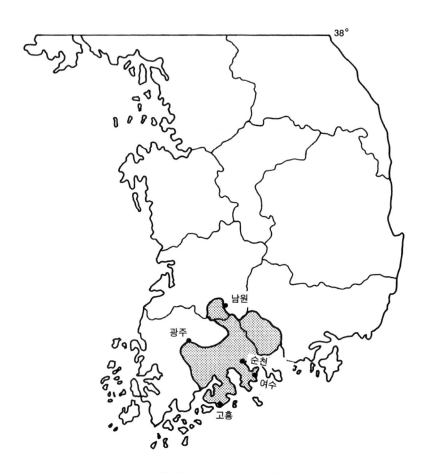

38°

남원

광주

순천

여수

고흥

〈지도 4〉 여순반란이 일어난 지역

를 장악하려고 대원들에게 연설하기 시작했는데, 제주도의 동포를 탄압하는 데 연대가 이용돼서는 안 된다고 주장했다. 40여 명의 동조자를 얻은 그들이 무기고를 접수하고 무기를 나눠주면서 반란은 급속히 확대됐다. 10월 20일 새벽 무렵 그들은 (그때는 2000명에 이르렀다) 여수를 장악해 시내 경찰서를 제압하고 그곳에 있던 무기를 탈취했다. 그런 뒤 일부는 열차를 타고 근처 도시인 순천으로 진입해 이른 오후에 그곳을 접수했다. 반란은 곧 광양·구례·보성·남원으로 퍼졌다. 이제 그들의 지도자는 김지회 중위로 알려졌다. 그는 함경남도 출신으로 일본 육군항공사관학교를 졸업하고 1945년 8월 북한에서 넘어온 국방경비 사관학교 3기생이었다.[59]

반란의 궁극적인 원인은 1945년으로 되돌아가 강력하고 지속적인 인민위원회가 존재한 지역에 실시한 정치가 실패한 데 있었다. 여수·순천·광양·보성·남원·나주 그리고 그 밖에 반란에 연루된 부대들은 제2차 세계대전부터 한국전쟁에 이르는 기간 좌익에 크게 물들었다. 그러나 그 사건의 특수성은 국방경비대(현재의 국군)가 남한 전역의 경찰 조직과 대립 관계였고, 경찰과는 달리 내부에 많은 좌익과 공산주의자가 있었다는 점이다. 1947년 5월 국방경비대에서는 좌익과 파괴분자로 의심받은 사람들이 다수 체포됐으며, 6월에는 수백 명의 경찰과 국방경비대원이 전라남도 영암靈巖에서 충돌해 몇 사람이 죽고 다쳤다. 8월 미국 정보기관은 경찰과 국방경비대의 대립이 몇 달 동안 이어지면서 치안 조직이 "내부 분열"을 일으키고 있다고 보고했다. 미군 방첩대의 한 보고서는 1948년 5월 국방경비대 제14연대의 주둔지인 부산에서 대원 몇 사람이 제주도를 방문해 유격대에게 국방경비대가 아니라 경찰을 공격하라고 촉구했다고 기록했다. 그 뒤 국방경비대는 유격대원을 공격하지 않고 내버려두었다.[60]

연대가 반란을 일으킨 몇 시간 만에 대규모 군중이 붉은 깃발을 흔들고 좌익의 구호를 외치면서 여수 전역에서 행진을 벌였다. 10월 20일 대중 집회에서 인민위원회가 재건됐으며 인민재판이 즉시 실시돼 관료·지주들 그리고 군중이 "우익"이라고 지목한 사람들은 물론 체포된 수많은 경찰이 재판받고 처형됐다. 여수 근처의 수많은 소규모 공동체와 섬에 있던 인민위원회들도

재건됐다. 반란 지도자들은 38도선이 무너졌으며 통일이 곧 올 것이라고 지지자들에게 말했다.[61]

10월 20일 오후 대중 집회에 참여한 순천 시민 2000여 명이 반란에 가담했으며, 주한 미군 군사고문단의 스튜어트 그린바움 중위와 모어라는 이름의 또 다른 장교가 그들에게 사로잡혔다. "군중은 매우 강한 반미 감정을 지녔지만" 그들은 위해를 입지 않았고 선교사 집으로 피신했다. "군중 속에서 나타난 사람들이" 곧 순천 인민위원회를 선포했다. 무기를 나눠 가졌고, 미군 방첩대에서 근무하던 한국인 공작원에 따르면, 사람들은 "두세 명씩 짝을 지어 부자나 좋은 옷을 입은 사람이나 지주를 죽였으며 (…) 좋은 옷을 입은 사람들은 그 자리에서 사살되기도 했다". 연설자들은 북한에서 사용되던 "조선민주주의인민공화국"이라는 명칭 대신 1945년의 용어인 '조선인민공화국'의 수립을 제창했다(그러나 조선민주주의인민공화국 국기를 휘두르고 김일성에게 충성을 맹세한 시위자도 있었다). 적어도 경찰 500명이 목숨을 잃었는데, 대부분 끔찍한 학살이었다. 그러나 미군 G-2 자료에서는 경찰에 대한 공격은 "[지방] 주민 다수의 지지를 받았다"고 보고했다. 순천중학교 학생들은 경찰을 공격하는 데 열렬히 가담했다.[62]

신속히 발간된 『여수인민일보』에서는 "조선인민공화국을 수호하고 충성을 바칠 것"을 서약했다. 그 신문은 미 점령군에 맞서 "3년 동안 싸울 것"이라면서 모든 미국인은 즉시 한국을 떠나라고 요구했다. 그 신문에서는 모든 정부 기관을 여수인민위원회에 이양해야 한다고 선언하고 조선인민공화국의 기본 개혁안을 발표했다. 지주에게서 토지를 무상으로 몰수해 재분배하고, 일본에 협력한 경찰과 관료를 숙청하며, 남한 단독정부에 반대한다는 내용이었다. 남로당 여수위원회의 문성휘, 여수 지역 전평 위원장 홍기환, 좌익 청년 단체의 김인옥, 보성전문학교를 졸업한 여수여자중학교 교장 등 신문에 실린 지도자는 모두 그 지방 출신이었다. 같은 날짜의 한 신문 기사에서는 김일성에게 충성을 맹세했지만, 이 봉기가 북한의 조종을 받았다는 의미는 아니다. 실제로 반란군에게서 노획한 무선통신에서는 "우리는 북한이 우리를 도울 것이라는 지령을 받았지만 거절했다"는 내용이 있었다.[63]

그 뒤 근처의 광양·보성·구례에서도 며칠 동안 비슷한 상황이 이어졌다. 경찰과 그 밖의 공무원이 인민재판을 받고 처형됐다는 많은 보고가 있었다. 진압군이 순천으로 집결하면서 광주 제4연대에서 파견된 200여 명이 반란군에 가담했으며, 곧 장흥長興·남원·고흥高興·하동에서도 반란이 보고됐다. 남로당과 전평 그리고 지역 인민위원회의 지하요원들은 모습을 드러내고 사태를 이끌려고 했다. 10월 23일 반란군은 구례와 광양 일부 지역을 "통치하고 있다"고 알려졌다.[64]

반란 직후에 기록된 북한 내부 자료들은 사실을 대체로 정확하게 설명하고 있는데 반란을 자신들의 공적으로 주장하지 않았다. 얼마 뒤의 자료에서는 김지회가 제14연대 안의 조선노동당 세포 지도자였으며 나중에 그는 조선민주주의인민공화국에서 훈장을 받았다고 언급했다. 그러나 이런 설명은 이후 그의 유격대 활동 때문에 훈장을 받은 것임을 알려준다. 북한이 처음으로 남한에 유격대를 침투시키려고 한 증거가 있지만, 그것은 반란이 어느 정도 진행된 뒤의 일이며 여순반란으로 발생한 본토의 반란과 연관된 것으로 생각된다. 평양 근처에서 두 달 동안 훈련받은 남한 출신 60명 정도가 1948년 11월 초 남파됐다. 반란이 진행되는 동안 북한은 매우 조심스러웠다. 미국 정보기관은 여수가 점령된 주週에 38도선은 "놀라울 정도로 조용"했으며 "그때까지 가장 긴 기간" 아무 일도 일어나지 않은 것으로 기록됐다고 언급했다.[65]

그러나 그 지역에서 반란이 일어나도록 자극한 주요 원인은 그 반란이 자발적이며 치밀한 계획이 없었다는 특징 때문이라는 것이다. 6명으로 시작해 몇 시간 만에 40명을 거쳐 2000명으로 늘어난 것은 전라남도에 불씨가 가까이 있었음을 말해준다. 그러나 그 반란에는 명확한 목표를 마음에 품은 노련한 혁명가가 없었다. 실제로 반란군은 대부분 금세 부상을 입고 죽거나 투옥됐다. 전후 남한에서 일어난 수많은 폭동과 마찬가지로 그것은 운동이 아니라 반란이었지만, 격분과 공허감에서 발원한, 성공할 가망이 희박한 채 충동적으로 일으킨 최후의 저항이었다. 중요한 점은 지난 3년 동안 일어난 사건들이었다. 만일 돌이킬 수 없다면, 적어도 호출해서 참혹했던 사건으로 추모할 수 있을 것이다. 1980년에 광주가 일주일 동안 점거됐던 것처럼 여수도 일주일 동안 점거됐다. 이후 치안 조직에 의한 예측 가능한 학살이 뒤따랐다―무고한 사람까지 학살한 것은 아니었지만, 절망적인 저항 이외에 정치체제에서는 출구를 찾을 수 없는 사람들의 대안적인 꿈과 희망에 대한 학살이었다.

그 시점에 반란이 일어난 까닭은 이승만이 한국에 없었다는 데서 찾을 수 있을 것 같다. 그는 19일 맥아더를 만나기 위해 "바탄호"를 타고 도쿄로 갔고 반란은 그날 밤에 터졌다. 그는 이튿날 서울로 돌아왔다. 이승만은 송호성 장군을 진압군 사령관으로 임명했다. 매우 적극적인 성격을 지닌 그는 자신이 전라남도에 도착한 사실을 공표했다. "제군이 기다리던 최고 사령관이 지금 왔으며 제군과 함께 있다. 이제 나는 진정한 한국군과 함께 나 자신부터 가장 선두에 서서 반란분자들을 바른 길로 되돌리는 데 모든 노력을 다할 것이다." 그러나 송호성 장군은 전선을 따라 장갑차를 몰고 반란군을 향해 미친 듯이 돌진하다가 아군을 향해 기관총을 난사하는 등 참패를 겪었다. 여수에서 뚜렷한 전공을 세운 사람은 "호랑이"로 불린, 부산에서 파견된 제5연대의 김종원 대위●로, 앞서 필리핀에서 일본군 하사로 복무했다. 그는 미국의 조언을 듣지 않고 10월 23일 여수에 상륙작전을 감행했다. 그러나 그의 부대가 탑승한 전차 양륙함LST이 해안과 충돌해 심하게 불타 철수할 수밖에 없었다. 그들이 마침내 상륙에 성공했을 때는 반란이 며칠 전에 이미 진압된 상태였다. 김종원 부대는 "사방으로 아무렇게나 총을 쏴댔다. (…) 주목적은 이제 제압된 여수를 파괴하고 약탈하는 것이었다."[66]

반란군을 실제로 진압한 것은 정일권·채병덕·김백일 같은 젊은 장교들의 협력을 받은 미군 지휘관들이었다―그러나 이 시점에는 점령통치가 끝나서 미국은 표면적으로 한국 내부 사건에 개입할 권한이 없었다. 그러나 비밀 협약에서는 한국군의 작전 지휘권을 미국이 갖도록 돼 있었다. W. L. 로버츠 장군은 미군에게 전투에 직접 개입하지 말라고 명령했지만 그런 지시는 때

● 원서에는 "Captain Kim Sok-yun"으로 돼 있지만(263쪽), 다른 자료와 일본어 번역본을 참고해 수정했다.

로 무시됐다. 한국군의 모든 부대에 미국인 고문이 배치됐지만, 가장 중요한 사람은 진압 작전의 수석고문으로 임명된 할리 E. 풀러 대령과 주한 미군 군사고문단 정보부의 제임스 하우스만 대위 그리고 G-2의 존 P. 리드 대위였다.[67]

10월 20일 주한 미군 정보 부문 책임자는 주한 미군 군사고문단이 "사태를 수습"하고 "미군의 개입 없이" 국군이 질서를 회복하도록 지휘할 것을 권고했다. 로버츠는 쿨터 장군에게 자신은 "반란군을 되도록 빨리 봉쇄해 진압"하려고 계획하고 있다면서, 작전을 지휘할 파견대를 결성해 10월 20일 오후 비행기로 광주에 보냈다고 말했다. 파견대는 하우스만과 리드 그리고 주한 미군 군사고문단에서 파견된 한 사람, 미군 방첩대의 미국인 한 명과 정일권 대령으로 구성됐다. 이튿날 로버츠는 송호성을 만나 "모든 곳을 강력하게 공격하고 (…) 어떤 장애물도 방해하지 못하게 하라"고 촉구했다. 로버츠가 송호성에게 보낸 "지령서"는 다음과 같았다. "귀관의 임무는 압도적으로 우세한 군사력으로 반란군의 공격에 대응해 궤멸시키는 것입니다. (…) 순천과 여수는 정치적·전략적으로 중요하기 때문에 이른 시점에 탈환해야 합니다. 두 도시를 반란군으로부터 해방시키는 것은 큰 선전 효과를 지닌 정신적·정치적 승리가 될 것입니다." 미군 C-47 수송기는 한국군 병력과 무기와 그 밖의 물자를 실어날랐다. 주한 미군 군사고문단 정찰기는 반란 기간 내내 그 지역을 감시했다. 미국 정보 조직은 국군·경찰과 긴밀히 협력했다.[68]

직접 영향받은 지역을 제외하면 반란은 자발적이고 조직화되지 않았기 때문에 봉쇄해 진압하기가 비교적 쉬웠다. 여수 사태가 전개되는 동안 다른 지역에서 호응한 행동은 제주도에서 반란군의 공격이 급증한 것이 유일했다. 이를테면 10월 23일 500여 명의 지원 부대가 제주읍과 함덕으로 파견됐고, 이튿날 경찰의 통신 회선 48개가 절단됐으며, 수많은 도로가 차단되고 섬 전체에서 적어도 50회의 반란군 봉화가 관측됐다. 그러나 이것을 제외하면 반란은 전라남도와 경상남도 서쪽으로는 번지지 않았다. 미군 정찰기는 여수의 반란 세력은 2개 중대와 민간인 1000명 정도라고 판단했다. 다른 점령 지역의 세력은 이것보다 약했다. 정규군은 10월 22일 순천을 공격해 이튿날 탈환했다. 그들은 진입한 뒤 경찰 100명의 시체를 발견했다. 반란 군은 하동 쪽으로 도주했고 10월 25일 한국군 600명과 치열한 전투를 벌였 다.[69]

10월 24일 오덕준이 이끈 제4연대의 일부가 보성을 탈환했을 때 반란군 은 군郡 사무소와 경찰서, 그 밖의 관청을 장악하고 있었다. 그들은 지역 주 민에게 북한군이 남한을 공격했다고 말했다. 시내에는 조선민주주의인민공 화국 깃발이 걸려 있었다. 한국군 150명과 경찰 100명이 시신으로 발견됐 다. 장흥에서 G-2 순찰 요원은 많은 사람이 "인민공화국"을 응원하는 것을 목격했다.[70]

한국군은 며칠 동안 여수 근처의 전략적 요지를 둘러싸고 전투를 벌인 뒤 10월 26일 그 도시를 공격했다. "반란군은 잘 조직된 단위로 싸우고 있 으며, 정식으로 훈련받은 군사 지도자의 지휘를 받고 있는 것이 분명했다. 한 걸음 나아갈 때마다 격렬한 전투를 벌여야 했으며 (…) 집집마다 소탕해 야 했다." 그러나 정오 무렵 반란군은 격파됐다. 김백일 대령은 질서 회복을 이끌었다. "사실상 그 지역의 모든 주민이 소집돼 심문과 심사를 받았다." 국 군 안의 반란 세력은 63명만 체포됐으며 나머지는 근처 산으로 도망쳤다. 여 수의 4분의 1 가까운 지역이 전투로 파괴됐는데, 대부분 화재 때문이었다. 그 시점에서 반란군은 아직도 광양과 구례를 점거하고 있었다. 10월 26일 청주에서 열차로 파견된 부대가 구례에 집결했다. 그날 반란군 450여 명이 구례경찰서를 불태웠고, 그 뒤 여수가 함락되자 지리산 요새로 들어갔으며 시내는 인민위원회가 장악하고 있었다. 10월 28일 반란군은 시가지 대부분 을 포기했다.[71]

반란군의 혁명적 폭력 행위는 정부 지지 세력이 엄청난 보복을 전개하면 서 벽에 부딪혔다. 키스 비치는 여수에서 전개된 검거를 다음과 같이 관찰 했다. 반란군과 지역 주민은 정사각형 대형으로 앉혀졌다.

사각형마다 경찰이 앞에 서 있었는데, 옛 일제 때 제복을 입고 칼을 찬 경찰 도 있었다. 주민은 한 사람씩 불려 나가 경찰 앞에 무릎을 꿇었다. 질문을 할 때마다 머리나 등을 맞았다. 때때로 총 개머리판이나 칼등으로 맞기도 했다. 크게 질문하는 소리와 구타 소리 외에는 아무 외침도 소리도 없었다.[72]

미국인이 목격한 정보에 따르면 "호랑이" 김종원의 부대가 최악이었다. 검거된 죄수―10월 28일 현재 구금된 사람은 2000명 정도였다―는 "침대 난간으로 만든 곤봉과 대나무 막대기, 주먹 등으로 가차 없이 맞았다". 폭력의 대상에는 "빈농과 어민" 그리고 여성과 아이도 많았다. 미국 자료에 따르면 "정부군은 공산주의자의 봉기에 협력했다고 (…) 조금이라도 의심되는 사람은 사살했다". 주한 미군 군사고문단의 정보부에 따르면 군과 경찰은 "철저한 방법을 동원해 수많은 무고한 사람을 죽이거나 투옥했다". 봉기 이전 좌익이었다고 생각된 사람은 "거의 용서받지 못했다". 로버츠는 "처형을 막고 경찰을 통제하기 위해 강력하고 적극적인 방법을 동원하라"고 송호성 장군에게 지시했지만 그렇게 했다는 증거는 거의 없다. 순천 경찰은 "보복하려고 출동해 수감자와 민간인을 처형했다. (…) 정부를 지지하는 일부 시민은 이미 살인을 저질렀으며 사람들은 우리를 적만큼 나쁘다고 생각하기 시작했다"고 하우스만은 보고했다.[73]

11월 말 반란으로 희생된 인원의 공식적 추정은 정부군은 사망 141명, 실종 263명, 반란군 가담자 391명이며, 반란군은 사망 821명, 체포 2860명이었는데, 3700명으로 추산된 반란군 가운데 적어도 1000명이 산에 남아서 유격대로 활동하고 있다고 보고했다. 민간인 사망자 총계는 알 수 없지만, 미국 자료에서는 순천 한 곳에서만 민간인 500명이 죽었으며 여수에서는 더 많았을 것으로 추산했다. 11월 말에는 반란군으로 의심받은 1714명이 군사재판에 회부돼 866명이 사형선고를 받았다. 처형된 시신은 대부분 불태워졌다. 조상 숭배가 강하게 남아 있는 문화에서는 신성을 모독하는 행위였다. 같은 달 말 반란으로 아직도 2591명이 투옥된 상태였는데, 국군 2000여 명과 장교 88명이 포함됐다. 영국 자료에 따르면 "정치범의 일제검거"는 11월 첫 열흘 동안 진행돼 광주에서만 3000명이 체포됐다. 유죄로 결정된 반란군의 처형은 1949년에 들어와서도 상당 기간 지속됐다.[74]

동료를 추적하는 데 도움을 준 대가로 관대하게 처리된 반란군도 있었다. 주장되고 있는 바에 따르면, 그 가운데 한 사람은 박정희였다(나중에 대한민국 대통령이 됐다). 그가 반란에 가담한 사실은 주한 미군 군사고문단 자료에 기록돼 있지만, 알려진 것처럼 자기 형을 포함해 반란 세력을 색출하는데 그가 한 역할은 신빙성이 의심되는 신문 기사들을 빼고는 문서로 기재된것이 없다. 그러나 1961년 그가 쿠데타를 일으켰을 때, 여순반란의 경력이 CIA 자료에서 발견돼 그가 공산주의자일지도 모른다는 우려가 일시적으로제기되기도 했다.[75]

물론 한국군의 사기와 유용성은 여순반란으로 심각한 의문이 제기됐다. 반란이 일어났을 때 병력은 5만4228명이었다. 두 달 뒤 병력은 4만5000명으로 줄었는데, 위에서 제시한 수치보다 훨씬 광범한 숙군肅軍이 있었음을알려준다. 그러나 한국과 미국의 당국자들은 반란과 그후의 사건을 거치면서 내부의 분쟁과 반대에 맞서는 한국군과 한국 정부의 힘을 크게 강화했다고 생각했다.[76] 도쿄에서 돌아온 이승만은 반란을 이용해 자신의 반대 세력을 공격하기 시작했다.

여순반란 직전 이승만은 인가된 『동아일보』 외에는 반정부 정서를 유포한 신문사를 폐쇄하고 있었다. 9월과 10월 초 그는 『중앙신문』과 『세계일보』를 포함해 신문사 네 곳을 폐쇄했다. 무초에 따르면 그는 "보도기관이 국가의 국제 관계를 훼손하는 기사를 내는 것은 위법으로 규정한 대한제국의 1906년 법률"을 인용하면서 그 조처를 옹호했다.[77] 물론 이것은 일제가 조선의 대외 관계를 지배하던 보호조약 아래서 이뤄진 일이었으며, 당시 문제가된 것은 일본 제국주의를 비판한 한국의 신문사들이었다. 이번에는 미군 철수를 요구한 신문사가 위법을 저지른 것으로 규정됐다.

반란 뒤 이승만은 미군의 한국 잔류에 반대하는 논설을 금지하는 내용의 비밀 지시를 언론사에 보냈다. 또한 그는 북한을 언급할 때 "괴뢰傀儡"라는 표현을 늘 사용하라고 지시했다. 이승만은 11월 초 한 주말에만 여운홍·엄항섭을 포함한 정치인 1000여 명을 체포했다. 그들은 대부분 나중에 풀려났다. 거의 같은 시기에 그는 국회에서 "국가보안법"을 통과시켰다. 무초에 따르면 "국가의 안녕을 방해하려는 집단을 너무 막연하게 정의해" 국회의원 들은 그것이 자신들에게도 적용될 수 있다고 생각했다. 12월 그런 우려는 현실이 돼 국회의원 19명이 투옥됐다. 11월 말 2만3000여 명의 정치범이 이 승만 치하에서 수감됐다.[78]

반란이 끝나기까지 몇 주 동안 서북청년회원들은 여수와 순천으로 파견 되기 위해 경찰의 훈련을 받았다. 그들은 훈련(12일 과정)을 마치면 정식 경 찰의 지위와 제복을 받았다. 1948년 초 600여 명의 서청 출신 "경찰"이 두 소요 지역에서 임무를 수행하고 있었다.[79]

여순반란은 1주 남짓 지속된 격렬한 폭풍이었지만 궁극적으로는 찻잔 속 의 태풍이었다. 이승만은 야당인 한민당이 제기한 미온적이고 위협적이지 는 않지만 그래도 시끄러운 반대를 물리치고, 이 반란 사건을 이용해 자신 의 통치 행위에 제기된 모든 저항을 탄압했다. 규모와 중요성에서 여순반란 은 1946년 가을 봉기와 비교할 수 없다. 그것은 불만을 품은 군인들이 일으 킨 즉흥적이고 대단히 어리석은 반란으로, 전라남도의 강력한 좌익 기반에 대한 탄압을 더욱 강화했을 뿐이다. 실제로 투옥된 한 남로당원은 그 반란 은 "성급했다"고 당국에 말했다. 이 말은 당이 대비하지 못했고 따라서 지 도력을 행사할 수 없었다는 사실을 암시한다. 그럼에도 남로당 활동가들은 반란에 가담했다. 그것은 그 봉기가 "인민의 마음을 반영"한 것이고 인민은 "혁명을 일으킬 준비가 돼 있었기" 때문이라고 그는 말했다. 그리고 당은 다 음 기회에는 인민을 지도할 준비가 돼 있었다고 말했다.[80] 이 보고서에는 진 실이 담겨 있으며 증거와 합치한다. 이것은 남한 좌익의 묘비명이었다. 대중 적 기반은 있었지만 지도력이 결여되어 있었다. 활동가들은 반란의 뒤를 따 라가면서 그것을 혁명이라고 불렀다. 여수의 역사적 중요성은 3년에 걸친 좌 익 활동이 실패의 막을 내렸다는 그 반란적 특징에 있다. 그러나 그것은 유 격대의 투쟁을 본토로 확대하는 데 촉매로도 작용했다.

8장

유격대 투쟁

오늘날 남한은 대부분 세계 어느 곳과도 견줄 수 없는 폭력의 어두운 구름으로 덮여 있다. (…) 유격대가 출몰하는 지역에 있는 수백 개 촌락의 밤은 길고, 소리에 귀 기울이는 차가운 불면의 밤이다.

_월터 설리번, 1950년 3월

1947년 촌락 수준의 투쟁을 겪은 뒤 남한은 1948년 4월 제주도 봉기가 폭발할 때까지 비교적 평온했다. 10월 여순반란이 일어났다. 그 이전 남한에는 유격대가 거의 존재하지 않았다. 여순반란 이후 그리고 1950년 6월 이전까지 유격대는 지속적인 문제였다.

1948년 1월 미군 G-2는 남한의 좌익을 조사한 결과, 전라남도가 "진정으로 가장 좌익 세력이 강한 도이며 (…) 지하에서 활동하고 있는 남로당 지부의 실질적 거점"이라고 판단했다. 전라북도에도 상당히 강력한 지하조직이 있다고 생각됐지만, "표면 위로" 드러난 것은 드물었다. 충청북도에서는 좌익이 강하지 않았다. G-2는 충청북도에서는 "모든 정치활동이 갑자기 위축됐다"고 지적했다. 강원도에서 "우익"은 동해안을 제외한 모든 지역에서 세력을 굳혔다. 명확히 언급하지는 않았지만 경기도 또한 마찬가지였다고 생각된다. 그러나 경상북도에서는 극좌와 극우 사이의 충돌이 계속됐고, 경상남도는 "기본적으로 극좌"였다.[1] 이런 1948년의 조사는 1945~1946년 남부 도의 정치 상황에 대한 우리의 이해와 합치한다. 그러나 거기서는 유격대를 언급하지 않았다.

그러나 1948년 여름 미국 정보기관은 유격대가 조직화하고 있다는 여러 보고를 받았다. 한두 명의 북한군 장교가 몇 도의 산악 지대에 있다고 보고 됐지만, 그 밖에는 남한 세력의 활동이었다. 대부분의 활동은 산간 은신처에 생활용품, 특히 식량을 조달하는 것이었다. 공작원들은 밤에 촌락으로 들어가 지원의 증표로서 식량을 제공하라고 요구했다. 미군 방첩대의 보고서는 "많은 향촌 사람이 유격대에 공감하고 있지만" "경찰의 보복이 두려워" 식량을 거의 주지 않았다고 말했다. 활동의 중심은 전라남도였는데, 조직자들은 그 도를 네 구역으로 나눠 한 구역마다 4~5개 부대를 배치했다. 그 4개 병단兵團에는 각 병단마다 100명의 무장 인원이 있었고 1000명 정도의 비무장 인원이 그들을 지원했다. 그러나 무기가 부족했으므로 이들 대부분은 몽둥이나 창을 가지고 다녔다. 좌익 조직의 기존 구성원을 보충하고 선별해 인원을 충원했지만, 산적이 가담하기도 했다.

충청도의 유격대는 경상·충청·전라도가 만나는 영동군永同郡에 집중돼 있다고 파악됐다. 소백산맥은 그들의 북방 한계선이었으며 남쪽으로는 지리산까지 뻗어 있었는데, 그것은 나중에 가장 유명한 유격대의 보루가 됐다. 일부 보고서에는 1948년 한여름 이 지역에 2000명의 반란군이 있다고 적혀 있으며, 남로당 활동가들이 은신처와 거점을 찾기 위해 산속을 뒤지고 있다고 보고했다. 또 다른 훈련 거점은 충청남도 서산군瑞山郡의 산악 지대에 있었다. 40일 동안 지속된 훈련은 중국 팔로군八路軍의 방법을 본받은 것이었다. 미군 방첩대 자료는 1000명 이상의 신병이 그 거점에서 이미 훈련을 받았다고 봤다. 충청도는 대체로 보수적 지역이었지만 영동과 서산에는 가장 강력한 인민위원회가 있었다.[2]

이 보고들은 본토의 반란이 제주도 유격대보다 자발적 성격이 약했다는 측면을 시사하고 있다. 1950년 초에 쓴 긴 논문에서 박헌영과 이승엽은 유격대의 활동이 시작된 시점을 1946년 가을 봉기 직후로 거슬러 올라갔다. 제주도 봉기와 여순반란은 유격대 활동에 큰 영향을 줬지만, 그 기원은 모두 1946년 가을로 소급됐다. 당 활동가를 위한 자료에서 북한은 "무장 유격대 투쟁"은 제주 4·3 봉기에서 시작돼 여순반란을 거치면서 본토로 확대됐다고 봤다. 유격대의 핵심 목표는 "인민위원회를 재건하는 것"이라고 알려졌다.³ 이 설명들은 전혀 어긋나지 않는다. 뒤에서 유격대 운동을 지역별로 살필 때 뚜렷이 보겠지만, 유격대 투쟁은 1945~1946년에 일어난 사건, 특히 가을 봉기의 근본적 원인이 된 인민위원회의 탄압과 연속선상에서 진행됐다. 동시에 북한과 남로당의 일부 활동가는 유격대를 조직하고 지도하기도 했다.

유격대 투쟁은 여순반란 이후 본격적으로 시작됐다. 1948년 말 G-2 자료에서는 유격대가 전라남도 전역을 습격해 촌락을 공격하고 철도와 전신선電信線을 파괴했으며, 특히 12월 17일 나주군 전투에서 군대가 "중대한" 피해를 입었다고 보고됐다. 경상남·북도에서도 규모는 좀더 작았지만 비슷한 습격이 일어났다. 그 가운데 일부는 12월 첫 주 전국에서 2000명의 좌익을 체포한 경찰의 일제 검거에 대한 보복임이 분명했다.⁴

1949년 초 주한 미군 군사고문단 정보부는 유격대의 활동 지역을 보여주는 지도를 만들었다(지도 5 참조). 같은 시기에 CIA는 수집한 정보를 기초로 제주도·지리산·오대산에 대규모 부대들(1개 부대마다 500~1000명)이, 영동에는 소규모 부대(300~500명)가 있다고 판단했다. 몇 달 뒤 허헌이 내린 추정도 매우 비슷했다. 일부 예외는 있지만 북한에서 펴낸 자료에서 유격대 활동에 대한 서술은 이런 주한 미군 군사고문단 정보부의 판단과 상당히 일치하며, 연구자들이 비교 확인할 수도 있다.⁵ 이런 자료들에 대한 해석은 1945~1946년 강력한 인민위원회가 있던 군들과 일치한다. CIA는 이런 군들의 좌익 지지자들과 제주도의 수천 명을 제외하고, 1949년 초 남한의 유격대를 3500~6000명 정도로 추산했다.

이런 자료를 토대로 수행한 질적 조사에서 얻은 증거는 그동안 당국에 매우 커다란 문제가 있었음을 알려줬다. 미국 대사관 부영사 두 사람은 1949년 초 지방을 시찰한 뒤, 전라남도에서 "정부는 도시와 큰 읍 이외의 지역에서는 통치력을 잃었다"고 판단했다. 전라남도의 경찰서들은 대부분 "최근에 만든 거대한 돌벽이나 높이 쌓은 모래주머니로 방어되고 있다. (…) 파출소는 중세의 요새와 비슷하다." 당국은 반란군이 은신할 수 없도록 구릉지대의 나무를 대대적으로 베어냈으며, 야간통행을 완전히 금지했다. 구례

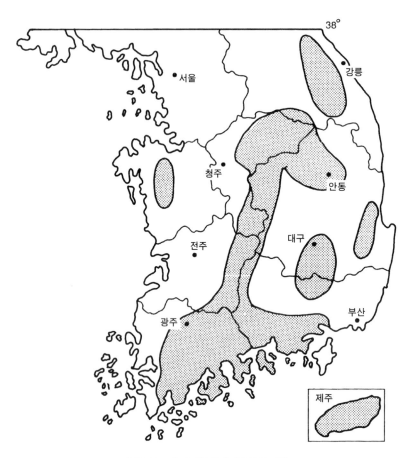

〈지도 5〉 1949년 남한의 유격대 활동 지역

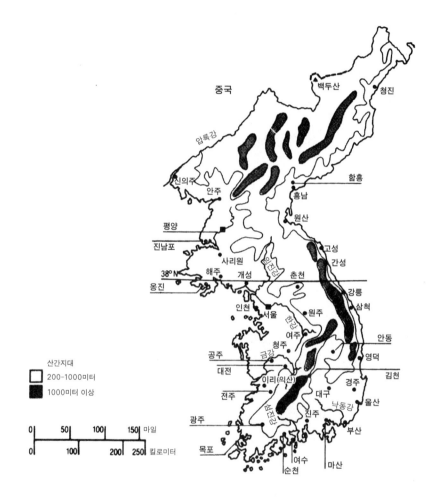

<중국>

백두산

청진

압록강

신의주

함흥

안주

흥남

평양

원산

진남포

고성

사리원

간성

38°N

해주

개성

춘천

강릉

옹진

삼척

인천

서울

원주

안동

여주

청주

영덕

산간지대

공주

김천

200-1000미터

대전

경주

1000미터 이상

이리(익산)

대구

울산

전주

낙동강

0   50   100   150 마일

광주

진주

부산

0   100   200   250 킬로미터

목포

여수

마산

순천

〈지도 6〉 한국의 지형

출전: Halliday, Jon, and Bruce Cumings. *Korea: The Unknown War.* London: Penguin Books, 1988.

의 거의 모든 마을은 유격대나 경찰의 공격을 받았다. 군 공무원들은 구례 주민 90퍼센트가 "공산주의자"라고 생각했다. 도지사는 유격대 전투로 도 안에서 10만 명의 피란민이 발생했다고 말했다—그들 가운데 다수는 당 국의 촌락 소개 작전으로 발생했다. 최근 거의 모든 파출소가 습격받았다. 15개소가 점거되고 완전히 불탔다. 여순반란 동안 사망한 인원을 제외하고 적어도 경찰 100명이 죽었다. 미국 영사가 광주에 도착한 직후 유격대는 경 찰 트럭을 습격해 경찰 25명을 죽였다.[6]

1948년 12월부터 1949년 3월까지 유격대 전투를 자세히 기록한 북한 자 료에 따르면, 12월 중순 각 진영에서 수백 명이 참가한 광양의 대규모 전투, "남천南川 횡단 작전"에서 경찰 40명을 몰살시킨 것, 화순군의 몇 개 촌락을 유격대가 점령한 것, 화순탄광의 전신선을 공격한 것 등을 포함해서 전라남 도 대부분 군에서 사건이 일어났다. 그 자료는 지리산 부근의 산간 촌락에서 는 인민위원회가 다시 세워졌다고 주장했으며, 같은 시기의 논문에서는 구 례·함양·산청군의 "해방구"에서 인민위원회가 다시 활동했다고 서술했다.[7]

북한 자료들은 유격대 활동의 영향을 받은 군은 1949년 11월 77개 군에 서 8월 118개 군으로 늘었으며, 그해에는 모두 9067회의 유격대 전투가 벌 어졌다고 주장했다. 그 자료에 따르면 그 가운데 3122회가 호남이나 남서 지역에서 일어났으며 2642회는 경상북도, 나머지는 다른 지역에서 일어났 다. 그 자료는 유격대에 영향받은 군의 숫자를 과장했지만, 전투의 총 횟수 는 대체로 맞다. 유격대 활동이 늦여름에 가장 왕성했던 것은 분명하다. 아 울러 유격대 활동의 영향을 받지 않은 충청북도와 경기도의 군들도 과장됐 음을 예측할 수 있다.[8]

북한과 미국 자료는 유격대 관련 사건이 1949년 4월부터 10월까지 증가 한 뒤 11월부터 점차 줄어드는 비슷한 유형을 보인다. 한 중요한 기사에서 이승엽은 유격대와 적극적 지지자, 사건 그리고 "제압된" 적의 숫자를 열거 했다(표 1 참조).

이 표의 합계는 과장됐지만 주한 미군 군사고문단의 증거 자료와 동일한 양상을 보여준다. 이승엽은 11월에 유격대 활동이 감소한 까닭은 유격대가

겨울을 준비하기 때문이라고 해석하고, 남한의 탄압이 효과적이었다는 점은
부정했다.[9]

전라도의 유격대

1948년 이승만 정권으로 이행한 것은 전라도의 정치에 거의 영향을 주지
않았다. 탄압이 더욱 강화됐기 때문이라고 생각되지만, 1948년의 상황은
1945~1946년의 조치에서 쉽게 예측할 수 있었다. 미국의 조사는 늘 전라남
도가 남한에서 가장 좌익적인 도라고 판단했다. 야당은 도시와 군청 소재지
에 불안하게 자리 잡고 있었다. 이제 진부한 이야기가 됐지만, 여순반란 직
전 이루어진 전라남도에 대한 한 조사에서는 경찰이 "좌익 조직과 동조자를
근절하려는 격렬한 활동을 전개했다"고 밝혔다. 서민호는 1945년 이후 이승
만을 지원한 자산가이자 미군정 아래서 도지사를 지낸 그 지방의 유력 인
물이었다. 그의 형제 서광순은 경찰의 도 책임자였다. 한민당은 1946년 봄
에 대부분의 군郡 공직을 장악했던 것처럼 1948년 5월의 선거에서도 크게
승리했다. 그러나 이것을 제외하면 야당은 용납되지 못했다.[10]

<표 1> 1949년의 유격대 활동

달	유격대(명수)[a]	사건(횟수)	적 사상자(명수)[b]
4월	16,257	482	716
8월	44,200	759	1,203
9월	77,900	1,184	2,104
10월	89,900	1,330	2,415
11월	77,900	1,260	2,213

출전: 이승엽, 「조국 통일을 위한 남반부 인민 유격 투쟁」, 『근로자』(1950. 1), 21쪽.
a. 모든 유형의 전투와 활동에 참여한 인원.
b. 죽거나 다친 사람. 사망자는 합계의 3분의 2 정도다.

전라북도에는 1947년 후반 전라남도보다 약한 좌익 지하조직이 있었던 것
으로 보인다. 그것을 제외하면 우익이 지배했다. 이를테면 정읍에서는 10개

의 정당이 있었는데 9개는 이승만을, 1개는 김성수를 지지했다. 1947년 8월 경찰은 좌익 850명을 체포했으며 그들은 대부분 그해 말까지 감옥에 있었다. G-2는 전라북도에서 선거가 치러졌다면 우익이 모든 의석을 장악했을 것이라고 생각했다.[11]

전라도의 조직적 유격대 활동은 지리산에 집중됐다. 이 산은 높이가 2000미터 정도였으며, 낮은 구릉지대와 달리 삼림이 울창했다. 로이 애플먼은 그 지역은 "750평방 마일(약 1935제곱킬로미터)에 가까운, 길이 없는 거친 땅"이라고 서술했다. 지리산 유격대의 핵심 지도자는 유일석으로 본명은 윤채욱이다. 경성제국대학에서 공부한 공산주의 지식인이며 해방 뒤 서울대학교에서 좌익 학생을 이끌었고, 이후 서울 영등포 지역에서 노동조합을 결성했다. 그는 여순반란 이후 입산해 1949년 전사했다. 다른 지도자로는 경상남도 출신의 김세택이 있는데 미국은 그를 총대장으로 생각했다. 노동무라는 별명으로 불린 이현상은 서울 출신으로 45세 정도였으며 지리산 유격대 제6연대장이었다. 구례군 출신의 박천해는 제7연대를 이끌었다.[12]

1949년 초 이범석은 전라남도에 유격대 3500명이 있는데 그중 1224명 이상은 이미 죽었고 3293명은 "전쟁 포로"라고 추산했다. 유격대는 전라남도의 거의 모든 군에서 활동하고 있었다.[13] 2월 중순 빨치산 120명이 벌교에서 경찰과 교전했다. 3월 초 유격대는 곡성군을 대규모로 습격해 적어도 경찰 100명을 죽이고 통신망을 파괴했다. 그다음 두 달 동안 보성·화순·순천·나주·함평·구례·영광에서 작은 규모의 사건이 많이 일어났다. 북한은 서울에서 출판된 문서를 인용해 1949년 5월 원용덕 장군이 전라남도 자치단체들의 경비 상황을 "등급화했는데" 28곳이 "A 등급"을 받았으며 85곳이 "소극적 협력", 무려 130곳이 "C 등급" 또는 진압되지 않았다고 파악했다. 전라북도에서 유격대의 영향을 받지 않은 군은 전라남도와 인접한 고창과 순창이라고 북한은 설명했다. 전라북도의 다른 지역은 보고할 사항이 없었던 것으로 보인다.[14]

화순탄광 지역은 1940년대 우익에게 늘 골칫거리로, 적지 않은 유격대가 분포했다. 1949년 8월 중순 유격대 300명이 광부와 연합해 경찰의 반란 진압 부대와 큰 전투를 벌여 통신망과 철도를 차단하고 광산회사 사무실에 난입해 건물을 불태우고 많은 경찰을 죽였다. 대량의 철광 제품도 전소되었다. 일주일 뒤 유격대 200명이 고창 주민들과 합세해 경찰서를 파괴하고 관청을 불태웠으며 무기를 탈취하고 80여 명의 죄수를 풀어줬다. 죽은 채 발견된 유격대 12명 가운데 두 사람은 여성이었다. 많은 여성이 남부 유격대에서 전투원으로서 적극적으로 활동했다. 여태껏 남한에서는 들어보지 못한 일이었다. 8월 말 경찰과 한국군 부대는 화원면花源面에서 며칠 동안 유격대와 교전했고, 적어도 경찰 20명과 유격대 30명이 죽었다. 사로잡힌 유격대 7명은 경찰을 처음 습격한 장소로 다시 끌려가 지역 주민들이 보는 앞에서 처형됐다. 7~8월 전라남도의 군 대부분에서는 좀더 작은 규모의 유혈 사건이 많이 일어났으며, 나주는 특히 피해가 컸다.[15]

9월 중순 수백 명의 유격대가 광양군과 영암군을 공격했고, 순천·나주 등의 도시에서는 더 작은 규모의 전투가 이어졌다. 10월 8일 유격대 200명이 세 방향에서 곡성읍을 공격해 경찰서와 우익 인사의 집들을 파괴했다. 전투는 겨울이 다가오면서 점차 줄었다. 유격대의 활동은 대부분 추운 계절을 헤쳐 나가기 위한 식량 약탈 같은 것으로, 농민 도적과 비슷했다. 비협조적인 마을은 쌀과 침구와 그 밖의 물품을 징발당했다.[16] 1950년 초 대규모 토벌 작전과 겨울을 겪으면서 유격대 활동은 줄어들었고, 전라도 농민들은 서로 무관한 마을에서 들고일어나 경찰과 지주를 공격하고 엉성한 인민재판을 여는 등 무질서 상태로 돌아갔다. 북한 자료에 따르면, 지주들은 "농민 반란"이 두려워 광주로 모여들었다.[17]

경상도의 유격대

유격대의 세력은 전라도에서는 약해졌지만 1946년 가을 봉기가 일어난 경상북도에서는 커졌다. 전라도와 마찬가지로 경상북도에서 유격대는 1945~1946년 좌익이 전개한 정치, 특히 인민위원회로부터 성장했다. 고대

신라의 수도인 경주 근처에 대해 미군 방첩대가 조사한 결과는 이런 연속성과 관련된, 짧지만 드문 사례다.

> 1945년 해방 직후 이청원과 그 지지자들은 앞으로 인민공화국을 수립하려는 목적으로 경주군에 인민위원회를 조직했다. 이 집단은 1946년 10월 봉기와 남조선노동당이 경주군에서 5월 10일에 일으킨 폭동의 배후 세력이었다. 1948년 2월 경주군 남로당 지도자 이규학은 여러 치안 기관의 수배를 받은 사람들의 피란처를 제공하려고 유격대 병단兵團을 조직했다. (…) 유격대 병단의 조직 계획은 상부에서 내려온 것으로 보인다.[18]

많은 한국군 병사가 "인민공화국 만세"를 외치며 귀순할 정도로 1949년 초 유격대의 세력은 뚜렷이 팽창했다. 북한 자료에 따르면 1949년 3월 밀양을 대규모로 습격해 이틀 동안 전투에서 경찰과 우익 67명을 죽였다. 유격대는 3~5월 고령·김천·선산·의성·안동·영덕·영일·칠곡·청도·예천·경주 등 경상도 여러 지역에서 활동했다.[19]

경상북도 유격대의 주력부대는 그들이 은신한 산의 이름을 따서 "일월산日月山"이라고 불렀다. 남부 출신의 유명한 빨치산 김달삼이 이들을 이끌었다. 그는 유격대를 여섯 부대로 나눠 봉화·안동·문경·경주·울진·영덕에 하나씩 배치했다. 각 부대는 200여 명의 유격대원으로 구성됐고 35~80정의 소총을 보유했는데 모두 일제나 미제였다.[20] 1949년 7월 경상북도에 대한 미국의 한 조사에 따르면 "대규모 공격 사이에 전개된 매복과 소규모 공격은 거의 모두 해당 지역의 특징을 살린 것이다. 파출소에는 지붕까지 방어벽이 설치됐고, 도로에서 100미터 안의 모든 지역에 있는 나무는 베어졌으며, 그 지역의 관리와 경찰은 밤에 집집마다 순찰할 때 조심해야 했다". 도 전체에 걸쳐 이런 현상은 "만성적"이었지만 봉화·영덕·영주 같은 동북부 군에서는 특히 뚜렷했다. 지역 경찰은 "전체적으로 유격대는 대부분 남한 출신으로 보이지만" "북한의 핵심 인물"도 있을 것으로 생각했다.[21]

한 달 뒤 무초는 "유격대가 밤을 지배하는 동안 경찰은 방어벽을 설치한 경찰서에 몸을 숨긴다"고 보고했으며, 7월 19일 유격대가 산길에서 매복해 한국군 보병 중대 41명을 죽인 특히나 악명 높은 사건을 언급했다. 이튿날 광부 100명이 쇠막대로 무장하고 광산 소유주 1명과 부하 몇 명을 죽이고 광산 건물을 파괴한 뒤 산으로 도망쳤다. 경찰은 모든 청년에게 우익 청년 단체에 가입하도록 요구해 그들을 유격대에서 떼어놓으려고 노력했다.[22]

대부분 100명 정도의 유격대가 산에서 내려와 경찰서·관청·도로 그리고 부유한 지주의 집을 공격하는 전형적인 방식이었다. 그러나 6월 초 안동 근처에서 일어난 한 사건에서 유격대는 123명의 집을 파괴했고, 2주 뒤 봉화군에서는 집 219채를 파괴하고 수많은 경찰을 죽였다. 경찰은 유격대가 은신하고 보급품을 저장하는 동굴—그들이 살던 집도—을 합동으로 공격해 맞섰다. 이 사건들에서 파괴된 엄청난 가옥 수는 해당 지역 전체가 양쪽 모두의 공격 목표가 됐음을 알려준다.[23]

8월 19일 유격대 200명은 의성의 농민 300명과 연합해 그곳 경찰을 공격해 57명을 죽이고 투옥돼 있던 죄수 63명을 풀어줬다. 많은 관청이 파괴됐다. 주한 미군 군사고문단 자료에서는 경주 근처의 유격대를 "야산대"와 "훈련군"으로 나누고 각 부대의 유격대 30퍼센트 정도가 소총으로 무장했다고 파악했다. 그들은 철도와 전선을 파괴하고 경찰서를 공격하는 데 주력했다. 그리고 지역 주민들에게는 북한군이 남한으로 내려와 자신들의 투쟁에 곧 동참할 것이라고 말했다. 9월 중순 빗발치듯 쏟아진 보고에서는 조선인민군이 지금 남침을 시작했다고 주장해 전쟁의 공포를 부채질했는데, 그것은 뒷장에서 다룰 것이다.[24]

유격대 300명은 9월 1일 대구 근처의 경찰을 공격한 뒤 9월 15일 강과 산과 철도가 합류하는 전략적 요지인 안동 부근에 대규모 공격을 시작했다. 이튿날 그들은 문경에 매복해 경찰을 습격했다. 이 충돌에서 많은 경찰이 죽었다. 10월에는 도 전역에서 유격대의 공격이 전개됐다. 10월 초 400여 명의 유격대가 안동의 경찰과 군의 거점과 감옥을 공격해 대규모 총격전이 벌어졌다. 공공건물 9곳, 가옥 7채, 버스 정류장 1곳, 약국 1곳이 불탔다. 며칠 뒤 반란군은 미국 문화공보원USIS 사무실을 불태웠다. 유격대 투쟁 가운데 미국 시설을 공격한 드문 사례 가운데 하나였다. 10월 말 유격대는 부산 서쪽의 좌익 세력이 강한 도시인 진주에 대규모 공격을 시작했다. 300여 명의 유격대는 일본 옷 같은 제복을 입고 진주를 활보하면서 해군 병영과 감옥을 공격하고 시청과 군청 건물에 불을 질러 파괴했다. 미국은 그들의 목표가 그 도시를 점령하는 것이라고 생각했다. 방화 가운데 일부는 유격대를 지지하는 그곳 주민들이 지른 것이었다. 몇 시간 뒤 유격대는 퇴각했는데 사망자는 2명뿐이었다. 북한 자료에서는 진주를 진압하는 데 한국군 제2사단이 동원됐다고 말했다. 경상북도의 작은 마을에서 일어난 끔찍한 사건에서 유격대는 경찰을 도왔다는 혐의를 받은 젊은이 32명을 참수했다. 그 밖에 유격대의 주요 습격은 곡성과 무주 그리고 동해안 북부의 마을에서 발생했다.[25]

이 시기 G-2 자료에서는 경상도 유격대의 일부가 영덕 연안에 정박한 배에서 충원됐다는 확실한 증거를 처음으로 제시했는데, 그 배는 북한에서 온 것으로 생각됐다. 미국 중순양함 세인트폴호와 구축함 두 척은 그 직후 부산에 입항했다. 두 사건이 서로 연관된 것인지는 알 수 없다.[26] 12월 5일 유격대 150명은 진주 바로 북쪽의 산청면을 공격해 면사무소 등의 건물을 불태웠다. 미국 자료에서는 마을 주민들이 "적의 동향 정보를 아군에 제공하기를 거부했다"고 보고했다. 유격대는 군이 들어오면 사라졌다가 군이 나가면 다시 돌아왔다—그리고 정보를 제공한 사람을 처벌했다. 대부분의 공격은 한밤과 새벽 사이에 일어났다. 한국군 1개 대대가 장악한 지역에 130여 명의 유격대가 사흘 동안 머문 일이 있었지만 "주민에게서 아무 정보도 받지 못했다. (…) 외딴 지역의 주민 대부분은 유격대에 동조한 것으로 생각된다."[27]

1949~1950년 겨울이 닥치면서 경상도의 유격대는 겨울 생활 물자를 준비하기 위해 약탈을 시작했다. 마을에서는 비축한 곡식을 빼앗기거나 지주가 공격받았다. 1950년 새해 첫날 안동 부근에서 유격대 또는 농민반란군은 지주 20명의 집을 포위하고 불태웠으며 그 가운데 몇 사람을 "인민의 이름으로" 처형했다.[28]

1950년이 밝았을 때 드럼라이트는 "유격대가 가장 활발히 활동하는 지역"이 전라남도에서 경상북도로 바뀌었다고 말했다. 산이 많고 나무가 울창한 이 지역의 지형은 유격대가 은신하기 쉬웠다. 대구는 "일제강점기에도 공산주의자의 근거지로 간주됐다"고 그는 말했다. 그곳에서는 하루에 한 건씩 방화가 일어났는데, 대부분 파괴활동으로 추정됐다. 민간에 대한 경찰의 학대 행위는 유격대를 도왔다. 대구와 그 인근 촌락은 경찰에게 돈을 바쳐야 했고, 그러지 않으면 공산주의자라는 딱지가 붙었다.[29]

미국과 북한 자료에서는 1950년 초 경상북도의 여러 군에서 수많은 유격대 사건이 일어났다고 기록했다. 3월 말 평양에서는 2월 중순 이후 태백산과 경상북도를 중심으로 1300여 건의 유격대 사건이 일어났다고 주장했다. 당 기관지는 지리산과 호남 유격대도 언급했지만 그 지역에서 일어난 사건은 자세하게 보도하지 않았는데, 이는 사건이 거의 발생하지 않았다는 뜻으로 생각된다. 북한은 로버츠가 유격대 진압 작전에 직접 개입했으며, 한국 해군이 부산에서 울진까지 동해안을 봉쇄했다고 주장했다. 1950년 4월 북한에서 나열한 유격대 사건은 줄었지만, 전라남도의 유격대 활동은 다시 늘었다. 그러나 진실은 이 무렵 유격대는 대단히 약화된 채 도주하고 있었다는 것이었다.[30]

전라도와 경상도 이외에서 유격대는 동해안 북부의 강원도와 충청도 영동군에서만 활동했다. 충청남도에서는 서산과 대천에서 한두 건의 유격대 활동이 보고됐다. 모두 대단하지는 않았지만 그곳이 그 도에서 인민위원회의 세력이 강했던 지역이었음은 사실이다. 북한 자료에서는 충청도에서의 주요 유격대 활동을 언급하지 않았다. 몇 지역이 나열돼 있지만 전투 관련 상세한 내용은 제시하지 않았다.[31]

충청도 유형을 가장 잘 보여주는 것은 논산군인데, 1947년 후반 그곳을 조사한 미국은 "극우 세력이 논산군을 완전히 장악했다"고 판단했다. 이승만의 대한독립촉성국민회의는 조사한 촌락 44개 가운데 38개에 지부를 두었으며, 한민당과 일부 우익 청년 단체 외에 정당은 없었다. 좌익은 충청남도에서 "전혀 강력하지 않았지만" 경찰은 "현재 마지막 잔당을 소탕하는 작전을 수행하고 있었다". 이것은 그들이 신중하게 행동했음을 보여준다. 한 경찰은 미국인에게 "현지 공무원 40퍼센트 정도가 공산주의 사상을 가졌으며 우익을 타도하려는 계획을 꾸미고 있다는 혐의로 (한번쯤) 투옥돼 심문받았다"고 말했다.

논산은 주요 쌀 생산지로 소작률이 높았다. 농민은 미국인 관리에게 미곡 징수 계획은 불공평하고 강제적이라고 하소연했다. 미군정은 이 문제 때문에 반대 세력이 존재하며 "지하 좌익"은 그것을 이용하고 있다고 결론지었다. 지역 주민들은 우익 정당들이 두 가지 사업, 즉 미곡 징수와 경찰을 돕는 일을 한다고 말했다. 달리 말하면, 그들은 대부분의 농민이 미군정에게 자신들이 가장 혐오하는 것이라고 말한 그 두 가지 일을 도왔던 것이다.

논산군에서 수집한 정보에 따르면, 그 지역의 사회 구성은 농민이 65퍼센트, 농업 인구 가운데 지주가 0.8퍼센트, 소작농·자소작농이 86퍼센트, 소자작농小自作農이 13퍼센트였다. 나머지 35퍼센트에서 3분의 2는 노동자였고, 나머지는 사무원·사업가·상점 주인이었다. 달리 말하면 미군정이 논산군을 다스린 결과는 인구의 2~3퍼센트 정도 되는 부류의 이익을 옹호하는 정치를 후원하고 방어한 것이며, 적극적으로 억압하지는 않았어도 나머지는 방치한 것이었다. 지역 주민의 3분의 2는 유엔 한국위원회가 한국의 선거를 감독하고 있다거나 그들이 선거를 중요한 사안으로 보고 있다는 말을 듣지 못했다.[32]

충청도에서 전개된 정치 원칙에 예외를 보여준 곳은 영동군이었다. 반란적 성격이 강한 그곳의 모습은 전라도와 경상도의 정치와 좀더 비슷했다. 영동군은 철저히 급진적이었으며 1948년부터 한국전쟁 때까지 유격대는 그곳의 산간 지역과 마을을 활보했다. 클레슨 리처즈 박사는 영동군에서 구세군 병원을 운영했는데, 1947년에 도착해 전쟁 직전 떠났다. 그는 『뉴욕타임스』기자에게 "유격대 전쟁은 우리 주위에 늘 있었다"고 말했다. 그는 그들을 "북한의 공산주의자"라고 생각했거나 그렇게 들었다고 여겨진다. "환자 가운데 공산주의자가 많았다. (…) 경찰은 늘 그들을 감시하고 엄하게 심문했으며, 그들이 조금이라도 정보를 갖고 있다고 생각되면 밖으로 끌어내 사격반射擊班 앞에 세웠다. 그 벽은 병원 가까이 있었다. 우리는 총살이 집행되는 소리를 들을 수 있었다." 리처즈 박사가 보기에 "공산주의 환자는 냉혹했다".—그렇지만 그들은 "외국인에게 반감을 지니지 않았으며 우리를 귀찮게 하지도 않았다".[33]

충청도의 유격대 활동에 대한 북한 자료에서는 대부분 영동에서 일어난 사건을 언급하고 있으며, 다른 지역은 거의 다루지 않았다. 영동 이외의 지역에서 빨치산의 활동은 단양·괴산 같은 산간 지역에 제한돼 있었고, 후자보다는 전자에서 좀더 활발히 활동했다. 이것은 대부분 경상북도의 산악 전투에서 번져온 것이었다.[34] 유격대는 멀리 떨어져 있고 북한에 가까운 옹진군과 연백군을 제외하고는 핵심 지역인 서울을 둘러싸고 있는 경기도에서는 활발하지 않았다. 강원도에서 우익 세력은 도청 소재지인 춘천과 그 인근 군들에서 공고했지만, 좌익이 강력한 해안 지역에서는 보잘것없었다. 미 군정청 자료는 1947년 후반 춘천에서는 "우익 정치 단체들이 완전히 위상을 굳혔으며" 이승만의 독촉이 그 가운데 가장 두드러졌다고 자랑스럽게 언급했다.[35]

강원도는 북한이 "침투"할 유력한 후보지였고, 거기서 유격대 활동은 38도선을 넘나드는 지역 빨치산 부대와 융합됐다. 1948년 후반 영월 근처에서 일어난 한 사건에서 150명 정도의 유격대 중 일부가 사로잡혔는데 그들은 더 많은 부대가 내려오기로 돼 있지만 "자신의 부대가 (…) 남한에 침투한 유일한 부대라고 모두 진술했다." 그들은 대부분 전라도와 경상도 출신으로 평양 정치학원에서 훈련받았다.[36] 이 부대들은 강릉 서쪽 오대산에 있는 기지에서 내려와 지역 주민과 함께 작전을 수행했다. 그들의 공격은 대부분 강릉과 삼척군에서 일어났는데, 두 곳 모두 1945~1946년 좌익이 강했으며 삼척에는 좌익 탄광 노동자가 많았다. 그러나 이 지역에서 일어난 사건들은 남동부와 서남부의 사건들에 비할 만한 규모는 아니었다.[37]

유격대가 사용한 방법

한국에서 유격대 활동은 대부분 한반도의 지형을 따라 전개됐는데 1930년 대 유격대와 적색농민조합이 황무지와 산악 지대 또는 고립 지역에서만 살아남은 것과 비슷했다. 나중에 유격대 추적에 협력한 한 미국인은 산악 지대에서 유격대를 궤멸하는 것은 "거의 불가능한 일"이었다고 썼다.

> 산들은 나무와 덤불이 울창하고 가파른 절벽으로 이뤄진 천혜의 요새여서 유격대 집단에게 훌륭한 은신처가 됐을 뿐 아니라, 군대가 외길로 행군할 수밖에 없어 늘 매복 공격의 위협에 노출됐다. [우리가 사용한] 그 지역의 지도는 일본인이 만든 것인데 그럭저럭 정확했다. 통신은 제한적이었고 불편했다. 모든 길은 부대가 이용했지만, 유격대가 우회해 추격을 피할 수 있는 다른 길도 10개가 넘었다. 항공기로 유격대의 위치를 파악하는 것은 거의 불가능했다.[38]

유격대가 살아갈 수밖에 없었던 산악 지대의 요새는 아마 경상북도를 제외하고는 인구 밀집 지역에서 멀리 떨어져 있었다고 여겨진다. 유격대는 산에서 인근 지역의 마을로 내려왔는데 경찰이나 군대의 효과적인 공격을 받을 수 있는 평원 지대나 근대적 교통을 갖춘 지역은 피했다. 그들은 멀리 떨어져 있고 인구가 적은 지역을 제외하고 한꺼번에 몇 지역을 장악하거나 산악지역 외에 거점을 만들 수 없었다. 그들은 밤에 마을로 들어가 주민을 불러내 연설하고 식량과 그 밖의 물품을 확보했다. 상황이 악화될수록, 특히 1949년 겨울이 닥치면서, 이들은 마을 전체를 공격하고 물품을 찾느라 그 일대를 황폐하게 만들었다. 가장 일반적인 행동은 경찰서 공격이었는데, 경찰에 대한 폭넓은 증오와 경찰서에 있는 좌익 가족들의 기록 때문이었다.[39]

미국인 선교사는 향촌에서 일어난 습격 사건과 관련해 시찰차 방문한 미 대사관 직원에게 이러한 소규모 분쟁의 특징과 미국인의 태도에 대한 견해를 말했다.

시찰하면서 만난 가장 날카로운 안목을 지닌 미국인 가운데 한 사람은 전주의 장로교 선교사 린턴 씨였는데, 그는 상당히 큰 마을에서 일어난 습격 사건을 자세하게 이야기했다. (…) 마을의 젊은이 7~8명이 공산주의 조직에 포섭돼 훈련된 활동가와 대중 선동가로 양성됐다. 그들은 그 당시 널리 퍼져 있던 불만을 이용했다. (…) 계획한 날이 오자 그들은 마을의 젊은이 대부분을 선동해 파출소를 습격했다. (…) 경찰이 패퇴해 공산주의자가 권력을 장악하면 실현될 약속으로 부푼 젊은이들은 곤봉과 나무창으로 무장하고 대담하게 파출소를 공격했다. (…) 경찰이 군중에게 발포했고, 희생자가 늘어나자 활동가들은 산으로 사라졌다.

뒤이어 마을 여성들은 피신한 활동가의 집을 공격했다. "향촌의 공산주의는 곧 종식됐다." 대사관 직원은 "그동안 인신 보호와 사상의 자유에 대한 미국의 신념은 경찰이 행동하는 데 큰 장애였지만" 자신들이 이렇게 공격받자 경찰도 그런 속박에서 벗어나 단호하게 행동했다고 생각했다.[40]

북한 자료에서는 독자적 표현을 사용해 유격대 활동을 농민반란과 비슷하게 묘사했다. 1950년 초 이승엽은 이렇게 썼다.

유격대의 도움으로 모든 곳의 거대한 농민대중은 자신들을 몇 세기 동안 억누르던 악독한 지주를 뿌리 뽑으려는 투쟁을 일으켰다. 그들은 지주들의 집을 불태우고 토지 문서를 파기하고 토지대장을 보관하던 면사무소를 습격했다. 그들은 농민 집회를 열어 [소유주에게서] 무상으로 몰수하는 토지[개혁]을 요구하는 성명을 발표했다.

그는 자신이 "농민반란"이라고 부른 사건이 1949년 11월 경상북도에서 46건 일어났다고 말했다. 그는 10월 말 담양군 수북면에서 일어난 대규모 반란을 설명했다. 46개 촌락에서 4000명이 넘는 농민이 참여했고 유격대 70명의 도움을 받았으며 인민재판소를 설치해 "악질 지주"를 엄벌했고 토지개혁을 "실시"했다. 미국 자료에서도 이 시기 수북면에서 유격대 사건이 일어

났다고 확인했지만 상세하게 다루지는 않았다.[41]

이승엽이 제시한 증거를 바탕으로 생각해도 이것은 단일한 유격대 운동이 아니라 수많은 농민전쟁이 집적된 것이었다. 이전과 마찬가지로 그것은 계급 투쟁의 수준은 높지만 조직화의 수준은 낮은 유형을 보여준다. 북한의 출판물에서도 조직자들이 자멸적 공격에 참여했다고 평가했으며, 개인이 남긴 문서에서도 이를 비판적으로 다뤘다. 남로당의 또 다른 지도자 허헌은 유격대에 대한 긴 발언에서 "폭력에 폭력으로 대응하는 것은 불가피했다"고 언급했다.[42] 유격대의 폭력에는 정치와는 무관하며 결과를 생각하지 않는다는 농민의 보복적 정의正義라는 고전적 특징이 있는 경우가 많았다. 이를테면 한 미국인은 유격대가 구례의 파출소를 공격한 사건을 서술했는데, 부서장副署長은 "사로잡혀 고문받은 뒤 한 팔은 나무에 묶이고 다른 팔은 달리는 트럭에 묶여 죽었다."[43]

이런 현상은 모두 1946년 가을 봉기와 거의 다르지 않았으며 마오쩌둥이 유명한 "후난성 농민운동 시찰 보고"에서 비판한 1920년대 중국의 상황과 비슷해 보였다. 당시 후난성에서는 활동가가 농민을 선동해 지주에게 제한 없는(본질적으로는 정치적 의미가 없는) 폭력을 행사하도록 허용·조장하고 강력한 민중운동의 뒤를 따르기만 했지, 그 활력을 이용하는 데는 실패하고, 쉽게 예상할 수 있는 보복에서 빈농을 보호하지 못했다고 마오쩌둥은 비판했다. 1946년 좌익활동의 골칫거리였던 분열된 구조는 유격대에도 영향을 줬다. 유격대는 서로 떨어져 단독으로 활동하는 경향을 보였으며 진압군의 힘을 분산시킬 수 있는 협동작전을 거의 수행하지 않았다.

외부의 개입과 진압활동

1948년 3월 휴 딘은 한국의 상황이 곧 그리스나 중국 북부의 내전과 비슷해질 것이라고 예측했다. 그리스처럼 "북한은 38도선 이남으로 선동가와 군사 물자를 보내고 있다는 비난을 받을 것이며, 한국 문제는 북한의 공격을 남한이 방어하는 단순한 구조를 띠게 될 것"이라는 주장이었다. 그러나 가장 큰 폭동이 일어난 제주도를 빼면 북한에서 가장 먼 지역인 전라도에서 최악의 문제가 일어날 것이라고, 그는 생각했다.[44] 실제로 그렇게 됐다는 측면에서 딘의 예측은 모두 옳았다. 그곳은 폭동이 가장 격렬했고, 미국의 방어선이 됐을 뿐 아니라 역사의 심판이 내려진 곳이기도 했다. 유격대 투쟁을 알고 있는 사람에게 그것은 소련의 후원과 무기를 받은 북한이 유격전을 외부에서 유발하고 이승만 정권이 침입자와 싸우는 동안 미국은 방관한 사건이었다.

그러나 증거에 따르면, 소련은 남한 빨치산에 관여하지 않았고 북한은 주로 강원도에 침투하려는 시도와 그곳의 유격대 활동에 연관된 반면, 미국은 남한의 유격대 토벌군을 편성하고 무기를 제공했으며 가장 확실한 정보를 제공하고 전투 계획을 세운 데다가 때로는 직접 지휘하기도 했다.

내가 아는 한, 소련이 어떤 수준에서든 남한 유격대에 관여했다는 사실을 입증한 사람은 없다. 소련의 무기는 38도선을 따라 침투한 소수의 인원에게서 노획한 것을 빼고는 남한에서 발견되지 않았다. 침투한 유격대는 소련인 고문에게서 훈련받지 않았다. 그들은 빨치산과 공작원을 양성하는 북한의 강동학원江東學院에서 훈련받았다. 남한의 역사 연구는 그 시설을 음모의 원천적 장소라고 판단했다. 분쟁은 외부의 선동가 때문에 유발됐고, 그러므로 유격대 활동을 촉진할 조건은 남한에 없었으며 진짜 남한 사람이 유격대에 가담한 적은 없었다는 것이다.[45]

1948년 후반 미국 정보기관은 1000여 명의 신병이 남한에 파견될 목표로 강동학원에서 훈련받고 있다는 증거를 발견했는데, 이들은 대부분 남로당원이라고 알려졌다. 앞서 본 대로 오대산 지역의 유격대는 북한에서 침투했거나 거기서 물품을 보급받았다. 그런 부대들은 늘 더 좋은 장비를 갖췄으며 참모부·중대·소대로 질서 있게 조직됐다.[46]

1949년 초 유격대 투쟁이 확대되면서 CIA는 도 수준보다 높은 "중앙의 조정당국"이 있는지도, 남로당(북한은 말할 것도 없고)이 어느 정도 규모로 "유격대에 구체적인 지령을 내렸"는지도 확인할 수 없었다. 1년 뒤인 1950년

4월 미국은 북한이 강원도와 경상북도 북부 해안 지역의 유격대에 무기와 물자를 공급했지만 "전라도와 경상도의 유격대는 이것들을 거의 모두 현지에서 충원했다"고 파악했다. 미국 정보기관은 2000명 정도의 신병이 강동학원에서 훈련을 받았으며, 그 가운데 1800명 정도가 남한으로 침투하려고 했지만 대부분 성공하지 못했다고 판단했다. 38도선 부근을 제외하고는 남한에서 소련제 무기는 발견되지 않았다. 대부분의 유격대는 일본과 미국제 무기를 지녔다. 노획한 무전기들은 하나만 제외하면 북한에서 보낸 신호를 수신할 수 있는 성능이 아니었다. 유격대는 대체로 식량과 그 밖의 물품을 약탈하지 않으면 안 되는 상태에 빠지면서, 지역 주민들을 자주 약탈할 수밖에 없었다. 유격대는 "북한에서 정신적 지원 이상의 것은 받지 못하는 게 분명하다"고 또 다른 보고는 말했다.[47]

미국 정보기관이 가진 의문은 북한이 한 일에 대한 것이 아니라 그들이 왜 그 이상은 하지 않는가였다. 이 특별한 개가 왜 짖지 않았는지 합리적인 설명이 제시되지 않았기 때문에, 미국인들은 다시 평상시의 생각으로 되돌아갔다. 이것은 (확실하지는 않지만) 또 다른 기만적인 "소련의 전술"이 분명하다는 것이었다.[48] 물론 북한의 신문들은 유격대에 많은 관심을 보였지만, 남한의 공산주의 지도자들에게 사태의 분석을 맡기는 경향을 보였다. 때로 그들은 남한 유격대가 김일성에게 충성을 표시했으며 그의 만주 경험을 모범으로 삼고 있다고 보도했지만, 그것을 사실이라고 믿는─또는 다른 사람들이 믿기를 바라는─자신들의 방식을 강조하지는 않았다. 실제로 노동당은 선전원들에게 북한은 남한에 "따뜻한 격려"를 보내지만 그 밖의 것은 없다고 암시했다.[49]

1948년 말 유격대의 활동이 시작되면서 미군 방첩대는 매우 흥미롭고 신빙성 높은 보고서를 썼는데, 북한은 현재 남로당 세포 가운데 "열의가 있고 유능한 사람만" 남기는 방식으로 스스로를 재건하라고 남로당에 지시했다. 그 목적은 "남로당이 남한에서 군사행동을 하도록 준비하는 것이다. 군사훈련이 실시되지도 않고 당원이 무장하지도 않을 것이지만, 북한군이 남한을 침공하면 북한군은 그들을 최대한 이용할 것이다"(강조는 인용자).[50]

남한과 북한의 공산주의자들이 한국을 다시 통일하려는 전략에서 합의를 이뤘다면, 남한 내부에서는 무장투쟁을 오래 끄는 것이 가장 좋은 방법일 것이었다. 그것은 미군을 불러올 가능성이 적었기 때문이다. 실제로 CIA는 1950년 6월까지도 공산 세력의 의도는 거기에 있다고 생각했다. 만약 그렇지 않고 김일성 주위의 북한 유격대가 한국을 다시 통일하려고 했다면, 그들은 남한의 유격대 투쟁을 지원하지 않음으로써 남한에서의 실패를 박헌영의 책임으로 돌려 일석이조의 효과를 거둘 수 있었을 것이다.

여기서 우리가 입수한 증거는 이런 측면을 전혀 증명하지 못하며, 그저 논리적 추론에 따라 도출한 주장일 뿐이다. 그러나 그것은 여러 사실을 시사한다. 김일성을 비롯한 지도부는 투쟁에서 멀리 떨어져 있었고, 박헌영·이승엽 같은 "국내파" 공산주의자에게 남한 빨치산 운명의 책임을 지웠다. 그들이 성공했다면 한국을 통일하는 데는 매우 좋았겠지만 (…) 공산주의 지도부를 통일하는 데는 매우 나빴을 것이다. 그들이 실패한다면 자체의 군대와 유격대(유격대는 중국에서 전투에 참여하고 있었다)를 보유하고 자신의 방법으로 한국을 통일할 능력이 충분했던 김일성의 지도력에는 매우 좋은 일이 됐을 터였다. 뒷장에서는 이런 가능성을 다시 살펴볼 것이다.

외부에서 유격대 전쟁에 개입한 주요 세력은 미국이었다. 지금까지도 연구자를 포함한 미국인들은 1949년 7월 미군 전투부대의 철수부터 1년 뒤 전쟁이 일어나기까지의 기간을 "왜 미국인은 돌아갔는가?"라는 관점에서 파악하고 있다. 여기서 핵심은 미국인들이 한국을 떠난 적이 없다는 것이다. 미국인 고문들은 남한의 전투 지역 전역에 있었으며, 자신들이 상대하는 한국인들을 끊임없이 따라다니면서 그들에게 더 많은 노력을 기울이라고 독려했다. 이런 일에 가장 두각을 나타낸 사람은 제임스 하우스만이었다. 그는 여순반란의 진압 작전을 계획한 핵심 인물 중 하나였으며 그 뒤 3년 동안 한국에 관련된 정보활동의 가장 중요한 인물로 미국과 한국의 군부와 정보기관 사이의 연락을 담당했다. 궁벽한 아칸소주 출신의 모습 뒤에 능력을 숨긴 교활한 공작원인 그는 한국의 에드워드 랜즈데일●이었지만, 랜즈데일이 지닌 인간미나 시민활동에는 관심이 없었다. 한 대담에서 하우스만은 자신을 한국군의 아버지라고 표현했는데, 그것은 진실과 그리 다르지 않았다. 한국인 장교들을 포함해 모든 사람이 이것을 알고 있지만 공개적으로 말할 수 없었다고 그는 말했다. 촬영되지 않은 장면에서 하우스만은 한국인이 "야만적"이며 "일본인보다 더 나쁘다"고 말하기도 했다. 이를테면 그는 처형된 시체에 휘발유를 붓고 태워 처형된 방법을 숨기거나 그것을 공산주의자의 소행으로 돌리는 방법을 보여줌으로써 한국인의 야만성을 더욱 효과적으로 부각시키려고 했다.[51] 고국으로 돌아간 뒤 그의 소식을 들은 사람은 거의 없었다.

미국의 시각에서 볼 때 이승만 정권이 완벽한 성공을 거뒀다면 1950년 봄 남한 빨치산은 분명히 패배한 쪽이었다. 1년 전 유격대 활동은 시간의 흐름에 따라 커지는 것처럼만 보였다. 그러나 1949년 가을 대대적인 진압 작전이 시작되면서 수많은 사망자가 발생했고, 1950년 초 봄의 새싹이 다시 돋아났을 때 유격대는 할 수 있으리라고 예상했던 대규모 작전을 더 이상 전개할 수 없는 것으로 보였다.

딘 애치슨과 조지 케넌은 국내의 위협을 진압할 수 있는지 여부가 이승만 정권의 자율성을 알아보는 시험이라고 생각했다. 이것이 성공한다면 미국이 후원하는 봉쇄 정책도 성공할 것이었다. 그렇지 않다면 이승만 정권은 제2의 국민정부가 될 것이었다. 프레스턴 굿펠로 대령은 1948년 후반 이승만에게 보낸 편지에서 "한국에 대해 [애치슨과] 이야기할 기회가 많았다"고 말하면서, 유격대는 "즉시 소탕해야 하며 (…) 한국이 공산주의자의 위협을 어떻게 처리하는지 모든 사람이 주시하고 있다"고 썼다. 유약한 정책은 워싱턴의 지원을 잃을 것이었다. 위협을 잘 처리하면 "한국은 높은 존중을 받을 것"이었다.[52] 그러므로 미국의 지지는 한국군이 유격대와 싸우려는 의지에 결정적으로 달려 있었다.

내부 문건에서는 역겨운 잔혹 행위를 기록했지만, 미국은 이승만 정권의

• Edward Lansdale(1908~1987). 미국 공군 소장이며 전략사무국OSS과 CIA에서도 근무했다. 냉전에서 미국의 공격적 대응을 지지했다.

진압 작전을 칭송했다. 이르면 1949년 2월 드럼라이트는 전라남도에서 한국 군은 "다소 무차별적인 파괴를 몇 건 자행했다"고 보고했지만 일주일 뒤 그런 조치(구별할 수 있다면)에 지지를 표명했다. "소탕 작전을 전개한 뒤 공산주의자의 위협에 대한 유일한 대답은 공산주의에 물들지 않은 청년을 상대되는 좌익 조직처럼 긴밀히 조직하고 무자비하게 행동하도록 하는 것이다." 그는 미국인 선교사를 이용해 유격대에 대한 정보를 입수하는 방법까지 제안했다.[53]

미국인과 한국인은 적절한 진압 방법을 둘러싸고 늘 충돌을 빚었지만, 이런 갈등 속에서 미국의 방법과 일본이 만주의 추운 날씨와 산악 지형에서 유격대와 전투를 벌이면서 개발한 진압 기법 그리고 일본군(대체로 만주)에서 복무한 한국인 장교들이 시행한 방식이 융합됐다.

그 방법은 기본적으로 날씨와 지형을 이용하며 단호하고 잔인한 수단으로, 유격대를 농민 지지자로부터 떨어뜨려놓는 것이었다. 날씨가 추워지면 유격대가 낙엽이 두껍게 쌓인 숲속에 숨거나 은밀하게 이동하기 어려웠으므로 군사를 동원해 포위하고 봉쇄하면 유격대의 거점 지역을 고립시키고 식량과 무기의 재공급을 차단할 수 있었다. 이렇게 가혹한 방법은 유격대와 인민의 연결고리를 끊을 것이다. 겨울이 되자 정세는 진압군에게 급격히 유리해졌다. 대규모 군대가 주로 산과 평지와 촌락 사이를 봉쇄했다. 그런 뒤 소규모의 수색대와 전투부대가 산으로 들어가 유격대를 색출했는데, 눈 위에 난 발자취를 쫓는 경우가 많았다. 옛 일본군 장교들이 말한 대로 겨울은 유격대를 정지시키고 토벌 부대를 활동하게 만들었다. 유격대가 물자를 충분히 확보한 겨울 피신처로 숨으면 토벌 부대는 그곳을 찾아내 불태웠다. "모든 것이 얼어버렸기 때문에" 이를 다시 세우는 것은 거의 불가능했다.[54]

태평양전쟁 동안 일본제국군은 유격대와 유격대가 헤엄쳐갈 수 있는 인민의 바다와의 관계를 끊으려고 온갖 노력을 다했다. 방법은 협력자로 의심되는 농민을 학살하고(중국인 수백만 명은 "모두 죽이고殺光 모두 불태우고燒光 모두 빼앗는搶光" 이른바 삼광三光 작전으로 죽였다), 대규모 주민을 보호받는 향촌으로 이주시키고, 사로잡은 유격대를 처형하거나 "전향"시키는 것 등이었다.

관동군의 유격대 토벌 전문가는 유격대와 농민은 매우 긴밀한 관계이므로 "반半비적semi bandits도 근절해야 한다"고 미국인에게 조언했다.[55] 그들은 "반비적"을 납세나 유격대에 대한 정보 제공을 거부하고 유격대를 지원하는 농민이라고 규정했다. 달리 말하면 농촌의 거의 모든 사람이었다. 유격대는 사로잡히면 대체로 총살되거나 철저한 "사상 개조"를 거쳐 전향되었다(일본어로는 '텐코轉向'라고 한다). 그런 뒤 그들은 반공 단체나 내선일체를 추진한 이른바 "협화회協和會"의 지도자나 구성원이 됐다.[56]

만주의 유격대는 계속 일본군을 곤란에 빠뜨리고 있었다. 10년 가까이 그런 활동이 지속된 까닭은 일본이 만주 전역에 걸쳐 효과적인 지배 체제를 수립하거나 중국 북부나 소련 접경 지역에서 오는 보급을 차단하거나 소규모 유격대와 싸우는 새로운 전술을 개발하지 못했기 때문이며, 수많은 화전민을 평야와 저지대에 고립시킬 수 없었기 때문이다. 그러나 한국인·중국인 유격대에 적용한 진압 기술은 결과적으로 효과가 있었다. 마오쩌둥주의의 동원 기술은 중국 북부의 광대한 변방지역에서는 제대로 작동했지만 만주에서는 그렇지 않았다.

남한에서는 동일한 진압 기술이 유용하게 쓰였는데 날씨와 산악 지형 때문이었다. 또한 유격대를 다시 충원하기 어려웠기 때문이기도 했다. 한반도는 삼면이 바다여서 국경을 넘거나 밀림 지대로 도피할 수 없었다(이를테면 베트남처럼). 해안을 봉쇄하는 것은 비교적 쉬웠다. 38도선의 동부 산악 지대는 유격대를 다시 충원하거나 잠입하는 데 가장 좋은 장소였지만, 한국군이 효과적으로 봉쇄하고 평양이 유격대 투쟁에 무관심해 보인 것과 결부돼 이러한 장소적 이점은 제대로 활용되지 않았다.

방법이 같았듯이 쫓는 사람도 같았다. 유격대 진압군의 최고 지휘관 가운데 한 사람인 김백일(다른 두 사람은 정일권과 백선엽)은 전직 일본 관동군 장교로 5년 동안 만주의 유격대 소탕 작전에 참여한 경험이 있다. 김백일은 함경북도 명천明川에서 태어났다. 그는 정일권과 봉천군관학교 동기였으며 1946년 초 백선엽과 함께 북한을 떠났다. 그는 여순반란을 진압하는 데 수훈을 세웠다.

정일권은 함경북도 경원慶源 출신으로 1940년 일본 육군사관학교를 졸업한 뒤 만주군에 들어가 1945년까지 복무했다. 그는 고향으로 돌아왔지만 1945년 말 남한으로 도피했다. 1947년 후반 그는 국방경비대 총참모장이 됐다. 미국인들은 그를 좋아했다. 그는 한국전쟁 뒤 박정희 정권에서 국무총리를 포함해 여러 고위직을 역임했다.[57]

앞으로 보겠지만 이런 분석은 미국 내부 자료에 근거하고 있으나, 이보다 좀더 흥미로운 것은 남한 유격대 투쟁의 어려움에 대한 공산주의자의 인식이다—그 발언은 1950년 봄에 나왔다. 남한의 공산주의자 이승엽은 3월 말에 중요한 문건을 발표했는데, 1949년에 이승만이 낙엽이 지기를 기다려 토벌을 시작했다는 내용이 담겨 있었다. 이승만은 한국군 8개 사단 가운데 5개 사단(이승엽의 추산으로는 6만 명), 경찰 전투부대, 우익 청년 단체를 동원했다. 이승엽이 언급한 사령관 가운데 가장 많이 등장한 사람은 당시 지리산 지구 전투사령부 지휘관이던 김백일이었다. 한국은 해안을 경비하는 데 미국 해군 함정을 사용했으며, 유격대를 색출하는 데 미군 정찰기를 사용했다. 5개 사단은 호남·지리산·영남·태백산·중부의 5개 토벌지구에 각각 배치됐다. 유격대 1명당 진압군 10명을 배치하는 계획이었다(이것은 유격대를 진압하는 고전적 방법이었다). 대규모 부대는 봉쇄선 외곽을 정찰하면서 그 지역(과 유격대)을 고립시켰다. 먼저 한 지역을 집중적으로 토벌한 뒤 다음 지역으로 이동했다(가장 심각한 지역인 호남은 1949년 10월과 11월에 전개한 작전의 주요 목표였다). 소규모 부대는 산악 지역을 "매일 수색했다". 유격대를 만나면 그들은 엄청난 화력을 사용했다—이승엽은 군인들은 미국 무기로 "발끝까지 무장했다"고 말했다.

겨울에는 기온이 내려가고 몸을 숨길 나뭇잎도 적어져 유격대가 싸우기 가장 어려운 시기였다고 그는 말했다. 반면 한국군은 따뜻한 계절에 유격대와 싸우기를 꺼렸으며 그들을 포위해 식량을 고갈시키는 방법을 선호했다고 생각했다. 그는 한국군이 산악 지대를 포위한 뒤에는 근처의 촌락을 "초토화"했으며 수많은 농민을 학살하거나 "쫓아냈다"고 주장했다. 농민들이 유격대와 접촉했다는 의심이 들면 마을은 불태워지고 주민은 이주됐다. 그는 영광군 팔리동 사건을 언급했는데, 그곳에서 군인들은 18~40세의 모든 주민을 늘어세우고 그 지역 유격대에 대해 물었으며 협력을 거부한 사람은 모두 사살했다―모두 32명이 죽었다. 농민이 이주하지 않고 마을에 계속 머물러 있으면 야간에 통행을 금지했다. 일부 도로는 통행이 금지됐다. 모든 가호에 상세한 기록을 작성했고, 우익 청년에게는 경호와 정보 제공 임무가 맡겨졌다.

한국이 펼친 "포위망"은 1930년대 초 장시성江西省에서 장제스가 독일인들의 지휘 아래 마오쩌둥 군을 무찌른 포위망과 비슷했다고 이승엽은 언급했다. 그러나 이승엽은 이 기술은 대부분 일본에서 유래한 것으로 파악했다. 그는 "우리의 불구대천 원수인 일본 군벌"이 진압 기술을 한국에 조언하고 있다고 주장했다.[58]

이승엽의 문건은 예상할 수 있듯 분노와 과장으로 가득하지만 진압 작전을 상당히 정확하게 이해했다. 과거의 비슷한 사례를 사용한 유추도 타당하다. 이승엽은 1920년대 장제스의 경험을 염두에 두고 그것을 뒤집었을 뿐이라고 생각된다. 중국에서는 북벌北伐(장제스가 쓴 용어) 이후 공산주의자의 토벌이 이어졌다면, 한국에서는 토벌이 전개된 뒤 북벌이 뒤따랐다. 그러나 중요한 사실은 일본이 만주에서 전개한 진압 작전의 경험과 연결됐다는 것이다.

앞서 본 대로 1949년 봄, 숲에 새 잎이 돋아나면서 지리산 유격대는 투쟁을 다시 시작했고 몇 번의 전격적인 승리를 거뒀다. 이승만은 일본군 출신의 젊은 장교 정일권을 보내 3000명의 진압군을 지휘하게 했는데 그 가운데 절반 정도는 일선 한국군 부대였다. 유격대는 소규모 부대로 나뉘어 삼림이 울창한 지역을 여기저기 옮겨다녔다. 24세의 홍순석이 1개 부대를 지휘했다. 김지회(23세)와 그의 부인(제주도 출신의 전직 간호사)이 또 다른 부대를 이끌었다. 정일권 대령은 통행 제도를 실시해 그 지역의 주민에게 신분증명서를 지니게 하고 마을마다 자경단을 조직해 초소에 보초를 세우고 죽창으로 무장하게 했다. 그는 부대원에게 대가를 지불하지 않고는 물자를 징발하지 말고 지역 농민, 특히 여성을 폭행하지 말도록 지시했다.

3월 12일 정일권은 4개 대대를 투입해 지리산 유격대를 전면적으로 공격하기 시작했다. 한 달 만에 그들은 홍순석을 죽이고 김지회의 아내를 사로잡는 데 성공했다. 5월 무렵 미국 대사관은 정일권이 병력을 계속 배치하지 않아도 유격대 진압에 큰 승리를 거뒀다고 생각했다.[59] 그러나 그 성공은 오래가지 못했다. 앞서 본 대로 여름이 끝날 무렵 유격대는 남한의 광범한 지역에서 활동했고 만만찮은 세력으로 보였다. 그 결과 미국은 직접 개입하기로 결정하고 대규모 동계 진압 작전을 개시했다. 1949년 늦가을에 시작된 그 작전은 한국전쟁이 발발할 무렵까지 이어졌다.

결론

월터 설리번은 이 유격대 전쟁의 진실을 탐구한 거의 유일한 외국 언론인이었다. 1950년 초 그는 남한의 대부분은 "현재 세계 어느 곳과도 비교할 수 없을 폭력의 암운으로 덮여 있다"고 썼다. "유격대가 출몰하고 있는 수백 개의 촌락"에서 현지 경비대가 "짚풀을 첩첩이 쌓은 은신처에 숨어 있다". 밤은 "길고 추우며, 사람들은 무슨 소리가 날까 귀 기울이며 잠들지 못하고 있다". 유격대는 경찰을 잔혹하게 습격했고, 경찰은 유격대를 그들의 출신 마을로 데려와 정보를 빼내기 위해 고문했다(한 정보원에 따르면 "그들은 아무리 고문당해도 아무것도 말하지 않았다"). 그런 뒤 경찰은 그들을 사살하고 본보기로 나무에 묶어놓았다.

유격대의 존속은 분쟁의 "극도의 잔인성"과 마찬가지로 "이곳의 많은 미국인들을 곤혹스럽게 만들고 있다"고 그는 썼다. 그러나 설리번은 계속해서 그 나라에는 "빈부격차가 크며" 중농과 빈농은 "간신히 살아가고 있다"고 주장했다. 그는 농민 가호 10곳을 취재했는데, 자신의 토지를 가진 집은 하나도 없었고 대부분 소작농이었다. 지주는 생산물의 30퍼센트를 소작료로 가져갔지만, 한 해 수확량의 48~70퍼센트에 이르는 강제징수―세금과 여러 "기부"―가 더 있었다. 자신의 조사를 바탕으로 설리번은 유격대를 궤멸했다는 한국의 낙관적 보고는 그릇됐다고 결론지었다. 최근 유격대 활동이 감

소한 주요 원인은 추운 날씨라며, 그러므로 동계 진압 작전은 실패했다는 것이었다.[60]

동계 진압 작전이 실패했는지 그렇지 않은지는 한국전쟁의 기원과 1950년 6월에 일어난 통상적인 정면 공격과 관련해 중요한 문제다. 유격대 활동은 완전히 진압됐는가, 그렇지 않은가? 동계 진압 작전은 북한과 남한의 충돌에 어떤 역할을 했는가? 전쟁이 다가오면서 유격대 투쟁은 어떤 결말을 맞았는가? 이것은 뒷장에서 살펴보겠다.

9장

북한의 체제

우리 유격 부대의 한없는 행운은 위대한 태양을 우리의 중심에 모셨다는 것이다. 우리의 사령관이자 위대한 지도자이며 영명한 교사이자 가까운 친구는 다름 아닌 김일성 장군이었다. 장군을 따르고 장군을 핵심으로 모시고 있는 우리 부대는 무적이었다. 장군의 포용력과 사랑은 태양 같았으며, 우리 전사들이 장군을 우러러보면 신뢰와 자기희생과 헌신의 생각이 강해져 장군을 위해 기꺼이 목숨을 바치려고 생각하게 됐다.

_김일성 유격대 대원, 1946년

동양은 서양이 만들고 가공한 렌즈를 통해 비춰졌다. 흔히 무의식 속에 뿌리 깊게 만연해 있는 "오리엔탈리즘"은 동양의 진정한 모습을 가리는 동시에 평소 익숙히 알고 있는 것을 명확히 한다. 미국이 남한에서 복제된 자유주의를 추구한 결과 얻은 것은 김규식처럼 고립된 인물과 1948년의 헌법처럼 공허한 형식주의였다. 서구 전문가들이 조선민주주의인민공화국(과 중화인민공화국)을 이해하는 데 사용한 정치적 모형의 원형이 동유럽의 "인민 민주주의"의 일종이었다는 것은 이상하지 않다. 다시 말해 북한과 중국은 정통적 혁명이라는 신임장을 결여한 채 소련에서 가져온 체제가 도입된 것으로 이해한 것이다. 브워지미에서 브루스는 인민민주주의라는 형태를 "사회주의적 구조의 한 모형" 곧 스탈린주의의 이식이자 "응축된 형태"로 봤다. 또한 그는 인민민주주의를 "외세의 악랄한 지배 수단"이라고 부르면서 정통성이라는 민족주의 이념을 사실상 거부했다고 파악했다.[1] 이것은 1950년대부터 1960년대 초까지 중국을 이해하는 지배적 방식이자 널리 받아들여진 견해였으며, 중·소 대립이 표면화하고 중국 관련 연구자들의 수많은 업적이 발표된 뒤에야 아주 천천히 잊혔다. 이것은 지금도 북한을 해석하는 지배적 논리로 남아 있다.

서양에서 출간된 거의 모든 문헌에서 1940~1950년대 북한은 소련의 전형적 위성국이자 꼭두각시로 묘사되고 있다. 1950년대 후반에야 북한은 또 다른 외국 모델인 중국을 배워보려고 했으며, 1960년대에야 독자적 노선을 따라 사회주의 건설을 추구했다고 서술됐다. 최근에도 북한이 상당히 독립적으로 발전했다고 인정하는 견해는 드물며, 여전히 소련의 위성국으로 불리고 있다.

이런 판단은 철저한 반공주의자가 쓴 문헌에서 지겹도록 서술될 수 있었지만, 가장 널리 퍼진 것은 가장 뛰어난 소련 전문가 중 한 사람인 로버트 C. 터커의 판단에 반영돼 있는데, 그는 공산주의 혁명으로 가는 여러 길 가운데 북한은 동유럽, 특히 동독 유형과 일치하며, 둘 모두 "강요된 유형"이라고 지적했다. 이것과 반대되는 나라는 러시아·중국·베트남·유고슬라비아·알바니아·쿠바이며, 혁명은 "대중의 단단한 지지와 참여를 동반한, 완전히 자생적 과정에서" 일어났다. 터커는 강요된 체제는 정통성 문제를 지니고 소련의 원조에 의존한 것으로, 본래의 민족문화를 "국내화"한 것은 아니라는 가설을 제시했다. 끝으로 그는 외국의 체제를 도입한 나라에는 진정한 혁명적 상황이 존재하지 않았지만, 자생적이라고 분류된 지역에서 "국토 전역에서 공산주의 혁명이 일어나지 않은 것은 (…) 우연일 뿐이었다"(베트남과 중국)고 단언했다.[2]

북한의 국내 정치도 유럽의 모든 사회주의 정권과 마찬가지로 소련의 영향을 받아 "동양에서 나타난 스탈린주의"의 순수한 형태로 간주됐다.[3] 여기에는 스탈린주의 자체가 "동양적"이며 "김일성주의"는 스탈린주의의 동양적 경향의 끔찍한 과잉이라는 가설이 암묵적으로 덧붙여져 있다. 이런 견해는 미국의 전문가와 영국의 좌파는 물론 소련의 전문가에게서도 들을 수 있다. 트로츠키, 부하린, 아이작 도이처, 카를 비트포겔은 모두 스탈린을 동양의 권력자, 특히 칭기즈칸과 티무르에 비유했다. 그들은 스탈린의 체제는 동양 전제군주제의 하나로, 아시아적 생산양식의 가장 나쁜 특징이 표면으로 드러난 것이라고 생각했다. 트로츠키는 자신이 쓴 스탈린 전기의 첫 문장에서 "내가 잘못 이해하지 않았다면 스탈린을 '아시아적'이라고 부른 첫 번째 인물은" 옛 혁명가 레오니드 크라신이었다고 말하면서, "아시아적" 지도자는 거대한 농민층을 기반으로 한 정체된 사회에 군림하는 교활하고 잔인한 지도자라고 규정했다.⁴ 페리 앤더슨은 우리가 무지無知라는 밤에 있을 때 모든 사물은 동일한 색깔을 띠며, 그 경우 인민민주주의의 모형과 스탈린주의, 칭기즈칸, 티무르, 김일성은 동일한 표현에 담긴다고 쓴 바 있다.

1980년대 중국은 외향적 태도로 전환하고 일종의 사회주의 시장경제로 움직이면서 찬사를 받았다. 미국 언론들은 덩샤오핑의 자본주의 노선에 입각한 실용주의를 지지했지만 (1989년 6월까지) 중국은 스탈린의 사진을 항상 걸어놓고 있는 몇 안 되는 사회주의 국가 중 하나였다(내가 아는 한 그 밖의 국가는 알바니아와 소련연방 내 조지아공화국뿐이다). "스탈린주의"라고 분류되던 북한은 한국전쟁 이후로는 더 이상 그의 사진을 걸어놓지 않으며, 지도자들은 스탈린의 유산을 언급하지 않았다. 좀더 중요한 점은 북한에서는 스탈린주의의 특징인, 모든 인민 계급을 상대로 한 집단적 폭력이나 전형적인 대규모 "숙청"이 일어났다는 증거가 없다는 것이다. 이런 측면은 중국과 북베트남의 토지개혁 운동과 문화대혁명의 숙청과 비교해 특히 주목됐다. 그러나 아직도 북한은 누구에게나 사회주의의 가장 나쁜 사례이자 소련의 꼭두각시로 인식되고 있다. 그리고 그때든 그 이후든 북한을 관찰한 미국인들은 1950년의 북한은 독자적인 행동을 할 능력이 없었다고 보고 있다.

이처럼 북한은 자체적 평가든 비교의 관점이든 나쁘게 이해되고 있다. 1947~1950년 북한의 전체적인 모습을 제시하는 것은 이 연구의 범위를 크게 벗어난다. 그러나 이 정권의 본질과 외국과의 동맹 관계를 파악하는 것은 매우 중요한데, 그것은 전쟁의 기원과 직접 관련되기 때문이다. 일단 아래와 같이 일반화해 내 주제에서 가장 어려운 시험인 1940년대, 곧 소련의 영향이 커지고 그 모습을 형성했다고 여겨지는 시기에 적용해보자.

⑴ 북한은 1940년대 후반 독자적인 정치체제를 발전시켰다. 그 기본 구조는 실질적으로 바뀌지 않았으므로 1949년에 나타난 현상은 1989년에도 볼 수 있다.

⑵ 한국에서 소련의 영향력은 늘 중국의 영향력과 경합했으며, 두 힘은

한국의 토착적 정치형태 및 관행과 충돌했다. 그러나 1930년대 이후 김일성에게 더 큰 영향을 준 외국의 사례는 중국이었다. 한국전쟁을 겪은 뒤 김일성은 소련을 증오했다. 공개적으로 발언하지는 않았지만 그들은 서로 경멸하는 태도를 숨기지 않았다.[5] 이유는 서로 달랐고 그들은 서로 잘 지낼 필요가 있다고 생각했지만 주로 국가와 국가 사이의 냉담한 관계였다.

(3) 북한은 대체로 동유럽의 사례와 일치하지 않으며, 가장 가까운 비교 대상은 루마니아와 유고슬라비아다—동독처럼 소련에 완전히 복속된 나라들이 아니었다. 북한은 혁명적 민족주의 협의체에 가까웠다. 그러나 산업구조는 비교적 잘 발달했는데, 그런 측면에서 일부 동유럽 국가와 견줄 만했으며 중국·베트남·몽골 같은 아시아의 사회주의 국가와는 크게 달랐다.

(4) 궁극적으로 북한은 모든 마르크스-레닌주의 체제와 가장 달랐고 지금도 그러하며, 지도자의 역할부터 그의 자립적인 이념과 대외관계의 자주적 자세에 이르기까지 한국의 토착적인 정치 관행 요소를 극단적으로 다시 표출한 것이다.

최근 북한에서 노획된 대량의 새 자료는 기밀이 해제되어 이런 해석에 확실한 증거를 제공하고 있다. 새 자료들은 여러 중요한 문제와 관련해 그동안 널리 받아들여진 인식을 무너뜨리고 있다. 북한은 단순히 소련의 위성국이 아니었다. 1945~1946년 널리 확산된 "인민위원회"를 기반으로 성립된 다소 비중앙집권적인 통일전선정부에서 시작해 소련이 상대적으로 강력한 영향을 행사한 1947~1948년을 거쳐 1949년(즉 중국이 한국전쟁에 개입하기 전이며 동유럽의 스탈린주의화가 시작된 시점이라고 브워지미에시 브루스가 정의한 시기[6])에는 중국과 긴밀히 결속했다. 이런 과정을 거치면서 북한은 두 사회주의 강대국 사이에서 자신들의 영역을 확보할 수 있었다. 1940년대 후반 북한 체제는 한국·소련·중국의 경험이 융합된 것으로, 한국의 정치문화가 모델로서 깊은 영향을 줬다. 또한 북한은 특히 당 구조와 지도 체제에서 소련·중국과는 크게 달랐다.

김일성은 결코 소련에 의해 선택된 꼭두각시가 아니었다. 그는 우선 정치적으로 자신의 지도권을 확립한 뒤 식민지 시기 동안 한국에 남아 있던 공산주의자들을 고립시켜 축출하고, 그후 소련계 한국인과 일정 기간 연합했으며, 그 뒤(1948년 2월)에는 만주와 중국 본토에서 함께 싸운 한국인과 국내에 남아 있던 세력을 융합해 자신의 지도 아래 강력한 군대를 창설했다. "김일성주의" 체제와 자립 이념은 1960년대가 아니라 1940년대에 만든 산물이다. 북한 체제를 어떻게 생각하든, 그것의 결정적 특징이 40년 동안 달라졌다고는 말할 수 없다.

이런 영향력 속에서 군대는 김일성 지배의 중추였다. 그 지휘관들은 20년에 걸쳐 유격전을 수행한 역전의 전사였다. 중국에서 내전이 확대되면서 그들은 수만 명의 군대를 지휘하게 됐다. 그들은 강철 같고 단호했으며, 서양 학자들이 묘사한 환상 속의 이야기들과는 달리, 소련은 그들을 전혀 효과적으로 통제할 수 없었다. 중요한 것은 농촌의 유격대 투쟁으로서 형성된 북한의 핵심 지도부는 일본의 패망과 소련의 참전에 힘입어 총 한 발 쏘지 않고 도시들을 접수했다는 것이다. 그런 뒤 그들은 외부로 흩어지고 하부로 내려가 인민위원회에서 자발적으로 샘솟은 정치를 포용하고 방향을 이끌었으며, 소련에게서 자신들이 필요한 것을 얻거나 주도록 만들었고 나머지는 대부분 거부했다.

마르크스-레닌주의와 관련해 한국인들은 대체로 소련의 공식적 설명을 반복하는 데 만족했는데, 당시 그것은 스탈린주의에 입각한 해석을 뜻했다. 그 까닭은 서구적이고 한국의 상황과 많은 부분 동떨어진 그 이론이 그들에게 큰 의미가 없었기 때문이다. 당黨 내부 학교의 강의 교재에서는 레닌의 제국주의론을 충실히 소개하고(높은 수준의 논의도 자주 있다) 레닌과 스탈린의 저작을 널리 인용했지만, 상대적으로 마르크스에게는 관심을 가지지 않았다. 그러나 마르크스의 여러 저작을 포함해 마르크스-레닌주의의 고전은 1940년대 후반 폭넓게 번역, 연구됐다. 중국과 다르게 번역된 용어가 많이 쓰였고(이를테면 "무산계급" 대신 "프롤레타리아트"처럼), 마오쩌둥은 당의 전위적 역할을 그리 찬성하지 않았지만 한국인들은 그렇게 생각하지 않았으며 조직적 무기로 당을 활용해야 한다고 주장했다.7

1940년대 후반까지 김일성의 생각은 독립적 사상의 원천으로 제시되지

〈사진 4〉 1940년대 후반의 김일성

않았으며, 그의 주체사상이 마르크스-레닌주의와 동등한 위상을 지니게 된 것은 그 뒤였다. 1940년대에도 "주체"라는 표현은 있었지만 이는 자립과 독립을 위해 다양성을 초월해 공유한 한국인들의 보편적 염원 가운데 하나였다. 그때 사용된 단어는 자주·독립·자립·자체 같은 것으로, 이 모든 단어는 어떤 자발적·자율적·독립적 행동을 함축한다. 이것은 여러 이념적 분기分岐의 원천이었고, 김일성은 그 대부분의 배후였다.

이를테면 당의 학교 강의에서 사용된 어느 긴 교재는 당시 소련의 노선을 따라 『볼셰비키 당사History of the Bolshevik Party — Short Course』와 레닌의 『무엇을 할 것인가What is to be Done』, 엥겔스의 『독일 농민전쟁Peasant War in Germany』에서 인용했으며, 그런 뒤 소련의 전형적 방식에 입각해 카를 베른

슈타인과 로자 룩셈부르크 등의 "수정주의"를 상세히 서술했다. 그러나 이 동일한 문건에서 한국 혁명이 언급되면 건조한 어조는 사라진다. 그때까지 서술한 부분은 결국 제일 중요한 것, 바로 가장 순수한 김일성 노선의 서론이었던 것이다.

교재는 다른 나라들과 비교할 때 한국의 독특한 상황, 이를테면 조직과 활동의 모든 방법은 한국의 구체적 역사 상황에 맞춰 어떻게 만들어져야 하는지, 어떻게 김일성만이 외국의 도움을 받지 않은 "자주적인" 항일운동을 전개할 수 있었는지, 어째서 그 밖의 한국인 공산주의자는 대중과 접촉하지 않는 프티부르주아 당파주의자인지 그리고 왜 북한은 "통일되고 자립적인 독립국가"를 준비하는 기반을 마련해야 하는지 등을 자세히 설명했다.

해방될 때까지 한국인 공산주의자는 누구도 "혁명적 전위당을 조직할" 수 없었다고 그 교재는 말했다. 통일된 정당 대신 두 종류의 공산주의자가 있었다. 공산주의에 대해서는 많이 말하지만 투쟁에는 "말로만" 참가하는 부류와 열심히 투쟁하고 대중 속으로 들어간 진정한 활동가가 그것이었다. 첫 번째 집단은 끝내 일본에 저항하지 못했으며, 그 결과 1930년대 중반 이후 투쟁을 포기하거나 일본의 압력 아래 변절해 동지를 배반했다. 두 번째 집단의 가장 좋은 전형은 김일성과 그 유격대였다. 해방 이후 첫 번째 집단은 한국의 역사적 단계와 혁명의 올바른 노선 등에 대해 끊임없이 언쟁하면서 혁명으로 가는 길을 방해하고 "부르주아적 개인 영웅주의"에 빠졌다. 계속해서 그 교재는 "누구든 대중과 긴밀한 관계를 지닌 사람이 승리할 것"이라는 김일성의 말을 인용했다.[8]

이 교재의 마르크스-레닌주의 부분은 추상적이고 공허하다. 그 교재는 한국 관련 내용을 이야기할 때는 이론을 망각했고 김일성을 이론이 약한 인물로 묘사했으며(그래서 어떻단 말인가?), 한국의 실정을 진지하게 논의했고 박헌영을 암시한 "국내" 공산주의자를 신랄하게 비판했다.

세계의 다른 사회주의 체제와 마찬가지로 북한은 마르크스와 레닌에게 거의 관심을 두지 않고 자신의 특수한 문제에 지나친 관심을 기울였다. 공산주의 세계의 도상학圖像學이라는 관점에서 볼 때, 모스크바를 떠나 평양으로 간다면 충격을 받을 것이다. 모스크바에는 선명한 붉은색과 검은색의 거대한 마르크스·레닌 깃발이 산들바람에 나부끼지만, 평양에는 거의 알아볼 수 없을 정도로 낡은 두 사람의 초상화가 도심 건물들에 걸려 있을 뿐이기 때문이다(다른 곳에는 없다). 북한은 소련과 중국에서 유익하고 실용적인 것만 받아들이고 나머지는 거부했다.

스탈린주의의 이념이 한국인들에게 전수한 것이 하나 있었는데, 한국인의 기존 관념과 꼭 들어맞는 것이었다. 그것은 스탈린의 플라톤 철학과 스탈린 사상과 실천의 특징인 상부부터 설계한다는 건축구조적 성질이었다. 스탈린은 "후기" 중공업화 시대의 패권자였다. 그의 이름처럼● 그의 연설에는 품위를 결여한 표현이 기계음을 내면서 덜컥거렸다. 그는 인간보다 선철銑鐵을, 식량보다 기계를, 생각보다 다리橋를, 마르크스의 민주주의적 본능보다 지도자의 의지를 중시했다. 1932년 스탈린이 강압적인 사회주의 리얼리즘의 교의를 문화 영역에 적용하라고 즈다노프에게 지시했을 때 사용한 은유는 예술가와 작가는 "영혼의 기술자"여야 하며 스탈린 자신의 통치라는 보편적 은유metaphor에 봉사해야 한다는 것이었다.

한국인도 최고 지도자는 영혼의 기술자여야 한다고 생각했지만, 강요가 아니라 모범적 행동을 보여야 최고 지도자가 되는 것이라고 생각했다. 또한 그들은 지도자는 잔인하기보다는 너그러워야 한다고 생각했다. 그리고 바른 생각—마음의 정화淨化—에서 좋은 사상이 나오고 그것은 지도자에게서 대중에게 전달되며, 대중은 전수받은 지혜를 반복해 숙달함으로써 그 가르침을 배운다고 여겼다. 이런 유교적 유산은 소련의 강령과 융합해 김일성을 일종의 자비로운 스탈린이자 마르크스의 유물론과의 대척점에서 심오한 관념론과 의지론을 주도하는 사상의 원천으로 만들었다. 한국인은 아직도 예술가를 영혼의 기술자라고 생각한다. 북한에서는 아직도 김일성 개인을 숭배한다. 그들은 아직도 그를 모든 좋은 사상의 원천이라고 묘사한다. 스탈린주의의 이런 양상은 한국에 접착제처럼 붙어 있으며, 이는 모스크바에 존재

● 금속 공장과 탄광이 있는 우크라이나 동부 도시 도네츠크가 1924년에 스탈린의 이름을 따 스탈리노로 바뀌었다가 1961년 다시 원래 이름으로 돌아갔다.

〈사진 5〉 행정 훈련에 참석한 인민위원회 위원장들의 기념사진. 1946년 6월 북한 평안남도.

하지 않았더라도 평양에서 발명됐을 것이다.

"상의하달주의上意下達主義"라고 부를 수 있을 이런 모습은 한국 정치의 핵심적 특징 가운데 하나로, 남한에서는 일본의 지배 때문에, 북한에서는 스탈린주의 때문에 강화됐다. 한국인은 1946년 후반 중앙집권적이고 명령 체계적인 정치 구조를 창설해 인민위원회 세력을 역류시켰다. 그때까지는 지방에 다양성과 정통성이 존재하고 위원회의 힘이 아래로부터 위로 자연스럽게 파급되는 정치였지만, 새로운 규제는 위로부터의 조직적 지배에 역점을 두고 관료화된 상부를 중시함으로써, 누가 정치를 움직이고 있는지를 노골적으로 보여줬다.

인민위원회의 조직 규정은 맨 하부에 이르기까지 "복종"을 요구했다. 지방 인민위원회는 중앙에, 군 인민위원회는 도에 "복종해야 했다". 규정 5항에서는 각 인민위원회에 "관할 아래 있는 인민에게 결정 사항을 공포하고 그것을 따르도록 규제할" 권한을 줬다. 실제로 작동했는지 의심스럽지만 레닌주의적 민주집중제의 절차에 관련된 내용도 거의 없다.[9] 물론 이것은 스탈린주의를 단순히 반영한 것이 아니다. 일본인들이 남한과 북한의 한국인에게 가르친 것이 하나 있다면 지도자의 의지를 강제로 적용할 때 국가 관료 조직을 어떻게 사용하는가 하는 것이었다. 그것은 북한에서 훨씬 쉬운 일이었다. 국가 관료 조직과 지주계급 사이의 오랜 긴장 관계가 토지개혁으로 사라졌기 때문이다.

김일성은 대중·농민 또는 프롤레타리아의 자발성과 창조성 등에 대한 마오쩌둥의 생각을 처음부터 좋은 사상의 인식론적 원천으로 받아들이지 않았다. 김일성이 마오쩌둥주의의 지도법을 채용한 것은 급진적 인식론의 반영이 아니라 당이 바라는 바를 이행하기 위한 것이었다. 그에게 그 방법은 언제나 수동적 모습을 띠었다. "노동자 계급의 정치 수준은 대단히 높아졌다". 교육받은 사람들은 "새로운 지식인으로 변화되고 있으며" 농민은 "노동계급화"되고 있다. 당 간부는 대중에게 시험을 받는 대상이 아니었다. 그 대신 김일성은 "간부가 모든 것을 결정한다"는 스탈린주의의 표현을 사용했다. 일찍이 멀 파인소드는 지도자와 당 중앙의 역할에 대한 소련의 개념에 "엘리트주의에 젖어 있었다"고 평가했지만, 김일성은 그것을 완전히 정통적으로 따랐다.[10]

대중 정당

1940년대 후반 한국 공산주의는 당의 적절한 역할이라는 중대한 문제와 관련해, 소련에서 나타난 상황과는 크게 달라졌다고 여겨진다. 소련은 도시 노동자 계급과 지식인을 토대로 한 관료 조직을 중요하게 생각했다. 그들은 두 가지 주요한 특징을 지닌 조직이 필요하다고 생각했다. 개인이 정치권력을 행사하는 도구가 되지 않아야 하고, 당의 대리자가 침투할 수 있어야 했다. 북한은 그 대신 광범위한 농민계급을 사회적 기반으로 하는 당을 발전시켰으며, 그 권력의 중심은 김일성 세력으로 채웠다.

1940년대 소련의 강령에서는 부르주아 혁명이나 사회주의 혁명이 아직 준비되지 않은 계급 구조를 가진 나라에서는 사회주의를 실시하기가 아직 이르며, 공산주의 정당이 아닌, 이른바 노동자 정당 안에 노동자·민족자본가·농민의 연합을 만들라고 요구했다. 그 결과 베트남과 폴란드 그리고 한국은 "노동자 정당"을 갖게 됐다. 그러나 권력 핵심부는 당 관료로 구성됐으며, 사실이 아니더라도 노동자계급 출신 지도자라는 겉모습을 갖췄다. 이 나라들은 사회주의를 이야기할 상황이 아니었다. 소련은 사회주의를 건설하고 있었고, 나머지 나라에서는 사회주의로 이행하기에는 생산력 발전이 충분하지 않았다. 그 결과 소련은 나머지 모든 나라를 훨씬 앞서 세계혁명을 이끌었고, 그 결과 지도하는 위치에 서게 됐다.

이러한 지도적 위치의 실제적인 가장 중요한 역할은 이를테면 산업혁명에 힘입어 농업생산이 기계화되기 전에 아시아 국가들이 급속한 집단화를 추진하는 것을 반대하는 경제학의 모습으로 나타났다. 스탈린에게 기계는 늘 사람보다 중요했다.[11] 거기서 끌어낼 수 있는 정치적 추론은 "노동당"은 국내에서는 강력하고 외국에 대해서는 약해야 한다는 것이다. 다시 말해 자국 사회에서는 모든 권력이 고도로 집중되었지만 소련의 지배와 영향이 침투할 수 있는 조직이라는 뜻이었다.

김일성의 지도력은 전형적인 한국적 방식으로 나타났다. 그들은 소련이 좋아하는 형식을 채택했지만 실질적 측면에서는 그들을 배반했다. 1940년대 한국인들은 사회주의가 목표라고 공개적으로 말하지 않았다. 폴란드와 마찬가지로 그들은 토지를 개인의 손에 맡겼으며 집단화를 밀어붙이지 않았다. 그럼에도 토지는 사거나 팔 수 없었으며 촌락 단위의 상호부조와 협력은 즉시 시작됐다.

한국인들은 자신들의 당을 노동자 정당이라고 불렀다. 소련의 원칙에 따라 세 계급의 연합을 채택했고 망치·낫·붓으로 노동자·농민·사무원을 상징했는데, 사무원에는 관료·사무직원·교원·전문가·지식인 등 나머지 모든 계급을 포괄했다. 이것은 모두 형식적으로 옳았다.

친소파 허가이는 당 건설의 핵심 인물로 조직부의 요직을 맡았다. 정통적 방식을 중시한 그는 권력 핵심에 합법적이고 합리적인 서기국을 두어 당 조직의 인사 채용과 승진을 체계화했다. 그는 1946년 후반 당 조직에 대한 극비 보고의 첫머리에서 김일성이 늘 말한 것과 동일한 여러 사항을 언급했다. 매우 많은 반동분자와 불순분자가 당에 들어왔으므로 당원들을 좀더 철저히 "점검"하거나 검사해야 하고, 정확한 통계를 유지해야 한다, 중앙의 정책이 지방에서 제대로 실행되지 않고 있다, 세포 생활은 "전체적으로 취약하다"는 것 등이었다. 그러나 이후 그는 당의 기본적인 계급 성분을 자세히 논의하면서 농민이 너무 많이 입당했다며, 당의 기반은 노동자계급이어야 한다고 시사했다. 아울러 지주·기업가·사업가가 너무 많이 당에 들어왔으므로 이들을 "숙청"해야 한다고 말했다.[12]

김일성의 생각은 상당히 달랐다. 그와 그의 추종자들은 당 조직을 이용해 기층 대중을 흡수한 뒤 권력을 장악하고, 계급적 배경과 상관없이 누구든 당원이 될 수 있는 개방정책을 추진했다. 계급보다 태도가 훨씬 중요했다. 마르크스주의 관점에서 보면 좋지 않은 이론이었지만 정치적으로는 좋은 방법이었다. "불순한 계급" 분자를 포함해 조직될 수 있는 모든 사람을 조직하려고 했다. 그러나 무엇보다 이 정책의 논리는 한국의 계급 구조를 고려해 빈농 대중을 당 서열 안으로 끌어들이는 것이었다. 인구의 2~3퍼센트로 구성되는 전위당 대신 한국은 12~14퍼센트를 포괄하는 당을 지니게 됐는데, 전체 성인 인구의 4분의 1이나 그 이상을 뜻하는 "전위"는 프롤레타리아가 아니라 김일성에 대한 개인적 충성으로 묶인 핵심층이었다.

그런 당을 소련이 어떻게 생각했는지 파악하기란 어렵지 않다. K. V. 쿠쿠신은 1935년 중국공산당이 "공산당 강령을 위해 싸우고자 하는 사람은 사회적 출신과 상관없이' 당원으로 받아들여야 한다는 매우 위험한 제안"을 발표함으로써 "그야말로 기회주의자 기회주의적 오류"를 저질렀다고 썼다. 그것은 사실상 프롤레타리아가 농민과 소시민 대중에게 "흡수될 것"이라는 뜻이었다.[13] 이것은 확실히 김일성의 당 건설에서 나타난 특징이다.

미국의 정보기관은 신중한 연구를 진행해 김일성은 "가장 낮은 계층에서 당원을 모집해야 한다는 집착"에 잡혀 있으며 그것은 소련의 반대를 불러왔다고 파악했다. 1947년 중반 김일성의 친구로 "일성"이라고 친근하게 부를 수 있는 몇 안 되는 사람 중 하나인, 이른바 "연안파延安派"였던 주영하는 북조선노동당은 이미 70만 명의 당원을 보유한 강력한 "대중 정당"이 됐다고 말했다. 그는 김일성이 매우 좋아한 유기적 표현을 사용해 당은 이제 대중과 "혈족 같은 관계"를 맺었다고 말했다. 대중은 모두 "광범한 교육망"의 일부인 수많은 "학습회"와 "토론회" "강연회" "비판과 자기비판" 모임을 거쳐 당에 의해 세심하게 양육되고 있었다. 달리 말하면 빈농이 혁명의 준비가 돼 있지 않으면 대중의 지도를 받아 그렇게 될 수 있다는 것이었다. 주영하는 이런 개념의 기원을 김일성이 권력을 장악한 1945년 12월 조선공산당 북부조선 분국分局 회의까지 거슬러 올라가 찾았다. 당의 조직 원리가 결정된 것도 이때였다.[14]

저개발국에서 나타나는 경향은 불균등한 공업화에 따른 팽창과 기형이다—이를테면 외국이 제공한 사회 기반 시설은 그런 변화에 반응하고 적응하는 사회의 능력보다 앞서는 경우가 있다. 20세기 중반 한국에 새로운 생산양식을 보완할 수 있는 "근대적" 계급은 존재하지 않았어도 정부가 그런 계급을 만들어냈다고 말할 수 있다. 남쪽의 국가는 한국전쟁 이후 수십 년 동안 새로운 유산계급의 산파였다. 북한은 빈농을 포용해 그들을 프롤레타리아로 개조했다. 과거의 유교 사회로부터 탈피한 사회에서 근대적—이 경우는 혁명적—의식은 배우고 주입될 수 있으며, 교육이나 "양성"은 물질적 힘, 즉 자율적으로 혁명을 일으킬 수 있는 사회 구성의 변화가 이뤄지기 전에 온다고 예측할 수 있다. 레닌주의의 개념은 적절한 사회 세력이 존재하지 않으면 엄격하게 훈련받고 고도로 조직된 전위가 외부로부터 인민에게 의식을 전달해준다는 것이다. 김일성의 개념은 마오쩌둥의 그것과 더 비슷했는데, 조선노동당의 규모는 사회의 크기에 비하여 중국보다 훨씬 컸으며, 사회적·물질적 힘 외에 인간 정신의 무한한 순응성을 믿는다는 측면에서 좀더 의지주의적이었다.

농민조합에 대한 한 문헌에서는 조직활동에서 빈농과 중농에 의존하는 것을 긍정적으로 평가하면서, 그들은 한국에서 압도적 다수이며, 일본인들에게 "억압"받고 가장 좋은 토지를 빼앗긴 부농은 크게 발전하지 못했다고 말했다. 이 문헌은 빈농과 중농이 기반이 되지만 부농과 일부 지주들도 일본에 의해 고난을 겪었으므로 혁명에 동참하도록 이끌 수 있다고 마오쩌둥의 생각과 매우 비슷하게 주장했다.[15]

이런 생각은 "불순 계급"을 포괄하는 정책으로 이어졌으며 "사무원"이라는 범주를 탄력적으로 이용하게 만들었다. 당내 조직 관련 문서들은 한국에서처럼 유산계급에게 문호를 개방하는 명분을 제공했다. 기업에서 한국 자본의 비율을 제한하고 대부분의 경제활동을 국가 관료가 통제한 일본의 법률 때문에 한국의 자본가들은 일본인과 결탁해 사업을 키우거나 일본인이 자신의 이익을 짓밟고 있다고 생각해 격렬한 반제국주의자가 됐다고, 이 문서는 서술했다. 후자의 수가 좀더 많아 협력할 수 있었고 "전후 북한 발전에 중요한 역할을 했다".[16]

당내 문서는 빈농이 이례적으로 많았음을 또렷이 보여준다. 1946년 후반 북조선노동당이 창당될 때 당원 가운데 노동자는 20퍼센트, 빈농은 50퍼센트, "사무원"은 14퍼센트를 차지했다. 1년 뒤 노동자는 여전히 20퍼센트였지만 농민은 53퍼센트, "사무원"은 13퍼센트였다(사무원이 줄어든 까닭은 지식인들이 월남했기 때문으로 생각된다). 1946년 가을부터 1948년 봄까지 당에서 노동자는 2배 늘어났지만 빈농은 3배 넘게 늘었다. 프롤레타리아가 매우 많았던 함경북도는 1946년에 노동자가 43퍼센트였고 빈농이 26퍼센트였다. 1년 뒤 노동자는 30퍼센트로 떨어졌고 빈농은 37퍼센트로 올라갔다. 1947년 말 초등교육 이상을 받은 당원은 10퍼센트밖에 되지 않았으며 3분의 1이 문맹이었다─다시 말해 상당히 무지한 전위였던 것이다.[17]

대중 동원과 교육 운동을 책임진 당 간부 중에도 빈농 출신이 많았다. 1949년 후반 "문화 간부" 1881명에 대한 정보를 담은 극비 자료에 따르면 66퍼센트가 빈농 출신이었고 19퍼센트가 프롤레타리아 출신이었다. 개인 계급에 대한 자료는 가족의 사회적 지위 대신 직업에 따른 계급을 결정하는 데 사용한 범주였는데, 37퍼센트가 프롤레타리아였고 25퍼센트가 빈농이었음을 보여준다. 23퍼센트는 사무원이었다. 흥미롭게도 이 간부들 가운데

422명은 중국 팔로군에서 복무한 경험이 있는데, 그것은 교육과 사회적 상승의 또 다른 경로였다.[18]

이런 수치는 1920년대 10년 동안 소련의 자료와 비교되었다. 볼셰비키 당의 계급 구성은 노동자가 44~61퍼센트, 농민 전체(빈농 외의 경우도 포함)가 19~29퍼센트였다. 교육 수준은 한국보다 훨씬 높아 3퍼센트만 문맹이었고, 63퍼센트는 적어도 초등교육까지 받았다.[19]

빈농 개인에 관한 질적인 정보는 김일성의 개방 정책과 함께 개인의 운명에 커다란 변화가 왔음을 보여주었다. 이는 일종의 즉각적인 사회적 상승 이동으로, 그들은 대부분 그의 "자비"에 감사했다. 이를테면 송용필은 1920년 "비참한" 빈농 집안에서 태어났고, 그의 아버지는 1925년에 사망했다. 어머니는 노비로 일하면서 아이들을 키웠고 송용필이 소학교를 마치게 했다. 거기서 그는 공산주의의 영향을 받았고 그 때문에 일제 때 18개월 동안 옥살이를 했다. 1930~1940년대 그는 소작농으로 일했다. 1945년 12월 거주 지역의 당 지부 당원 "후보자"가 됐으며 1946년 3월 토지개혁 실시 책임을 맡은 면面 위원회에 배치됐다. 1950년 초 그는 조선노동당 군郡 간부가 됐다.

1920년 빈농 집안에서 태어난 여성 김추숙도 전시에 소작농으로 일했다. 1946년 그녀는 "선전원"으로 여성동맹에 들어갔다. 이듬해 그녀는 도당 간부학교에 입학했고 졸업과 동시에 면당 지부 통계원이 됐다. 1950년 그녀도 군당 수준으로 승진했다.

김철금은 노동자·농민 동원에 매우 적합한 사례다. 1910년 서울 근처인 시흥의 빈농 집안에서 태어난 그는 소작농으로 농사를 지었으며 1925년 아버지가 세상을 떠나자 집안을 책임지게 됐다. 불황이 닥치면서 그의 가정은 큰 곤경을 겪었고 어머니까지 별세했다. 북한에서 공업 관련 일자리가 생기기 시작하자 그는 누이와 함께 북한으로 갔다. 그는 일본인의 저인망 어선에서 보일러공으로 일하며, 일본인에게 "모욕적 취급"을 당했지만 어렵게 기술을 배웠다. 1942년 그는 "강제로 징용"돼 싱가포르로 보내져 3년 동안 상선商船에서 일했다. 1945년 4월 영국 공군의 공격이 날마다 이어지자 그는 "일본을 위해 죽고 싶지 않다"고 결심하고 탈출했다. 사흘 뒤 그는 붙잡혀 일본군 형무소로 보내졌다. 1946년 그는 생존한 친척 5명과 마찬가지로 북조선 노동당에 들어갔고 그 뒤 원산에서 살았다.

동학정은 모든 친족이 가난한 소작농인 집안에서 태어났으며 그 또한 전형적인 노동자-농민이었다. 불황기에 그의 아버지가 농사를 짓는 것만으로는 생계를 유지할 수 없자 동학정은 13세에 가족과 함께 함경북도 명천군에서 만주 간도間島로 갔고, 거기서 그들은 1945년까지 살았다. 그의 아버지는 일본인이 운영하는 섬유 공장에서 일했고, 그는 광산에서 일했다. 동학정은 1946년 서울로 가서 고등학교에 들어가려다 낙방하자, 함경남도 수산秀山으로 돌아와 1946년 10월까지 보안대保安隊에서 복무했다. 1947년 두 달 동안 훈련을 받은 뒤 그는 보안대에서 부대장副隊長이 됐고, 1950년에는 조선인민군 장교가 됐다.[20]

이런 사례들은 철저한 사회혁명, 즉 계급 구조의 역전을 압축적으로 보여주는 증거다. 1945년 이전까지는 교육받지 못한 빈농이 군 단위의 공무원이나 군 장교가 되는 것은 사실상 생각하기 어려운 일이었다. 그러나 북한에서는 위에서 본 대로 그런 경력이 일반적이었다. 이런 유형을 따른 수많은 비슷한 개인의 이력을 제시할 수 있다. 결혼 유형처럼 근본적인 사항도 일부 빠르게 바뀌기 시작했다. 빈농이나 노동자를 뜻하는 적절한 계급 배경을 지닌 여성과 결혼하는 것이 중요해졌는데, 그것은 더 나은 삶을 누릴 수 있는 기회였기 때문이다.[21]

북한을 본 미국인은 이렇게 말할 수도 있다. 그래서 어떻다는 것인가? 저 체제에서 정치적 참여의 질은 어떤가? 미국인은 암묵적(그리고 자주 그른)으로 상정을 한다. 자신들의 사회는 수많은 토머스 제퍼슨으로 구성돼 있으며, 모두 열심히 자신의 권리를 옹호하고 두려움이나 허가 없이 정치에 자유롭게 참여한다는 것이다. 그리고 모든 사람은 모든 곳에서 그래야 한다고 상정한다. 북한 사람들은 자신의 사회가 작은 김일성들로 구성됐거나 그럴 수 있다고 상정했다. 작은 김일성은 정규 교육을 받지 못했어도 변화한 태도를 바탕으로 빈곤층 출신이라는 배경을 극복한 사람들이었다. "대중 정당"이라는 개념은 수백만 명의 빈농에게 그들의 부모는 거의 꿈꾸지 못했던 지위와 역할을 부여했으며, 그것은 김일성이 정치권력을 행사할 수 있는 대중적 기반을 형성했다.

이런 간부 기록들에는 지주 출신으로 나중에 조선노동당에 들어온 흥미로운 남한 공산주의자의 이력이 있다. 김문식(가명)은 경상북도 경주의 양반 지주 가문에서 태어났다. 자신의 가족은 "그렇게 부유할 자격이 없었다"고 그는 말했다. 아무도 일하지 않았지만 그 대신 소작농을 고용하고 노동자를 "노비처럼" 부렸다. 할아버지는 "옛 성현의 글을 읽고 유교적 도덕관을 수양하는 데" 시간을 보냈다. 아버지는 "전형적인 향반들이 그렇듯 술 마시고 한시를 짓고 친구들과 이리저리 돌아다니기만 했다."

어릴 때 그는 할아버지에게 천자문을 배웠고 이어 소학교에 들어갔지만, 중학교 입학시험에서 두 번 떨어졌다. 그는 할아버지와 1년 더 공부한 뒤 시험에 합격해 중학교에 들어갔는데 한국인 학생은 7명뿐이었고 나머지는 모두 일본인이었다. 일본인 교사에게 몇 차례 맞자 곤봉으로 교사를 공격했고 이로 인해 퇴학당했다. 이후 그는 1930년대 후반까지 대구에서 "타락한 생활"을 이어갔다. 그사이 1930년대 중반에 그의 집안은 크게 부유해졌다. 지주의 흔한 생활 방식은 친척과 자신의 "방탕"을 조장할 뿐이었다고 그는 말했다. 전쟁 동안 그는 책을 읽는 것 외에 다른 일은 거의 하지 않았지만 결혼은 했다. 1943년에 집안 돈으로 대구에서 상점을 열었지만 실패하자 술을 많이 마시기 시작했다. 1944년 한 친구의 도움으로 시청에서 일하게 됐지만, 1944년 12월 징집영장을 받고 산간 촌락으로 도망쳤고 거기서 해방될 때까지 머물렀다.

그 뒤 김문식은 대구에서 다시 상점을 내려고 했지만 이번에도 실패하고 고향으로 돌아왔다. 그는 가을 봉기를 계기로 정치에 관심을 갖게 됐는데, 이때의 탄압은 그에게 충격을 줬다. 그는 1947년 1월 남조선노동당에 가입하고 자신이 거주하는 지역의 면당 조직부장이 됐다. 1947년 3월 22일 파업 이후 그는 지하로 숨을 수밖에 없었다. 1947년 노동절에 그는 평화롭게 시위하던 군중에게 발포한 경찰관 2명을 사살했다. 당국은 그 사실을 몰랐고, 1947년 10월 다른 죄목으로 그를 투옥했다. 그는 두 달 뒤 석방됐으며

1948년 5월 선거에 반대하는 운동을 전개한 뒤 지하활동을 계속했다. 그는 1949년 2월 다시 체포돼 8개월 동안 수감됐다. 1949년 후반 그는 남로당 군사정보원이 됐고, 1950년 3월 체포돼 부정기형을 선고받고 서울 서대문형무소에 수감됐다. 1950년 6월 27일 북한군 전차가 형무소 문을 부수고 들어와 그를 풀어줬다.

김문식의 친족 중에 남로당 활동가가 몇 사람 나왔다. 김문식과 비슷한 나이의 한 남성은 오사카로 가서 제철소에서 일했다. 그는 대구로 돌아온 뒤 남로당에 가입했다. 남로당원인 또 다른 친척은 해방 전후에 방직공이었다. 또 다른 사람은 1945년 이전에는 소작농이었으며 해방 뒤 대구에서 오랫동안 실직 상태에 있다가 남로당에 들어갔다. 36세의 친척은 연일延日에서 공장장으로 있었는데도 남로당에 가입했다. 기록상 가장 나이 많은 친척은 42세의 지주였는데 여운형의 근로인민당에 들어갔다.[22]

김문식은 지식인이나 지주 출신이 많았던 남한 공산주의자의 좋은 사례다. 신분이 높았지만 학교나 사업에서 좌절한 그들은 지위의 하락이나 실제적 또는 가상적 억압 때문에 반란을 일으켰다. 그들은 지적知的 마르크스주의와 정치적 내분을 지향하거나, 활동가일 경우 대중을 인내심 있게 조직하기보다는 도시 중심의 정치와 테러리스트의 폭력에 의지하는 쪽을 지향했다―어느 경우든 이것은 강력한 경찰 조직 아래서는 거의 불가능했다. 그러나 김문식은 김일성의 당에 참여한 빈농 출신 간부와 완전히 반대였다―남한 공산주의자에게 이것은 김일성의 낮은 이론적 수준이 반영된 것으로 보였다.

이후 미국이 포로에게서 얻거나 정보를 연구해 얻은 내용에 따르면, 많은 조사 대상자가 정권의 엄격한 지배에 반감을 느꼈지만 대부분은 사회혁명에 찬동했다. 혁명은 수많은 사람에게 새로운 자리를 열어줬고 몇 년 안에 모든 국민의 교육 수준을 높여줬다. 자주 언급된 사항은 가장 가난한 계급의 아이들에게 교육을 개방한 것이었다. 한국인은 교육을 중시했으며 그 체제에 선민의식 전통이 남아 있었기 때문이다. 사람들은 전체주의적 독재에 위축되지 않았지만 그것으로부터 실질적 지위와 물질적 이익을 얻었기 때문에 그 체제를 기꺼이 지지하는 경향을 보였다. 대부분은 "공산주의"를 거의 이해하지 못했지만 토지와 직업을 갖게 되는 것을 반겼다.[23]

협동조합주의와 혁명적 민족주의

북한 사회주의에서 가장 큰 일탈은 체제를 통제하는 고위부, 즉 혁명의 진정한 전위를 구성한 핵심 지도층에서 나타났다. 조직 원리는 관료주의적 위계질서 대신 긴밀한 관계로 엮인 측근 집단 안의 개인의 충성심이었다. 그리고 그 집단은 방사형放射形으로 끝없이 팽창하는 동심원의 핵심이 됐다. 그 개념은 합리적·합법적이라기보다는 권위 의존적이었고, 관료적이라기보다는 유기적이었다. 핵심부를 서로 연결시킨 접착제는 항일 유격 투쟁의 권위를 지닌 개인들이었다. 이념은 혁명적 민족주의였다. 정치체제는 일종의 협동조합주의Corporatism에 가까웠다. 그 결과 또한 민족적 유아론唯我論이라고 부를 만한 어떤 것이었다.

김일성의 지도 체제는 1940년대, 어쩌면 1930년대 이후 거의 변하지 않았다. 그를 둘러싼 엄청난 찬양은 그가 만년에 이르면서 더욱 커졌지만 변화는 미미했다. 서구의 자유주의자에게 대단히 불쾌하며, 업적이 의심스러운 한 사람을 둘러싼 우스꽝스러운 "개인숭배"라고 비판받은 이런 정치는 김일성의 젊은 시절을 민족의 전설, 건국의 신화, 정통성의 원천으로 만들었다. 이런 정치는 한국에서 처음 나타난 것이 아니다.

1946년 2월 김일성은 북조선임시인민위원회 위원장이 됐지만 그의 독특한 지도 방식은 1947년 중반에야 나타났다. 그러나 그 무렵에는 김일성을 성인으로 떠받드는 과장된 모습이 오늘날과 비슷하게 나타났다. 1947년 이후 북한에 잠입한 정보원들은 김일성의 초상화와 대형 그림이 김일성이 얼마나 "영명하고 선견지명이 있으며 열의가 넘치고 뛰어났는지" 선전하는 이야기와 함께 전신주 등에 장식됐다고 보고했다. 동시에 "탁월하고 과학적인" 방법으로 모든 것을 이끄는 "민족의 태양"이며 "하늘에 새로 뜬 아름다운

붉은 별"로 그를 묘사한 기사가 나타났다.[24]

물론 이 "붉은 별"이라는 표현은 1930년대 유격대 투쟁 때부터 쓰이기 시작했다. 1권에서 김일성의 경력을 서술할 때 이용하지 못한 한 문서는 그의 과거에는 전설을 넘는 의미가 있었음을 보여준다. 그것은 만주에서 김일성을 추적한 만주군 장교 두 사람이 1951년에 쓴 보고서인데, 자신들의 경험과 한국인 유격대와 싸우는 방법에 대한 인종차별적 의견을 미국인에게 제공한 것이다. 그들은 김일성이 1930년대 후반 한국인 유격대 지도자 가운데 "가장 유명했다"고 묘사했다. "김일성은 만주의 한국인 사이에서 특히 인기가 있었다. 그를 한국의 영웅으로 칭송하고 그에게 물심양면으로 몰래 지원하는 한국인이 많다고 했다."

김일성을 포함한 한국인 유격대는 양징위楊靖宇 같은 중국인 지도자와 협력했지만 실제로는 누구의 지휘도 받지 않았다. "그들은 자신들이 소속된 사령부 조직과 소련군이나 중국공산당[군]의 관계에 신경 쓰지 않았다." 그들은 진압 부대를 피하기 위해 소련 국경을 넘나들었지만, 소련은 무기나 물질을 원조하지 않았다. "토벌 부대의 공격을 받았을 때 그들은 삼림 속 나무꾼들이 다니던 길로 원숭이처럼 이동할 수밖에 없었다."

그들은 영구적인 진지를 만들지 않았고 50~100명 정도의 소부대로 싸웠다. 그것은 "자연적"이라고 이름 붙일 만한 어떤 것으로, 더 큰 규모는 공격받고 체포되기 더 쉬웠기 때문이다. 그들은 "지략이 풍부한 작전과 전술로 늘 적을 기습했다." 지방경찰은 특별 토벌 작전이 시작된 1939년까지 유격대에게 "철저히 농락당했다". 1938~1939년 일본군은 중대한 타격을 입었다. "관동군의 지휘를 받은 부대들은 비적匪賊[유격대]의 매복으로 전멸되는 경우가 드물지 않았다." 1939년 봄 호송 부대와 보병 중대가 전멸했다. 한국인 수십만 명이 거주하는 간도는 "한국인 비적에게 매우 안전한 곳"이었다. 일본인 장교들은 한국인 주민이 "불량하고 반항적이며 반일적"이라고 판단했다. 이 "반항적이고 교활하고 게으르며" 참으로 "불만에 가득 찬 민족" 가운데 "괜찮은 사람은 몇 명 없었다". "겉으로는 아주 온화해" 보이지만 "일본에 적의를 품고 있는" 것은 그들의 음흉한 습성이었다. 그들이 유격대에 대

한 어떤 정보도 일본에 넘기지 않았다는 것도 그들의 전체적인 사악함을 보여주는 또 다른 지표였다.[25]

1차 자료를 이용한 와다 하루키和田春樹의 연구에 따르면, 만주 유격대가 한국으로 돌아왔을 때 김일성·김책·최현 같은 주요 지도자들은 김일성을 최고 권력자로 추대하기로 합의했다. 그 이유는 밝히지 않았지만 그들은 그의 넓은 명성과 개인적 역량을 고려했을 것이다. 일부 사항에서는 다른 두 사람이 김일성보다 뛰어났는데, 중국공산당 서열에서 김책과 최현이 김일성보다 높았다. 아무튼 그들은 남은 삶 동안 아낌없는 충성으로 김일성을 뒷받침했으며, 그 밖의 만주 유격대와 함께 북한 서열 구조의 핵심이 됐다.

김일성의 첫 전기를 쓴 저자가 1946년에 가진 중요한 대담에서 김일성 유격대원 한 사람은 김일성 노선을 밝혔는데, 그것은 오늘날까지 공식적 역사로 남아 있다. 김일성은 아래와 같은 모범을 제시했다.

이런 종류의 사람은 다른 사람을 끄는 대단히 강력한 힘을 자연히 지니고 있다. (…) 그런 사람이 중심에 있는 유격대 조직은 견줄 데 없이 강력하다는 것은 말할 필요도 없다. 우리 유격 부대의 크나큰 행운은 위대한 태양을 우리 중심에 모시고 있다는 것이다. 우리의 사령관이자 위대한 지도자이자 영명한 교사이며 친밀한 친구는 다름 아닌 김일성 장군이었다. 장군을 따르고 그를 핵심으로 모신 우리 부대는 무적이었다. 장군의 포용력과 사랑은 태양 같았으며, 우리 전사들은 장군을 우러러보며 신뢰와 자기희생과 헌신의 마음을 굳게 다져 그를 위해 기꺼이 목숨을 바치려고 생각한다.

그 부대는 김일성의 명령에 목숨 바쳐 따르겠다는 "삶의 철학"을 지니고 있었다. "그 힘은 김일성 장군의 주위로 이끌어 단결시키는 힘이다. (…) 우리 유격대의 역사적 전통은 우리의 유일한 지도자인 김일성 장군 주위로 모여 단결하는 바로 그것이다."

김일성은 부하를 사랑하고 보살폈고, 그들은 강철 같은 규율로 보답했는데 그러려면 "복종하고 존경하는 마음이 필요했다. (…) [우리 규율의] 정신적 토대는 무엇보다 존경하는 마음이다. 가장 큰 존경의 마음은 김일성 장군에게 바쳐야 했다. 우리의 규율은 그를 존경하고 그에게 복종하는 과정에서 성장하고 강해졌다". 계속해서 이 장교는 당과 대중 조직의 좋은 원칙으로 유격대 전통을 추천했다. 그는 그것이 북한이라는 국가 전체의 원칙이 되기를 바랐을 것이다.

이 장교가 사용한 언어는 매우 흥미롭다. 모두 도덕적 언어이고 수많은 미덕으로 김일성을 칭찬하고 있는데 대부분 유교적 미덕이다 ─ 자애·사랑·신뢰·복종·존경 그리고 지도하는 사람과 지도받는 사람 사이의 호혜互惠. 이를테면 "김일성 장군 주위로 이끌어 단결하는"이라는 문장에서는 '범주'를 뜻하는 "주위"라는 단어를 사용하고 있다. 이웃과의 관계에서 그것은 "중심"을 둘러싸고 사는 것을 의미한다. 북한 문헌에서는 "중심"의 동의어로 "핵심"과 "핵"이라는 표현도 널리 쓰였다. "당 중앙"도 김일성과 그의 가장 가까운 측근을 완곡하게 가리키는 표현이었으며, 권력 계승을 준비하던 1970년대에는 김일성의 아들을 지칭하는 완곡한 표현이 되기도 했다.[26]

이것은 무속과 기독교 양쪽의 종교적 울림을 지닌 언어이기도 하다. 북한

〈사진 6〉 자신의 아이로 추정되는 어린이를 안고 있는 김일성의 오른팔 김책. 1949년 무렵.

에서 "[김일성을] 우러러보다"라는 표현은 그리스도를 영접할 때 사용하는 종교적 언어다. 그것은 자신의 아버지를 존경할 때도 사용한다. "위대한 태양"이라는 표현은 국왕을 태양 또는 그것을 확대한 신과 동일한 존재로 보는 서양의 용법이나 일본 덴노를 표현할 때 사용하는 일본의 용법과 비슷하다. 내가 알기로 북한에서 처음 세워진 김일성 동상은 1949년 성탄절에 제막식을 거행했다. 그를 세상에 내려온 그리스도나 그리스도를 대신하는 인물로 표현하려는 의식적인 시도를 보여준다.[27]

또한 그 표현은 가부장적 온정주의를 담고 있다. 김일성을 나라의 자애로운 아버지로, 나라를 하나의 대가족으로 보고 있다. 김일성과 그 세력은 한국에서 가장 강력한 감정적 끈인 효를 이용해 부모를 향한 존경과 의무를 폭넓게 저장한 뒤 그것을 김일성의 지원을 받아 국가로 이동시켜 나라를 결속하려고 했다. 북한은 어린이의 처우에 늘 관심을 두었다. 김일성은 자신을 혁명전사의 고아들과 동일시하거나 1953년 이후에는 한국전쟁 전사자의 고아들과 동일시했다. 중요한 지도자의 고아들을 위한 주요 학교가 그의 고향에 세워졌다. 아이들은 김일성을 일상적으로 "우리 아버지"라고 불렀다.

김일성의 이미지를 빛나게 하고 그 주위로 결합시키는 과정 또한 기사도적 요소를 지닌 것이어서 충성·존경·의무의 맹세로 모든 사람을 결속하고 용기·무용·희생의 남다른 미덕을 그들에게 심어줬다. 그것은 중세 기사의 언어인데, 실제로 김일성은 초기에 늘 장군이라는 칭호를 썼다(일본어로 '쇼군'과 한자가 같다).

이 정치의 역학은 원심력과 구심력인데, 핵심으로부터 바깥쪽으로 동심원이 퍼져나가 우선 만주 유격대와 그 가족을 포괄하고 그다음에는 당 간부, 그다음은 군대, 그다음은 인민을 포괄한다. 그런 뒤 그것은 바깥쪽 원부터 중심을 향해 신뢰와 충성을 다시 바친다. 그 동심원들 사이의 어느 곳에서 나날의 행정을 꾸준히 처리하는 빽빽한 관료 기구가 나타난다. 그러나 상층부에서는 권위적 정치가 시행됐으며, 그 정통성은 과장된 역사와 초인적 능력을 지닌 사람들을 대대적으로 선전하는 신화에 기댔다.

그때나 지금이나 북한의 특징은 김일성과 그가 활약했다는 유격대의 성인전과 신화를 선전하지만, 관찰자가 납득할 만한 증거를 제시하는 데는 거의 신경 쓰지 않는다는 것이다. 이것은 김일성 지도 체제의 또 다른 특징인 뿌리 깊은 유아론, 참으로 민족적인 유아론을 알려주며 그것은 동심원이라는 주제와도 관련돼 있다. 김일성의 신화와 명령은 북한 국경 안에서만 통용되며, 한국인 이외의 사람은 그 미덕에 감사할 것을 기대하기 어렵다고 생각된다. 전전 일본에서조차 "국체國體"를 "외국인"에게 팔려고 하지 않았다. 그러나 북한의 동심원은 계속 넓어져 외국인까지 포괄했고, 북한 사람들에게는 자명한 그 미덕을 그들도 보도록 만들었다. 이런 경향은 오늘날 훨씬 뚜렷해져 북한 정권은 세계 곳곳에 "주체사상 연구회"를 만들어 자금을 지원하고 있으며 그곳에서는 해당 연구회의 지도자를 국가원수처럼 받들고 있다. 하지만 이런 현상은 이미 1940년대 김일성의 영도가 탈식민지 혁명을 이끌었고, 본받아야 할 모범을 제시했으며, 세계의 이목이 한국에 집중되고 있다고 평가하는 유아론의 형태로 나타났다. 이것은 중원에서 외방으로 방사형을 띠면서 넓어진다는 고대 중국의 세계 질서를 축소해 한국에 적용한 것이다.

1947년의 대담에서 흥미로운 또 다른 요소는 드러내놓고 표현되지는 않았지만, 김일성이 실제보다 더 위대한 인물이자 모든 사람이 본받아야 할 모범인 "김일성"으로 나타나고 있다는 암시다. 모든 사람이 그를 본받는다면 그는 완벽해야 하므로 다른 사람들처럼 바지를 입을 때 한 번에 한 다리씩 넣어서는 안 됐다. 그러나 그런 완벽함의 묘기를 부리는 데는 위험이 따른다. 그것은 본명이 김성주金成柱인 실제의 김일성이 권력을 직접 장악하기보다는 권력의 상징이 되는, 실체가 모호한 사람들에 의해 모두가 인정하는 정통성의 원천으로 추대되는 위험이다. 이는 한 인물을 신비롭고 먼 존재로 만들어내야 하는 황제 제도를 암시한다.

지도력에 대한 이런 생각을 설명한 또 다른 사람은 김창만이다. 그는 주영하와 마찬가지로 저술에서 친근하게 "일성"이라는 표현을 사용했으며, 일정 기간 이념문제에 대해 김일성에게 조언했다. 김창만은 연안파였으며, 김일성과 마찬가지로 마오쩌둥주의의 지도 방식과 한국적 방법을 융합했다. 「당의 지도에 관한 제諸 문제」라는 매우 중요한 문건에서[28] 김창만은 두 가지 지도 방법이 중요하다고 주장했다. 첫째는 대중노선이다. 그는 그것을 논의하면서 마오쩌둥의 유명한 1942년 연설을 직접 표절해 김일성의 발언이라고 말했다(9장 참조). 둘째는 핵심 지도층을 양성하는 것이었다. "이것은 당 지부와 작업 단위 안에 지도층을 형성하는 방법으로, (…) 소수의 활동 분자를 토대로 한 지도적 핵심을 구성한 뒤 이 핵심과 광범한 대중을 단단히 결합시키는 것이다." 대중노선은 가족의 "혈연"과 비슷하게 핵심과 대중을 연결했다. 핵심적 지도층은 어떻게 형성되는가? 그것은 "언제나 실제 투쟁 중에 만들어져야 한다. (…) 실제 투쟁 중에 활동 분자는 끊임없이 태어나는 반면, 원래의 핵심적 지도층에서 일부는 떨어져 나간다. (…) 이것이 조직의 자연스러운 성장이다". 이론과 문화 수준이 낮은 노동자와 농민은 투쟁을 거쳐 핵심 분자로 변모할 수 있다고 그는 말했다. 한국은 투쟁의 역사가 짧아 간부는 물론이고 많은 사람의 교육·문화적 수준이 낮았지만, 그럼에도 그들은 핵심 분자가 될 수 있었다.

한국인은 외국에서 빌려오는 것에 매우 절충적 태도를 지녔다. 이런 측면을 가장 잘 보여주는 것은 생성됐다가 소멸하는 원자핵에 비유한 발언이다. 그러나 마오쩌둥의 저작을 잘 아는 사람이라면 누구나 이런 분석에서 "가난하고 배우지 못한" 사람이라도 계급 투쟁과 소규모 집단의 비판과 자기비판 같은, 태도를 변화시키는 구체적 방법을 거쳐 혁명가로 변모할 수 있다는 의지주의를 볼 수 있을 것이다. 계급의 세계관은 궁극적으로 시대 변화를 거쳐 형성되며 계급과 생산수단의 역사적 관계는 분리할 수 없다는, 이를테면 어떤 개인의 가정假定과 전제는 의식을 반영하는 것이 아니라고 보는 마르크스 유물론의 기본 시각에서 보면 수백만 명의 농민을 하룻밤 만에 개조하려는 한국인의 시도는 가장 불순한 좌익 소아병일 것이다.

김일성과 마오쩌둥은 계급의식이 투쟁과 여러 형태의 "의식 각성"을 거쳐 변형될 수 있다는 관념론적 가설을 만들었다. 마오쩌둥의 경우 계급 투쟁을 거친 사람은 그렇게 변형될 수 있다고 생각했다. 그러나 계급 투쟁이 압축되고(이를테면 신속한 토지개혁으로), 하부로부터 조직한다는 마르크스주의적 개넘이 상부로부터 조직한다는 헤겔적 개념에 의해 무너진 북한과 김일성의 경우, 중국에서 빌려온 개념은 김일성의 자비로운 공학工學 개념과 융합됐다. 한국인이 "가난하고 배우지 못한 공백 상태라면" 그와 그의 "핵심"은 그 빈 종이에 쓸 수 있었다.

한국인은 언제나, 암묵적이지만 때로는 드러내놓고, 지혜의 원천과 철학의 섬광은 지도자의 마음에서 일어나며 그것은 한 비범한 인간에게 갖춰져 있다고 생각해왔다. 중심에 있는 한 사람은 천재이자 철학자이며 국왕으로, 다른 모든 사람을 가르친다. 하지만 김일성은 상부에서 작업하는 기술자이면서 하부로 내려와 끊임없는 "현지 지도"를 통해 자신의 계획이 실시되는지 살펴보는 감독이기도 했다. 그리고 엄격한 경호와 신비함에 둘러싸인 채 인민에게서 멀리 떨어져 있는 황제이면서 인민과 악수하는 황제였다.

그것은 사람 사이의 접촉을 이용한 영혼의 공학이다. 그것은 대중을 위한 플라톤 철학이다. 그것은 헤겔적 대중주의populism다. 그것은 유교적 대중노선이다. 실제로 천재적 지도자가 나타나 승인하지 않는다면 주춧돌을 놓을 수도, 터널을 뚫을 수도, 건물의 공사를 마무리할 수도 없다. 이론과 실천의 통합은 지도자와 지도받는 사람들 사이에 일어나는 촉매작용이다. 그의 가르침은 지성소의 모든 장소에서 되풀이 학습된다. 이를테면 종교에서 유령 같은 흰 흉상이 놓인 방에서 그런 가르침이 하나의 정신 상태로 확립될 때까지 가르치는 것과 같다.

여기에는 단순히 헤겔적 관념론이 아니라 비범한 "나"에 초점을 맞춘 일종의 개인 영웅주의가 있다. 외국인의 기준에서 보면 한국의 육아 방식은 그런 개념을 강화했는데, 맏아들은 훨씬 소중하게 여겨졌고, 그만큼 망쳐졌다. 또한 맏아들에게는 다른 형제들을 양육할 막중한 책임이 부여됐다. 맏아들은 온전히 핵가족 안에서만 길러졌고 결혼한 뒤에도 부모와 한 집에서 살았으며, 성인이 된 뒤 어떤 시점에 가장이 됐다. 1980년대 김일성의 아들이 마침내(그리고 예상대로) 권력의 전면으로 나왔을 때 그는 국민에게 천재로서 소개됐다. 전통적으로 맏아들은 세심한 양육을 거쳐 세상에 드러나는 유형을 따른 것이었다. 그러나 그런 가족 형태는 자신이 무엇이라도 될 수 있다고 생각하는 맏아들을 양산하는 경향이 있었다. 한국에서 모든 맏아들의 꿈은 대통령이라는 말도 자주 듣는다. 김정일●은 자신의 바람을 이룬 맏아들이었다.

김일성이 유교를 실천하면서 가족단위는 국가 건설의 모범이자 국제 관계를 포함해 세상 모든 일을 조직하는 데서 궁극적 비유가 됐다. 실제로 북한은 국가와 국가의 관계에서 언제나 평등과 독립을 요구했다. 그러나 그들에게 가장 중요한 중국과의 관계를 지배한 것은 그런 행동이 아니었다. 장정 때 했던 "고난의 행군"이나 중국이 보는 세계질서의 시각을 모방한 동심원, 마오쩌둥 사상에서 나타나는 고전의 전면적 도용, 조타수처럼 보이는 마오쩌둥의 모자와 외투를 김일성이 착용하는 등 중국에서 빌려오거나 모방하는 것은 많았다. 좀더 자주적이기는 했지만 가족을 기반으로 한 전통적 체제에서와 마찬가지로 북한을 중국의 동생이자 중국 혁명의 연장으로 보는 현대적 해석도 있다. 중국은 위기 때는 상호 원조의 의무를 수행하고, 아무 일도 일어나지 않을 때는 부드럽게 지켜보면서 전통적 방식으로 응답했다.

북한만큼 가족관계가 공산주의의 내부 핵심으로 침투한 체제는 없다. 유격대의 동지관계가 권력의 가장 깊은 핵심이지만, 그다음은 김일성의 가족이다. 그의 모든 친족은 그가 한국으로 돌아온 뒤부터 모범적인 혁명 가족으로 묘사됐다. 그의 첫 부인(김정일의 어머니)은 여성 유격대원의 모범이 됐다. 서양의 공산주의자들에게 낯설고 공산주의와 다르다고 생각할 이런 현상은 동아시아의 정치와 잘 들어맞는다. 이를테면 타이완에서 장제스는 아들에게 권력을 계승시켰고, 마오쩌둥이나 마르코스는 부인에게 권력을 넘겨주려고 했으며, 남한의 재벌 가운데 3분의 2 정도는 창업자 일족이 장악하고 있다.

전통적으로 동아시아에서 나타났으며 북한에서 더욱 두드러진 그런 체제는 정치과정(적어도 시민의 감시를 받는 과정)을 결여하고 있다고 생각된다. 체제가 반영하려는 것은 갈등이 없는 상태, 곧 전체는 개인을 위하고 개인은

● 원서에는 '김일성'으로 돼 있지만(311쪽) '김정일'의 오기로 여겨진다. 일본어 번역본(상권, 328쪽)에서는 '김정일'로 바로잡았으며, 여기서도 그것을 따랐다.

전체를 위한다는 "단일주의monolithicism" 상태다(스탈린이 이 용어를 처음 쓰기 시작했을 때 자신과 볼셰비키 당원들은 얼마나 충격을 받았는지 모른다고 트로츠키는 지적했지만, 한국에서는 늘 사용됐다).[29] 지도자가 완벽하다면 정치과정이 있을 수 있겠는가? 일본의 천황제에서 "정치적 과정"은 무엇인가? 이는 다른 공산주의 국가들과 비교했을 때 두드러진 현상인데, 1946년 이후 북한에서 심각한 갈등이 표출되지 않은 까닭 가운데 하나가 바로 이것이라고 생각한다.

1960년대 무렵 김일성은 『뉴욕타임스』 독자를 포함해 자신의 발언에 관심을 갖는 모든 사람에게 자신의 주체사상을 알게 만들었다. 『뉴욕타임스』에는 주체사상을 알리는 전면 광고가 자주 실렸다. 김일성이 그 용어를 처음 사용한 것은 스탈린 격하 운동과 중·소 분쟁 훨씬 이전인 1955년 12월 연설로 생각되는데, 소련을 모방하려는 한국인을 비판했다는 측면에서 주목할 만한 연설이었다. 기존 문헌에서는 오늘날 김일성을 소련에 의존하는 아첨꾼으로 묘사하고 있지만, 그는 웬일인지 자기 옛 주인과의 관계를 툭 끊어버리고 날카로운 비판을 시작했다. 그러나 최근 이용할 수 있게 된 자료들(그 뒤 체제 이념을 따라 소급해 수정되지 못한 1940년대 김일성 연설의 원본을 포함해)은 주체사상의 자립과 혁명적 민족주의 요소가 1947년 여름 그가 자신의 힘으로 지도자로 등장한 때부터 이미 존재했음을 명확히 보여준다.

한국인들은 그것을 "위대한 주체사상"이라고 불렀지만 그것은 사상이라기보다는 정신 상태에 가까웠다. 말 그대로 그 표현은 한국이 관련된 모든 사안에서 한국을 주체로 삼아 가장 앞세운다는 뜻이다. 두 번째 글자인 '체'는 19세기 후반 자강운동自强運動에 사용된 중국의 유명한 용어(중체서용中體西用)에서 발견된다. 중국의 도덕적 학문을 기초(체)로 삼고 서양의 실용적 학문을 이용한다는 뜻이다. 그것은 또한 1930년대 일본에서 사용된 개념인 '국체'의 '체'로, 순수하게 일본적인 것 외에는 모든 것에 반대한다는 핵심적 의미를 갖고 있다. 이는 전쟁 이전의 천황제와 초국가주의와 완전히 일치했다. 일본의 작가들은 "국체의 정신을 마음에 굳게 다져야 한다"면서, 당신이 그것을 마음에 한번 체득하면 다른 모든 것이 따라올 것이라고 쉬지 않고 썼다.[30] 한국인은 매우 비슷한 방식으로 "주체"라는 단어를 사용했다. 그 목표는 주체적이며 유아론적 정신 상태를 지니는 것이며, 올바른 생각을 먼저 하면 올바른 행동이 뒤따른다는 것이었다. 사실 그 용어는 번역할 수 없다. 외국인에게 이 의미는 끝없이 멀어져 한국인을 한국인으로 만드는 모든 요소의 바다로 빠뜨리기 때문에 궁극적으로 이 단어는 한국인 이외는 이해할 수 없다.

본질론과 연결될 수 있는 이런 기본적인 철학적 자세로부터 한국의 의지 주의의 그 밖의 요소가 흘러나온다—사상에 대한 논의와 지도자가 가장 우선한다는 것이다. 마오쩌둥은 "어떻게 하면 현상을 탐구해 본질에 다가갈 것인가"를 논의하면서 현상에 대한 관찰에서 시작한 뒤 "객관적 사물과 사건의 본질과 모순을 드러내야 한다"고 말한 바 있다. 본질이 파악되면 현실 세계에서 행동하면서 이론이나 본질을 구체적 실천과 연결시킬 수 있다.[31] 실천을 덜 강조한 측면을 빼면 김일성도 같은 생각을 했다. 아시아인이 정신 상태를 너무 강조했다면, 서양인은 너무 강조하지 않았다.

"주체"라는 용어는 1940년대에도 북한과 남한에서 사용됐지만 그 뒤 그렇게 널리 쓰이리라고 예상한 사람은 없었다. 그러나 김일성의 수사법은 동일한 의미의 단어와 공명했다. "self-reliance자립"나 "independence독립"처럼 다양한 단어로 거칠게 영역된 그 용어는 1940년대 김일성의 이론(자주성·민족독립·자립경제)을 구축했다. 이런 용어들은 모두 외세를 섬기고 의존하는 사대주의의 반의어였으며, 그런 사대주의는 타고난 기질상 한국적인 것을 좋아하는 사람들에게 끔찍한 재앙이었다. 당시 김일성의 생각은 제3세계 혁명적 민족주의의 한 초기 변종이었으며, "은둔의 왕국"이라는 한국의 과거에 의해 강화돼 좌익 고립주의의 방향으로 나아가고 있었다.

김일성은 언제나 한국의 자주성을 해석하는 데 있어 중심적 인물이었다. 1982년 7월 그는 자신의 이론에 대한 오래된 논의를 전개했다. 한국은 "강대국의 노리개"가 돼서는 안 된다. "나는 우리 행정관들에게 말한다. 사대주의에 빠지는 사람은 바보가 될 것이다. 사대주의에 빠지는 나라는 멸망할 것이다. 그리고 사대주의를 받아들이는 당은 혁명을 망쳐놓을 것이다." "한때 시인들은 푸시킨을 숭배했고 음악가들은 차이코프스키를 사모했다. 오페라를 제작할 때도 사람들은 이탈리아 오페라 형식을 모방했다. 사대주의는 너무 만연해 어떤 화가들은 자신의 아름다운 산과 강 대신 외국의 풍경을 그리기도 했다. (…) [그러나] 한국인은 유럽인의 예술 작품을 좋아하지 않는다." 한국인은 늘 "자주성을 견지"해야 한다고 그는 말했다. 흥미롭게도 같은 대화에서 그는 한국이 기계화되기 전 농업 집단화를 추진하는 것에 소련이 반대했다고 언급했는데,[32] 이는 마오쩌둥주의자도 자주 제기한 것과 같은 불평이었다.

김일성은 소련군이 주둔해 있는 동안 민족주의적 자기주장을 제기하지 않았지만, 그와 비슷한 생각을 1940년대에 찾기는 어렵지 않다. 1947년 해방 2주년 기념식 연설에서 그는 일본을 패배시키는 데 소련이 도와준 것에 대해 아낌없이 감사하는 것으로 연설을 시작했다. 그러나 곧 그는 자립경제, 곧 "우리 조국을 부강하고 자유로운 독립국가로 만드는 경제적 토대"의 필요성을 이야기하기 시작했다. 이런 목표를 향해 광범한 노력을 기울이고 있지만 남쪽의 적들은 우리가 [한국을] 특정한 국가에 정치적·경제적으로 종속시키려고 한다"고 말한다고 그는 비난했다. 계속해서 그는 "외국의 간섭을 받지 않는, 통일되고 자주적이고 독립적인 국가"를 건설해야 한다고 주장했다. 같은 달, 또 다른 연설에서 그는 한국의 영광스러운 전통을 말하고 많은 젊은이를 교육시켜 우리에게 필요한 모든 것(일용품·자동차·기차 그리고 비행기까지)을 "우리 손으로" 만들어야 하며 그리하여 "우리 조국의 완전한 독립"을 실현해야 한다고 주장했다. 1946년 6월 연설에서는 한국인은 "우수한 민족"이지만 현재 침체된 까닭은 모두 일본의 압제 때문이라고 규정했다. 통일은 "외국의 간섭을 받지 않고 자유롭고 독립적인 국가를 다시 세워 우리 민족의 근본적인 이익을 보장하는 문제"라고 말했다. 많은 이론가는 1947년 이전 김일성이 "독립적 국가 경제"의 필요성을 주장한 여러 연설에 관심을 기울였다.[33]

한국전쟁 직전 조선노동당 선전선동부가 제작한 선동가 지침의 첫머리에는 이렇게 씌어 있다. 한국이 일제강점기 동안 "자주성을 잃었으며" 1945년 이후에는 "세계 무대에서 우리나라의 이익과 자주성을 확실히 보장하는" 경제적·정치적 기반을 건설하고 있다. 소련과 그 밖의 사회주의 국가의 존재는 한국의 지위를 보장하는 외부 조건이며, 국내의 경제 기반은 "우리나라의 자주성을 보장할 수 있는 부강한 나라를 건설"할 것이다. 그 문서는 중앙계획경제가 "민주 국가의 경제적 자주성을 보장하고 외국 경제에 종속되지 않도록 하는 수단"이라고 명시했다.

그 문서는 소련의 활동을 칭송했지만, 북한이 일본과 소련의 국가 구조와 사상을 받아들여 자급자족적 국가 경제라는 개념으로 전환시켰다고 강조했으며, 북한 이외의 나라를 가리킬 때는 "제국주의" 대신 "외국"이라는 용어를 사용했다.

"우리의 힘과 재산을 사용해 우리의 민주적 조국을 자주적으로 건설해야 한다"는 김일성의 발언은 이 문서에서 자주 인용됐다. 북한은 "우리 자신의 자원과 힘"을 사용해야만 하며 그래서 외국 자원에 의존하는 것을 피해야 한다. 또한 이것은 "우리 민족 경제의 자주성"을 보장할 것이다. 이 문서의 가장 중요한 사실은 이런 "원리"가 1949년부터 채택됐다는 것을 보여주고 있는 것이라고 생각되는데, 이것은 소련군이 철수한 뒤 독립의 궤도로 나

〈사진 7〉 조선민주주의인민공화국 건국을 축하하는 사람들. 1948년 9월.

아가는 분기가 일어났음을 보여준다.[34]

김일성의 사상은 세계경제로부터 이탈한다는 방침에 기반해 있으며, 세계경제가 무너지고 (신질서·뉴딜·일국사회주의 같은) 일정한 종류의 이탈과 재건이 모든 나라의 의제議題가 된 1930년대 유럽 좌익이 널리 보급한 좌익 고립주의와 동조한 것이다. 1940년대 김일성 체제에서는 일종의 신사회주의 협동조합주의의 맹아를 포착할 수 있는데, 그것은 루마니아의 미하일 마노일레스쿠가 창시한 것으로, 마르크스주의와 근본적으로 다른 측면은 계급 갈등을 민족 갈등으로 대체하고 종속적이고 주변적인 사회주의 국가들이 공통의 목표 아래 수평적으로 결합할 것을 제안한 것이었다.[35] 바로 북한에서 나타난 이런 이탈은 1940년대부터 시작돼 1960년대 무렵에는 모든 사람에게 널리 알려졌다.

마노일레스쿠는 "유기적이고 '생산을 중시하며' 수직적으로 구축된, 조화로운 정치·경제적 질서라고 비유할 수 있는 체제"가 국내 체제의 특징이어야 하며, 세계 체제와 갈등을 겪으면서 형성된 통일체에 루마니아를 종속시켜야 한다고 생각했다.[36] 김일성도 늘 같은 문제를 생각했다. 투쟁의 단위가 국가라면 계급 투쟁과 계급 분열보다 대중 단결이 앞서야 하고, 세계 규모의 투쟁으로부터 국민을 형성해야 한다고 생각했다. 이것이 김일성이 단결을 끊임없이 강조하고, 혁명적 계급 투쟁이 상대적으로 덜 일어났던 또 다른 중요한 이유였다. 한국의 역사적 배경과 북한에 대한 지정학적 압력과 세계 체제의 압박을 감안하면 협동조합주의로 귀결된 데는 복합적 원인이 있었다고 생각된다.

마노일레스쿠와 그 밖에 동일한 이론을 개진한 사람들은 결국 파시스트 진영으로 들어갔지만, 국내에서는 유기적 통합을, 대외적으로는 민족적 대립을 강조한 이론에서 좌익과 우익이 일치하는 기묘한 영역이 있기 때문에 이것은 그리 놀라운 일이 아니다. 김일성의 사상이 남한에서 공감을 얻은 한 장소는 흥미롭게도 극우 진영으로, 특히 1940년대 우익 청년단 지도자 이범석과 안호상이다. 그렇다고 김일성이 파시스트라거나 안호상이 공산주의자라는 뜻은 아니다. 그들은 모두 자유주의를 경멸했고, 완고한 한국 우선주의자이자 단호한 민족주의자라는 측면에서 일치했으며, 아마 소련의 국제주의자와 미국의 자유무역주의자에게서 동일하게 혐오를 받았을 것이다. 강력한 국가와 국민 통합으로 만들어진 자주적이고 자족적인 한국은 1940년대 한국의 대중을 단결시킨 이상理想이다.

정치적 탄압

1946~1947년 북한은 좌익을 제외한 정치적 반대 세력을 놀랄 만큼 모두 철저하게 제거했다. 그 의도는 남한의 우익과 동일했는데, 자신들을 대체할 가능성이 있는 권력의 중추를 짓부수는 것이었다. 그러나 북한은 이 일을 훨씬 효과적으로 수행했다. 우월한 조직을 보유했고 반대 세력이 전체적으로 약했기 때문이다. 북한과 남한 모두 정치적 목적을 이루려고 폭력을 사용하는 데 거리끼지 않았지만, 북한에는 이를 좀더 구분하는 경향이 있었다. 그것은 부분적으로는 그들의 적인 계급과 집단이 수적으로 적었기 때문이고, 정치적 반대파를 다시 교육해 교정하는 정치적 관행 때문이기도 했는데, 그런 관행은 북한 지도자들이 중국 공산주의를 경험하면서 생겨난 것으로 생각된다.

　체제의 의지를 따르지 않거나 이념적으로 뒤떨어진 사람—사실상 거의 모든 인민을 뜻했다—은 중국에서 그랬던 것과 마찬가지로 소집단 비판회와 자아비판 집단활동에 참여해야 했다. 그들은 정부의 정책을 철저히 숙지해야 했고 그러는 데 상당한 시간이 들었다. 어디서나 집단생활이 이뤄졌으며, 모든 단위—정부 기관·직장·학교·촌락—에서 집회를 개최하는 데 지속적인 관심을 기울였음을 당 내부 문서와 기관지를 통해 알 수 있다. 함주군 상송리의 당 세포에 대한 한 기사는 "정치 토론회" "학습 토론회" 등을 보도했다. 항상 실리는 내용처럼 참가자들의 이론적 수준은 낮지만 토론에 열심히 참여한다는 것이었다.

　삼사면三社面의 작은 촌락에 소속된 노동당 간부 김하린은 "민주선전실"

을 운영했는데, 농민과 정치를 토론하고 관개灌漑 방법 같은 농업 경험을 교환했다. 그는 2주마다 이웃끼리 "인민 집회"를 열었으며, 농민에게 나무를 심거나 화단을 가꾸는 것 같은 "미화" 작업을 하도록 독려하기도 했다. 당 기관지를 읽는 소집단 모임이 많이 열렸다. "당내 민주주의"는 논의와 토론을 촉진하는 뜻으로 받아들여졌기 때문에 사람들은 자신이 지역 집단에 적극적으로 참여해야 하는 까닭을 이해했다. 되도록 냉담한 분위기가 되지 않게, 사람들이 시간에 늦지 않고 모임에 참석해 발언하도록 일상의 문제를 다루었다고 내부 문서는 언급했다. 집회 지도자는 "자유주의"를 비판하는 데 많은 시간을 할애했다. 자유주의란 집회에 불참하거나 늦게 오거나 일찍 자리를 뜨는 것, "밤에 외출하는 것", 발언하지 않고 가만히 있는 것 등을 뜻했다. 이런 모든 방법을 동원해 북한 정권은 거의 모든 국민이 어떤 집단에 소속돼 늘 집단생활을 영위하게 만드는 데 성공했다.[37]

1945~1946년 민족주의자, 기독교도, 토착 천도교 등 비공산주의 정당과 단체가 여럿 있었다. 김일성 지도부는 두 주요 정당인 조선민주당과 천도교 청우당青友黨에 대해 "통일전선" 정책을 채택했다. 1946년 11월 전국 인민위원회 선거에서 조선민주당은 351석, 청우당은 253석, 조선노동당은 1102석을 차지했으며 무소속은 1753석이었다.[38]

김일성은 통일전선에 이 두 정당이 존재한다는 사실을 공식적으로 인정했다. 조선민주당은 외국이 한국에 간섭하는 것을 반대하므로 반제국주의자이며, 청우당은 "대부분 농민으로 구성돼 있으므로 노동당은 언제나 이 정당과 연합할 수 있다"는 것이었다.[39] 그러나 이런 통일전선 정책은 이 두 정당에 실질적인 권력을 부여하지 않았다. 천도교가 농민에게 깊이 뿌리 내리고 있으며 도시 지역, 특히 평양에서 기독교의 영향력이 크다는 사실을 고려한 것이었다. 그러나 북한 정권은 이 정당들을 다른 집단과 마찬가지로 상명하달 방식의 지배 아래 두었다.

김일성은 가까운 동지인 최용건을 조선민주당 당수로 앉혔다. 최용건의 중요한 초기 연설 가운데 하나가 1946년 성탄절에 한 연설이라는 사실은 중요하다. 그는 조선민주당원의 활동이 그리 활발하지 않다고 질책했는데, 당

중앙에 제출하는 보고가 충분하지 않고, 소부르주아적 태도를 보이며, "우리 민족의 병폐"인 파벌주의를 보이고 있다는 이유였다. 그는 당원들에게 "나쁜 봉건적 영향"을 없애라고 요구했는데, 그 한 예는 노동당의 조선민주당 비판이었다(정당의 대립에 대한 최용건의 견해를 잘 보여준다). 조선민주당에 있는 "상당수의" 자본가는 나쁜 사상을 계속 지니고 있으며, 당원은 이런 반항 세력에게 자세를 바꾸도록 요구해야 한다고 그는 말했다. 당의 기업가와 상인은 자신들의 부가 아니라 나라의 부를 증대시키도록 노력해야 했다. 폭리를 취하는 것은 경제에 중요한 위협이었다. 자금 조달도 정체돼 있다고 최용건은 비판했다. 조선민주당원은 다른 사람들보다 부유한데, 어째서 더 많이 기부하지 않는가? 조직과 통일전선을 강화하는 것만이 좋은 방법이며, 대중 속에 매몰되는 것은 나쁘다고 그는 말했다. "다른 사람들에게 의지하고 일하지 않으며 앉아서 떡을 먹는 사람에게 누가 떡을 주겠는가?" 당원은 이 모든 것을 숙고해 자신들의 나쁜 행위를 비판해야 했다.[40]

이 무렵 조선민주당은 정권의 정책을 단순히 전달하는 장치이자 중앙의 뜻에 따라 움직이는, 어디에나 있는 수많은 조직의 하나였다. 북한 정권이 조선민주당원에게, 좀더 천천히가 아니라 좀더 활발히 활동하라고 촉구한 까닭은 경쟁적 정당제에서 일어나고 있는 것과 반대되는 상황이 나타나고 있기 때문이었다. 1947년 노동당이 조선민주당 남포南浦 지부를 비밀리에 조사한 결과 그들은 당원을 확대하거나 예상한 표를 획득하거나 더 많은 지부를 조직하려는 활동을 거의 하지 않았다. 당의 "민주화"는 지주와 친일파를 제거한다는 뜻이었지 그들을 동원한다는 것이 아니었다.

보고서에는 지역 당원의 출신 성분은 한결같이 나빠서, "모두 친일파"였으며 일부는 바로 그런 이유 때문에 지방 인민위원회에서 축출됐다고 쓰여 있다. 기독교인은 조선민주당에만 입당했으며, 대부분 지주 출신이었다. 그 결과 조선민주당의 "민주화"는 어려웠는데, "악질적인 지주들"과 "기독교 신자들"이 "숙청"되지 않았기 때문이었다. 게다가 "그들은 우리와 협력할 것이라고 늘 말하지만 실제로는 그러지 않는다". 그들은 투표에 참가하거나 출마하지도 않는다. 그리고 또 다른 나쁜 점이 있다. 북한 정권이 조선민주당이 선거에 참여하는 일을 경쟁의 촉진이 아닌, 선거 과정을 정당화하는 것으로 봤다는 것이다.

이 보고서에는 남포의 조선민주당원의 출신 배경에 대한 "극비" 자료도 포함되어 있었다. 2974명 정도의 당원 가운데 노동자는 625명, 농민은 486명, 사무원이나 공무원은 493명 그리고 1365명이 "기타"였는데 거기에는 지주·교사·변호사·사업가 그리고 그 밖의 전문직 종사자가 포함됐다. 이런 분포는 빈농이 늘 가장 많은 비율을 차지한 조선노동당과는 거의 반대였다. 조선민주당의 여성 당원은 187명뿐이었지만, 조선노동당의 여성 당원 비율은 어디서나 4분의 1을 넘는 경우가 태반이었다.[41]

김일성 정권은 조선민주당이 결코 승리할 수 없는 계급인 지주와 자본가를 대표하는 정당이 되기를, 그들이 자신들의 죄악을 성찰하고 사상을 교정해 현재 벌이고 있는 경제활동에서 천천히 물러나기를 바랐다. 북한 정권이 천도교를 없애려고 하지 않았다는 것을 보면 청우당의 경우는 달랐던 것 같은데, 이는 그 종교가 토착적으로 발생했고 농민에게 큰 영향력을 행사했음을 반영한다. 그러나 드물게 남아 있는 청우당 기관지도 비슷한 경향을 보여주는데, 청우당은 정권의 정책을 단순히 전달하는 기구가 됐다.[42]

언론의 자유도 1946년에 소멸되었다. 약간 지방색이 섞이기는 했지만 모든 신문―중앙지와 지방지, 공산주의 계열과 비공산주의 계열―이 본질적으로 동일한 소식을 싣게 됐다. 아울러 소련과 연계된 한국인들이 문화 기관을 장악하는 경향을 보였다. 1945~1950년 당 기관지 『근로자』의 편집인을 역임한 세 사람은 모두 소련계 한국인이었다.[43]

기독교인 전체가 통제의 주요 표적이 됐다. 기독교가 한국에 정착한 방식은 일본이나 중국과는 달랐고 1945년 전체 인구에서 신자는 2퍼센트를 넘지 않았지만, 평양에는 많았고 영향력도 컸으며 미국 선교사와 오랜 유대를 맺고 있었다. 미국 자료에서는 기독교 교회를 북한 정권의 가장 강력한 반대 세력으로 봤으며, 1940년대 후반 많은 목사가 투옥됐음을 보여주는 자료도 여기저기 보인다―거기에는 문선명 목사도 포함돼 있는데, 그는 이스라엘 수도원이라는 교파를 이끌었으며 1948년과 1949년 간통 혐의로 투옥됐다.

와다 하루키에 따르면 유혈 사태 가운데 특히 심각한 사건은 신의주에서 경찰이 저항하는 기독교도 군중에게 발포해 23명을 죽인 것이었다. 유명한 퀘이커교도이자 인권 운동가인 함석헌은 그때 신의주에 설치된 평안남도 인민위원회에 있었는데, 이 사건 뒤 구타당하고 체포됐다. 김일성은 신의주를 직접 방문해 공산주의자와 기독교 민족주의자 사이의 균열을 봉합하려고 했다.[44] 남한의 또 다른 기독교 인권 운동가인 지학순 주교는 1948년까지 북한에 머물렀는데 그때 그가 소속된 조직은 탄압을 받았다. 기독교 교회는 한국전쟁이 일어날 때까지 계속 운영됐고 예배도 허용됐지만, 기독교도의 정치활동은 근절됐다.[45]

이것은 모두 자랑할 만한 기록은 아니지만 1930년대 초반 소련이나 토지개혁 과정에서 유혈 사태를 일으킨 중국·베트남과는 달리 북한 정권은 그 적을 대량으로 학살하지는 않았다. 아울러 약간의 예외는 있지만, 지도층의 숙청은 정권에 치명적인 영향을 주거나 오래 지속되지도 않았다. 이를테면 오기섭은 1948년에 쫓겨났지만 나중에 합자회사 사장이 됐으며 1950년대 중반 비교적 고위직으로 복귀했다. 그러나 박헌영이 이끈 남한의 지도층은 한국전쟁이 끝난 뒤 책임이 전가되면서 가차 없이 분쇄됐고 주요 지도자들은 처형됐다.

경찰과 첩보

북한은 해방 뒤 1년 안에 식민지 시기에 일제에 협력한 한국인들을 치안 기관에서 완전히 배제했다. 가장 증오스럽고 무서워했던 식민지 기구를 철저히 개혁한 것이었다. 그들은 미국인이라면 결코 그 치하에서 살고 싶지 않을 그런 체제를 도입했다. 현존하는 문서로 판단할 때 북한의 치안 조직은 혁명적 정의를 구현하는 기구였으며, 철저하고 때로는 전면적인 통제와 감시가 이뤄지는 체제였다. 거기서 근무하고 혜택을 받은 사람들은 그것이 이전의 제도를 크게 개혁한 것이라고 생각했지만, 그로 인해 고통받은 사람들은 개인의 자유를 완전히 부정하는 가혹한 조직망이라고 봤다. 폭력의 사용과 관련해 그것은 남한 체제와 비교해 의심할 바 없이 좀더 명확히 구분되는 기구였다. 두 가지 이유가 있는데 하나는 서로 상대한 적대 세력의 본질이 달랐기 때문이다. 그리고 의심할 여지 없는 내부 증거가 보여주듯, 북한은 인민을 설득해 교정하려고 했으며, 자의적인 구타와 고문으로 자백을 강요하는 것과 같은, 과거에 시민에게 행사한 종류의 가혹 행위를 철폐하도록 경찰을 교육했기 때문이다.

북한의 치안 조직은 매우 거대했다. 인민위원회 행정 기구에 대한 "극비" 문서에 따르면 각도 인민위원회 정보과의 인원은 다른 부서보다 늘 많았다. 도 인민위원회 위원은 지역에 따라 353~362명이었는데 정보과는 한 도에 20명 정도였다. 시 인민위원회에는 인민위원회마다 내무원(內務員)이 55명씩 파견되었다. 수도인 평양에는 341명이었던 것을 제외하면 나남에 141명부터 신의주에는 185명까지 각자 그 수가 달랐다. 평양에는 일반적인 인민위원회 위원 외에 내무원 218명이 더 있었다. 군 단위에는 모두 1만 499명의 위원이 있었다. 3분의 1 이상(3732명)은 내무원이었다. 물론 여기에는 일반적인 지방 경찰도 포함됐으며, 정보활동에는 마약과 독약의 통제 같은 일상 업무도 포함됐다. 즉 정치적 문제만 취급한 것은 아니었다. 아울러 경찰의 전체 인원은 남한보다 훨씬 적었다.[46]

1947년 보안국장 박일우가 작성한 비밀 보고는 정치 문제가 핵심 사항이라는 것을 분명히 밝혔다. 그는 도 책임자들에게 "정치적 범죄를 저지른다는 것을 알고 있겠지만, 모리배와 악질 자본가에 대한 [당신들의] 투쟁은 충분하지 않다"고 책망했다. 규정상 도 책임자는 관할 지역 안의 모든 반장의 "출신 계급과 사상을 조사"해 문제되는 사안은 인민위원회에 보고해야 했다. 도 경찰의 규율은 확실히 느슨했다. 박일우는 그들이 법률과 중앙의 지시에 충분히 주의하지 않고 제대로 기록하지도 않는다고 지적했다. 이런 체제 아래서 계급의 적에게 주어진 권리는 없는 것이나 마찬가지였다.

그러나 같은 보고서에서 박일우는 적절하지 않거나 도덕적이지 않은 행동을 포기하고, 엄격하되 공정한 방법으로 정의를 실행하며, 혁명가가 추구하는 목적과 수단을 결합시키는 "만능 혁명가를" 양성해야 한다고 도 책임자들에게 요구했다. 만능 혁명가는 마오쩌둥이 사용한 한자와 동일한 문자다. 그는 이 만능 혁명가가 "인민에게 봉사하고" 인민과 나라 전체의 신뢰를 얻는다고 말했다. 매주 회의를 열어 정책과 정치 상황을 설명하고 "사상 훈련"을 실시해야 한다고 규정했다. "인민과 정당과 사회단체, 특히 하위 인민위원회 사이의 긴밀한 관계를 유지해야 한다." 박일우는 경찰이 때로 자신들의 약점에 굴복하는 경향이 있다는 사실도 알고 있다면서 그들에게 반성을 촉구했다. "누구나 식욕과 성욕이 있다. 그러나 애국자라면 그것을 극복해야 한다. 방탕과 나태 (…)는 자기에게는 이롭지만 애국적 사상에는 정반대다."[47]

내무원 훈련 방법에 대한 내부 문서에서도 비슷한 사항을 강조했다. 북한의 사법제도는 "인민과 그들의 직접적 참여에 완전히 의존하는" 경찰의 새 형태"로 묘사됐다. "우리는 인민에게 더욱 봉사하겠다는 정신으로 무장해야 하며" "고압적이고 거만한 자세, 이기심과 출세 지향"의 구태를 없애야 했다. "우리는 인권을 존중해야 하며 (…) 구타와 고문 그리고 그 밖의 비인간적 악행을 사용해서는 안 된다"고 그 문서는 말했다. 그런 보기로 구타하는 대신 참을성 있고 진지하게 사항을 설명하려고 노력하라고 제시했다. 모든 경찰은 "인민의 안내자로서 준법정신의 모범"이 돼야 했다. 좋은 경찰의 미덕으로는 봉사를 좋아하고 동료끼리 아끼며 자신의 삶에서 "더러운" 부분을 없애고, 스스로를 단련하고 지략을 키우며 어려움에 기꺼이 맞서려는 태도라고 규정됐다. 자본주의 국가에서만 치안 기관이 인민의 적일 뿐, 북한에서 경찰은 "인민에 봉사"해야 하며 그렇지 않으면 인민의 나라라고 불릴 수 없다고 그 문서는 말했다. 치안 기관의 직원은 "인민"을 보호하고 적에 맞서 싸우는데, 적은 "민족 반역자와 친일파"로 정의됐다.[48]

이것은 기밀 내부 문서에서 인용한 것이기 때문에 선전으로 치부해서는 안 된다. 적어도 이것은 개별 경찰의 잔학 행위라면 어떤 것이라도, 지도층은 옛 체제에서 횡행한 최악의 권력 남용을 변혁하려고 노력했음을 보여준다. 이것을 포함한 그 밖의 자료들 또한 "자유주의"라는 용어가 북한에서는 집단으로부터 이탈하고, 다른 사람을 희생해 자신의 이익을 추구하며, 합당한 도덕관념을 결여한 개인을 승인하는 일종의 허가를 뜻했음을 분명히 보여준다. 박일우는 "사리"와 "사욕"으로 번역할 수 있는 "자사自私"와 "자리自利"를 없애야 한다고 자주 말했으며, 이 단어들에 공통적으로 쓰인 "자"라는 글자는 집단이 아니라 개인에게서 나온 것, 그러므로 이기적이거나 비도덕적이거나 통제하기 어렵거나 모든 것 위에 있는 것을 상징했다. 반대로 "만능혁명가"는 유교의 이상인 군자 같은 다양한 도덕을 갖추고 있었다.

그러나 새로운 경찰이 아무리 도덕적이었다고 해도 그들의 임무에는 기본적인 정치적 자유를 믿는 사람들을 몸서리치게 만드는 사상 통제와 감시라는 총체적 제도가 포함되어 있었다. 그 정권은 소문과 전해들은 말을 포함한 정치적 발언을 보고하는 거대한 규모의 비밀 정보망을 만들었다. 이것은 주민의 충성심을 확인하고 지도층에게 여론의 기본 동향을 제공하는 수단이었다. 1950년 8월 남한을 점령한 뒤 내린 내부 지령 가운데 하나는, 전시 상황임을 감안해도 북한의 관행을 잘 보여준다고 생각된다.

> 인민 주권의 정당성과 우위성을 대중에게 이해시키는 가장 중요한 방법은 그들의 의견이 무엇인지 파악하고 그것을 변화시키는 방법을 찾는 것이다. 그러므로 조직적 수집망을 강화하고 (…) 그것을 이용해 여론을 널리 수집·보고해 주민에게 나타나는 반민주주의적 현상과 그릇된 생각을 없애는 것이 무엇보다 중요하다.

그 문서에서는 모든 국민의 이름·주소·출신 계급·당적黨籍과 해방 전 경력, 태도의 옳고 그름을 확인하는—그리고 거기에 어떤 설명을 덧붙이지 않고 있는 그대로 보고하는—조사망을 설치해야 한다고 주장했다.

한 사례는 "소지주" 이판근에 대한 보고인데, 그는 대지주의 토지를 몰수하는 데는 기뻐했지만 스스로 자신의 토지를 경작해야 하는 이유는 전혀 납득하지 못했다.[49] 해주 여론에 대한 비슷한 "극비" 보고서에는 다양한 주민의 의견이 수렴되었다. 그 가운데 한 사람은 남한 선전 전단을 보고 이렇게 말했다. "빌어먹을 놈들! 놈들은 아무 목적 없이 언제나 전단을 뿌립니다. 사람들이 코 푸는 데나 썼으면 좋겠습니다." 한 노동자 집단은 "평화통일"은 결코 이뤄지지 않을 것이라고 말했다. 이승만이 우리의 제안을 모두 거부했으므로 "우리가 공격할 수밖에 없다"는 것이었다. 일부 문서는 김일성이 가짜인지 아닌지에 대한 여론을 보고하면서 "최용건은 김일성보다 뛰어난 인물"이라는 어떤 사람의 말을 인용했다. 한 노동자는 이렇게 개탄했다. "농장에서 일하지 않으면 공장에서 일할 수밖에 없는데, 어느 쪽이든 너무 고통스러워 차라리 죽는 것이 낫다. 내가 왜 선거에 참여해야 하는가? 나는 죽을 수밖에 없다."[50] 지도층은 이런 자료를 가지고 주민의 반응과 불만을 파악했다. 김일성을 비방한 주민은 어떻게 됐는지 묻는 것은 망설여진다.

지난 행적이 의심스러운 사람은 수시로 감시 대상이 됐다. 거기에는 토지를 몰수당한 지주, 식민지 시대의 관료, 자본가 그리고 특히 남한에 친척을 둔 가정이 포함됐다(남한도 북한에 친척을 둔 가정을 똑같이 감시했다). 안주군安州郡에서 감시받은 19명에 관한 자료를 보면 인민위원회 위원도 감시 대상에 포함됐다. 이 집단 가운데 13명은 빈농이나 노동자계급 출신이었고, 16명은 조선노동당원이었다. 감시받은 이유로는 월남한 친척이 있거나 명시되지 않은 "반동 행위"가 포함됐다. "좋은" 계급 출신이 분명하거나 당원이어도 감시를 피하지는 못했다.[51]

감시 대상 인물의 개인 기록도 비슷한 형태를 보인다. 이를테면 김채기는 소작농이었다가 면 인민위원회 위원과 조선노동당원이 됐다. 그의 세 아들은 그때 학교에 다니고 있었는데 아무 이유 없이 "1급 감시 대상"으로 분류됐다. 같은 범주의 또 다른 인물은 장명녕으로 1934~1943년 가평의 공장에서 일한 노동자였으며 당시 조선노동당원이자 철원 인민위원회 위원이었다. 그의 형제가 남한에 있었는데, 이 사실은 38도선 근처 면에서 재직하고 있다는 그의 상황과 맞물려 그를 신뢰할 수 없는 인물로 만든 것 같다. 또 다른 사례는 면 인민위원회 서기 이성희였다. 그는 식민지 시기에 면사무소 공무원이었기 때문에 감시 대상이 됐다. 보고서는 그가 "열심히 근무한다"고 평가했다. 정원모는 1945년 이전 소작농이었다가 당시는 공장 노동자였는데, 1945~1947년 인민위원회 활동가였고 1947~1949년 정부 하급 관리였다. 그는 조선민주당원이었기 때문에 감시받았다.

상습 범죄자는 감시 대상이었는데, 이를테면 빈농 출신으로 군 인민위원회 재무 책임자로 근무한 심기석이 그랬다. 그의 전과는 한 마을 식당에서 120원짜리 보신탕을 먹고 돈을 내지 않은 것과 아내의 고무신을 암시장에 판 것이었다. 이런 문서에는 감시 대상자의 모든 친척 이름이 반드시 기재됐다.[52]

경찰 자신도 감시 대상이었다는 사실은 정권이 누구라도 예외를 두지 않았음을 알려준다. 맹문옥의 "평정서評定書"에는 그의 업무 태도(온화하고 침착하며 성실하지만 독창성이 부족하다)와 "정치·이념·훈련 수준"(자신의 정치수준을 높이려는 결의가 확고하다), "대중과의 관계"(조용하고 침착하며 사람들과 "프티부르주아"들이 즐기는 운동을 하기를 좋아한다)가 나열돼 있다. 그는 일제 때 순사巡査였다. 조사받을 때 그는 인민에게서 "폭넓은 신뢰"를 받지 못했지만 그의 이웃들은 그의 일처리를 좋게 생각했다. 그는 노동자계급 출신이었으며, 늘 자기 발전을 추구했다. 그 결과 평정서에서는 그가 "인민에게 봉사할 수 있는" 경찰이라고 결론지었다.[53]

한국전쟁 동안 포로와 면담한 자료를 이용해 수행한 연구는 북한의 법률과 질서에 관련된 이런 개략적 모습을 보여준다. 그것은 정권이 옳다고 정의한 행동을 모든 사람에게 요구하는 대단히 강력한 침투력을 지닌 구조였다. 동시에 대부분의 시민은 이런 통치 구조가 일제강점기보다는 분명히 발전한 것이라고 믿은 것 같다. 경찰은 "엄격했지만" "고문은 자행되지 않았으며" 그 결과 인민은 경찰을 "평화의 수호자"로 보게 됐다고 한 포로는 말했다.[54] 미국인이라면 아무도 그런 체제 아래서 살고 싶어하지 않을 것이다. 그러나 북한 체제는 자신이 주겠다고 선언한 것을 줬다. 그것은 혁명적 정의正義였다.

10장

소련과 북한

우리 해방의 후원자이자 지침이며 위대한 교사이자 가까운 친구인 스탈린 대원수에게 우리 인민은 진심어린 존경과 무한한 사랑을 보낸다.

_이승엽

세계경제와 미국 국제협력주의자의 관점에서 볼 때 1947년 초반 몇 달 동안 전개된 워싱턴의 봉쇄 정책은 차선의 세계를 향한 움직임을 반영했다. 그 것은 1940년대 초반과 중반의 긴장 완화와 자본주의 국가는 물론 사회주의 국가까지 포괄하는 단일한 세계 체제를 구축하려는 루스벨트의 구상이 끝났음을 보여주는 신호였다. 같은 시기 소련은 세계가 두 진영으로 나뉘었다는 현실을 받아들이게 됐다. 1950년까지도 예지력 있는 국제협력주의자들은 공산화한 중국을 미국이 주도하는 "광대한 지역" 안으로 끌어들이려고 했지만 소수였고 고립되었다. 그러나 1949년 강력한 반격의 흐름이 등장하면서 루스벨트의 중국 구상은 막을 내리게 됐다—그 구상은 사반세기가 지난 뒤 리처드 닉슨이라는 역설적 존재가 소생시켰다.

미국의 소란스러운 국내 정치 때문에 발생한 제약을 생각하지 않더라도 소련에 대한 루스벨트의 계획이 성공했을지는 의심스럽다. 소련은 거의 완전한 자급자족의 경제를 운영할 수 있는 대륙 국가였으며, 루스벨트가 생존했다면 미국의 정치 무대를 장악할 수 있었겠지만, 그로서도 소련을 다루기는 대단히 어려웠을 것이다. 소련이 취약할 때 구축된 스탈린의 공업화 구상은 세계 체제에서 철수하는 일종의 신중상주의新重商主義의 모습을 띠었으며, 자력으로 사업을 추진하는 전략을 기초로 삼았다. 스탈린은 전후 시기에 소련을 개방해 서구와 교류하기에는 소련이 아직 충분히 강하지 않다고 느꼈을 것이다. 아무튼 소련은 주요 자본주의 국가들과 전후 초기에 형성한 변증법적 대립 관계에서 상호 개방의 경로를 거부했다. 양극화한 세계의 등장에 있어 미국과 소련 중 어느 쪽에 더 큰 책임이 있는지 파악하는 것은 우리에게 중요하지 않다. 미국이 상당히 유리한 위치에 있던 서구 유럽에서 국제협력주의적 개방 체제에 위협을 느낀 것은 소련이었다. 반면 동아시아와 특히 한국에서 반공 진영을 공고히 하려고 먼저 움직인 것은 불리한 위치에 있던 미국이었다.

해방 뒤 1년 동안 전개된 북한의 상황은 이 연구의 1권에서 다뤘다. 세계 수준에서 소련이 추진한 정책의 주요 특징은 "얄타 정신"을 지속시키고 루스벨트가 사망하기 전에 성립된 강대국 사이의 합의를 실현하는 것이었다. 미국과 유익한 경제 관계를 구축할 수 있다는 데 반대한 오이겐 바르거의 이론은 비판됐다. 소련이 전쟁으로 황폐해진 나라를 재건하기 시작하면서 이 시기는 "국내 우선주의"가 자리 잡았다. 소련의 정책은 국공 내전에 간섭하지 않고, 체코슬로바키아와 헝가리의 민주 또는 연립정부를 지원하며, 미국의 강력한 압박을 받고 있는 북부 이란에서 철수하고, 코민테른의 재건을 추진하지 않는 것이었다.

북한과 만주에 대해 소련은 확정된 정책이 없이 불을 질러 경작하는 화전농법과 비슷한 전략을 추구했다. 그들이 그 지역에 오래 주둔하면서 관여할 계획이 없었음을 보여준다. 한국과 만주에서 약탈과 강간이 만연하고, 만주에서 20억 달러 상당의 산업 시설이 그리고 한국에서는 수량을 확인할 수 없는 공장 설비가 반출된 것은 그 때문이었다. 소련은 1946년 만주에서 지상군을 철수했으며 1947년에는 한국에서도 철수할 계획이라고 발표했다. 이 정책과 비교할 수 있는 좋은 보기는 오스트리아인데, 거기서도 소련인은 강간과 약탈을 저질렀지만 폴란드나 체코슬로바키아와 비교해 현지 정권에 무관심했으며 결국 1955년에 철수했다.

1947년 초 미국의 정책 변화는 소련에 매우 직접적인 영향을 줬는데 소련의 주요 두 적대 세력인 독일·일본과 관련해 그랬다. 두 나라는 세계경제의 성장 동력으로서 그들의 산업을 부흥시키려는 목표를 가지고 패권 체제 안으로 편입되기 시작했다. 1950년대 초반까지는 심각하지 않았지만 소련은 동유럽 국가들의 통제를 강화하는 것으로 대응했다. 대부분의 연구자는 1947년 9월 공산당 정보 회의에서 즈다노프가 시행한 유명한 연설을 그 시작으로 보는데, 이때 그는 코민테른의 약한 형태인 코민포름 발족을 선언했다. 즈다노프는 이제 세계는 제국주의 진영과 반제국주의(소비에트) 진영이라는 "두 주요 진영"으로 형성됐다고 말했다. 새로운 양극화의 가장 뚜렷한 결과는 정책의 통일이었다. 사회주의 진영을 이념적으로 결속시키고 중국처럼 이념적으로 독립하려는 경향을 보이는 정권을 복종시키는 데 중요하다고 그는 말했다. 그러나 주된 초점은 동유럽이었다.[1]

냉전이 심화되면서 미국 관료들은 소련이 동북아시아를 지배하려고 한다고 자주 비판했다. 적어도 1947년에 국한한다면 서로 긴밀히 연결된 정치·경제·군사적 논리가 그런 전략에 작용했음을 확인할 수 있다. 한국은 사실상 분단됐다. 중국도 비슷하게 분단되거나 장기적인 내전을 치르면서 일정 기간 약화될 것이라고 스탈린은 생각한 것 같다. 그 결과 남부의 반공 정권과 대립하고 있다는 상황을 공유한 "중국 북부"와 북한은 서로 연결되고, 노동력과 자원을 지원하는 대가로 소련으로부터 고도의 공업 기술 제품과 군수품을 공급받는 국제 분업 체제를 형성할 가능성이 있었다. 1947년 초반 미국은 일본의 산업 경제를 되살리는 방향으로 나아갔다. 스탈린주의자에게 이것은 거대한 전쟁을 일으킬 수 있는 능력을 되살리고 일본과 미국이 이용할 수 있는 남한과 중국 일부 지역을, 일본 경제는 물론 그보다 더 큰 세계경제에 경제적으로 다시 통합하려는 시도로 즉각 다가왔다. 그러므로 그럴 경우 가장 효과적인 전략은 모스크바와 연결되고 거기에 의존하는 다국적 위성국가 체제를 만들어 일본에 완충 역할을 하고 소련 경제에 도움이 되도록 하는 것이었다.[2]

소련의 논리도 중국 동북부와 한반도를 연결하는 강력한 다국적 지역 단위가 존재한다는 사실에서 생겨났다. 일본은 빠르게 성장하는 산업과 새로운 무역 형태, 철도, 도로, 항만 그리고 공통된 관료 조직과 군사 기구를 이용해 이 지역의 나라들을 연결하면서 거대한 정치·경제 체제를 만들었다. 자연히 소련은 그 지역의 중국과 한국의 합동적 활동을 감독하려고 했다. 다른 선택지가 없었기 때문이었다. 중국 국민당과 마찬가지로 맥아더의 정보활동은 동북아시아가 모스크바의 통제를 받는 단일한 연합체라는 사실을 늘 강조했는데, 자신들의 목적에 부합하기 때문이었다. 1947~1948년에는 뚜렷한 다국적 지역 단위가 존재했다. 김일성 정권과 가오강 정권 그리고 소련군을 연결하는 지역 단위는 거대하지만 불안정했다.

중국군에는 지역주의가 뿌리 깊었기 때문에 소련과 북한은 옌안과 베이징의 승인을 거치지 않고 동북 지역의 군대와 직접 교섭할 수 있었다. 소련은 중국과 북한의 인적·물적 교류를 조정하고 기술적·군사적 원조를 제공했다. 이를테면 1947년 9월 동북민주연군東北民主聯軍 사령부는 소련군의 공식 교본인 『군단 전술의 일반 원칙』을 중국어로 번역한 자료를 바탕으로 군사 교본을 발행했다.[3]

1947~1948년 소련과 북한의 전략적 이익은 분명히 일치했다. 김일성이 보기에 소련에 의존하는 것은 전략적으로 필요했다. 이 시기의 시작부터 중국 국민정부군은 만주의 대부분을 장악했다. 그런 상황이 지속됐다면 김일성은 앞문에는 호랑이가, 뒷문에는 늑대가 있는 상황에 빠졌을 것이다. 의심할 필요 없이 장제스와 이승만은 거슬리는 뾰루지를 짜듯 북한을 압박하려고 했을 것이다. 김일성은 몇 년 또는 수십 년 더 산속에서 유격대 투쟁을 벌여야 했을 것이다. 그러나 1948~1949년 중공군과 북한군이 국민정부군을 중국 동북 지역에서 몰아내면서 정반대의 상황이 벌어졌다. 이제 짜낼 뾰루지처럼 보인 것은 남한이었다. 마오쩌둥의 승리는 북한의 상황을 극적으로 바꿨고, 소련에 대한 요구 수준 또한 높였다. 이제 동북아시아는 현지의 거대한 공산군에게 지배됐다. 스탈린은 그것을 대단히 복잡한 심정으로 바라봤을 것인데, 현지 정권을 간접적으로 통제하는 것 외에는 어떤 시도도 할 수 없다는 뜻이기 때문이었다.

소련군이 만주에서 철수한 뒤 스탈린은 자신의 명령에 따를 만한 지도자와 정치적 통제를 이용해 간접적 영향력을 행사하려고 했다. 중국에서는 1946년 가오강이 동북인민정부를 수립했다. 그는 흥미로운 지도자로 친소 꼭두각시라는 비난을 일부에게서 받기도 했으며 동북지방에서 "독립된 왕국"을 다스리고 있다는 고발을 받은 뒤 1954년 자살했다. 앞의 비난보다는 뒤의 고발이 핵심에 좀더 가까웠다. 가오강 사건을 명확히 설명한 문헌은 없다. 많은 자료에서는 1949년 후반 류사오치劉少奇와 가오강이 마오쩌둥보다 먼저 모스크바에 도착했고, 소련은 가오강의 동북인민정부와 개별적인 무역협정을 체결했으며, 동북인민정부의 사절단이 북한을 자주 방문했다고 서술했다.[4] 1940년대 후반 미국 정보기관은 류사오치·가오강·라오수스饒漱石·리리싼李立三 등의 친소파가 마오쩌둥 세력과 권력투쟁을 벌이고 있다고 확신했다. 1930년대 초 "유학생"의 대표였던 리리싼은 불우한 시절을 거친 뒤 1940년대 후반 동북인민정부의 고위직으로 돌아왔다. 한 미국 자료는 1950년 2월 시점에 류사오치의 서열을 4위, 가오강은 11위, 라오수스는 13위, 리리싼은 14위로 기록했다. 중국 지도부에 대한 정보 자료에서 입수할 수 있는 것은 이런 종류의 주장이지만, 지금의 관점에서 보면 그것은 그런 인물들의 친소적 경향과 중국 정치를 조종할 수 있는 모스크바의 능력을 지나칠 정도로 크게 평가한 것이 분명하다. 그러나 소련은 빛을 잃고 쓸모없게 된 리리싼은 아니더라도 가오강을 통해 중국 정치에 분명히 영향력을 행사했다.[5]

이용할 수 있는 증거 자료는 흥미롭게도 동북인민정부가 북한과 비슷한 정책을 따랐음을 보여준다. 동북지방의 토지개혁 관련 한 문서는 두 정부의 토지개혁 계획이 비슷하다고 지적했다. 북한의 토지개혁이 시작된 몇 달 뒤인 1946년 7월 동북인민정부 지도부는 토지개혁을 시행하기로 결정했으며, 북한과 마찬가지로 계급 투쟁과 혁명적 폭력 사태를 최소화하면서 신속히 추진했다. 6개월 만에 420만 명의 농민이 토지를 갖게 됐다. 토지개혁을 시행하기 위해 빈농·고용 노동자·중농을 주축으로 "농촌위원회"가 만들어졌다. 관련 자료를 보면 "청산清算"이나 "소고訴苦"●처럼 중국의 다른 지역에서 사용된 마오쩌둥 방식의 실천 방법이 사용됐다는 기록은 없다. 지금도 계속 연구하고 있는 엘리자베스 페리 등은 중국 북부와 동북 지방의 토지개혁은 상명하달식이고 신속했으며 마오쩌둥이 장악한 지역들보다 계급투쟁이 심각하지 않았다고 평가했다.

북한과 마찬가지로 동북인민정부도 전형적인 소련 방식의 표현을 써 "억압받은 동방의 인민에게 길을 보여주는" 개혁 프로그램의 창시자로 자임했다. 중국의 다른 지역은 동북 지역을 "추종"했다고 생각된다. 다시 한번 북한과 마찬가지로 소련은 1946년 이후 공업 생산을 늘리도록 지원했으며, 대부분의 자료는 동북 지역이 이후 빠르게 성장했음을 보여준다.[6]

이 지역에서 추구한 목표가 무엇이었든 스탈린은 유순한 위성 정부를 수립하는 데 실패했다. 미국과 영국 정보기관은 소련이 동북아시아에서는 유럽에서와 같은 위성 정부 형태에서 벗어난 것을 어느 정도 알고 있었지만, 그 뒤에는 의도적으로 잊어버렸다. 한국전쟁 기간 동안 중국과 북한을 모스크바의 도구로 보려는 정치적 필요 때문이었다. 1947년 CIA는 이렇게 언급했다. "소련의 한국정책은 자신을 공격할 기지가 되지 않을 우방국을 수립하는 것이다. 소련은 극동에 인적·물적 자원이 충분하지 않기 때문에 최소 비용으로 이 목표를 이루기 위해 북한을 정치적으로 종속시키되 경제적으로는 자급하도록 만들려고 한다." CIA는 소련이 "한국인 공산주의자들이 장악한 인민위원회에 행정을 위임해 외형적 자치"를 북한에 부여했다고 말함으로써 정치적 종속이라고 판단한 결론을 수정했다. 또한 그 보고서는 소련의 장기 목표는 소련의 방어 체제 안으로 "한반도 전체를 통합하는 것"이라고 주장했는데, 선뜻 받아들이기 어렵다.[7] 그러나 CIA의 이런 주장은 기본적으로 사실이었다. 소련은 "충분하지 않은 자원"이라는 조건을 감안하고 최소 비용을 들여야 했기 때문에 위험부담이 낮으면서도 최선의 결과를 얻을 수 있는 전략을 추구했다.

1년 뒤 영국 외무부의 R. S. 밀워드는 이렇게 썼다.

• 고통을 호소함.

북한은 유고슬라비아처럼 좀더 자율적인 서방 공산주의 국가들과 매우 비슷하다. 김일성은 (…) 전쟁을 거치면서 한국의 티토처럼 (…) 거의 전설적인 유격대 영웅으로 숭배됐다. 아울러 소련은 한국에서 철수하겠다고 제안했다. 자신들이 직접 간섭하지 않고 자신들의 꼭두각시에게 (…) 소련의 이익에 따라 그 지역을 통치하도록 맡길 것 같다.

"자치의 겉모습"은 "러시아의 세력권 안에 있는 다른 나라들보다" 좀더 뚜렷했다고 밀워드는 생각했다. 이 보고서의 내부적 모순(유고슬라비아와 비슷하지만 모스크바의 이익에 따라 통치를 시행하는 꼭두각시)은 한국이 독립할 능력이 있다고 믿지 못하며 소련에 정면으로 반항할 수 있는 공산주의 정권을 세운 경험이 없다는 사실을 반영한 것이었다.[8]

1949년 7월에 실시한 CIA의 또 다른 조사에서는 1945~1949년 동아시아의 공산주의를 "전체적으로 초연한 태도"라고 표현함으로써 유럽-지중해 지역과 동아시아를 명확히 구분했다. 만주에서 벌어진 약탈은 자국의 경제 복합체가 종속적 지위로 떨어지기를 소련이 바라지 않는다는 것과 아시아의 민족주의와 "티토주의"를 통제하는 데 어려움을 겪고 있다는 것을 보여주는 증거라고 CIA는 판단했다. 1950년 초반 한국을 향한 소련의 의도를 분석한 자료에서는 소련이 "한국·만주·중국 사이의 수평적 무역 체제를 만들려는 노력을 별로 기울이지 않고 있다"고 봤다.[9] 그러나 이런 보고서들은 1946년과 1950년의 상황을 구별하지 않았다. 1945~1946년 소련은 장기적 계획을 세우지 않았다가 1947~1948년 세계의 양극화가 심화되면서 계획을 수립했지만, 중국과 북한의 저항에 부딪히자 그것을 폐기한 것으로 보인다.

1947~1948년 북한에서는 소련의 영향력이 강화된 증거가 일부 있는데, 주로 사상과 문화 관련 언론에 소련과 연계된 한국인이 임명된 것과 마오쩌둥 사상이 경시된 것에서 보인다. 당 기관지에서는 「민주적 애국심」이라는 사설을 게재했는데 스탈린을 몇 차례 인용하면서 "사회주의의 우수성은 조국에 대한 애국심과 소비에트 체제의 정치적·도덕적 특징[을][정확히 결부시킬 수 있다는 것]"이라고 썼다. 또 다른 사설에서는 "마르크스-레닌주의의 과

학성"을 이용해 한국이 분단된 상태로 남아 있는 까닭을 설명하고, "현대 과학의 지도자인 스탈린 대원수"의 사상으로 당시 상황을 해석하려고 했다. 비슷한 사례는 많이 들 수 있다. 소련의 잡지·책·영화는 북한으로 쏟아져 들어왔다.[10]

1946년 공개 연설을 보면 김일성은 이를테면 김두봉보다 덜 교조적이고 친소적이었다. 그러나 1947년 8월 일본 패전 2주년 기념 연설에서 그는 "우리는 우리의 해방을 위한 소련군과 소련 인민의 희생을 잊어서는 안 된다"면서 그 뒤 몇 쪽에 걸쳐 소련을 상찬하면서 동유럽의 "새로운 민주주의 국가"와 "민주적 개혁"을 언급했으며 북한의 정책을 그것과 분명히 동일시했다. 제국주의 세력은 새로운 반동적 파시스트 동맹을 "결성하기 시작했다"고 그는 말했다. 또한 그는 티토를 인용하면서 "우리는 소비에트 동맹과 함께 갈 것이다. 그 까닭은 무엇인가? 우리는 소비에트 동맹으로부터 오는 평화의 목소리를 늘 듣고 있다"고 말했다. 반면 서구 세력으로부터는 "원자폭탄과 전쟁의 위협에 관련된 이야기를 늘 듣는다"고 비난했다.[11]

그러나 소련의 영향력이 지배적이었다고 생각되는 시기에도 소련의 정책은 모순됐다. 문화와 사상 영역에서는 일관성을 이뤘을지 모르지만, 그것은 지배의 기반으로 삼기에는 허약하고 피상적인 갈대 같다는 사실을 마르크스주의자들은 모두 알고 있었다. H. 드 갈라르는 1947~1948년 소련의 정책은 "일종의 정치·외교적 '운동전運動戰'"이었다고 지적했는데, 타당하다고 생각된다. 그것은 자주 "야만스러운 주장"을 제기해 미국이 소련의 힘을 존중하게 만들고 전쟁에서 회복되는 데 충분한 시간을 확보하려는 소련의 희망을 존중하게 만들려는, 다시 말해 예측할 수 있는 미래에 세계 규모의 전쟁을 어떻게든 피하려는 정책이었다고 그는 파악했다. 이런 정책은 1948년 2월 체코슬로바키아에서 민주 정부가 무너진 것을 포함해 여러 변화를 가져왔다. 1948년 6월부터 1949년 5월까지 소련은 베를린 봉쇄를 둘러싸고 미국과 직접 대결했다. 그러나 드 갈라르가 말한 대로 소련은 "급박하게 다시 군사적 해결책에 호소해야 할 문제를 예상하지" 못했으며, 그 결과 1949년 베를린 봉쇄와 그리스 내란에서 손을 떼고 "거의 모든 지역에서 철수했다."[12] 소련은 1947~1948년 한국에서도 지배를 시도했다가 위기가 발생하자 철수하는 비슷한 상황이 벌어졌다.

이 지역에서 소련이 추진한 전략의 특징은 낮은 비용으로 많은 이익을 얻으려는 것이었다. 한국과 중국과 소련 극동 지방을 통합하는 최대의 성과를 얻으려는 전략은 많은 비용이 들었다. 아주 낮은 비용으로 최소의 성과만 거두려는 전략이 추진될 가능성도 있었는데, 그것은 한 가지 장점만 지닌 정권이 출현하는 것이었다. 그 정권은 기본적으로 반일적이고, 따라서 부흥하는 일본에 대해 오랫동안 완충 역할을 할 수 있는 체제여야 했다. 1930년대 일본은 러시아와 한국 사이의 좁은 국경 지역에 어떤 비용을 치러서라도 국경을 방어할, 호랑이처럼 용감한 한국인 군인들을 배치했다. 소련의 최소 전략은 이것과 반대였다. 용맹한 한국인을 평양에 두는 것이었다. 그들은 일본 제국주의와 싸우면서 성장한 사람들이었다. 모스크바에 의지하고 있으며 전투에 미숙한 코민테른의 한국인들은 그러기에 충분하지 않은 것으로 생각했다. 아무튼 스탈린은 1930년대 후반 그들 대부분을 숙청하거나 총살했다. 평양과 하얼빈의 반일 전사는 가장 기본적인 소련의 목표를 잘 알고 있었다. 그것은 한반도를 적이 대륙을 침략하는 도약대로 다시는 사용하지 못하도록 확실히 하는 것이었다.

국공 내전에 참가했다가 1950년 4월 초 고국으로 돌아온 한 한국인 병사는 다음과 같은 스탈린의 말을 상관에게 들었다. "한국의 통일을 확립하고 영원히 보장하는 데 그대들의 임무는 강철 같은 인민의 군대를 건설하는 것이며(한국의 독립은 한국인에게 달려 있다), 그렇게 되면 한국인은 한국이라는 집의 주인이 될 것이다."[13]

그러나 모스크바에 의지하지 않은 유격대 전사들은 위성국가의 이상적인 지도자가 되지 못했다. 그리고 최대 목표를 달성하려는 소련의 전략이 1949년까지 추진되지 않은 것은 이런 사정 때문이었고, 소련이 위험성 낮은 현실 정치를 추진한 것과도 관련 있다. 1940년대 후반의 복잡한 정치·군사적 투쟁이 동북아시아에 남겨놓은 것은 소련의 영역이 아니라 독립 왕국이었다. 말하자면 아래로부터의 한·중 통일전선은 위로부터의 통일전선을 약화시켰다.

소련계 한국인

가오강과 리리싼 등을 소련이 중국을 간접적으로 지배하기 위해 쓴 도구였다고 평가한다면, "소련계 한국인"으로 불린 인물들은 북한에 파견된 소련의 대리인이었다고 할 수 있다. 한국인이 외국인과 맺은 상호 관계를 아는 사람이라면 일제강점기 동안 이런저런 나라에 우연히 거주하게 된 어떤 사람에게 대리인이라는 칭호를 쉽게 붙이지 못할 것이다. 앞서 본 대로 미국에서 40년을 지낸 이승만도 미국의 대리인은 아니었다. 그러나 현재 이용할 수 있는 대부분의 자료는 북한 정권에 소련계 한국인이 침투한 사실을 인정하고 있다. 이것은 어떻게 평가해야 하는가?

1940년대 한국에 거주한 소련계 한국인은 대략 1만5000명에서 3만 명 정도로 추산되고 있다. 그러나 서대숙은 김일성의 추종자까지 포함해도 300명밖에 되지 않았다고 파악했다. 1945~1949년까지 북한에서 살았던 베네딕트회 독일인 선교사는 소련계 한국인은 몇 명 되지 않았으며, 소련계 한국인 부대가 주둔한 적은 없다고 말했다. 러시아어를 할 수 있는 한국인은 만주나 한·소 국경의 일부 지역에서 왔다고 여겨진다.[14]

1963년에 실시된 미 국무부의 회고적 연구에서는 소련에서 태어났거나 거주했던 43명의 한국인으로 구성된 "43인회"라는 단체가 소련계 한국인 집단의 핵심을 구성했으며, 그들은 1945년 당시 소련공산당원이었다고 판단했다. 그러나 이런 공식 보고에 따르더라도 그들은 한국전쟁이 끝난 뒤까지도 "2차적 역할"밖에 하지 못했다. 김일성의 주요 경쟁 상대는 국내파와 연안파였다. 그들은 1950년대 초반 잠깐 권력을 키웠지만 1956년 "사실상 숙청됐다." 그 세력의 지도자는 허가이였다. 이 연구에서는 그가 소련식 조직 방법을 지지하고 "볼셰비키의 전통을 가장 잘 이은 엄격한 인물"로 소련 대사관과 긴밀히 협력했다고 서술했다. CIA는 허가이를 주목했고 그를 소련인과 한국인을 잇는 핵심 연락책으로 봤다. 그가 막후에서 "엄청난" 영향력을 행사한다는 소문도 있었다. 그는 1904년 러시아에서 태어났으며 집에서는 러시아어를 썼다.

또한 CIA는 김파金波라는 수수께끼 같은 인물이 평양 정권의 중추에 있다고 봤으며, 그를 "북한에서 가장 두려운 인물"이라고 평가했다. 김파는 1917년 소련 극동에서 태어났으며 제2차 세계대전 동안 카자흐스탄에서 비밀경찰 요원으로 "활동했다고 보고되었다". 그는 북한에서 대적對敵 정보 공작전 책임자가 됐으며 소련이 진정으로 신뢰하는 극소수의 한국인 가운데 한 사람이었다—실제로 CIA는 소련이 김일성보다 그와 먼저 상의했다고 생각했다. 정치보위국장政治保衛局長 방학세方學世도 소련계 한국인이었다. 1910년에 태어난 그는 소련에서 법과대학을 졸업하고 제2차 세계대전 때 붉은 군대에서 복무했다. 그는 1945년 소련군이 한국에 진주한 뒤 통역과 첩보원으로 일했다. 1951년 CIA는 소련계 한국인이 "요직 200개"를 차지했다고 봤다. 그러나 1963년 국무부의 연구에서는 김일성 세력이 치안 분야에 다른 파벌의 인물을 앉히려고 했으며, 그 결과 "궂은 일을 하는 임무"는 그들의 손에 맡기고 김일성의 손은 깨끗이 하려고 했다고 판단했다. 북한에서 노획한 한국어 자료 가운데 입수할 수 있는 문헌에서는 소련계 한국인이 상대적으로 강력했다는 사실을 충분히 증명할 수 없다.[15]

최근 발표된 치밀한 연구에서는 다른 그림을 제시한다. 한·소 관계의 선도적 연구자 와다 하루키 교수는 스탈린이 모스크바에 불러 모은 세계 각지의 거대한 공산주의자 집단 가운데 "신뢰받고 있는 소련인"이라고 단언할 수 있는 한국인 공산주의자나 민족주의자는 한 사람도 없었다고 지적했다. 1937년 스탈린은 한국인 20여만 명을 소련 극동에서 중앙아시아로 강제 이주시킬 것을 명령했다. 그들이 친일 불온 분자를 숨겨줄 가능성이 있다는 인종적 편견에 따른 조처였다. "동시에 코민테른에서 일하고 있던 한국인은 모두 일본 군국주의의 [잠재적] 첩자라는 죄목으로 체포돼 처형됐다." 또한 와다 박사는 1940년대 김일성과 그 밖의 한국인 유격대가 소련-만주 국경 지대에서 출몰할 때 소련은 그들을 엄중하게 조사하고 심문하면서 오랫동안 계속 감시했을 가능성이 있다고 지적했다. 일제 치하의 만주와 1945년 이후 소련의 현존하는 북한 관련 연구에서 분명히 김일성은 소련의 꼭두각시로 간단히 취급되고 있다.[16] 이런 증거는 소련과 한국의 관계가 피로 얼룩졌고 곤란하며 서로 불신으로 가득했음을, 소련이 한국을 자주 인종주의적 시각에서 바라봤음을 보여준다.

소련계 한국인에 대해 알려진 대부분의 사실을 요약하면 다음과 같다. 허가이와 방학세는 의심할 나위 없이 북한 정권에서 중요한 인물이었다. 김파는 수수께끼 같은 인물이지만, 최근 간행된 역시 수수께끼 같은 책에서는 신뢰받은 소련계 한국인이 아니라 김일성의 유격대원으로 나온다.[17] 증거 자료들도 조선민주주의인민공화국이 소련계 한국인에게 장악됐음을 보여주지는 않는다. 동유럽의 경험을 감안하면 김일성이 소련계 한국인 세력의 주요 인물을 숙청하고 1956년까지 사실상 그들을 제거할 수 있었다는 것은 상상하기 어렵다. 폴란드 같은 나라에서 소련 시민은 1949년 국방장관이 된 K. 로코솝스키처럼 고위직에 오르기도 했고, 1948년 폴란드군에서는 1만 7000여 명의 소련군 장교가 "지휘관"이 됐다. 불가리아의 초대 총리 게오르기 디미트로프는 코민테른의 수장을 맡았던 소련 시민이었고, 체코의 지도자 클레멘트 고트발트는 1929년 소련에게 발탁돼 스탈린의 헌신적인 추종자가 됐다. 동유럽 진영의 지도자는 대부분 코민테른이나 소련 내무인민위원부 공작원으로 일한 경험을 지녔다.[18] 한국에서 김일성의 유격대 세력은 소련계 한국인을 포함한 다른 적대 파벌보다 위상을 오래 유지했다. 그것이 1950년 그 정권의 본질을 보여주는 좋은 증거는 아니지만, 지금 돌이켜보면 한국의 상황은 동유럽과 달랐음을 보여준다.

북한은 위성국가가 되지 않았지만 소련은 되도록 적은 비용으로 되도록 큰 지배력을 행사하려고 했다. 한국인들은 이 시기의 상황을 솔직하게 서술하지 않았지만, 북한의 한 박식한 인물에게 전쟁이 북한에 가장 어려운 때였느냐고 내가 묻자 그는 이렇게 대답했다. "아닙니다. 가장 어려운 때는 1940년대였습니다. 그들이 우리를 별로 돕지 않아서 우리는 폐허에서 모든 것을 건설해야 했습니다. 그러면서도 그들은 우리가 하려는 것을 할 수 있게 내버려두지도 않았습니다."

최근의 연구로 1940년대 후반 소련의 행동에서 열쇠를 쥐고 있다고 생각되는 인물들이 떠올랐다. 북한을 점령하고 있던 소련군 제25군 사령관 이반 치스탸코프 대장은 휘하에 니콜라이 레베데프 소장을 두고 있었다. 소련 자료에서 그는 풍부한 경험과 뛰어난 정무적 능력을 지닌 군인으로 서술되었다. 이후에는 안드레이 로마넨코 소장이 민정장관이 되어 이그나티예프 대령을 보좌관으로 데리고 왔는데, 두 사람 모두 정무에 많은 경험을 지닌 군인이었다. 로마넨코는 소련 극동에서 오래 복무했다. 이그나티예프는 한국 정치에서 특히 중요한 인물이 됐으며, 한국전쟁 때 공습으로 평양에서 사망했다. 그러나 와다 하루키에 따르면, 소련 주둔군에서 가장 중요한 인물은 소련 제1극동전선군 정치위원을 지낸 테렌티 시티코프 장군으로 미소공동위원회 소련 대표단장을 맡았고 나중에 조선민주주의인민공화국 주재 소련 대사가 됐다. 레베데프는 회고록에서 "당시는 그의 관여 없이는 한 가지 조처도 시행되지 않았다"고 썼다. 그가 평양이 아니라 모스크바에 있을 때도 그랬다.

와다에 따르면 시티코프는 전형적인 스탈린주의의 당 관료였다. 스탈린의 숙청이 진행되던 1938년 그는 레닌그라드 공산당 제2서기가 됐는데, 스탈린의 충실한 부하 즈다노프 바로 아래였다. 그는 옛 코민테른에서 한국인 공산주의자와 연락책으로 일했으며 괴뢰정권인 핀란드 민주공화국 수반이었던 오토 쿠시넨과 제2차 세계대전 동안 긴밀히 접촉했다. 이런 과정을 거치면서 시티코프는 소련 시민을 이용해 괴뢰정권을 세우는 전문가가 됐다고 와다는 봤다.[19]

이런 인물들이 북한에 있었고 소련이 한국을 통제하려고 시도한 것은 분명했지만, 북한이 모스크바와 맺은 관계는 중국의 형태와 비슷했다. 오늘날 전문가들은 모스크바의 명령 아래 협력하는 중·소의 단일 체제는 존재하지 않았다는 데 동의하지만, 1949~1956년까지 경제와 문화 영역에서는 겉으로 보기에 소련의 영향이 만연했기 때문에 쉽게 오해할 수 있었다. 중화인민공화국이 수립되기 몇 달 전인 1949년 7월 레이턴 스튜어트 주중 미국 대사는 마오쩌둥의 중국은 "폭력을 동원한 세계혁명, 소련에 대한 헌신, (…) 모든 적대 세력을 파괴하려는 증오라는 원칙에 변함없이 충성"하고 있다는 수많은 증거가 있다고 보고했다. 그는 마오쩌둥이 철저한 스탈린주의자라고 생각했다. 중화인민공화국이 건국되기 한 달 전, 미국 대사관은 중국인이 소련의 지도를 따르는 모습이 마치 "교황보다 더 철저한 가톨릭 신자" 같다고 생각했다. 한국전쟁이 일어나기 전 상하이에서 2년 동안 살았던 박식한 한 영국인은 민간인으로 위장한 "수천 명"의 소련인 관료가 "그 도시의 생활을 냉정하고 효율적으로 감독했다"고 말했다. 번역된 소련 자료가 중국으로 물밀듯 들어왔고 소련은 "중국으로 들어오는 외신을 독점"했다고 미국 대사관은 판단했다. 초기에 중국 언론은 그야말로 소련에 맹종하는 아부로 가득했다. 이는 연구자들이 평양의 특징이라고 생각하는 현상과 동일한 것이었다. 그러나 지금 보면 소련이 중국의 정치·군사적 권력의 핵심까지 침투해 지배하지 않았다는 것은 분명하다.[20]

대부분의 연구자는 소련군이 주둔하고 있다는 겉모습에 가려 북한과 소련 사회주의가 실제로 다르며 모스크바와 긴장 관계를 형성했다는 사실을 놓치는 것 같다. 이를테면 CIA의 내부 보고서에서는 한국전쟁 이전 북한 경제에는 국가가 아니라 개인이 소유하거나 경영하는 농장이나 소규모 기업 등 민간 영역이 상당히 남아 있었다고 지적했다. RAND 연구소의 전신기관前身機關이 추진한 한국 공산주의에 대한 정밀한 연구는 광범한 면담조사에서 북한 응답자 가운데 6퍼센트만이 북한 정치에 "외국의 지배"가 있다고 생각했다는 사실을 밝혔다.[21] 그러나 앞으로 보겠지만 그처럼 늘 예리한 관찰력을 지닌 미국 기관도 북한이 스탈린주의보다는 마오주의에 가깝다는 핵심적 측면을 놓쳤다.

북한의 정치·경제와 소련

지금까지 항상 산업화에 "가장 뒤늦은" 사회주의 국가인 북한은 어떤 어려움이 닥쳐도 모든 경쟁자보다 먼저 산업화 시대를 열 것이라는 기이한 야망으로 가득 차 있다. 또한 완강하게 자립적 경제를 추구한 결과 자신의 이익을 해치는 한계점을 훨씬 넘었다. 그 까닭은 칼 폴라니가 말한 "영광스러운 허구" 곧 국제적 교역 체제가 모든 사람의 문제를 해결할 것이라는 개념을 북한이 믿지 않고 분단된 나라 안에서 산업화를 추구하는 것이 더 낫다고 생각하는 데 있다.

1940년대 후반 발달한 북한의 정치·경제를 간결하게 압축하는 세 가지 특징은 중공업, 노동력 부족, 식민지로부터의 해방이며 그것은 중국과 다른 모습을 보였다. 북한은 처음부터 자국을 공업 국가라고 여겼다. 1945년 시점에서 경공업과 농업이 주요 산업이었던 남한과 달리 북한에는 대규모 중공업 설비와 에너지자원이 있었다. 아울러 그 설비는 제2차 세계대전 동안 일어난 미국의 폭격을 거의 받지 않았다. 전쟁 말기에 오면 북한의 경제는 일본보다 강력했고 에너지 생산도 일본보다 두 배 정도 많았으며 그 설비를 이용하기 위해 일본은 원자폭탄 개발 장소를 한국으로 옮겼다.[22] 1948년 9월 제정된 북한의 국장國章에는 김일성을 상징하는 별 아래 수력발전소와 송전탑이 그려졌다. 북한의 사회주의는 "김일성과 전력電力"이라고 말할 수 있다.

북한에서는 늘 중공업이 가장 우선됐다. 그런 측면에서 북한은 분명히 스탈린주의를 따랐지만, 그것은 대니얼 치로가 서술한 스탈린주의, 곧 세계 체제에서 탈퇴해 자족적 발전이라는 경로를 따르는 후발국의 공업화 전략이라는 특별한 의미를 띤 것이었다. 또한 치로는 이런 공업화 형태는 전전 일본의 공업화와 일정한 공통점을 지녔는데, 그것은 북한과 남한 모두에서 중요한 모범이 됐다고 정확히 지적했다.[23]

또한 북한은 중국이나 베트남과 비교하면 늘 노동력이 부족했다. 제2차 세계대전 동안 북부의 공장에서 일한 한국인은 대부분 남한 출신이었으며, 직·간접적인 동원 때문에 공장으로 오게 된 잉여 농민이었다. 공장을 운영한 것은 일본인 관리자와 기술자였다. 해방 뒤 북한에서 수십만 명의 노동자-농민이 남한으로 물밀 듯 내려갔고, 일본인 전문가들은 생명의 위협을 느끼며 도망쳤다. 토지개혁은 계급 구조를 역전시켰고, 1946년 이후 지주와 그 혈통에는 오명이 붙었다. 한국인 전문가와 지식인은 대부분 지주 계급 출신이어서 남한으로 피신했다. 북한 정권은 노동자와 농민이 세운 것이다. 그들은 대부분 1945년 이전에는 문맹이었고, 전문 지식이 부족했기 때문에 지식인에게 개방 정책을 펼 수밖에 없었다. 지식인은 마오쩌둥의 중국과는 달리 북한에서는 모욕을 받지 않았다.

자연적인 인구 분포에서 잉여 인구가 많았던 남한의 상황과 정치적 변화로 공장에서 노동자가 빠져나가면서 북한에서는 노동력이 부족해졌는데, 특히 숙련 직종이 심했다. 물론 북한에서는 건설 사업 같은 분야에서 늘 값싼 노동력을 대량으로 이용해왔다. 그러나 북한은 사회구조에서 농민 비율이 다른 아시아 사회주의 국가들보다 적어 농업을 기계화하고 토지에서 이탈한 농민이 유출되는 일을 막으면서 성장 중인 공업과 긴밀히 연결시킬 수 있었다. 북한에서 "붉은 전문가" 문제는 우선 공산주의자인 전문가를 찾고, 그들을 아직 농장과 공장 사이에 놓여 있는 매우 새로운 존재인 무산계급으로 유지시키고 형성하는 것이었다. 북한과 중국 사회주의의 차이점을 많이 설명해주는 이런 간단한 사실들을 파악하지 않고는 북한의 정치·경제를 이해할 수 없다.

북한은 늘 아시아 공산주의 국가들 가운데 가장 산업이 발달한 나라였다. 1985년 워싱턴대학교에서 실시한 강의에서 알렉산더 우드사이드는 국민총생산GNP에서 차지하는 제조업 생산의 비율을 설명하면서 1949년 중국에서는 17퍼센트, 1940년대 북한에서는 28퍼센트였던 데 비해 1975년 베트남에서는 2퍼센트 이하였다고 지적했다. 1980년대 중반 베트남의 경제학자들은 소련과 동유럽의 발전을 토대로 한 경제적 모범이 베트남에 적합한지, 베트남은 코메콘COMECON •의 구성원으로 남아 있어야 하는지, 아니면 비교적 공업화가 진전한 사회주의 국가와 달리 저개발 또는 "미개발"에서 초래된 문제를 해결하려고 노력해야 하는지 질문했다. 하노이에서 벌어진 이런 논의

• 공산권 경제상호원조 협의회Council for Mutual Economic Assistance. 1949년에 설립돼 1991년에 해체됐다.

는 1950년대 후반 북한에서 전개된 논의와 비슷했다. 그때 주체사상이 처음 등장했고 북한은 코메콘에 가입하지 않기로 결정했는데, 그들로서는 용감한 결정이 분명했다. 그러나 북한도 1940년대 후반 자국 경제의 특이성을 강조했다. 그것은 고전적 스탈린주의의 모범을 추구하려는 자세를 다른 아시아 사회주의 국가들보다 훨씬 더 잘 갖췄다는 것이었다.

뒤에서 보듯 소련은 일정한 정도 이상으로 도움과 조언을 줬지만, 일제 때 경험을 쌓은 숙련된 한국인이 경제 발전을 주도하게 됐다. 미국 국무부 정보 기관이 "북한의 공업왕"이라고 부른 정일룡은 일제 때 기사技師였다. 또 다른 중요한 인물인 정준택도 마찬가지였다. 1차 2개년 계획(1947~1949)은 경성제 국대학 경제학 교수를 지낸 김광진의 지휘 아래 입안됐다. 이인욱은 북부 지역의 공장 건설에 25년 동안 종사했다. 1950년 북한의 공업기술연맹에 소속된 사람의 일부인 93명 가운데 5년 이상의 경험을 보유한 사람은 35명이었으며 모두 일본 기업에서 근무했다. 귀국하지 못한 일본인 기술자는 경제 분야 전반에 걸쳐 활용됐다. 1947년 그들 가운데 일부가 고향에 쓴 편지를 보면 산업 생산이 최고조에 이르렀다면서 한국인 노동자들의 "생산에 대한 열의"에 놀라움을 표시했다. 그들을 놀라게 한 것은 한국인이 스스로 열심히 일한다는 사실이었는데, 일본인을 위해서는 분명히 그러지 않았기 때문이었다.[24] 역설적이게도 북한은 식민 지배가 끝난 뒤 사회혁명을 신속히 달성함으로써 거의 비판받지 않고 식민지 시대에 축적된 한국인과 일본인의 전문 지식을 실용적으로 사용할 수 있었지만, 남한은 치안 기관에 근무했던 한국인 전문가를 등용하는 경향이 있었고 그 때문에 정통성을 갖지 못했다.

끝으로 북한은 식민지에서 벗어나려는 의식을 뚜렷이 갖고 있었다. 경제에서 북한은 세계경제로부터 탈피하고 자립적 발전을 추구하며, 자본주의에 입각하지 않은 식민지 이후의 신중상주의와 수입 대체 정책이라는 급진적 방식을 토대로 급속한 산업 발전을 이룬 가장 이른 사례 가운데 하나였다. 그런 정책은 식민지 시대의 낙후된 개발이라는 왜곡과 기형을 극복하고 새로운 종속 관계를 막으려고 노력한다는 의미였다. 소규모 경제의 경우 자립을 성취하는 것보다 말로 떠드는 쪽이 훨씬 쉬운 법이지만, 북한에는 중공업 시설이 남아 있었기 때문에 대부분의 개발도상국보다 훨씬 용이했다.

이런 세 특징은 서로 결합돼 초기 경제계획과 그 이후의 여러 현상을 설명해준다. 경제계획은 중공업과 농업 기계화를 먼저 추진하는 고전적 스탈린주의 이론에 초점을 맞췄는데, 1947년에 시작돼 지금도 끝나지 않았다. 새로운 인재 모집과 집중 교육 계획은 혼합된 체제를 만들었고, 사람들은 하룻밤 만에 무산계급 간부, 노동자 또는 기술자가 되었다. 그들의 절대 다수는 한국에서 가장 많은 빈농 계급 출신이었다.

정권이 탈식민적 정책을 추진했다는 것은 북한이 소련의 도움을 기대하면서도 새로운 종속 관계가 확립되는 데는 저항한다는 의미였다. 중심 주제를 반복적으로 연주하는 음악처럼, 북한은 처음에 수립한 계획을 관철해 자주적인 민족경제를 건설하려고 했다. 미국 자료에서는 1947년 계획에 대한 논의에서 이런 의지가 자주 보인다고 지적했으며, 1949년에 시작된 2차 2개년 계획에서는 식민지 경제의 경제적·문화적 "후진성"을 극복하고 "완전한 자주독립 국가와 국토 통일을 이루려면 훨씬 튼튼한 기반을 건설해야 한다"고 밝혔다.[25]

북한 경제를 질적으로 검토하면 중공업에서 뛰어난 역량을 보이는 것이 확인된다. 스탈린주의의 방식에 기초해 소비재 생산을 억제하고 투자에 사용할 높은 저축률을 달성하는 방식이었다. 1947년 중반 북한의 한 신문 기자는 한 미국인에게 정부는 식량을 여섯 부류로 나눠 배급하고 있는데, 중노동에 종사하는 노동자는 가장 많이 받고 대일 협력자는 가장 적게 받는다고 말했다. 임금은 기술자·관리자·숙련 노동자·일반 노동자의 네 부류로 나눠 950~3500원까지 받았다. 전국에 퍼져 있는 고용 본부에서는 산업 기술자와 노동자를 모집했다. 여성 노동자도 "[동일한 노동에는] 동일한 임금과 특별한 대우를 받으면서" 빠르게 늘었다. 1200여 개의 협동조합이 물품을 노동자와 농민에게 공급했다. 협동조합은 국영 공장 제품은 100퍼센트, 민영 공장 제품은 90퍼센트를 구입했으며 남은 분량은 자유시장에 판매됐다. 평균 임금은 낮아서 "노동자가 겨우 살 수 있을 정도였다."[26] 산업 경제가 다시 가동되도록 1940년대부터 1960년대 중반까지 추진한 이런 이례적인 노력의 결과, 한국전쟁이 일어난 때부터 거기서 회복되는 기간(1950~1956년)을 빼면, 북한은 남한보다 훨씬 빠르게 성장했으며 아마 전후戰後 산업화를 추진한 모든 정권보다 빨랐을 것이다.

미국은 1947년의 계획 관련 극비 문서를 한국전쟁 중에 노획했는데, 북한 경제의 전체적인 모습을 보여주는 드문 자료다. 전체 예산의 5분의 1 정도가 산업 건설에, 5분의 1 정도가 국방에 들어갔다. 최상급 전문가 1262명 가운데 105명이 일본인이고 중급 전문가에서는 245명이 일본인이었다. 소련인은 없었다. 전체 어린이의 72퍼센트가 소학교에 다녔는데, 1944년에는 42퍼센트였다. 전국에 걸쳐 4만 여개의 성인 학교에서 노동자와 농민에게 기초적인 읽기·쓰기 수업을 열었다. 미국이 북한 내부 정보에서 얻은 경제 관련 정보에 따르면 선철 생산량은 1947년 6천 톤에서 1949년 16만 톤으로, 강철은 6만1000톤에서 14만5000톤으로, 보통강普通鋼 생산은 4만6000톤에서 9만7000톤으로 늘었는데, 뒤의 두 수치는 한국의 산업이 전쟁 수행에 동원되던 1944년의 일본 생산량을 넘는 것이었다. 산업 생산은 1949년 39.6퍼센트가 증가했는데, 흥미롭게도 1950년의 수치는 미국이 격렬한 폭격을 시작하기 전인 1~3분기에 거의 1949년의 총 생산량에 이르렀음을 보여준다. 2차 2개년 계획의 첫 해의 목표는 1950년 초반에 넘어섰기 때문에 같은 해 나머지 기간의 목표는 상향 조정됐다.[27]

늘 그랬듯 미국은 한국인들이 그런 성공을 이룰 수 있다고 믿기 어려웠다. 1950년 3월 드럼라이트는 "북한은 산업에 상당한 잠재력을 지니고 있으며" 그 계획은 "대단히 명료하고 일관되며 잘 정리돼 있고 (…) 매우 잘 준비돼 있어 소련인 '고문'이 입안했다고 추측된다"고 지적했다. 북한의 계획은 "한국인의 부족한 경험과 무지, 완고함과 부패 그리고 미국의 계획에 걸림돌이 되고 있는 흠결이 심각한 폐해가 되지" 않은 것 같다고 그는 판단했다.[28]

1949년 9월 석 달 동안 진남포에 억류된 미국인 몇 사람은 다음과 같이 보고했다. 사람들은 남한보다 대체로 좋은 옷을 입었다, 펜·시계·가죽 신발은 드물었다, 조개류는 풍부했지만 고기는 드물었다, 철도는 야간에 매우 활발히 운행됐다, 전력과 석탄은 풍부했는데 석유 공급이 부족했기 때문에 석탄은 자동차와 트럭을 운행하는 데도 쓰였다. 항만의 제철소는 24시간 가동됐으며 저탄소貯炭所도 마찬가지였다. 거리는 깨끗하고 잘 관리됐지만 드문드문 더러웠고 항구 촌락과 마찬가지로 어정거리는 노동자는 드물었다. 이런 설명은 설득력 있으며, 35년 뒤 내가 원산항을 방문했을 때 본 모습과 일치했다.

1949년 후반 김일성은 한 연설에서 높은 성장률에도 경제에는 여러 문제가 있다고 말했다. 그는 "복잡하고 고질적인 문제들"을 언급하면서 1949년 9월 당시 일부 산업의 생산량은 1948년 수치보다 50~60퍼센트가 늘었지만 일부는 20퍼센트밖에 성장하지 못했으며 석탄과 야금은 "가장 저조한" 신장률을 보여 계획한 목표를 달성하지 못했다고 지적했다. 그는 많은 노동자가 겨우 몇 년 전에는 농부였으며 지방에서 올라와 "얻을 수 있는 어떤 일이라도 하려고 했다"고 언급했다. 많은 사람은 "일본 제국주의자에게 강제로 동원됐고" 그들은 최저임금으로 노동을 착취했다. 일본인은 간신히 일할 수 있는 정도까지만 음식을 줬지만 이제 굶주릴 염려는 없으며 노동자는 많은 잉여생산물을 소비하고 있다고 그는 말했다. 일부 노동자는 농업 조건이 좋아졌다는 이유 때문에 고향으로 돌아가서 이제 지방에서 공급되는 노동력은 조금밖에 없다. 노동자는 공장에 매여 있지 않기 때문에 바라는 대로 이곳저곳으로 옮겨갈 수 있다. 그는 황해제철소를 보기로 들었는데, 그곳은 1948년 8월 노동자 700명을 채용했지만 300명에게밖에 주택을 제공하지 못했기 때문에 나머지는 며칠 만에 떠났다. 그러므로 노동력이란 "스스로 저절로 공급되지 않는 것이다."

해야 할 일은 무엇이었는가? 첫째, 전형적인 방법이지만 그는 마오쩌둥 사상의 "개조改造"라는 용어를 사용해 인민과 더욱 잘 협력하는 "새로운 지도 방법"과 개인의 "작업 교정"이 필요하다고 주장했다. 그러나 "무엇보다 노동자의 임금 체계를 바르게 설정해 생산 효율을 자극하고" 장려금을 균일하게 책정하는 "평균임금 체계에 가차 없이 맞서" 싸워야 했다. "많이 생산하는 노동자가 좀더 많은 임금을 받는 것이 원칙이다."[29]

김일성은 북한의 상황에서 무엇이 효과적인지 늘 실용적 관점에서 판단하면서, 의지를 중시하는 중국의 방법과 소련의 유물론적 방법을 빌려왔는데, 그런 방법을 이보다 더 잘 보여주는 사례는 없다. 북한은 각자의 능력만큼 일하고 일한 만큼 받는다는 사회주의의 원칙(레닌은 "일하지 않으면 먹지도 말라"는 성서의 표현을 사용해 그 원칙을 장식했다)을 받아들였으며, 급진적 마오쩌둥주의자들과는 달리 거기에 이의를 제기하지 않았다. 이 원칙이 처음 제기됐을 때는 "우리 체제는 일반적 평등을 지향하지 않는다"고 주장했다. 우리에게는 정치의 평등, 노동의 평등, 휴식의 평등이 있지만 "인민은 자신의 능력에 따라 일하고 노동의 질과 양에 따라 임금을 받는다."30 그러나 그들은 인민과 협력해 일하는 것, 지도 방식, 대중 교정 사업도 생산을 자극할 수 있다는 마오쩌둥주의의 원칙도 받아들였다.

1947년 첫 다개년 계획이 시작되면서 북한을 소련에 계속 종속시키려는 국제적 분업의 가능성과 함께 전형적인 소련의 관행과 정책이 나타났다. 소련 모형의 저류底流에는 강력한 반대 방향의 흐름이 존재했는데, 마르크스주의가 제시한 사회주의의 처방 가운데 불투명한 부분은 볼셰비키만이 채워넣을 수 있기 때문이었다. 벤 앤더슨이 지적한 대로 "그런 방침과 계획이 없다면 산업자본주의 시대에 간신히 진입한 지역에서 혁명은 논의할 필요도 없다. 볼셰비키의 혁명 모델은 20세기의 모든 혁명에 결정적 영향을 줬는데 러시아보다 아직도 뒤처진 사회가 혁명을 상상할 수 있게 해줬기 때문이다."31 이것은 소련의 엄청난 영향력과 식민지에서 독립한 북한의 민족주의의 충돌을 예측한 것이었다. 1964년 중·소 분쟁으로 노골적으로 발언할 수 있게 되자 북한은 이렇게 말했다. "귀국[소련]은 우리에게 국제시장가격보다 훨씬 높은 가격으로 설비와 (…) 자재를 팔고 그 대가로 수많은 금과 대량의 귀금속 그리고 그 밖의 원자재를 국제시장가격보다 엄청나게 낮은 가격으로 가져갔다." 게다가 "우리가 가장 살기 어려울 때도" 소련은 그렇게 했다고 북한은 말했다.32

그러나 이런 발언에도 불구하고 소련이 북한 경제를 완전히 지배했다는 증거는 많지 않으며, 국제분업의 요구는 스탈린 때보다 흐루쇼프 시대에 나타나기 시작했다. 이것은 북한과 중국이 그의 "수정주의"에 반발한 까닭을 설명해준다. 소련의 영향은 북한의 일부 정책, 특히 중공업을 중시하는 계획·명령 경제, 산업의 단일한 관리제도, 현물 상여금과 실적에 따른 임금제도의 개념 등에 명확히 나타났는데 이것은 모두 1947년 무렵 뚜렷해졌다. 그런 측면에서 1950년대 초반 북한은 중국과 다를 것이 없었다. 북한인과 중국인에게 발전은 일제 때 산업 분야의 경험밖에는 없었다.

그러나 1940년대 후반 스탈린은 소련 전역에서 수입 대체 전략을 실시하는 예상 밖의 정책을 추구했다. 그것은 말 그대로 1930년대라는 매우 다른 상황에서 소련이 시행한 정책을 따르는 것이었다. 미국의 경제전문가들은 그것을 "전반적 공업화"라고 불렀으며, 그 결과 대부분의 사회주의 국가들은 제철소와 기계 제조업을 운영하게 됐다. 소련이 자국의 수요를 충족시킬 수 있는 완전히 통합된 산업 기반을 건설하는 것과 폴란드·루마니아·북한 그리고 그 밖의 대부분의 사회주의 국가에서 동일한 전략을 시도하는 것은 매우 다른 문제였다. 그리고 의문스러운 점은 그것이 제국을 운영하는 방법인가 하는 것이었다. 국제분업이 고도로 발달했다면 경제적 의존의 골격이 형성될 수 있었지만, 중공업을 우선시하는 수입 대체 전략은 소련의 방식을 그저 모방한 것이었으며, 독립적 행동과 자립 기반을 물려줄 뿐이었다. 소련이 상황을 통제하는 대규모 군사적 관여를 오랫동안 지속하지 못한 사회주의 국가에서 일어난 상황은 이것이다.

그런 전략은 북한이 갈망하던 것이었다. 북한에 어떤 정권이 서더라도 중공업에 비교 우위를 둘 것이었다. 아울러 한 공장에서 한 사람이 생산 목표 달성(과 그 밖의 모든 일)을 책임진다는 개념은 한국의 전통적인 서열적 조직과 김일성 정권의 특징인 "상명하달주의"와 잘 일치했다. 그러나 그런 전형적인 스탈린주의적 정책을 검토한 초기의 논의에서 이 정책이 자립 경제에 필요한 요소를 구축하는 맥락 안에 있음을 알았다. 그리고 공장을 맡은 책임자는 대중에게서 배워야 한다는 마오쩌둥주의의 전형적인 표현, 곧 "지도자는 하늘에서 떨어지는 것이 아니다"는 표현을 혼합해 그들에게 상기시켰다. "오늘은 지도하지만 내일은 지도받는 위치에 있을 수 있다"는 사실을 그들은 이해해야 했다.[33]

소련의 영향의 진정한 시험은 이 시기 거의 모든 곳의 마르크스-레닌주의자가 따른 이런 정책들이 아니라, 북한 경제에 소련이 광범하게 침투했다는 증거로 나타날 것이다. 1940년대 후반 북한과 소련의 관계는 북한의 귀금속과 원자재를 소련이 만든 원료용 탄炭과 석유 같은, 북한 경제에 부족한 제품과 교환하는 방식으로 이루어졌는데, 그것은 식민지적 교환 관계와 비슷했다. 아울러 북한은 소련이 자신들의 경제를 소련이 정의한 경제적 국제주의와 국제적 분업의 개념에 맞추려고 하며, 그 결과 자립을 방해하며 다른 산업을 창출하고 자율적 발전 능력을 공급하는 기계 제조업 같은 핵심 산업을 저해한다고 주장했다.

노획한 내부 문서는 무역형태를 보여준다. 산업성 부상이었던 고희만이 김책에게 보낸 극비 보고서에는 1949년 북한에서 소련으로 수출한 품목이 적혀 있는데, 구리·납·아연·텅스텐·실리콘·탄소 원료·선철·고속도강高速度鋼·화학비료·카바이드carbide·시멘트·마그네사이트·무연탄과 그 밖의 광석 등이 포함돼 있다. 이 자료에 따르면 1949년 북한은 3905만3523원 상당의 금을 소련에 팔았으며 1톤당 596만2370원이다. 북한 정부로 들어온 금의 가치는 4531만4012원에 상당했다. 소련에 매각한 것은 그 86퍼센트였다. 북한의 수출총액은 2억 6408만5224원으로 계획했던 1억 6157만6863원을 훨씬 초과했다. 증대된 수출 이익은 주로 군사 장비를 사는 데 쓰였다. 이 문서에는 북한 원화와 소련 루블화, 미국 달러화 사이의 환율이 명시되지 않아 북한 수출품의 실제 가치를 평가하기는 어렵다.[34]

내부 자료에는 오늘날 해외로 나가는 베트남 노동자와 비슷하게 1948년 캄차카반도에서 일하도록 한국인 노동자를 보낸 사실도 기록돼 있는데, 노동자들은 건강했고 임금이나 노동조건에 큰 불만이 없었다고 돼 있다.[35] 그러나 소문에 따르면 한국인 수천 명이 소련의 연해주로 보내져 중노동에 시달렸는데, 불만 세력과 "불순 계급" 출신이었다고 생각된다.

소련은 중국 동북지방과 신장에서처럼 북한에 합자회사도 세웠다. 최고 책임자는 대체로 소련인이었다. 이를테면 1947년 원산 정유소라는 합자회사의 사장은 로자노프라는 소련인이고 부사장은 김성근이라는 한국인이었다.

그 정유소는 일본인이 세웠으며, 미국 석유회사의 "설계도"를 사용하고 "자문"을 받았는데, 1930년대 세계 석유업계에서 미국의 지배적 위치를 보여준다. 미국 정보기관에 따르면 북한과 소련의 합자는 원래 30년 동안 유지하기로 계획됐으며, 소련의 소유권은 북한의 "해방에 따라 주어진 여러 조치"에 대한 보답이었다. 그 회사가 1950년 이후에도 존속했는지는 알 수 없다. 정유소는 1947년 가을까지 노동자위원회가 운영했다.[36]

"모트랜스Mortrans"라는 짧은 이름의 또 다른 합자회사는 나진·청진 등의 북한 항구 공동 이용을 관리했다. 소련은 자국군이 철수하기 전에는 북한 항구를 직접 관리한 것으로 보이지만, 1949년 4월 7일 이 회사가 설립돼 이전의 조처를 대체했다. 김일성과 거의 직접 충돌한 "국내파" 공산주의자 오기섭이 이 회사(최고 책임자는 소련인이었다)의 북한 측 사장이었던 사실은 흥미로운데, 북한 국민이 증오할 업무에 자신의 정적을 두려는 김일성의 의도가 반영된 것이 아닌가 싶다. 이 회사의 자본은 소련과 북한이 절반씩 나눴으며 이사회도 한국인과 소련인이 공평하게 구성했다. 그러나 그 회사를 창업한 사람은 소련인이 4명, 한국인이 2명이었다.

기록에 따르면, 이 회사는 순수하게 상업적 기업이었다. 소련과 북한 항구 사이의 해상 교통과 항구 몇 곳을 소련이 상업적으로 이용하는 것을 관리했고, 항만 시설을 대여하고 구입하는 것을 허가했다. 회사 정관은 주주 회의가 열리기 일주일 전 대차대조표를 공개하도록 규정했다. 정관에는 소련이 북한 항구를 군사적으로 이용하는 사항은 언급되어 있지 않다. 남한은 소련이 북한에 군사기지나 군사 항을 두었다고 격렬히 비난했지만 정관에는 그런 사실을 보여주는 증거는 없다.[37]

김일성 정권은 소련과의 그런 관계를 강조하는 데 소극적이었지만, 정권 안에서는 민감한 문제가 가끔 제기됐다. 이를테면 경제계획을 입안한 핵심 관료 장시우는 1950년 2월 최고인민회의 5차 회의에서 수출할 수 있는 국내의 원자재를 모두 수출해 필요한 물자를 수입하고 외화를 축적해야 한다고 주장했으며, "자립 경제"의 기반을 구축하고 일제강점기의 왜곡을 극복하려면 그래야 한다고 정당화했다. 정준택은 북한에서 수출한 대가로 소련에서 보낸 품목을 길게 나열했는데—원료용 탄, 원유, 윤활유, 농업용 유황, 고무 타이어와 호스, 공작기계 등—수량은 기록되지 않았지만 그런 교역은 "봉건적 후진성"과 "식민지 시대의 왜곡"을 극복해 "자립 경제"의 기반을 놓는 데 필요하다고 다시 한번 정당화됐다.[38]

최근 수십 년과 마찬가지로 이처럼 정권이 수립된 초기에도 북한은 소련 무역과 중국 무역의 균형을 맞춤으로써 수입 경로를 다양화할 수 있었다. 내부 문서에 따르면 1946년 북한은 소련보다 중국에서 두 배 넘게 수입했으며 1947년 대중국 수출입은 대소련 수출입과 비슷했다. 이런 중국 무역의 많은 부분은 당시 소련이 지배하던 만주와 사이에서 이뤄진 것이지만, 중국공산당이 만주를 지배하게 되자 만주는 소련을 대체하는 북한의 무역 상대국이 됐다.[39]

북한에 주재한 소련인 고문은 많지 않았고, 군부도 마찬가지였다. 영국 자료에 따르면 북한 중앙정부에 재직한 소련인 고문은 1946년 200명에서 1947년 4월에는 30명으로 줄었으며, 그 대부분은 예상대로 내무성에 있었다. 지방정부의 고문은 1950년 무렵 매우 적었는데, 도와 시 인민위원회에 한두 명 정도였다. 흥남의 대규모 화약 공장에 관한 보고서에서는 1946~1950년 소련인 고문 2명을 제외하고는 모두 한국인이었다. 군사고문은 좀더 많았지만, 대대 아래에는 배치되지 않았고, 대대에는 대체로 2~3명의 소련인 고문이 있었다. 이런 소련인의 존재는 완전한 위성국으로 기능하던 동유럽과는 비교할 수 없는 것인데, 거기서는 수천 명의 소련인 직원과 고문이 있었다.[40]

1949년 2월 하순 김일성은 한국전쟁 이전 그의 유일한 소련 공식 방문을 위해 평양을 떠났다. 6명의 한국인이 모스크바로 김일성과 동행했는데, 외무상 박헌영, 경제·무역 전문가 장시우와 정준택 그리고 문화 부문을 담당한 3명으로 경제사학자 백남운, 남한 출신 정치가이자 학자 홍명희 그리고 김정주였다. 김일성 자신을 제외하고는 대표단에 군사 관계자는 없었다. 사절단은 3월 3일 기차로 모스크바에 도착했고, 김일성은 친선을 강조하는 연설을 했는데 그것은 1949년 12월 마오쩌둥의 짧고 강경한 연설과 두드러진 대조를 보였다(마오쩌둥은 "나는 우리나라의 이익을 협상하려고 이곳에 왔다"고만 말했다). 김일성은 소련이 북한을 해방시킨 것에 지극히 감사하고 스탈린을 격찬했지만 소련군이 철수한 것도 찬양했다. 김일성은 3월 4일 몰로토프, 5일 스탈린을 만났는데, 모두 처음 만나는 것이었다. 협상에 참석한 소련 관료는 아나스타스 미코얀, 안드레이 비신스키, 무역국의 M. A. 멘시코비치[한국어에서 음역] 그리고 북한 주재 소련 대사 시티코프였다. 실무진의 협의는 3월 17일까지 이어졌다. 같은 날 김일성은 스탈린과 마지막 만찬을 들었다.

3월 김일성은 경제·문화 관련 협정을 들고 돌아왔으며, 첩보에 따르면 비밀 군사협정도 들어 있었다. 북한의 설명에 따르면 몇 가지 합의가 체결되었다. 무역, 항해航海, 기술원조, 과학·예술 교류 등 모두 경제·문화와 관련된 것이었다. 소련의 기술 고문은 청진 제철소, 외륜外輪 압연壓延 공장, 이름을 알 수 없는 트럭 제조 공장 그리고 그 밖의 몇 공장에 파견됐다. 이 고문들은 북한 정부가 관리하며 식량 배급을 포함해 북한 기술자와 동등한 처우와 임금을 받을 것이라고 김일성은 말했다(매우 의심스러운 발언이다). 그들의 요구 사항은 소련 정부가 처리할 것이었다. 계속해서 김일성은 이 협상과 비교해 한·미 협정의 부정적인 측면을 강조했다. 한 선전 담당자는 북한이 소련과 맺은 협정이 한국이 외국과 체결한 협정 가운데 불평등하지 않은 최초의 사례라고 말하기도 했다.[41]

그 협정은 관대하지도 평등하지도 않았던 것이 사실이다. 소련은 2억 2000만 루블의 차관을 포함해 모든 비용을 북한이 지불하게 했으며 2퍼센트의 이자를 청구했다. 그것은 1949년 미국 은행들의 상환 금리와 비슷했고 상당한 이익을 남겼다. 이와는 대조적으로 1950년 초반 폴란드는 이자 없이 4억 5000만 달러의 차관을 빌렸으며, 1950년 2월 중국에 제공된 차관은 연리 1퍼센트였다.[42] 이 시기 남한은 1년에 1억 달러의 경제원조 자금을 무상으로 받았으며, 1949년 6월 미국은 1억 1000만 달러 상당의 군사물자를 제공했다. 북한 대표단은 나라를 헐값에 팔아넘기지 않기 위해, 게다가 양보의 대가로 무언가를 얻었다는 것을 보여주기 위해 협상 기간 동안 방어적인 태도를 보였다. 그 결과 소련과 북한의 관계는 동지적 국제주의의 한 예이기보다는 보수적이고 의심 많은 스탈린이 얻어낸 빡빡한 조건의 거래가 되었다. 그런 상호 관계의 본질은 1949년 3월에 체결한 협정의 개정을 포함해 소련과 비밀 협상을 추진하는 데 김일성이 자신이 가장 신뢰하는 냉철한 김책을 기용한 사실에서 가장 잘 나타날 것이다.[43]

물론 소련-북한 관계의 본질을 보여주는 가장 중요한 지표는 상호방위조약 체결을 실패한 것이었다. 1948년 봄 폴란드·체코슬로바키아·헝가리·불가리아·루마니아는 모두 외부의 공격이 있을 경우 서로 방어해준다는 내용의 협정을 소련과 체결했다.[44] 비슷한 조약은 1950년 초반 소련과 중국 사이에도 체결됐다. 동독은 상호방위조약을 맺지 않았는데, 자국군을 보유할 수 없었고 소련군이 주둔하면서 방어 체제를 완전히 장악했기 때문이다. 한국전쟁이 시작된 뒤 미국의 고위 관료들이 수행한 연구에서는 "소련과 중국 그리고 소련과 동유럽 위성국들 사이에 체결된 상호 원조 협정 같은 것이 존재했음을 보여주는 증거는 없다"고 말했다. 소련-북한 관계를 서술하는 데 사용된 표현을 살펴보면 이런 판단에 힘이 실린다. 북한은 그 협정을 가리키는 데 "동맹"이나 "조약" 같은 용어를 사용하지 않았지만 그 뒤 소련과 중국이 체결한 조약에는 그런 표현이 사용됐다.[45]

소련을 보는 북한의 시각

북한과 관련해 일반적으로 받아들여지는 견해는 김일성은 소련 덕분에 그 자리를 얻은 꼭두각시거나 사기꾼이었다는 것이다. 이것은 북한이 동유럽 유형과 비슷하다고 판단하고, 혁명적 민족주의의 신념과 독립적 행동 능력을 부정하는 핵심적 근거다. 그 논리적 결과는 1940년대 항일 민족주의의 정통적 계승자는 남한이며, 한반도의 두 정권은 베트남의 두 정권과 매우 달랐다는 것이다(이승만은 호찌민과, 김일성은 바오다이와 동일하다). 서구에 유포된 견해는 1945년에 소련은 모든 것이었으며 북한은 아무것도 아니었다는 것이다. 소련은 유순한 꼭두각시이자 사기꾼을 권좌에 앉혔고 그는 계속 소련의 은혜에 감사했거나 감사할 수밖에 없다는 것이다. 하지만 북한의 생각은 상당히 다르다.

세계적 관점에서 보면 제2차 세계대전에서 승리하는 데 소련의 공헌은 다른 나라들보다 훨씬 컸다. 소련군과 소련 국민은 추축국樞軸國 가운데 가장 강력한 독일에 맞서 싸우면서 가장 큰 피해를 입었다. 그러나 지역적 관점에서 보면—어쨌든 한국인과 일본인이 제2차 세계대전을 인식한 방식은 이것이다. 그들은 이 전쟁을 태평양전쟁이라고 불렀다(미국도 그렇게 불렀는데, 자신들이 일본을 물리쳤다는 사실을 강조하고 중부 유럽에서 소련의 역할을 축소했다)—완전히 다른 개념이 부각된다.

1930년대 소련은 강대국 가운데 일본의 팽창에 직접 맞서려는 의지를 지닌 유일한 나라였으며, 1938년과 1939년 한국과 몽골 국경 지역의 분쟁에서 그렇게 했다. 그러나 그것은 큰 희생이 아니었으며, 아무튼 소련은 일본이 북쪽보다는 남쪽으로 방향을 돌리도록 만들어야 했다. 소련이 한국과 중국의 항일 유격대 활동을 크게 지원했다는 증거는 없지만, 유격대는 일본이 남진 대신 북진 전략을 추진하는 것을 막는 투쟁에 앞장섰다. 태평양전쟁 연구를 선도하는 한 일본인 학자는 그 전쟁에서 가장 오래 이어진 전투는 바로 만주에서 벌어진 유격대 전투로, 1931년부터 시작된 그 전투가 일본이 남방으로 방향을 전환케 만든 계기였다고 지적했다.[46]

아울러 김일성·김책·무정 등의 한국인 유격대가 10년 정도 일본과 싸운 뒤 소련은 일본과 중립 조약을 체결했는데 그것은 1945년까지 깨지지 않았다. 소련에게는 그런 정책을 추진할 충분한 국가적 이유가 있었다. 히틀러의 군대와 싸우는 데 전력을 기울여야 했기 때문이다. 그러나 이것은 소련이 항일 유격대에게 무기를 공급하는 데 신중하지 않았다는 뜻이었다. 오랜 전쟁을 겪은 사람은 누구나 생각했듯이, 오랫동안 일본과 싸운 한국인은 일본 세력을 아시아 대륙에서 축출하기를 고대했다. 1945년 8월, 전쟁은 예기치 않게 끝났고, 소련은 가장 앞서 진군했다. 그리고 한반도를 접수할 수 있게 되자 38도선에서 멈췄다. 그러므로 전쟁의 종결은 한국인 유격대에게 여러 의미가 뒤섞인 축복이었다.

한국의 해방과 관련해 소련이 수행한 전투는 정확히 무엇이었는가? 내가 1권을 집필할 때는 이용할 수 없었던 미군 정보기관의 자료에 따르면, 소련의 상륙작전 부대는 8월 9일 블라디보스토크를 떠나 웅기雄基에 상륙해 총한발 쏘지 않고 그 항구를 접수했으며, 8월 12일에는 청진항을 확보하기 위한 전투에서 30명이 전사했다. 8월 13일 소련군 부대는 그날 밤 소련군 해병대가 상륙할 때까지 "심각한 타격을 입었다." 전쟁은 다음날 끝났다.[47]

반면 이전에는 기밀로 분류돼 내가 1권을 쓸 때는 이용하지 못한 자료인, 만주 유격대 작전과 관련해 일본 관동군에서 근무한 전직 대령 두 사람이 수행한 연구에 따르면, 1939년 8월 일본은 관동군의 6개 대대와 만주국군과 경찰 2만 명을 6개월 동안 유격대 진압 작전에 동원했다. 주요 공격 목표는 김일성과 최현이 이끄는 유격대였다. 1940년 9월 더 많은 병력이 중국과 한국 유격대 토벌 작전에 착수했다. 그 작전은 다음과 같이 서술됐다. "토벌작전은 1941년 3월 말까지 1년 8개월 동안 전개됐으며, 비적匪賊은 김일성이 이끄는 세력을 제외하고 완전히 말살됐다. 비적 두목들은 총살되거나 투항했다."[48]

이런 대규모 토벌은 독일이 소련을 공격하기 직전까지 2년 넘게 지속됐다. 유격대 수천 명이 소탕됐고, 이들은 1931년 만주사변 이후 일본에 학살된 20만 명이라는 추정치에 더해졌다. 김일성·김책·최현과 그 밖의 북한 핵심 지도자들 그리고 물론 수많은 중국인 지도자는 살아남았다.

이런 유격대는 "관동군에게 큰 위협이었는데, 그것은 관동군이 소련 공격작전 수행에, 특히 동만주의 결정적인 주요 전투에 투입될 예정이었기 때문이다"라고 전직 일본군 장교들은 말했다. 동일한 자료에서는 만주 유격대는 소련으로부터 무기나 지원을 받지 못했으며 일본군으로부터 무기와 탄약과 그 밖의 물자를 탈취했다고 지적했다.

전쟁에서 보여준 소련의 노력을 폄하하는 것은 아니지만, 이들 유격대는 자신들이 일본의 북진을 막고 1941년 두 전선에서 벌어진 전투에 참전함으로써 소련을 도왔다고 생각했다. 그들이 1945년 8월 만주와 한국에서 소련이 치른 희생을 불신의 시각으로 바라봤다는 것은 놀라운 일이 아니다. 이런 경험은 이후 줄곧 소련과 북한의 관계를 갉아먹었고, 1980년까지도 두 정부는 누가 한국을 해방시켰는가 하는 문제를 둘러싸고 신경전을 벌였다.

전후 북한에는 소련의 존재가 무겁게 남아 있었지만, 북한 내부 자료를 보면 그때도 이런 시각이 있었음을 알 수 있다. 1950년 5월 조선인민군 부대에서 실시된 한 강의 개요에서는 김일성 유격대가 마주쳤던 두 가지 중대한 난관을 들었는데, 적대 세력인 일본이 강력했다는 것과 "국제사회의 무장 지원이 없었다"는 것이었다. 1950년 1월에 실시된 비슷한 강의의 개요에서는 1945년 독일이 항복한 뒤 일본은 미국·영국·중국을 포함한 "전 세계를 상대로 싸웠으며" "이런 상황에서 소련은 (…) 8월 8일 일본에 선전포고했다"고 언급했다. 내무부가 남한의 선전원들을 위해 작성한 비밀문서는 소련의 공헌보다 김일성의 투쟁을 더 높이 평가하면서, 소련은 일본을 무찌르는 데 주도적 역할을 했지만 8월 8일에야 참전했다고 지적했다. 중국 공산주의자들과 함께 옌안에서 투쟁한 최창익은 1947년 "국내외의 한국인은 일본 제국주의를 타도했다"고 분명히 말했다. 그는 한국이 최종 해방되는 데 소련의 역할을 인정한 뒤 "물론 한국 인민이 반세기 동안 일본과 싸운 것은 사실"이라고 말했다.[49]

한국 분단에 소련이 관여한 것 또한 간접적 비판이나 무리한 설명의 대상이 됐다. 김일성은 1948년 4월 2차 전당대회에서 한국은 "어쩔 수 없는 국제 정세와 군사적 필요성 때문에" 38도선에서 분단됐다고 보고했다. 1948년 조선노동당 중앙당학교에서 수동手動으로 인쇄해 발행한 강의 개요에서는 소련과 미국은 동맹국일 때 서로 합의한 조건에 따라 한국을 점령한 뒤 일본의 무장을 해제하고 추방했으며 그 밖에는 "다른 목적이 없었다"고 말했다.[50] 그러나 홍보 자료에서는 민족 분단의 책임을 미국에게만 두면서 비난했다.

북한 지도부의 입장을 생각해보면 소련이 한국의 해방에 관여한 것을 상당히 다른 시각에서 볼 수 있으며, 어째서 1960년대와 1970년대 북한이 소련의 지원을 거의 언급하지 않았는지 그리고 소련이 1930년대와 1940년대 만주의 역사에서도, 김일성과 그 밖의 유격대 지도자의 역할을 철저히 무시하는 것으로 응답했는지 그 까닭을 부분적으로 설명해준다.

물론 이 모든 것은 1940년대 후반 스탈린과 소련에 대한 역겨운 과찬의 연막 뒤에 가려져 있다. 남한이든 북한이든 한국인은 모두 지나친 아부에 능숙하다. 한국에 있는 외국인이 겪는 경험 중 이해 안 될 정도로 찬사받는 것만큼 평범한 일도 없지만, 그중에 진지한 것은 드물다. 그러나 스탈린의 경우를 보면, 그는 나치를 물리친 업적 때문에 1940년대 후반 위신이 크게 올라섰고 수많은 추종자가 그를 숭배했다. 북한도 이에 기꺼이 동참하리라는 것은 충분히 예상 가능했다. 그것은 그들이 자신의 지도자를 대우하는 방법이기도 했다.

이를테면 이승엽은 스탈린의 70세 생일에 그를 이렇게 표현했다. "우리 해방의 은인, 우리의 북극성, 우리의 위대한 교사, 우리의 친구, 우리 인민은 그를 진심으로 존중하며 무한히 사랑한다." 이런 종류의 과도한 아첨은 몇 단락 더 이어진다―그리고 그것은 천여 개 가운데 뽑은 한 예일 뿐이다. 김일성은 그런 표현을 거의 들어보지 못했고, 그의 가까운 동지들도 마찬가지였다. 이승엽은 남로당파였고, 그와 비슷한 사람들은 한국인이라면 거의 믿지 않을 허튼소리로 스탈린의 환심을 살 임무가 있거나 소련과 가까워져서 김일성과 경쟁하려고 했을 것이다.[51] 스탈린과 김일성의 초상이 북한 전역에 걸렸다. 두 사람은 정부 청사, 기차역, 당 회의장에서 굽어봤다. 1940년대의 이런 스탈린 숭배는 북한에만 독특하게 나타난 현상이었는가?

마오쩌둥은 1950년 2월 17일 기차로 모스크바를 떠나면서 스탈린을 "세계혁명의 스승이자 중국 인민의 가장 가까운 친구"라고 불렀으며, 소련의 경험은 중국에 "모범이 됐다"고 말했다. 중국인은 중국 인민이 스탈린을 "진심으로 사랑하며 존경한다"고 자주 말했다. 중화인민공화국이 수립되기 전에도 마오쩌둥과 스탈린의 초상은 북한과 마찬가지로 어디나 걸려 있었다. 그리고 중국공산당의 문화 분야 주요 인물인 궈모뤄郭沫若는 한국인의 아첨을 넘는 스탈린 찬송가를 썼다.[52]

그러므로 지금 돌이켜보면 소련과 북한의 관계는 대체로 생각해온 것보다 좀더 복잡하고 불편했다고 생각된다. 일종의 꼭두각시가 아닌, 서로를 의

심하는 두 동맹의 조심스러운 이중주, 이것이 딱 맞는 이미지다. 이것은 북한의 또 다른 대외관계인 중국과의 관계를 살펴보면 훨씬 또렷해진다.

11장

북한의 대중 관계

일성 동지는 늘 우리를 가르치고, 대중 속으로 내려가 바라본다. 그는 대중과 함께 가면서 그들의 의견을 듣고 그들의 명령을 학습하며 일반적 지시를 구체적 지도와 결합한다.

_김창만

조선인민군과 처음 교전하게 된 미군 부대는 조선인민군이 소련의 표준적 보병 전술과 기습 측면공격, 그리고 포위 전술이 결합돼 있는 것을 깨달았다. 그들은 정면 전투에 대비했지만 포위에 빠졌을 뿐이었다. 미군 병사들은 마주친 적을 파악하지 못한 상관의 근시안적 지휘에 목숨을 잃었다. 조선인민군은 소련군의 전술과 중국 공산 세력의 전투 방식을 혼합했다. 그러나 이것은 전체적 현상의 한 측면일 뿐이었다. 무엇보다 북한의 공산주의는 북한적이다. 그리고 중국에서 대부분을 배웠지만, 소련으로부터는 원하는 것만 받아들였으며 반드시 해야 하는 것만 했다. 어느 정도 망설이기는 했지만 북한이 중국의 여러 사항을 모방했다는 것은 북·중 관계를 장기적 관점에서 파악하면 예상할 수 있는 사항이다―북한은 중국을 모방하는 것은 어느 정도 용인했지만 그 밖의 나라를 모방하는 것은 철저히 반대했다.

많은 부분에서 북한은 고유한 것과 중국의 영향을 받은 것이 혼합돼 있었다. 이런 측면은 모두 완전히 예상할 수 있는 것 같지만, 문헌을 뒤져보면 거기에 관련된 단어 하나도 찾기 어려울 것이다―적절한 정보 판단이 이뤄졌다면 군과 대통령도 한국의 정세에 대비할 수 있었을 것이다. 한국전쟁에는 수많은 "숨겨진 역사"가 있지만, 북한의 대중對中 관계는 그 가운데서도 가장 중요하다. 미네르바의 부엉이는 황혼에 날지만, 무지와 그릇된 생각의 공백에서는 날개를 펼 수 없다. 1950년 가을 이전, 곧 미국이 중국과 북한의 의도를 잘못 파악한 중대한 실수를 저지른 시점에서 파악할 수 있는 역사는 그 정도였다. 그러므로 문제는 "잘못된 정보"가 아니라 첫째, 북한에서는 중국의 영향이 소련의 영향보다 컸다는 사실을 이해하지 못한 것이었다. 둘째, 혁명적 호혜주의의 관계는 북한과 중국을 결부시켰다. 셋째, 그런 관계는 매우 강고해 현재의 관점에서 돌이켜보면 역사가는 중국이 한국전쟁에 개입하지 않았을 이유를 설명하는 데 어려움을 느낄 정도다.

중국이 북한에 개입한 사실이 확실히 인식되지 않은 까닭은 평범하다. 북한은 김일성의 신화를 온전히 보전하기 위해 중국과의 관계를 숨기려고 했기 때문이다. 소련은 중국의 영향력을 몰아내려고 했기 때문에 눈에 띄지 않게 침투할 필요가 있었다. 남한 학계에서는 김일성이 소련의 꼭두각시라는 학설을 견지하고 있다. 1970년대까지 하나의 체제로 뭉친 공산주의라는 관념을 고집한 미국인들은 중국의 영향력에 의문을 제기하지 않았다.

이 장에서는 국공 내전에 참가한 수만 명의 한국인 "의용군"이 김일성의 권력에 강력한 기반이 됐다는 것을, 김일성은 이 세력에 두려움을 품었기 때문에 갑산甲山의 유산을 강화하고 빛내려고 했다는 것을, 김일성과 그의 측근들은 중국에서 나타난 여러 상황을 표절에 가까울 정도로 모방했다는 것을, 대륙에서 중국공산당이 승리한 것은 한국에 대단히 강렬한 영향을 줬다는 것을, 끝으로 중국의 영향력은 한국전쟁이 일어나기 전 소련의 영향력과 경쟁했다는 것을 보게 될 것이다.

미국 정보 문서에 언급된 몇 가지 사항에 따르면, 미국은 1950년 6월 이전 북한의 상황을 어느 정도 파악하고 있었다. 이를테면 CIA는 한국전쟁이 일어나기 일주일 전 북한의 의도를 파악하면서 소련은 전면전의 위험 때문에 자국군을 한국에 투입하기를 바라지 않으며, "북한에서 중국의 영향력을 제한하고 통제하려는 의도를 갖고 있으며 이것은 정규 중국 공산군을 한국에 투입하는 것을 승인하는 데 불리하게 작용할 것"이라고 예측했다.[1] 그 문서는 소련이 중국의 영향력을 "제한하고 통제"하려고 한다는 것은 옳게 파악했지만, 소련이 상황을 결정할 수 있는 힘을 가졌는가 하는 측면은 잘못 파악했다.

CIA의 가장 강력한 맞수인 윌러비 장군은 그리 통찰력 있는 인물이 아니었다. 1948년 그가 이끈 G-2는 애나 루이즈 스트롱이 휴 딘에게 보낸 일반적인 내용의 편지들로 구성된 「극동 지역의 공산주의자」라는 문서철을 만들었는데, 이것을 연합국 최고사령부가 입수했다. 윌러비는 두 사람 모두 공산주의자로 봤으며, 그런 자신의 편견에 근거를 대지 않았다. 그 편지는 1947년 스트롱이 북한을 방문한 것과 관련된 내용이었다. 스트롱은 여러 흥미로운 관찰을 하면서 이렇게 말했다. "소련 외교기관은 중국 공산주의자를 승인되지 않은 비합법 정권으로 취급하면서 그들을 계속 봉쇄하고 있으며, 그 결과 북한은 자국과의 국경 지대에서 벌어지고 있는 거대한 내전이나 마오쩌둥 사상과 직접 접촉하고 있지 않다."[2] 소련과 중국의 이런 긴장 관계가 폭로됐지만 윌러비는 당황하지 않고 자신이 거느린 G-2에게 검열을 지시하고 그 편지의 일부를 일본에서 발표하려는 딘의 시도를 저지했다.

그러나 스트롱은 북한이 중국 혁명이나 마오쩌둥 사상과 접촉하지 않았다고 잘못 파악했다. 지금은 언급되지 않지만, 이를테면 1930년대 김일성이 중국공산당원이었다는 증거는 1940년대에 찾기 쉬웠다. 김일성의 배경과 관련된 정치 강의 원고에서는 그가 1931년 중국공산당에 가입했고 일본에 저항하는 가장 좋은 방법으로 중국인과 "긴밀한 관계"를 형성했다고 말했다. 그 원고에서 소련 관련 서술은 소련이 1941년 유럽 전선에 참전한 뒤부터 나온다.[3] 허헌의 딸 허정숙은 1946년에 출판된 중요한 연설(1940년에 했다)에서 김일성은 "한국 인민의 위대한 혁명 전통"을 체현한 "민족 영웅"이라고 말한 뒤, 마오쩌둥을 중국의 "위대한 지도자"로 상찬했으며 한국의 운명은 중국 공산주의자의 운명과 긴밀히 연결돼 있다고 말했다.[4]

김일성은 자신의 초기 전기를 쓴 한재덕에게 1930년대 자신과 동지들은 중국과 통일성을 높이려고 늘 노력했으며, "중국 의용군" 창설을 언급하면서 자신의 유격대는 1932년에 가입했다고 말했다. 1947년 중국공산당 창당 26주년 관련 북한의 보고서에서는 소련 자료보다 훨씬 많은 찬사를 동원해,

중국 혁명은 "마오쩌둥 사상의 영도 아래" 이뤄졌고 지난 사반세기 동안 "그의 사상과 노선이 옳았음"이 증명됐으며, 마오쩌둥 사상은 이제 중국공산당을 "이끄는 사상이자 당의 모든 활동의 지침이며 (…) 역사의 중요한 이정표"라고 말했다.[5]

그러나 1949년까지 중국의 영향력은 소련 이론가들의 눈을 피해 침투했다. 그리고 그렇게 한 것은 김일성과 그 동지들이었다. 1947년과 1948년 무정 같은 일부 연안파는 쇠퇴했다.[6] 소련이든 김일성이든, 아니면 둘 다이든 무정의 개인적 영향력 그리고 주더朱德 같은 유력한 중국의 군사 지도자와의 친밀한 관계를 두려워했다. 그 대신 중국의 영향력을 침투시킨 주요 인물은 김창만이었는데, 그는 김일성의 연설문 작성자이자 출판물에서 김일성을 "일성"이라는 이름으로 부를 수 있던 두세 사람 가운데 하나였다. 김창만은 1947년 중국과 관련된 이념적 주제가 나타나는 데 중요한 역할을 했으며, 1960년대 초반 중·소 분쟁에서 북한이 중국을 노골적으로 편들었을 때도 그랬다.[7]

마오쩌둥주의 강조는 1947년 여름 김일성의 독자적 지도 방법이 등장한 것과 정확히 같은 시점부터 시작됐다. 김일성은 북조선노동당 창당 1주년 기념일에 당 간부는 "인민 속에 있고, 인민의 이익을 자신의 이익으로 생각하며, 인민의 필요와 요구를 모아 인민을 이롭게 하는 정책을 수립하고 있다"고 말했다. 당이 "일하는 방법作風"은 "대중 속에서 생활"하고 "그들과 하나가 되는 것"(말 그대로 "군중과 한 덩어리가 되는 것")이어야 했다. 지도자들은 모두 "군중 속으로 들어가야" 하고, "개정改正"이라는 방법을 써서 오류를 바로잡아야 하며, 비판과 자아비판의 대상이 돼야 했다. 이런 내용과 용어는 중국공산당의 실천에서 직접 온 것이었다.[8]

계속해서 김창만은 「이론과 실천」이라는 중요한 논문을 발표했다. 한국의 방식과 어울리게 그는 외국의 경험은 한국 자체의 경험에 비춰 유용한 것만 "흡수"해야 한다고 주장했다. 그럴지라도 외국의 경험을 배우고 흡수하는 것은 승리의 "열쇠"였다. 이것은 실제에 적용할 수 없는 "추상적이고 맹목적인" "이론을 위해서" 외국의 공산주의 이론을 배운다는 뜻은 아니었다. 그 대신 마르크스-레닌주의는 한국의 독립과 민주주의의 실제적 운동과 융합돼야 한다고 말했다. 그리고 그는 이것이 어떤 뜻인지 명확히 설명했다.

우리는 김일성 동지의 사고방식과 사업 방법을 따르고 배워야 하며, 그것을 모범이자 전형이 되도록 해야 한다. 항상 선진 과학 이론과 방법을 지침 삼아 외국의 경험을 조선 현실에 비춰 독창적으로 연구하고 활용하며, 이론과 실제를 결합해야 한다. 또한 마르크스-레닌주의의 보편적 진리를 오늘날 조선의 운동에 구체적으로 실천하고 응용해야 한다.

이 논문은 북조선노동당 이론지에 발표됐으며 "대중과의 긴밀한 연락"을 강조한 권두 논문 다음에 실렸다. 논문은 "우리는 대중을 지도하고 가르치며 대중에게서 배우는 우리 사업의 기본 원칙을 세워야 한다"고 말했다. 그리고 "우리는 군중과 하급 당원들 안으로 들어가서 그들에게 해설하고 그들의 심정을 연구하며 그들을 이끌고 목적 달성의 길로 나아가는 작풍을 세워야 한다"는 김일성의 말을 인용했다. 이런 하위 부류의 의견과 사업 경험과 혁명적 실천은 "한데 모아" 지도부로 전달하고, 다시 대중에게 되돌려야 했다. 그러면 "군중은 자각적으로 동원되고 모든 결정의 집행이 가능한 것"이었다. 대중에게 "지시"해서는 안 되지만 "하부로 내려간" 활동가도 대중의 지시를 받아서는 안 됐다—이것이 "미행주의尾行主義"다.● 그러나 같은 호에 실린 다른 논문에서는 "신민주주의"와 한국을 연결시켰다.[9]

이 글을 읽거나 언어를 독특하게 사용한 것에 주의를 기울인 사람이면 누구나 마오쩌둥 사상을 답습한다는 사실을 분명하게 알 수 있을 것이다. 어조가 동일한 부분도 있다. 그러나 마오쩌둥의 이름은 나오지 않는다. 그의 언어는 김일성의 입에 담겨 있다. 이것은 우연이었는가? 그들은 스탈린에게도 똑같이 했는가? 대답은 두 경우 모두 절대 그렇지 않다는 것이다. 김창만은 마오쩌둥의 이름은 거론하지 않으면서 그의 말투를 차용해 김일성의 입

● 인용한 논문에 따르면, '미행주의'는 "군중이 하자는 대로 군중을(원문 그대로) 뒤따르는" 것이다. 국사편찬위원회 편, 『북한관계사료집』 44, 2005, 5~6쪽.

에 전달해준 복화술사腹話術師였다. 스탈린에 대해서는 반대였다. 김창만이나 김일성 모두 스탈린을 거의 언급하지 않았으며 사상을 표절하지도 않았다. 무엇보다 마오쩌둥주의의 영향은 한국인에게 대단히 중요한 정치적 원천인 최고 지도자와 지도 방법의 핵심에 침투했다. 중국 고전에서 모범을 가져와 자국의 상황에 적용하는 것도 한국인에게는 보편적인 일이었다. 그러나 이제 고전은 마오쩌둥주의였다.

앞서 논의한 기사는 『근로자』에 게재됐지만 그다음 호의 권두 논문은 다시 마오쩌둥주의의 사상과 지도를 암묵적으로 다룬 것이었다. 그것은 북조선노동당 간부들은 "대중 속으로 들어가" 소집단 토론(담화)을 조직하고 대중으로부터 유리된 "사업 작풍"과 관료주의를 배격해야 한다고 주장했다. 「당 사업 영도 방법의 몇 가지 문제」라는 김창만의 논문은 그다음에 실려 있다.[10] 그 대부분은 대중노선과 관련된 마오쩌둥의 고전적 저작인 「지도 방법에 관한 몇 가지 문제」(1943)를 모방한 것이었다. "일성 동지가 우리에게 항상 지적하며 가르치는 바와 같이, 늘 하부에 가 보고 군중 가운데 들어가 그들의 의견을 들으며 배우라는 교시는 바로 이 일반적 호소와 구체적 지도를 통합하는 영도 방법을 배우라는 말"이라고 김창만은 썼다. 그는 핵심 지도층을 당 지부와 사업 단위에 배치하고 그 핵심을 대중과 긴밀히 결합시켜야 한다고 말했다—그럼으로써 김일성이 제시한 핵심 지도층이라는 동심원 개념과 대중노선을 연결시켜야 한다는 것이었다.

김창만은 마오쩌둥의 글을 인용하면서 "모든 집단은 세 부분으로 나눌 수 있다"고 썼는데 적극 분자, 중간 분자, 비교적 낙후한 분자가 그것이다. 첫 번째 분자를 규합해 형성된 지도부는 두 번째 분자를 선도하고 세 번째 분자를 이끈다. 핵심 지도부는 "늘 실제적 투쟁 속에서 형성돼야 한다." 그러나 훨씬 흥미로운 것은 다음 발언이다.

우리 당의 모든 실제 사업에서 무릇 정확한 영도는 반드시 "군중 가운데서 와서 군중 가운데로 가는" 것이다. 즉 군중들의 분산적이며 계통이 없는 의견들을 모으고 종합하고 연구하고 분석해 체계적인 의견으로 만들어 다시 군중 안으로 보내 해설하고 선전함으로써, 군중 스스로의 의견으로 화化하여 군중들로 하여금 그것을 지지하고 견지하게 하며, 나아가 그것을 실천하도록 하는 것이다.

이것은 모두 한 번, 두 번, 세 번, 그리고 다시 한번, 끊임없이 시도해야 했다. 이것은 이 논문의 뒷부분에서 "군중노선"이라고 불렸다.

  이것은 마오쩌둥이 쓴 대중노선 관련 고전적 저작에서 직접 인용한 것인데, 그런 사실을 밝히지는 않았다. 오히려 김일성이 그 사상을 제시한 것으로 돼 있다. 마오쩌둥 이론의 요지는 다음과 같다.

> 우리 당의 모든 실제 사업에서 올바른 지도는 "대중으로부터 와서 다시 대중으로 간다"는 원칙에 입각해서만 발전할 수 있다. 이것은 대중의 견해(곧 분산되고 체계가 없는)를 모으고(곧 신중히 연구한 뒤 종합해 체계화하는) 그렇게 얻은 결과를 가지고 다시 대중 속으로 돌아가 그들이 그것을 자신의 생각으로 받아들일 때까지 설명하고 보급하는 것이다.[11]

그러나 김일성이 마오쩌둥과 근본적으로 다른 점은 핵심 지도부를 강조한 것이다. "군중으로부터 와서 다시 군중으로 간다"는 것 대신 김일성의 원칙은 "대중에게 다가가고 대중으로부터 와서 다시 대중에게 간다"는 것이었는데, 이런 좋은 발상의 인식론적 원천은 핵심 지도부였다.

  몇 달 뒤 김일성은 북조선노동당 2차 전당대회 보고에서 대중노선과 관련된 비슷한 표현을 사용했다.

> 우리는 대중과 하급 당원 속으로 들어가는 방법을 확립해 그들에게 사업을 설명하고 그들의 심정을 연구하여 우리의 목적을 달성하도록 그들을 인도해야 한다. 대중에게 명령하는 것이 아니라 대중과 하나가 되고 그들을 가르치며 그들의 친구가 되고 그들을 인도하는 사업 작풍을 세워야 한다.[12]

"대중 속으로 들어가야 한다"는 이런 강조는 그 뒤 김일성의 지도력을 증명하는 사례로 자주 언급됐다. 대중노선이라는 표현을 사용한 것은 김일성이 최고 지도자로 격상된 것과 동일한 의미가 됐다.[13] 그러나 김창만은 대중이 "우리의 교사이며 우리의 모든 힘과 지혜와 창조력의 원천"이라고 말한 반면, 김일성의 보고에서는 마오쩌둥주의를 강조했음을 유의해야 한다. 그 대신 정책을 설명하고 최고 지도자의 목표를 구현하는 방향으로 인민을 이끄는 것에 초점을 맞췄다. 김일성의 생각은 핵심 지도부가 촉매라는 것이다. 핵심 지도부와 접촉함으로써 대중의 창조성은 촉발된다. 이런 표현에서 사용된 용어는 대체로 "접촉"인데 화학의 촉매와 같은 뜻이다.

한국전쟁을 파악하려는 독자는 이것들이 모두 약간 이해하기 어렵다고 생각할지도 모르지만 공산주의자들에게는 그렇지 않았다. 소련의 이론가는 이념적 이단에 세심한 주의를 기울였으며, 마오쩌둥 사상을 중국과 아시아의 지도 이념으로 묘사하고 그 결과 그를 스탈린과 동등한 위치에 두는 논문은 말할 것도 없고, 마오쩌둥 사상을 이처럼 강조하는 것을 즉각 적발했다. 그들의 당연한 두려움은 마오쩌둥과 그의 교의가 아시아 혁명에서 지도적 위치를 획득하는 것이었다. 그러므로 김일성을 "일성"이라고 부르고 마오쩌둥의 발언을 김일성에게 말하게 한 연안파가 1948년 침체하거나 지도부에서 실각한 것은 흥미롭다. 김창만은 한동안 사라졌다. 1947년 말 "위대한 애국자이자 영명한 지도자" 김일성을 레닌과 스탈린에 비긴 최창익도 힘을 잃어갔다.[14] 그러나 소련군이 한국에서 철수했을 때 마오쩌둥주의는 다시 강조됐고, 김일성의 지도와 깊이 연결돼 있었다.

1949~1950년 소련군 철수와 중국 영향의 유입

1948년 말 스탈린은 북한에 남아 있던 붉은 군대 2개 사단을 철수했으며, 그들은 다시 돌아오지 않았다—당시 동유럽에서 추진하던 소련의 위성국 정책과 완전히 대조적이었다. 이것은 북한 역사에서 중대한 전환점이 됐다.

소련군은 철수했으며, 중국에서 싸웠던 수만 명의 한국인은 귀국했다. 스탈린은 세계대전 동안 가톨릭의 영향력이 전 세계로 확대됐다는 보고를 받고 교황이 어떻게 그렇게 많은 군대를 가지게 됐느냐고 물었다. 1945년 그는 "영토를 소유하고 있는 사람은 누구나 자신의 사회제도를 강요한다"고 발언했다. 이 냉철한 현실주의자에게 군사력의 배치는 모든 것을 보장했다. 소련군이 철수하고 북한군과 연결된 중국이 그것을 대체한 영향을 그가 잘못 파악할 리는 없었다. 극동에서 소련 군사력의 한계와 언제 터질지 모르는 한국이라는 화약고로부터 소련을 멀리 두려는 욕망 때문에 그가 소련군을 철수했다고 생각된다. 그때 이후 김일성은 자신의 지휘를 받는 가장 강력한 군대를 보유했을 뿐 아니라 두 공산주의 강대국 사이에서 교묘히 행동할 수 있는 공간을 확보했다.

한 흥미로운 분석에서 조지 케넌은 소련의 세력권 안에서 한 나라를 장악하는 것은 이념적·정치적 통제로는 충분하지 않다며, "군사 지배의 명목이나 그런 현실"이 있어야 한다고 주장했다.[15] 소련군이 철수해 그런 현실이 끝나면 명목은 있는가? 소련과 북한의 국경에는 소련군이 주둔했다. 그러나 그 소련군은, 북한이 독자적으로 통제하며 그 지역에서는 더 규모가 큰, 중국의 지원을 받을 수 있는 북한군과 경쟁해야 했다. 이처럼 소련과 북한의 군사 관계는 위성국 형태와 달랐으며, 1955년 조약을 맺기 이전 오스트리아와도 달랐는데, 오스트리아는 그런 군사력을 보유하지 못했기 때문이다. 아마 유럽에서는 핀란드의 경우가 가장 비슷하다고 생각되지만, 그때도 북한군은 더 강력했으며 중국의 지원에 의지했다.

소련군은 북한에서 완전히 철수했다. 군대가 북한에 은밀히 남아 있었다는 증거는 없다. 소련은 북한에서 탐내던 부동항不凍港 기지를 갖게 되지도 않았다. 미군 G-2 자료는 1948년 12월 이후 북한에는 소련 군사고문만 남았다고 말했다. 100여 개의 촌락에는 1~3명 정도의 소련 민정국民政局 관리가 계속 주재했다. 한국전쟁 동안 포로로 사로잡힌 북한 해군은 동해안의 주요 항구인 원산에는 1948년 이후 소련 함정이 정박한 적이 없으며 잠수함이 입항한 적도 없다고 말했다.[16] 김일성의 측근 가운데 최창익 같은 연안파는 "우리 조국의 완전한 자주독립 실현을 촉진할 것"이라면서 소련의 철수를 높이 평가했다. 또 다른 고위 지도자 정준택은 철수는 소련이 "우리나라의 자주성을 존중한다는" 뜻이라고 말했다.[17]

이 책에서는 1947~1948년 소련의 전략이 북한과 만주, 소련 극동 지역을 아우르는 동북아시아의 다국적 영역에서 영향권을 형성하는 방향으로 나아갔다고 파악했다. 스탈린은 중국 공산주의자가 내전에서 승리할 것이라고 생각하지 않았으며, 그 대신 공산화된 중국 북부와 비공산화된 중국 남부를 기대했거나 전쟁이 길어져 결과를 쉽게 예측할 수 없는 상황을 기대했다. 어떤 상황이 전개되든 소련이 선호한 전략은 중국 동북부의 중요한 공업지역에서 소련의 지위를 유지하면서 북한의 에너지 원료, 철도, 항만과 관계를 유지하는 것이었다. 이것은 소련 전략의 핵심 목표는 아니었다. 그랬다면 스탈린은 1946년 만주에서 소련군 사단을 철수하지 않았을 것이기 때문이다. 강대국 사이의 분쟁이 일어나고 있을 뿐 아니라 소련의 주요 관심이 아닌 지역에서 정치적 영향력과 경제적 권리를 확보하려고 했다는 측면에서 그것은 제정 러시아 시대의 정책에 가까웠다.

그러나 중국과 한국 공산주의자 군대가 만주에서 국민정부군을 소탕하자 스탈린은 만주의 정세를 지배하기를 바랄 수 없었다. 중국 공산군에 있던 한국인들이 귀국한 뒤 북한의 상황도 그렇게 됐다(정보기관에서는 중국 공산군이 대부분 중국인과 한국인으로 구성된 다국적군이라고 파악했다). 그 결과 스탈린은 경제적 의존 관계와 정치적 통제를 조성하려고 했다. 전자는 원자재와 식량을 소련의 가공품과 불평등하게 교환하는 것이었고, 후자는 중국 동북부에 있는 가오강의 "독립 왕국"과 직접 교역하며 북한에서 중국의 영향력에 맞서는 것이었다. 이것은 위험이 낮은 전략으로 소련의 세계 전략에서 만주와 한국의 우선순위가 낮음을 보여준다. 그러나 1949년 중국 전역에서 마오쩌둥 사상의 지배가 견고해진 뒤 그 전략은 존속할 수 없었으며, 그런 중국의 상황은 한국 정세에 강력한 억제 효과를 가져왔다.

소련과 북한의 관계는 소련이 단추를 눌러 북한군을 명령에 따르게 할 수 있는 것이 아니었다. 아울러 북한은 1949년 "기본 원칙"에 큰 변화가 일어났는데 "외국 경제"에 종속되지 않도록 한국의 자주성을 보장한다는 내용이며 군사 관계에서도 동일한 내용이라고 발표했는데, 우회적인 표현이지만 그 의미는 명확했다.[18] 이런 현실은 동아시아와 관련된 현대 소련 문헌에 반영됐다고 여겨지는데, 거기에는 1940년대 김일성이나 마오쩌둥에 대한 언급이 없으며 "[한국에서 전개한] 항일활동은 대부분 도시에서 일어났다"고 지적하면서 김일성의 항일활동을 폄하했다.[19]

소련군이 철수한 뒤 북한에 나타난 정말 큰 변화는 중국과 연결된 군대가 붉은 군대를 대체하고 그 뒤 필연적으로 중국의 영향력이 몰려왔다는 것이다. 중국 본토의 전쟁에 한국인의 참전이 늘고, 그런 한국인들이 1948~1950년 귀국했다거나 그런 사건들이 한국전쟁이 마침내 일어나는 과정에서 특별히 중요했다고 기록한 문헌은 거의 없다. 그러므로 그런 측면은 자세히 다시 살펴봐야 한다.

중국의 한국인 군대는 1930년대 만주나 옌안에서 싸운 다양한 부대에서 비롯됐다. 1940년대 후반까지 살아남은 두 부대는 조선의용군과 이홍광 지대支隊였다. 이홍광 지대는 1935년 만주에서 죽은 한국인 유격대원의 이름에서 따왔다. 일부 자료에서는 조선의용군은 1946년 4월 이름을 폐지하고 1930년대 사용된 이름과 비슷한 동북민주연군東北民主聯軍의 한국인 부대에 통합됐다고 서술했지만 조선의용군이라는 이름은 그 뒤에도 계속 사용됐다. 조선의용군은 1941년 창설됐지만 1945년 8월까지 300~400명 정도로만 유지된 것으로 보인다. 그러나 일본군에서 제대한 한국인 병사들이 가담하고 국공 내전이 확대되면서 그 규모는 급속히 커졌다. G-2 자료에는 국민당이 그 장악 지역에서 한국인 주민을 학대(내전이 끝난 뒤 보복하기 위해 그들을 일본인과 똑같이 취급하면서)했으며, 그것은 "내전에서 가장 큰 희생을 불러온 실책 가운데 하나"로 그 결과 많은 한국인이 공산군에 가담하게 됐다고 언급되어 있다.[20]

김일성은 중국공산당의 승리가 엄청난 전략적 축복이라는 사실을 인식했다. 그래서 1947년 초반 수만 명의 북한군을 파병해 마오쩌둥과 협력해 싸웠으며 기존의 한국인 부대를 사단 규모로 확대했는데, 그 "의용"군은

1950년 가을 중국 "의용군"의 호의에 미리 보답한 것이었다. 이런 조처는 중국공산당이 위기에 빠졌을 때 이뤄졌다. 윌리엄 휫슨에 따르면 1947년 3월 인민해방군의 사기는 "모든 전선에서 거듭 패배하고 큰 손실을 입어 매우 낮았으며" 국민정부군의 적극적 공세는 "전쟁 전체의 결과가 어떻게 될지 모른다"는 것을 뜻했다.[21] 김일성이나 소련은, 서로 전략이 달랐기 때문에 예측할 수 있었다고 생각되는데, 중국 공산군에게 식량과 원자재를 제공했으며, 만주에서 싸울 부대를 재편하고 휴식과 오락을 누릴 장소로 북한을 개방했다. 중국과 북한의 국경 도시인 안둥安東과 신의주는 공산군 병사의 주요 교대 지점이 됐다.

서울과 도쿄의 미군 정보기관은 그 뒤 오랫동안 이런 국경을 넘은 연결망을 매우 주시했다. 그러나 영국 정보기관이 더 나았는데, 공산주의자 사이의 단일한 통합을 당연하게 받아들이지 않았기 때문이다. 첩보 자료를 기밀로 엄격히 취급하는 영국의 정책 때문에 이 문제와 관련해 열람할 수 있는 자료는 거의 없지만, 그 자료들은 1940년대 후반 동북아시아 권력관계의 실상과 국공 내전에서 한국인이 세운 공헌을 상당히 잘 알려준다.

명석한 관찰자인 R. S. 밀워드는 1948년 중반 한국인들은 중국에서 "전투 경험을 쌓고 있다"고 말했다.[22] 영국 정보기관은 1946년 12월과 1947년 1월 북한의 모든 철도망은 중국 공산군 부대를 이동시키는 데 사용되고 있으며, 북한은 중국 공산군에게 "믿을 수 있는 후방 지역"으로 곡물을 비롯한 물자와 휴식·여가, 많은 부대의 숙영지를 제공한다고 보고했다. G-2 자료에서도 "중국 국민당이 만주로 가장 깊숙이 침투한 기간 동안 북한은 중국공산당과 안전하게 통신할 수 있는 지역이었다"고 지적했다. 1947년 5월 인민해방군은 북한에서 병사를 숙영宿營시키고 북한의 곡물·광물과 중국의 가공품을 교환했다. 아울러 흥남의 대규모 화약 제조 공장에서 생산된 제품, 특히 다이너마이트와 도화선은 선박을 이용해 중국으로 수송됐다.[23]

미 군정청 정보부는 1947년 초반 한·중 국경의 군대와 물자 이동을 주시하면서 1946년 10월 국경도시 안둥이 함락된 때부터 그런 협력이 시작됐다고 파악했으며, 1947년 5월 무렵 만주의 중국 공산군의 15~20퍼센트가 한국인이라고 추정했다. G-2는 1946년 후반 북한 지역의 군대는 급속히 늘었으며 만주에서 춘계 공세를 준비하고 있다고 파악했다. 김책이 지휘하는 3만 명 정도의 북한군이 1947년 4월 만주로 이동했다. G-2 자료에서는 징강산井岡山에서 마오쩌둥·주더와 합류해 대장정에 참여한 한국인 유격대 지휘자 무정을 한국인 6명, 중국인 6명, 소련인 2명으로 구성된 군사합작위원회의 북한 대표라고 파악했다. 군사합작위원회는 한·중 국경 사이의 군대와 물자 이동을 모두 통제했다.[24] 한국인과 중국인 위원의 숫자가 같은 것은 중국인과 한국인이 만주에서 전개한 항일 투쟁의 공헌이 비교적 동등했음을 반영한다.

또한 한 보고서에 따르면 북한과 중국은 1947년 5월 17일 "방위" 협정을 체결하면서 북한이 중국을 지원하는 수준과 중국군이 북한에 숙영할 수 있는 권리를 명시했다. 숫자는 많지만 더 믿을 만하지는 않은데, 그 뒤 보고서들은 1949년 3월, 곧 김일성이 모스크바를 방문한 때 북한과 중국은 상호 방위 협정을 비밀리에 체결했다고 말했다. 라디오 타이베이에 따르면 1950년 7월 옛 군벌 옌시산閻錫山은 자신의 공작원이 산시山西 전투에서 노획한 비밀 자료에서 "북한 공산당과 중국공산당 사이의 비밀 협정이 드러났다"고 말했다. 그 자료에서는 북한군 7만 명을 중국으로 파견하도록 요청하고 중국은 그 대가로 침공에서 필요할 경우 중국군 20만 명을 파병하기로 약속했다.[25]

G-2는 최용건의 의미심장한 발언을 인용했다. 1947년 5월 10일 중국 공산군 한국인 지도자들의 회합에 참석한 뒤 미국에 제공한 것이다. "한반도는 곧 우리가 차지할 것이다. 현재 국민당을 만주에서 몰아내고 있는 동북민주연군東北民主聯軍에 내 병사가 없는 부대는 없다. 만주의 군사작전이 끝나면 이 부대는 경험 많고 잘 훈련된 군사가 될 것이다. 미군과 소련군이 철수하면 우리는 즉시 [남]한을 해방시킬 수 있을 것이다."[26]

인민해방군의 전력 편성과 관련된 1947년 7월의 첩보 문서에서는 조선의용군과 무정이 지휘하는 "한국인 1개 종대縱隊"가 만주의 수란舒蘭에 주둔하고 있다고 보고했다. 조선의용군은 옌지延吉에 사령부를 두었으며 강신태姜信

〈사진 8〉 민족보위상 최용건, 1948년.

泰가 지휘한다고 적었다. 한국에 주재하던 미국인 무관은 당시 만주에서 참전한 한국인은 모두 7만 명 정도될 것으로 추정했다.[27]

이홍광 지대는 북한으로 돌아와 1948년 2월 8일 조선인민군 창군대회에서 인민군과 통합했다. 그때 지대의 병력은 1만 명으로 추산됐다. 이홍광은 1935년 사망했지만 중국 국민당은 그 사실을 알지 못했다. 국민당은 그가 만주의 한국인 부대를 지휘하고 있으며 1950년 8월 회의에 참석할 것이라고 생각했다. 노획 문서에는 이 부대가 마르크스·엥겔스·마오쩌둥·김일성의 사진을 들고 행진하는 사진이 있다. 이홍광 지대가 남긴 군사 교본에는 마오쩌둥의 「자유주의에 반대한다」는 글과 그가 쓴 대중노선과 군사 원칙 관련 논문 2편, 류사오치가 쓴 논문 9편 그리고 1942년 전개된 옌안 정풍整

風운동의 표적인 왕스웨이王實味를 비판한 글이 한국어로 번역돼 실렸다. 중국군이 한국전쟁에 참전했을 때 『런민일보人民日報』는 이 지대가 항일 전쟁과 내전에서 세운 공헌을 특별히 언급했다.[28]

그 지대의 핵심 장군 가운데 한 사람은 방호산方虎山으로 나중에 한국전쟁에서 두드러진 기록을 남겼다. 그는 황푸군관학교黃埔軍官學校를 다녔고 적어도 1933년부터 중국공산당원이었다. 그는 옌안 조선혁명군정학교 교관이었는데 거기서는 "이춘복"이라는 이름을 썼다. 그 뒤 그는 이홍광 지대를 비롯한 여러 부대와 함께 만주와 중국 북부에서 폭넓게 참전했으며, 대부분 한국인으로 구성된 인민해방군 제166사단 지휘관이 됐다. 제166사단은 조선인민군 제6사단의 기반이 됐다. 미국 자료에서는 방호산을 명석하고 규율을 중시하며 조선인민군에서 높이 존경받는 인물이라고 평가했다.[29] 또 다른 지휘관 김웅金雄도 황푸군관학교에서 공부했다. 로이 애플먼은 그를 "탁월하고" "정력적이며 엄격한 군인"이며 조선인민군 지휘관 가운데 가장 뛰어난 인물이라고 평가했다.[30]

조선인민군을 지배한 것은 소련계 한국인이 아니라 중국에서 참전한 인물들이었다. 물론 무정은 뛰어난 항일 경력을 지녔고 인민해방군에 오래 몸담았지만 한국전쟁이 시작되기 전까지는 고위직에 오르지 못했는데, 주요 이유는 김일성을 위협할 존재로 여겨졌기 때문이었다. 헌신적 애국자였지만 풍모는 거칠었고 정치 감각도 뛰어나지 않았다는 측면에서 그는 북한의 김구라고 할 만했다. 내무상이자 김일성의 측근인 박일우는 중국에서 삶의 대부분을 보냈다. 그는 옌안의 조선혁명군정학교 부교장을 지냈으며 그 뒤 무정을 도와 조선의용군을 재편했다. 1948년 4월 당시 조선인민군 제3사단 최고 지휘관은 방호산·왕자인·홍림·노철용이었는데 모두 중국에서 오래 참전한 인물이었다. 또 다른 중국 공산군 출신인 최덕조는 진남포의 조선인민군 서부 사령부를 지휘했다. 그는 팔로군 중위였던 것으로 확인됐으며, 그의 참모 곽동서도 조선의용군으로 참전한 경력을 지녔다. 중국과 연합한 또 다른 한국인 박효삼도 황푸군관학교 출신이었다. 중국 공산군 출신의 조선인민군 지휘관에는 이호·한경·오학영·지병학·최아립·김광협·이익성·최광이 있었

〈사진 9〉 중국 인민해방군의 한국인, 1947년 무렵.

다. 김일성과 마찬가지로 이들은 대부분 30대였다. G-2 자료에서는 조선인
민군 장교 80퍼센트 이상이 중국에서 참전했다고 판단했다.[31] 물론 여기에
는 1930년대부터 중국군과 함께 만주에서 활동한 유격대는 포함되지 않았
다. 그들은 김책·최용건·김일 그리고 당연히 김일성이다. 현재는 조선인민군
수뇌부의 거의 모든 명단을 알 수 있는데, 그들은 모두 중국과 공동 투쟁에
참여한 인물이다. 소련군 출신의 고위 장교가 있다는 증거는 없다. 중국에서
싸웠던 한국인 부대는 1948년부터 1950년 가을까지 조금씩 귀국했다. 전
체 숫자는 적어도 10만 명이었다. 한국인들은 1950년 5월 하이난섬의 "마
지막 전투"까지 내내 싸웠다. 이런 사실은 거의 알려지지 않았다. 극비 정보
사용을 허가받은 공식 자료에서도 그것은 스치듯 언급할 뿐이다.[32] 1979년
내가 아시아학회Association for Asian Studies의 한 토론회에서 국공 내전에 한
국인이 관여한 사실을 발표하자 1940년대의 중국 관련 연구를 선도하는 미
국인 학자 가운데 한 사람은 한국인이 참전한 사실은 들어보지 못했다고
말했다. 중국 공산군의 한국인을 감시하는 정보 요원이 도쿄·서울·타이베
이에 있었지만, 워싱턴은 그들의 보고를 무시한 것 같다. 그러나 그런 보고

덕분에 여러 민족으로 구성된 중국 공산군은 맥아더와 윌러비에게 잘 알려졌으며, 그것은 압록강 국경이 고려할 가치가 있는 유일한 지역이 아니라고 그들이 생각하게 된 여러 이유 가운데 하나였다.

전체 숫자는 자료마다 다르다. 1940년대 후반 정보기관의 판단과 나중에 전쟁 포로에게서 얻은 정보는 여러 흐름을 확인해준다. 1948년 2월 조선인민군이 창설될 때 이홍광 지대에서 1만 명이 귀국했고, 1949년 7~10월에는 3~4만 명이, 1950년 2~3월에는 4~5만 명이 돌아왔다. 인민해방군 제164사단과 제166사단에 있던 한국인은 1949년 국경을 넘었으며 조선인민군 제5사단과 제6사단의 근간이 됐다. 귀국자가 도착했다는 여러 보고가 1949년 10월 정보기관 통신망을 거쳐 들어왔는데, 1950년 2월 제16군 제155사단이 돌아와 조선인민군 제7사단이 됐으며 중국에서 돌아온 비정규 부대는 1950년 3월 새로 창설된 제10사단이 됐다.[33]

일부 자료에서는 한국인은 제4야전군에만 소속됐으며 모두 14만5000명이라고 밝혔다. 린뱌오가 지휘한 제4야전군은 물론 인민해방군의 정예부대로 만주에서 남하하면서 한번도 패배하지 않았다. 중국 국민당은 만리장성 이남에서 한국인 5만 명이 참전했다고 추산했다. 20만 명으로 본 자료도 있는데, 이런 차이는 중국의 소수민족 거주 지역인 간도의 한국인까지 포함하고 압록강을 오간 부대를 두 번 계산한 결과로 생각된다. 전체 숫자는 10만~15만 사이로 여겨진다. 조선인민군의 전체 병력은 1950년 6월 무렵 9만 5000명 정도며 그 가운데 4만~5만 명이 중국에서 참전한 경력을 지닌 것으로 정보기관은 파악했다. 이것은 한국전쟁이 시작됐을 때 북한군은 예비역이나 중국에 있던 병사가 더 많았다는 뜻이다.[34]

전쟁 포로에 대한 심문과 한국전쟁 동안 정비된 전력 조성 자료를 보면 중국 공산군의 한국인은 중국에 있던 조선의용군, 이홍광 지대, 동북민주연군, 북한에서 파견된 한국인 부대, 만주 자무쓰佳木斯와 룽칭춘龍井村에 있던 군사훈련학교 졸업생 등이었던 것으로 나타난다. 전쟁 과정에서 축적한 이런 자료는 총인원을 그래도 적게 잡고 있다고 생각되는데, 중국 공산군 출신 병사는 1950년 상당히 이전에 조선인민군에 편입됐기 때문이다.

중국 공산군에 있던 한국인 병사의 일기에는 중국과 한국에서 겪은 경험이 섞여 있다.[35] 한 병사는 일기 표지 앞뒤에 마오쩌둥과 주더의 사진을 붙여놓았다. 그는 중국어로 일기를 쓰다가 1950년 봄 중국에서 한국으로 이동하면서 한국어와 중국어를 혼용해 썼다. 그는 북한과 김일성에 충성을 맹세하는 글을 써놓았다(한국인 장교는 중국인 장교보다 평등주의적 태도가 부족하다고 불평하기도 했다). "나는 조선민주주의인민공화국 시민으로서 조국에 엄숙한 의무가 있다. 그래서 나는 조선인민군에 입대해 조국과 인민 그리고 민주주의적 인민 정부에 충실히 헌신할 것이다. 나는 위대한 조상 앞에서 이것을 엄숙히 맹세한다. 서약을 어기면 인민재판에서 엄중한 처벌을 받을 것이다." 맹세는 계속됐다. "인민에게 봉사하는 것이 가장 영광스러운 임무다." 우리는 "우리 공화국의 자유와 경애하고 존경하는 수령 김일성 장군을 위해 싸운다."

　　제4야전군에 소속된 김호일이라는 군인은 1947년 중국 공산군에 들어가 베이징부터 광둥廣東까지 참전했다. 1950년 2월 후난성 창사長沙에 배치된 그는 북진하라는 명령을 받았다. 그는 1950년 3월 17일 안둥에서 압록

〈사진 10〉 만주에서 행진하는 이홍광 지대, 1947년 무렵.

강을 건넜는데, 그날 밤 군복을 갈아입었다. 그는 1950년 10월 17일 한반도 북부 지방에서 전투를 벌이다 사로잡혔다. 전재로는 중국에서 참전한 뒤 평양으로 돌아와 김일성이 태어난 곳인 만경대萬景臺에 있는 제2중앙정치학원에서 조선인민군 1200명과 함께 수학했다. 그 학생들은 졸업하면서 소위로 임관했다. 전재로는 1950년 6월 16일까지 진남포의 조선인민군 제4사단에 배치됐으며 그날 그 사단은 38도선 근처인 연천으로 진군해 6월 20일에 도착했다. 그는 8월 중순 부산 방어선 전투에서 사로잡혔다.

다른 노획 문서도 이런 중국 경험의 영향을 보여준다. 조선인민군의 한 참모는 1949년 『손자병법』을 한국어로 옮겨 출간하고 1950년 국공 내전에 관한 문서를 편찬했다. 남한 지역의 유격대는 유격전에 관한 마오쩌둥의 저작에 가짜 표지를 씌워 지니고 다녔다. 병사들이 마오쩌둥의 "8개 주의 사항"(바늘 하나도 훔치지 마라, 받는 것은 모두 대가를 지불하라 등)을 마음에 새기고 다녔기 때문에 김일성도 "7개 주의 사항"을 제시했다고 생각된다.[36]

이처럼 10만 명 넘는 북한군이 국공 내전에서 싸웠으며, 1950년 9월, 수적으로 열세가 될 때까지 남한군을 격파하고 미군에게 굴욕을 느끼게 하는 전투 경험을 얻었다. 이것과 동일하게 중요한 것은 북한이 중국 혁명에 이처럼 피 흘려 기여했기 때문에 미군이 압록강으로 진군하는 동안 중국의 도움을 강력히 요청할 수 있었다고 생각된다.

군대 통제라는 문제

소련군이 철수하고 수만 명의 장교와 병사가 중국에서 돌아온 뒤 김일성과 만주 유격대 동지들은 자신들의 권력을 향한 커다란 도전과 마주쳤다. 1946년 김일성이나 소련 또는 둘 다, 조선의용군이 무기와 장비를 지니고 북한으로 들어오는 것을 허가하지 않았다는 것을 지적할 필요가 있다. 그 대신 그들은 조선의용군에게 중국에서 계속 싸우라고 요구했다. 대체로 이 것은 김일성이 무정과 그 밖의 연안파를 두려워한 결과라고 해석됐다. 그러나 중국과 연관된 한국인의 입국을 소련이 막았을 가능성도 높다. 그 뒤 김일성은 연안파와 협력하는 데 거의 어려움을 보이지 않았으며, 앞서 본 대로 일부 연안파는 1947년 마오쩌둥 사상을 북한에 맞도록 변형할 때 김일성이 자문한 인물이었다. 1930년대 김일성 자신이 중국공산당원이었음을 감안하면, 소련은 김일성 세력과 연안파의 제휴를 두려워했다고 생각된다. 소련군이 철수하자 김일성과 그 세력은 중국공산당의 한국인들을 귀국시켰다.

이런 무장군대는 어떤 정치 지도부에게도 위협이 됐을 것이다. 김일성과 그 세력이 상부에서 지배력을 유지했는지 살펴보는 것은 매우 흥미롭다. 한 가지 측면은 이미 언급했는데, 조선민주주의인민공화국뿐 아니라 김일성에게도 충성을 맹세하고, 위반할 경우 인민재판에서 처벌하며, 김일성이 태어난 곳에 장교 양성소를 설치해 중국 공산군 장교들이 "아버지 수령의 가슴"을 마음에 품고 졸업하게 하는 것이다. 김일성의 수법 가운데 상징적인 것 하나는 청년, 특히 당과 군사 훈련생, 사망한 유격대와 장교의 고아 가운데 선발한 사람을 김일성의 고향 근처에서 강력한 부계적 방식으로 양육하고 교육하는 것이었다. 그 결과 그들은 모두 사실상 그의 자녀가 됐는데, 이것은 한국인의 마음 깊은 곳에 자리 잡은 효도의 의무라는 원천을 이용하고 그 의무의 대상을 가정에서 김일성, 나아가 국가로 옮긴 것이다.

좀더 중요한 측면은 김일성이 권력과 만주 유격대의 정통성의 상징으로 홍보된 것이었다. 동시에 갑산 유격대의 전통은 오늘날까지도 북한의 주요한 역사 주제와 모범이 됐다. 보통은 김일성과 스탈린의 사진이 함께 걸렸지만, 1948년 2월 8일 조선인민군이 창설될 때는 김일성의 사진만 전시됐으며, 조선인민군은 김일성 유격 부대가 세운 전통에서 나왔다고 말해졌다. 김일성은 자립한 나라는 자신의 군대가 필요하다고 연설에서 강조했다. "언제 어디서나 우리 인민은 자신의 운명을 스스로 관리해야 합니다. 완전히 자주적인 독립국가와 인민만이 주인이며, 스스로의 힘으로 통일시킨 정부를 세울 수 있도록 모든 계획과 준비를 해야 합니다." 조선인민군은 "백전백승"의 전통을 지닌 만주의 유격 투쟁에서 생겨났다고 그는 말했다. 그는 조선인민군을 창설하는 데 소련의 지원은 언급하지 않았다.[37]

조선인민군 창군 1주년 기념일에 김일성은 처음 "수령"으로 불렸는데, 최고 지도자라는 뜻의 그 호칭은 그때까지 스탈린에게만 쓰였다. 그 호칭은 나중에 그의 것이 됐다. 수령은 수장이나 정복 영웅을 뜻하는 표현으로 고구려 때 널리 쓰였다. 그것이 김일성에게 사용된 것은 우연이 아니었다. 남한이 신라의 후예로 자처한 것과 마찬가지로 북한은 자신을 고구려와 동일시했기 때문이다. 1950년 창군 2주년 기념일에는 김일성을 수령으로 강조하는 경향이 더욱 뚜렷했으며, 신문에서는 만주 유격대를 찬양하는 기사를 날마다 내보냈다. 이 호칭으로 김일성을 부르는 것은 소련 이론가들이 보기에 민족주의적 이단이었다. 그들의 공식 견해는 스탈린이 세계혁명의 지도자고, 드미트로프·마오쩌둥·김일성을 비롯한 나머지 인물은 "민족 지도자"였다. 북한은 소련군이 철수할 때까지는 스탈린을 세계 노동자의 수령으로, 김일성은 한국 인민의 지도자로 불러 이 원칙을 따랐다.

　김일성과 그 유격대 동지들을 이미지화한 것으로, 최고 지도자가 중심에 있고 동심원이 그 바깥으로 퍼져나가면서 김일성과 유기적이며 개인적인 관계 안으로 구성원을 에워싸는 형상은 다른 조직보다 군대에서 가장 널리 사용됐다. 김일성과 만주 유격대원들은 혁명적 군사 지도자였으며, 유일한 지도자를 중심으로 추종자를 단단히 결속시키되 부대와 지도자 사이에는 명확한 서열이 없었다. 이런 두 가지는 그들이 살아남을 수 있는 조건이 됐다. 대규모 부대는 일본군에게 발각되기 쉽고, 개인 관계로 연결된 후원자-고객 조직을 선호하는 한국인의 경향과 일치했기 때문이다.

　유격대 전통을 빛내려는 첫 사례는 김일성의 전기를 쓴 한재덕이 1946년에 적절히 제시했다. 김일성 유격대에 있던 한 대원은 어떻게 유격대가 인민과 "피의 연대" 곧 "피로 만들어진 결속"을 유지하면서 늘 "인민의 마음" 안에 있을 수 있었는지 한재덕에게 설명했다. 그 이야기는 농민이 김일성과 유격대를 경애하고 김일성은 자비로운 아버지 같은 지도력으로 보답했다는 신화로 채워졌다. 유격대는 "가족 같은 (…) 동지애 정신"으로 연결됐다. 그들은 삶과 죽음, 슬픔과 기쁨을 나눴으며 형제처럼 서로 믿고 존경했다. 이런 종류의 조직은 당과 대중조직에도 훌륭한 모범이라고 전기는 말했다. 유격대에서는 많은 교육과 "양육"이 시행돼 젊거나 경험이 많지 않은 사람이 유격대 관습에 익숙해지도록 했다. 소규모 근거지에는 유격대원의 가족이 살면서 "일본인이 얼씬도 못하는" 자급자족 부대가 되는 경우가 많았다. 이것이 북한의 "민족적 유아론" 곧 때 묻지 않고 자족적인 한국인의 공동체라는 이상의 기원이다.[38]

이것은 이후 줄곧 북한 조직 형성의 모범이기도 했다. 그것은 가족이라는 유격대인데, 그 안에는 우월한 가족이 있고(김일성의 가족은 모두 혁명적이고, 그의 어머니는 그가 만주의 숲에서 신은 특수한 신발을 만들었다는, 이런 영웅담이 끝없이 솟아난다) 그 가족 안에는 뛰어난 인물, 곧 모범적인 장남(아버지가 세상을 떠난 뒤)이 있다. 이것은 그 밖의 모든 것을 낳은 어머니 같은 조직이며 전통이고, 1941년 북한의 새 지도자가 태어난 곳에서 일어난 일이었다. 김정일이 권력을 계승한 것을 말할 때면 늘 유격대 전통이 상기됐다. 이것은 모두 김치처럼 한국적인 것이다.

그러나 북한에서 나타난 이런 전형적인 강조는 1948년에는 거의 보이지 않았다. 2월 조선인민군 창군 때 있었던 김일성의 연설에서도 유격대 전통은 부수적으로 강조됐을 뿐이다. 소련이 철수한 직후 그 형상은 다시 돌아왔다. 김일성 숭배와 중국의 영향은 1947년 중반부터 1948년 초반까지 점차 커졌다가 사그라진 뒤 1949년 다시 회복됐다. 1949년 중반 한 신문 사설에서는 조선인민군은 "우리 민족의 절세의 애국자 김일성 장군의 영도 아래 조직됐으며 그 골간骨幹은 항일 무장투쟁의 혁명적 애국 전사"라고 말했다. 그 신문에는 조선인민군을 노래한 「사랑과 존경을 통해」라는 노래가 실렸다. 일주일 뒤 그 신문은 보천보普天堡 사건 12주년을 축하했는데, 그것은 북한에서 제2차 세계대전의 주요 전투처럼 취급되는 사건이다. "10년이 넘는 김일성 유격부대의 투쟁은 세계 어느 나라의 투쟁보다 길었으며, 어느 곳의 유격전 역사에서도 볼 수 없는 영광스럽고 자랑스러우며 빛나는 백전백승의 투쟁이었다."[39]

조선인민군 창군 2주년까지 몇 주 동안 당 기관지는 김일성 계열 유격대의 경력을 싣거나 공적을 소개해 찬양했다. 김일성 계열 유격대는 매체를 독점하면서, 조선인민군을 당시 귀국하고 있던 수만 명의 중국 공산군 출신이 아닌 갑산에서 활동한 부류와 연결시켰다. 1985년 사망하기 전까지 서열 3위였으며 1930년대 이후 김일성의 측근이었던 김일金一은 조선인민군이 김일성 유격대의 "신생아"이며 그 유격대는 다시 새 군대의 골간이라고 썼다. 그들은 인민과 "혈연관계"이며 인민은 그들을 "사랑하고 존경한다". 다른 군대들과 달리 조선인민군은 "고귀한 덕성"을 지니고 있으며 그것은 모두 "절세의 애국자인 김일성 장군의 고난의 무장투쟁에서 성취한 영광의 승리"에서 발원한 것이었다. 조선인민군은 유격대 전통을 계승해 실천하면서 "인민과 조국에 대한 한없는 충성이라는 숭고한 애국 사상"을 지녔다. 김일은 조선인민군이 소련군과 1930년대 유격대를 모범으로 삼고 있다고 말했지만, 한국인들이 중국에서 쌓은 군사적 경험은 언급하지 않았다.[40]

강건姜健은 1918년 경상북도 상주에서 태어나 가난한 농민 가정과 함께 일제의 지배를 피해 만주로 갔으며, 1933년 김일성 부대에 들어갔다. 김일성 부대는 만주 항쟁의 근간이었으며 지금은 조선인민군의 중심이라고 강건은 썼다. 1930년대에 다양한 대중조직·청년 의용군·여성 단체 등이 지도자를 "중심으로 단결했다." 김일성은 "레닌과 스탈린의 명제를 민족문제에 혁명적 방법으로 실천했다"고 평가됐다. 제국주의에 혁명적 투쟁으로 맞서야만 식민주의와 예속에서 "억압받는 대중을 해방시킬 것"이었다. 김일성 부대는 "다른 [부대들]보다 오랫동안 일본에 맞서 싸웠으며 전과戰果를 전 세계에 알렸다."

김일성의 또 다른 측근인 최현은 12세 때 항일 투쟁에 참가했고 1932년부터 김일성과 함께 행동했다고 말했다. 그는 유격대원의 강한 신념을 강조했다. 김일성과 마찬가지로 자신의 부대를 이끈 박훈일은 일본 경찰이 "김일성의 이름만 들어도 떨었다"고 말했다. 그와 왕련王連은 한국인과 중국인 유격대의 긴밀한 결속을 강조했지만 소련의 도움은 언급하지 않았다.

그 뒤 북한의 고위 인사가 된 오백룡은 아버지가 1919년 3·1운동에 참여해 체포된 뒤 가족과 함께 만주로 갔다. 다른 사람들과 마찬가지로 그는 항일운동에서 중국과 한국의 협력을 상찬했으며, 김일성은 늘 "학습조"를 만들어 유격대를 임시 학교로 만들었다고 언급했다.

다른 논설에서는 김일성 계열의 유격대, 이를테면 박길송처럼 1930년대 사망한 사람들을 찬미했다. 그는 "혁명 가정"에서 태어나 김일성에게 "양육돼" 청년이 됐고 17세 때인 1934년 김일성 부대에 들어가 한국의 "자주와 독립"을 위해 싸웠다. 그는 1942년 전사했다.● 허형식은 경상북도 선산 출신으로 그의 아버지는 "강도 일본제국주의 침략자"에게 토지를 빼앗겼고 그래서 가족은 압록강을 건넜다. 논설은 그가 국민당에게 고문을 받아 사망했다고 썼다.

최용건은 김일성과 따로 독립된 부대를 이끌었지만 조선인민군 창군 2주년 기념일에 김일성 부대는 만주 항전의 중심이었으며 지금은 조선인민군의 중심이라고 썼다. 그러나 그는 인민이 참여한 전쟁을 낮게 평가하고 "현대전은 기술전"이라는 스탈린의 발언을 인용해 조선인민군은 "선진 군사과학"으로 무장해야 한다고 발언했다는 측면에서 김일성의 핵심 세력과 달랐다고 생각된다. 김일성 부대를 가장 적게 언급한 사람은 바로 무정이었다. 그는 중국 남부와 북부에서 자신이 참여한 전투를 설명하면서 자신은 1930년부터 참전했으며(김일성보다 2년 앞서) "모든 곳에서 승리했다"고 말했다. 그리고 당연하게 생각되던 항일 유격 투쟁에서 김일성의 지도력을 조선의용군과 연결시켰다. 이 글을 제외하면 신문에 게재된 나머지 글은 김일성 부대원이 쓰거나 그 부대에 대해 쓴 것이며, 조선인민군 수뇌부를 지배한 것이 누구인지 드러내려는 의도가 분명했다.[41]

김일성을 "수령"으로 부른 사례는 1950년 초반, 특히 조선인민군 창군 기념일을 즈음해 자주 나타났다. 최용건은 연설에서 이 칭호를 김일성에게 사용했으며, 연설을 마무리하면서 조선민주주의인민공화국, 조선 통일, "조선인민군의 창설자이자 조선 인민의 수령" 김일성, 그리고 "조선 인민의 친구이자 소련 인민의 수령" 스탈린의 순서로 만세를 불러, 김일성을 스탈린과 동등한 위치에 놓았다.[42] 그런 칭호는 가장 신중하게 조정해야 하는 대상이

● 일본어 번역본(상권, 385쪽)에서는 1943년에 전사했다고 수정했다.

다. 1980년대 김일성의 아들이 후계자로 모습을 드러냈을 때 그는 늘 "지도
자"로 불렸고 아버지는 "수령"으로 불렸다. 1980년 6회 당대회에서 후계자로
공식 지명된 것과 마찬가지로 1950년 조선인민군 창군 기념일은 김일성이
스탈린을 포함한 그 누구에게도 얽매이지 않고 북한의 최고 지도자로 처음
등장한 자리였다. 내부 문서는 김일성의 지배적인 지위를 보여준다. 1950년
5월 조선인민군에서 실시된 정치 강의에서는 김일성이 만든 전통을 자세히
설명했는데, 4시간 반 가운데 3시간이 식민지 시기의 행적에 할애됐다.[43] 이
것은 1919년 이후의 모든 역사를 김일성의 항일 투쟁으로 설명하는 관행의
시작이었으며, 1919년 이전의 모든 한국사를 마르크스가 부른 "전사前史"로
보는 시각이었다.[44]

또한 지도부는 농민이 국왕에게 순종하는 것을 이용해 국민은 수령의 자
비에 늘 감사하고 대부분 빈농 출신인 군인에게는 충성과 복종을 맹세하도
록 요구했다. "우리 조선인민군 병사들은 늘 수령님의 한없는 사랑을 받고
있으며 (…) 수령님 앞에서 다시 한번 충성을 맹세한다." "우리는 날마다 모든
행동을 김일성 장군의 명령과 생각에 따른다." 신병 모집과는 "우리나라에서
가장 위대한 애국자는 누구인가?"와 같은 질문을 했고, 말할 필요도 없이
그 대답은 하나였다.[45]

마오쩌둥의 승리라는 다루기 힘든 영향: 동방은 붉은가?

중국 공산군으로 참전한 병사의 귀국이 북한군을 강력하고 전투 경험이 풍
부한 군대로 만들었다면, 1949년 중국공산당의 승리는 북한에게 안전한 후
방 지역을 제공하고 남한을 위태롭고 매우 취약한 지역으로 바꿔놓았다. 중
국 본토의 이러한 결정적 결과는 해방 이후 가장 흥분되는 일이었으며, 북한
은 그것이 가시화되자마자 그와 관련해 떠들어대기 시작했다.

1949년 3월 당 기관지는 중국 북부의 해방은 12년 가까이 걸렸다면서

1949년의 대단원은 1930년대 유격대 투쟁의 당연한 결과라고 썼다. 그 기사는 마오쩌둥을 여러 차례 인용하면서 인민해방군의 승리는 "인민 속에서 태어나고 인민과 긴밀히 결합하고 인민의 이익에 봉사한" 군대의 승리라고 평가했다. 한 달 뒤 베이징을 방문한 북한 사절단은 조선 인민과 중국 인민의 "단결"을 언급하면서 그런 단결은 김일성부터 시작해 중국인과 함께 싸운 한국인이 만든 것이라고 말했다. 다가오는 중국의 승리는 북한에 큰 격려를 줬으며 "미 제국주의자와 [남한의] 매국노는 중국과 같은 운명을 맞이할 것으로 확신한다"고 말했다.[46] ('단결'이라는 표현은 군사적 동맹보다는 북한과 중국의 결속에 가까웠다. 그러나 이 표현은 소련과 관련해서는 사용되지 않았다. 소련은 북한에 "우호적"이거나 "사심 없는 지원"을 제공한다고 늘 묘사됐다.)

1950년 1월 북한 출판물에서는, 김일성 유격대를 선전하는 것과 비슷하게, 국공 내전과 한국 내전의 최종 결과를 지나칠 정도로 직접 비교하기 시작했다. 당 신문 신년호에서는 공산주의의 승리는 "낮게 평가할 수 없으며" 1920년대 이후("볼셰비키 당의 경험을 현명하게 이용했지만") 중국공산당의 올바른 지도에 힘입어 전개된 중국 혁명을 묘사하면서, 소련과 명확히 다른 노선을 밟았다고 파악했다. 중국 혁명의 "결정적 요소"는 마오쩌둥과 주더가 홍군을 창설해 1927년부터 마오쩌둥이 장악한 것이라고 말했다. 2주 뒤 그 신문에서는 이렇게 썼다. "보라! 단결한 인민의 힘이 얼마나 강한지! 미 제국주의자는 중국에서 장개석에게 [무기를] 제공하고 (…) 국공 내전에 널리 개입했지만, 단결한 중국 인민은 미 제국주의의 침략 계획을 무너뜨렸다." 며칠 뒤 또 다른 출판물에서는 "보라! 중국 인민의 단결된 힘은 빛나는 승리를 달성하는 데 충분했다. (…) 역사는 이미 반동 세력에게 사형선고를 내렸다. 미 제국주의자에게 미친 듯 도움을 요청한 장개석은 끝내 패배했다. 이승만 도당도 (…) 같은 운명을 기다릴 뿐이다."[47]

1950년 1월 17일 북한은 이주연을 초대 주중 대사로 임명하고 그달 말 베트남 민주주의공화국과 외교 관계를 수립했다. 당 신문의 사설에서는 미국은 남한과 남베트남을 "중화인민공화국에 맞서는 침략 기지"로 만들려고 한다고 썼다. 뒤에서 좀더 자세히 살펴보겠지만, 딘 애치슨은 프레스 클럽에서 한 유명한 연설에서 자신은 "소련과 위대한 중국 인민을 추종하면서 독립과 자유를 위해 싸우는 사람들, 나아가 중국을 모범으로 삼는 모든 사람을" 적대시할 것이라는 주목할 만한 발언을 했다.[48] 달리 말하면 중국인은 위대한 인민이고(소련인은 아니라는 말인가?) 중국은 모범이라는 것이었다(소련은 아니라는 말인가?).

전쟁이 다가오면서 이런 북소리는 점차 커졌다. 북한이 서울을 점령했을 때 서울 시장을 지낸 이승엽은 3월 말 중요한 논설을 썼다. 그것은 남한 유격대 투쟁에 관련된 것이었지만, 그는 중국의 사례가 아닌 조선인민군의 힘을 강조했다.

민족을 팔아먹고 인민을 학살한 자 앞에는 장개석과 동일한 최후의 운명이 기다리고 있다. 조국과 정의를 위해 투쟁하는 인민의 앞에는 중국 인민과 동일한 승리가 오고 있다는 것을 의심하지 말라. (…) 조선인민군은 불패의 위력과 성장을 더욱 강화해 조국과 인민을 위해 무장한 장벽처럼 서 있으며, 인민의 위대한 무력은 계속 커지고 있다.[49]

소련의 원자폭탄

북한이 소련보다 중국을 선호하고 중국이 북한에 좀더 큰 영향을 줬다는 사실은 두 공산주의 강대국 사이에서 북한이 어떤 위치에 있었는지 그 본질을 설명한다. 그러나 자본주의 세계 체제와 대치하는 과정에서 북한은 소련과 중국의 공동 지원을 바랐다. 김일성은 독립할 수 있는 자유 그리고 중국과 소련의 지원을 받을 수 있는 자유 이 두 가지 이익을 늘 모두 갖고 싶어했다. 1949년에서 1950년으로 넘어가면서 이뤄질 수 있는 최고의 세계가 밝아오는 것처럼 보였다.

앞서 본 대로 1949년 8월 소련이 원자폭탄을 실험하면서 "국가안보회의 문서 68" 시대가 열렸으며 1947년 워싱턴에서 성립된 봉쇄 합의가 번복됐다. 소련의 원자폭탄은 공산주의 세계도 진동시켰는데, 특히 중국의 승리와 연결된 북한과 북한 지도부에 큰 영향과 용기를 줬으며 1950년대 후반 소련이 스푸트니크Sputnik 호를 발사해 촉진한 "동방은 붉다East is Red"는 주제의 초기 형태라고 부를 수 있는 시대를 열었다.

소련은 예정한 시기보다 훨씬 빨리 원자폭탄을 만들었으며, 동시에 한국 전쟁이 일어날 때까지 지속된 코민포름과 공산주의자·좌익 세력 연합을 통해 세계 규모의 평화운동을 시작하는 작전을 전개해 큰 성공을 거뒀다. 하지만 그뿐만 아니라 마치 "역사"의 추가 자기 쪽으로 움직이는 것처럼 자신감의 광채를 내뿜었다. 1949년 11월 게오르기 말렌코프는 논란을 불러온 연설을 했는데, 이것을 소련이 좀더 공격적인 노선으로 나아갈 것을 알려주는 것이라고 해석한 사람들도 있었다─헨리 스팀슨의 표현을 풍자해 말렌코프는 보란 듯이 원자폭탄 모형을 허리에 매달고 연설했다.

그 무렵 미국의 주요 관료들은 말렌코프의 연설이 소련의 정책 변화를 알리는 것이라고 지적했다고 회고했다. 국가안보회의 문서 68을 입안한 폴 니츠는 1950년 2월 모스크바는 "전체적으로 자신감이 넘치고 있는 것 같다"고 파악하면서 인도차이나, 베를린, 오스트리아 그리고 한국은 소련의 표적이 될 수 있다고 언급했다. 당시 조지 케넌은 말렌코프의 연설을 깊이 주시했는데, 이후 말렌코프는 "우리가 아는 한" 언제나 "극동에서 좀더 적극적인 정책을 지지했다"고 언급했다. 애치슨은 말렌코프가 "자신감 넘치고 공격적인 연설"을 했다면서 소련이 곧 승리할 것으로 예상되는 세 지역은 유고슬라비아·베를린·한국이라고 언급했다.[50]

그러나 월터 레이피버는 사실 말렌코프는 스탈린주의에서 후퇴하는 의도를 보이면서 "사회주의와 평화롭게 경쟁할 것"을 서방에 제안한 것이라고 주장했다. 몇 주 뒤 강경파인 미하일 수슬로프는 말렌코프를 "비판"하면서 최근 소련의 승리 때문에 힘의 균형을 바꾸려는 "호전적" 시도가 있으며, 레이피버의 표현에 따르면 "동유럽과 공산중국 그리고 북한을 서방이 공격하도록 만들 수 있다"고 경고했다.[51] 정확히 파악할 수 없는 이런 논의에서 가장 인상적인 것은 한국에 위기가 다가오고 있다고 여러 차례 언급되었다는 사실이다.

　말렌코프의 표현이 어떤 의미였든 아직도 미국 정부의 내부 정보기관에서는 소련이 세계 규모의 전쟁을 일으킬 능력을 갖추려면 시간이 더 필요하다면서, 소련은 몇 개 안 되는 원자폭탄만 갖고 있으며, 그것을 효과적으로 운반할 능력도 없다고 예측했다. 그러나 소련의 대담한 발언이 북한에 영향을 줬고, 북한은 중국의 승리와 소련의 원폭을 공산 세계가 승리로 나아가고 있다는 증거라고 해석했다는 증거가 있다. 또한 북한은 모스크바가 핵우산을 한반도까지 펼치기를 바랐는데, 특히 소련이 과거에 일본이 흥남에 세운 공장 시설에서 원폭 계획에 분명한 도움을 받았기 때문으로 여겨진다.

　내가 조사한 바에 따르면 북한이 소련의 원폭을 처음 언급한 것은 1949년 10월인데, 그들은 그것을 최고의 사회주의국가가 이룬 첨단 과학의 증거로 해석하면서 당시 진행하고 있던 세계 평화운동의 맥락에 두었다. 1949년 12월 김일성은 코민포름 관련 연설에서 평화운동에 대한 크렘린의 이론가 수슬로프의 발언을 인용해 소련의 북한에 대한 "아낌없는 지원"을 상찬하고, 북한은 "프롤레타리아 국제주의, 인민민주주의, 사회주의 정신"을 높여야 한다고 역설했다. 김일성이 이렇게 발언한 것은 드문 일이었는데, 원폭을 갖게 된 소련의 환심을 사려고 한 것을 보여준다. 그러나 그는 말렌코프의 연설을 지나가며 언급했을 뿐이며, 그것을 인용한 취지는, 원폭의 보유는 소련이 전쟁을 바라지 않지만 두려워하지도 않는다는 두 가지 뜻이거나 그 가운데 하나라는 것이었다.[52]

　그러나 새해가 밝으면서 모스크바·베이징·평양의 당 기관지는 대담한 주장을 담은 사설을 실어 "지금 평화·사회주의 진영은 자본주의 반동 진영보다 비교할 수 없이 강력하다"는 내용의 소식을 요란하게 내보냈고 거기 자극된 모스크바 주재 미국 대사 앨런 커크는 "현재 크렘린은 제2차 세계대전 이후 어느 때보다 자신감에 차 있다"고 발언했다. 새해를 맞은 『로동신문』은 중국의 "위대한 승리"와 소련의 "원자력 이용" 성공에 주목을 촉구하는 사설을 실었다. 이승만의 "장송곡" 관련 기사에서는 그는 더 이상 "미국의 원자무기를 언급해" 북한을 위협할 수 없으며, 그의 "매국도당"은 곧 "화장장으로 보내질 것"이라고 확신했다.

이태준李泰俊은 "역사는 인민 편으로 흘러간다"고 주장하면서 "마지막 숨을 내쉬며, 마비된 도덕성을 지닌 미국은 세계와 인류를 위협하는 학살 도구로 원자력을 악용하지만, 소련은 그것을 평화 건설에 이용하고 (원폭을 위협으로 사용하는) 미국의 부끄럽고 비인간적인 광기를 영원히 무력하게 만들 것"이라고 직설적으로 말했다(강조는 인용자).[53]

며칠 뒤 『로동신문』 논설위원 김석산이 쓴 한 기사에서는 최근 장제스와 이승만이 "전쟁을 도발"하려고 "공모"하고 있다고 썼지만 "김일성을 중심으로 단단히 결속하고 국제 민주 진영과 단결한 조선의 민주 세력이 반동 세력보다 훨씬 강한 것"과 마찬가지로 "지금 민주 진영은 제국주의 진영에 비교할 수 없이 강하며, 베를린부터 광둥까지, 무르만스크•부터 티르하나까지 넓어지고 있다"고 주장했다. 1월 20일 김일성은 비슷한 말을 했으며, 3월 말 당 신문은 한 중요한 기사에서 "특히 중국 혁명의 위대한 승리"와 8억 명이 "평화 진영"으로 들어가는 중·소조약 때문에 미국은 더욱 위태로워지고 있다며, "소련은 이미 핵무기를 보유했으며 (…) 지난 8월 타스통신은 [소련이] '원자폭탄'을 자신들만의 위협 수단으로 만든 미국 제국주의자들에게 치명적인 타격을 줬다고 보도했다"고 언급했다.[54] 요컨대 1950년 초반 북한은 미국이 가장 두려워한 바로 그것 때문에 큰 자신감에 차 있었다. 그것은 원자폭탄의 지원을 받는 거대한 공산주의의 단결된 세력이 유럽과 아시아에 존재한다는 사실이었다.

"동방은 붉다"는 주제가 선전이었는지 아니면 분쟁의 전조를 나타낸 건지는 아직도 판단하기 어렵다. 김일성 체제는 소련의 힘을 지나치게 평가했으며, 대단히 한국적인 방법으로 스탈린을 북한 방어로 유인하려고 했거나 적어도 미국의 접근을 막으려고 했다고 생각된다. 그러나 1950년 초반 사설들의 위세 넘치는 어조는 사실 이전과 그리 다르지 않았으며, 이런 측면은 북한이 일종의 전시체제 상태에 있었음을 알려준다.

• 모스크바 북서쪽의 북극권에 있는 도시로 소련에서 중요한 부동항의 하나다. 북극권 북쪽에서는 세계 최대 도시다.

1948년 초반 김일성은 한국의 상황이 "복잡해졌고" 문제는 쉽게 풀리지 않을 것이며 늘 더욱 복잡해지고 있다고 말했지만, 소련군이 철수한 뒤에는 어조가 급변했다. 김일성은 1949년 신년 연설에서 조선인민군은 북한을 방어하고 "침략하려는 외국의 의도"를 일소하며 "국토를 통일"할 "준비를 늘 갖춰야 한다"고 요구했다. 그는 계속 말했다. "하룻강아지 범 무서운 줄 모르는 것처럼 한 매국노가 '북벌'과 내전을 이야기하고 있습니다. 그러나 조선 인민은 하나이며 (…) 나눠질 수 없습니다." 모든 한국인이 조선민주주의인민공화국 아래 통일될 날이 멀지 않았다고 그는 말했다.[55]

전쟁이 일어나기 꼭 1년 전인 1949년 6월 25일, 김두봉은 민족의 세 가지 과제를 열거했다. 그것은 미국 축출, 이승만 정권 타도, 국토 통일이었다. 허헌은 그날 연설을 이렇게 마무리했다. 이승만이 "북벌"을 공개적으로 주장하는 것을 감안할 때 "통일이 평화적 방법으로 이뤄질 수 없다면 투쟁 방법을 사용할 수밖에 없습니다." 방위 동원세와 징병이 증가하는 가운데 당 기관지는 한줌의 "악질분자"가 "인민군을 강화하는 것은 전쟁이 일어날 것이라는 의미"라는 뜬소문을 퍼뜨리고 있다고 보도했다.[56]

1950년 1월 이런 위협적 분위기는 적이 어디서나 마음대로 공격할 수 있으므로 인민군은 "언제든지 싸울 준비를 철저히 갖춰야 한다"는 수준까지 깊어졌다.[57] 그러나 이런 일은 1949년 여름 38도선 일대에서 충돌이 일어나는 동안 거듭 이야기된 것이었다. 겉으로 보기에 북한은 소련군이 철수한 1948년 말부터 호전적 언사를 사용하고 준전시체제를 갖춘 것 같다.

결론

외국이 북한에 개입한 측면을 검토하면서 다음과 같은 기본적 사실을 간과해서는 안 된다. 북한은 유격대 출신이 통치했으며, 세계 최고 수준의 민족주의를 지향한 한국의 기준에 비춰도 그들은 격렬한 불굴의 민족주의자였다. 그들은 대부분 만주의 거친 환경에서 성년이 되었고, 지극히 가난한 한국인들 사이에서 힘들기만 하고 보상은 없는 장기적인 항일 투쟁을 전개했다. 대부분 가족을 이끌고 한국에서 떠나왔지만 고된 화전 농업에 종사한 경우가 많았다.

만주에 살았던 한 한국인은 만주의 한국인 95퍼센트는 한국의 독립을 "가장 우선적이고 중요한 과제"라고 생각했으며 철저한 반일적 태도를 가졌다고 미국인에게 밝혔다. 만주의 한국인은 자신들을 "하나의 민족"으로 생각했기 때문에 "만주에서 인간관계를 맺지 않았다". 인구의 5퍼센트는 교육받았거나 상업을 지향했는데, 모두 "친일 협력자"였다.

그러나 북한의 지도자들은 민족주의자 가운데 민족주의자였으며 만주에 거주한 한국인 열성분자 가운데 열성분자였다. 고난과 폭력에 익숙한 그들은 가장 냉혹하고 호전적인 미국의 "반격주의자"조차 온건하게 보이도록 만들었다. 그들은 모스크바의 공산주의자와 월가의 국제협력주의자를 모두 철저히 경멸했다―그들은 자신들의 언론에서 후자의 "세계시민주의"와 "민족주의는 죽었다"는 생각을 비판했다. 중국 공산주의자는 프롤레타리아 국제주의를 깊이 신봉하지는 않았지만, 중국 공산군에 있는 한국인은 "완고한 민족주의적 시각"을 지니고 있으며 만주에서 중국과 소련의 협력을 의심하고 있다고 비판했다.[58]

북한이 사회주의 동맹국 가운데 중국을 중요하게 여긴 직접적인 이유는 만주에서 일본 및 중국 국민당에 맞서 함께 싸웠기 때문이었다. 그것은 두 지도부 사이의 20년 가까운 동맹 경험에서 나온 것이었다. 또한 이웃 나라들 가운데 중국을 존경한 한국의 전통과 한국과 일정한 거리를 두면서 존중하고 우대해온 중국의 역사를 북한이 이용한 측면도 있다.

중국은 한국이 중국의 경세론經世論과 문화를 모방하고 중국의 적에게 영토 점령을 허용하지 않는 한 한국의 문화적·정치적 자율성을 인정하는 "선의의 무시"를 해왔다. 이런 관계는 중국·베트남과 상당히 대조적이었는데, 전통적으로 베트남은 중국에 저항해왔다. 반대로 한국은 일본과 러시아와 미국을 경계해야 했는데, 이런 상황은 한국과 중국의 관계를 뚜렷이 다른 맥락에 두었다.

김일성은 전통을 그리 믿지 않았지만 상황을 재빨리 파악해 중국 내전에 한국인 부대를 파견하고 믿을 수 있는 후방 지대를 확보하며 북한의 전략적 위치를 변화시키는 동시에 수만 명의 한국 청년에게 필수적인 실전 경험을 쌓게 했다. 이승만은 허공에 대고 엄포를 놓으면서 군대를, 신뢰하기 어렵고 전체적으로 무능한 장교 집단으로 바꿔놓고 미국이 자기편에서 싸우도록 만들려고 했지만 이렇다 할 성과가 없었다. 반면 북한은 3년의 공백 동안 실전 훈련을 쌓은 가공할 군대를 양성했다. 이 땅에서 반세기 만에 처음으로 외국 침략자에 맞서 자신을 방어할 수 있는 군대를 갖게 된 것이었다.

가장 중요한 것은 북한이 중국에게 방대한 인적·물적 자원을 요구했지만 실제로는 바랄 수 없다고 생각한 것이라고 여겨진다. 10만 명이 넘는 한국인이 인민해방군의 지휘 아래 싸웠으며 그 가운데 3분의 1은 만리장성 아래로 이동했고, 일부는 정예부대인 4야전군의 일부로 하이난섬까지 내려갔다. 김일성도 만주에서 전투가 지속된 1946년 후반과 1947년 내내 중국 공산군에게 안전지대를 제공하고 부대 이동에 철도망을 제공했으며, 신의주에 병사 수천 명을 숙영하도록 했다. 김일성은 미국이 한국의 내전에 개입할 상황을 막는 최후의 수단으로, 중국적 세계 질서에 입각한 전통적 상호 관계와 이런 최근의 경험을 이용했다. 한국의 "의용" 유격대는 1930년대 만주에서 싸웠으며, 조선의용군은 1940년대 후반 중국 본토에서 승리하는 데 크나큰 공헌을 했다. 1950년 가을 중국 "의용군"이 어떻게 이런 공로에 보답하지 않겠는가?

미국은 이런 역사와 관계를 파악하지 못했다. 그러나 그들이 전쟁의 발발과 중국의 개입을 예측하지 못한 까닭은 그릇된 정보보다는 한국인에 대한 고정관념에 있었다. 일본에 협력하거나 온건하게 저항하거나 안전한 지역에 머무르던 남한의 기성세대와 주로 교섭하면서 미국인은 한국인을 진지하게 이해하는 데 어려움을 겪었다. 그들은 평양에 있는 한국인들을 크게 잘못 판단했다. 미 대사관에서 가장 경험이 풍부한 인물 가운데 하나였던 에버렛 드럼라이트는 1950년 1월, 북한 지도부가 "어떤 분파나 중요한 '민족주의적 경향'을 지니고 있다"고 추정할 이유가 없으며, 조선노동당은 "소련의 지배

도구일 뿐"이라고 판단했다. 또한 그는 "지난 몇 년 동안 중국에서 배운 교훈 가운데 하나", "다시 말해 중국 민족주의의 힘은 (…) 크렘린과 충돌하기에는 너무 약하다"는 점은 북한에도 그대로 적용할 수 있다고 생각했다.

한국인은 대부분 강렬한 민족주의자라는 사실을 알던 일부 미국인도 민족주의를 설명하면서 인종차별적 표현을 썼다. 미 점령군에서 근무한 한 인물은 『파 이스턴 이코노믹 리뷰Far Eastern Economic Review』에서 한국인은 "거칠고 사납고 잔인하며 (…) 흉포하고 난폭하다"고 말했으며, 미국인 선교사들은 그들이 근친결혼 때문에 "정신 발달이 늦어졌다"고 생각했다. 한국인은 외국인에게 지시받는 것을 "혐오"해 미국인을 "가장 좋은 친구"라고 말할 때조차 "언제 떠날 것인가? 제발 빨리 떠나 우리를 혼자 있게 해달라"고 한다고 그는 말했다. 미국인이 떠나기를 바라지 않는 한국인은 "사업가와 지식인"뿐이라고 그는 말했다. 영국인도 나을 것이 없었다. 영국 영사 커모드는 냉담하게 말했다. "다른 나라들이 전쟁에서 승리하려고 피를 흘리며 희생하는 동안 한국인은 아무것도 하지 않았다. 그들은 일본이 씌운 멍에를 벗겨달라고 호소했으며, 자신들의 희생 없이 그렇게 됐다. 이제 그들이 대가를 지불할 때가 됐다. 어느 쪽이 지배권을 얻든지 그 대가는 피로 치러질 것이다."[59]

이것은 일본이 만주를 침략했을 때 아무것도 하지 않은 나라의 대표가 한 말이다. 지금은 열람할 수 있는 자료가 풍부하지만, 이런 종류의 편견과 근시안에서 벗어난 자료는 드물다. 그러나 대조적인 한 가지 사례는 미국인 학자 클로드 버스인데, 그는 소련군이 철수한 뒤, 주도권은 "쉽게 흥분하고 강인한 신체와 완고한 정신을 지닌" 김일성과 그 세력에게 넘어갔다고 파악했다. 그는 "현명한 정치"가 상황을 장악하지 않으면 "한국에서 유혈 사태가 일어날 것"이라고 판단했다.[60]

주注

머리말

1. *FR*(1950) 1, 393~395쪽, 의회 증언을 위한 애치슨의 노트, 1950년 8월 무렵.

1장 책을 시작하며 ─ 미국 외교정책의 방법과 이론에 대한 회고

1. James Gleick, "Snowflake's Riddle Yields to Probing of Science," *New York Times*, January 6, 1987.
2. "현상에 치중하는 실증주의에 대항해 나는 '사실만 있을 뿐'이라고 말하고 싶다. 아니, 사실은 정확히 존재하지 않는 것이며 해석만 있을 뿐이다. 우리는 어떤 사실도 '그 자체'를 확정할 수 없다. 그러려고 하는 것은 어리석은 일일 것이다." Friedrich Nietzsche, *The Will to Power*, trans. Walter Kaufmann and R. J. Hollingdale(New York: Vintage Books, 1968), 267쪽.
3. Jean-Paul Sartre, *Critique of Dialectical Reason*, trans. Alan Sheridan-Smith(London: New Left Books, 1976), 100~101쪽.
4. 국제 관계 연구에 관한 비슷한 주제를 탐구한 논리적이고 체계적인 연구는 Alexander Wendt, "The Agent-Structure Problem in International Relations Theory," *International Organization* 41, no. 3(Summer 1987), 335~370쪽, 특히 355~369쪽 참조.
5. Sartre, *Critique*, 35~37쪽.
6. Sartre, *Critique*, 53~58쪽.
7. Friedrich Nietzsche, "Schopenhauer as Educator," in *Untimely Meditations*, trans. by R. J. Hollingdale(New York: Cambridge University Press, 1983), 127~128쪽.
8. Friedrich Nietzsche, *The Gay Science*, trans. Walter Kaufmann(New York: Vintage Books, 1974), 172~173쪽.
9. Eric R. Wolf, *Europe and the People Without History*(Berkeley, Calif.: University of California Press, 1982), 3~13쪽; Perry Anderson, *Lineages of the Absolutist State*(London: New Left Books, 1974), 7~9쪽.
10. Jean-Paul Sartre, *Search for a Method*, trans. Hazel E. Barnes(New York: Vintage Books, 1968), 164~165쪽.

11. Shlomo Avineri, *The Political and Social Thought of Karl Marx*(Cambridge, England: Cambridge University Press, 1968), 65~95쪽.

12. Karl Polanyi, *The Great Transformation* (Boston: Beacon Press, 1957), p. 27.

13. 마르크스 저작의 가치, 특히 문학적 가치와 관련된 뛰어난 설명은 Robert Paul Wolff, *Moneybags Must Be So Lucky: On the Literary Structure of Capital*(Amherst: University of Massachusetts Press, 1988) 참조.

14. Sartre, *Critique*, 61~62쪽.

15. Karl Marx, *Grundrisse: Foundations of the Critique of Political Economy*, trans. Martin Nicolaus(New York: Penguin Books, 1973), 100~101쪽.

16. Ian Bururna, "Korea: Shame and Chauvinism," *New York Review of Books*(January 29, 1987), 25쪽에서 인용.

17. Edmund Wilson, *To the Finland Station*(New York: Doubleday, 1940, 1953), 2~4쪽.

18. 이를테면 Glenn Paige, *The Korean Decision*(Glencoe, Ill.: The Free Press, 1968); Graham Allison, *Essence of Decision: Explaining the Cuban Missile Crisis*(Boston: Little, Brown, 1971); Morton H. Halperin, *Bureaucratic Politics and Foreign Policy*(Washington, D.C.: The Brookings Institution, 1974); Robert Jervis, *Perception and Misperception in International Politics*(Princeton, N.J.: Princeton University Press, 1976); Alexander George and Richard Smoke, *Deterrence in American Foreign Policy: Theory and Practice*(New York: Columbia University Press, 1974) 참조.

19. Otto Hintze, *The Historical Essays of Otto Hintze*, ed. Felix Gilbert(New York: Oxford University Press, 1975), 283쪽.

20. 폴라니의 이론과 방법론에 관련된 뛰어난 논의는 Fred Block and Margaret R. Somers, "Beyond the Economistic Fallacy: The Holistic Social Science of Karl Polanyi," in *Vision and Method in Historical Sociology*, ed. Theda Skocpol(New York: Cambridge University Press, 1984), 47~84쪽 참조.

21. Robert Cox, "Gramsci, Hegemony, and International Relations: An Essay in Method," *Millenium* 12(Summer 1983), 162~175쪽.

22. Franz Schurmann, *The Logic of World Power: An Inquiry into the Origins, Currents, and Contradictions of World Politics*(New York: Pantheon Books, 1974)(이후 *Logic*). 슐만의 이론을 베트남에 적용한 연구는 Paul Joseph, *Cracks in the Empire: State Politics in the Vietnam War*(Boston: South End Press, 1981).

23. Bruce Cumings, "Chinatown: Foreign Policy and Elite Realignment," in *The Hidden Election*, ed. Thomas Ferguson and Joel Rogers(New York: Pantheon Books, 1981), 196~231쪽 참조. 아울러 내 초기 주장은 Cumings, "From Internationalism to Containment to Rollback and Back Again: The Course of US Policy toward Korea, 1943-50," 참조. *Child of Conflict: The Korean-American Relationship, 1943-1953*(Seattle: University of Washington Press, 1983), 3~55쪽에 수록.

24. 구체적으로는 다음을 가리킨다. 제2차 전략무기 제한조약SALT II과 전략무기 교섭의 궁극적 종료, 대규모 국방력 증강, 새로운 핵전쟁 수행 전략의 정식 채택(브레진스키의 경우는 대통령 명령 59이고 와인버거 장관의 경우는 5개년 "방위지도Defense Guidance" 계획이었다), 중동에서 기지와 통상 병력의 증강, 니카라과에 대한 공격과 엘살바도르 정부에 대한 원조. Cumings, "Chinatown," *Child of Conflict* 참조.

25. Louis Hartz, *The Liberal Tradition in America*(New York: Harcourt, Brace and World, 1955).

26. 나는 대니얼 치로와 점심을 먹으면서 이 구상을 떠올렸다. 이것이 독창적인 것인지는 알 수 없다.

27. Benedict Anderson, *Imagined Communities: Reflections on the Origin and Spread of Nationalism*(New York: Verso, 1983), 16쪽.

28. Louis Hartz, *The Founding of New Societies*(New York: Harcourt, Brace and World, 1964), 119쪽.

29. Thomas Ferguson, "From Normalcy to New Deal: Industrial Structure, Party Competition, and American Public Policy in the Great Depression," *International Organization* 38, no. 1(Winter 1984), 41~94쪽; Schurmann, *Logic*, 140쪽; Alan Wolfe et al., "Political Parties and Capitalist Development," *Kapitalistate* 6(Fall 1977), 27~28쪽.

30. Nico Poulantzas, *Political Power and Social Classes*(London: New Left Books, 1973) 참조. Bruce Cumings, "Reflections on Schurmann's Theory of the State," *Bulletin of Concerned Asian Scholars* 8, no. 4(October~November 1976), 55~64쪽도 참조.

31. Ferguson, "From Normalcy to New Deal."

32. Laurence H. Shoup and William Minter, *Imperial Brain Trust*(New York: Monthly Review Press, 1977), 135~148쪽.

33. 웰스는 워싱턴의 남성 화장실에서 FBI 요원들에게 체포돼 루스벨트 행정부에서 물러나라는 압력을 받았다.

34. Gerard Zilg, *DuPont: Behind the Nylon Curtain*(Englewood Cliffs, N.J.: Prentice Hall, 1974), 292~295쪽; Charles Higham, *Trading with the Enemy*(New York: Delacorte Press, 1983).

35. 카터는 "이해관계자들과 싸우지 못하는 행정부 수반은 곧 그들 뜻대로 된다"는 슈어만의 지적을 가장 잘 입증한 사례다(*Logic*, 185쪽). 카터보다 더 "이해관계자"들에게 좌우된 대통령은 없었다. 그의 집무실은 관료 기구의 일부 같았다.

36. Benedict Anderson, *Imagined Communities: Reflections on the Origin and Spread of Nationalism*(New York: Verso, 1983) 참조.

37. Allison, *Essence of Decision*.

38. Polanyi, *Great Transformation*, 132쪽.

39. *New York Times*, March 16, 1987.

40. Richard Drinnon, *Facing West: The Metaphysics of Indian-Hating and Empire-Building*(New York: New American Library, 1980), xiii쪽.

41. Maurice Meisner, *Li Ta-chao and the Origins of Chinese Marxism*(New York: Atheneum, 1970).

42. Godfrey Hodgson, *America in Our Time*(Garden City: Doubleday, 1978), 123쪽.

43. Charles P. Kindleberger, *The World in Depression, 1929-1939*(Berkeley: University of California Press, 1973); Ferguson, "From Normalcy to New Deal." 참조.

44. Daniel Yergin's distinction between Yalta accommodators and Riga containers, in *Shattered Peace*(Boston: Houghton Mifflin, 1978), 11쪽.

45. Richard J. Barnet is especially good on this point, in *The Roots of War: The Men and Institutions Behind U.S. Foreign Policy*(Baltimore, Md.: Penguin Books, 1973).

2장 봉쇄와 국제협력주의

1. Charles Maier, "The Politics of Productivity," in *Between Power and Plenty*, ed. Peter Katzenstein(Madison: University of Wisconsin Press, 1978); also Joan Spero, *The Politics of International Economic Relations*, 2d ed.(New York: St. Martin's Press, 1981), 37~41쪽 참조.

2. Immanuel Wallerstein, *Historical Capitalism*(New York: Verso, 1983), 58쪽.

3. Bruce Cumings, "The Political Economy of Chinese Foreign Policy," *Modern China* (Summer 1979), 1~29쪽 참조.

4. Cumings, "Chinatown: Foreign Policy and Elite Realignment," in *The Hidden Election*,

ed. Thomas Ferguson and Joel Rogers(New York: Pantheon Books, 1981), 196~238쪽 참조.

5. 1947년 3월 김책은 병사 1만 명을 이끌고 중국으로 이동했다. 11장 이하를 참조.

6. 트루먼의 발언은 Eben Ayers Papers, box 26, diary entry for April 17, 1947에서 인용.

7. Eben Ayers Papers, box 26, diary entry of March 11, 1947. Arthur Krock, *New York Times*, September 24, 1948에서는 브레턴우즈협정의 주역은 애치슨이라고 말한 유진 로스토 의 말을 인용했다. 윌리엄 클레이턴은 국무부 경제 담당 차관을 지냈으며 "세계 최대 목화기업" 인 앤더슨 클레이턴 앤드 컴퍼니Anderson, Clayton & Co.의 사장을 지냈다(Lynn Eden, "The Diplomacy of Force: Interests, the State, and the Making of American Military Policy in 1948," [Ph.D. diss., University of Michigan, 1985], 87쪽).

8. Thomas J. Schoenbaum, *Waging Peace and War: Dean Rusk in the Truman, Kennedy and Johnson Years*(New York: Simon and Schuster, 1988), 142쪽.

9. Richard M. Freeland, *The Truman Doctrine and the Origins of McCarthyism*(New York: Schocken, 1974), 142쪽 등 참조.

10. Arthur Schlesinger, Jr., *The Vital Center: The Politics of Freedom*(Boston: Houghton Mifflin, 1949); Reinhold Niebuhr, *Moral Man and Immoral Society*(New York: Charles Scribner's Sons, 1932); James Burnham, *The Struggle for the World*(New York: John Day, 1947).

11. Joseph M. Jones, *The Fifteen Weeks*(New York: Harcourt, Brace & World, 1955), 151쪽; Leahy quoted in Matthew Connelly Papers, box 1.

12. *FR*(1950) 1: Acheson notes for Congressional hearings, circa August 1950, pp. 393~395.

13. 이것과 관련된 뛰어난 연구는 Walter LaFeber, *America, Russia and the Cold War 1945-1984*, 5th ed.(New York: Alfred A. Knopf, 1985). 중요한 "전환"은 1947년 2월 21일 영국 대 사관 직원이 영국은 그리스와 튀르키예에 2억5000만 달러의 군사 및 경제 원조를 제공할 수 없 다고 애치슨에게 통보하면서 이뤄졌다(51쪽). Stephen E. Ambrose, *Rise to Globalism*, 3d ed.(New York: Penguin Books, 1983), 5장도 참조.

14. Ambrose, *Rise to Globalism*, 147쪽에는 케넌의 유명한 "X" 논문이 인용돼 있다.

15. LaFeber, *America, Russia and Cold War*, 51~54쪽. Freeland, *Truman Doctrine and Mc-Carthyism*, 98~100쪽; Joyce and Gabriel Kolko, *The Limits of Power: The World and U.S. Foreign Policy, 1945-1954*(New York: Harper and Row, 1972), 341~345쪽도 참조. 리처드 바넷Richard J. Barnet은 트루먼독트린에서 중동 석유의 중요성을 강조했다. *The Roots of War*, 163쪽.

16. 고립주의자들은 트루먼독트린을 다음과 같이 비판했다. "그리스와 튀르키예 문제를 떠들썩하 게 논의했지만, 뒤에서는 막대한 석유를 남부로 가지고 오는 것을 의논했다"(Justus Doenecke, *Not to the Swift*[Lewisburg, Pa.: Bucknell University Press, 1979], 77쪽에서 Time, March 24, 1947을 인용했다).

17. Charles Prince, memorandum of September 1947, in Donovan Papers, box 73B, item 751. 프린스에 따르면 당시 미국은 파악된 중동 석유 매장량의 42퍼센트를, 영국은 52퍼센트를 관리 했다.

18. *Barron's*, March 17, 1947; *The Commercial and Financial Chronicle*, June 5, 1947.

19. *Fortune*, June 1947. 같은 호에서는 한국에 대한 자세하고 풍부한 정보가 담긴 기사를 실었는 데, 뒤에서 살펴보겠다.

20. *Fortune*(February 1950). W. A. Swanberg, *Luce and His Empire*(New York: Charles Scribner's Sons, 1972), 183쪽도 참조.

21. Charles A. Beard, *President Roosevelt and the Coming of the War*(New Haven, Conn.: Yale University Press, 1948), 580, 592~593, 597쪽. 이 수치는 Godfrey Hodgson, *America in Our Time*, 32쪽에서 인용했다.

22. David S. McLellan, *Dean Acheson: The State Department Years*(New York: Dodd, Mead, 1976), 4~13쪽.

23. Aristotle, *Nichomachean Ethics, in The Basic Works of Aristotle*, ed. Richard McKeon(New York: Random House, 1941).

24. Charles Higham, *Trading with the Enemy*, 60, 68, 123~128, 161쪽.

25. Dean Acheson, *Present at the Creation: My Years in the State Department*(New York: W. W. Norton, 1969, 1987), 7, 10쪽; Barnet, *Roots of War*, ch. 3, "The Education of a Governing Class," where Barnet sees the ascendancy of this class beginning with Stimson's appointment(53쪽)도 참조.

26. Robert Patterson Papers, box 19, cabinet meeting minutes, March 7, 1947.

27. Foster Dulles Papers, box 35, Arthur Krock column of September 24, 1948. Forrest C. Pogue, *George C. Marshall: Statesman 1945-1959*(New York: Viking Press, 1987), 163, 207~208쪽도 참조. 포그Pogue에 따르면 애치슨은 마셜 플랜에서 핵심적 역할을 했지만 찰스 볼런이 문안의 대부분을 작성했다(210쪽).

28. Acheson, *Present at the Creation*, 29, 81, 102~103쪽.

29. 1960년에 그는 공산주의와 혁명적 민족주의 이슬람 급진주의를 대중적 "광신주의"로 취급했다. Acheson, *Among Friends: Personal Letters of Dean Acheson*, ed. Acheson and David McClellan(New York: Dodd, Mead, 1980), 189쪽 참조. 애치슨은 *Present at the Creation* 의 매카시즘을 다룬 장에서 그것을 "원시인의 공격 개시"라고 명명했다.

30. I. F. Stone, *The Hidden History of the Korean War*(New York: Monthly Review Press 1952, paperback 1970), 203~204쪽.

31. RG335, Secretary of the Army file, box 3, "Meeting of the Secretaries of State, War, and Navy," January 29, 1947.

32. RG353, SWNCC-SANACC, box 86, folder 334, "334 Committee, Interdepartmental, Korea." 애치슨의 승인은 아래 문서 참조. 740.0019 file, box C-213, Martin to Wood, March 31, 1947. 부서 합동위원회 참여자는 군정청에서 베닝호프Benninghoff, 하지, 아널드, 휴 블레이크 스리Hugh Blakeslee, 존 힐드링, 에드윈 마틴이었다. 정책기획실 문서의 초고는 "그리스·튀르키예·한국 등의 계획programs such as Greek, Turkish, Korean"으로 불렸다(Policy Planning Staff file [hereafter PPS file], draft paper, March 28, 1947).

33. 특히 740.0019 file, box 3827, Vincent to Hilldring, March 26, 1947과 Hilldring to Vincent, April 7, 1947 참조. 후자에는 "미국의 담당관에게 한국을 관리하게 하는 우리의 제안에 대해 장관의 성명을 준비해달라"는 내용이 들어 있다.

34. Gardner, in Cumings, *Child of Conflict*, 61~62쪽; Bevin quoted in Harold Nicolson, *Diaries and Letters*, vol. 3(London: Collins, 1966), 107~108쪽.

35. U.S. Congress. Senate Committee on Foreign Relations, Historical Series, *Legislative Origins of the Truman Doctrine*(Washington: U.S. Government Printing Office, 1973), 22쪽; Lloyd Gardner, "Commentary," in Cumings, ed., *Child of Conflict*, 61~62쪽도 참조.

36. 1950년 6월 25일 일요일 오후 애치슨은 숙고한 뒤, 한국 문제로 발생한 도전에서 물러나면 미국의 권력과 위신이 무너질 것이라고 판단했다. "위신이 드리우는 그림자는 커다란 억제력을 행사하는 중요한 의미를 지니고 있다"(*Present at the Creation*, 405쪽).

37. RG335, Secretary of the Army file, box 3, "Meeting of the Secretaries of State, War, Navy," March 19, 1947. 포레스털은 한국의 전략적 중요성이 "지나치게 강조됐다"고 말했는데, 애치슨의 생각과는 달랐다. 마셜과 애치슨의 일치점은 Pogue, *Marshall: Statesman*, 444쪽도 참조.

38. 한국의 정치·전략적 가치에 대한 국무성의 생각을 보여주는 좋은 사례는 John Allison's memorandum of September 9, 1947 to Kennan, in 740.0019(Control) Korea, box C-214.

39. HST, Acheson Papers, box 65, handwritten note by Acheson to "Jim"(James Webb으로

추정됨). 날짜는 "August ?, 1950," 번호는 1063-b. Acheson's memo of NSC meeting, July 27, 1950도 참조.

40. 윌리엄 보든과 마이클 샬러는 "거대한 초승달 지대" 계획과 관련된 독창적이고 선구적인 연구를 수행했다(애치슨과 국무부는 1949~1950년 그 표현을 여러 번 사용했다). William S. Borden, *The Pacific Alliance: United States Foreign Economic Policy and Japanese Trade Recovery, 1947~1955*(Madison: University of Wisconsin Press, 1984)과 Michael Schaller, *The American Occupation of Japan: The Origins of the Cold War in Asia*(New York: Oxford University Press, 1985) 참조. 존 루이스 개디스는 1949년 3월 초기 단계의 정책기획실의 연구에서 "거대한 초승달 지대"라는 표현이 사용됐다고 지적했다(*The Long Peace*[New York: Oxford University Press, 1982], 89쪽). 내 견해는 아래 논저에서 자세히 밝혔다. "The Origins and Development of the Northeast Asian Political Economy: Product Cycles, Industrial Sectors and Political Consequences," *International Organization*(Winter 1984), 1~40쪽; *Industrial Behemoth: The Northeast Asian Political Economy in the 20th Century*(Ithaca, N.Y.: Cornell University Press, forthcoming).

41. Schaller, *American Occupation of Japan*, 78쪽; Hoover Presidential Library, Post-Presidential Individual File, box 462, Hoover to Patterson, May 7, 1947. 보든이 지적한 대로(*Pacific Alliance*, 65~66쪽), 폴리는 일본에게서 배상금을 징수하는 것을 지지하면서 일본이 착취한 아시아 여러 나라의 이익을 위해서는 식민지 산업을 부흥시켜야 하며 이웃 나라들보다 생활수준이 높아지지 않도록 일본 산업을 제한해야 한다고 주장했다. 한국과 관련해 그는 한국의 좌익이나 일본이 아니라 미국이 한국의 산업을 관할해야 한다고 생각했다. 이것은 독립계열 석유 기업의 경영자가 지닌 전형적 팽창주의의 견해다.

42. 740.0019 file, box 3827, Marshall's note to Acheson of January 29, 1947 attached to Vincent to Acheson, January 27, 1947; RG335, Secretary of the Army file, box 56, Draper to Royall, October 1, 1947. 마셜은 새 직무에 취임한 뒤 이런 구상을 갖게 됐는데, 그 이유는 정확히 알 수 없다.

43. Borden, *Pacific Alliance*, 15쪽.

44. 존 로버츠는 "일본 로비의 여러 인물"이 1947년 1월 이후 영향력을 미쳤다고 서술했다(John G. Roberts, "The 'Japan Crowd' and the Zaibatsu Restoration," *Japan Interpretor* 12[Summer 1979], 390쪽).

45. Schaller, *American Occupation of Japan*, 83~97쪽.

46. Marshall Papers, box 3, "Meetings of Secretaries of State, War, Army, Navy," xerox no. 2327. 부처간 협의로 한국 관련 3개년 계획에는 "대체적 합의"가 이뤄졌지만 "명확한 결정은 내려지지 않았다"는 이전의 문서도 참조하라. 관련 계획은 부처간 보고서에 서술돼 있다(RG319, P & O Division, 319.1 Section IV, box 51, T. W. Parker memo to General Norstad, March 10, 1947, Marshall Papers xerox no. 2779).

47. No author, "Korea," *Fortune*, June 1947, 99~103쪽. 이 기사에서 국무부의 입장과 다른 유일한 측면은 이승만을 한국 지도자 가운데 "이념적으로 가장 미국과 비슷한 인물"이라고 칭송한 것이다.

48. 이춘식, 『선거독본選擧讀本』, 서울: 신흥출판사, 1948. 51~61, 94~95쪽. 이날 『서울 타임즈』는 트루먼이 상·하원 합동 연설에서 봉쇄 정책을 공식 선포한 역사적인 연설을 한 뒤 한국과 헝가리가 트루먼독트린의 자유 민족 지지 선언과 관련해 "확대될 가능성이 있는 후보로 가장 많이 선정됐다"고 보도했다. 10일 뒤 같은 신문은 그리스와 튀르키예의 원조 제안이 의회에서 통과된 뒤 한국에는 2억 불 정도의 포괄적 원조 계획이 제안됐다는 미국 정부의 움직임을 보도했다. 그 기사는 그런 새 계획이 최종적으로 승인되면 "이승만 박사의 큰 승리로 평가될 것이다. (…) 그는 워싱턴에서 그런 [비슷한] 변화를 촉구해왔다"고 평가했다(*Seoul Times*, March 13, 24, 1947).

49. Kennan's memo to Lovett, June 30, 1947; and to Marshall, PPS file, box 33, July 21, 1947.

50. RG335, Secretary of the Army file, box 335, "T.N.D. Memo for General Draper," March 5,

1948, formerly top secret.

러셀 D. 부하이트Russell Buhite는 문서가 기밀 해제됨으로써 1940년대 후반 미국의 외교정책에서 한국의 중요성을 다시 평가할 수 있게 됐다고 주장했다. 그는 한국처럼 "핵심부"라기 보다는 "주변부"에 가까운 사례를 설명하기 위해 "중요한" 이해관계Major Interests라는 개념을 고안했다.("'Major Interests': American Policy Toward China, Taiwan, and Korea 1945-1950," *Pacific Historical Review* 47, no. 3 August 1978, 425~451쪽). 그러나 나는 정치·전략적 개념과 군사·전략적 개념을 구분했는데, 전자는 후자보다 측정하기 어렵다.

51. RG218, JCS 383.21 file, box 33, section 17D, JCS 1776, "Action by Commanding General, U.S. Armed Forces in Korea in Event of an Invasion by North Korean Army," May 9, 1947; box 130, section 12, Hodge to JCS, August 30, 1947. 1947년 5월 11일자 전문에서 맥아더는 "나는 침략 '가능성'을 우려하는 하지 장군에게 동의하지 않는다"고 말했다(같은 자료, box 33, MacArthur to War Department, May 11, 1947).

52. USFIK 11071 file, box 62/96, minutes of conference between Hodge and Wedemeyer, August 27, 1947.

53. RG218, JCS, 383.21 Korea, box 25, section 18, JCS to CINCFE, December 30, 1948.

54. 895.00 file, box C-945, memo of conversation, Dean Rusk and Lt. Col. T. N. DuPuy, August 18, 1949.

55. Koo Papers, box no. 124, 1947 interview notes. 4월 26일 반덴버그는 웰링턴 구에게 3억 달러의 한국 지원 법안이 곧 의회에 상정될 것이라고 통보했다(같은 자료).

56. Matthew J. Connelly Papers, cabinet meeting minutes, March 7, 1947.

57. 특히 아래에 실린 그의 발언 참조. CP, 1977, item 316B, "Transcript of Roundtable Discussion on American Foreign Policy toward China," October 6, 7, 8, 1949.

58. Kennan Papers, box 23, "China," February 1948.

59. PPS file, box 2, PPS-39, "US Policy toward China," September 7, 1948; 82d Congress, Senate Committee on Internal Security, *Hearings on the Institute of Pacific Relations*, vol. 10, 3986~3987쪽.

60. PPS, box 32, 99th meeting, June 13, 1949.

61. "제한된 관찰로 판단하면 촌락의 보통 한국인은 일상의 절반 이상을 게으르게 보내면서 긴 여가 시간에는 집을 청소하는 대신 한가히 앉아 담배를 피우거나 바닥에 누워 잠을 잔다. 하수구속 썩은 것을 찾아 매가 날아오기도 하고 돼지는 썩은 악취에 달아나기도 한다." George Kennan, "The Land of the Morning Calm," *Outlook*(October 8, 1904), 366~367쪽; Kennan, "The Korean People: The Product of a Decayed Civilization," *Outlook*(December 21, 1905), 409~416쪽.

62. Cumings, *Industrial Behemoth* 참조.

63. PPS file, box no. 13, Kennan to Rusk and Jessup, September 8, 1949. 이보다 앞서 케넌은 한국을 포기했었다. 1947년 9월 그는 미국의 아시아 지원 우선순위를 정하면서 한국은 소련의 위성국이 될 것이라고 생각했고, 군부는 그곳에 주둔하려고 하지 않는다는 것을 알고 있었다. 그래서 그는 "미국이 실행할 수 있는 한계를 훨씬 넘어선 군사·정치·경제적 조치를 하지 않는다면" 한국을 "가까운 장래에 임시로 제공할 원조를 제외하고는 지원 대상에서 제외하거나 하위에 놓아야 한다"고 주장했다. 그러나 이것도 미국이 아니라 일본이 한국에 대한 책임을 져야 한다는 가정에 기반한 것이었다.

64. 같은 자료, box 32, "U.S. Policy Toward a Peace Settlement with Japan," September 22, 1947. 이 문서는 반대 경로를 규정한 1948년 10월 NSC 13/2의 기초가 됐다. HST, NSC file, box 206 참조. Roberts, "Japan Crowd," 399쪽도 참조. 로버츠는 NSC 13/2를 책정하는 데 맥스 비숍이 케넌과 함께 큰 역할을 했다고 지적했다.

65. CP, 1977, item 316B, "Transcript of Roundtable Discussion on American Foreign Policy toward China," October 6, 7, 8, 1949. 전후 세계경제에서 일본이 차지한 지위에 대한 뛰어난

설명은 Jon Halliday, "The Specificity of Japan's Re-integration into the World Capitalist Economy after 1945: Notes on Some Myths and Misconceptions," *Rivista Internazionale di Scienze Economiche e Commerciali* 28, no. 7-8(July-August 1981), 663~681쪽 참조.

66. Harry Kern, "American Policy toward Japan," 1948, Pratt Papers, box 2(비공식 회람 문서). "원격조종Remote control"은 조지 샌섬George Sansom의 표현이기 때문에 컨은 인용 부호를 붙였다.

67. PPS, box 33, unsigned memo of April 29, 1949, probably by Kennan. 그 문서는 곧 『뉴욕 타임스』에 누설됐다.

68. Kennan Papers, box 24, "Assessment of Foreign Policy," June 23, 1950. 원래는 극비 문서였다.

69. 이를테면 1950년 원자력 무기가 세계 정치를 어떻게 변화시켰는지에 관련된 측면을 분석하면서 그는 그 "대량 살상 무기"를 "아시아 민족들에게 유포된" 전쟁 개념과 결부시켰다. FR(1950) 1, 22~44쪽, "International Control of Atomic Energy," January 20, 1950.

70. Kennan Papers, box 24, speech draft dated January 9, 1950.

71. Eden, "The Diplomacy of Force," 39쪽 등. 존 루이스 개디스는 미국 외교정책에서 이 세 세력을 구분하지 않고, 세계관·세계경제·군사 독트린을 하나의 국가 전략에 융합했다. *The Long Peace* 참조.

72. RG335, Secretary of the Army file, box 22, packet Ous 400.38 Korea, and Ous 121 Korea. "영광스러운 철수"라는 용어는 다음 자료에서 사용됐다. memo from Brig. General C. V. Schuyler, Chief of Plans and Operations in the War Department, to "Mr. Blum," January 2, 1948, in RG218, JCS, 383.21 Korea(3-19-45), box 130.

73. RG319, 091 Korea file, G-3 Operations, box 38A, Chamberlin to Director of Plans and Operations, February 11, 1947. 웨더마이어 장군은 미군이 한국에서 철수해야 한다고 주장했음에도 불구하고 한국의 전략적 위치를 오스트리아에 비유했다. 그는 공산화된 오스트리아는 독일을 위협할 것이고 공산화된 한국은 일본을 위협할 것이라고 판단했다. Koo Papers, box 124, interview notes, Koo interview with Wedemeyer, November 17, 1947.

74. Cumings, "Introduction," in *Child of Conflict*, 20쪽. 740.0019 file, box C-213, "Summary of Conclusions at Staff Meeting," April 8, 1947도 참조.

75. 740.0019 file, box no. 3827, Hilldring to Vincent, April 7, 1947, and Vincent to Acheson, April 8, 1947.

76. RG218, JCS, box 130, Section 2, JCS 1483/44, September 22, 1947, and Memo for the Chief of Staff, same date. James F. Schnabel and Robert J. Watson, *History of the Joint Chiefs of Staff*(Wilmington, Del.: Michael Glazier, Inc.), vol. 3, 13~14쪽도 참조(이하 JCS, Korean War).

77. PPS file, box 33, Kennan to Butterworth, September 24, 1947; box 32, "U.S. Policy Toward a Peace Settlement with Japan," September 22, 1947; Cumings, "Introduction," *Child of Conflict*, 23~24쪽.

78. *FR*(1947) 6, 814쪽.

79. Richard Robinson, "Betrayal of a Nation," unpub. manuscript(Massachusetts Institute of Technology), 188~190쪽; CIA, "National Intelligence Survey, Korea," N1S 41, compiled in 1951 and 1952, in Carrolton Retrospective Collection(CRC), 1981, item 137 B, C, D; item 138 A to E; item 139, A to C.

80. 존슨은 이승만을 해리스 교회Harris's church에서 처음 만났다(Thames Television interview with Johnson, February 1987.)

81. *Korean Survey*(April 1955).

82. RG319, entry 47, box 3, Rhee to Richards, Nov 21, 1949; Rhee to Richards, December 9,

1949; Jane Towner to Richards, June 3, 1950; Richards to Clarence Ryee, June 24, 1950. 이 자료들은 미국 정보기관이 노획한 것으로 생각된다.

83. Goodfellow Papers, box 1.

84. 애치슨은 1947~1948년 후버와 긴밀히 협력해 행정부 조직을 재편했다(Acheson, *Present at the Creation*, 242쪽).

85. Oliver interview, August 1985.

86. 895.00 file, box 5693, E. Allen Lightner, Jr., memo of Nov 11, 1952. 올리버는 이승만이 스 태거스 집단의 투기에서 많은 이익을 봤다고 생각하지 않는다면서, 이승만은 자신의 원대한 목 표를 위해 그들의 협소한 이해관계를 이용하려고 했다고 내게 말했다(Interview, Robert Oli-ver, August 1985). 이승만은 자신을 지지한 한국의 자산가를 마음대로 조종했다고 말한 올리 버의 발언과 부합하므로 이것은 사실로 생각된다.

87. 같은 자료.

88. "Excerpts from Conference at Korean Commission," November 18, 1946, Goodfellow Papers, box 1. 참석자는 굿펠로, 윌리엄스, 스태거스, 임병직이었다.

89. 패터슨의 수첩에는 3월 26일 "한국 대통령" 이승만과 만나기로 했다고 적혀 있는데, 이 약속 은 그 뒤 취소된 것으로 보인다. 패터슨은 로이 하워드가 편집자들과 함께 한국을 방문하기 전 1947년 1월 그를 만났으며 1947년 3월 그들이 돌아온 뒤 다시 만나 미국의 한국정책을 수정하 는 문제를 논의했다(Patterson Papers, box 20, box 98).

90. HST Official File, box 1304, George Maines to Matthew Connelly, April 30, 1947; Good-fellow Papers, box 1, letter of March 26, 1947, Harris to Vandenberg; Oliver Papers, letter from Oliver to his wife, February 19, 1947. 이정식 교수는 그가 관리하는 올리버 자료 의 일부를 내가 이용할 수 있도록 허락했다. 그 자료에 관한 모든 사항은 그가 내게 보내준 출력 물을 참고했다.

91. Robert Oliver, *Syngman Rhee and American Involvement in Korea, 1942-1960*(Seoul: Panmun Books, 1978), 56, 63, 95~98쪽. 힐드링이 올리버에게 보낸 편지를 인용했다.

92. Oliver interview, August 1985.

93. RG335, Secretary of the Army file, box 22, memo for General Norstad, Oct 2, 1947, "Re-port on visit to Korea with Under-Secretary of the Army."

94. Goodfellow Papers, box 1, Hodge to Goodfellow, January 15, January 23, 1947.

95. 이를테면 Leon Gordenker, *The United Nations and the Peaceful Unification of Ko-rea*(The Hague: Martinus Nijhoff, 1959).

96. RG353, SWNCC-SANACC, box 86, folder 334, "Interdepartmental, Korea."
1947년 1월 맥아더는 "한국 문제를 모두 유엔에 회부"하자고 제안했지만, 그것은 미·소 공위의 논의을 따르는 기존 방침의 맥락 안에 있는 것이었다. 740.0019 file, box 3827, Vincent to Sec-retary, January 27, 1947, citing MacArthur's cable no. CX69369.

97. 895.00 file, box 7124, May 9, 1947, "Possible UN Assistance in the Conduct of Elections to Establish a Provisional Government in Southern Korea," prepared by the Division of International Organization Affairs.

98. HST, Acheson Papers, box 81, Princeton Seminar transcripts, February 13, 1954; RG353, SWNCC-SANACC, box 29, "Enclosure 'B' to SWNCC 176/27," "U.S. Policy toward Korea," July 25, 1947.

99. NSC 8, "The Position of the U.S. with Respect to Korea," March 22, 1948은 FR(1948) 6, 1164~1169쪽에 실려 있다. 트루먼은 1948년 4월 국가안보회의 문서 8을 최종 승인했지만, 그 것은 1947년 8월 4일 국무·육군·해군 삼성三省조정위원회 문서SWNCC 176/30을 포함한 일련 의 문서를 마무리한 것이었다. 국무·육군·해군 삼성조정위원회 문서 176/30은 공산 세력이 한 국을 지배하게 되면 미국의 위상을 크게 손상시킬 것이므로 미국은 한국에서 철수할 수 없다는 주장을 전개했다. 그 문서는 의회가 한국 관련 계획에 대규모 자금을 제공하는 데 소극적이라

는 것도 지적했다. 그 문서에서는 2차 미·소 공위가 결렬될 경우 소련 외무장관에게 서신을 보내 한국의 난국을 해결하기 위한 다양한 방안을 제안할 것을 권고했는데, 소련이 예상대로 이를 거부한다면 한국 문제를 유엔에 회부하는 계기가 될 것이라고 판단했다. 그 문서는 1947년 3월 22일 "특별 부서합동위원회가 권고한 적극적 방안을 시급히 추진해야 한다"며, 의회의 승인을 얻기 위해 더 많은 압력을 행사해야 한다고 제안했다. 그 정책이 유엔의 지지를 얻게 되면 의회는 필요한 자금을 제공할 가능성이 높다고 그 문서의 기안자는 생각했다.

100. FO371, piece no. 69939, Allison communication to British Embassy, in Embassy to Foreign Office, February 21, 1948.; piece no. 69941, Tomlinson minute on Franks to FO, June 4, 1948.

101. 740.0019 file, box C-215, memo of May 23, 1949. 데이비드 마크David E. Mark가 수행한 한국 정책 관련 긴 연구가 첨부돼 있다. 날짜와 제목은 붙어 있지 않다.

102. Warren I. Cohen, *Dean Rusk*(New York: Cooper Square Publishers, 1980), 8~12쪽; Lloyd Gardner, *Architects of Illusion: Men and Ideas in American Foreign Policy, 1941-1949* (Chicago: Quadrangle Books, 1970), 225쪽.

103. 895.01 file, box no. 7125, Hodge to Secretary of State, November 21, 1947.
1945년 말 남한 단독정부를 처음으로 구상한 윌리엄 랭던은 1948년 1월 "유엔 감시 아래 남한에서 선거가 치러지면 우익이 지배하는 정부가 등장할 것"이라고 예측했다(501.BB file, box 2173, Langdon to State, January 10, 1948).

104. G-2 Weekly Report no. 100, August 3-10, 1947; RG43, U.S.-USSR Joint Commission on Korea file, boxes 1 and 2, including official minutes of the Second Joint Commission; RG332, G-2 Weekly Report no. 104, August 31-September 7, 1947; no. 105, September 7-14, 1947; also USFIK 11071 file, box 62/96, transcript of a meeting between Hodge and Congressman R. Hebert, undated but it came at the end of the summer in 1947; 『동아일보』, October 22, 1947.

105. G-2 Weekly Report no. 93, June 15-22, 1947; no. 94, June 22-29, 1947; no. 98, July 20-27, 1947. G-2는 6월 23일 김구가 대규모 반소·반탁 시위를 호소했지만 "대중은 호응하지 않았"으며 그 계획은 흐지부지됐다고 지적했다.

106. *FR*(1947) 6, 771~73.

107. 740.0019 file, box C-213, Hilldring to Vincent, November 8, 1946. 북한 관련 번스의 각서도 수록돼 있다. RG59, Wedemeyer Mission, box 3, Hodge radio to Navy Department, July 8, 1947.

108. *Seoul Times*, September 27, 1947.

109. CIA는 여름 동안 아래와 같이 예측했다. 2차 미·소공위가 교착상태에 빠질 경우 "미국 철수를 강제하기 위해 소련군이 일방적으로 철수할 (…) 위태로운 가능성"이 있으며, 그렇게 되면 남한은 북한군의 공격에 무방비 상태가 될 수 있다. 북한에 주둔한 소련군은 2개 사단 규모로 축소됐으며, 그들은 1개월 안에 귀국할 가능성이 있다고 미국 정보 당국은 추정했다(Central Intelligence Group, "Korea," SR-2; RG335, Secretary of the Army file, box 57, Jacobs to Secretary of State, October 8, 1947).

110. Schoenbaum, *Waging Peace and War*, 158쪽.

111. *The Christian Science Monitor*, July 7, 1948, in John Foster Dulles Papers, box 38.

112. 타운젠드 후프스Townsend Hoopes는 엘리어트 벨Elliott Bell의 말을 인용해 "포스터는 그리 매력적인 인물이 아니었다"고 썼다(*The Devil and John Foster Dulles*[Boston: Little, Brown, 1973], 6쪽).

113. Koo Papers, box 124, Interview Notes, meeting between Wang Shih-chieh王世杰 and C. E. Saltzman, October 2, 1947. 1947년 10월 10일 찰스 볼런은 웰링턴 구와 회동한 자리에서 한국 문제를 4대국 회의보다 유엔에 회부하는 것이 미국에 유리하다고 말했다(같은 자료).

114. Shirley Hazzard, "The Betrayal of the Charter," *Times Literary Supplement*, September

17, 1982. 풀브라이트의 발언은 여기서 인용했다. 이 자료를 알려준 존 핼러데이에게 감사한다. Peter Lowe, *The Origins of the Korean War*(New York: Longman, 1986), 37쪽도 참조.

115. Hazzard, "Betrayal of the Charter."

116. G-2 Weekly Report no. 106, September 14-21, 1947.

117. 김일성, 1948년 신년사, 『旬刊通信』, 1948 1월.

118. 후스쩌는 1894년 워싱턴 D.C.에서 태어났고, 파리에서 법학박사 학위를 받았으며, 1942년부터 1945년까지 외무부 차관을 지냈다(*China Handbook*[New York: Rockport Press, 1950], 752쪽).

119. FO317, piece no. 69338, Kermode to FO, February 16, 1948; piece no. 69940, Kermode to FO, February 12, 1948; piece no. 69337, Kermode to FO, December 22, 1947, and January 25, 1948. *Seoul Times*, March 17, 1948도 참조.

120. Lowe, *Origins of the Korean War*, 44쪽.

121. FO317, piece no. 69337, Kermode to FO, January 17, 1948; piece no. 69939, Kermode to Bevin, February 28, 1948; *Seoul Times*, January 16, 1948; HST, PSF, box 253, CIA, "Implementation of Soviet Objectives in Korea," ORE 62, November 18, 1947.

122. USFIK 11071 file, box 64/96, Weckerling to Hodge, March 8, 1948; and Weckerling to Hodge, April 24, 1948; FO317, piece no. 69337, Kermode to FO, January 17, 1948; piece no. 69939, Kermode to FO, January 21, 1948. *Seoul Times*, January 13, 1948도 참조.

123. 895.00 file, box 7125, Jacobs to State, April 1, 1948; USFIK 11071 file, box 62/ 96, SKIG Executive Order no. 23, June 22, 1948.

124. USFIK 11071 file, box 64/96, Weckerling to Hodge, March 13, 1948; "National Election Committee Action No. 2," April 21, 1948.

125. *Seoul Times*, January 23, 1948; USFIK 11071 file, box 62/96, "UNTCOK packet"; box 64/96, April 27 memo, Milner to Weckerling; 895.00 file, box 7125, Jacobs to State, April 14, 1948, enclosing an extensive "Report on Activities of the Office of Civil Information, USAFIK, and Department of Public Information, USAMGIK, in Publicizing Elections in South Korea," dated April 2, 1948.

126. USFIK 11071 file, box 64/96, Weckerling to Hodge, March 15, 1948, relating his "conversation" with Mughir; Weckerling to Hodge, March 8, 1948.

127. 같은 자료, Weckerling to Hodge, April 27, 1948.

128. Lowe, *Origins of the Korean War*, 44쪽.

129. USFIK 11071 file, box 64/96, Weckerling to Hodge, "Daily Report of UNTCOK Activities'" March 8, 10, 1948. 패터슨의 연설은 501.BB file, box 2173, Langdon to State, March 16, 1948 참조.

130. USFIK 11071 file, box 64/96, Weckerling to Hodge, "Daily Report of UNTCOK Activities," March 8, 10, 15, 1948; RG335, Secretary of the Army file, Royall to Secretary of Defense, March 16, 1948.

131. USFIK 11071 file, box 64/96, Weckerling to Hodge, memos of March 8, 9, an April 24, 1948.

132. Lowe, *Origins of the Korean War*, 46쪽.

133. USFIK 11071 file, box 64/96, Weckerling to Hodge memos of March 8, 9, 1948.

134. Interview with Maj. Bennie W. Griffith, Jr., conducted by John Merrill. 이 자료를 알려준 메릴 박사에게 감사한다.

135. USFIK 11071 file, box 64/96, Fraenkel to Weckerling, April 23, 1948; Weckerling to Hodge, "Daily Report of UNTCOK Activities," April 24, 28, May 1, 1948. 경주에 관련된 마네의 서술은 Hugh Deane Papers, "Notes on Korea," May 4, 1948.

3장 반격과 민족주의

1. Peter Viereck, "The Revolt Against the Elite—1955," in *The Radical Right*, ed. Daniel Bell(New York: Doubleday, 1955, 1963), 135~154쪽. Hofstadter's article in the same volume, 같은 책에 실린 Hofstadter, "The Pseudo-Conservative Revolt—1955"(63~80쪽)에서는 반격 지지자들을 병적인 인물로 묘사했다. 그 뒤 그는 유명하고 영향력 있는 논문인 "The Paranoid Style in American Politics"를 썼다. 벨의 책에서 호프스태터는 히틀러를 지지했던 미국인은 "반유대주의자, 파시스트, 유럽 혐오자, 편협한 괴짜 등 거의 모든 비열한 행위"를 대표한다고 서술했다(98쪽). 맞는 말이지만 "유럽 혐오자"라는 부분은 동의하기 어렵다. 모든 세대의 미국인이 가장 선호하는 유럽을 파시즘 같은 비열한 행위로 경멸할 수 있을까? 아울러 반격론자들은 독일·이탈리아·스페인을 경멸하지 않았다. 호프스태터의 유럽 개념은 영국과 프랑스, 계몽된 북유럽을 가리킨다(호프스태터에 관한 뛰어난 비평은 Lawrence Goodwyn, *The Populist Moment*[New York: Oxford University Press, 1978], 314~315쪽 참조).

2. 토머스 리브스Thomas C. Reeves는 다음 책에서 매카시에 관련된 적절한 묘사를 인용했다. William Schlamm, *The Life and Times of Joe McCarthy*(New York: Stein and Day, 1982), ix쪽.

3. Charles Beard, *The Open Door at Home: A Trial Philosophy of National Interest*(New York: Macmillan, 1935), 197쪽. 진보적 역사학자가 쓴 이 책은 여전히 뛰어나다. 저자는 1953년 이후의 자유주의적 국제협력주의가 도출한 합의에 동의하지 않았다. 그런 합의를 도출한 인물은 물론 루스벨트였지만 가치를 인정받지 못했다. 그는 Beard, *A Foreign Policy for America*의 표지 속지에 "40년 동안 힘들게 계속 연구한 결과 근친교배한 생쥐가 태어났다"고 썼다(Thomas C. Kennedy, *Charles A. Beard and American Foreign Policy*[Gainesville: University of Florida Press, 1975], 98쪽에서 인용). Ronald Radosh, *Prophets on the Right*(New York: Simon and Schuster, 1975), 39쪽도 참조. 해리 엘머 반스는 전후 합의를 연구한 역사학자인 새뮤얼 엘리엇 모리슨과 아서 슐레진저 2세가 비어드를 비판하고 제국주의적 외교정책을 지지했다고 날카롭게 비판했다. 반스의 *Perpetual War for Perpetual Peace*(Caldwell, Idaho: The Caxton Printers, 1953), 22~23, 65쪽 참조.

4. Karl Marx, "Bastiat and Carey," in *Grundrisse: Foundations of the Critique of Political Economy*, trans. Martin Nicolaus(New York: Vintage Books, 1973), 883~888쪽.

5. Lynn Eden, "The Diplomacy of Force: Interests, the State, and the Making of American Military Policy in 1948"(Ph.D. diss., University of Michigan, 1985), 177~188쪽.

6. Samuel Crowther, *America Self-Contained*(New York: Doubleday, Doran and Co., 1933).

7. Polanyi, *Great Transformation*, 3, 68~76쪽.

8. George N. Peek and Samuel Crowther, *Why Quit Our Own*(New York: D. Van Nostrand Co., 1936), 12쪽 등. 피크는 국제협력주의가 승리하기 이전 "1차 뉴딜"에서 루스벨트의 조언자였다.

9. *The National Republic* 참조(1920년대 후반 이후 모든 호). 후원자 명단은 월터 스틸Walter Steel(편집장)이 1959년 9월 21일 윌러비에게 보낸 서신 참조. Willoughby Papers, box 8 수록.

10. Zilg, *Behind the Nylon Curtain*, 369쪽 참조. Higham, *Trading with the Enemy*, 162~164쪽에도 좋은 정보가 있다. Jules Archer, *The Plot to Seize the White House*(New York: Hawthorn Books, 1973); George Seldes, *One Thousand Americans*(New York: Boni & Gaer, 1947), 287~289쪽도 참조.

11. 코플린 신부에 관련된 사항은 아래 자료 참조. D. Clayton James, *The Years of MacArthur*, vol. 1, 1880~1941(Boston: Houghton Mifflin, 1970), 442쪽(이하 MacArthur).

12. Gardner, *Economic Aspects*, 85~86쪽.

13. Gareth Stedman Jones, "The History of US Imperialism," in *Ideology in Social Science*, ed. Robin Blackburn(London: New Left Books, 1972), 216~217쪽.

14. Richard Drinnon, *Facing West*, xiii~xiv, 278쪽; Walter LaFeber, *The New Empire: An Interpretation of American Expansion 1860-1898*(Ithaca, NY: Cornell University

Press, 1963), 69~71쪽. 레이퍼버는 앨프리드 세이어 머핸Alfred Thayer Mahan이 해군을 자유무역과 연결시켰고, 막대한 잉여를 생산하는 산업 공단을 가진 미국과도 연결시켰다고 지적했다 (85~95쪽).

15. Bell, *Radical Right*, 47쪽; Ahn Westin, "The John Birch Society: 'Radical Right' and 'Extreme Left' in the Political Context of Post-World War II—1962," in Bell, *Radical Right*, 201~226쪽. 호프스태터는 그 책에서 존 비커스John Birchers는 "우리 세계에 있지만 정확히 말하면 그 세계의 일부는 아니"라면서, 그들의 정치는 "본질적으로 병적"이며 "자신들만의 언어를 사용한다"고 지적했다(83쪽).

16. Bernard Fensterwald, Jr., "The Anatomy of American 'Isolationism' and 'Expansionism'" *Journal of Conflict Resolution* 2, nos. 2 and 4(June and December 1958).
    정치·경제를 고려하지 않는 고립주의에 관련된 다른 해석은 아래 논저 참조. Norman Graebner, *The New Isolationism: A Study in Politics and Foreign Policy Since 1950*(New York: The Ronald Press, 1956); Robert A. Divine, *Second Chance: The Triumph of Internationalism in America During World War II*(New York: Atheneum, 1967); LeRoy N. Rieselbach, *The Roots of Isolationism*(New York: Bobbs-Merrill, 1966).

17. Seymour Martin Lipset, "The Sources of the 'Radical Right,'" in Bell, *Radical Right*, 259~312쪽. 매카시가 동부의 자유주의자들을 공격한 것은 미국 정치에 공산주의가 침투하기 쉽다는 "독특한" 현상을 보여주는 것이라고 해석했다(329쪽). 그러나 이것은 1930년대 우파의 관행이었다.

18. Justus D. Doenecke, *Not to the Swift*, 12, 22~26, 43~46, 78, 120, 164쪽; Doenecke, *The Literature of Isolationism*(Colorado Springs: Ralph Myles, 1972), 특히 23쪽; Doenecke, "Power, Markets, and Ideology: The Isolationist Response to Roosevelt Policy, 1940–41," in *Watershed of Empire: Essays on New Deal Foreign Policy*, ed. Leonard P. Liggio and James L. Martin(Colorado Springs: Ralph Myles, 1976), 132~161쪽; Wayne S. Cole, *Roosevelt and the Isolationists, 1932-1945*(Lincoln: University of Nebraska Press, 1983), 특히 7~8, 37~38, 51~55, 103~109쪽 참조.

19. 이를테면 Immanuel Wallerstein, "McCarthyism and the Conservative"(Master's thesis, Columbia University, 1954), 4쪽 등 참조. 아울러 월러스틴은 독일계와 가톨릭 신자가 매카시즘의 지지층이었다고 지적했다. 그의 논문 복사본을 제공해준 월러스틴 교수에게 감사한다. Martin Trow, "Small Businessmen, Political Tolerance, and Support for McCarthy," *American Journal of Sociology* 64(November 1958), 270~281쪽도 참조.

20. Dean Acheson, *Among Friends*, 201쪽.

21. Thomas Ferguson, "From Normalcy to New Deal: Industrial Structure, Party Competition, and American Public Policy in the Great Depression," *International Organization* 38(Winter 1984), 41~94쪽; Ferguson, "Party Realignment and American Industrial Structure: The Investment Theory of Political Parties in Historical Perspective," *Research in Political Economy* 6(Greenwich, Conn.: JAI Press Inc., 1985), 1~82쪽. Michael Hogan, "Corporatism: A Positive Appraisal,"; 호건Hogan과 퍼거슨 등의 논의를 분석한 존 루이스 개디스의 연구("The Corporatist Synthesis: A Skeptical View"), both in *Diplomatic History* 10, no. 4(Fall 1986), 357~372쪽도 참조.

22. Beard, *Open Door at Home*, 38~44, 64~65, 70~72, 149쪽.

23. 같은 책, 130~131쪽.

24. Carroll Quigley, *Tragedy and Hope: A History of the World in Our Time*(New York: Macmillan, 1966), 880~882, 1245~1247쪽.

25. David M. Oshinsky, *A Conspiracy So Immense: The World of Joe McCarthy*(New York: The Free Press, 1983), 160, 303~305쪽. 스터드베이커Studebaker사 는 국내시장의 혁신적 소규모 기업으로 해외에 자동차를 수출했다. 이를테면 남아프리카에 경찰차를 판매했다.

26. Cole, *Roosevelt and the Isolationists*, 109쪽. 콜버그는 "소상공인, 참전 용사, 농민이 미국을 구원할 것"이라고 생각했다. *New York Times*, September 5, 1950.

27. 듀폰은 Zilg, *Behind the Nylon Curtain* 참조.

28. 이런 측면의 가장 뛰어난 언급은 Alisdaire McIntyre, *After Virtue*(South Bend, Ind.: University of Notre Dame Press, 1981).

29. John T. Flynn, *The Road Ahead*(New York: Devin-Adair, 1952), 10~11, 59, 92, 139, 156쪽.

30. 1946~1948년의 다양한 서신 참조. Robert Wood Papers, box 42; Frazier Hunt, *The Untold Story of Douglas MacArthur*(New York: Devin-Adair, 1954), 506쪽; Anthony Kubek, *How the Far East Was Lost*(Chicago: Henry Regnery, 1963), 446~447쪽; Joseph P. Kamp, *We Must Abolish the United States: The Hidden Facts Behind the Crusade for World Government*(New York: Constitutional Education League, 1950), 27쪽; MA, VIP file, box 5, H. L. Hunt to MacArthur, June 6, 1951.

31. Willoughby Papers, box 5, Willoughby to Austin B. Taylor, November 29, 1966; box 2, William F. Clarke to Willoughby, September 8, 1970; John T. Flynn, *While You Slept: Our Tragedy in Asia and Who Made It*(New York: Devin-Adair, 1951), 27~38쪽; Herbert Hoover Library, Post-Presidential File, Wedemeyer entry, copy of Ivan D. Yeaton to General Albert Wedemeyer, no date.

32. David C. Martin, *Wilderness of Mirrors*(New York: Ballantine Books, 1980), 199~200쪽.

33. Polanyi, *Great Transformation*, 9~12쪽; Quigley, *Tragedy and Hope*, 52쪽.

34. Hodgson, *America in Our Time*, 113~114, 116~117쪽. 홉슨은 국제협력주의자와 상호의존의 개념을 처음 연결시킨 인물일 것이다. Giovanni Arrighi, *The Geometry of Imperialism: The Limits of Hobson's Paradigm*, trans. Patrick Camiller(New York: Verso, 1983), 104쪽 참조.

35. 애치슨은 일본을 서구인이 낳은 "말을 듣지 않는 아이"라고 생각했다(*Present at the Creation*), 4쪽.

36. MacArthur Papers, RG10, VIP file, box 5, Hoover to MacArthur, October 23, 1947.

37. 같은 자료, box 11, Wedemeyer to MacArthur, October 21, 1952.

38. Drinnon, *Facing West*, 315~318쪽.

39. 맥아더의 사후에 발표된 대담. *New York Times*, April 9, 1964; Willoughby, "Aid and Comfort to the Enemy," 1951, in Willoughby Papers, box 13; James, *MacArthur*, vol. 2, 179, 717쪽.

40. Richard Norton Smith, *Thomas E. Dewey and His Times*(New York: Simon and Schuster, 1982), 561쪽.

41. Cole, *Roosevelt and the Isolationists*, 55, 94, 111, 130~131쪽; Goodwyn, *Populist Moment*, 215~217, 234쪽. Arthur F. Sewall, "Key Pittman and the Quest for the China Market, 1933-1940," *Pacific Historical Review* 44, no. 3(1975), 351~371쪽; Partha Sarathy Ghosh, "Passage of the Silver Purchase Act of 1934: The China Lobby and the Issue of China Trade," *Indian Journal of American Studies* 6, no. 1/2(1976), 18~29쪽도 참조.

42. Alfred Steinberg, "McCarran: Lone Wolf of the Senate," *Harper's*, November 1950, 88~95쪽. 피터 데일 스콧Peter Dale Scott에 따르면 매캐런은 마피아가 라스베이거스에서 카지노 영업 면허를 취득하는 것을 도왔다. 그는 영화 「대부 2Godfather II」에 나오는 상원의원의 모델인 것으로 보인다(Scott, *The War Conspiracy*[New York, Bobbs-Merrill, 1972], 198쪽; Oshinsky, *A Conspiracy So Immense*, 207쪽).

43. U.S. Senate, Committee on Foreign Relations, Historical Series, *Economic Assistance to China and Korea: 1949-1950*(Washington, D.C.: U.S. Government Printing Office, 1974), 3쪽. 블룸은 1949년 매캐런이 대만에 15억 달러의 원조를 제공하기를 바랐고, 그 가운데 5억 달러

는 은화로 지급되기를 희망했다고 말했다(Robert M. Blum, *Drawing the Line: The Origin of the American Containment Policy in East Asia*[New York: W. W. Norton, 1982], 43쪽).

44. Wayne S. Cole, *Roosevelt and the Isolationists*, 55쪽; 클라크는 토미 코코런 및 쑹쯔원과 연관됐다. Office of Chinese Affairs, box 4198, information in "descriptive entry," 793.00/6-2851 참조. 토머스의 발언은 *Economic Assistance to China and Korea*, 36쪽; U.S. Senate, Committee on Foreign Relations, Historical Series, *Foreign Relief Assistance Act of 1948*(Washington, D.C.: U.S. Government Printing Office, 1973), 343쪽 참조. 애치슨은 토머스 상원의원이 길게 발언하는 동안 조용히 앉아 있었다. 윌리엄 폴리는 중국 본토에서 "반격"을 주장하면서 침공군이 곤경에 빠졌을 경우를 대비해("미국에서 은화를 주조해") 가져가야 한다고 생각했다(William D. Pawley Papers, box 2, "Russia Is Winning," 281쪽).

45. Wellington Koo Papers, box 175, "Outline of Military and Economic Aid for China Recently Proposed to U.S. Government," September 1, 1949; box 124, conversation with McCarran, March 31, 1949; box 180, Chen-chih Mai陳之邁 to Koo, February 26, 1949. *FR*(1949), 9: 683쪽, Koo to Acheson, August 15, 1949도 참조. 대만을 위한 은화 생산은 1949년 6월 필라델피아와 덴버 조폐소에서 시작됐다. 아이다호 주의 상원의원 클라크는 매캐런과 함께 관여했다. Koo papers, box 159, folders E.1 and E.3 참조.

46. Pawley Papers, box 2, "Russia Is Winning," 366쪽.

47. 광물 탐사 회사Compania Exploradora Mineral Nacional S.A.에 관한 정보는 Willoughby Papers, box 7, folder "Mexico," 참조. a letter from O'Crotty to Willoughby, August 13, 1956도 참조.

48. Ferdinand Lundberg, *Imperial Hearst: A Social Biography*(New York: Equinox Cooperative Press, 1936), 174~176, 191, 193, 256, 310, 337쪽. 런드버그는 J. P. 모건이 소유한 세로 데 파스코 광산 지분은 밀스와 허스트에 이어 3위라고 말했다. 그는 허스트 계열 내셔널 시티 뱅크가 "필리핀의 경제와 금융을 지배했다"면서 캘리포니아 주의 허스트 농장은 값싼 중국인 노동자를 주 안에서 가장 많이 고용했다고 지적했다.

49. Seldes, *One Thousand Americans*, 223~225쪽; Robert Wood Papers, box 43, Wood to Courtney Whitney, September 7, 1951. 우드는 헌트를 "교양 있지는 않지만 '흥미로운' 인물"이라고 서술했다.

50. Gardner, *Economic Aspects*, 271쪽.

51. Herbert Hoover Presidential Library, Post-Presidential File, box 328, Fellers to Hoover, February 3, 1943; Fellers memorandum of January 1, 1953; Fellers to Hoover, November 8, 1955.

52. William Pawley Papers, box 2, draft manuscript "Russia is Winning," "prologue," and 1~2쪽; Pawley, *Americans Valiant and Glorious*(New York: n.p., 1945); William Pawley file, HST.

53. Whiting Willauer Papers, box 1, biographical file.

54. 따라서 벤 앤더슨은 맥아더를 미국 민족주의의 가장 좋은 첫 번째 인물로 꼽는다. 1962년 그가 웨스트 포인트에서 한 연설은 "귀기鬼氣가 느껴질 정도로 민족주의적 상상력"으로 가득했다고 평가했다(Benedict Anderson, *Imagined Communities: Reflections on the Origin and Spread of Nationalism*[New York: Verso, 1983], 17쪽).

55. James, *MacArthur*, vol. 3, 365~368쪽.

56. James, *MacArthur*, vol. 1, 57~58, 94쪽.

57. PPS file, box 1, Kennan memos of conversation with MacArthur, March 5 and 21, 1948; *FR*(1949), 9, 544~546쪽, Moreland to State, memo of conversation between MacArthur and Huber Congressional Committee, September 5, 1949; MacArthur Archives, RG5, SCAP, box 1 A, MacArthur, "Memorandum on the Peace Treaty Problem," June 14, 1950.

58. James, *MacArthur*, vol. 1, 383~384쪽; vol. 2, 251쪽. 마지막 인용은 Robert Smith, *MacAr-*

thur in Korea: The Naked Emperor(New York: Simon and Schuster, 1982), 231쪽에서 가져왔다.

59. James, *MacArthur*, vol. 2, 406쪽. W. A. Swanberg, *Citizen Hearst*(New York: Charles Scribner's Sons, 1961), 516, 521쪽; Cole, *Roosevelt and the Isolationists*, 542~543쪽도 참조. 맥아더의 대통령 출마를 우드가 후원한 것에 관련된 풍부한 정보는 Robert Wood Papers 참조. 1952년 헌트가 맥아더를 후원한 것은 MacArthur Papers, RG10, VIP file, box 5 참조.

60. 전기적 자료는 MacArthur Archives, Willoughby papers, box 1; James, *MacArthur*, vol. 2, 80, 90쪽 참조. 윌러비는 자신의 아버지 가문이 "제2제정시대의 독일 사교계에서 흠잡을 데 없는 존재"였기 때문에 독일에서 활발히 활동할 수 있었다고 앨런 덜레스에게 말했다. Willoughby to Dulles, March 17, 1955, Willoughby Papers, box 1.

61. Willoughby Papers, box 11, Willoughby to Sen. T. F. Green, April 30, 1958; transcript of Willoughby's testimony in the U.S. Senate, May 5, 1958; Willoughby, "Franco and Spain," *The American Mercury*(January 1960), 23~32쪽.
같은 호에는 "십자가의 흰 개미"라는 제목의 반유대적 기사가 실렸다. 윌러비는 당시 서울에 본부를 두고 있던 세계 반공연맹World Anti-Communist League을 지원했는데, 그 자금은 빌리 제임스 하기스 크루세이드Billy James Hargis Crusade에서 받은 것으로 생각된다. letters from Jose Hernandez, Secretary-General of the WACL to Willoughby, Willoughby Papers, box 12 참조.
1950년대부터 1980년대까지 이 연맹은 서울, 타이페이, 그리고 그 밖에 공산 세력의 위협을 받고 있던 우파 정권의 반공 세력을 일본과 미국의 극우 세력과 연결시켰다. 『리포터The Reporter』가 중국 로비에 관한 유명한 2부작 연구를 발표하자, 윌러비는 맥스 아스콜리Max Ascoli 편집장이 "이탈리아계 유대인"이며 『리포터』의 배후에는 "로젠발트Rosenwald의 자금"이 있다고 썼다. MacArthur Papers, VIP file, box 12, Willoughby to MacArthur, August 7, 1952.

62. Willoughby to MacArthur, May 27, 1952, MacArthur Papers, VIP file, box 12. 존슨과 스칼라피노에 대한 비방은 Willoughby Papers, box 10 참조. 전거는 Johnson, *An Instance of Treason: Ozaki Hotsumi and the Sorge Spy Ring*(Stanford, Calif.: Stanford University Press, 1964).

63. 윌러비는 1951년 11월 22일 맥아더에게 편지를 써서 프랭Prange이 남서 태평양 방면 작전의 내부 역사 자료를 갖고 있었을 것이라고 말했다. "제가 귀하의 원고를 모두 관리하는 동안 유감스럽게도 행방을 알 수 없게 된 교정쇄가 한두 개 있었습니다. 제 부하 가운데 한 사람이 파기(원문 그대로)했을 것이라고 확신합니다. 그렇지만 (…) 하나도 유출되지 않았을 것이라고는 (…) 확신할 수 없습니다(원문 그대로)." MacArthur Papers, VIP file, box 12.

64. 1949년 12월 21일 윌러비가 오언 브루스터Owen Brewster 상원의원에게 보낸 편지 참조. 브루스터는 그것을 루이스 존슨에게 전달했다. Johnson Papers, box 103; Willoughby Papers, box 2, Willoughby to General Theodore D. White, February 17, 1956; box 5, Willoughby to Franco Noguira, Portuguese Foreign Minister, December 15, 1966; Herbert Hoover Presidential Library, PPI file, box 559, Willoughby to Hoover, October 21, 1948. 이 자료에서 윌러비는 프랑코의 33개 사단을 공산주의에 대항하는 "서부전선"에 추가하자고 제안했다. 도쿄 주재 스페인 대사와 맥아더가 긴밀히 연락한 증거가 있다. FO317, piece no. 84092, Gascoigne to FO, July 18, 1950. 매코믹 대령은 프랑코를 "지난 15년 동안 전쟁을 유발한 인물"로 묘사하면서 윌러비에 동의했다. 1950년 2월 25일 매코믹의 연설 참조. Willoughby Papers, box 2 수록.

65. 그가 일본 군국주의자들과 맺은 유대 관계를 보여주는 한 가지 사례는 일본의 "구舊 장교단"의 "하토리 대좌服部大佐"를 도와주도록 리지웨이에게 부탁한 것이다. Willoughby to Ridgway, July 22, 1951(misdated as 1950 in the original), Ridgway Papers, box 19. 윌러비는 1955년 앨런 덜레스에게 편지를 보내 자신은 최근 "융커 출신"과 대화를 나눴다고 썼다. 또한 "그들과 매우 흥미로운 만남을 두 차례 가진" 덜레스를 CIA에 초청해 간단한 보고를 했다(Willoughby to

Frank Wisner, October 30, 1955. 1955년 11월 20일 덜레스는 그 편지에 위스너 대신 답장을 했다. Willoughby Papers, box 1). 윌러비가 겔렌 등 독일인 반공주의자와 맺은 관계는 아래 자료 참조. Willoughby to Dean Rusk, October 20, 1961, 같은 자료, box 10; Willoughby to Sen. Spark Matsunaga, January 1, 1968, 같은 자료, box 10.

66. Willoughby Papers, box 5, Willoughby to Nelson Bunker Hunt, letters of December 2, 6, 1966, March 3, 11, 1968; the March 11 letter acknowledges a contribution to the *comité* from N. B. Hunt; Willoughby to Franco Nogueira, December 15, 1966.

67. 윌러비가 맥아더와 특별히 가까웠던 사실은 아래 자료 참조. testimony of General Almond, Chief of Staff, Oral History Interview transcript, March 25, 1975, Almond Papers. 올먼드는 자신은 "정보의 세부 사항은 거의 알지 못했다"면서 윌러비는 상관에게 정보를 보고할 때 "다른 어떤 참모들보다 [맥아더에게] 더 많이 접근할 수 있었다"고 말했다. 윌러비가 맥아더와 "매우 가까웠던" 사실은 아래 자료 참조. observation of a British attaché in FO317, piece no. 84074, Bouchier 상황 보고서, December 9, 1950; the quotations by Willoughby are from MacArthur Archives, VIP file, box 11, Willoughby to MacArthur, "1947"(no more specific date). Willoughby to MacArthur, January 25, 1950도 참조. 다른 곳에서 윌러비는 맥아더가 "산을 움직일 만한 믿음"을 가지고 있다고 묘사하면서 그의 "스코틀랜드적 세련됨"을 상찬했으며, 그의 군사행동은 "번개 같다"고 말했다. MacArthur Archives, RG6, box 15, packet no. 2; Charles A. Willoughby and John Chamberlin, *MacArthur, 1941-1951*(New York: McGraw-Hill, J954), 356~358쪽 참조.

68. 이런 맥락에서 니체는 이렇게 썼다. "1850년대라는, 늪의 악취가 나는 시대에 소년시절을 보낸 우리는 '독일'이라는 개념에 비관론자가 될 수밖에 없다. 우리는 혁명가가 될 수밖에 없다. 우리는 광신자가 뿜내고 있는 그 어떤 상태도 참을 수 없다"(*Ecce Homo*, trans. Walter Kaufmann [New York: Vintage Books, 1969], 247쪽).

69. *In Fact* 19, no. 23(September 5, 1949), 2쪽에서 인용.

70. *In Fact*, April 17, 1950. 『뉴욕타임스』는 콜버그의 사업을 연간 100만 달러로 추산하고, 굿윈과 매키를 중국 로비의 핵심 인물로 들었다. 굿윈은 국민당 정부에게서 연간 2만5000달러의 의뢰비─1950년 기준으로 막대한 금액이다─를 받고 있다는 것을 인정했지만, 그 금액은 연간 4만 달러까지 올랐다고 한다. 『더 타임스』도 굿윈을 "월가의 운영자"이자 체서피크 앤드 오하이오 철도회사Chesapeake and Ohio Railroad의 로버트 영 사장의 조언자라고 서술하면서, 굿윈이 코플린 신부와 제럴드 K. 스미스Gerald K. Smith 신부와 관련이 있다고 지적했다. 굿윈은 이 두 사람과 함께 1941년 히틀러와 무솔리니를 찬양했다고 보도했다. 그는 루스벨트와 뉴딜의 반대자로 널리 알려졌다(April 11, 30, 1950). RG59, Office of Chinese Affairs, box 4198, "Notes on Alfred Kohlberg," July 23, 1951; and correspondence in Wellington Koo Papers, box 180, especially Chen Chih-mai to Koo, October 28, 1948도 참조. 좀더 자세한 사항은 Ross Koen, *The China Lobby in American Politics*(New York: Octagon Books, 1974), and Joseph Keeley, *The China Lobby Man: The Story of Alfred Kohlberg*(New Rochelle, N.Y.: Arlington House, 1969) 참조. 24쪽에서 킬리는 "주요한 중국 여성들"을 언급했다.

71. John Foster Dulles Papers, box 35, Dulles to Walter Judd, February 2, 1948; box 42, Kohlberg to Dulles, February 15, 1949.

72. Koo Papers, box 180, Chen Chih-mai to Koo, October 28, 1948.

73. 폴리 세력에 대해서는 Pawley Papers, "Russia is Winning," 80, 289~292쪽 참조. 1950년 12월 이 세력은 중국에 대한 "공격 전략"을 촉구하면서 "아시아인과 싸우기 위해 아시아 군단을 창설해야 한다"고 주장했다. 하워드에 대해서는 various memos and letters in Roy Howard Papers, box 251, "China file" and "Asia file," including a January 5, 1950, letter to T. V. Soong, correspondence with Louise Yim and Syngman Rhee in June and July 1950 참조. Willoughby to Howard, June 22 and September 16, 1950도 참조. 하워드는 리귀친을 "내 오랜 친구"라고 묘사했다. letter of March 24, 1949(box 243). 트루먼에 대한 하워드의 평가는

Walker Stone to Howard, December 1, 1950(box 251) 참조.

74. 『크리스천 사이언스 모니터The Christian Science Monitor』는 1950년 4월 초 쑹쯔원이 중국 로
비에 자금을 제공했다고 보도했다. Wellington Koo Papers, box 217, Koo Diary, entry for
April 3, 1950 참조. box 180, Joseph Ku to W. Koo, August 11, 1949 and September 15,
1950; Koo to J. Ku, June 9, 1949도 참조. box 217, Koo Diary, entry for October 12, 1949에
서 웰링턴 구는 "어틀리의 연구를 위해 1천 달러를 제공했다"고 썼다. 로버트 우드는 어틀리가
*Bungled Into War: From Yalta to Korea*를 출판하도록 헨리 레그너리 사Henry Regnery Com-
pany를 통해 2천 달러를 제공했다. 우드는 어틀리를 H. L. 헌트에게 소개했고, 헌트도 그녀에게
연구비를 지급했다. Robert Wood Papers, box 18, Utley file 참조. 피터 데일 스콧은 뱅크 오
브 아메리카가 중국 로비의 "대표적인 후원 기관"이었다고 주장했다. Scott, *The War Conspira-
cy*, 222쪽 주석 참조. 여기에는 쑹쯔원이 캘리포니아의 은행에 예금한 수억 달러의 자금도 포함
된 것으로 여겨진다.

75. Tyler Abell, ed., *Drew Pearson: Diaries, 1949-1959*(New York: Holt, Rinehart and Win-
ston, 1974), 212쪽. 그 일기에서는 "존슨"이라고만 언급했지만 루이스 A. 존슨을 가리키는 것으
로 생각된다.

76. Willoughby Papers, box 6, Willoughby to Kohlberg, February 8, 1950. 1950년대 초 콜
버그와 윌러비가 주고받은 서신은 box 2 참조. 1949년 2월 무렵 윌러비는 애그니스 스메들리
Agnes Smedley와 귄터 슈타인Guenther Stein이 간첩 행위를 했다는 혐의에 대한 기밀 정보를 콜
버그에게 제공하고 있었는데, 대부분 윌러비가 자신의 망상을 이루기 위해 수집한 것으로 생각
된다. Koo Papers, box 180, Chen Chih-mai to W. Koo, February 23, 1949 참조.

77. 데이비드 오신스키David Oshinski는 "거짓말"이라는 표현을 인용했다. *A Conspiracy So Im-
mense*, 111쪽. 소련이 『이즈베스티아Izvestia』에서 언급한 논평은 *New York Times*, March 27,
1950에 실렸다. "공산주의자와 동성애자"와 "아첨하는 가짜 자유주의자"는 같은 자료, April 21,
1950 참조.

78. 또는 그렇게 보이지 않는 사람이 해당됐다. 히스Hiss 사건을 맡은 연방검사 토머스 머피Thomas
F. Murphy는 "공산주의자는 일반적으로 생각하는 공산주의자와 겉보기에 달르다고 말했다. 그는
머리가 길지도 않고 뿔테 안경을 쓰지도 않았으며 『데일리 워커』를 갖고 다니지도 않는다. 헐렁
한 바지를 입지도 않는다는 것이었다(*New York Times*, March 13, 1950)"라고 말했다.

79. Richard Rovere, *Senator Joe McCarthy*(New York: Harcourt, Brace, 1959); Vierick in
Bell, *The Radical Right*, 150, 137~39쪽 참조. 탈코트 파슨스Talcott Parsons는 "잘 속아넘어가
는 대중"을 훨씬 공평하게 판단했는데, 다수의 대중은 고립주의를 좀더 선호하며 개인주의와 개
척시대의 좀더 단순했던 삶에 향수를 느끼고 있다고 평가했다. "Social Strains in America—
1955," in Bell, *Radical Right*, 175~199쪽 참조.

80. Vierick, in Bell, *Radical Right*, 150쪽; Rovere, *The American Establishment and Other
Reports, Opinions, and Speculations*(New York: Harcourt, Brace and World, 1962), 9, 11,
13쪽. 기득권층에 대한 매카시의 공격은 Wallerstein, "McCarthyism and the Conservative,"
3, 18쪽도 참조.

81. 매카시가 독일인·가톨릭과 형성한 유대 관계는 Wallerstein, "McCarthyism and the Conser-
vative," 22쪽 참조. 케이프하트의 발언은 Hodgson, *America in Our Time*, 34쪽에서 인용.
1951년 한 유권자가 톰 코널리 상원의원에게 편지를 썼다. "텍사스 사람들은 이 영국인의 위무책
撫정책에 혐오감을 느끼고 있습니다. 영국과 국무장관이라는 직함을 가진 영국인이 그 정책으로
이 나라에 부담을 주고 있습니다." Elmer Adams to Connally, May 21, 1951, Tom Connally
Papers, box 45.

82. 딕슨의 발언은 Wallerstein, "McCarthyism and the Conservative," 50쪽에서 인용.

83. 매카시가 동성애자라는 소문은 Drew Pearson, *Diaries*, 1949~1950(New York: Holt, Rine-
hart and Winston, 1974), 188~189쪽 참조. 그런 풍문은 매카시가 J. 에드거 후버를 매우 두
려워한 까닭을 설명해줄 수도 있다. 매카시가 후버를 두려워한 것은 William R. Corson, *The*

Armies of Ignorance: The Rise of the American Intelligence Empire(New York: Dial Press, 1977), 378쪽 참조.

84. Michael Paul Rogin, *The Intellectuals and McCarthy: The Radical Specter*(Cambridge, Mass.: MIT Press, 1967), 103, 217쪽. Mary Sperling McAuliffe, *Crisis on the Left: Cold War Politics and American Liberals, 1947-1954*(Amherst: University of Massachusetts Press, 1978), 81쪽도 참조.

85. 후버, 윌러비, 휘트니, 스미스가 매카시를 도운 것은 Thomas C. Reeves, *The Life and Times of Joe McCarthy*(New York: Stein and Day, 1982), 318, 502쪽 참조. 1953년의 일화는 Willoughby Papers, box 23, John W. Jackson letters 및 법무부 편지지를 사용해 윌러비와 허스리에게 보낸 서신(모두 1953년 10월 16일자) 참조. (래티모어, 존 서비스 등에 대한) 서류 날조에 대해서는 Robert P. Newman, "Clandestine Chinese Nationalist Efforts to Punish Their American Detractors," *Diplomatic History* 7, no. 3(Summer 1983), 205~222쪽 참조.

86. 그라즈단제브 등의 조사는 Willoughby Papers, box 18, "Leftist Infiltration into SCAP," January 15, 1947 및 그 이후 참조. 윌러비는 매캐런 (국내 치안)소위원회의 벤저민 맨델Benjamin Mandel의 요청으로 자신이 1947년에 수행한 조사 자료를 넘겨주었으며 매카시에게도 제공했다고 진술했다. box 23, Mandel to Willoughby, February 19, 1954 참조. Willoughby to W. E. Woods of HUAC, May 1, 1950, Willoughby Papers, box 10도 참조.

87. Lindsay Chaney and Michael Cieply, *The Hearsts: Family and Empire*(New York: Simon and Schuster, 1981), 130~131쪽.

88. Reeves, Joe McCarthy, 197~198쪽; Oshinsky, *Conspiracy So Immense*, 303~304쪽.

89. *New York Times*, March 14, 22, 27, 31, 1950. 래티모어 사건과 관련된 뛰어난 설명은 Stanley I. Kutler, *The American Inquisition: Justice and Injustice in the Cold War*(New York: Hill and Wang, 1982), 183~214쪽 참조.

90. *New York Times*, April 4, 1950.

91. *New York Times*, May 16, 1950.

92. "Transcript of Round Table Discussion on American Policy toward China," State Department, October 6-8, 1949, CRC 1977, item 316B. 국무부 관료로 생각되는 누군가가 이 의사록의 원본 가운데 이승만 정권에 있는 친일세력에 관한 래티모어의 발언 옆에 큰 물음표를 붙여놓았다. 그 의사록에는 테일러가 "냉정한 공영권"이라고 말했다고 기록되어 있는데, 이는 서기書記의 실수로 보이며, 이 책에 인용하면서 바로잡았다. 한국전쟁에서 미국의 역할을 래티모어가 지원한 것은 *New York Times*, August 1, 1950 참조.

93. 콜버그와 매카시에 대해서는 *New York Times*, April 8, 1950 참조. 윌러비의 역할은 콜버그와 주고받은 서신철에 분명히 나타나 있다. Willoughby Papers, box 6 서류군. 윌러비는 "래티모어는 프랑스 경찰 항목에서 이름만 기재돼 있으며 그 파일에는 아무 자료도 없다"고 말했다. 1950년 5월 16일 콜버그에게 보낸 서신에서 윌러비는 래티모어에 관한 자신의 파일에는 아무 자료가 없다고 말했다. 그 자료는 일본 헌병대가 상하이에서 보고한 것을 모은 것이라고 윌러비는 말했지만, 1930년대 상하이에서는 "용의 이빨이 심어져서 이제 무르익어 붉은 수확을 기다리고 있다"고 말했다. CIA의 프랭크 위스너는 1950년 5월 극동의 소련 첩보망에 관한 파일을 가지고 돌아온 윌러비를 방문했는데 그 파일에서는 래티모어를 포함해 국무부의 인물 가운데 아무도 언급되지 않았다(Papers of the Office of the Executive Secretariat, Summaries of Acheson's Daily Meetings, box 4, entry for May 2, 1950). 1950년 4월 28일 오켈리어는 래티모어 문제로 웰링턴 구를 만났다(Koo Papers, box 217, Koo Diary).

94. *New York Times* editorials, April 5, 19, 1950. 주요 관료 가운데 이런 "충격적인 견해"를 가진 인물은 대부분 1948~1949년까지 육군성의 고위 관료였는데, 그들은 공산 세력이 남한을 점령하더라도 남한을 포기하려고 했다. 로턴 콜린스 장군은 맥아더 청문회에서 한 증언(당시 그 기록은 삭제됐다)에서 한국은 "군사적으로 특별히 중요하지 않다"면서, 소련이 한반도를 완전히 점령한다고 해도 일본은 이미 블라디보스토크와 산둥반도로부터 위협을 받고 있으므로 새로운

위험에 빠지지는 않을 것이라고 말했다.

95. 적어도 산업계에서는 그랬다. 전국 산업심의회National Industrial Conference Board의 기관지 *American Affairs*는 버넘의 *Coming Defeat of Communism*을 상찬하는 어틀리의 서평을 게재했다(12, no. 2 April 1950, 121~124쪽). "The Soviet Worm in our School Libraries"이라는 기사도 참조. 그러나 이 잡지는 중도적 성향을 띠었다.

96. McAuliffe, *Crisis on the Left*, 147쪽.

97. 아마 가장 좋은 보기는 냉전에서 자유주의 강경파인 존 페이턴 데이비스일 것이다. 그는 "지역 연구"라는 학문 분야를 만들려는 계획을 세웠고 정부와 재단에서 방대한 자금을 받아 미국의 여러 대학에 제공했다(원래는 슬라브학 연구 관련 연구소를 통해 할 예정이었다). 그 뒤 그 계획은 공산 체제와 위협받는 제3세계 지역 연구를 시행하는 조직의 모범이 됐다. 와일드 빌 도너번은 이런 시도의 중심 역할을 하면서 데이비스와 협력하고 그가 재단에서 지원받을 수 있도록 도왔다. 정부는 이런 움직임에 관여하지 않았기 때문에 그런 연구소들이 "정보기관"일 것이라는 의심을 가라앉혔다. 그들의 활동은 "공평하고 객관적"일 것이라고 평가됐다. 그러나 1948년 10월 28일 록펠러 재단의 클린턴 바너드Clinton Barnard가 도너번에게 보낸 서신에서는 "이 제안에서 가장 매력적인 부분은 이 연구소가 정부를 위해 수행할 수 있는 정보 기능"이라고 말했다. 이 계획에 관한 좀더 풍부한 자료는 Donovan Papers, box 73a 참조. 관련된 인물로는 에브런 커크패트릭Evron Kirkpatrick, 로버트 러벳, 리처드 스캐먼Richard Scammon과 그 밖에 여러 사람이 있었다. 그러나 도너번은 데이비스에게 그 계획을 "귀하의 계획"이라고 말했다.

98. 제2차 세계대전에서 화이트와 커리의 역할은 Higham, *Trading with the Enemy*, 223쪽 참조.

99. Isaac Don Levine, editorial in *Plain Talk* 2, no. 9(June 1948), 36~37쪽. editorial in 3, no. 1(October 1948), 32~34쪽도 참조. 중국 국민당 자료에서는 레빈의 "주요 관심은 중국 북부와 만주에서 공산 세력을 축출하는 것"이라고 말했다(Chen Chih-mai to Wellington Koo, October 28, 1948, "top secret," in Koo Papers, box 180.). 많은 논평자들이 생각했던 것처럼 국민당이 『플레인 토크』에 자금을 지원했는지는 분명하지 않지만, 그들은 중국 동북 지역에서 레빈의 반격 정책을 지지했다.

100. Burnham, *Struggle for the World*, 4~14, 48~55, 134~164, 181~183, 203, 228~236, 239쪽; Schlesinger in John P. Diggins, *Up From Communism: Conservative Odysseys in American Intellectual History*(New York: Harper and Row, 1975), 163~164, 322쪽.

101. 버넘과 정책조정국의 관계(4장 참조)는 Bradley F. Smith, *The Shadow Warriors: O.S.S. and the Origins of the C.I.A*(New York: Basic Books, 1983), 367쪽 참조.

102. Burnham, *Coming Defeat of Communism*, 16~25, 135~140, 206~230, 256~266쪽. "Our Spineless Foreign Policy," *The American Mercury* 70, no. 313(January 1950), 3~13쪽에서 버넘은 알바니아는 반격을 위한 기회라고 다시 언급했다. 안보 국가에 관한 가장 뛰어난 연구는 Barnet, *The Roots of War*.

103. Hoopes, *The Devil and John Foster Dulles*, 118쪽. 아울러 *FR*(1950) 1: 140~141쪽, McFall to Webb, January 26, 1950; *Life*, February 27, 1950.

104. R. A. Wormser to A. A. Berle, Dana C. Backus, Joseph L. Broderick, and Donovan, February 20, 1950, Donovan Papers, box 76B. 그 위원회는 밝혀져 있지 않지만 뉴욕 법률가협회 안의 소위원회로 여겨진다. 이름이 거론된 인물은 모두 월가의 저명한 법률가였다.

105. Harry Elmer Barnes, "Introduction," in Barnes, ed., *Perpetual War for Perpetual Peace*(Caldwell, Idaho: The Caxton Printers, 1953), 22~23, 62~65쪽. 이 책은 찰스 비어드에게 헌정됐다.

4장 예정된 미로로 들어가는 운명: 첩보원과 투기꾼들

1. Corson, *Armies of Ignorance*, 42쪽에서 인용.
2. L. Fletcher Prouty, *The Secret Team*(Englewood Cliffs, N.J.: Prentice-Hall, 1973), x~xiii쪽; Corson, *Armies of Ignorance*.
3. Corson, *Armies of Ignorance*, 19~20쪽.
4. Christopher Simpson, *Blowback: Americas Recruitment of Nazis and Its Effects on the Cold War*(New York: Weidenfeld and Nicholson, 1988), 90~96쪽. 정책조정국의 예산은 Leonard Mosely, *Dulles: A Biography of Eleanor, Allen, and John Foster Dulles awrf Their Family Network*(New York: Dial Press, 1978), 245쪽 참조. 스틸웰은 Joseph Burkholder Smith, *Portrait of a Cold Warrior*(New York: Ballantine Books, 1976), 66쪽 및 Thomas Powers, *The Man Who Kept the Secrets: Richard Helms and the CIA*(New York: Pocket Books, 1979), 415쪽 참조.
5. Corson, *Armies of Ignorance*, 303~315쪽.
6. 앨런 덜레스는 월가에서 재직하는 동안 "유럽과 미국의 정치·산업계의 주요 인물과 늘 함께 일하고 친밀한 관계를 유지했다"고 앰브로즈는 지적했다. 앨런 덜레스와 포스터 덜레스는 모두 설리번 앤드 크롬웰 법률사무소firm of Sullivan & Cromwell 출신이었다. Stephen E. Ambrose, *Ike's Spies: Eisenhower and the Espionage Establishment*(New York: Doubleday, 1981), 172쪽.
7. Hoover Presidential Library, PPI file, box 328, Fellers to Hoover, January 11, 1953; Allen Dulles Papers, box 58, McCarthy to Dulles, July 16, August 3, 1953.
8. Donovan Papers, box 1, Kellis to Donovan, July 24, 1954. 켈리스는 1944~1945년 중국에서 전략사무국OSS에 몸담았으며, 중국 공산당원은 그를 미국 공작원이라고 고발했다. 앞으로 서술하겠지만 그는 북한 관련 정보를 수집했다. 그는 1952년 6월 도너번과 함께 그리스로 파견됐다. 같은 자료, Kellis to Donovan, December 3, 1952 참조.
9. Ambrose, *Ike's Spies*, 170쪽.
10. 매카시는 "정보 공동체에 심대한 타격을 준 결과 사람들은 그것이 회복되기를 바랄 뿐이었다"고 코슨은 지적했다(*Armies of Ignorance*, 378쪽).
11. Allen Dulles Papers, box 57, Ascoli to Dulles, April 8, 1952쪽 참조. Jon Halliday and Bruce Cumings, *Korea: The Unknown War*(New York: Pantheon Books, 1988), 72쪽도 참조. CIA를 자유주의자의 피난처로 서술한 부분은 Corson, *Armies of Ignorance*, 27쪽에서 인용. 최종적으로 증명하지는 못했지만 스탠리 바흐라흐Stanley Bachrach는 CIA가 중국 로비의 또 다른 조직인 "100만인 위원회Committee of One Million"에 자금을 지원했다고 확신했다(그의 *The Committee of One Million: 'China Lobby' Politics*[New York: Columbia University Press, 1976], 55쪽 참조). 아무튼 CIA는 셔놀트의 항공사에 자금을 지원했다.
12. Donovan Papers, box 120A, Carleton S. Coon to Conyers Read, "Wild Bill and Mac the God," February 8, 1945.
13. Corson, *Armies of Ignorance*, 205쪽.
14. 합동참모본부의 극동 방문은 라러W. G. Lalor와 이브스J. H. Ives가 기록했다(CRC, item 247a, JCS2106, March 13, 1950. 그 이전에는 극비 자료로 분류). 연합국 최고사령부도 사안에 따라 CIA 직원이 개별적으로 일본에 입국하는 것을 허용했다. 이를테면 1950년 6월 2일 CIA의 직원 로버트 스트리클런Robert A. Stricklin과 레이먼드 매클렐런드Raymond F. McClelland의 입국을 승인한 것이다.
15. HST, PSF, CIA file, box 250, CIA memo of August 3, 1950.
16. 이 사례와 관련된 대부분의 정보는 아직 기밀로 지정돼 있다. 그러나 Corson, *Armies of Ignorance*, 319~323쪽; Allen Dulles Papers, box 49, Dulles to Willoughby, January 22, 1951 등의 자료를 보면 덜레스는 최근의 협정이 "효과적인 협력 조치를 위한 실질적인 근거를 제공할 것이며, 나는 지금부터 당신과 가장 밀접하게 협력하기를 고대하고 있다"고 말하고 있다(강조는

인용자). 올먼드 문서Almond Papers에는 1951년 1월 17일 윌러비와 스미스의 회동이 기록돼 있다("Korean War Diaries" 수록). 참모 3부의 작전 보고서에는 다음과 같은 내용이 서툰 문체로 기재돼 있다. "한국전쟁 발발 당시 CIA와 현지 사령관 사이의 관계는 이전에 적용되지 않았었다(원문 그대로). 그 결과 비밀공작과 유격대 활동에서 협조에 이르는 데는 약간의 어려움이 있었다. 맥아더 장군과 스미스 장군, CIA의 최근 협정으로 협력 활동이 가능해졌다." G-3 Operations file, box 37, "Utilization of Korean Manpower," January 29, 1951.

17. 1951년 초 윌러비나 그의 참모가 도쿄에서 작성한 "Aid and Comfort to the Enemy" 참조(Willoughby Papers, box 13 소재). Willoughby's letter of May 22, 1964, to unnamed "editors," and Willoughby to Maj. General A. J. Trudeau, G-2, Department of the Army, October 8, 1954, box 5도 참조. 후자의 문서에서 윌러비는 CIA가 극동에 들어간 것은 "G-2가 중앙 권력을 장악하는 문제가 (내가 항상 싸워온) 현안"이었다는 뜻이었다고 말했다. 윌러비가 문서를 파기했다는 전사관戰史官들의 주장은 "War Department Correspondence, 1961-67," box 12 참조. 미국 대통령을 역임하지 않은 인물에게는 전례가 없었지만 맥아더의 문서와 정보 자료는 버지니아 주 노포크에 보관돼 있으며, 기록관들은 맥아더 장군의 역사적 위상을 지키기 위해 여러 해에 걸쳐 헌신했다. 지금은 그렇지 않지만 그 자료들은 사실 놀라울 정도로 소략하고 흠결도 많다. 맥아더는 자신의 회고록을 집필하는 데 사용한 자료를 이 기록관에 보관하지 않은 것으로 보인다. The Virginia Pilot, December 5, 1971, included in Willoughby Papers, box 6 참조. 윌러비는 끝까지 부드러워지지 않았다. 그는 MIT의 국제관계연구소가 "CIA에서 자금을 제공받았으며"(맞는 말이다) "파괴 분자의 온상"(터무니없는 말이다)이라고 지적했다(우파 잡지인 Herald of Freedom, no. 47 July 1971 참조. box 4 수록).

18. Committee on Armed Services and Committee on Foreign Relations, U.S. Senate, Military Situation in the Far East(Washington, D.C.: U.S. Government Printing Office, May-June 1951), 123, 241쪽(이하 MacArthur Hearings).

19. MacArthur Hearings, 239쪽; James, MacArthur, vol. 3, 416쪽; Willoughby Papers, box 1, Leonard J. Abbott to Willoughby, May 15, 1951; box 6, Willoughby to Dan Catlin, October 29, 1969.
    발표되지 않은 공식 연구는 한국 연락사무소를 작고도 비밀스럽지만 매우 활동적인 정보기관으로 묘사했다. "The North Korean Invasion of South Korea," no author, no place, file no. 228.03 HRC G.V. Korea 370.03, Center for Military History 참조.

20. Donovan Papers, box 1, item 10, James Kellis to Donovan, August 31, 1950.

21. Thomas F. Troy, Donovan and the CIA: A History of the Establishment of the Central Intelligence Agency(Frederick, Md.: Alethia Books, 1981), v, 23~28쪽. 이것은 원래 신입 직원을 교육하기 위한 CIA의 내부 연구였다. Corey Ford, Donovan of OSS(Boston: Little, Brown, 1970); Anthony Cave Brown, The Last Hero: Wild Bill Donovan(New York: Times Books, 1982), 35, 75, 103쪽도 참조.

22. 경력 소개와 1919년 여행일기 참조. Donovan Papers, box 132C; Walter Pforzheimer to Allen Dulles, January 11, 1965, citing Donovan's 1919 diary, Allen Dulles Papers, box 6.

23. Cave Brown, Last Hero, 13쪽.

24. 같은 책, 76, 728, 735, 830쪽. 1945년 2월 도너번은 "갑자기 그리고 아주 은밀하게" 워싱턴을 떠났다. "그는 자신의 행방을 감추려고 이례적인 노력을 기울였다(130쪽). 스미스는 도너번의 수수께끼 같은 행적에 그리 주목하지 않았지만, 동일한 행동 방식에는 주목했다. Bradley F. Smith, The Shadow Warriors: O.S.S. and the Origins of the C.I.A.(New York: Basic Books, 1983), 32~33, 418쪽.

25. Cave Brown, Last Hero, 821쪽에서는 전직 전략사무국 비밀정보부장 휘트니 셰퍼드슨Whitney Shepardson의 발언을 인용했다. Smith, Shadow Warriors, 418쪽. Troy, Donovan, 145쪽에서는 도너번이 조사와 분석을 싫어하고 행동하는 것을 좋아했다고 지적했다.

26. Corson, Armies of Ignorance, 182~183쪽에서는 Donovan memo dated October 24,

1942를 인용했다.

27. 해외 지역 연구와 관련된 제도의 풍부한 정보는 Donovan Papers, box 73A 참조. 워싱턴대학교의 소송에 도너번이 관계한 것에 대한 단편적 정보는 box 75A, item 889, handwritten notes dated February 3, 1949 참조. 거기서 도너번은 "공산주의는 사회의 질병이다. 검역이 필요하다"고 썼다.

28. 린 이든은 이런 측면을 정확히 지적하면서 월가 기업에 있는 국제협력주의자들은 자신을 보편적 계급으로 봤다고 적절히 지적했다. "그들의 해방의 특수한 조건은 현대 사회를 구하고 계급투쟁을 회피할 수 있는 유일한 보편적 조건이다"(마르크스의 발언을 인용했다. Eden, "The Diplomacy of Force," 286, 84~87쪽도 참조).

29. 이 회담의 필기록은 Dean Acheson Papers(Yale), box 17에서 이용할 수 있다.

30. Christopher Robbins, *Air America*(New York: G. P. Putnam's Sons, 1979), 27, 36, 43쪽.

31. 윌로어는 1953년 스미스가 자신에게 과테말라에서 공산주의자들이 활동하고 있다고 말하면서 "공산주의를 직접 경험한 인물이 필요하다"고 말했다고 언급했다. Willauer Papers, box 1, tape transcription of December 1, 1960. 윌로어 문서의 이용 방법(72쪽)도 참조. 윌로어는 1906년에 태어나 프린스턴대학교와 하버드대학교 법률대학원을 졸업하고 플라잉 타이거즈의 공동 창립자를 지냈으며, 온두라스와 과테말라 대사를 역임했다. 피그스만 사건에서 윌로어의 역할은 Scott, *War Conspiracy*, 9쪽 참조.

32. Willauer Papers, box 1, "secret" report on CAT dated in early 1951(날짜는 나와 있지 않다).

33. 드루 피어슨은 제2차 세계대전 당시 민족주의자들이 셔놀트에게 25만 달러를 주었다고 보고했다(*Diaries*, 60쪽).

34. Robbins, *Air America*, 48~49, 56~57, 70쪽. 유령회사는 처음에는 퍼시픽 코퍼레이션The Pacific Corporation으로, 그 뒤에는 에어데일 코퍼레이션Airdale Corporation으로 알려졌다. 화이팅 윌로어의 문서들은 코코런이 1950년 첫 3개월 동안 뉴욕에서 민항공운공사를 다시 조직하는 데 도움을 주었다는 것을 보여준다(Willauer Papers, box 1, packet, "CAT, 1948, 1949, 1951"). Koo Papers, box 161, packet on Civil Air Transport, listing Corcoran as secretary of CAT; Ambrose, *Ike's Spies*, 250쪽; Scott, *War Conspiracy*, xvii쪽도 참조.

35. Pawley Papers, box 2, Pawley, "Russia is Winning," 1~4, 250, 257~258, 280, 293~318, 330~348, 366~371, 443~444쪽. 폴리는 1945~1950년에 트루먼과 "수십 차례 회의"를 가졌다고 주장했다. 트루먼 도서관의 폴리 문서에는 트루먼의 공식 임명장에 근거한 소수의 자료만 나와 있지만, 많은 자료들은 기밀로 분류됐다고 여겨진다. (반혁명파인) 카스티요 아르마스Castillo Armas는 아르벤스Arbenz를 공격하기 전에 (온두라스의) 테구시갈파Tegucigalpa를 근거지로 삼았는데 윌로어가 대사로 있던 곳이었다. 폴리와 닉슨의 친교 관계와 폴리가 마피아와 연계됐다는 의혹은 Anthony Summers, *Conspiracy*(New York: McGraw-Hill, 1980), 449~450쪽 참조.

36. *New York Times* obituary(부고란), December 25, 1970; Milton E. Miles, *A Different Kind of War*(New York: Doubleday, 1967), 577~578쪽. 마일스는 또 다른 친장제스파이자 반격론자로 중앙아메리카와 연계돼 있었다. 1950년대 도미니카 공화국에서 휴가를 즐기던 그는 캐딜락 리무진의 경적을 요란하게 울리면서 실권자 라파엘 트루히요를 자신이 묵고 있는 호텔까지 불렀다. 이런 일화는 papers of Mrs. Miles, Naval War College 참조.

37. *New York Times*, August 26, 1935. 나는 기소 결과는 알지 못했지만, 굿펠로의 아들은 반세기가 지난 지금도 그 사건을 분명히 기억하고 있었다(Interview, August 1987).

38. *New York Times*, September 8, 1929; *Brooklyn Eagle*, August 1, 1938.

39. *War Report of the Office of Strategic Services*, 26, 72~74쪽; William Corson, *Armies of Ignorance*, 178~180쪽.

40. Corson, *Armies of Ignorance*, 189~190, 195~196쪽.

41. Philip Knightly et al., *The Philby Conspiracy*(New York: Ballantine Books, 1981), 97, 121~126, 152쪽.

42. Roosevelt, *War Report of the OSS*, 73, 80, 83쪽; Smith, *Shadow Warriors*, 91~92, 171, 196쪽; Corson, *Armies of Ignorance*, 189~198쪽. 루스벨트와 코슨은 굿펠로의 사무실을 "Special Activities/Goodfellow"라고 불렀지만 스미스는 "Special Operations/Goodfellow"라고 불렀다. Goodfellow Papers, box 3, Memorandum of May 14, 1942도 참조.

43. Goodfellow Papers, box 1; *New York Times obituary*(부고란), September 6, 1973. 1946년 7월 21일 하지에게 보낸 편지에서 굿펠로는 자신이 남아메리카에서 막 돌아왔다면서 그곳은 "소련과 비슷한 형태가 여기저기서 나타나고 있다"고 언급했다. 그는 7월 19일 그것을 "후버 씨"에게 전달했다고 말했는데, FBI의 라틴아메리카의 정보활동을 맡은 J. 에드거 후버로 여겨지지만 허버트 후버였을 가능성도 있다(box 1).
피터 데일 스콧에 따르면, 중국 로비스트들은 1950년대 말 "독재자 라파엘 트루히요를 섬기는 조직원들"과 연결되어 있었지만 구체적인 이름은 대지 않았다(*Crime and Cover-up: The CIA, the Mafia, and the Dallas-Watergate Connection*[Berkeley, Calif.: Westworks Publishers, 1977], 8쪽).

44. Hoover Presidential Library PPI file, box 341, Goodfellow to Hoover, September 24, 1947.

45. Oliver, *Rhee and American Involvement*, 224쪽. 올리버는 굿펠로가 아마 미국에서 한국 구매사절단을 긴급히 설립하기를 바랐다고 말했다.

46. Goodfellow Papers, box 1, Rhee(이승만) to Goodfellow, October 26, 1949, and December 1, 1949; Good fellow to Chey Soon Ju(최순주), December 27, 1949; Chey(최순주) to Goodfellow, February 3, March 8, May 10, 1950; Goodfellow to Chang Kee Young(장기영), April 4, 27, 1950; letter to E. A. Dockery, November 30, 1950; Goodfellow to Rhee, August 7, 1951; Goodfellow to Chey Soon Ju, March 11, 1953; Firth Sterling, Inc., to Goodfellow, July 21, 1954; Goodfellow to Rhee, October 16, 1956, and January 30, 1957. Roy Howard Papers, box 259, Shingoro Takaishi to Howard, December 19, 1951도 참조. 거기서는 굿펠로가 일본에 자동 제빵 장비를 수입하려는 계획과 그가 앨런 골드스미스Alan Goldsmith와 협력한 "일본 계획"을 논의했다. Hoover Presidential Library, PPI file, box 341, Goodfellow to Hoover, May 6, 1952 소재. 골드스미스는 뉴욕의 보수적 사업가로 『프리먼The Freeman』과 연관됐으며 1950년 말 한국에서 사업을 했다. box 341, 같은 자료, Goldsmith file 참조.

47. Far East 890,00 file, box 1863, Embassy to State, February 22, 1950. 1944년 슈메이커는 미국 공중전 정보 부문 중위였으며 나중에 중미합동작전부 "정보장교"가 됐다. Miles, *Different Kind of War*, 318, 528쪽 참조.

48. *The Marine Digest*(Seattle), July 11, 1942, October 2, 1943, January 28, 1950, April 6, 1950, June 3, 1950, and June 28, 1952; Goodfellow Papers, box 1, Goodfellow to Rhee, April 12, 1950; Goodfellow to W. P. Kim, April 12, 1950; Bunce to Goodfellow, April 29, 1950.

49. Goodfellow Papers, box 1, Bunce to Goodfellow, January 28, 1950; Goodfellow to Rhee, January 31, 1950; Chang Kee Young to Goodfellow, September 2, 1949. 1950년 슈메이커는 스탠더드 일렉트로닉스Standard Electronics에 근무했다.

50. Martin, *Wilderness of Mirrors*, 63쪽에서 인용.

51. *The Observer*(London), March 27, 1983. 아울러 *International Herald-Tribune*, January 3-4, 1981. 이 자료들을 제공해준 존 핼러데이에게 감사한다. 맥린이 맨해튼 계획과 나중에 원자폭탄 기밀을 누설한 것은 Corson, *Armies of Ignorance*, 239쪽도 참조.

52. Fitzroy MacLean, *Take Nine Spies*(London: Weidenfeld and Nicolson, 1978), 253쪽. Knightly, *Philby Conspiracy*, 175~188쪽도 참조. 이 책은 현재 기밀로 분류된 알바니아 작전과 관련된 가장 풍부하고 뛰어난 설명이다. Powers, *Helms and CIA*, 53쪽도 참조. 레너드 모슬리Leonard Mosely에 따르면 1950년 4월 알바니아계 이민자 500명이 "국경을 넘어" 보내졌다

(*Dulles*, 278쪽). 전직 CIA 공작원 해리 로시츠키Harry Rositzke는 알바니아 작전을 "공산주의 정권 탈취를 위한 '긍정적 개입'"으로 평가하면서 그 작전이 전개된 시기를 1949년과 1950년 봄으로 파악했다(Rositzke, *The CIA's Secret Operations*[New York: Reader's Digest Press, 1977], 171~172쪽).

53. Knightly, *Philby Conspiracy*, 20, 40~41쪽.
54. FO317, piece no. 83314, Burgess comments on FC10338/31, February 2, 1950.
55. Burgess's comments on FO317, piece no. 83313, January 30, 1950.
56. MacLean, *Nine Spies*, 232쪽.
57. Michael Straight, *After Long Silence* (New York: W. W. Norton, 1983), 250쪽.
58. Knightly, *Philby Conspiracy*, 178~179쪽.
59. 첫 번째 견해와 인용문은 Corson, *Armies of Ignorance*, 327쪽 참조. 두 번째 견해의 가장 좋은 사례는 Martin, *Wilderness of Mirrors*. 나이틀리Knightly 등은 필비가 1952년 이전에 발각됐다고 믿지 않았는데, 그해에 또 다른 "알바니아 유혈사태"가 발생했기 때문이다(*Philby Conspiracy*, 240쪽).
60. Alf Welhaven, "Gold Mining in Korea," unpub. ms., 1933; Spencer J. Palmer, "American Gold Mining in Korea's Unsan District," *Pacific Historical Review* 21, no. 4(November 1962). 아랍 여행자의 발언은 이 글 380쪽에서 인용. 웰헤이븐의 글을 제공해준 로런스 랜드 Laurance Rand에게 감사한다.
61. T. P. 오코너O'Connor가 1947년 집필한 Leigh S. J. Hunt Papers에 수록된 전기에서 인용. 헌트도 최초의 철도인 경인선 부설과 압록강 유역의 삼림 이용에 출자했다.
62. Fred Harvey Harrington, *God, Mammon and the Japanese*(Madison: University of Wisconsin Press, 1961).
63. Herbert Hoover, *Memoirs. Vol, 1: Years of Adventure, 1874-1920*(New York: Macmillan, 1951), 29, 38~40, 100, 107~108쪽. 재닛 보스워스 부인Mrs. Janet Bosworth(남편이 1930년대 초 운산 광산에서 일했다)은 후버가 1910년 술값을 내지 않고 방치한 전말을 모든 사람이 화제로 삼았다고 말했다(Letter, July 21, 1985).
64. Palmer, "American Gold Mining," 387~388, 390~391쪽. Welhaven, "Gold Mining in Korea"도 참조. 웰헤이븐은 "내가 보기에 한국인은 세계에서 가장 훌륭한 광부이며 임금도 정말 싸다"고 썼다.
65. Fred Harvey Harrington, *God, Mammon*, 161쪽; Palmer, "American Gold Mining," 383~387쪽; Laurance B. Rand, "American Venture Capitalism in the Former Korean Empire," Columbia University Seminar on Korea, May 1984.
66. Ferdinand Lundberg, *America's Sixty Families*(New York: Vanguard Press, 1937), 27, 269~270, 276쪽; Lundberg, *Imperial Hearst*, preface by Charles Beard, 19~20, 174~182, 191~193, 256, 310, 337쪽. 런드버그는 허스트가 초기에 히틀러를 찬양했으며 1934년에는 히틀러와 회동했다고 지적했다(343~344쪽). 동양합동 광업회사, 세로 데 파스코, 인서러 럼버, 홈스테이크의 임원 명단은 무디스 인더스트리얼Moody's Industrials의 연감에 실려 있다. 1919년 판에는 허스트의 공동 경영자인 해긴L. T. Haggin이 동양합동 광업회사의 제2부사장, 세로 데 파스코의 사장 그리고 홈스테이크의 임원으로 나와 있다. 오그던 밀스는 동양합동 광업회사와 세로 데 파스코의 임원이었다. 해긴은 1929년에 사망했지만 유족으로 누이 조지 드롱 부인Mrs. George B. DeLong과 엘라 해긴 매키Ella Haggin McKee가 있다. 동양합동 광업회사는 나중에 파세트와 밀스가 주식을 보유해 지배했으며, 뉴욕 주 엘미라Elmira의 사업가들이 다수 참여했는데, 그중에는 동양합동 광업회사와 인서러 럼버의 임원도 있었다. 그들 가운데 5~6명은 1925~1939년 동양합동 광업회사의 임원을 지냈으며 1950년대에도 인서러 럼버의 임원으로 재직했다. 오그던 밀스는 1937년에 사망했는데, 그때까지도 동양합동 광업회사와 세로 데 파스코의 임원이었다. 그는 오그던 더라이어스 밀스Ogden Darius Mills의 손자였다. 더라이어스 밀스는 미국 서부 금광 개척에서 부자가 돼 돌아와 월가에서 입신했으며 자신의 가문을 미국에서 가장 부유한 가문

의 하나로 만들었다. 오그던은 1926년 뉴욕 주지사 선거에 출마해 앨 스미스Al Smith와 대결했고, 후버 정권에서 재무장관을 지냈으며 후버 대통령의 가까운 친구였다. 부고 기사에서는 "뉴딜에 격렬히 반대한 인물"로 평가됐다(New York Times, October 12, 1937). 밀스-리드 가문은 진주만 공격이 일어날 때까지 동양합동 광업회사에 공동으로 출자했다. 무디스 연감 1940년 판에서는 월가의 변호사로 밀스의 대리인 로이 C. 개서Roy C. Gasser가 동양합동 광업회사와 세로데 파스코의 임원으로 나와 있다. 그는 밀스의 금융자산을 관리했다(개서에 대해서는 Hoover Presidential Library, PPI file, box 440, correspondence with Mrs. Ogden Mills; Reid Family Papers, box C25 참조). 도너번과 밀스, 미국 재향군인회의 설립에 대해서는 Rodney G. Minott, *Peerless Patriots: Organized Veterans and the Spirit of Americanism*(Washington, D.C.: Public Affairs Press, 1962) 참조. 아돌프 쿠어스Adolph Coors는 1914년 콜로라도의 기업인 서울광업회사Seoul Mining Company의 사장이었다. 그 회사의 자본금은 50만 달러, 준비금은 1200만 달러로 추산되었다. 그 회사의 광산은 평양 근처에 있었고, H. E. 콜브란과 A. H. 콜브란을 포함한 동양합동 광업회사의 일부 경영진도 참여했다(Hoover Presidential Library, Pre-Commerce file, box 65, Annual Report of the Seoul Mining Company for 1914). 인서러 럼버 사는 1940년대 후반 하비 포프Harvey Pope가 경영했으며 필리핀 "최대"의 목재회사로 평가됐다(Adm. William V. Pratt Papers, box 2, Adm. Berkey to Adm. Pratt, January 29, 1950 참조). 휘트니와 인서러 럼버에 대해서는 LBJ Library, Drew Pearson Papers, file G237, Douglas MacArthur, undated, unsigned memo 참조. 이 자료에는 그들이 어떤 관계였는지 명확히 나와 있지 않다. 런드버그의 책에 대한 논평은『勤勞者』no. 8(August 1947) 참조.

67. Foster Bain, "Problems Fundamental to Mining Enterprises in the Far East," *Mining and Metallurgical Society of America* 14, no. 1(January 1921), 1~34쪽. Boris P. Torgasheff, *The Mineral Industry of the Far East*(Shanghai: Chali Co., Ltd., 1930), 131쪽도 참조. 북한은 1987년 4월 운산에서 채굴을 재개하기 위해 일본에 기술 지원을 요청했다(Economist Intelligence Unit, *Country Report: China, North Korea*, no. 2[1987], 46쪽). 이 보고서는 운산 광산의 금 매장량은 최대 1,000톤으로 추산되지만 최근의 생산량은 1년에 약 300킬로그램, 400만 달러 정도에 지나지 않는다고 말했다. 그 원인은 "대부분의 갱도가 침수돼 사용할 수 없기 때문"이라고 지적했다.

68. Palmer, "American Gold Mining," 389쪽; letter from Laurance Rand, January 15, 1984.

69. John D. Littlepage and De Maree Best, *In Search of Soviet Gold*(New York: Harcourt, Brace, 1937), 26~29쪽.

70. Reel 28, Shanghai Municipal Police File, report of January 19, 1940. 아울러 newspaper *Shanghai Zaria*, December 31, 1936, 같은 글. 이 자료에 관심을 갖도록 조언해준 케빈 마치오로Kevin Marchioro에게 감사한다.

71. *New York Times*, February 8, 1939, April 22, 1941, April 24, 1947, February 8, 1949, January 28, 1955; Reel 28, Shanghai Municipal Police File, report of January 19, 1940; Donovan Papers, box 141, "Personal History of Serge Rubinstein." 드루 피어슨은 루빈스타인을 보잉 항공사와 연결시켰고, 그의 살인은 공갈 사건에서 비롯되었다고 생각했다(*Diaries*, 345쪽). 드미트리 루빈스타인과 라스푸틴에 대해서는 Alex de Jonge, *The Life and Times of Grigorii Rasputin*(New York: Coward, McCann and Geoghegan, 1982), 265~266쪽 참조.

72. Laurence Rand letter, January 15, 1984; letter from Fred Hodgson, August 27, 1985.

73. 국무부는 1950년 1월 25일 소련이 압록강을 따라 "탄광과 금광 몇 곳"을 운영했다고 발표했다(*New York Times*, January 26, 1950). 1944년 한국 전체의 금 생산량은 1만6636킬로그램이었다. 1947년 북한 국영 광산의 금 생산량은 5281킬로그램이었다(MA, RG6, box 79, intelligence summaries, no. 25, February 21, 1951). 1949년에는 3개월 동안 1.8톤의 금을 채굴해 소련의 "무기·화학약품·기계"와 교환했다(MA, RG6, box 58, intelligence summary no. 2831, June 10, 1950).

74. Reid Papers, no. 626, container C1의 여행일기 참조.

75. RG332, XXIV Corps file, box 87, 『조선인민보』, June 1, 1946; 『중앙신문』, May 29, 1946. 『조선인민보』 1946년 5월 28일자에서는 5월 27일 이승만의 발언을 다음과 같이 실었다. "나는 올리버 씨, 굿펠로 씨 그리고 다른 지인들과 함께 미·한 경제 회사를 조직했다. 이 회사는 대부분 금과 은과 관련된 회사다. 금은 동양의 양대 금광 가운데 하나인 운산 광산에서 채굴될 것이다. (…) 정부가 수립되면 나는 이 회사에 독점권을 줄 것이다." 운산 광산 관련 기사들은 1946년 3월 이후 신문에 실렸는데, 새뮤얼 돌베어의 이름은 잘못 기재됐지만("새뮤얼 돌빈Samuel Dolbin") 이승만의 중재로 미군정의 광산 고문에 임명됐으며 당시 동양합동 광업회사의 대리인이었다는 내용은 정확했다. RG218, JCS, box 129, Hodge to War, March 18, 1946참조. 이 문서는 3월 중순 『조선인민보』의 기사에 실렸다. 그 기사는 RG43, Joint Commission, box 9, US Military Mission in Moscow to State, March 31, 1946에서도 언급됐다. 미국 군사사절단이 이 기사를 언급한 것으로 볼 때 소련이 북한의 금에 큰 관심을 갖고 있던 것을 미국이 알고 있었다고 여겨진다.

76. Conversation with Kye Trout, nephew of , April 10, 1982; letter from Janet Bosworth, July 21, 1985. 조병옥에 대해서는 CRC 1981, item 138C, CIA, NIS 41 "Biographies of Key Personalities" 참조. 허버트 김Herbert Kim은 콜로라도 광업학교Colorado School of Mines를 졸업하고 1930년대 소련에 고용돼 시베리아에서 금광업에 종사했다. 그 뒤 그는 미군정청 광무국鑛務局에서 근무했다(Prostov to Davies, September 2, 1948, Donovan Papers, box 73A 참조).

77. Jonathon Marshall, "Some Notes on the Secret History of Tungsten, 1940-52," unpub. ms. 원고를 제공해준 마셜 박사에게 감사한다. Office of Chinese Affairs, box 4210, Peking to State, March 21, 1950도 참조. 그 자료에 따르면 후난성과 장시성의 텅스텐은 10년 계약에 따라 소련으로 보내질 것이라고 되어 있다. 수치는 New York Times, December 27, 1950에서 인용.

78. Marshall, "Secret History of Tungsten." G-2 reports on Kodama and the Los Angeles Times, February 6, 1976에서 인용.

79. Goodfellow Papers, box 1, May 14, 1942.

80. 895.00 file, box 5696, December 5, 1949, report by Pitt Hyde, enclosed in "Minerals, ROK," February 18, 1950. Strong to State, September 10, 1952; FO317, piece no. 76259, F17232, November 9, 1949, reprinting a Chicago Tribune article of November 6, 1949; Robert B. Hall and Lewis G. Nonini, "Mining and Mineral Resources in the Republic of Korea as of 1961," unpub. ms도 참조. 이 보고서의 복사본과 그 밖의 유용한 정보를 제공해준 노니니 씨에게 깊이 감사한다.

81. 895.00 file, box 5696, Muccio to State, April 2, 1951; State to Muccio, April 21, 1951; Acheson to embassy, September 10, 1951; Willard Thorp and others, memo of telephone conversation, October 4, 1951; Acheson to embassy, October 16, 1951; 895.00 file, box 5696, Strong to State, September 10, 1952.

82. 895.00 file, box 5696, A host of cables in September and October 1951, Strong to State, September 3, 1952 참조; Pusan to State, July 12, 1953; Seoul to State, October 7, 1953; the information on Crampton is in 895.00 file, box 5697, Chappelear to Young, September 24, 1953.

83. 895.00 file, box 5696, Thorp to Secretary of the Army, November 23, 1951; Gordon Strong to State, September 3, 1952. 무초는 한국에는 "광석 매장량이 무한하며 한국인은 생산량이 증가하고 더 많은 달러를 벌 수 있는 한 자신들에게 불리한 계약을 체결할 용의가 있다고 여겨진다"고 말했다(Muccio to State, September 8, 1952).

84. 895.00 file, box 5696, Embassy to State, May 15 and July 12, 1953.

85. Goodfellow Papers, box 1, Goodfellow to Francesca Rhee, December 5, 1951; Kenneth Mann to Goodfellow, July 21, 1954 참조. 이 계약에 관련된 자료는 거의 입수할 수 없지만 만

Mann의 배경은 흥미롭다. 그는 1930년대 영스타운Youngstown의 리퍼블릭 스틸Republic Steel에서 근무하다가 1943년 전략사무국OSS에 들어가 도너번 아래서 근무했으며, 1944년 전략사무국의 4개 부서 가운데 한 부서의 책임자로 충칭에서 웨드마이어와 함께 근무했다. 1948년 그는 대만에 큰 관심을 갖고 있던 레이놀즈 알루미늄Reynolds Aluminum의 부사장으로 재직한 뒤 1949년 피츠버그의 퍼스 스털링Firth Sterling의 임원과 사장이 됐다. 그가 경영한 퍼스는 제트엔진과 미사일용 고온 합금의 주요 납품업체가 됐다(895.00 file, letter, Staggers to Mann, June 11, 1954, in 895B.2547. *National Cyclopedia of American Biography*, vol. J, 73쪽도 참조).

86. *New York Times*, April 2, 1976. Marshall, "Secret History of Tungsten"에서 인용.

87. Marshall, 같은 글.

88. Jonathan E. Helnweich, *Gathering Rare Ores: The Diplomacy of Uranium Acquisition, 1943-1954*(Princeton, N.J.: Princeton University Press, 1986), 45~48, 160, 164, 174, 249~256쪽. "1942년의 실험에 따르면 토륨은 (…) 자기공명가속기cyclotron 안에서 충격을 받으면 핵분열성 동위체의 우라늄 233으로 변화할 것이다." 1944년 토륨과 관련된 성공이 이어지면서—매장량이 우라늄의 10배 정도라고 예측됨—토륨은 "즉시 전략적 가치를 갖게 됐다."(267쪽 주석). 그레그 허킨Gregg Herken은 "토륨의 상대적 풍요 때문에 전후戰後 통제가 우라늄보다 더 어려웠다"면서 그로브스 장군은 특히 인도와 브라질에 매장된 것을 목표로 삼았다고 말했다(Herken, *The Winning Weapon*[New York: Vintage Books, 1982], 14, 101~102, 108~110쪽). 폴리에 대해서는 같은 책 그리고 Pawley Papers, "Russia is Winning," 317~319쪽 참조. 폴리는 인도에 모나자이트 관련 임무의 날짜를 명시하지 않았지만, 1951년 초 특별 임무를 수행하기 위해 국무부에 들어갔다. 그는 1952년 모나자이트 모래 공급에 관련된 미국의 상황이 나아졌다고 말했다. 그는 인도가 "우라늄과 토륨의 광석과 화합물을 철의 장막 국가에 제공하지 못하도록" 하라는 지시를 받았다고 썼다. 네루는 소련 세력권으로 운송하지 않을 것이라고 말했지만, 미국에 모나자이트를 보내달라는 폴리의 요청을 거절했다. 폴리는 "의학 연구"를 위해 인도에서 500톤을 입수했다고 말했다.

89. Robert K. Wilcox, *Japan's Secret War*(New York: William Morrow, 1985), 25, 35~38, 151~152, 166쪽.
   이 책은 대체로 신뢰하기 어렵다. 나는 그 책 가운데 사실에 기초해 믿을 만하다고 판단된 정보를 가렸다. 핵분열성 물질을 입수하는 데 고다마가 관여한 것은 Murray Sayle, "A Patriot Passes," *The Spectator*(January 28, 1984), 8~9쪽 참조. 이 논문에 관심을 갖도록 도와준 존 핼러데이에게 감사한다.

90. Intelligence Summary-North Korea, No. 38, June 15, 1947. no. 12(May 1, 1946); no. 14(June 22, 1946); G-2 Weekly Report, no. 42(August 1-15, 1947)도 참조.

91. KMAG G-2 Periodic Report no. 285, March 23-24, 1950; Far East Office, box 1863, Taiwan to State, April 22, 1950; MA, RG6, box 58, Intelligence Summary no. 2831, June 10, 1950.

92. Knightly, *Philby Conspiracy*, 194쪽.

93. FO317, piece no. 83014, Dening notes on talks with Rusk, July 22, 1950; Hoyt S. Vandenberg Papers, box 86, Vandenberg to Stratemeyer, August 25, 1950; HST, PSF, CIA file, box 248, report for August 28, 1950의 인용문, "이 공장은 원자력 에너지 생산에 사용되는 토륨 및 기타 원소의 주요 공급원인 모나자이트를 가공하는 것으로 알려졌다."

94. RG349, FEC G-2 Theater Intelligence, box 465, November 23, 1950, G-2 report.

95. RG349, FEC G-2 Theater Intelligence, box 462, G-2 reports, August 6 and November 1, 1951.

96. *MacArthur Hearings*, vol. 3, 2187쪽; *New York Times*, June 9, 1951.

97. *New York Times*, July 6, 1951.

98. *Far Eastern Economic Review*, September 28, 1950.

99. *New York Times*, May 23, 1950. 그루가 세계무역회사에 관여한 것은 RG335, Secretary of

the Army file, Sam Duncan to William Draper, September 7, 1948 참조. Agriculture Department, RG16, box 1942, Correspondence file of Secretary of Agriculture, and box 2041, "Investigations"도 참조. 두 자료 모두 1950년이나 1951년 이 조사에 관련된 언급이 없다. 기록관은 콩 조사에 관련된 내용을 찾지 못했다.

100. 쑹메이링의 주변에 있던 중국인 가운데 1948~1950년 미국에 체류한 인물은 첸리푸, 쿵샹시, 대사관의 첸치마이, 유엔대사 장팅푸, 쑹쯔원 등이라고 블럼은 말했다. Blum, *Drawing the Line*, 21쪽 참조. 딘 러스크는 1949년 7월 서부 연안의 한 중개인이 쑹쯔원의 2억 달러 계좌를 개설했으며, 쑹쯔원과 그 밖의 부유한 중국인들의 자산은 모두 15억 달러에 이른다고 애치슨에게 보고했다(Office of the Executive Secretariat, daily meetings, box 4, entry for July 5, 1949). 코코런이 쑹쯔원의 일부 계좌를 관리한 것은 Office of Chinese Affairs, box 4198, information on China Lobby attached to 793.00/6-2851 참조. 그 문서에서는 코코런을 쑹쯔원의 "주요 대리인chief representative"이라고 불렀다. 쑹쯔원과 쑹쯔량은 1950년 3월 21일 앨라배마 주에서 선출된 보이킨Boykin 하원의원과 국가안보회의NSC의 시드니 소어스Sidney Souers와 만났다. 쑹쯔원은 "적절한 시기"에 국민당은 본토를 탈환하기 위해 25만 명의 병사를 상륙시킬 것이라고 말하면서 미국의 지원을 촉구했다. 4월 초 보이킨은 쑹쯔원과 "계획을 세웠다"고 말했으며 4월 3일 그것과 관련해 애치슨의 보좌관 제임스 웹James Webb을 만났다고 말했다(HST, Sidney Souers Papers, box 1, Souers letter for file, March 21, 1950; Boykin to Souers, April 4, 1950).

101. *New York Herald-Tribune*, June 10, 1950; *New York Times*, June 10, 16, 1950. 쿵샹시가 윌러비를 방문한 것은 Roy Howard Papers, box 251, Willoughby to Howard, June 22, 1950 참조. 원잉싱에 관련된 정보는 Office of Chinese Affairs, box 4195, Hong Kong to State, June 22, 1950 참조.

102. *New York Times*, June 16, 1950. 표는 같은 신문의 선물거래란에서 인용.

103. *New York Times*, June 19, 25, 26, 27, 1950.

104. I. F. Stone, *The Hidden History of the Korean War*(New York: Monthly Review Press, 1952; paperback, 1970), 352쪽.

105. Office of Chinese Affairs, box 4223, Anne B. Wheeler to A.G. Hope, July 25, 1950; Hope to Magill, August 1, 1950. 호프는 투기에 관련된 인물의 완전한 목록을 작성했지만 (document no. 793.521/7-2250) 이 자료에서는 찾을 수 없다. 쑹쯔량은 "쑹씨 형제 가운데 가장 나쁜 인물"이라는 표현은 Far East 890. file, box 4124, Barnett memo of conversation with Stuart, April 16, 1951 참조. Stone, *Hidden History*, 350쪽도 참조.

106. Far East 890. file, box 5647, Clubb to Merchant, August 3, 1950.

107. Pearson, *Diaries*, 250쪽; Stone, *Hidden History*, 349쪽. 피어슨도 1953년 중국인이 콩 투기에 더 많이 가담했다고 지적하면서 다이크 컬럼Dyke Cullum과 리쿵Li Kung이라는 인물을 거론했다. Sterling Seagrave, *The Soong Dynasty*(New York: Harper and Row, 1985), 489쪽 주석도 참조. 스콧은 펩시콜라 로비의 조언에 따라 "매카시는 수익성 있는 콩 투기에 참여했다"고 말했다(Scott, *War Conspiracy*, 196쪽).

108. Hoover Presidential Library, box 341, Hoover to Goodfellow, May 17, 1951. 후버는 굿펠로가 자신에게 콩 견본을 보냈다고 인정했다. 굿펠로의 편지는 입수하지 못했다.

5장 관료 기구에 침투한 반격

1. 가장 최근의 연구들도 그렇다. 이를테면 로버트 블럼은 국가안보회의 문서 48에 관련된 종합적 연구서를 썼지만 반격의 변증법은 거의 언급하지 않았다. Blum, *Drawing the Line* 참조.

2. 버지니아대학교 소장 Louis A. Johnson Papers의 해설에 있는 경력 소개 참조.

3. 1949년 보헤미안 그로브 회동에 관련된 통신은 Johnson Papers, box 102에 많이 보관돼 있다. William Domhoff, *The Bohemian Grove and Other Ruling Class Retreats*(New York: Harper and Row, 1974)도 참조. 존슨은 1949년 여름 모임에 직접 딘 애치슨을 초대했다. 다른 참석자는 J. 에드거 후버, 허버트 후버, 마크 클라크 그리고 다양한 석유 및 은행 관련 중역들이 있었다. 한국전쟁이 일어나자 존슨은 1950년 여름 모임을 그리워하면서 매우 유감스럽게 생각했다. 그러나 그 뒤 캘리포니아의 목재업자 S. 오리에 존슨Orie Johnson은 존슨에게 이렇게 말했다. 자신은 보헤미안 그로브에 있는 허버트 후버의 캠프에서 "캘리포니아 주에서 상원의원으로 출마한 젊은이인 리처드 닉슨과 꽤 친해졌습니다. 그는 매우 좋은 사람입니다. 나는 그가 맞서고 있는 좌파인 구진스Googins(헬렌 게이하겐 더글러스Helen Gahagen Douglas로 불리기도 했다)를 이기기를 진심으로 바랍니다"(box 105, S. Orie Johnson to Louis Johnson, August 14, 1950).

4. Blum, *Drawing the Line*, 17쪽에서 인용.

5. Robert J. Donovan, *Tumultuous Years: The Presidency of Harry S. Truman, 1949-1953* (New York: W. W. Norton, 1982), 61쪽.

6. 웰링턴 구 문서는 이런 측면을 충분히 입증한다. 1949년 12월 29일 그리피스는 웰링턴 구에게 국가안보회의 문서 48 결정이 포함됐을 것으로 여겨지는 최근의 고위급 회담에 대해 알려줬다. 1950년 1월 16일 오켈러어는 존슨이 사임할 것이라고 웰링턴 구에게 알려줬는데, 그 이유는 트루먼이 존슨에게 중국 정책은 국무부가 담당하고 있다고 말했기 때문이라고 전달했다. 레슬리 비플Leslie Biffle은 1950년 11월 국방부의 기밀 정보를 전달했다. Koo Papers, box 217, diary entries for December 29 and January 16; box 180, Joseph Ku to Koo, November 3, 1950 참조.

7. 이를테면 존슨은 자신이 일본 강화조약에 관련된 6월 23일자 맥아더의 메모를 국무부가 알지 못하도록 했다고 믿었다. *FR*(1950) 6, 1264~1265쪽, memo of telephone conversation, Johnson to Dulles, August 3, 1950 참조. 1950년 3월 17일 시드니 소어스에 따르면, 존슨이 자신에게 전화를 걸어 "소련의 의도와 관련된 놀랄 만한 정보를" 쑹쯔원이 갖고 있으니 즉시 그를 만나라고 말했다. 그것은 쑹쯔원과 보이킨 하원의원이 미국의 대만 정책을 전환하기 위해 고안한 책략의 일부였다(이것은 다른 곳에서 서술하겠다). 3월 21일 소어스는 쑹쯔원을 만났고 그가 그런 "놀랄 만한" 정보를 가지고 있지 않다는 것을 알게 됐다. HST, Souers Papers, box 1, memo of March 17, 1950 참조.

8. Cohen, "Acheson, His Advisors, and China," in *Uncertain Years: Chinese-American Relations, 1947-1950*, ed. Dorothy Borg and Waldo Heinrichs(New York: Columbia University Press, 1980), 21쪽; Kennan Papers, box 24, Kennan memo on differences with the State Department, September 1951.

9. Louis Johnson, "US Policy toward Asia," June 10, 1949, in HST, PSF, NSC files, box 206. 합동참모본부의 견해는 Schnabel and Watson, JCS, *Korean War*, 36쪽 참조.

10. 1949년 8월 18일 덜레스는 6월에 애치슨과 나눈 대화의 내용을 웰링턴 구에게 알려줬다. Koo Papers, box 130. minutes of the 41st Meeting of the NSC, June 2, 1949, HST, PSF, NSC files, box 220; RG59, Policy Planning Staff files, box 2, PPS 53, "US Policy toward Formosa and the Pescadores," July 7, 1949도 참조.

11. *FR*(1949) 7, pt. 2, 1046~1057쪽.

12. CIA, "Implications for US Security of Developments in Asia," July 25, 1949, National Archives, Judicial, Fiscal, Social Branch, Records of the National Security Council, NSC 48 file(hereafter, NSC 48 file).

13. Rusk, Memo for Acheson, "US Policy and Action in Asia," July 16, 1949. 요스트는 러

스크도 미국이 타이완을 방어할 것이라고 생각했다고 썼다(Yost to Jessup, July 18, 1949). Acheson to Jessup, July 18, 1949; Jessup to Rusk, July 21, 1949, all in RG59, 1945-1949 Confidential File, box C-846도 참조.

14. Michael Schaller, *The American Occupation of Japan*, 200쪽; Blum, *Drawing the Line*, 89~92쪽.

15. 890.00 file, box C-846, November 18, 1948.

16. Schaller, *American Occupation of Japan: The Origins of the Cold War in Asia*(New York: Oxford University Press, 1985), 182, 203~204쪽. Cumings, "Introduction," *Child of Conflict*, 47쪽도 참조.

17. *FR*(1949) 9, 519~523쪽, account of Chennault's plan and his visit to the State Department on May 11, 1949.

18. Schaller, *American Occupation of Japan*, 183쪽.

19. *FR*(1949) 9, 556~558쪽, Johnson to NSC, October 18, 1949. 존슨의 발언은 합동참모본부의 부정적인 판단을 받은 뒤 나왔다.

20. NSC 48 file.

21. Davies to Kennan, August 24, 1949, PPS Files, box 13.

22. 795.00 file, box 4267, "Tentative Findings on US Policy in the Far East," September 2, 1949, given to Acheson by Jessup, Fosdick, and Case. 그들이 이 문서를 작성했는지는 확실치 않다.

23. 10월 14일의 초고는 NSC 48 file에 실려 있다. 그다음 초고가 작성된 날짜는 10월 26일이다. James S. Lay, Jr., memo for Rusk, J. H. Burns, and Daniel C. Fahey on NSC 48, October 26, 1949 참조. 이것은 "부적절한 부분은 삭제한" 문서로 1981년 기밀 해제됐다. 이것은 국가안보회의 사무국 차장이었던 레이Lay가 작성한 것은 아니다. 작성자는 명확하지 않다(HST, PSF, NSC files, box 207).

24. *FR*(1949) 9, Bishop to Rusk, October 21, 1949. 비숍이 실제로 이 메모를 작성했는지는 분명하지 않다.

25. October 25, 1949, draft, NSC 48 file.

26. Office of Chinese Affairs, box 15, S. C. Brown to Philip Sprouse, October 24, 1949, formerly top secret.

27. John Allison to Butterworth, October 19, 1949, NSC 48 file; Schaller, *American Occupation in Japan*, 206쪽.

28. CIA, "The Strategic Importance of Japan," ORE 43-48, May 24, 1948, HST, PSF, box 255.

29. CIA, "Consequences of US Troop Withdrawal from Korea in Spring 1949," February 28, 1949, HST, PSF, CIA file, box 256.

30. *FR*(1948) 6, 1337~1341쪽, Bishop to Butterworth.

31. HST, Acheson Papers, box 27, "U.S. Policy in China," November 3, 1948. 이 문서는 경제협력국의 "죠Joe"라는 인물이 애치슨에게 보낸 것인데, 반드시 그가 작성자로 생각되지는 않는다. 샬러는 작성자를 조지프 존스로 생각했다. 그 시기에 존스는 미국이 "일본을 대신해 중국에서 공산 세력을 몰아내야 한다"고 제안했다(*American Occupation of Japan*, 142쪽).

32. Schaller, *American Ocupation of Japan*, 157쪽에서 인용.

33. Schaller, *American Occupation of Japan*, 143~144쪽.

34. HST, PSF, NSC files, box 20. 국가안보회의 문서 41은 1949년 3월 3일에 승인됐다.

35. HST, CIA file, box 249, CIA, "Relative US Security Interest in the European-Mediterranean Area and the Far East," ORE 69-49, July 14, 1949. 그 시기에 작성된 CIA의 또 다른 각서에서는 "아시아에서 공산주의를 봉쇄하는 미국의 목적"을 언급하고 동남아시아를 일본 경제와 연결시키면서 "(동남아시아를) 안정시키는 가장 중요한 한 가지 요소는 (…) 저렴한 원자재 조달과 시장의 회복이라고 지적했다"(Judicial, Fiscal, and Social Branch, Records of the NSC,

NSC 48 file, CIA, "Implications for US Security of Developments in Asia," July 25, 1949). 이런 노선을 따른 그 밖의 계획은 Schaller, *American Occupation of Japan*, 213~245쪽 참조.

36. NSC 48 file에 수록. 이 문서에는 그 문서가 CIA에서 작성되지 않았을 경우 CIA 초안과 조정되었음을 나타내는 표시가 있다. 또한 국가안보회의 구성원이 아니었던 맥스 비숍이 1949년 9월 15일에 이 문서를 확인했음을 보여준다.

37. Unsigned October 14, 1949, draft of NSC 48, in NSC 48 file.

38. 이를테면 October 14, 1949, draft, in NSC 48 file 참조.

39. *Manchester Guardian*, April 1, 29, 1950. 윌러드 소프Willard Thorp는 영국이 일본과 경쟁하는 것을 두려워하고 파운드화 권역 안에서 계속 교역하기를 바랐다고 생각했다. 또한 영국은 일본에 최혜국 대우를 부여하고 GATT에 가입하도록 하는 것을 방해했다(*FR*[1949] 1, 666~669쪽, Thorp to Acheson, April 22, 1949: 715~726쪽, report on 3d GATT session, November 10, 1949). 1949년 영국은 94만 야드(약 86만 미터)의 섬유를 수출했고, 미국은 88만 야드(약 80만 미터)를 수출했다. 일본은 전쟁의 참화를 겪었지만 이미 75만 야드(약 69만 미터)를 수출했다. 일본은 이미 1930년대에 세계 최고의 섬유 생산 효율을 달성했는데, 이 수치는 전전 평균의 30퍼센트에 지나지 않았다.

40. 섬유 노조들은 1950년 5월 국무부의 관세 인하에 대해 섬유산업은 미국의 자유무역정책에 "희생양"이라면서 항의했다. 노조는 낮은 관세가 일본에 가장 큰 이익이 될 것이라면서 1948년 이후 12만4000명이 실직했다고 주장했다(*New York Times*, May 28, 1950).

41. 1953년 4월 8일 139차 국가안보회의에서 대통령은 만주와 중국 북부의 시장과 원자재를 일본이 이용할 수 있게 하지 않으면 일본의 미래는 없다는 신념을 표명했다. 험프리 재무장관은 일본과 서독이 "발전해 강한 국민이 능력을 발휘할 수 있는" 안정적인 지위를 갖도록 미국이 "적극적"으로 행동해야 한다고 주장했다. 그는 지난 전쟁에서 그릇된 행동을 한 두 나라를 미국이 착취한 측면도 있다고 생각했다. 한편 "커틀러 씨(대통령 특별보좌관)는 국가안보회의가 이 이상의 조치를 하려고 하며, 일본이 상실한 식민지 제국의 부흥을 목표로 하는 것처럼 보일 수 있는 정책을 채택할 것인지 물었다. 아이크는 '아마도 아닐 것'이라고 대답했다"(Eisenhower Library, Eisenhower Papers[Whitman file], National Security Council Series, box 4).

42. Howard Schonberger, "The Japan Lobby in American Diplomacy," *Pacific Historical Review* 46, no. 3(August 1977), 327~359쪽: John G. Roberts, "The 'Japan Crowd,'" 384~415쪽.

43. Jon Hailiday, *A Political History of Japanese Capitalism*(New York: Pantheon, 1975), 185~188쪽 참조. 오랫동안 일본에 시장을 가지고 있던 포드 자동차회사의 로이 모건Roy Morgan은 1952년 "재벌 가운데서 가장 친미적인 기업 몇 곳을 찾았다"고 말하면서 일본인 전범을 "대부분 사면"하고 공직 임명 금지를 해제하자고 촉구했다. Ridgway Papers, box 20, Morgan to Ridgway, January 23, 1952.

44. 이를테면 컨은 1951년 J. F. 덜레스에게 편지를 보내 W. R. 캐슬Castle은 미국이 한국에서 이용할 수 있도록 일본은 "이전에 중국에서 활동한 자국의 정보공작원"을 차출할 의사가 있음을 파악했다고 말했다. Kern to Dulles, January 15, 1951, John Foster Dulles Papers, box 53 참조. 그는 앨런 덜레스에게도 정기적으로 서신을 보냈다. Kern file in the Allen Dulles Papers 참조. 숀버거와 로버츠도 그가 정보 조직과 연결됐을 것이라고 시사했다.

45. Walter Isaacson and Evan Thomas, *The Wise Men: Six Friends and the World They Made*(New York: Simon and Schuster, 1986), 21쪽.

46. 1937년 다음의 여러 서신 참조. Castle to Mills, Ogden Mills Papers, box 49. Hoover Presidential Library, Post-Presidential Individual File, box 469, Pratt to Hoover, June 11, 1947: several letters between Kern and Hoover, box 391도 참조.

47. James, *MacArthur*, vol. 3, 234쪽.

48. Harry Kern, "American Policy toward Japan," no date, but sometime in 1948, Adm. Wil-

liam V. Pratt Papers, box 2. Kern to Eichelberger, October 30, 1948, in Robert L. Eichelberger Papers, box 22도 참조. 일본 로비의 일부 인물도 일본인이 한국인에게 가졌던 전형적인 편견을 나타냈다. 이를테면 점령군의 고위 장교인 아이컬버거 장군은 50만 명의 한국인이 일본에 살고 있는데 (…) 그들 대부분은 잠재적 적색분자이며, "대부분 개자식mostly bastards"이라고 케네스 로버츠에게 말했다. 한 달 뒤 그는 일본에 있는 한국인 70만 명은 "내가 보기에 가장 위험한 요소"라고 대뜸 말했다(Eichelberger to Roberts, March 18 and April 19, 1948, and Eichelberger to Roy Howard, May 4, 1948, in Eichelberger Papers, box 19 참조).

49. 비숍은 1949년 2월 로열, 도지 등과 함께 중요한 사절단으로 파견됐다. 앨버리 개스코인은 비숍이 일본의 점령 체제 완화와 점령 개혁 요구 완화와 관련해 케넌과 합의했다고 서술했다. FO317, piece no. 76215, Gascoigne to Dening, February 4, 1949 참조.

50. Patterson Papers, box 35, address by Draper, "The Rising Sun of Japan," October 31, 1950.

51. R. C. Kramer, "Japan Must Compete," Fortune(June 1947); Felix Morely, "A Solution for Korea," The Freeman(October 30, 1950), 81~82쪽; Koen, China Lobby, 186쪽; Kern to Pratt, February 15, 1950, Pratt Papers, box 2; Schaller, American Occupation of Japan, 37~38쪽. 쿠벡은 그루와 두만이 일본 천황제를 유지하는 데 찬성했기 때문에 국무부에서 쫓겨났다고 주장했다(How the Far East was Lost, 282쪽). 매코번의 견해는 Seoul Times, March 4, 1948 참조. 거기에 인용된 의회 증언에서 그는 일본은 "극동의 친미적 공감과 이념의 보루"이며 "공산주의에 대한 방벽"이라고 말했다.

52. 그 뒤 애치슨은 "국가안보회의 문서 68의 단계는 1949년 가을부터 1950년 봄까지"라고 언급하면서 그것을 "정말 우리 역사에서 가장 위대한 문서 가운데 하나"라고 말했다. Acheson Seminars, October 10-11, 1953, sessions.

53. 1961년 애치슨은 니츠가 "나와 99퍼센트 의견이 일치하는 사람"이라고 썼다(Among Friends, 212쪽).

54. FR(1950) 1, 153~159쪽, Yost, "Basic Negotiations with the Soviet Union," February 15, 1950; 같은 자료, 176~182쪽, "Meeting of the State-Defense Policy Review Group," March 2, 1950.

55. FR(1950) 1, 196~200쪽, "Meeting ot State-Defense Policy Review Group," March 16, 1950. 러벳은 월가로 돌아갔는데, 그 문서에서는 그를 단지 "은행가"라고 불렀다. Isaacson and Thomas, Wise Men도 참조. 애치슨과 마찬가지로 러벳도 헨리 스팀슨의 외교에 깊은 영향을 받았다(28~29쪽).

56. Michael Hogan, "Corporatism: A Positive Appraisal," Diplomatic History 10:4(Fall 1986), 370~371쪽. Fred Block, "Economic Instability and Military Strength: Paradoxes of the 1950 Rearmament Decision," Politics and Society 10, no. 1(1980), 35~58쪽; Kolko and Kolko, Limits of Power, 471~475쪽도 참조.

57. FR(1950) 4, 1168~1184쪽, Joint Intelligence Committee, U.S. Embassy Moscow, "Soviet Intentions," April 25, 1950.

58. 국가안보회의 문서 68은 Thomas H. Etzold and John Lewis Gaddis, eds., Containment: Documents on American Policy and Strategy, 1945-1950(New York: Columbia University Press, 1978)에 실려 있다.

59. New York Times, March 12, 1950; Barron's, January 2, 1950.

60. 샤우브와 소프의 의견 차이는 FR(1950) 1, 218~220, 298~306쪽 참조. CIA, "Comparison of Selected Items in US and USSR Military Strength and Industrial Production," RR MP-35, formerly top secret, HST, PSF, CIA file, box 250도 참조. 그 조사에는 날짜가 나와 있지 않지만 1949년, 1950년, 1951년의 통계가 실려 있다. Matthew A. Evangelista, "Stalin's Postwar Army Reappraised," International Security 7, no. 3(Winter 1982-1983), 110~39쪽도 참조.

61. FR(1950) 3, 1007~1013쪽, Acheson to Acting Secretary of State, May 8, 1950.

62. PPS file, box 2, "U.S. Ojectives with Respect to Russia," August 18, 1948.

63. 애치슨은 트루먼이 서명하지 않았지만 1950년 4월 국가안보회의 문서 68이 "국가 정책이 됐다"
고 썼는데, 나도 그에 동의한다. 그러나 그는 "소련이 남한에 대한 침공을 부추길 만큼 어리석지
않았다면 그 뒤 몇 년 동안 무슨 일이 일어났을지는 의문스럽다"고 말했다(*Present at the Cre-
ation*, 374쪽).

64. PPS, box 32, memorandum of discussion, June 13, 1949. 라인홀드 니부어는 이런 대화가
오가는 동안 잠자코 앉아 있었다.

6장 남한의 체제

1. 895.00 file, box 7124, Maj. Gen. Albert Brown to Hodge, "Political Program for Korea,"
February 20, 1947.

2. 아래의 CIA 연구 참조. "Korea," SR 2, Summer 1947; "The Current Situation in Korea,"
ORE 15-48, March 18, 1948; "Communist Capabilities in Korea," ORE 32-48, February
21, 1949; CRC, 1981, items 137 B, C, D, 138 A to E, 139 A to C, "National Intelligence
Survey, Korea," NIS 41(compiled in 1950 and 1952).

3. RG59, Lot File 55 D150, "Records of the Wedemeyer Mission to China," various memo-
randa in box 3 and box 10. 특히 box 3, "Korean Interim Government Briefing" 참조. 이
하 "Wedemeyer Mission."

4. RG335, Secretary of the Army file, box 56, Osgood to Draper, November 29, 1947.

5. Tokyo despatch no. 80, July 14, 1949, courtesy of Gavan McCormack; FO317, piece no.
69939, Kermode to FO, February 7, 1948. 커모드도 대부분의 한국인은 재통일을 바란다고
지적했다. 그는 한국인이 공산주의를 그리 두려워하지 않는다고 생각했다.

6. 하지는 1947년 웨더마이어에게 조병옥과 장택상을 해임하지 않겠다고 말하면서 그렇게 하면
좌익이 경찰을 장악하게 될 것이기 때문이라고 설명했다. 그러나 1947년 한 미국인 경찰고문은
"그들을 해임하지 않고는 경찰 개혁을 시작할 수 없다"고 말했다. 조병옥과 장택상은 "러치 장
군의 친구"이기도 했다. 국립경찰의 미국인 장관 윌리엄 맥린은 조병옥보다 "원숙하고 진정한 애
국자를 만난 적이 없다"고 생각했다. "우리는 여러 문제에 이견이 있었지만, 공정성 문제나 경찰
과의 관계에서 한국인과 한국에 어떤 것이 유익한지에 대해서는 이견이 없었다." 경찰에서 개혁
이 이뤄지지 않는다면 사법적으로 처벌될 친일파도 거의 없을 것이었다. 1947년 남조선과도입법
의원이 마침내 미온적인 친일파 처벌 법안을 통과시키자, 경찰은 하지가 그 법안을 거부하지 않
으면 "그 법을 집행하는 데 반대할 것"이라고 하지에게 통보했기 때문에 하지는 그 법안을 거부
했다(RG332, XXIV Corps Historical File, box no. 21, Memorandum for Wedemeyer, no
date, but circa August 1947; 같은 자료, "History of Korean Department of National Po-
lice," which has the Maglin quotation; 같은 자료, box 10, interview with Major Broom,
Inspector, KNP, March 2, 1947; Richard Robinson, "Betrayal of a Nation," Manuscript,
Massachusetts Institute of Technology, 146쪽).

7. 다음의 뛰어난 연구를 참조. Carter Eckert, "The Origins of Korean Capitalism"(Ph.D. diss.,
University of Washington, 1986).

8. 여기서 논의한 내용에 관련된 뛰어난 해석은 Roberto Mangabeira Unger, *Knowledge and
Politics*(New York: The Free Press, 1975) 참조.

9. USFIK 11071 file, box 62/96, Hodge monologue to visiting Congressional delegation,
October 4, 1947.

10. Juan Linz, "Some Notes Toward a Comparative Study of Fascism in Sociological Histor-
ical Perspective," *Fascism: A Reader's Guide*, ed. Walter Laquer(Berkeley: University of
California Press, 1976), 3~121쪽.

11. 이춘식, 『선거독본選擧讀本』, 63쪽.

12. USFIK 11071 file, box 65/96, Brown to Hodge, November 20, 1946; G-2 special report on the Northwest Youth, June 3, 1947, attached to G-2 Weekly Report no. go, May 25-June 1, 1947; G-2 Weekly Report no. 105, September 7-14, 1947; no. 108, September 28-October 5, 1947.

13. G-2 Weekly Report; no. 108, September 28-October 5, 1947; no. 113, November 2-9, 1947; RG334, box no. 18371, 971st Counter-Intelligence Corps Detachment(CIC), "CIC Monthly Information Report no. 7, December 20, 1948; 895.00 file, box 7127, Muccio to State, January 10, 1949.

14. RG94, USAMGIK Special Reports, "Biographic Reports on the Cabinet of the Korean Republic," August 11, 1948. 국무부의 정보·조사 부문의 자료를 토대로 작성.

15. Louise Yim, *My 40-Year Fight for Korea*(Seoul: Chungang University, 1951), 282쪽; 이범석, 『민족과 청년』, 서울: 白水社, 1947, 68. Lloyd Eastman, *Seeds of Destruction: North China in War and Revolution, 1937-1949*(Stanford, Calif.: Stanford University Press, 1984)도 참조.

16. 740.0019 file, box 3828, Jacobs to State, August 12, 1947. 상하이에 가지 않은 군정청 고문 비비안 파커Vivian L. Parker의 1947년 4월 5일자 메모가 첨부돼 있다. 또 다른 미군정청 직원 클라이드 사전트는 조선민족청년단을 옹호하면서 그것을 미국의 보이 스카우트에 비유했다. 이범석이 타이리에 협력했는지는 확실치 않다. 사전트는 타이리가 1945년 5월 이범석에게 협력을 요청했고, 이범석은 그것을 수락했다고 썼지만, 이범석이 정말 수락했는지는 몰랐다고 여겨진다. 같은 자료, memo by Clyde Sargent, May 8, 1947 참조. 마일스와 타이리에 대해서는 Michael Schaller, *The U.S. Crusade in China, 1938-1945*(New York: Columbia University Press, 1979) 참조. 정보전략국이 연관돼 1945년 이범석이 서울로 귀국하려던 것은 이범석, 『민족과 청년』, 252쪽 참조.

17. CIA, "National Intelligence Survey, Korea."

18. 이범석, 『민족과 청년』, 28~34쪽 등.

19. 740.0019 file, box no. 3827, Langdon to State, January 21, 1947; RG94, USAMGIK Special Reports, Hodge to the Adjutant General, "Report on the Occupation of South Korea," September 1947.

20. Wedemeyer Mission, box 3, Ernest Voss, Semi-annual report on the KNY, September 2, 1947; G-2 Weekly Report no. 108, September 28-October 4, 1947; Hugh Deane Papers, "Notes on Korea," May 23, 1948.

21. Hugh Deane Papers, "Extracts from KNY Quarterly Report for Period Ending March 31, 1948"; Wedemeyer Mission, Voss's Semi-annual report, September 2, 1947.

22. G-2 Weekly Report no. 117, November 30-December 7, 1947. 이 자료에서 G-2는 서북청년회를 "곤봉을 휘두르는 젊은 테러리스트"라고 언급했다. G-2 study of Northwest Youth, June 3, 1947, attached to Weekly Report no. 90, May 25-June 1, 1947; Weekly Report no. 85, April 24-May 1, 1947.

23. 같은 자료, G-2 study of Northwest Youth. 로버트 스칼라피노와 이정식은 1945년 9월 현준혁 암살 사건을 공산주의자의 소행으로 본다는 문봉제와의 대담을 인용했다. 군 정보부에서는 그 사건을 우익 암살단의 소행으로 봤다(*Communism in Korea* 「Berkeley: University of California Press, 1972」, vol. 1, 321쪽). 족청의 선전 기관지 「이북통신以北通信」은 후버 연구소에서 이용할 수 있다. 남한과 서북청년회에서 발행한 다양한 전단은 RG242, SA2010, item 2/76, DPRK documents on "public opinion" in Haeju, marked "absolutely secret."

24. G-2 Weekly Report no. 95, June 29-July 6, 1947; G-2 Periodic Reports nos. 515 and 518, April 1, 23, 1947.

25. 조선민주청년동맹에 대해서는 G-2 Weekly Report no. 98, July 20-27, 1947 참조. *Seoul Times*, May 10, 1947도 참조.

26. *Seoul Times*, May 28, 1947; 『민중일보』, June 3, 1947; CIA, "National Intelligence Survey, Korea"; G-2 Weekly Report no. 105, September 7-14, 1947. 참조. G-2 no. 97, July 13-20, 1947도 참조. 거기서 이청천은 대동청년단을 남한군의 "핵"이 될 것이라고 말했다. 이승만이 서북청년회를 통제한 것은 G-2 Periodic Report no. 537, May 22, 1947 참조.

27. RG334, CIC file, box no. 18343, 44lst CIC Detachment, Semi-monthly Report, March 1, 1948; 895.00 file, box no. 7127, Drumwright to State, February 23, 1949.

28. William C. Bradbury, Samuel M. Meyers, and Albert D. Biderman, eds., *Mass Behavior in Battle and Captivity*(Chicago, University of Chicago Press, 1968), 247~276, 284~290, 306~309쪽. 이 책에서는 수용소의 한국인이 중국인보다 친공산주의자라고 결론지었다. "이 연구가 제시한 증거는 자발적인 반공 감정이 북한 사람들보다 중국인—그리고 아마 한국인들—사이에서 훨씬 더 광범하고 격렬했다는 견해를 뒷받침한다." 전쟁이 끝났을 때 남한에 가족이 있는 포로 가운데 5분의 1 정도가 북한행을 선택했다(216쪽도 참조).

29. *Seoul Times*, June 5, August 17, 1948; RG335, Secretary of the Army file, box 56, Coulter to State, November 12, 1948.

30. USFIK 11071 file, box 62/96, "Labor Problems and Policies in Korea," June 18, 1946. 이것은 미군정청에 파견된 노동행정 고문단의 공식 보고였다. 전진한과 노총에 관련된 정보도 참조. Wedemeyer Mission, box 3, "Korean Minutes"에 수록.

31. RG332, XXIV Corps Historical File, box 10, Bunce to State, April 24, 1947; G-2 Weekly Report no. 94, June 22-29, 1947.

32. Deane Papers, "Notes on Labor in South Korea," July-August 1947, and "Notes on Korea," May 4, 1948.

33. G-2 Weekly Report no. 102, August 17-24, 1947; Hugh Deane Papers, "Notes on Labor in South Korea," July-August 1947; RG335, Secretary of the Army file, box 22, "Report on a Visit to Korea with Under-Secretary of the Army," October 2, 1947; Wedemeyer Mission, box 3, "Korean Minutes," report on Chon Chin-han.

34. HST, PSF, Daily CIA Summaries, box 255, February 21, 1949; ibid., NSC file, box 3, daily CIA reports on Korea, June 6, 1951; 895.00 file, box 5691, Drumwright to State, May 6, 1950; ibid., box 5694, Strong to Embassy, July 22, 1952.

35. Roger Baldwin Papers, box 11, "Report to Friends," May 23, 1947; "Civil War," May 16, 1947; "More Civil War," May 17, 1947; "Interview with Lyuh Woon Hyung," no date.

36. Edgar A. J. Johnson, *American Imperialism in the Image of Peer Gynt*(Minneapolis: University of Minnesota Press, 1971), 168쪽.

37. G-2 Weekly Summary no. 97, July 13-20, 1947. 이 자료에서는 "여운형이 에드거 존슨이 아니라 친구 황진남을 만나러 가는 길이었다고 말했다.

38. 1984년 북한은 김일성이 1946년 3월 1일에 연설할 때 연단에 수류탄이 투척됐다는 사실을 시인했다. 소련군 한 명이 김일성을 보호하다가 팔을 잃었다.

39. G-2 Weekly Summary no. 98, July 20-27, 1947; *Seoul Times*, August 30, 1947. 1947년 10월 4일 방문한 미국 하원의원들에게 하지가 한 발언도 참조(USFIK 11071 file, box 62/96). 하지는 "우리는 김구가 북한, 한국, 중국, 일본에 살인 공장을 가지고 있다는 것을 우연히 알았다. 이런 측면을 고려할 때 김구가 (여운형) 살해의 배후일지도 모른다"고 말했다. 레너드 버치는 김구의 소행이라고 단언했지만, 김구는 처음에 이승만의 동의를 받았다고도 말했다(Interview, May 19, 1973). 서울 경찰은 한지근이 김일성을 살해하려고 했지만 북한 경찰의 보호 때문에 그럴 수 없었다고 말했다. 1946년 3월 1일 김일성의 암살 시도에 한지근과 그 집단이 연루됐는지 밝히는 것은 흥미로울 것이다.

40. Richard Robinson, "Betrayal of a Nation," 222~230쪽; *Seoul Times*, July 19, 1946, and October 10, 1946; RG332, box 21, handwritten notes from Korean-American conference, entry for November 12, 1946.

41. RG332, box 21, Bureau of Public Opinion, report of Bertsch's investigation, March 4, 1947; 895.00 file, box 7124, Langdon to State, April 14, 1947.

42. G-2 Weekly Summary no. 90, May 25-June 1, 1947; G-2 Periodic Report no. 624, June 30, 1947; Periodic Report no. 575, July 8, 1947.

43. CIA, "Prospects for the Survival of the Republic of Korea," October 28, 1948; Thames Television interview with Yo Yon-gu, P'yŏngyang, November 1987.

44. 여운형의 장례식에서 하지가 한 추도사는 동떨어지고 냉정한 내용이었다. 그는 여운형이 "겸손하고 너그러우며 판단력 있는" 인물이었다고 간단히 말했다(USFIK 11071 file, box 62/96). 여운형이 사망한 직후 김일성은 그를 "친일파와 민족 반역자에게 희생된 조선 민족의 훌륭한 애국자 가운데 한 사람"이라고 평가했다(RG242, SA2005, item 1/34, Kim Il Sung, "Report on the 2nd Anniversary of Liberation," August 14, 1947).

45. FO371, piece no. 69937, Kermode to FO, December 1, 1947.

46. 895.00 file, box 7126, Jacobs to State, August 16, 1948.

47. G-2 weekly report, no. 117, November 30-December 7, 1947; FO317, piece 69937, Kermode to FO, December 19, 1947; piece no. 69939, Kermode to FO, January 26, 1948; Deane Papers, "Notes on Korea," March 20, 1948; Seoul Times, December 4, 5, 1947, January 17, March 8, 18, 1948. 컬모드는 장덕수의 친일 행위와 관련해 언급했지만 "우익 가운데 가장 지성적인 정치인"이라고 평가했다.

48. 895.00 file, box 7128, Jacobs to State, July 24, 1948. 같은 날 이승만의 취임 연설문이 실려 있다.

49. 이승만은 1949년 4월 유세하면서 '일민주의'라는 표현을 처음 사용했다. 895.00 file, box 7127, Drumwright to State, May 17, 1949 참조. 일민주의 개념은 이승만, 『일민주의 개술槪述』, 서울: 일민주의보급회, 1949, 2~10쪽 참조. Koh Kwang-il, "In Quest of National Unity and Power: Political Ideas and Practices of Syngman Rhee"(Ph.D. diss" Rutgers, 1962), 63~65쪽도 참조.

50. "Round Table Conference on the Philosophy of Ilminjuui," Yonhap sinmun(연합신문), January 21, 1949; text in 795.00 file, box 4262, Embassy to State, February 1, 1950. 나는 한국어 원본을 찾을 수 없어서 대사관에서 번역한 자료를 사용했다.

51. 795.00 file, box 4262, Embassy to State, January 18, 1950; ibid., Drumwright to State, March 15, 1950.

52. Robinson, "Betrayal of a Nation," 249~250쪽; Gregory Henderson, Korea: The Politics of the Vortex(Cambridge, Mass.: Harvard University Press, 1968), 141쪽; 795.00 file, box 4262, Drumwright to State, March 25, 1950. ibid., box 4299, Embassy to State, May 12, 1950도 참조. 거기서 안호상은 "나치와 비슷하다"고 서술됐다. 배링턴 무어 2세Barrington Moore, Jr.는 "카토주의Catonism"와 관련해 다음과 같이 뛰어난 평가를 남겼다. "지주 상층계급이 경제적으로 쇠퇴하고 있거나 새롭고 이질적인 원천에서 발생한 경제적 권력에 위협받더라도 정치권력을 유지하는 데 성공하고 있다면 그들은 반동적 사회이론에 관심을 갖게 된다"(Social Origins of Dictatorship and Democracy[Boston: Beacon Press, 1966], 490쪽).

53. "Round Table Conference." 안호상, 『민족의 주체성과 화랑얼』, 서울: 배달문화연구원, 1967도 참조. 영역본은 An Ho-sang, The Ancient History of the Korea-Dong-I Race: Creator of East Asian Culture(Seoul: Institute of Paedal Culture, 1974).

54. 895.00 file, box 5691, Drumwright to State, January 7, 1950.

55. 895.00 file, box 7127, Drumwright to State, March 14, 1949.

56. Yung Myung Lhee, "The Policies of Syngman Rhee and the U.S.(1945-1950)"(Master's thesis, University of Chicago, 1962), 64~66쪽; 895.00 file, box 7127, Muccio to State, April 18, 1949; ibid., Drumwright to State, May 17, 1949.

57. 895.00 file, box 7128, Drumwright to State, August 25, 1949; CIA, "National Intelligence

Survey, Korea.¨

58. 795.00 file, box 4299, Drumwright to State, May 1, 1950, enclosing a translation of An's speech; ibid., Drumwright to State, June 15, 1950.

59. 이것은 템스 텔레비전 다큐멘터리를 위해 여러 대담을 하면서 내가 받은 인상이었다. 유감스럽지만 미국인이 한국인을 '잔인한 놈들brutal bastards'이라고 말하는 것은 흔한 일이다. 고 리처드 스나이더Richard Sneider 전직 주한 미국 대사는 1979년 워싱턴대학교의 작은 모임에서 연설했는데, 나도 그 자리에 있었다. 한 한국인 참석자가 방을 나가자 그는 대수롭지 않게 말했다. "한국인은 서로 때리는 것을 좋아합니다."

60. CIA, "National Intelligence Survey, Korea." 이 연구는 "젊고 신뢰할 수 있으며 훈련된 한국인 행정 관료가 상층부에는 거의 없다"고 지적했다. 행정 경험이 있는 한국인은 "모두 친일적"이며 행정 능력을 가진 인물은 주로 "치안 유지" 부서에서 근무했다고 서술했다.

61. 895.00 file, box 7127, Muccio to State, November 7, 1949; ibid., Muccio to State, December 2, 1949; ibid., Embassy to State, November 21, 1949. 선서의 원본은 RG242, "Captured Enemy Documents," SA2009, Item 7/67 수록.

62. HST, PSF, NSC file, box 205, CIA, "Review of the World Situation," December 16, 1948; HST, PSF, NSC file, box 257, CIA, "Communist Capabilities in South Korea," ORE 32-48, February 21, 1949; 895.00 file, box 7124, Langdon to State, December 12, 1947; 895.00 file, box 7128, Muccio to State, December 10, 1949; 895.00 file, Embassy to State, December 10, 1949. 또 다른 각서(Muccio to State, December 9, 1949)에서는 12월 초 3일 동안 2000명을 검거했다고 밝혔다.

63. 895.00 file, Muccio to State, December 20, 1949; 『동아일보』; 1949년 12월 16일. 무초가 김효석을 상찬한 내용은 Muccio to State, September 27, 1949; FO317, piece no. 84053, Holt to FO, May 1, 1950, "Annual Political Report for the Year, 1949"; Rios-Mont quoted in *New York Times*, December 6, 1982.

64. 795.00 file, box 4262, Embassy to State, January 18, 1950; 895.00 file, box 7128, Embassy to State, December 10, 1949; FO317, piece no. 76259, Holt to FO, October 13, 1949.

65. RG319, entry 47, box 3: letter, "Angela" to Ray Richards, January 27, 1950. 그녀가 누군지는 알 수 없다.

66. CIA, "Prospects for the Survival of the Republic of Korea," ORE 44-48, October 28, 1948; CIA, "National Intelligence Survey, Korea."

67. CIA, "Prospects for the Survival."

68. *New York Times*, March 14, 1950. 그 재판에 대한 프랭클의 분석은 795.00 file, box 4299, Drumwright to State, March 22, 1950 참조. 그 소송에 관련된 추가 정보는 895.00 file, box 7128, memo on the trials, December 2, 1949 참조.

69. 지방 관료의 명단은 아래 자료 참조. 895.00 file, box 7127, March 17, 1949, trip by McDonald and Rozier through the provinces.

70. G-2 Weekly Report no. 122, January 9-16, 1948.

71. CIA, "The Current Situation in Korea," ORE 15-48, March 18, 1948.

72. RG335, Secretary of the Army file, box 57, Jacobs to State, March 30, 1948.

73. 895.00 file, box 7127, Embassy to State, June 29, 1949. 1987년 11월 템스 텔레비전이 평양에서 한 김규식의 전직 비서 신기언과의 대담도 참조.

74. Deane Papers, "Notes on Korea," June 9, 1948.

75. 『서울신문』, March 16-23, 1950. 795.00 file, box 4299, Drumwright to State, April 3, 1950에 첨부. CIA, "National Intelligence Survey, Korea."

76. CIA, "National Intelligence Survey, Korea."

77. *Seoul Times*, July 3, 1947. 호지는 1948년 4월 서재필이 "한국에서 겨울을 한번 더 보내면 자신은 죽을 것"이라면서 "대통령 후보"가 되는 것을 거절했다고 보고했다(RG335, Secretary of the

Army file, box 57, Hodge to State, April 1, 1948). 서재필의 동료로 라파예트대학Lafayette College을 졸업하고 프린스턴대학교에서 박사학위를 받은 채닝 림Channing Liem(林昌榮)은 장로교 목사가 됐고, 1940년대 후반 프린스턴에서 정치학을 가르쳤으며, 1948년 서재필과 함께 한국에서 고문으로 활동했다. 한국전쟁이 시작된 직후 채닝 림과, 앞서 서울에서 무관으로 근무한 경험이 있는 J. W. 프레이저Fraser 대령은 선전과 광고 분야에서 서재필의 도움을 받으려고 했다. 795.00 file, box 4267, Fraser to Weckerling, July 26, 1950, attached to 795.00/8-250 참조.

78. 장면에 대한 CIA의 신상 조사 기록에서는 그(와 허정)가 다른 한국인 정치가들보다 합리적이며, 민족주의적 색채가 적다고 평가했다(CIA, "National Intelligence Survey, Korea"). 무초는 러스크에게 보낸 통신문에서 이승만이 노쇠했다고 서술하면서 장제스와 비교했다. "중국에서 폭발한 것과 같은 위험이 여기도 있습니다." 장면이 이승만을 "지도"하거나 "전시 내각의 지도자"로 사실상 그를 대체하기를 무초가 바랐는지는 확실하지 않다(795.00 file, box 4300, Muccio letter to Rusk, January 1, 1951). 피어 드 실바Peer de Silva는 1960~1961년 서울 주재 CIA 국장이었으며 자신과 장면의 관계를 서술했다. Sub Rosa: The CIA and the Uses of Intelligence (New York: Times Books, 1978), 151~171쪽 참조.

79. R. H. Tawney, Land and Labor in China(New York: Octagon Books, 1932, 1964), 177쪽. 유진오의 조언은 U.S. Air Force, Air University, "A Preliminary Study of the Impact of Communism on Korea," Appendix C에 실려 있다.

80. G-2 Weekly Report no. 96, July 6-13, 1947.

81. 이를테면 윌리엄 불릿은 다음과 같이 썼다. "(이승만을) '완고한 노인'으로 묘사하는 것은 그의 성격과 도덕적 용기를 전혀 이해하지 못했음을 드러내는 것이다. 그는 두려움을 모르는 신사고 위대한 기독교 지도자다"("The Story of Syngman Rhee," Reader's Digest, September 1953, 37쪽).

82. 하지는 스튜어트 미첨 같은 불굴의 자유주의자도 이승만 못지 않게 비판했다. 하지는 미첨을 이렇게 평가했다. "전시에 공산 세력의 침투를 허용한 미국 자유주의 집단의 일원이다. 그들 대부분은 필요 없기 때문에 현실에 의해 교정되거나 축출됐다"(RG335, Secretary of the Army file, box 22, Hodge to DuPuy, March 28, 1948).

83. Harold Noble Papers, "Hodge of Korea," 1949; RG335, Secretary of the Army file, box 57, Hodge to Army, August 18, 1948; MacArthur Papers, RG10, VIP file, box 5, Hodge to MacArthur, May 17, 1948; the Capone Gang reference is in CP, 165F, Hodge to War Department, January 3, 1948. 장덕수의 암살에 김구와 이승만이 관여했음을 언급했다; Bertsch interview; Francesca Rhee to "Mrs Frye," Lee/Oliver Papers, May 4, 1947.

84. CIA, "Prospects for the Survival of the Republic of Korea," ORE 44-48, October 28, 1948, Appendix A, "Personality of Syngman Rhee"; CIA, "National Intelligence Survey, Korea."

85. Oliver interview, August 1985.

86. 같은 글. 올리버가 외국인 아내와 함께 한국을 위해 일하는 것에 대해 한국인은 사과하곤 했다.

87. 닉슨은 1953년 서울을 방문했을 때 이승만에게 상당히 호감을 가졌으며, 그에 대한 이런저런 견해를 아이젠하워 정부의 각료들에게 전달했다(Eisenhower Library, Eisenhower Papers [Whitman file], National Security Council Series, 175th Meeting, December 15, 1953).

88. Oliver interview, August 1985.

89. CIA, "National Intelligence Survey, Korea."

90. CIA, "National Intelligence Survey, Korea"; HST, Muccio Oral History, Interview no. 177, dated December 12, 1973, 15쪽; Oliver interview, August 1985.

91. RG335, Secretary of the Army file, box 57, Hodge to Army, August 9, 1948; Oliver, Rhee and American Involvement, 143, 224, 419~420쪽; Chicago Daily News account in The Daily Worker, July 7, 1950; 895.00 file, box 5695, Allison to Rusk, March 30, 1950, enclosing Bunce's comments.

92. 895.00 file, box 7128, "895.001 Rhee" file, 1949. 래서는 점령 기간 동안 우익 청년 단체들의 발전에 노력했고, 그 뒤 이승만의 대한청년단에 협력했는데, 대사관에 소속된 지위를 이용했거나 대사관의 승인을 얻은 것으로 생각된다(895.00 file, box 5691, Drumwright to State, February 4, 1950).

93. Oliver, *Rhee and American Involvement*, 99쪽; 임병직, 『회고록』, 서울: 여원사, 1964, 243~244쪽과 『임정에서 인도까지』, 서울: 여원사, 1966, 123~124쪽, and biography; CIA, "National Intelligence Survey, Korea." CIA는 임병직이 하와이에서 "개인사업"을 하고 있다고 말했다. 그 뒤 북한으로 간 하와이의 지인은 그가 미국에 있는 동안 일본 제품을 팔았으며, 일본 식품회사인 아지노모토의 판매원이자 중개인으로 일했다고 말했다. 『로동신문』, 1950.2.14, Yi Sa-man, "What Kind of Person is Im Pyŏng-jik?"

94. USFIK 11071 file, box 62/96, "Biographies of ROK Cabinet Officials"; RG94, USAMGIK, "Biographic Reports on the Cabinet of the Korean Republic," August 11, 1948, compiled by the State Department Bureau of Intelligence and Research. CIA는 상공부가 "상습적인 부정과 부패의 중심"이라고 보고했다(CIA, "National Intelligence Survey, Korea"). 임영신 해임 사건에 대한 한국의 조사와 관련해 그레고리 헨더슨이 집필한 자세한 대사관 보고 참조. 그 자료에 따르면 5000만 원의 뇌물을 걷으려고 시도했는데, 이승만의 75세 생일 축하금으로 전달하려고 했던 것으로 추정된다. 임영신은 1949년 1월 6일에도 대전에서 온 한 남자한테 뇌물을 받은 것으로 보인다(895.00 file, box 7128, Embassy to Seoul, April 9, 1949).

95. Oliver, *Rhee and American Involvement*, 191, 206쪽; CIA, "National Intelligence Survey, Korea."

96. 이승만은 1948년 4월 10일 육군 차관 드레이퍼와 회담하면서 제주도의 해군기지를 미국에 제공하겠다고 제안했으며, 그 대가로 "한국에서 소련을 몰아내는 데" 미국이 도와주기를 바랐다(RG335, box 22, top secret account of Draper's talks with Rhee, April 10, 1948).

97. CIA, "National Intelligence Survey, Korea."

98. HST, Muccio Oral History, December 27, 1973, 29쪽.

99. 895.00 file, box 5691. 1949년 12월 19일에 열린 남한 고위 관료들의 회담에서 발표한 성명 참조. Drumwright to State, January 7, 1950 수록.

100. HST, Muccio Oral History, December 27, 1973, 29쪽.

101. Goodfellow Papers, box 1. Hodge to MPG, January 28, 1947. 맥아더의 8월 15일 성명은 여러 자료에 실려 있다. Oliver, *Rhee and American Involvement*, 186쪽 참조. 맥아더가 일본 이외의 나라에 간 경우는 필리핀의 독립을 축하하러 마닐라에 간 것이었다. 1948년 10월 이승만의 회담은 895.00 file, box 7126, Muccio to State, November 11, 1948; G-2 Periodic Report, October 22-23, 1948, USFIK 11071 file 참조. 10월의 여행에 대해서는 RG332, XXIV Corps Historical File에 첨부된 10월 19~23일자 "XXIV Corps Historical Journal"라는 제목의 편철되지 않은 자료도 참조. 거기에는 맥아더가 한국을 방어할 것이라고 이승만에게 말했다고 보도한 1948년 10월 22일자 AP 통신의 도쿄발 보도가 포함돼 있다. FO317, piece no. 69944, Gascoigne to FO, October 30, 1948도 참조. 맥아더 문서를 관리하고 있는 기록관들은 이승만과 맥아더 회담의 필기록은 없다고 말했다. 맥아더는 사적인 모임의 회의록이나 녹취록을 남기지 않았다고 한 기록관은 말했다. 일본 점령 초기 어느 날 한 장교가 일상적인 회의의 녹취록을 작성한 뒤 그것을 어떻게 할지 묻자 맥아더는 불태우라고 했다.

102. 895.00 file, box 7127, Drumwright to State, June 13, 1949; ibid., Muccio to State, September 13, 1949; RG338, KMAG file, box 5412, Ch'ae Pyŏng-dok(채병덕) to KMAG Executive Officer, December 29, 1948. 사단장 최덕신은 중국 국민당과 함께 싸운 인물이었다.

103. 1948년 가을 이승만은 김구와 권력투쟁을 전개했고 그 결과 "자신에게 복종하는 젊은 장교들"을 군대에 들어오게 하고 중국에서 참전한 경험이 있는 부류를 배제시켰다고 김세진은 서술했다. 같은 해 이승만은 김석원을 포함해 일본군에서 복무한 장교들에게 군으로 들어오라고 직접 촉구했다. 이승만은 여순반란 이후 자신에게 "맹목적인 부동의 충성"을 바칠 북한 출신 장교들

을 영입하는데 특별한 관심을 기울였다(*The Politics of Military Revolution in Korea*[Chapel Hill: University of North Carolina Press, 1971], 44~56쪽). 하급 장교 출신의 전형적 인물은 안익조安益祚다. "1941년 만주국군(관동군) 중좌로 임관. (…) 1948년 충청남도 경찰부서장. 1948년 8월 3사단 헌병사령관. 김효석(당시 내무 장관)의 권유로 군대에 들어감"(795.00 file, box 4262, January 18, 1950; RG338, KMAG file, box 5417, Secor to Deputy C/S, June 7, 1950).

104. *Seoul Times*, August 25, 28, 1948. 딘 문서Deane Papers에는 "친일파"라는 제목의 긴 각서가 첨부돼 있는데 작성자는 나와 있지 않다. 그것은 『매일신보』에서 발췌한 것으로 한국의 주요 인물이 일본의 전쟁과 동원에 협력한 충격적 내용을 담고 있다.

105. *Seoul Times*, August 27, 1948.

106. 895.00 file, box 7127, Drumwright to State, March 14, 22, 1949; FO317, piece no. 76259, Holt to Bevin, June 10, 1949.

107. 895.00 file, Muccio to State, October 7, 1949; 같은 자료, November 7, 1949; HST, PSF, NSC file, box 3, Daily Intelligence Summaries, February 2, 1952. 이승만의 정치자금은 이 책 1권 참조. 많은 증거를 담은 문서 가운데 하나는 G-2 Weekly Report no. 105, September 7-14, 1947다. 거기서 G-2는 이승만이 대일 협력자를 보호해 정치적 성공에 필요한 재정을 확보한 유일한 정치가라고 말했다.

108. 895.00 file, box 7127, Drumwright to State, May 17, 1949. 1945년에 부과된 벌금은 *Seoul Times*, June 24, 1948; Wedemeyer Mission, box 3, "Korean Minutes"; 김한규의 임명은 *Seoul Times*, November 15, 1947.

7장 남한 체제에 대한 저항

1. RG242, SA2012, item 8/37, 『해방 후 조선(연구 자료)』, 37~38쪽. 1950년 초 남로당 전라남도 지부가 간부들을 위해 발간한 수동 인쇄 문서다. 북한에서도 남로당의 기원을 가을 봉기로 파악했다. RG242, SA2005, item 1/6, Podo 「report」, no. 4(April 1947), 46~47쪽 참조.

2. CIA, "Communist Capabilities in South Korea," February 21, 1949.

3. G-2 Weekly Summary no. 100, August 3-10, 1947, and no. 104, August 31-September 7, 1947.

4. CIA, "Communist Capabilities in South Korea," February 21, 1949.

5. RG332, box 18343, 441st CIC detachment, monthly report, August 18, 1948. 김일성 노선의 수용에 관련된 사항은 『해방 후 조선(연구 자료)』, 10~28쪽에 잘 나와 있다.

6. U.S. State Department, Office of Intelligence Research, Evelyn McCune, "Leadership in North Korea"(1963), 19쪽. 이 연구에서도 박헌영은 스탈린이 사망한 시점에 위상이 하락했다고 지적했다.

7. 1948년 1월 남로당 광주지부는 당 지도부에 민족주의 수사로 가득 찬 서신을 보냈다. "우리는 조국의 완전한 독립을 위해 죽음이나 '총탄'을 두려워하지 않고 불과 물을 헤치고 나아갈 것입니다. (…) 우리는 노동자 대중을 위해 마지막 한 사람까지 친일파와 민족 반역자와 싸울 것입니다"(RG94, Central Intelligence, entry 427, box no. 18343, 441st CIC detachment, monthly report, January 15, 1948).

8. 이를테면 1947년 1월 22일 박헌영·허헌·여운형 등이 서명한 민주주의민족전선의 문서를 참조. 895.00 file, box 7124 수록. 1947년 11월 27일자 한국노동조합총연맹의 미국위원회가 마셜 국무장관에게 보낸 서신에 첨부돼 있음.

9. 895.00 file, box 7124, Langdon to State, April 14, 1947.

10. G-2 Weekly Summary no. 99, July 27-August 3, 1947, no. 100, August 3-10, 1947, and no. 103, August 24-31, 1947; 895.00 file, box 7124, Jacobs to State, September 9, 1947; October 20, 21, 1947(제이컵스는 모두 2000명을 체포했다고 보고했다. 그는 경찰이 "치안 방

해 행위의 계획을" 적발했다면서 그 조처를 정당화했다. G-2 자료에서는 북한이 8월 15일 인민위원회로 권력을 이양하라고 요구했다고 주장했다.) *Seoul Times*, August 3-22, 1947 참조. Clyde Sargent, "Political Developments in South Korea, 1947"(Seoul, USAMGIK Public Opinion Bureau, January 1948), in RG332, XXIV Corps Historical File도 참조. 이춘식은 모두 2천 명이 체포됐다고 지적했다. 이춘식, 『선거독본選擧讀本』, 66쪽.

11. G-2 Weekly Summary no. 102, August 17-24, 1947.

12. *Seoul Times*, August 20, 1947; G-2 Weekly Summary no. 103, August 24-31, 1947.

13. Hugh Deane Papers, "Trip to Chonju," August 13-17, 1947.

14. Wedemeyer Papers, box 3, Ho Hon to Hodge, August 29, 1947. 이 편지에는 미군정이 작성한 신상 조사 기록이 첨부돼 있다. 허헌은 "온화하며 남달리 학자적 풍모를 지닌 인물"이며 자신이 공산주의자라는 것을 늘 부정했다고 그 기록은 서술했다. 895.00 file, box 7124, Jacobs to State, October 21, 1947도 참조.

15. RG332, XXIV Corps Historical file, box 10, CIC report, June 14, 1947. 이 보고서에서는 부산의 경찰서장이 1947년 3월 1일 살인 행위에 대한 보복으로 암살됐다고 썼다.

16. 같은 자료, G-2 Weekly Summary no. 90, May 25-June 1, 1947; Roberts in *Seoul Times*, August 29, 1947.

17. 같은 자료, G-2 Weekly Summaries nos. 96, 97, July 6-20, 1947.

18. Special G-2 study attached to G-2 Weekly Summary no. 90, May 25-June 1, 1947.

19. 같은 자료, G-2 Weekly Summary no. 98, July 20-27, 1947.

20. 같은 자료, G-2 Weekly Summary no. 99, July 27-August 3, 1947.

21. 같은 자료, G-2 Weekly Summary no. 100, August 3-10, 1947.

22. 같은 자료, G-2 Weekly Summary no. 102, August 17-24, 1947.

23. 같은 자료, G-2 Weekly Summary no. 103, August 24-31, 1947. 그런 폭력 사건은 1947년 9월 내내 매우 많이 보고됐다.

24. 같은 자료, G-2 Weekly Summaries nos. 106-109, September 14-October 12, 1947 참조. 이를테면 9월 18일 경상남도 함안 근처의 대송촌大松村이라는 마을로 서북청년회원 26명이 와서 좌익 지도자들을 찾았다. "마을 사람들이 그들을 공격했다. 그 결과 우익 1명이 숨지고 3명이 다쳤다." 삼기리에 관련된 내용은 미군정 직원과의 대담을 기초로 작성. Hugh Deane Papers, "Trip to Chonju, August 13-17, 1947" 수록.

25. 랭던은 7월에 소요가 "광범한 지역에서 발생해 빈도와 강도가 증폭하고 있다"고 썼다. 그는 그 대부분은 우익이 일으킨 것이라고 판단했다. 895.00 file, box 7124, Langdon to State, July 24, 1947 참조. G-2는 1947년 9월 촌락에서 빈번하게 일어난 좌익과 우익의 충돌과 관련해 우익의 책임으로 봤다. ibid., G-2 Weekly Summary no. 109, October 5-12, 1947 참조.

26. Linz, "Notes Toward a Comparative Study of Fascism," 93쪽. Frank M. Snowden, "On the Social Origins of Agrarian Fascism in Italy," *European Journal of Sociology* 13, no. 2 (1972), 268~295쪽도 참조. 제롬 민츠Jerome R. Mintz는 1930년대 스페인에서 농민 무정부주의자가 경찰에게 전개한 투쟁과 한국의 촌락에서 전개된 저항이 비슷하다고 서술했다(*The Anarchists of Casas Viejas*[Chicago: University of Chicago Press, 1982]).

27. U.S. Air Force, Air University, "A Preliminary Study of the Impact of Communism Upon Korea," 128쪽. Eric J. Hobsbawm, *Primitive Rebels*, 2d ed.(New York: W. W. Norton, 1965), and Elizabeth Perry, *Rebels and Revolutionaries in North China*(Stanford, Calif.: Stanford University Press, 1982) 참조.

28. U.S. Air Force, Air University, "Preliminary Study," no. 99. G-2는 전라북도에서 신한공사의 소작이 곡물 할당량의 104퍼센트를 차지했다고 지적하면서 "토지를 잃을지도 모른다는 두려움은 농민에게 중요한 요소이며 앞으로 곡물 징수 계획의 열쇠가 될 수도 있다"고 말했다. 8월 말 G-2는 곡물 징수 계획에 농민이 "공개적으로 적대감"을 드러내고 있다고 판단했다(G-2 Weekly Summary no. 103, August 24-31, 1947). 징수·배급 제도에 관련된 아래의 조사도 참

조. RG332, box 10, SKIG National Food Administration, "History of the National Food Administration," Appendix C, "Food Report for South Korea as of March 1948" 수록. Appendix E, "Survey of Food Distribution in South Korea"(Seoul, 1947, 1948)도 참조.

29. RG332, XXIV Corps Historical File, G-2 Weekly Summary no. 99, July 27-August 3, 1947.

30. U.S. Air Force, Air University, "Preliminary Study," 123~128, 151~152쪽. 북한 점령을 논의할 때 이 흥미로운 연구를 다시 언급할 것이다.

31. HST, PSF, CIA file, box 257, CIA, "Communist Capabilities in South Korea," ORE 32-48, February 21, 1949.

32. 이 정보는 G-2가 방첩대 직원들에게 보낸 설문지의 회신을 기초로 한 것이다(G-2 Weekly Summary no. 104, August 31-September 7, 1947). 방첩대는 남한 일대의 인민위원회 조직과 지도자 목록을 갖고 있다고 알려졌다.

33. 895.00 file, box 7124, Jacobs to State, October 21, 1947. 조사단은 누가 이 조사를 실시했는지 밝히지 않았다.

34. "Political Survey of Kyŏngsang Pukto," in G-2 Weekly Summary no. 106, September 14-21, 1947.

35. USAMGIK Office of Civil Information survey, in G-2 Weekly Summary no. 103, August 24-31, 1947.

36. USFIK 11071 file, box 62/96, transcript of Hodge monologue to visiting congressmen, October 4, 1947; RG332, XXIV Corps Historical file, box 20, "Report of Special Investigation—Cheju-Do Political Situation," March 11, 1948, conducted by Lt. Col. Lawrence A. Nelson. 넬슨은 1947년 11월 12일부터 1948년 2월 28일까지 제주도에 있었다. 제주도와 본토의 유격대 봉기, 여순반란은 존 메릴의 중요한 연구인 "Internal Warfare in Korea, 1948-1950: The Local Setting of the Korean War"(Ph.D. diss., University of Delaware, 1982), 115~130, 172~178, 206~247, 253~267, 296~317, 321~360쪽 참조.

37. Seoul Times, June 18, August 6, 11, 1948; G-2 Intelligence Summary no. 144, June 11—18, 1948; HUSAFIK, vol. 2, pt. 2, "Police and National Events, 1947-48."
이범석은 국회에 제출한 보고서에서 "해방 직후 출현한 이른바 인민공화국의 선전과 음모"가 제주도에 "아직도 잔존하고 있는 것"이 반란의 원인이라고 지적했다(895.00 file, box 7127, Drumwright to State, enclosing Yi Pŏm-sŏk's December 1948 report). 그러나 이전과 마찬가지로 이승만은 그것을 북한의 소행이라고 비난했다.

38. G-2 Weekly Summary no. 116, November 23-30, 1947; Seoul Times, June 15, 18, 1950. 이 자료들은 서울에서 온 기자단이 조사한 결과를 보고한 것이다.

39. G-2 Intelligence Summaries nos. 134-42, April 2-June 4, 1948; Seoul Times, April 7, 8, 1948; HUSAFIK, "Police and National Events, 1947-48."

40. Rothwell Brown Papers, Brown to Hodge, "Report of Activities on Cheju-Do Island [sic] from 22 May 1948, to 30 June 1948."

41. 『로동신문』, February 11, 1950. 제주도의 좌익과 공산주의자들은 북한과 실질적 관계가 없었다. 제주도 반란에 가담한 생존자로 현재 오사카에서 살고 있는 사람들은 독립적으로 활동하면서 친김일성 노선을 따르지 않은 반란 관련 서적을 출판하고 있다. 북로당의 조직부가 작성한 남한 관련 비밀 보고서에서는 "현재 반란의 지도자"는 "(4.3 사건과 마찬가지로) 남로당 출신이 아니다"라고 서술했다. 이것은 남로당 지도자들이 그 사건을 촉발했지만 폭동은 자발적으로 진행되었음을 알려준다. 그 보고서에서는 섬이 봉쇄돼 본토와 "재일 동포"로부터 보급이 차단돼 있기 때문에 유격대는 "매우 어려운 상황에 있다"고 말했다. 또한 전직 경기도 경찰서장을 지낸 일본인이 6월 초 하지의 요청에 따라 서울로 돌아와 경찰에서 "질서 확립"을 조언하고 있다고 서술했다(RG 242, SA2006, item 14/31, 『情勢旬報』, July 15, 1948. 이것은 김두봉이 소장한 복사본으로 생각된다).

42. RG94, Central Intelligence, entry 427, box no. 18343, 441st CIC detachment, report

from Cheju of June 18, 1948.

43. *Seoul Times*, May 18, June 5, 7, 1948. Orlando W. Ward Papers, "Cheju Task Force," January 1947도 참조.

44. 1949 census figure in 795,00 file, box 4271.

45. USFIK 11071 file, box 33, "Opinion on the Settlement of the Cheju Situation," July 23, 1948, 경찰 간부 고병억高秉億 작성.

46. Rothwell Brown Papers, Brown to Hodge, "Report of Activities on Cheju-Do Island 「sic」 from 22 May 1948, to 30 June 1948"; *Seoul Times*, June 5, 7, 1948. 나는 일본 장교들이 제주도로 돌아왔다는 증거를 발견하지 못했지만 그렇다고 그것이 일어나지 않았다는 뜻은 아니다.

47. *Seoul Times*, August 6, 11, 1948; G-2 Intelligence Summary no. 146, June 25-July 2, 1948.

48. G-2 Intelligence Summary no. 154, August 21-27, no. 159, September 24-October 1, no. 163, October 22-29, 1948; RG94, Central Intelligence, entry 427, box no. 18343, 441st CIC detachment monthly report, October 21, 1948; 895,00 file, box no. 7127, Drumwright to State, January 7, 10, 1949.

49. RG338, KMAG file, box 5412, Roberts, "Weekly activities," November 8, 15, December 6, 1948. 로버츠도 반란군이 마을을 불태우고 있다고 말했지만, 대부분의 화재는 당국이 일으킨 것으로 여겨진다.

50. 895,00 file, box no. 7127, Drumwright to State, March 14, 1949; Muccio to State, April 18, 1949.

51. FO317, piece no. 76258, Holt to Bevin, March 22, 1949.

52. 895,00 file, box no. 7127, Drumwright to State, May 17, 1949; Muccio to State, May 13, 1949. 장택상은 서울에서 출마했지만 낙선했다.

53. "The Background of the Present War in Korea," *Far Eastern Economic Review*(August 31, 1950), 233~237쪽. 이 기록은 이름이 나와 있지 않지만 점령군에서 근무한 경험이 있고 상황을 잘 아는 미국인이 작성한 것으로 여겨진다. Koh Kwang-il, "In Quest of National Unity," 149쪽도 참조. 『旬刊通信』 no. 34(September 1949), 1쪽에서 인용한 『합동통신』, June 27, 1949도 참조(이 보고서의 원본은 입수하지 못했다). RG349, FEC G-2 Theater Intelligence, box 466, May 23, 1950도 참조. 제주도에 관련된 G-2 보고서에서는 도지사가 전달한 수치를 인용했다. 도지사는 반란이 일어나기 전 섬 인구를 40만 명이라고 제시했는데, 실제보다 많다고 생각된다. 북한의 자세한 설명은 Yi Sung-yop(이승엽), "The Struggle of the Southern Guerrillas for Unification of the Homeland," 『勤勞者』, no. 1(January 1950), 18쪽 참조.

54. 895,00 file, box 7127, Embassy to State, June 16, 1949; RG338, KMAG file, box 5413, KMAG weekly activities, June 27, 1949. 북한은 1950년 초 제주도에서 일어난 사소한 교전을 언급했다. 『로동신문』, January 7, March 31, 1950 참조.

55. Merrill, "Internal Warfare," 265쪽.

56. 895,00 file, box 7127, account of a survey of Cheju by Capt. Harold Fischgrund of KMAG, in Drumwright to Muccio, November 28, 1949. 피쉬그런드는 서북청년 회원을 모두 제주도에서 추방해야 한다고 생각했지만, 물론 그렇게 하지는 않았다.

57. 795,00 file, box 4299, Drumwright to State, June 21, 1950; box 4268, Drumwright to Allison, August 29, 1950, enclosing a survey, "Conditions on Cheju Island," *Korean Survey* (March 1954), 6~7쪽도 참조. 미국 자료에서는 이덕구의 사망을 6월로 보았지만, 북한은 사후에 훈장을 수여하면서 그가 1949년 8월 본토에서 벌어진 유격전에서 전사했다고 말했다. 『로동신문』, February 11, 1950 참조.

58. USFIK 11071 file, box 65/96, XXIV Corps G-3 section, "History of the Rebellion of the 14th Regiment and the 6th Regiment of the Korean Constabulary," November 10, 1948.

59. Ibid.; RG332, XXIV Corps Historical file, box 35, translation of *Kukje sinmun* article of

October 26, 1948; report by "Special Agent no. 9016," October 28, 1948; *Seoul Times*, October 25-30, 1948.

60. G-2 Weekly Summary no. 91, June 1-8, and no. 100, August 3-10, 1947; RG94, Central Intelligence, entry 427, box no. 18343, 441st CIC detachment, May 31, 1948, report.

61. "History of the Rebellion"; RG332, XXIV Corps Historical file, box 35, report by "Special Agent no. 9016"; USFIK 11071 file, box 77/96, "223rd report on Yŏsu," October 27, 1948.

62. Box 35, ibid., report by "Special Agent no. 9016"; RG332, box 21, "History of Korean Department of National Police for Period from 1 July 1948"(no other date given); US-FIK 11017 file, box 77/96, G-2 flash report(긴급 보고) no. 152, October 22, 1948; G-2 Weekly Summary no. 164, October 20-November 5, 1948; no. 166, November 12-19, 1946; FO371, piece no. 69948, Holt to FO, November 2, 1948. 『서울 타임즈』도 경찰이 공격받자 군중들이 환호했다고 보도했다(October 26, 1948).

63. RG332, XXIV Corps Historical file, box 35, for translation of the Yŏsu Inmin ilbo(여수 인민일보), October 24, 1948 참조. FO371, piece no. 69948, Holt to FO, November 2, 1948; USFIK 11071 file, box 76/96, message from Iri railroad police(이리 철도경찰대), October 22, 1948도 참조. 공산 세력의 내부 문서에서는 10월 20일 여수 집회에서 조선민주주의인민공화국에 충성을 맹세했으며 조선인민공화국이라는 표현은 사용하지 않았다고 지적했다. 그 표현은 서로 통용됐을 수도 있지만 1950년 3월에 쓰인 그 문서에서는 북한을 불쾌하게 하지 않기 위해 "조선인민공화국"을 "조선민주주의인민공화국"으로 바꿨을 가능성이 크다고 생각된다. RG242, SA2012, item 8/37, 남로당 전라남도 위원회의 수동 인쇄 문서인 『해방 후 조선(연구 자료)』, March 1950 참조.

64. 895.00 file, Muccio to State, November 4, 1948; *Seoul Times*, October 27, 1948; USFIK 11071 file, box 76/96, "Report on Yŏsu Event no. 164," October 23, 1948; also message from Kwangju railroad police chief, October 22, 1948.

65. RG242, SA2005, item 1/7, 『宣傳者』 창간호(1949, probably January), 42~43쪽. 이 간행물은 조선노동당 활동가에게 임무에 대해 지도하기 위해 배포된 것으로 생각된다. RG242에 첨부된 자료는 박헌영이 소지했던 것으로 보인다. 이후의 설명은 『로동신문』 January 30, 1950 참조. 남한으로 파견된 유격대는 G-2 Weekly Summary no. 166, November 12-19, 1948 참조(이 정보는 여수에서 매우 멀리 떨어진 지역인 강원도에서 체포된 유격대원 4명을 심문한 내용에 바탕한 것이다). 38도선 부근의 상황이 평온한 것에 대한 미국의 관심은 RG332, box 22, staff conference minutes for October 26, 29, November 5, 1948 참조. 북한은 10월 12일부터 11월 5일까지 38도선 일대에서 무력 소요를 일으키지 않았다.

66. 895.00 file, box 7126, Muccio to State, November 4, 1948; USFIK 11071 file, box 65/96, "The Yŏsu Operation, Amphibious Stage," an undated report by Capt. Howard H. Darrow; "History of the Rebellion."

67. "History of the Rebellion"; USFIK 11071 file, box 77/96, packet of documents in "Operation Yousi(원문 그대로)."

68. USFIK 11071 file, box 77/96, "Operation Yousi," "G-3 to C/S," October 20, 1948; "W. L. Roberts to CG, USAFIK," October 20, 1948; "Capt. Hatcher to G-3," October 21, 1948; "History of the Rebellion"; USFIK 11071 file, box 77/96, KMAG HQ to Gen. Song Ho-song(송호성), October 21, 1948. 이 문서에는 서명이 없지만 로버츠가 보낸 것으로 생각된다. 이 문서철에는 한국군과 경찰 부대가 주한미군 사령부와 주고받은 다수의 원본 통신문과 일일 정보 보고가 들어 있다. C-47S에 대해서는 740.0019 file, box C-215, Muccio to State, May 3, 1949 참조. 주한미군 군사고문단은 그때까지도 "임시" 조직이었기 때문에 임시 군사고문단 PMAG이라고 불렸다.

69. USFIK 11071 file, box 77/96, "134th report on Yŏsu," October 23, 1948; G-2 flash reports no. 179 and no. 202, October 24, 25, 1948; report on Yŏsu no. 191, October 25,

1950; G-2 flash report no. 130, October 21, 1948; flash report, 6th Division G-2 to XXIV Corps G-2, October 23, 1948; G-2 flash report no. 158, October 23, 1948. box 65/96, "History of the Rebellion"도 참조.

70. USFIK 11071 file, box 76/96, road patrol report on Posong and Changhung, October 24, 1948.

71. "History of the Rebellion"; also USFIK 11071 file, box 77/96, G-2 flash report no. 238, October 27, 1948; box 76/96, message from Col. Paek Son-yop, October 26, 1948.

72. Keyes Beech, *Tokyo and Points East*(Garden City, N.Y.: Doubleday, 1954), 139쪽.

73. "Yosu Operation, Amphibious Stage," report by "Special Agent no. 9016," G-2 Intelligence Summary no. 166, November 5-12, 1948; USFIK 11071 file, box 76/96, Roberts to PM AG, October 25, 1950; "Message from Hausman," October 25, 1950. 칼 마이댄스Carl Mydans는 순천에서 반란군 22명이 처형되는 것을 목격했으며, 정부군은 "공산주의자들만큼 야만적이었다"고 썼다(*Time*, November 8, 1948).

74. 895.00 file, box 7127, Drumwright to State, December 10, 1948. 거기서는 이범석이 제공한 12월 7일 시점의 한국측 공식 수치를 제시했다. G-2 Intelligence Summaries nos. 166, 167, November 12-26, 1948; RG332, box 22, staff conference, October 26, 1948; FO317, piece no. 76258, Seoul Embassy to FO, January 7, 1949; RG338, KMAG file, box 5412, Roberts's weekly report for November 22, 1949.
    북한은 노획한 미군 방첩대 문서에는 1949년 1월 27일 대전 수용소에서 여수 반란군 63명을 처형한 내용이 실려 있으며, 현장에서 남한 당국이 감독했고 주한미군 군사고문단 장교가 조언했다고 주장했다. 이 문서는 미군 방첩대 971분견대가 작성한 것이지만 그 부대의 문서에서는 보이지 않는다. 신빙성 있는 자료로 생각된다. 『로동신문』, August 11, 1950 참조.

75. "박정희 소령"은 1948년 11월 11일자 문서에 "정부 전복 행위로 구금된" 한국군 장교 명단에 들어 있다. 그 처분은 채병덕이 명령한 것이었다. RG338, KMAG file, box 5412, W. H. Secor to PMAG Chief of Staff, November 12, 1948 참조.

76. RG332, box 21, staff conference, October 26, December 24, 1948.

77. 895.00 file, box 7126, Muccio to State, November 16, 1948.

78. Ibid., Muccio to State, November 4, 11, 16, December 3, 17, 1948; box 7128, November political summary, December 10, 1949.

79. RG94, Central Intelligence, entry 427, box no. 18371, CIC Monthly Information Report no. 7, December 20, 1948.

80. 같은 글.

8장 유격대 투쟁

1. G-2 Weekly Summary no. 123, January 16-23, 1948.

2. RG94, Central Intelligence, entry 427, box no. 18343, monthly reports dated August 18, September 22, and October 21, 1948. USFIK 11071 file, box 21, "Situation Map and Estimate," September 22, 1948; also "Police Comments on Guerrilla Situation," August 6, 1948, by Millard Shaw, an advisor to the KNP; also G-2 Intelligence Summary no. 149, July 16-23, 1948

3. Yi Sung-yop, "Struggle of the Southern Guerrillas," 16~17쪽; Pak Hon-yong, in 『로동신문』, January 14, 1950; RG242, SA2005, item 1/7, Min Pyong-ui, "The Full Story of the Southern Guerrillas," 『선전자』(P'yongyang)(1949). 이승엽이 1946년의 봉기를 "인민 항쟁"으로, 제주도 사건을 "인민 투쟁"으로, 여순 사건을 "의거 사건"이라고 표현한 것은 흥미롭다. 이것은 여순 반란을 '운동'보다 좀더 부수적 범주인 '사건'에 놓은 것이다. 다른 문건에서는 여순 반란을 단지 "폭동"이라고 언급했으며 그 뒤 장기적인 유격대 항쟁이 시작됐다고 지적했다. Kim Yong-

t'aek, "The Courageous Armed Resistance of the South Korean People," 『旬刊通信』, no. 14 (March 1949), 3쪽 참조.

4. 895.00 file, box 7127, Muccio to State, enclosing G-2 summary for December 1948.

5. 1949년 2월 한국을 방문하고 있던 케네스 로열에게 전달한 문서철 RG335, Secretary of the Army file, box 78; CIA, "Communist Capabilities in South Korea," ORE 32-48, February 21, 1949. 『함경남도 노동신문』 1949년 6월 27일자 허헌의 기사도 참조. 허헌은 제주도·지리산·오대산·태백산맥·소백산백, 전라남도 나주·보성·고흥, 경상남도 하동·거창, 경상북도 경주·울산·안동·예천 등에서 유격대가 강력하게 조직됐다고 말했다.

6. 895.00 file, box 7127, Drumwright to State. 부영사 존 로지어John W. Rozier와 도널드 맥도널드Donald S. MacDonald의 2주간 시찰에 관련된 1949년 3월 17일자 보고서가 첨부돼 있다. 경상북도는 "테러 활동과 폭도의 공격, 공산주의 활동의 온상"이었으며 대구는 "공산주의 세력이 워낙 강해서 경찰이 진압하는 것을 주저한 것으로 알려졌다"고 드럼라이트는 판단했다. 895.00 file, box 7127, Drumwright to State, March 14, 1949 참조.

7. Kim Yong-t'aek, "Courageous Armed Resistance," 3~5쪽. 이 자료에는 영동과 경상북도의 여러 군에서 일어난 사건들을 포함해 많은 사건이 열거돼 있다.

8. RG242, SA2005, item 1/7, Min Pyŏng-ui, "Full Story of the Southern Guerrillas," 41~48쪽 참조. 민평의는 경기도 서부에서는 38도선 근처의 옹진과 연백만 거론했다. 미군 G-2 자료에서도 그곳에서 유격대가 활동했다고 동의했다. 그는 충청북도에서는 4개 군만 열거했고 총계를 산출하며 유격대가 발행한 신문과 지하에서 발간된 신문에서 인용했다고 밝혔다. 『로동신문』, April 3, 1949에 실린 오홍택의 기사도 참조. 그 글에서는 1949년 3월 시점에서 81개 군에 유격대가 있었다고 지적했다. 작성자는 유격대의 목표가 미군을 축출하고 이승만 정권을 무너뜨리며 인민위원회를 재건하는 것이라고 썼다. Yi Sang-buk, "The People's Guerrillas Launch a New Offensive, Holding High the Banner of the Patriotic Front," 『旬刊通信』, no. 34 (September 1949), 1~3쪽도 참조. 그는 현재 유격대가 "10월 인민 항쟁의 영광스러운 중심지" 대구 근처에서 활동하고 있다고 말했다. 유격대는 전라남도 전역에서 활동하고 있지만 전라북도에서는 "일부 지역"에서만 활동했다. 경기도에서는 2개 군에서만 활동하고 있다고 그는 밝혔다. 그는 131개 군 가운데 118개 군에서 유격대가 "활동"하고 있다고 주장했다.

9. Yi Sung-yop, "Struggle of the Southern Guerrillas," 21쪽.

10. 895.00 file, box 7127, Muccio to State, September 23, 1948. 광주를 방문한 도널드 맥도널드가 작성한 보고서가 첨부돼 있다. 『전라남도지』, 광주: 문화공보실, 1969, 215쪽도 참조.

11. G-2 Weekly Summary no. 108, September 28-October 5; no. 109, October 5-12; no. 111, October 19-26, 1947; no. 123, January 16-23, 1948.

12. Roy Appleman, *South to the Naktong, North to the Yalu* (Washington, D.C.: Office of the Chief of Military History, 1961), 577쪽(이하 Naktong/Yalu); KMAG G-2 Periodic Report no. 260, February 7-8, 1950; 유일석의 생애는 『로동신문』, March 7, 1950 참조.

13. RG335, Secretary of the Army file, box 78, Yi Pŏm-sŏk, "Status of National Defense Forces," February 7, 1949. 로열 국무 장관의 방한 중에 전달된 문서철에 수록돼 있다.

14. 「연표」, 『旬刊通信』, no. 14(March 1949); 조선중앙통신의 보도, 『함경남도 노동신문』, April 3, 21, 26, May 15, 21, 28, June 9, 11, 19, 1949에 게재; RG242, SA2005, item 1/7, Min Pyŏng-ŭi, "Full Story of the Southern Guerrillas," 47~48쪽. 무주·임실·장수 같은 전라북도 군들에서 일어난 사건의 보고에서는 "악질분자가 소탕됐다"고만 말하고 사상자 수는 밝히지 않았다.

15. Min Pyŏng-ŭi, "Full Story of the Southern Guerrillas," 45~47쪽; RG338, KMAG file, box 5413, report on Hwasun mines by L. S. Chang, August 25, 1949; KMAG G-2 Periodic Reports nos. 164-176, August 12-September 6, 1949. 이런 사건들에 대한 북한의 설명은 경찰과 남한군의 보고서에 기초한 주한 미군 군사고문단 G-2 보고서와 매우 비슷하다. 그러나 남한의 설명은 이 사건의 본질을 왜곡하는 경우가 잦다. 『전라남도지』, 753~754쪽 참조. 거기서는 유격대를 '공비'라는 용어로 표현했다. 이 용어는 대체로 "공산주의자 도적"이라는 뜻이다. 이 표

현의 문자적 의미는 공산주의자를 사람으로 보지 않는다는 것이다.

16. KMAG G-2 Periodic Reports nos. 183-260, September 16, 1949-February 8, 1950. 이 보고서들은 전라남도에서 일어난 유격대 투쟁에 관련된 내용으로 가득한데, 언급하기에는 너무 많다.

17. 『로동신문』, January 7, 1950. 1950년 초 북한 언론에 보도된 유격대 활동은 대부분 경상북도에서 전개된 것이었다.

18. RG94, Central Intelligence, entry 427, box no. 18371, CIC monthly report no. 6, November 20, 1948.

19. Kim Yong-t'aek, "Courageous Armed Resistance," 3~5쪽; 『함경남도 노동신문』, April 3, 8, 21, 22, 29, May 12, June 11, 12, 1949.

20. KMAG G-2 Periodic Report no. 231, December 15-16, 1949. 북한도 김달삼이 "일월산 유격대"를 이끌었다고 말했다. 이를테면 『로동신문』, January 6, 1950 참조.

21. 895.00 file, box 7127, Drumwright to State, July 26, 1949. 경제협력국 관료 2명의 지방 순시에 관련된 보고가 수록돼 있다.

22. 895.00 file, box 7127, Drumwright to State, July 11, 1949; Muccio to State, August 10, 1949. FO317, piece no. 76259, Holt to FO, July 28, 1949도 참조. 영국 자료에서는 7월 중순 경상도 전역에서 유격대 사건이 발생했다고 서술했다.

23. 895.00 file, box 7127, Drumwright to State, July 11, 1949; Drumwright to State, July 26, 1949; KMAG G-2 Periodic Reports nos. 165-170, August 12- 25, 1949

24. KMAG G-2 Periodic Reports nos. 168-184, August 19-September 20, 1949; Min Pyŏng-ŭi, "Full Story of the Southern Guerrillas," 46쪽.

25. KMAG G-2 Periodic Reports nos. 191-208, September 30-November 3, 1949; FO317, piece no. 76259, Holt to FE, November 5, 1949; 895.00 file, Muccio to State, November 7, 1949; Yi Sung-yop, "Struggle of the Southern Guerrillas," 13쪽.

26. KMAG G-2 Periodic Reports nos. 211-220, November 7-28, 1949; FO317, piece no. 76259, Holt to FE, November 5, 1949.

27. KMAG G-2 Periodic Report, no. 233, December 19-20, 1949; no. 237, December 27-29, 1949.

28. 『로동신문』, January 6, 7, 8, 1950; KMAG G-2 Periodic Reports nos. 221-241, November 28, 1949-January 6, 1950.

29. 695.00 file, box 4262, Drumwright to State, January 25, 1950.

30. KMAG G-2 Periodic Reports nos. 239-289, December 30, 1949-March 30, 1950; 『로동신문』, February 4, 7, 15, 18, 26, March 2, 3, 12, 13, 20, 22, 24, 26, 30, April 3, 5, 8, 20, 21, 22, 26, 1950. 그날 일어난 많은 사건이 기록돼 있다. 대부분 경상북도 내 군들에서 일어난 것이다.

31. 서산 근처에 유격대 훈련 기지가 있었다는 증거는 이미 제시했다. 대천군을 유격대가 습격한 사건은 KMAG G-2 Periodic Report no. 184, September 19-20, 1949 참조. 65명 정도의 유격대가 대천 경찰서를 공격해 민간인 9명이 죽었다. 충청도의 유격대 활동에 관련된 북한의 언급은 이를테면 Kim Yong-t'aek, "Courageous Armed Resistance," 5쪽 참조. 그는 사건을 거의 언급하지 않았고, 그 사건들조차 "최근" 일어났다고 언급했다.

32. 740.0019 Control (Korea) file, box 3829, Jacobs to State, January 31, 1948, enclosing a field report by the USAMGIK Office of Civil Information.

33. *New York Times*, August 2, 1950.

34. 이를테면 『함경남도 노동신문』, June 9, 12, 19, 1949 참조. 영동에 대해서는 이를테면 『함경남도 노동신문』, April 20, 1949 참조. 거기서는 영동군에서 일어난 몇 사건을 열거했다.

35. G-2 Weekly Summary no. 117, November 30-December 7, 1947.

36. G-2 Weekly Summary no. 167, November 19-26, 1948; 895.00 file, box 7127, Drumwright to State, January 10, 1949.

37. 여러 사건에 관련된 북한의 언급은 『함경남도 노동신문』, June 1, 4, 1949 참조. KMAG G-2 Pe-

riodic Reports no. 228, December 9-12, 1949; nos. 284-289, March 21-30, 1950도 참조.

38. 존 메릴의 질문표에 대한 베니 그리피스Bennie Griffith의 회답. 메릴 교수 제공.

39. 695.00 file, box 4262, Drumwright to State, "Guerrilla Strength and Activity," April 15, 1950.

40. 895.00 file, box 7127, Drumwright to State, March 17, 1949. 존 로지어와 도널드 맥도널드의 지방 순시 보고서가 첨부돼 있다.

41. Yi Sung-yop, "Struggle of the Southern Guerrillas," 23~24쪽. KMAG G-2 Periodic Reports nos. 207-211, October 31-November 8, 1949도 참조. 진압군은 11월 초 그 지역에서 대단히 많은 유격대가 사망했다고 주장했다. 이를테면 한 사건에서 유격대원 463명이 전사했다고 말했다. 그러나 이것은 농민을 살해한 뒤 유격대라고 뒤집어씌웠을 가능성도 있다.

42. 허헌의 8쪽짜리 연설. 『함경남도 노동신문』, June 27, 1949 수록. 그 연설에서 허헌은 가족 가운데 한 사람이 유격대에 가담했다는 이유로 한국 경찰이 보성에서 8인 가족을 학살한 사건을 언급했다. 유격대의 이름은 전피호Chon Pi-ho라고 했다.

43. 질문표에 대한 베니 그리피스의 회답.

44. Hugh Deane Papers, "Notes on Korea," March 20, 1948.

45. 런던의 템스 텔레비전에서 열린 기억에 남는 세미나에서 나는 남한의 공식적인 관점은 "남한 시민은 유격대원이 한 명도 없었다는 것"이었다고 말했다. 서울에서 런던에 파견된 김종휘는 남한에 있던 유격대는 모두 북한 사람들이라고 대답했다.

46. RG332, box no. 18371, 971st CIC Monthly Information Report no. 7, December 20, 1948; KMAG Periodic Report no. 213, November 10-14, 1949.

47. CIA, "Communist Capabilities in South Korea," February 21, 1949; 795.00 file, box 4262, Drumwright to State, April 15, 1950, enclosing a report on "Guerrilla Strength and Activity." box 4299, Drumwright to State, May 4, 1950, "Estimate of Soviet Intentions toward South Korea"도 참조. 노획된 강동학원 문서에는 유격대가 아니라 공작원의 명단이 적혀 있었다. MA, RG6, box 79, ATIS issue no. 15, January 3, 1951 참조. 수기로 작성한 북한 공작원 명단을 번역한 자료인데, 대부분 강동학원 출신이었다.

48. 795.00 file, box 4262, Drumwright to State, April 15, 1950.

49. 당 기관지에 실린 지리산 유격대에 관련된 시에서는 그들이 김일성의 장수를 기원한다고 묘사했다(『로동신문』, February 15, 1950). 1949년에 발행된 『선전자』의 창간호에는 민평위가 쓴 긴 글이 실려 있는데, 그 시는 거기서 "따뜻한 격려"라는 표현을 인용했다(RG242, SA2005, item 1/7, Sonjonja, 48쪽).

50. RG332, box 18371, 441st CIC detachment, monthly report, December 20, 1948.

51. Interview with Thames Television, February 1987. 나는 이 대담에 참석하지 않았지만, 하우스만이 대담을 녹화하는 동안 제시한 발언을 기록했으며 촬영하지 않을 때 한 말도 적어놓았다. 하우스만은 촬영하지 않을 때 한 발언을 공개하지 말라는 요구를 하지 않았다. 이를 증언할 사람은 3명이다.

52. Goodfellow Papers, box 1, draft of letter to Rhee, no date but late 1948.

53. 895.00 file, box 7127, Drumwright to State, February 11, 21, 1949. 1949년 3월 드럼라이트는 미국인 선교사들에게 정치적 정보를 요구하라고 부영사 2명에게 촉구했다.

선교사의 일은 비정치적이라는 것을 대사관은 충분히 알고 있음을 언제나 강조하기 바랍니다. 하지만 선교사가 현지에 적응하고 전도를 위해 농촌 지역을 순회하는 임무(특히 그들이 한국어를 구사할 수 있다면)를 수행하는 과정에서 특별한 노력 없이도 상당한 "정치적" 정보가 입수됩니다. 미국 정부는 공산주의와 대결하고 한국 정부를 강력히 유지하려고 노력하고 있으며, 그 과정에서 서울 외부에서 무슨 일이 일어나는지 반드시 알아야 합니다. 이때 선교사의 다양한 정보는 매우 소중합니다.

895.00 file, box 7127, Drumwright directive included in Drumwright to State, March 17, 1949 참조. 1950년 6월 13일 경제협력국의 에드거 A. J. 존슨은 의회에서 이렇게 증언했다. 남한은 지난 1년 동안 5000명의 게릴라를 살해했으며 "북한군의 어떤 도전에도 맞설 준비가 되어 있다." *New York Times*, July 6, 1950에서 인용.

54. National Archives, Army Chief of Military History manuscripts, box 601, "Military Studies on Manchuria." 옛 일본군 장교들은 "김일성과 최현이 2월 무렵 소련으로 갔다가 5~6월 무렵 만주로 돌아온" 까닭은 이런 이유였다고 생각했다.

55. 같은 글. 일본의 방법에 관련된 좀더 긴 논의와 자료는 Chongsik Lee, *Counterinsurgency in Manchuria: The Japanese Experience*(Santa Monica, Calif.: The RAND Corporation, 1967) 참조.

56. "Military Studies on Manchuria" and Chong-sik Lee, *Counterinsurgency in Manchuria*.

57. 김백일과 정일권의 전기적 자료는 Harutaka Sasaki, 『한국전 비사』, 강정구 옮김, 서울: 병학사, 1977, Vol. 1, 446, 508~511, 529, 567~568쪽 참조.

58. Yi Sung-yop, "On the Present Tasks of the Courageous Southern People's Guerrillas, Who Have Completely Defeated the Enemy's 'Winter Subjugation,'" 『勤勞者』, no. 6 (March 30, 1950), 9~22쪽. 이승엽은 이번 탄압이 "우리의 적, 일본 군국주의 세력"의 도움을 받았다고 말했다. "Struggle of the Southern Guerrillas," p. 25. 동계 진압에 관련된 박헌영의 비슷한 설명은 『로동신문』, January 14, 1950 참조. 박헌영도 김백일을 거론했다. 유격대를 농민과 분리시키기 위해 집단부락을 세우는 것을 포함해 일본의 진압 방법을 논의한 것은 만주 빨치산 출신인 최영진이 쓴 기사 참조. 『로동신문』, January 28, 1950 수록. 유격대 진압 작전에 참여한 또 다른 일본인 장교는 한국인이 "극동 국가들 가운데 공산주의의 영향을 가장 쉽게 받는 것으로 알려져 있다"고 미국인들에게 말했다. 또한 그는 한국 유격대를 "가능한 한 모든 수단을 동원해 확실히 철저히 (…) 분쇄"해야 한다는 것을 알고 있었다. 이것은 "진압하기 어려운 지역"에 거주하는 것을 금지하고 "지정된 지역에 집단 거주시킨다"는 뜻이었다. "겨울에 적군을 철저히 진압하고 소탕하는 것이 절대적으로 필요했다." 중국과 인도차이나와 비교해 "한국의 지형은 유격전에 적합하지 않은 것으로 보였다." 진압군은 "해상에서 우위"를 차지했고 "밀림 지역과 비교해" 척박한 구릉지대는 은폐물이 적었다. RG349, box 462, Intelligence memo, October 18, 1950, "Yok no. 5,"라는 약호略號를 가진 일본인(성명 미상)과의 대담. 그는 만주에서 유격대 진압 작전의 전문가였던 것으로 여겨진다.

59. 895.00 file, box 7127, Embassy to State, March 25, 1949, transmitting a report on the guerrillas by Col. J. W. Fraser; Muccio to State, April 18, 1949; Muccio to State, May 13, 1949; Drumwright to State, May 17, 1949.
    드럼라이트는 급송한 문서에서 "낮은 급여를 받은 군인과 경찰은 (…) 저항하지 못하는 마을 사람들을 진압하는 옛 방식으로 되돌아갔다"고 지적했다. 그 자료에 김지회 부인의 이름은 나오지 않는다.

60. *New York Times*, March 6, 15, 1950.

9장 북한의 체제

1. Wlodzimierz Brus, "Stalinism and the 'People's Democracies,'" in *Stalinism: Essays in Historical Interpretation*, ed. Robert C. Tucker(New York: W. W. Norton, 1977), 239~241, 252~253쪽.

2. Robert C. Tucker, "Communist Revolutions, National Cultures, and Divided Nations," *Studies in Comparative Communism* 7, no. 3(Autumn 1974), 235~245쪽.

3. 이를테면 Chong-sik Lee, "Stalinism in the East: Communism in North Korea, in *The Communist Revolution in Asia*, ed. Robert Scalapino(Englewood Cliffs, N.J.: Prentice-Hall, 1969) 참조.

4. Leon Trotsky, *Stalin*, 2d ed.(New York: Stein and Day, 1967), 1~2, 358쪽. 부하린이 스탈 린을 "칭기즈칸"으로 묘사한 것은 Stephen Cohen, *Bukharin and the Bolshevik Revolution*(New York: Vintage Books, 1974), 291쪽도 참조. Isaac Deutscher, *Stalin: A Political Biography*(London: Oxford University Press, 1949), 472쪽에서는 스탈린이 "원시적이고 동양적이지만 매우 교활하다"고 했다.

5. 1983년 북한이 남한 각료의 대부분을 암살하려고 했던 랭군 폭파 사건 직후 일본에 있던 한 소련인 고위 관료는 내게 말했다. "우리는 그들과 아무 관계가 없습니다. 전혀요!"

6. Brus, "Stalinism," 241쪽.

7. 이를테면 조선노동당, 『마르크스주의당의 조직적 기초』, 평양: 노동당출판사, 1949 참조. 『2차대전과 쏘련의 위대한 조국 전쟁 과목』, 수동 인쇄본(두 자료 모두 RG242 소재).

8. RG242, SA2009, item 6/76, 북조선노동당 중앙당학교, 『당 건설(강의 요강)』(평양, 날짜 불명, 1948년 후반으로 추정). 앞부분 94쪽까지는 마르크스-레닌주의와 소련의 경험을 다뤘고 나머지 50여 쪽에서는 한국을 다뤘다.

9. 아래에 수록된 인민위원회 규칙 참조. Intelligence Summary—North Korea, no. 41, August 2, 1947.

10. 이를테면 노동당 창건 1주년 기념식에서 김일성이 한 연설 참조. 『勤勞者』, no. 8 (August 1947), 27~44쪽 수록. "김일성주의"의 이런 측면과 마오주의를 비교한 좀더 자세한 논의는 필자의 "Kim's Korean Communism," *Problems of Communism*(March-April 1974) ; Merle Fainsod, *How Russia Is Ruled*(Cambridge, Mass.: Harvard University Press, 1957), 128~131, 183쪽 참조.

11. 이런 측면에 관련된 가장 뛰어난 비평은 마오쩌둥의 아래 저작 참조. *Critique of Soviet Economics,* trans. Moss Roberts(New York: Monthly Review Press, 1977).

12. RG242, SA2006, item 51/15, "Yuil dangjung suyo e kwanhaya(유일당증 수여에 관하여)" [On the distribution of uniform party identity cards], NKWP organization department, November 1946, top secret.

13. I. V. Kukushin, "The Comintern and the East," in *The Cominterm and the East*, ed. R. A. Ulyanovsky(Moscow: Progress Publishers, 1979), 396쪽.

14. CRC, 1975 13C, State Department Office of Intelligence Research, Evelyn McCune, "Leadership in North Korea: Groupings and Motivations," 1963; RG242 SA2006, item 14/25, 주영하, 『북조선노동당 창립 1주년과 조선의 민주화를 위한 투쟁에서 그의 역할』, 평양: 노동당출판사, 1947.

15. 최학서, 『농민조합조직론』, 평양, 사회과학서, 1946.

16. RG242, SA2009, item 6/76, 북조선노동당 중앙당학교, 『당 건설(강의 요강)』, 97~98쪽.

17. MA, RG6, ATIS Issue no. 31, April 3, 1951(노획한 조선노동당 기록을 토대로 작성). 북조선노동당 2차대회에서 김일성이 보고한 수치도 참조. 『勤勞者』, no. 4(14), (April 1948), 34쪽 수록. 영변군 인민위원회의 조선노동당원에 관련된 자료에 따르면, 전체 당원 126명 가운데 13명을 제외하고 빈농 95명, 중농 10명, 고용노동자 8명이었다. 초등학교 이상 학력을 지닌 사람은 14명뿐이었다. 평균 연령은 33세였고, 일부는 21세였다. 여성은 8명뿐이었다. 선천군의 통계에서 초등학교 교사 298명 가운데 195명이 빈농이거나 중농이었다. RG242, SA2005, item 4/45, 영변군 당원 신원 조사표; 같은 자료, item 4/44, 필사본 "교원 명단" 참조.

18. 자료는 방선주가 제공한 RG242에서 가져왔다. 인민위원회의 내부 자료는 정치 조직망에서 비슷한 양상을 보여준다. 1946년 가을에 선출된 인민위원회 위원의 36퍼센트는 농민이었고 노동자는 15퍼센트, 사무원은 31퍼센트였다. 함경북도의 1949년 선거에 관련된 자료에도 도·시·군의 직책에 선출된 사람 가운데 약 40퍼센트가 농민이고, 약 30퍼센트가 노동자였다.
도 인민위원회에서는 38퍼센트가 농민, 25퍼센트가 노동자였고, 108명 가운데 여성은 16명이었다. 『함경남도 노동신문』, April 5, 14, 1949 참조.

19. Fainsod, *How Russia Is Ruled*, 211~213, 221쪽.

20. RG242, SA2010, item 3/107, 『간부 이력사履歷史』. 대부분은 1950년 초기에 작성됐다.

21. 수기로 작성된 칠산군의 신상서 참조. RG242, SA2006, item 6/20 수록. 한 응답자는 "정치 의식을 망각했다"면서 그의 부모가 자신을 위해 "마을 관습에 따라" 신부의 "성분"을 제대로 확인하지 않고 혼인을 추진하도록 했다고 말했다. 그 결과 그는 부적절한(곧 높은) 출신 계급을 가진 김석현 양과 결혼하게 됐다.

22. 같은 글.

23. 이를테면 Wilbur Schramm et al., "Notes on the Pattern of Sovietization in North Korea," in U.S. Air Force, Air University, "Preliminary Study," 206~264쪽 참조. 695.00 file, box 3025, Lightner to State, June 13, 1951도 참조.

24. G-2 Weekly Summary no. 99, July 27-August 3, 1947; "General Kim Il Sung is the Leader of the Korean people," Podo(보도), no. 3(August 1947), 18~21쪽. 1947년 7월 여운형의 지지자들은 "민족의 태양"이라고 적은 팻말을 들고 자신들의 지도자 관 뒤를 따랐다.

25. National Archives, Army Chief of Military History manuscripts, box 601, "Military Studies on Manchuria," book 4, ch. 9, "Bandits and Inhabitants"(Tokyo: FEC, 1952).

26. 내가 알기에 북한에 관련된 간행·미간행의 모든 문헌 가운데 김일성의 독특한 지도 방식의 중요성을 인식한 것은 1960년대 초 에블린 매큔Evelyn McCune이 미국 국무부 정보조사국을 위해 수행한 연구뿐이다. 이것은 그동안 기밀로 지정됐다("Leadership in North Korea: Groupings and Motivations," 1963). 그녀는 김일성과 측근의 관계를 "철의 규율에 입각한 반半기사도적이고 변경할 수 없는 절대적 관계"라고 정확하게 파악했다. 그 관계는 "지극히 개인적"이며 "복잡한 관료 조직과는 근본적으로 적대적"이다. 김일성과 그 세력은 모든 방면에 뛰어난 재능을 지녔다. 그들은 정부를 운영하거나 군대를 지휘할 수 있었으며, 농민에게 새로운 씨앗을 사용하는 방법을 알려주거나 학교에서 아이들을 껴안아주었다. 김일성은 그들을 내부 핵심의 외곽, 곧 비인격적인 관료제 영역에 있는 관료와 전문가를 감시하는 충성스러운 관찰자로 파견했다. 매큔은 김일성 집단을 하나로 묶고 있는 강력한 접착제가 있다며, 이것은 허약한 후견인-고객 관계와 분열을 야기하는 개인적 경쟁에 바탕을 둔 전형적인 한국의 정파보다 그 집단을 훨씬 강력하게 만들었다고 제대로 파악했다. 그 결과, 김일성 집단은 경쟁 세력에 대해 상당히 쉽게 우위를 차지할 수 있었다고 지적했다. 또한 그녀는 동심원의 비유를 이해해 김일성에서 시작해 바깥으로 뻗어나가는 도표를 제시했다.

27. 이를테면 E.M.W. Tillyard, *The Elizabethan World Picture*(New York: Vintage Books, 1942) 참조. 흥남에 세워진 동상은 『旬刊通信』, no. 3(46)(January 1950), daily record for December 1949 참조.

28. 『勤勞者』, no. 11(January 1948), 12~22쪽.

29. Trotsky, *Stalin*, 18쪽.

30. 피터 로는 영국 외무부가 수행한 북한 헌법 연구를 소개했다. 거기서는 1936년 제정된 소련 헌법과 유사할 것으로 예상했지만, 의외로 일본의 메이지 헌법과 비슷하다고 지적했다(*Origins of the Korean War*, 50쪽).

31. Mao, *Critique of Soviet Economics*, 112쪽. 본질론에 관련된 뛰어난 연구는 Unger, *Knowledge and Politics* 참조.

32. "Conversation of the Great Leader Kim Il Sung with the south Korean delegates to north-south high-level political talks," Korean Central News Agency, July 4, 1982.

33. 모란봉 극장에서 김일성이 한 연설은 『勤勞者』 no. 8(August 1947), 2~26쪽; Kim Il Sung, "Speech to the Youth of Korea," *Podo*, no. 3(August 1947), 11~17쪽; Kim, 「민주적 임시정부 수립에 관한 여러 정당과 사회단체의 요구는 무엇이었는가?」, 『勤勞者』, no. 6(June 1947), 2~15쪽; Min Chu(pseud.), 「경제 건설에서 리더십의 몇 가지 문제」, 『勤勞者』, no. 7(July 1947), 20쪽 참조.

34. 조선노동당 선전부, 『새 환경과 새 조건』, 1~3, 6, 16~18, 32~35쪽.

35. Cumings, "Corporatism in North Korea," *Journal of Korean Studies*, no. 3(1983), 280쪽

참조. Philippe Schmitter, "Reflections on Mikhail Marioilescu and the Political Consequences of Delayed Development on the Periphery of Western Europe," in *Social Change in Romania, 1860-1940*, ed. Kenneth Jowitt(Berkeley, Calif.: Institute of International Studies, 1978)도 참조.

36. Schmitter, "Reflections," 120쪽.

37. 『함경남도 노동신문』, April 1, 29, May 11, 1949. 그 신문에는 비슷한 설명이 실려 있다. 북한 정권의 청년 조직이 수행한 소집단 모임에 관련된 수기 자료는 RG242, SA2005, item 9/278, "Records and Statistics of General Meeting," Puk-Chosŏn minju ch'dngnydn tong-maeng(북조선민주청년동맹), September 18, 1948 참조.

38. Kim Tu-bong(김두봉), "The Results of the Elections and the Tasks Facing the Worker's Party," 『勤勞者』, no. 2(November 1946), 34쪽.

39. 1948년 1월 24일 북로당 2차 전체 회의에서 한 김일성의 연설. G-2 Weekly Summary no. 125, January 30-February 6, 1948에서 인용.

40. RG242, SA2005, item 7/81, 조선민주당, "최용건의 결론" 6th Enlarged Central Committee Meeting, December 25, 1946.

41. RG242, SA2012, item 8/70. 북로당 남포 지구당 위원장 김경석이 수행한 조선민주당 남포 지구당의 기밀 조사. 여기에는 조선민주당원 대부분의 출신에 관련된 상세한 정보가 담겨 있다. 1948년 남한에서 국회의원으로 선출된 여성은 한 사람이었는데, 임영신이다. 그녀는 특별한 절차를 거쳐 선출됐다(Kyung Jo Lee, "Social Origins and Backgrounds of Representatives of National Assembly in South Korea 1948-1961"[Ph.D. diss., Claremont Graduate School, 1975], 115쪽).

42. 『개벽신보』, May 24, 25, 1950 참조. 여기에는 식민지 혁명에 관련된 "레닌-스탈린 이론"을 다룬 논문들이 실려 있다.

43. RG242에는 다수의 『함경남도 노동신문』이 실려 있으며 『강원인민보』와 그 밖의 복사본도 약간 있는데, 모두 이런 유형을 반영한다. Hiroshi Sakurai, "Why Did the Korean War 'Break Out' on June 25, 1950?" seminar paper, May 1983도 참조.

44. Haruki Wada, "The Soviet Union and North Korea," seminar paper, University of Washington, 1984.

45. 미군 방첩대 요원들은 "북한 정부가 교회를 폐쇄하지 않았다"고 밝혔다. 그들은 설득하려고 시도했으며 기독교를 "배척"하지 않았다. 면담에 따르면 전쟁이 시작됐을 당시 북한에는 20만 명 정도의 기독교인이 있었던 것으로 추정됐다(RG349, box 464, 181st CIC detachment, November 30, 1950).

46. RG242, SA2009, item 9/113, 「도·시·군 인민위원회 지구 정원 및 사무분장」, "극비." 장소, 날짜 불명.

47. RG242, SA2005, item 6/11, 「사업 관계서류」, "비밀"

48. RG242, SA2009, item 6/72, 북한 내무성, 『학습자료집』, 날짜 불명.

49. 1950년 8월 5일자 충청북도 인민위원회 위원장 이민용의 지령. RG242, SA2010, item 4/46, "The collection of views and the organization of an inspection network for public opinion."

50. RG242, SA2010, item 2/76. 해주 지역에서 수집된 문서. 대부분 1949~1950년 자료.

51. RG242, SA2010, item 8/106. 군청 직원에 관련된 기록.

52. RG242, SA2012, item 8/16. 철원 경찰이 감시하고 있던 요시찰 인물에 관련된 원자료.

53. RG242, SA2010, item 3/145. 맹문옥에 관련된 보고서. 1948년 6월.

54. MA, RG6, box 81. 포로 심문에 관련된 보고서. 특히 Interrogation Report no. 612, August 19, 1950 참조. 언급할 만한 다른 자료도 많다. Wilbur Schramm's findings in "Notes on the Pattern of Sovietization in North Korea" in U.S. Air Force, "A Preliminary Study of the Impact of Communism Upon Korea"(Maxwell Air Force Base, Ala.: Air University Hu-

man Resources Research Institute, 1951)도 참조.

10장 소련과 북한

1. Zbigniew Brzezinski, *The Soviet Bloc: Unit and Conflict*, rev. ed.(Cambridge, Mass.: Harvard University Press, 1971), 67쪽. 최근 연구에서는 1947년 소련 정책이 변화했다는 데 그다지 동의하지 않는다. 윌리엄 타우브먼William Taubman은 즈다노프의 연설이 큰 변화를 상 징했고 봉쇄에 대한 대응이었다고 동의했다. 후에 그는 자본주의와 사회주의가 서로 대립한다 는 "평행적인 두 개의 세계 시장"이라는 개념과 스탈린의 구상을 연결했다(*Stalin's American Policy: From Entente to Detente to Cold War*[New York: W. W. Norton, 1982], 172~177, 223~224쪽). 그러나 윌리엄 매캐그William McCagg는 1947년의 변화에 관련된 상반된 증거를 발견했으며, 즈다노프가 사망하기 전후인 1948년 즈다노프와 그 세력은 위상이 하락했다고 지 적했다. 그는 위성국에 대한 "다양한 노선"이 1949년 초부터 끝났다고 판단했다(Stalin Embattled, 1943-1948[Detroit: Wayne State University Press, 1978], 109, 263~264, 268~270, 308~309쪽). 나는 1947년의 변화가 세계 대결에서 중요하다는 것을 북한의 사례가 보여준다고 생각한다. 그리고 대립하는 두 개의 세계 체제에 대한 개념이 스탈린의 독특한 개념이었다는 타 우브먼의 지적에도 동의한다. 그러나 1947~1948년에 소련이 한국을 지배하려는 시도는 약화됐 다고 생각한다. "다양한 노선"이 1949년 무렵 철회되면서 북한에서 소련군도 철수했으며 그동안 강화됐던 체제도 약화됐다고 생각한다. 매캐그(309쪽)는 1948~1949년 스탈린은 아시아의 공 산주의에 관심을 두지 않았다고 지적했다. 북한에 대한 소련의 영향은 과대평가됐다고 생각하는 나의 견해를 뒷받침하는 뛰어난 연구는 Erik Van Ree, "Socialism in One Zone: Stalin's Policy in Korea, 1945-1947"(Ph.D. diss., University of Amsterdam, The Netherlands, 1988) 참조.

2. 소련은 1945~1946년 중국 국민당과 협상하면서 고전적 강대국이 가진 이권을 보유하려고 했 다. 구체적으로는 다롄 항의 완전한 통제, 외몽골의 독립 승인, 만주 기업의 80퍼센트에 이르는 154개 회사의 경영권 획득 요구 등이다. 1946년 1월 소련과 협상을 마무리하면서 장징궈는 만 주는 소련에게 국방 문제에 가깝다고 판단했다(Koo Papers, box 175, "A Historical Note on Chinese-Soviet Relations," November 13, 1949). 물론 이런 요구들은 국민당 정권의 취약성 을 전제로 한 것이었다. 소련도 독점적 지배를 추구하려던 것이 아니었으며(공장에서는 약탈이 횡행했고 군대는 철수했다) 가질 수 있는 것을 얻고 그 밖의 것은 방임하려고 했다.

3. 이것을 입수한 것은 윌러비의 G-2였다. the translation into English, dated March 5, 1951, in MA, RG6, box 14; MA, RG9, box 110, Military Attache Weekly Report, April 21, 1950 참조. 중국 국민당 대표의 견해는 아래 참조. *FR*(1949) 8, 167쪽, Stuart to State, March 9, 1949.

4. 가오강 사건은 Franz Schurmann, *Ideology and Organization in Communist China* (Berkeley: University of California Press, 1968) 참조. 미국 정보 판단의 대표적 사례는 CIA reports from 1949 in HST, PSF, box 259; *FR*(1949) 8, 639~641쪽, Shanghai Consulate to State, December 21, J949 참조.

5. 이를테면 RG59, Office of Chinese Affairs, box 4210, Peking to State, February 11, 1950, giving a detailed analysis of the CCP Central Committee 참조.

6. No author, "Land Reform in China's Liberated Areas," 『북조선통신』, no. 1(July 21~October 21, 1947), 14~15쪽 참조. Kim Chong-yong, "The Recent Situation in China," 『勤勞者』, no. 6(March 1949), 57~61쪽도 참조. 산업 생산은 Sol San, "Economic Development in China's Northeast," 『旬刊通信』, no. 3(46)(January 1950), 9~13쪽 참조.

7. CIA, "The Situation in Korea," ORE 5/1, January 3, 1947. CIA도 "대부분의 한국인은 사회 주의적 계획을 좋아했지만" 소련식 계획은 "다수의 지지를 얻지 못했다"고 말했다.

8. FO317, piece no. 69945, R. S. Milward, "Communism in Korea," June 7, 1948.

9. HST, PSF, Intelligence File, box 249, CIA, "Relative US Security Interest in the Europe-

an-Mediterranean Area and the Far East," ORE 69-49, July 14,1949; 795.00 file, box 4299, "Estimate of Soviet Intentions toward South Korea," May 4, 1950.

10. Kim Yon-hun, "Patriotism in the Democratic State,"『勤勞者』, no. 8(August 1947), 60~65쪽; Paek Il, "The Theory of Dialectical Materialism is the World View of the Marxist-Leninst Party,"『勤勞者』, no. 8(August 1947), 66~80쪽. 1946년에는 평양에서 프랑스 영화가 여전히 상영됐지만 1948년 무렵에는 한국 영화와 소련 영화만 상영했다. 1946년 미국의 정보에 따르면 소련은 단파 라디오를 모두 몰수했고, 1948년에는 영화의 60퍼센트를 소련 영화로 상영하라고 요구했다(CP, 1981, "National Intelligence Survey, Korea").

11. Kim Il Sung, "Report on the Second Anniversary of Liberation," 2~9쪽.

12. H. de Galard, "Sept Ans de Politique Etrangere Sovietique," *L'Observateur*, October 9, 1952(copy in Donovan Papers, box 8B(1), item 3089).

13. RG242, SA2009, item 7/195, soldier's notebook. 이 병사의 이름은 나와 있지 않지만 해주의 소작농 가정에서 태어나 1927년 만주로 간 뒤 1945년 11월 조선의용군에 입대했다. 그 뒤에는 인민해방군 4야전군에서 복무했다. 4월 말 그의 부대는 조선인민군에 통합됐다.

14. Dae-sook Suh, *The Korean Communist Movement, 1918-1948*(Princeton, N.J.: Princeton University Press, 1967), 317쪽; 740.0019 file, box C-215, Muccio to State, January 6, 1949에서는 원산에 있는 베네딕트 수도원의 호플 신부Father Hopple와 가진 대담을 보고했다. 대부분 선교사인 61명의 독일인이 1947년 원산과 강원도에 거주했다는 것을 비밀문서에서 알 수 있다. RG242, SA2005, item 6/11, 1947년 11월과 12월에 작성된 내무성 기밀문서 참조. 대부분 내무상 박일우가 서명.

15. CIA, "National Intelligence Survey: Korea"; U.S. State Department, McCune, "Leadership in North Korea."

16. Wada, "The Soviet Union and North Korea."

17. Lim Un, *The Founding of a Dynasty in North Korea*(Tokyo: Jiyu-sha, 1982), 112쪽.

18. Brzezinski, *Soviet Bloc*, 16, 52, 122, 123쪽 주석.

19. Wada, "The Soviet Union and North Korea."

20. *FR*(1949) 8, 405~406쪽, Stuart to State, July 6, 1949; 같은 자료, 515쪽, Embassy to State, September 1, 1949; 같은 자료, 586~593쪽, Shanghai Consul to State, November 14, 1949 참조. Smith Papers, David Baird to Smith, July 25, 1950, enclosing the views of George Beswick도 참조.

21. CIA, "National Intelligence Survey: Korea"; U.S. Air Force, Air University, "Preliminary Study," Wilbur Schramm, "Notes on the Pattern of Sovietization in North Korea," 214쪽.

22. 4장 참조.

23. Daniel Chirot, *Social Change in the Twentieth Century*(New York: Harcourt Brace Jovanovich, 1977), 109~114쪽.

24. U.S. State Department, McCune, "Leadership in North Korea"; G-2 Weekly Summary no. 100, August 3-10, 1947; RG349, box 462, G-2 report on Hungnam explosives plant, December 29, 1950. 군 정보부는 1947년 일본인 기술자에게서 많은 서신을 노획했다. 이를테면 G-2 Weekly Summary no. 99, July 27-August 3, 1947 참조.

25. G-2 Intelligence Summary—North Korea, no. 36, May 18, 1947; 김일성, "1949년 신년사"『旬刊通信』, no. 8(January 1949), 4쪽. 김일성은 "완전한 자주독립 국가"라는 표현을 사용했다.

26. Deane Papers, "North Korea," August 1947.

27. MA, RG6, box 79, ATIS Issue no. 24, February 21, 1951(국방비에는 "기타 지출" 항목에 포함된 것으로 생각된다). a published copy of the plan in G-2, Intelligence Summary—North Korea, no. 36, May 18, 1947도 참조. 895.00 file, box 5693, Muccio to State, December 3, 1950, 북한 경제에 대한 경제협력국의 연구가 첨부돼 있다.

28. 895.00 file, box 5691, Drumwright to State, March 25, 1950.

29. Kim Il Sung, "Speech at the Meeting of Enthusiasts From the Industrial Branches of the Economy," November 19, 1949, in 『旬刊通信』 42(December 1949).

30. 「새 환경과 새 조건」, 40~41쪽.

31. Anderson, *Imagined Communities*, 142쪽.

32. 『로동신문』, September 7, 1964.

33. 유일관리제는 Min Chu(pseud.), "Several Problems in Leadership Work," 20~23쪽 참조. 『새 환경과 새 조건』, 35~37쪽도 참조. 거기서는 지배인이 명령한 이유를 모든 사람이 이해하도록 토론한 뒤 공장의 모든 사람이 지배인의 뜻을 실행하는 것이라고 설명했다. 『로동신문』, February 5, 1950도 참조. 실적에 따른 임금제도는 G-2 Intelligence Summary—North Korea, no. 48, November 18, 1947 참조. 중국의 단일관리제도에 대한 뛰어난 설명은 Schurmann, *Ideology and Organization* 참조. 이 제도를 소련에 적용한 것은 Fainsod, *How Russia Is Ruled*, 425~429쪽 참조.

34. MA, RG6, box 78, ATIS Issue no. 14 dated December 29, 1950, translating Ko Hui-man to Kim Ch'aek, January 10, 1950, top secret.

35. Ibid., Issue no. 29, March 17, 1951.

36. Ibid., Issue No. 23, February 15, 1951, 원산에서 노획한 문서에서 인용. G-2, Intelligence Summary—North Korea, no. 48, November 18, 1947도 참조.

37. MA, RG6, box 78, ATIS Issue no. 31, April 3, 1951. 모트랜스의 정식 이름은 조선·소련해운주식회사(Joint Soviet-Korean Sea Transport Share Company)다. 오기섭의 역할은 Issue No. 28, March 11, 1951 참조.

38. 『로동신문』, February 28, March 15, 1950; RG242, SA2005, item 1/2, 『조선민주주의인민공화국 최고인민회의 제3차 회의록』, April 1949, pp. 223~225, 320.

39. MA, RG6, box 78, ATIS Issue no. 25, February 21, 1951.

40. FO317, piece no. 69940, Milward to Crossley, March 17, 1948; KMAG G-2 Periodic Report no. 274, March 3-6, 1950; RG349, box 462, G-2 report on Hungnam explosives plant, December 29, 1950; on military advisors see CIA, "Prospects for the Survival of the ROK," ORE 44-48, October 28, 1948; G-2, Intelligence Summaries-North Korea, no. 39, June 30, 1947; KMAG G-2 Periodic Report no. 176, September 2-6, 1949. 이 보고서들은 모두 소련 고문이 대대 이하에는 없었다는 데 동의하고 있다. Kim Il Sung, 「북한 인민경제 발전 보고서, 1947」, 『勤勞者』, no. 4(April 1947), 22~24쪽도 참조.

41. 모스크바역에서 한 김일성의 연설은 『조국의 통일 독립과 민주화를 위하여』, vol. 1(평양: 조선노동당 출판사, 1949), 335~336쪽 참조. 사절단의 방문에 관련된 김일성의 상세한 보고는 아래 참조. RG242, SA2005, Item 1/2, Records of the third session of the DPRK SPA, 221~236쪽. 1882년 조미수호통상조약을 포함한 과거의 불평등 조약과 이 협정을 비교한 것은 Pak Tong-ch'o, "The Meaning of the Korean-Soviet Agreement on Economic and Cultural Cooperation," 『근로자』, no. 8(April 30, 1949), 16~25쪽 및 김책과 최용건의 연설, 「함경남도 노동신문」, April 9, 1949 참조.

42. Robert R. Simmons, *The Strained Alliance: Peking, P'yŏngyang, Moscow and the Politics of the Korean Civil War*(New York: The Free Press, 1975), 72쪽.

43. 1948~1949년 북한과 소련의 관계를 다룬 몇 개의 번역 자료는 MA, RG6, box 79 참조. 소련은 1948년에 약속한 290대의 ZIS-150 트럭을 보내지 않은 것으로 생각된다. 그 때문에 김책은 "우리의 작업이 큰 차질을 빚고 있다"고 말했다.

44. Brzezinski, *Soviet Bloc*, 108~110쪽.

45. KMAG G-2 Periodic Report no. 183, September 16-19, 1949; also RG319, G-3 file, box 36, Bolte to Army Chief of Staff, September 20, 1950. 용어 문제는 『로동신문』, February 18, 1950, 중·소조약 관련 부분 참조.

46. Saburo Iyenaga, *The Pacific War*(New York: Pantheon Books, 1976).

47. Intelligence Summary—North Korea, no. 37, May 31, 1947.

48. National Archives, Army Chief of Military History manuscripts, box 601, "Military Studies on Manchuria."

49. RG242, SA2010, item 5/116, 조선인민군 문화훈련보, 「정치교육」 강의, May 1950; SA2010, item 3/73, 강의 노트(저자 불명), January 16, 1950; SA2009, item 6/8, 경기도 내무성 지부, 『해방지구 인민들에 대하는 해설 선전 제강解說宣傳提綱』, July 15, 1950; Ch'oe Ch'ang-ik, "People are the Motive Force of History," 『勤勞者』, no. 9(September 1947), 20쪽. 매캐그의 지적에 따르면, 소련은 티토의 유격대가 아니라 자신들이 유고슬라비아를 해방시켰다고 주장했다(*Stalin Embattled*, 59~60쪽).

50. 김일성, 「북조선노동당 2차 전당대회 당중앙위원회 사업결산 보고」, 12쪽; RG242, SA2009, item 6/76, 북조선노동당 중앙당학교, 『당건설(강의요강)』, 99쪽.

51. 『로동신문』, January 24, 1950. 1949년 4월의 3차 최고인민회의에서는 회의 종료가 가까워지면서 스탈린을 이름 대신 "위대한 천재적 지도자", "세계 노동자계급의 최고지도자", "조선인민의 구원자" 등으로 불렀다(RG242, SA2005, item 1/2, Records of the third session of the DPRK SPA, April 1949, 400~402쪽 등).

52. 마오쩌둥의 연설, 『로동신문』, February 20, 1950에서 인용. 중국에서 그려진 스탈린의 초상은 *FR*(1949) 7, Stuart to State, July 6, 1949 참조. 거기서 주더는 중국공산주의청년단 지도층에게 마르크스·스탈린·마오쩌둥의 초상은 "모든 공공회의 장소, 정부청사, 공장, 학교 등에서 왼쪽부터 오른쪽으로 전시될 것"이라고 말했다.

11장 북한의 대중 관계

1. CIA, "Current Capabilities of the Northern Korean Regime," ORE 18-50, June 19, 1950.

2. MA, RG6, box 17, "Communist Far Eastern Ring," February 6, 1948, enclosing intercepted Strong letter to Hugh Deane, August 15, 1947. 그 밖의 흥미로운 관찰 기록들이 있는데 그 가운데 1946년 가을 이후 많은 한국인이 북한으로 들어왔다며, 38도선에 위치한 검역소에서는 1947년 5개월 동안 약 21만5000명의 한국인들이 북한으로 왔다고 보고한 스트롱의 기록이 있다. 사람들은 "노예 교육"에 익숙했고 "정부는 위에서 군림한다"고 생각해 자신들의 자유나 개혁을 위해 싸울 필요가 없다고 생각했다. "그들은 20일 만에 토지개혁을 단행했다. 아니다. 그것은 사는 게 아니다. (…) 계급투쟁도 없고 그와 관련된 논의도 없다. (…) 여기 살고 있는 사람들은 일종의 바보의 천국에 살고 있다는 생각이 든다. 공업과 농업을 추진하고 학교를 건설하고 '인민공화국'을 수립하고 있지만 내전이 임박한 것 같다. 북한의 고립주의·유아론과 충돌한 최초의 서구 좌파인 스트롱은 북한의 모든 것이 "100퍼센트 성공적"이라는 말을 듣는 것에 대해 불평했다. 안타깝게도 그는 방문기록을 출간할 때 이런 비판들을 삭제했다. 그 편지의 원본은 *Hugh Deane Papers*에서 이용할 수 있다. 스트롱의 소책자 *North Korea*(New York: 1947)도 참조.

3. RG242, SA2009, item 8/32, Ch'ŏngch'i kyomun(政治敎文), 장소·날짜 불명. 한국전쟁 이전으로 생각됨.

4. RG242, SA2005, item 2/72, 『반일투사 연설집』, 평양, 1946년 8월, 55~64쪽. 중국의 영향을 보여주는 또 다른 사례는 팸플릿, SA2013, item 1/145, 『중국공산당과 민족통일전선』, 조선공산당 함흥지부 출간, 1946년 2월. 그 문건은 외국 가운데 "우리를 위해 가장 열심히 싸운 나라는 어디인가? (…) 우리의 완전한 독립을 위해 가장 열심히 활동한 나라는 어디인가?"라고 물었다. 암묵적인 대답은 소련이 아니라 중국 공산주의자였다(1쪽).

5. 한재덕, 『김일성 장군』, 평양: 민주조선사, 1947, 26~28쪽; 『북조선통신』, no. 1(July-October 1947), 24~27쪽.

6. MA, RG6, box 68, Interrogation Report no. 3015, interviews with former professors at Kim Il Sung University and officers in the KPA. Wada, "The Soviet Union and North

Korea"도 참조.

7. U.S. State Department, McCune, "Leadership in North Korea."

8. Kim, "Greeting the First Anniversary of the Founding of the NKWP," 27~44쪽.

9. 김창만과 장하일의 권두논문 참조. 『勤勞者』, no. 10 (December 1947), 1~35쪽.

10. 『勤勞者』, no. 11 (January 1948), 2~22쪽의 권두논문과 김창만의 논문 참조.

11. Mao Tse-tung, "On Methods of Leadership," in Selected Works(New York: International Publishers, 1954), 113~114쪽.

12. 김일성, 「북조선노동당 2차 전당대회 당중앙위원회 사업결산보고」.

13. 이를테면 『로동신문』, January 1, 1950, and February 28, 1950 사설 참조. 지방신문에서는 2차 전당대회 연설을 빈번히 인용해 대중노선을 강조했다. 이를테면 『함경남도 노동신문』, May 17, 1949 참조.

14. Ch'oe Ch'ang-ik, "People Are the Motive Force of History," 13~23쪽. 김창만의 논문과 마찬가지로 최창익의 논문도 논설 뒤에 게재됐다. 우선 그는 김일성의 유격대 투쟁을 연안파가 전개한 투쟁과 연결시켰고, 박헌영의 조선공산당은 언급하지 않고 한국 국내의 공산주의 운동을 언급했으며, 한국의 해방과 관련된 소련의 활동을 경시하고 김일성에게 찬사를 보내면서 마무리했다. 달리 말하면 최창익은 연안파를 인정한 것을 제외하면 글 전체에서 김일성 노선을 강조한 것이다.

15. Kennan, in CP, 1977, item 316B, "Transcript of Round Table Discussion," October 1949.

16. 895,00 file, box 7127, Drumwright to State, January 10, 1949; MA, RG6, box 14, G-2 Flash Report, July 4, 1950.

17. 최창익의 발언은 아래 참조. RG242, SA2005, item 1/2, Record of the third session of the DPRK SPA, April 1949, p. 18. 정준택의 발언은 『로동신문』, February 27, 1950 참조.

18. 『새 환경과 새 조건』, May 1950, 16쪽.

19. R. A. Ulyanovsky, ed., The Comintern and the East(Moscow: Progress Publishers, 1979), 204~206, 223쪽.

20. 이 책 1권 참조. RG242, SA2009, item 8/32, 『정치교문』 참조. 1941년의 날짜가 적혀 있다. Intelligence Summary—North Korea, nos. 30, 42, and 46, February 16, August 18, and October 18, 1947도 참조. 흥미롭게도 1946년 2월 서울에서 출판된 마오쩌둥의 "연합정부론"의 번역본에서 번역자는 김일성 부대와 조선의용군이 중국인과 함께 싸웠다는 내용을 삽입했다. 그 번역에서 저항 조직으로 언급된 것은 이것이 유일했다. RG242, SA2006, item 15/32, 마오쩌둥, 『연합정부』, 서울: 우리서원, 1946년 2월, 3, 6.

21. William W. Whitson, The Chinese High Command: A History of Communist Military Politics, with Chen-hsia Huang(New York: Praeger, 1973), 87~88쪽.

22. FO317, piece no. 69945, R. S. Milward, "Communism in Korea," June 7, 1948.

23. RG349, box 462, December 29, 1950, G-2 report on Hungnam explosives plant.

24. USAMGIK G-2, Intelligence Summary—North Korea, no. 37, May 31, 1947. FO317, piece no. 69940, Milward to Crossley, March 17, 1948, enclosing a secret study of North Korea in 1947; piece no. 69945, R. S. Milward, "Communism in Korea," June 7, 1948도 참조.

25. FO317, FK10310/4, July 7, 1950, BBC monitoring of Radio Taipei 참조. 1949년 3월에 체결됐다는 협정에 대해서는 아래 참조. 『한국전쟁사』 I, 711쪽; Simmons, Strained Alliance, 32쪽. 시먼스가 인용한 1950년 5월 11일자 교도통신 보도는 매우 흥미롭다. 그 보도에 따르면 북한은 중국과 비밀리에 상호방위조약을 체결했으며, 1949년 봄 김일성은 시티코프에게 북한군이 남한을 공격할 것이라고 말했다. "제3국의 개입으로 공격이 실패하면 북한군은 만주로 일단 후퇴한 뒤 유리한 시기에 다시 공격할 것이다. 그래서 김일성은 중국공산당과 군사동맹을 제안한 것이다." 이 보도는 사실일 수도 있지만 아쉽게도 교도통신은 믿을 수 없는 것으로 악명이 높다.

26. G-2 Weekly Summary no. 113, November 2-9, 1947; RG59, Wedemeyer Papers, box 3, statement by T. Y. Yun to the RDC, August 29, 1947; G-2 Intelligence Summary—North

Korea, nos. 36, 37, 38, and 39, May 18, 31, June 15, June 30, 1947; 최용건의 발언은 no. 38에 수록.

27. RG59, Wedemeyer Mission, box 1, "China—Current Situation," July 11, 1947; F. J. Dau, Asst. Military Attache, Nanjing Embassy, to Lt. Col. Hutchin, July 7, 1947, citing American military attache reports from Manchuria. Wellington Koo Papers, box 108, an "extremely secret" cable in Chinese from the Nationalist Foreign Ministry to Koo, dated June 23, 1947도 참조. 거기서는 중국 공산군에 참가한 한국군을 언급했으며, 많은 일본군이 중국 공산군에 입대했거나 입대를 강요받고 있다고 말했다.

28. Wellington Koo's papers, box 175, contain a document, "Historical Note on Chinese-Soviet Relations," November 13, 1949. 거기서는 이홍광이 지휘한 만주의 한국인 부대 6만 5000명에 대해 서술했다. 1950년 8월 22일의 중국 국민당의 정보 보고에서는 7월 초 선양에서 열린 회의에 몰로토프, 마오쩌둥, 김일성, 이홍광이 참석했는데, 이홍광을 "북조선 인민해방군'의 지휘자"라고 서술했다.
RG59, Office of Chinese Affairs, box 4211 참조. 이홍광 지대가 조선인민군에 통합된 사항에 관련된 것은 Intelligence Summary-North Korea, no. 132, March 19—26, 1948 참조. 이홍광 지대의 훈련 교본은 RG242, SA2009, item 8/73, 『思想指南』, 발행처 및 날짜 불명. 이홍광 지대 정치부 출판.

29. MA, RG6, box 58, intelligence summary no. 2803, May 13, 1950; no. 2805, May 15, 1950; no. 2821, May 31, 1950; no. 2840, June 19, 1950; no. 2880, July 29, 1950. 맨 끝의 보고서에서는 6사단이 해주에 있다고 기록했다. KMAG G-2 Weekly Report no. 2, April 7-13, 1950도 참조. Almond Papers, Korean War general file, periodic intelligence report no. 190, April 4, 1951, and "North Korean Military Personalities," April 25, 1951도 참조. 횟슨은 방호산을 인민해방군 17군 166사단장이라고 썼다(Whitson, Chinese High Command, 322쪽, chart H).

30. Appleman, Naktong/Yalu, 394쪽; MA, RG6, box 58, intelligence summary no. 2817, May 27, 1950. Koon Woo Nam, The North Korean Communist Leadership, 1945-1965: A Study of Factionalism and Political Consolidation(University, Aia.: University of Alabama Press, 1974), 46~47쪽도 참조.

31. 조선인민군 장교의 경력은 아래 참조. Intelligence Summary—North Korea, nos. 132, 134, 152, and 156, March 19-26, April 2-9, August 6-13, and September 3-10, 1948. 이 자료에서는 무정과 김일성이 "대체로 대립하고 있다"고 지적하면서, 무정은 북한에 단독정부를 수립하는 것에 (남부의 김구처럼) 반대했으며 김일성을 "위협적인 인물"이라고 서술했다. 또한 그 자료에서는 무정이 한국으로 돌아온 뒤 중국인 아내와 이혼했다고 보고했다. 방호산·한경·이익성 같은 조선의용군 지도층은 황푸 군관학교에서 훈련을 받았다. 방호산의 장인은 신의주에서 삼산호텔을 운영한 우익이었지만 부인은 공산주의자가 됐다. Almond Papers, "Korean War General Files," X Corps Periodic Report, April 25, 1951, "North Korean Military Personalities" 참조.

32. 제임스 F. 슈나벨James F. Schnabel은 소련군이 조선인민군을 훈련시킨 것에 주목하면서 한국으로 돌아온 중국 공산군 출신자를 3만 명 정도로 매우 낮게 잡았다. Policy and Direction: The First Year(Washington, D.C.: Office of the Chief of Military History, 1972), 37쪽 참조. 애플먼은 중국 공산군 출신 병사들의 역할을 좀더 인정했지만 그들의 중요성을 강조하지는 않았다. 그러나 그는 중국 공산군의 한국인은 4야전군에만 14만5000명이 있던 것으로 판단했다(Naktong/Yalu, 332, 523, 567, 750쪽).

33. Schnabel, Policy and Direction 및 Appleman, Naktong/Yalu 외에 KMAG G-2 Periodic Reports nos. 165, 200, 205, 240, 278, 280, and 285, August 12-16, October 18-20, and October 27-28, 1949; January 3-5, March 10-13, March 14-16, and March 23-24, 1950; FR(1949) 8, 573~574쪽, Muccio to State, November 1, 1949; 795.00 file, box 4271, Army

study of Chinese aid to North Korea before June 25, 1950, December 29, 1950; FO317, piece no. 83238, E. T. Biggs political summary for August, including Chinese Nationalist intelligence estimates, September 13, 1950; Office of Chinese Affairs, box 4222, Freeman to Rusk, July 6, 1950(국민당 정보 보고도 수록됨)도 참조. 횟슨의 자료는 이 정보 보고를 뒷받침한다. 1950년 3월 인민해방군 17군 167, 169, 170, 171사단 병력이 귀환해 조선인민군 10사단으로 개편됐다고 그는 판단했다(*Chinese High Command*, 322쪽, chart H).

34. MA, RG6, box 14, "Order of Battle, Chinese Communist Fourth Field Army," November 7, 1950. MacArthur's top secret report of September 1, 1950, in 795.00 file, box 4269, MacArthur to Army, September 13, 1950도 참조.

35. diary in RG242, SA2010, item 5/188참조. Kim Ho-il's diary translation in MA, RG6, box 79, ATIS no. 15, January 3, 1951; the interrogation report on Chon, MA, RG6, box 80, Report no. 612, August 19, 1950도 참조. 대부분의 심문은 일본인이 진행했고 그 뒤 영어로 번역되었다는 것은 주목할 만하다.

36. 손자孫子의 번역은 RG242, SA2012, item 8/118 수록.『중국내전에 관한 제문헌』, RG242, SA2010, item 3/54 (KPA, 1950)도 참조. 표지를 위조한 마오쩌둥 저작을 한국어로 번역한 자료도 참조. SA2009, item 6/114, and SA2010, item 3/ 155 소재. 김일성의 "7개항 주의"는 MA, RG6, box 78, ATIS item no. 8 참조. 노획한 조선인민군 병사의 공책을 번역한 자료임.

37. 1948년 2월 8일 김일성이 한 연설은『조국의 통일 독립과 민주화를 위하여』, vol. 1(평양: 조선노동당 출판사, 1949), 73~87쪽 참조.

38. 한재덕,『김일성 장군』, 47~64쪽.

39. 『함경남도 노동신문』, June 1, 8, 1949.

40. 김일의 논문은『로동신문』, January 12, 19, 1950 참조.

41. 조선인민군에 대한 강건의 논설은『로동신문』, February 6, 1950 참조. 최용건의 논설은『로동신문』, February 8, 1950 참조. 최현의 논설은『로동신문』, January 20, 1950 참조. 무정의 논설은『로동신문』, February 5, 1950 참조. 인용된 논설은『로동신문』1950년 1월~2월 초에 게재됐다. 강건은 1950년 9월 전사했다. 그의 추모 기사는『로동신문』, 1950년 9월 11일자에 실렸다. 그의 아들은 그 뒤 애국자의 고아들이 다니는 만경대 혁명학원에서 교육받고 1983년 미얀마 랭군에서 남한 주요 인물들에 대한 테러를 지휘한 것으로 알려졌다. CIA에 따르면 최용건은 중국 공산군 장교였을 때부터 "명망이 높았지만" 한국전쟁 시기에는 "보통 수준의 능력"을 가진 것으로 평가됐다. 그의 부인도 만주 유격대원이었다(CIA, "National Intelligence Survey: Korea").
최현은 김일성의 가장 가까운 측근으로 10년 동안 유격전에 참전한 뒤 만주와 접경한 하바로프스크 지역으로 김일성과 함께 퇴각했다. Almond Papers, Korean War General Files, "North Korean Military Personalities," April 25, 1951 참조.

42. 『로동신문』, February 8, 1950. 김일성을 수령으로 부른 그 밖의 사례는『로동신문』, February 5, 1950, March 4, 1950 참조.

43. 조선인민군 855부대에게 실시할 예정이던 "1950년 하계 전투 훈련"을 위한「政治上學」의 강의 개요(RG242, SA2010, item 5/116).

44. 평양에는 역사박물관이 있는데, 1919년 역사까지만 전시하고 있다. 이후 역사는 혁명박물관에서 볼 수 있다. 거기에는 3·1독립운동을 이끄는 7세의 김일성을 그린 그림이 걸려 있다. 나머지 전시물은 1919년부터 현재까지 김일성의 삶을 통해 한국사를 설명한 것이다.

45. 농민과 노동자가 김일성에게 감사하는 글은 늘 신문에 실렸다. 군인이 충성을 맹세한 글은『함경남도 노동신문』, May 15, 1949 및 MA, RG6, box 78, ATIS translation item no. 8(노획한 조선인민군 병사의 일기) 참조. 신병에 대한 면접관의 질문은 RG242, SA2005, item 5/44 수록. 그 자료에 있는 신병 102명 가운데 94명이 빈농 출신이었고 8명은 중농 출신이었다. "인민의 공화국을 건설해야 하는 사람은 누구인가?"라는 질문에 대한 정답은 "우리 손으로 건설해야 한다"였다.

46. Kim Chong-yong, "The Recent Situation in China,"『勤勞者』, no. 6(March 1949), 50~71쪽;『함경남도 노동신문』, May 6, 19, 1949.

47. 『로동신문』, January 1, 14, 1950; 『旬刊通信』, no. 5(January 1950), 1~2쪽.

48. 김일성의 심복으로 생각된 이주연李周淵을 대사로 지명한 것은 『로동신문』, January 19, 1950 참조. 베트남민주공화국의 승인에 관련된 내용은 『로동신문』, February 1, 1950 참조. 애치슨 연설에 대한 북한의 반응은 『로동신문』 1950년 1월 26일자에 실렸다.

49. Yi Sung-yop, "On the Present Tasks of the Southern People's Guerrillas," 9~22쪽.

50. Nitze, in *FR*(1950) 1, 145~147쪽, "Recent Soviet Moves," February 8, 1950; Kennan in Acheson Seminars, February 13, 1954; Acheson letter to Alan Bullock, April 27, 1955, Acheson Papers(Yale), box 4. 찰스 볼런도 1951년 11월 9일 케넌에게 보낸 편지에서 말렌코프의 연설을 중점적으로 논의했다(Bohlen Papers, box 36).

51. Walter LaFeber, *America, Russia and the Cold War*, 90쪽.

52. 10월에 등장한 소련 원자폭탄에 관련된 기사는 『旬刊通信』, no. 37(October 1949), 14쪽 참조. 12월 김일성의 연설은 『노동당 중앙위원회 정기회의 문헌집』, 1949년 12월 15~18일(평양: 조선노동당, 1950), 3~46쪽 참조.

53. 커크는 소련의 신문에 게재된 신년호 사설을 인용해Te. Kirk to State, January 4, 1950, *FR*(1949) 4, 1075~1077쪽. 다른 자료는 『로동신문』, January 1, 1950에서 인용.

54. 『로동신문』, January 6, 20, and March 30, 1950의 기사 참조.

55. 김일성, 「북조선노동당 2차 전당대회 당중앙위원회 사업결산보고」, 11~12쪽; 「1949년 신년사」, 『旬刊通信』, no. 8(January 1949), 1~6쪽.

56. 1949년 6월 25일의 연설은 『함경남도 노동신문』, June 27, 1949에서 인용. 『함경남도 노동신문』, May 10, 1949 사설도 참조.

57. 『로동신문』, January 15, 24, 1950.

58. 795.00 file, box 4262, State to Embassy, January 31, 1950. "민족주의는 죽었다"는 "하나의 세계" 사상과 헨리 루스의 "미국의 세기"를 비판한 사설은 『함경남도 노동신문』, "What is Cosmopolitanism?" June 14, 1949 참조. 한국 민족주의에 대한 중국의 견해는 "Intelligence Summary-North Korea," no. 36, May 18, 1947 참조.

59. Drumwright to State, 795.00 file, box 4262, January 7, 1950; "The Background of the Present War in Korea," 233~237쪽; FO317, piece no. 69337, Kermode to FO, December 22, 1947.

60. Buss's memo of October 13, 1948, is in 895.00 file, box C-945, Muccio to Bond, October 21, 1948.

옮긴이의 글

길고 힘든 시간이었다. 그 과정을 모두 마치고 이 글을 쓰니 기쁘다. 이 책, 특히 두 번째 권을 번역하는 것은 어학 능력으로나 전공 지식으로나 내 힘에 많이 부치는 일이었다. 2권은 1권보다 분량도 많고, 여러 지역에서 복잡하게 전개된 국제관계를 세밀하게 검토했기 때문에 다루는 시간·공간적 범위도 훨씬 넓었다.

이런 사실과도 연관되겠지만, 그러나 무엇보다 영어 자체가 무척 어려웠다. 부끄러운 말이지만 주절이 어디까지인지, 수식관계가 어떻게 되는지 정확하게 파악하기 어려운 문장도 적지 않았다. 1권보다 훨씬 화려한 문학적 표현(이를테면 '해방과 분단체제의 출현'과 '폭포의 굉음'이라는 1권과 2권의 부제는 그런 측면을 상징적으로 보여준다)과 복잡한 만연체로 구성된 문장은 충실히 번역하기에 앞서 올바로 독해되지 않는 때가 드물지 않았다.

그럴 때마다 일본어 번역본을 참고했다. 그 번역은 정확하고 친절했다. 그 문장들을 그대로 중역하지는 않았지만 이 번역을 완성하는 데 큰 도움을 받았다. 난해한 문장을 만나면 일역본으로 대체적인 내용을 파악한 뒤 원문을 거듭 읽었다. 그러면 안개처럼 뿌옇던 의미가 조금씩 드러나곤 했다.

이런 과정을 되풀이하면서 적어도 번역과 관련해 우리와 일본의 학문적 자세와 전통을 생각해보기도 했다. 이 책『한국전쟁의 기원』(1, 2권)은 그 수준과 분량에서 제임스 B. 팔레의『유교적 경세론과 조선의 제도들: 유형원과 조선 후기』와 함께 지금까지 산출된 해외 한국학의 근현대와 전근대 연구를 대표하는 저작일 것이다. 그 책들은 저자의 위상과 그들이 오랜 시간을 들여 완성한 필생의 역작이라는 사실 때문에 관련 분야를 공부하지 않는 사람에게도 큰 관심의 대상이 됐다. 나도 대학생 때『한국전쟁의 기원』(1권)이 어떤 책이기에 이렇게 화제가 되는지 궁금해 우리말 번역본을 대충이나마 들춰본 기억이 있다.

이 책의 1권은 우리나라와 일본에서 모두 번역됐다. 우리나라에서는 원서(1981년)가 출간된 5년 뒤 두 번 번역됐고 일본에서는 그보다 조금 늦게 역간됐다. 이런 상황은 2권의 번역에서 바뀌었다. 원서(1990년)가 나온 12년 뒤 일본에서는 1, 2권 전체를 다시 번역해 펴냈다. 그러니까 1권은 개정판이고 2권은 초역본이다. 1권은 처음 작업한 번역자 세 분이 그대로 참여했고, 2권은 전문 번역가 한 분이 새로 들어왔다. 일역본의 중요한 특징이자 장점은 전공자와 전문 번역가의 협업으로 이뤄졌다는 것인데, 내용으로나 언어로나 수준 높은 학술서를 번역하는 데 이상적인 조합이라고 생각된다.

앞서 말한 대로 한국 현대사를 다룬 가장 중요한 저작 가운데 하나가 그 사건이 일어난 당사국이 아니라 다른 나라에서 먼저 완역됐다는 사실은 우리 학계가 무겁게 받아들여야 할 일이 아닐까 싶다. 그리고 이것은 우리나라와 일본의 학문적 태도—특히 번역과 관련해—의 한 측면을 보여주는 작은 창문처럼 생각되기도 했다.

번역은 창작보다 하위에 있는 작업이지만, 언어의 장벽을 넘어 지식을 교류하고 대중화하는데 중요하게 기여한 지적 노력이다. 라틴어를 비롯한 여러 언어로 이뤄진『성서』번역, 그리스 고전의 아랍어 번역, 인도 불경의 한역漢譯 그리고 근대 일본의 란가쿠蘭學가 수행한 서양어 번역 등은 캄캄한 미지의 동굴을 헤치고 빛을 찾아 나오는 지난한 모험과 견줄만한 지성사의 위업들이다. 창작의 성과를 가늠하는 가장 중요한 잣대일 독창성을 판단하는 기준 또한 그동안 몰랐거나 부분적으로만 알았던 성과의 전모가 번역으로 드러남으로써 한층 엄격하고 정교해졌다.

이를테면 번역은 연주와 비슷할 것 같다. 작곡된 음악이 없다면 연주는 성립할 수 없다. 그러나 아무리 아름다운 선율이 담긴 악보라도 연주자가 건반을 누르거나 활을 켜야 비로소 소리가 돼 우리의 귀와 마음을 울린다. 글도 마찬가지다. 아무리 훌륭한 내용이라도 읽을 수 없거나 읽기 어려운 언어로 쓰여 있다면 의미 없는 글자 더미에 지나지 않는다. 친숙한 언어로 정확히 번역돼 관심 있는 사람이라면 누구나 그 전모를 직접 확인할 수 있어야 그 가치는 더욱 빛난다. 그리고 그때야 찬사든 비판이든 제대로 이뤄질 수 있다.

능력은 부족하지만 그동안 영어로 된 한국사 연구서를 몇 권 번역했다. 그러면서 우리나라에서 학술번역은 세 가지 어려움이 겹쳐 있다고 생각됐다. 쉬운 작업이 아니고, 본격적인 학문적 성과로 인정받지도 못하며, 경제적 보상도 적다. 얼마 전 이런 이야기를 읽고 깊은 인상을 받았다. 예전 임나일본부 문제가 한참 뜨거웠을 때 북한의 김석형金錫亨은 분국설分國說을 발표해 일본 학계에 큰 충격을 줬다. 그때 일본 학자들은 그 논문을 세 번 번역했다고 한다. 앞뒤 사정을 정확히 몰라 단언할 수는 없지만, 그들은 그 충격에 대응하는 데 번역이 가장 일차적이고 중요한 일이라고 생각했고 기존 번역이 미흡하다고 판단되자 같은 작업을 되풀이한 것이 아닐까 싶다. 이른바 '식민사학'과 관련해서도 그 문제에 대응하고 그것을 조금이라도 해결하는 가장 효과적이고 빠른 방법은 그 대표적 학자들의 주요 저작을 번역하는 것이라고 생각한다. 실체와 전모가 과연 무엇인지 아는 것, 그것이 바로 학문일 것이기 때문이다.

한국전쟁은 남한과 북한을 가른 결정적 사건이었다. 너무도 익숙한 표현인 '동족상잔의 비극' 이후 두 체제는 돌이킬 수 없이 갈라섰고, 그런 대결과 경쟁은 지금까지도 기본적으로 이어지고 있다. 모든 개발도상국은 독재를 거칠 것이다. 그러나 결정적인 차이는 독재를 거친 뒤 나라가 발전했는가, 아니면 독재자와 그를 둘러싼 소수의 세력만 잘 살게 됐는가 하는 것이라고 생각한다. 그 극명한 대비가 지금 한반도에 있다.

충실히 번역하려고 나름대로 최선의 노력을 기울였다. 길고 뜻깊은 한국어판 서문을 써주신 저자께 감사드린다. 2권의 번역원고도 꼼꼼히 검토해 수정사항을 알려주신 김학재 박사님(서울대학교 통일평화연구원 HK교수)께 감사드린다.

적어둔 날짜를 보니 이 두 책을 옮기는 데 5년 정도 걸렸다. 그동안 내게도 많은 일이 일어났다. 조금 과장하면 나만의 작은 전쟁을 치른 것 같기도 하다. 그 과정을 통과할 수 있게 도와준 가족에게 사랑과 감사의 마음을 보낸다. 어머니께서 오래오래 건강하시길 기도한다.

2023년 3월
김범

찾아보기

도서명

한국전쟁의 기원 2-1

1판 1쇄 2023년 5월 29일
1판 3쇄 2024년 1월 24일

지은이 브루스 커밍스
옮긴이 김범
펴낸이 강성민
편집장 이은혜
편집 김미진 김유나 김지수 진상원 박지호 함윤이 홍진표
외부교열 김학재 권성욱 최재근
마케팅 정민호 박치우 한민아 이민경 박진희 정경주 정유선 김수인
브랜딩 함유지 함근아 박민재 김희숙 고보미 정승민 배진성
제작 강신은 김동욱 이순호

펴낸곳 (주)글항아리 | 출판등록 2009년 1월 19일 제406-2009-000002호

주소 10881 경기도 파주시 심학산로 10 3층
전자우편 bookpot@hanmail.net
전화번호 031) 955-8869(마케팅) 031) 941-5161(편집부)
팩스 031) 941-5163

ISBN 979-11-6909-096-4 94900

www.geulhangari.com